Ullstein Sachbuch

W0084862

ZUM BUCH:

Was wir Zeitgeschichte nennen, ist der Boden, auf dem wir stehen. Die Zeitgeschichte, um die es hier geht, haben die Deutschen bis heute weitgehend verdrängt – die Beziehungen zwischen dem faschistischen Italien und dem nationalsozialistischen Deutschland. Das Dritte Reich hat das verbündete Italien in einen Weltkrieg hineingezogen, hat es betrogen, militärisch besetzt, auf seinem Territorium einen deutschen Krieg geführt, es ausgeplündert und seine Bewohner verfolgt und verschleppt. Dies alles belastet das Verhältnis zwischen den beiden Völkern bis heute, ob wir es wahrhaben wollen oder nicht.

Für die noch lebenden Zeitgenossen mag Erich Kubys Bericht bedrückend sein, für die Nachgeborenen sollten die hier geschilderten Vorgänge zum unverzichtbaren Bestandteil ihres historisch-politischen Selbstverständnisses werden – Vorgänge, ohne deren Kenntnis wir weder Verständnis für unsere Nachbarn im Süden entwickeln noch Europas Zukunft vorurteilsfrei mitgestalten können.

ZUM AUTOR:

Erich Kuby, geb. 1910, ist in Oberbayern aufgewachsen. Nach dem Krieg (als Soldat in Frankreich und Rußland) für ein Jahr Chefredakteur des *Ruf*, dann zehn Jahre bei der *Süddeutschen Zeitung* und 16 Jahre beim *Stern* tätig.

Kuby, der heute in Venedig lebt, ist Verfasser zahlreicher Hör- und Fernsehspiele. Sein erster Film, *Das Mädchen Rosemarie*, wurde ein Welterfolg und als bester ausländischer Film in den USA mit dem ›Golden Globe‹ ausgezeichnet.

Veröffentlichungen u. a.:
Das ist des Deutschen Vaterland (1957); *Alles im Eimer. Siegt Hitler bei Bonn?* (1960); *Sieg! Sieg!* (1961); *Franz Josef Strauß. Ein Typus unserer Zeit* (mit Eugen Kogon u. a., 1963); *Die Russen in Berlin* 1945 (1965, 1980); *Mein Krieg* (1975); *Das Ende des Schreckens. Januar bis Mai 1945* (1984); *Als Polen deutsch war. 1939–1945* (1986).

Erich Kuby

Verrat auf deutsch

Wie das Dritte Reich Italien ruinierte

Mit 57 Abbildungen und 2 Karten

Ullstein Sachbuch

Ullstein Sachbuch
Ullstein Buch Nr. 34387
im Verlag Ullstein GmbH,
Frankfurt/M – Berlin
Materialsammlung und -aufbereitung:
Dott. Susanna Böhme und
Dr. Wolfgang Eitel.
Übersetzungen aus dem Italienischen
und Englischen: Dott. Susanna Böhme

Ungekürzte Ausgabe (Vorwort aktuali-
siert und ergänzt)

Umschlaggestaltung:
Hansbernd Lindemann
Foto: Ullstein Bilderdienst
Alle Rechte vorbehalten
Mit freundlicher Genehmigung des
Hoffmann und Campe Verlags, Hamburg
© 1982 by Hoffmann und Campe Verlag,
Hamburg
Printed in Germany 1987
Druck und Verarbeitung:
Clausen & Bosse, Leck
ISBN 3 548 34387 2

Mai 1987

CIP-Kurztitelaufnahme
der Deutschen Bibliothek

Kuby, Erich:
Verrat auf deutsch: wie d. Dritte Reich
Italien ruinierte / Erich Kuby.
[Materialsammlung u. -aufbereitung:
Susanna Böhme. Übers. aus d. Ital. u.
Engl.: Susanna Böhme]. –
Ungekürzte Ausg. – Frankfurt/M; Berlin:
Ullstein, 1987.
  (Ullstein-Buch; Nr. 34387:
  Ullstein-Sachbuch)
  ISBN 3-548-34387-2

NE: GT

Inhalt

Der versteckte Staat

Das Ende des Schreckens

Anhang

Wie dieses Buch (auch) gelesen werden sollte

Daß es sich bei *Verrat auf deutsch* um einen zeitgeschichtlichen Bericht handelt – weder um eine Biographie Hitlers noch um eine solche Mussolinis –, sagt das Buch auf jeder Seite. Der Verfasser hofft, der Leser werde erkennen, daß diese der jüngsten Vergangenheit angehörenden Ereignisse um ein leider nicht überholtes Problem kreisen, mehr zwischen als in den Zeilen: um die Beziehung zwischen *den* Deutschen und *den* Italienern. Sie war nicht erfreulich (das geht aus diesem Buch hervor) und ist es nach wie vor nicht: So sehr der einzelne Deutsche den einzelnen Italiener schätzen, ihn einen sympathischen Burschen, eine reizende Frau finden mag, so wenig Achtung hat er vor dem Nachbarvolk im ganzen, vor der Nation. Er hält sie für unzuverlässig und unfähig, das eigene Haus in Ordnung zu bringen.

In dieses Vorurteil sind historische Fakten eingegangen, denen der Stempel »Verrat« aufgedrückt worden ist, ohne daß in den dabei angesprochenen Fällen aus zwei Kriegen (1914/15 und 1943) sich bei genauem Hinsehen Beweise dafür entdecken ließen. Das Buch möge die Leser zu einer Überprüfung von Ressentiments veranlassen, könnte ihre Haltung gegenüber Italien und den Italienern verändern, in der sich nur zu leicht Herablassung mit vagen Verdächtigungen mischt.

Auf welche Weise der Fundus deutscher Vorurteile gegen alles, was nicht deutsch ist, sich jeweils gebildet hat, wie er vererbt wird von Generation zu Generation, ist oft nicht zu sagen. Sicher ist, daß er hinsichtlich Italiens vor allem auf Unkenntnis dessen beruht, was sich in unserem Jahrhundert zwischen den beiden Völkern ereignet hat, bis zwischen 1943 und 1945 die Deutschen dort als Besatzungsmacht geherrscht haben. Daß sie dabei kaum anders als in Polen gehaust haben – wer weiß das?

Es ist dasselbe Land, an dessen Stränden es sich heute Deutsche als Touristen millionenfach wohl sein lassen und aus dem ein Heer tüchtiger und fleißiger Arbeiter in die westdeutsche Industrie eingegliedert worden ist. Weder sie noch der Tourismus haben bewirkt, daß die unerträgliche schulterklopfende Geste – in der noch immer ein Quentchen Herrenrassenbewußtsein wirksam ist –, mit der diesem politisch hellwachen Volk begegnet wird, völlig der Vergangenheit angehört. Kann ein Buch wie dieses im bescheidensten Maße daran etwas ändern? Würde es der Verfasser nicht für möglich halten, er hätte es nicht geschrieben.

Die italienische Ausgabe dieses Buches ist stark beachtet worden. Einige Kritiker, unter ihnen Historiker, fanden, Mussolini käme zu gut weg. In öffentlichen Diskussionen verteidigte der Verfasser sein Duce-Bild mit dem Hinweis, daß in solcher Nähe zu und Abhängigkeit von Hitler es nicht anders sein könne, als daß sich der Italiener als die menschlichere Figur darstelle. Unglück über ihre sie bejubelnden Völker brachten beide; andere Völker auszurotten, sah aber nur der Deutsche als seine Mission an.

Venedig, Februar 1987 Erich Kuby

Die Diktatoren
betreten die Bühne

Die Geburt des Faschisten Mussolini

Auf einem Hügel in der Romagna, auf dem Scheitelpunkt seiner kraftvollen Wölbung, die Landschaft rundum beherrschend, liegt der würfelförmige Klotz eines schloßartigen Gebäudes, überragt von einem viereckigen, stumpfen Turm. Eine steil ansteigende, verwilderte Allee führt die letzten hundert Meter auf das Eingangstor zu, auf verwittertes Bretterwerk in der hohen Mauer aus Naturstein.

Wir lassen dem Sechzigjährigen, in dessen Begleitung wir hergekommen sind, den Vortritt in ein Hofgeviert, das eher an ein Gefängnis als an den Landsitz eines Mächtigen erinnert. Unser Begleiter und Führer schaut sich nicht um. Er kennt das alles noch aus der Zeit, als Wachen am Tor standen und Diplomaten hier empfangen wurden, von denen einer, Botschafter des Großdeutschen Reiches, schrieb: ». . . ein Kastell, seltsam verbaut und mit einem wilden Durcheinander von Erinnerungsstücken und Staatsgeschenken überladen.«

»Kommen Sie häufiger hier herauf?« fragen wir.

Er schüttelt den Kopf. »Selten«, sagt er und setzt nicht ohne Ironie hinzu: »Zuweilen kommt jemand wie Sie, der meint, ich könnte die Steine sprechen lassen.« Die Steine sprechen selbst.

Die Aussicht ist überwältigend. Im Südosten der Küstensaum des Adriatischen Meers, im Dunst sich verlierend; auf der anderen Seite die Hügel und Berge der Romagna, hinter denen Bologna liegt, und da unten, im Talgrund, das Dorf Predappio, Geburtsort, Kindheitsort, Schulort, Heimat, Begräbnisort des Mannes, dem die Bewohner der Provinzen Forlì und Ravenna 1927 die Kuppe dieses Hügels schenkten, die damals eine Ruine krönte. Pro Kopf steuerten sie eine Lira bei.

Heute fährt selten jemand hinauf; den verfallenden Bau im Innern zu besichtigen, bedarf es besonderer Erlaubnis. Daß er im heutigen Zustand an die Schiller-Zeile gemahnt »In den öden Fensterhöhlen wohnt das Grauen«, ist weiter nicht verwunderlich: Verwüstung, eingebrochene Decken, aufgerissene Parkettböden, durch unsichere Leitern ersetzte Treppen und da und dort, in den Zimmern und Sälen, ein umgestürztes, geborstenes Möbelstück. Aber auch vor einem halben Jahrhundert ließen diese Säle und Räume, durch lichtlose Treppen verbunden, keine Spur von Behaglichkeit aufkommen. Dennoch war der Landsitz, den Mussolini den »Tempel meiner Einsamkeit« genannt hat, der Ort, an den er sich am liebsten zurückzog.

Aus einigen Fenstern und von der Terrasse aus konnte er sein Geburtshaus im Tal liegen sehen, eine Armeleutewohnung, die auch heute noch diesen Eindruck macht und durch nichts an ihre historische Bedeutung erinnert. Hier hausten die Eltern in zwei Zimmern, im dritten unterrichtete die Mutter die Dorfkinder. Der Vater übte seinen Beruf als Schmied nur unregelmäßig aus. Entweder saß er in der Dorfkneipe und hetzte die Armen gegen die Reichen auf, oder er saß eben deshalb wieder einmal in Haft.

Im Dorf, zu Füßen der Burg, wird Mussolini 1883 geboren, Hitler sechs Jahre später im Städtchen Braunau am Inn. Die Arenen ihres Wirkens sind nahezu gleich alt, sind im selben Jahr Staatssubjekte geworden, wenn man gelten läßt, daß die Einheit Italiens erst mit dem Einzug des Königs in Rom vollendet gewesen ist — 1871. Die Geburtsstunde des Deutschen Reiches ist eindeutiger bestimmbar: Am 18. Januar 1871 wurde es im französischen Schloß Versailles im Stil einer Kasinofeier gegründet.

Der junge Mussolini wird im Dorf »der Wilde« genannt. Die Armut, die Lehren des rabiaten Vaters: »Geh in die Welt und leiste deinen Beitrag im großen Kampf der Unterdrückten« blieben für Mussolini zeitlebens wichtige Bestandteile seiner Biographie. Er machte aus seinen kleinbürgerlichen Eltern Proletarier und benützte gewisse Klischeevorstellungen über die Menschen der Romagna, um seine eigene Natur zu stilisieren: »Meine Heimat, wo die Menschen mit heißem Blut auf die Welt kommen, es gab dort Verrückte, Feiglinge nie, auch keine grausamen Menschen.« Warum er ein Revolutionär wird, läßt sich bis zu einem gewissen Grad aus seiner Herkunft, aus dem Milieu seiner frühen Jahre erklären. Warum Hitler sich zum Weltzerstörer entwickelt, findet in seiner Herkunft nicht die geringste Erklärung (was nicht heißt, sie sei nicht auch mit diesem Ansatz versucht worden). Beiden ist gemeinsam, daß sie in keinen vorgefertigten sozialen Schuh hineinpassen. Sie sind Außenseiter. Es gelingt ihnen, von dieser Position aus ins Zentrum vorzurücken oder, richtiger gesagt, den von ihnen eingenommenen Platz zum Zentrum zu machen, von dem aus das Schicksal ihrer Völker bestimmt wird. Als sie beginnen, eine öffentliche Wirksamkeit zu entfalten, sind beide ungefähr dreißig Jahre alt. Weil aber Mussolinis Lebensuhr gegenüber der Hitlers um sechs Jahre vorgeht und in diese sechs Jahre der Erste Weltkrieg fällt, der für beide Lebensläufe bedeutungsvoll wird, wenn auch unter gänzlich verschiedenen Auspizien, kommt es für Hitler zu einer erheblichen Verzögerung der sogenannten Machtübernahme. Ein volles Jahrzehnt hinkt er hinterher, in dem niemand vermutete, er sei imstande, den Italiener einzuholen. Aber er überholt ihn sogar in kurzer Zeit. Wie das geschehen ist und mit welchen Folgen — dem nachzugehen, bildet einen roten Faden, der sich durch unseren Bericht zieht. Wir schreiben aber weder eine Biographie Hitlers noch eine Mussolinis, auch wenn es unvermeidlich ist, immer wieder die beiden Männer am verhängnisvollen Werk zu sehen, das sie nebeneinander, miteinander und gegeneinander betreiben. Unvermeidlich, weil sie über die absolute Entscheidungsgewalt verfügen. Aber das heißt nicht, sie hätten sie voraussetzungslos anwenden können. Sie sind die Exponenten, wenn man will die Aushängeschilder grundverschiedener gesellschaftspolitischer Verhältnisse, wie sie in einem Jahrhunderte umgreifenden Entwicklungsprozeß nördlich und südlich der Alpen entstanden sind. Daß darin auch mentale Differenzierungen wirksam wurden, braucht nicht gesagt zu werden.

Ohne die Psyche der beiden Diktatoren zu durchleuchten, können wir jedoch die vorgegebenen Bedingungen nicht verstehen. Hitler und Mussolini sind eben auch die Verkörperung der Sehnsüchte, Ängste, der Weltsicht, des Selbstgefühls und Selbstbewußtseins ihrer Völker. Daß Hitler nahezu vollkommen die Erwartungshaltung der Deutschen bis weit in den Zweiten Weltkrieg hinein abdeckte, von Mussolini und den Italienern sich gleiches nicht sagen läßt, das ist, wie wir meinen, durch nichts deutlicher zu machen als durch die Beschreibung des Zusammenpralls der beiden Nationen, wie ihn die Diktatoren mit ihrer Kriegspolitik herbeigeführt haben.

Damit ist gesagt, daß wir nicht beabsichtigen, uns den Diktatoren vorwiegend individualpsychologisch zu nähern. Weit mehr hat uns die Frage, mit welcher Legitimation sie tun, was sie tun, beschäftigt, ohne daß wir diesem Begriff einen formalen, gar juristisch faßbaren Inhalt geben wollen. Nein, wir glauben nur, in diesem Bericht durchsichtig machen zu können, auf welch verschiedenen Feuern der Deutsche und der Italiener ihre Suppen gekocht haben, und mag es auch streckenweise so aussehen, als zeigten wir vor allem, was Hitler Mussolini angetan, was Mussolini von Hitler hingenommen hat, sei es erfreut, sei es widerstrebend, so wird dem Leser nicht entgehen, daß wir von einer *Auseinandersetzung zwischen den beiden Völkern* unter extremen, gerade deshalb ungemein aufschlußreichen Bedingungen sprechen. Von einer Auseinandersetzung, die in den Grundzügen weder mit dem Faschismus und dem Nationalsozialismus begonnen noch mit dem formalen Untergang dieser Regime ihr Ende gefunden hat.

Wenden wir uns zunächst mit einem kurzen Rückblick Italien zu. Was dreizehn Jahre vor Mussolinis Geburt mit der Staatsgründung seine Krönung fand, ist der hundertjährige Kampf des Risorgimento, der Wiedergeburt, der Kampf um Italiens Einheit und Freiheit. (Die entsprechende deutsche Entwicklung endete im Desaster von 1848 und fand danach keine Fortsetzung mehr. Die nationale Einheit wurde das Ergebnis von drei willkürlich vom Zaun gebrochenen Kriegen, die als Etappen der genialen Politik Bismarcks in die deutsche Geschichte eingegangen sind.)

Die revolutionäre Freiheitsbewegung zieht sich in Italien über drei Generationen hin. Daß der moderne italienische Staat endlich Wirklichkeit werden kann, verdanken die Italiener nicht zuletzt dem zweiten und dritten Krieg Bismarcks. Mit dem Sieg Preußens über Österreich 1866 zerbricht die hegemoniale Stellung der Habsburger auf der Apenninenhalbinsel; sie müssen Venetien herausgeben. Der Sieg der Deutschen über die Franzosen, vier Jahre später, hat zur Folge, daß Napoleon III. seine schützende Hand nicht mehr länger über den Kirchenstaat halten kann. Am 20. September 1870 besetzen königlich-italienische Truppen Rom, das neue Italien erobert seine Hauptstadt. Die großen Probleme Italiens sind mit der Staatsgründung nicht gelöst, sie beginnen mit ihr: Da sind die »unerlösten« Gebiete im Norden, Nord-Osten und an der Adria, bewohnt von italienischen Minderheiten, die in einzelnen Städten, wie Triest, Mehrheiten bilden, politisch aber zu Österreich gehören; da kann der katastrophale Mangel an Arbeitsplätzen — als »Raumnot« gedeutet — nicht behoben werden:* da besteht drittens — will Italien mit dem Machtzuwachs der anderen europäischen Industrienationen auch nur halbwegs Schritt halten — die Notwendigkeit, dem schmalen Staatsraum eine Einflußsphäre für Handel und Rohstoffversorgung anzugliedern, was sich in dem von England und Frankreich beherrschten Mittelmeerraum nur im Osten, über eine von Italien kontrollierte Adria hinweg, auf dem Balkan machen ließe.

Vor dem Hintergrund dieser geopolitisch angelegten Konflikte hat Italien nur einen starken Nachbarn, mit dem es unproblematische Beziehungen aufnehmen kann und aufnehmen muß, will es trotz seiner ökonomischen und militärischen Schwäche außenpolitisch Statur gewinnen: das Deutsche Reich. Dieser Nachbar hat sich gerade mit der Macht eng verbündet, die Italien wegen ihrer Herrschaftsausübung über italie-

---

* 1883 wandern 68 000 Italiener aus; 1905, auf dem Höhepunkt der Auswanderung, sind es 700 000.

nische Siedlungsgebiete als ihren »Erbfeind« ansehen muß: Österreich-Ungarn. Weil Berlin ohne Wien für Rom nicht zu haben ist, Rom aber die Anlehnung an das Reich braucht, kommt es 1882 zum Dreibund zwischen Deutschland, Österreich-Ungarn und Italien, in den der Konflikt mit dem Habsburgerreich vom ersten Tag an latent eingebaut ist. Schon nach fünf Jahren machen die Spannungen zwischen Wien und Rom eine Ausweitung des Vertragstextes nötig: Italien werden »Kompensationen« versprochen, falls sich das Habsburgerreich noch weiter auf dem Balkan oder auf dem Ostufer der Adria vergrößern sollte. Nur zwischen Rom und Berlin funktioniert der Vertrag über drei Jahrzehnte vor allem wirtschaftlich; Im- und Export blühen zum Nutzen beider.

Für den Irredentismus, d. h. für die italienische Volksbewegung zur Befreiung der »unerlösten« Gebiete vom österreichischen Joch, ist der Dreibund vom ersten Tag an eine Provokation. Die liberalen italienischen Regierungen bemühen sich allerdings bis hin zum Weltkrieg erfolgreich, den Ausbruch von Gewalt gegen Österreich-Ungarn zu verhindern.

Die nationalistische Agitation wird von Männern betrieben, die keine staatspolitische Verantwortung tragen. Ihr Aufstand bleibt verbaler Natur: »Wenn Regierungen und Parlamente die Rechte und Pflichten der Nation vergessen, dann ertönt aus der Seele des Volkes eine Stimme, die alle Rechte und Pflichten der Gegenwart zusammenfaßt und sammelt in dem Wahlspruch: Triest und Trient [. . .] ein Schrei, der erschüttert — ein Klang, der vereint, eine Mahnung, die warnt.«[1] Doch der Dreibund ist nicht nur eine innenpolitische Provokation für die Nationalisten; er verwandelt sich auch außenpolitisch in dem Maße zu einem Risiko für die nationale Sicherheit, in dem sich einerseits die Kluft zwischen den Mittelmächten und der Entente vertieft, andererseits die zunehmende Abhängigkeit der wachsenden italienischen Industrie vom Kohleimport aus England Rom seitens der Entente erpreßbar macht.

Unter diesen Bedingungen wird Italien der Erste Weltkrieg sozusagen angetan. Konfrontiert mit der Mobilmachung der Bündnispartner und der Koalition ihrer Feinde überlassen sich die Italiener der Friedensliebe und der Kriegsfurcht. Als die Regierung sich am 2. August 1914 für die Neutralität entscheidet, hat sie, vorsichtig geschätzt, 95 Prozent der Bevölkerung hinter sich. Die Italiener sind sich weder vorher noch später selten so einig gewesen. Aber diese Einigkeit überdauert den Kriegsausbruch nur um Wochen. Blutdunst steigt über Europa auf, alles gerät in Bewegung, alles scheint plötzlich möglich. Der allgemeine Kriegsrausch bewirkt in Italien bald eine militante Aktivierung einer vom leichten Sieg über die Türken in Nordafrika (1912) bereits angeheizten nationalen Hochstimmung. Das frivole »Jetzt oder nie!« der Mittelmächte findet mit Verzögerung nun auch ein Echo in Italien.

Die Schlagworte des Irredentismus: Triest, Trient, die »natürliche Grenze«, *mare nostro* — unser Meer, die Adria — werden nach wenigen Kriegswochen nur noch stellvertretend für das benutzt, was der einfache Mann, die einfache Frau fühlen, aber nicht benennen kann: Das italienische Volk ist zum erstenmal in seiner kurzen Geschichte herausgefordert, in einer Lebensfrage der Nation so oder so Stellung zu beziehen, mitzuentscheiden und also Mitverantwortung für die Folgen dieser Entscheidung zu tragen, die noch nicht abzusehen sind. Italien liegt nicht mehr im Windschatten der Weltereignisse. Was in knapp fünfzig Jahren gegen unsägliche Widerstände und unter erbärmlichen materiellen Verhältnissen aufgebaut worden ist, steht auf dem Spiel, kann zunichte gemacht werden, entweder weil man sich am Krieg beteiligt oder weil man es nicht tut. Ein Prozeß öffentlicher Willensbildung außerhalb des parlamentarischen Systems läuft an — heute würde man sagen, daß sich die Basis gegen ihre gewählten Vertreter wendet und durchsetzt —, ein Vorgang, den es in Deutschland nicht geben darf und bisher auch nicht gibt. 1914 wird den Deutschen der Krieg verordnet, der Kaiser proklamiert: Ich kenne keine Parteien mehr! — und schon kennt das Volk keine Parteien mehr, verwandelt sich in eine Herde von Lemmingen, bereit, sich auf Befehl jubelnd in den Tod zu stürzen.

Die politisch wachen Italiener tragen den durch die Kriegserklärungen entstandenen Konflikt in sich selbst aus. In der leidenschaftlichen Auseinandersetzung, in die das ganze Volk hineingezogen wird, werden politische Argumente durch moralische ersetzt. Der Neutralist wird zum Feigling, der »Interventionist« gefällt sich in der Heldenpose. Das parlamentarische System der Monarchie wird zwar nicht formal, aber de facto weitgehend außer Kraft gesetzt. Nationalistische Einpeitscher treten auf. Es ist die Stunde Mussolinis.

Der Einunddreißigjährige hat seine wilden Schweizer Emigrantenjahre hinter sich (1902—1904), hat sich hinaufgeredet und -geschrieben*, hat

---

* Mitarbeit bei *Avanguardia Socialista*, Mailand; bei *La Lima*, Oneglia/Ligurien; bei *Pagine Libere*, Lugano; bei *Pensiero Romagnolo*, Forlì; Redakteur des *Avvenire del Lavoratore*, Trient; Herausgeber von *Lotta di Classe*, Forlì; Redakteur des *Avanti* (Parteiblatt der Sozialisten), Mailand (1910—1912); Chefredakteur des *Avanti* (1912—1914). [2]

sein Talent, Zuhörer und Leser beeinflussen und sich unterwerfen zu können, entdeckt und angewendet. Er gilt bei Freund und Gegner als linksliberaler Sozialist, gehört zur Führungsmannschaft der Sozialistischen Partei Italiens und ist seit 1912 Chefredakteur des Parteiblattes *Avanti* mit Sitz in Mailand.

Die Partei ist gegen den Krieg, für Neutralität; der *Avanti* ist gegen den Krieg, für Neutralität; auch Chefredakteur Mussolini, schon bekanntester Journalist Italiens, ist gegen den Krieg, für Neutralität, während in Frankreich, England, Belgien, Deutschland, Österreich die Sozialisten so begeistert und opfermutig in den Krieg ziehen wie alle Bürger. Die Vorstellung von der internationalen Einheit der Arbeiterklasse hat sich am ersten Kriegstag als Illusion erwiesen.

Die italienischen Sozialisten bedienen sich in der innenpolitischen Propaganda weiterhin der Sprache der Klassenkämpfer, der humanitären Pazifisten, verurteilen aber nicht ihre kämpfenden Genossen in den kriegführenden Staaten. Mussolini entwirft ein Parteimanifest: »Krieg und Sozialismus sind auch jetzt noch tiefe und unversöhnliche Gegensätze«, zeigt aber Verständnis für die belgischen Sozialisten, die auf den Überfall Deutschlands mit dem Beschluß reagiert haben, »bewaffnet dem preußischen und pangermanistischen Militarismus entgegenzutreten«. Im Manifest steht der merkwürdige Satz: »Man darf keine gefährlichen Seelenzustände aufkommen lassen.« Was der Satz bedeutet, wird erst Monate später erkennbar: »Der Seelenzustand, gegen den er ankämpfte, war sein eigener. Der Sozialist in ihm war für die Neutralität, der Italiener in ihm für den Krieg gegen die Mittelmächte. Der Internationalist in ihm verlangte die Anrufung der Solidarität aller Sozialisten, um einen schnellen Frieden herbeizuführen, viele Leben zu retten und die niedergetretenen Grundsätze des internationalen Rechts wieder aufzurichten. Der Italiener in ihm zögerte, dieses zu tun.«[3]

Der Italiener in ihm zögert nur noch ein paar Wochen, sich aus dem auf Neutralität gestimmten Sozialismus Italiens davonzumachen. Wie es geschieht, läßt sich schwerlich auf die Formel bringen, nach heftigen inneren Kämpfen habe der italienische Patriot über den Sozialisten den Sieg davongetragen. (Es ist verwunderlich, daß sich selbst die kritische Mussolini-Literatur auf die politische Motivation seines Gesinnungswandels eingelassen hat.)

Am 18. Oktober 1914 veröffentlicht Mussolini im *Avanti* den Artikel »Von der absoluten zur aktiven und wirkenden Neutralität«, der nur als Aufkündigung seiner Loyalität gegen die Sozialistische Partei verstanden werden kann: »Wollt Ihr als Männer und Sozialisten tatenlos Zuschauer dieses gewaltigen Dramas bleiben? Oder wollt Ihr seinen Ausgang auf die eine oder andere Weise mitbestimmen? Sozialisten Italiens, der Geist der Partei ist wichtiger als ihre Satzung!«[4]

Aufgrund dieses Artikels wird Mussolini am 19. Oktober aus der Sozialistischen Partei ausgeschlossen, nachdem er zuvor schon seinen Schreibtisch beim *Avanti* geräumt hat. Für die Partei wird der Chefredakteur ihres Zentralorgans durch diesen Schritt zum käuflichen Subjekt, zum Verräter, der französisches Geld genommen habe, um dafür Kriegspropaganda zu treiben; aber so einfach liegen die Dinge nicht.

Mussolini weicht jeder offenen Diskussion über seinen Schritt aus — auch im engsten Kreis seiner Bewunderer. Er benutzt tückisch die Abwesenheit seiner Redaktionskollegen, um jenen Artikel ins Blatt zu heben, von dem er weiß, daß er zum Bruch mit seiner Partei führen muß. Mag der Sozialismus bei Kriegsausbruch vor den »stärkeren nationalen Triebkräften« kapitulieren — was er gewiß tut —, Mussolini kapituliert nicht vor dem nationalistischen Lager. Dessen Existenz erleichtert ihm allerdings die radikale Schwenkung. Er fällt nicht ins Nichts, sondern in den Schoß bereits hochemotionalisierter Massen: Er gibt schlicht seiner Begierde nach Aktion nach. In einer auf Neutralismus und Neutralität festgelegten Partei kann er sich nicht mehr ausleben. Deshalb verläßt er sie. Das ist des Pudels Kern dieser »Wandlung«. Die feingesponnenen Analysen vom Kampf zwischen Sozialismus und Patriotismus sind dekorativer Flitterkram um Mussolinis Charakter.

Der Mann, der sich später als »Duce« profiliert, trägt eine Charaktermaske aus durchsichtigem Material. Durch sie schimmert das Gesicht des »Wilden« aus Predappio. Unter seinen Zeitgenossen ist vielleicht nur Churchill — der voll tiefer Sympathie für Mussolini war! — eine vergleichbare Erscheinung auf der politischen Bühne — auch er ein egozentrischer Wilder, in englischer Ausgabe. Beide waren politische Naturtalente erster Ordnung und dennoch keine Politiker wie etwa Lenin oder Trotzki. Deren Aktionismus vollzog sich im Kopf, bevor er zur revolutionären Tat wurde; sie bedurften, anders als der Italiener, der Aktion nicht zu ihrer Selbstverwirklichung, sondern zur Verwirklichung ihrer Vorstellung von einer besseren Welt.

Für einen Mann, dem »Aktion« Machtzuwachs bedeutet und sonst nichts, ist der Krieg die schlechthin ideale Chance. Er ist »die Selbstverneinung des Geistes zugunsten des Lebens, des ›starken‹ und namentlich ›schönen‹ Lebens, [er ist] unzweifelhaft eine äußerste und letzte Losmachung von der ›Domination der Ideale‹«[5] — so zitiert und kommentiert Thomas Mann in seinem Kriegsverherrlichungsbuch Nietzsche. Das hätte auch Mussolini schreiben können. Bei ihm heißt es: »Es ist das Blut, das das dröhnende Rad der Geschichte bewegt.«[6]

Mussolini ist ein *programmloser* Aktivist. Nur die Umstände bestimmen, was in den Dienst seines persönlichen Aufstiegs gestellt wird, nicht ein theoretisch erkanntes, unverrückbares Ziel. Dazu gehört auch, daß der Duce-Kult vom ersten Tage an der wichtigste Integrationsfaktor der faschistischen Bewegung wird; die Person ist das Programm. Mussolini hat früh seinen Nietzsche gelesen, und was er über ihn schreibt, wirkt noch heute durch erstaunliche Intelligenz und Sprachmächtigkeit, voll jugendlichem Elan. Da steht auch der Satz: »Und Nietzsche sagt: ›Schaffen!‹ Das ist die große Erlösung aus den Schmerzen und der Trost des Lebens.«[7]

Mit seinem Ausbrechen aus der Sozialistischen Partei macht er die Erfahrung, daß er das Jahrzehnt seines Lebens, während dessen er vom kleinen Volksschullehrer und emigrierten Vagabunden unter Not und Demütigungen zum bekannten Journalisten und Führungsmitglied einer angesehenen Partei emporgestiegen ist, wegwerfen kann wie einen abgetragenen Anzug; daß er aus der Klasse, in die er hineingeboren wurde und für die er gekämpft hat, aussteigen kann; daß er die humanistischen Ideale, die er verkündet hat, über Bord gehen lassen kann; und das alles ohne Reflexion und Selbstprüfung!

Danach ist er der geistigen und moralischen Fesseln ledig; ledig aller sozialen Verantwortung. Nur sein Charakter bewahrt ihn davor, zu einem zweiten Hitler, zu einem Triebmassenmörder zu werden. Hat er auch zur Bewältigung seiner Selbstzweifel Gewalttaten begangen, denen viele einzelne zum Opfer gefallen sind, und Kriege angezettelt, so war grausames Handeln für ihn doch kein Selbstzweck. Er hat daraus keine Befriedigung gewonnen. Nicht Ausmordung ganzer Völker wird Ziel und Inhalt seines Handelns, sondern etwas ungleich Harmloseres: die Erhebung der eigenen Person in eine gottähnliche Position. 22 Jahre lang wird er damit durchkommen, gestützt und getragen von nichts anderem als vom Erfolg. Als er ausbleibt, lassen ihn seine engsten und wichtigsten Mitarbeiter fallen — mit ihnen das ganze Volk — und schreien ihm ins Gesicht: Nie hast du an etwas anderes gedacht als an dich selbst!

Der ideologischen und organisatorischen Bindungen als Sozialist ledig, benützt Mussolini 1914/15 seine Einflußmöglichkeiten als nunmehr faschistischer Agitator und Journalist dafür, Italien aus dem Bündnis mit dem Deutschen Kaiserreich und der k.u.k.-Monarchie Österreich herauszubrechen. Das ist ein Stück Realpolitik, aber auch der Ausbruch seiner tiefen Abneigung gegen alles, was deutsch heißt. Sogar in seine Bewunderung für den Deutschen Nietzsche fließt diese Abneigung mit ein. Er schreibt, Nietzsche »war zutiefst antideutsch. Die teutonische Schwere und das englische Händlertum waren dem Dichter des ›Zarathustra‹ gleicherweise unverdaulich. Vielleicht ist sein Antichrist das letzte Ergebnis einer heftigen Reaktion gegen das feudale pedantische christliche Deutschland.«[8]

Zur aktuellen Situation schreibt er am 16. Mai 1915 im *Popolo d'Italia*: »Das Vaterland steht vor dem furchtbarsten Scheideweg seiner Geschichte. Entweder groß vor den vielen Völkern Europas oder für immer hinabgestürzt in den Abgrund der Schmach und Schande als Mitschuldiger der deutschen Barbarei. Volk, du hast das Wort!«

Dafür, daß das Volk das richtige Wort spricht: für den Krieg an der Seite der Entente, kämpft in vorderster Reihe neben Mussolini Gabriele D'Annunzio, einer der großen Lyriker Italiens, ein Snob, ein hysterischer Nationalist. Seine politische Laufbahn beginnt er, aus Frankreich zurückgekehrt (wohin der Verschwender vor seinen Gläubigern ausgerissen war), am 5. Mai 1915 mit einem flammenden Aufruf für den Krieg, für Kampf, Sieg, Ruhm und Heldentum. Seine Phrasen zünden in ganz Italien. Er selbst eilt nach Rom und stellt seine Sprachkraft und sein literarisches Ansehen in den Dienst der »Intervention«, hetzt sein Land in den Krieg. An Wirkung auf die öffentliche Meinung steht er Mussolini nicht nach. (Aus diesen Anfängen wird sich eine enge Zusammenarbeit der beiden Männer nach dem Krieg ergeben, als Mussolini die faschistische Bewegung von Mailand aus gründet, leitet und groß macht, während D'Annunzio mit einer Freischar Fiume besetzt und die Abtrennung der Hafenstadt zu Gunsten des neuen Jugoslawiens verhindert.) Aus dem Kampf um Italiens Kriegseintritt gehen beide als Sieger über die »Neutralisten« hervor. Das steht Anfang 1915 noch nicht fest. Lange Monate der Ungewißheit, wie sich die Regierung und der König schließlich entscheiden werden, gehen der Kriegserklärung Italiens voraus.

Die ersten großen Siege des Reiches gegen Rußland und Frankreich hatten Italien zunächst in den Augen der Obersten Heeresleitung als eine militärisch zu vernachlässigende Größe erscheinen lassen. In der gegenteiligen Situation befanden sich Frankreich, England und Rußland; für sie war es gerade nach den Verlusten der ersten Kriegsmonate keineswegs gleichgültig, ob Italien überhaupt kämpfen werde und auf welcher

Seite. Dementsprechend machte die Entente Rom große Versprechungen für den Fall des Sieges; Brennergrenze, Halbinsel Istrien, Triest, Dalmatinische Inseln und Gebiete an der Ostküste der Adria, Protektorat über Albanien, mehr Kolonien in Afrika, Garantien für ein Gleichgewicht im Mittelmeer — auf diesem Gabentisch lag alles, was sich Italien je erträumt hatte, wenn auch die Geschenke den Schönheitsfehler hatten, daß die meisten von ihnen erst ihren derzeitigen Eigentümern entrissen werden mußten.

Die wider alles Erwarten schon im Winter 1914/15 für die Mittelmächte ungünstige Kriegsentwicklung machte Italien dann doch auch für sie zu seinem wichtigen Partner. Die Reichsregierung sah sich gezwungen, den österreichischen Verbündeten unter wachsenden Druck zu setzen, bis dieser sich zu erheblichen Grenzkorrekturen gegenüber Italien bereit erklärte. Die Österreicher versprachen den Italienern keineswegs alles, was diesen der Londoner Vertrag vom 26. April 1915 nach dem Krieg schenken wollte; hätte aber wenigstens dieses Angebot noch vor Kriegsausbruch auf dem Tisch gelegen, so hätte der Dreibund wahrscheinlich die ersten Kriegsjahre überdauert. Denkt man an Italiens Schicksal im Zweiten Weltkrieg, dann läßt sich nur sagen: Was für ein Glück für Italien, daß die Mittelmächte, von Siegen verblendet, zunächst glaubten, mit Italien weder so noch so rechnen zu müssen.

Am 23. Mai 1915 erklärt Italien Österreich-Ungarn den Krieg. Die Mittelmächte schreien: Verrat! »Es entspricht den Stimmungen der Stunde, wenn Kaiser Franz Joseph in einem Aufrufe an seine Völker der Entrüstung über den lang geplanten Treuebruch der Gesellen jenseits der Alpen markigen Ausdruck gibt [. . .] In Deutschland werden die Verräter [. . .] genauso verachtet wie in der Donaumonarchie.«[9] Auf diesen Ton ist die ganze Presse des Deutschen Reiches und Österreich-Ungarns gestimmt.

Das »verräterische, käufliche Italien« hat damit das Licht der deutschen Geschichtsschreibung erblickt, die öffentliche Meinung unterwirft sich ihr blind, und bis zum heutigen Tage hängt jener erste »Verrat« Italien an, zumal ihm angeblich ein zweiter, nicht minder schwerer gefolgt ist. Aber »Verrat« kann nicht sein, was der »Verratene« als unabwendbares, von den Umständen diktiertes Ereignis erwartet und worauf er sich in beiden Fällen langfristig militärisch vorbereitet hat.

Vor Kriegsausbruch, am Tage des österreichischen Ultimatums an Serbien, das den Entschluß zum Krieg praktisch präjudiziert, hat Rom die Wiener Regierung wissen lassen, sie habe den Dreibund-Vertrag in seiner Essenz verletzt — ein unbezweifelbarer historischer Tatbestand. Italien »melde allen Vorbehalt zum Schutze der etwaigen Bewegungs- und Rechtsfreiheit«[10] an, was nichts anderes als die Vorankündigung eines möglichen Frontwechsels war, zehn Monate bevor er stattfand. Andererseits hatte Österreich-Ungarn seit Jahren seine Alpengrenze gegen das verbündete Italien befestigt; die ausgebauten Stellungen brauchten im Mai 1915 nur besetzt zu werden. Von ihnen aus würden — so sah es der Wiener Generalstab — die habsburgischen Truppen in wenigen Tagen sozusagen leichtfüßig in die Po-Ebene hinabstürmen.[11]

Heute würde man, modischem Sprachgebrauch der Politiker folgend, die Behauptung, Italien habe verräterisch gehandelt, einen Etikettenschwindel nennen.

Unmittelbar nach dem Ersten Weltkrieg, dessen Ausgang die italienische Entscheidung von 1915 für alle national empfindenden Deutschen zu einer ganz besonders verwerflichen Handlungsweise werden läßt, gibt es in der radikal-nationalistischen Szene Münchens einen Mann, der die Überzeugung, Verrat sei Italien *nicht* anzulasten, lautstark vertritt, obwohl er damit Kreise verprellt, denen er im übrigen mit allem, was er mit der Überzeugungskraft eines besessenen Visionärs verkündet, aus dem Herzen spricht.

Dieser Mann ist Adolf Hitler, von dem der Satz stammt: »Die Meinung, daß Italien an sich als Bundesgenosse treulos wäre, ist [. . .] stupid und dumm.«[12] Geschrieben hat er diesen Satz zwar erst einige Jahre später, aber dem Sinne nach ausgesprochen hat er ihn immer wieder, schon als er gerade aus dem Nichts emportaucht und die ersten Schritte auf dem Weg zurücklegt, auf dem er zum Idol der Deutschen wird.

Der künftige Führer

In bayrischen Bierwirtschaften gibt es noch heute Räume, über deren Tür »Nebenzimmer« steht. Sie sind kleiner als die Gaststube, werden bei besonderem Andrang geöffnet und dienen Vereinen für ihre Zusammenkünfte.

»Nebenzimmer« sind keine Orte, an denen Öffentlichkeit hergestellt wird, sie sind Schutzräume gegen die böse Welt. Menschen, die sich dort beim Bier zusammensetzen, haben das Bedürfnis, der Welt den Rücken zu kehren und unter sich zu sein. Ein solches Grüppchen mit dem stolzen Namen »Deutsche Arbeiterpartei« verkriecht sich nach dem Ersten Weltkrieg mit einer gewissen Regelmäßigkeit im »Leiberzimmer« des Sterneckerbräu im Tal, zwischen Marienplatz und Isartor. Den Vorsitz führt ein Angestellter der Eisenbahn namens Anton Drexler, der auch in solchen Versammlungen aus einer bis auf die Brust herabhängenden Pfeife mit bemaltem Porzellankopf raucht. Im Umgang ist er ein gemütlicher Mann, aggressiv in seinem Denken, in dem, was der nationale Sozialist und Judenhasser nicht ungeschickt zu Papier bringt.

Am Abend des 12. September 1919 haben sich auf Drexlers Einladung hin dreißig oder vierzig Zuhörer eingefunden, um sich von einem gewissen Gottfried Feder etwas über Wirtschafts- und Geldprobleme vom arisch-völkischen Standpunkt aus erzählen zu lassen. Unter ihnen ein Mann, den noch niemand in diesem Kreis gesehen hat. Er trägt einen hellen, verfleckten Regenmantel mit Gürtel, den er den ganzen Abend über nicht auszieht. Er macht einen ausgehungerten Eindruck.

Nach Stunden macht der Unbekannte zum erstenmal den Mund auf, erregt sich über einen Diskussionsredner, der die Abtrennung Bayerns vom Reich gefordert hat, und erweist sich als ein rabiater Verteidiger der Reichseinheit und als Judenfeind. Drexler ist beeindruckt, drückt beim Aufbruch dem Gast sein politisches »Programm« in die Hand und läßt sich dessen Adresse geben: ein Postfach. Der Name: Adolf Hitler.[13]

Das Szenische an seiner Begegnung mit der Deutschen Arbeiterpartei, in die er eintreten und zur NSDAP umbauen wird, Nebenzimmer, Bierkeller, in der Folge Hofbräuhaussaal, Zirkus Krone, hat eine Umfälschung ins Politische erfahren und die bis heute nicht gänzlich außer Kurs gesetzte Fama hervorgebracht, der Einzelgänger Hitler sei auf den Schultern der kleinen Leute zur absoluten Macht emporgetragen worden. Er selbst wäre in den frühen Jahren seines öffentlichen Auftretens, zwischen 1919 und 1924, der erste gewesen, der diese These bestätigt hätte. Er sieht sich als den »Trommler«, der die Massen zu mobilisieren weiß, nicht als den »Führer«, obwohl er bald so genannt wird. Er strebt nicht nach der Staatsmacht, so weit ist er noch nicht. Tägliche Erfahrung sagt ihm, daß er für die Stellvertreter der Macht, mit denen er sich arrangieren muß, der Niemand geblieben wäre, der er bis 1919 war, wenn sie nicht erlebten, wie er erst Hunderte, bald Tausende, dann Zehntausende zu politisieren, d. h. in einen Zustand zu versetzen vermag, in dem sie sich zu politischen Zwecken verwenden lassen. Für welche?

Sein politisches Programm ist eine Summierung der Ressentiments des deutschen Volkes, das gerade einen Weltkrieg verloren hat, von dem es bis zuletzt glaubte, es werde ihn gewinnen. Die Quittung für die Niederlage ist der Vertrag von Versailles, der kein Vertrag, sondern ein Diktat der Sieger ist. Die ökonomischen und militärischen Fesseln, die dem Reich damit auferlegt sind, wieder abzuschütteln, ist, neben der Hetze gegen die Juden, das A und O seiner Reden in den Münchner Jahren. Jene, die heimtückisch die Niederlage herbeigeführt haben, nennt er »Novemberverbrecher«, jene, die den Kampf gegen »Versailles« nicht zur Grundlage ihrer Politik machen, »Erfüllungspolitiker«. Schuld am nationalen Unglück seien die Marxisten und die Juden, die letzteren darüber hinaus die Verursacher aller »zersetzenden« Tendenzen schlechthin, nicht zuletzt in der Wissenschaft und in der »entarteten« Kunst. Dem Judentum gegenüber stehe in unauslöschlicher Feindschaft die »Herrenrasse« der Deutschen, die nur zu sich zurückfinden, die Juden und die Marxisten »ausmerzen« müsse, um ein neues stolzes Reich aufrichten zu können. Damit es dahin komme, bedürfe es nur eines: Man müsse es wollen. Der Wille vermöge alles! Der Wille aller, gebündelt in der Person eines Führers!

Mit diesem »Programm« paßt Hitler genau in die Vorstellung und Absichten seiner Entdecker; das ist ein Klüngel von Offizieren, die sich nicht heimschicken lassen, nicht ein ziviles Leben führen wollen, in Münchner Stabsquartieren faulenzen und den sich gerade formierenden neuen Staat, die Republik, die sie bezahlt, schon verachten und hassen, noch bevor sie Kontur gewonnen hat.

Hitler selbst gehört, nach Kriegsende der Stammformation seines Regiments zugewiesen, zu den Zehntausenden nichtdemobilisierter Soldaten, die in Münchner Kasernen und in den Baracken des Lagers Lechfeld (südlich von Augsburg) herumsitzen, noch Löhnung empfangen und nicht wissen, womit sie die Zeit totschlagen sollen. Er fällt als rabiater Diskutant im Kameradenkreis auf. Von seinen unmittelbaren Vorgesetzten wird zunächst weniger sein Rednertalent als seine Gesinnung wahrgenommen. Um seines nationalen Fanatismus willen wird er ins Vertrauen gezogen und erfährt, daß sich ein »Untersuchungsausschuß« gebildet habe. In Wahrheit handelt es sich um ein militärisches Femetribunal, das gegen solche Soldaten vorgeht, die sich nach dem Umsturz der kurzlebigen Räterepublik zur Verfügung gestellt haben sollen. (Am 7. November 1918 war Bayerns König, Ludwig III., ein Kistchen Zigarren unterm Arm, aus seiner Residenz geflohen und das Land zum Freistaat erklärt worden.) Für jene Mörder in Uniform arbeitet Hitler unge-

fähr einen Monat lang als Spitzel, wird dadurch Mitschuldiger an Feme-
prozessen. Die selbsternannten »Richter« kennen nur Freispruch oder
Todesstrafe, die nächtens irgendwo in den Isarauen vollzogen wird. Ein
beliebter Exekutionsplatz ist auch eine Abraumhalde des Bergwerks
Peißenberg. Unter den Bergarbeitern agiert eine kommunistische
Gruppe, die in der Siedlung Maxlried ihr Zentrum hat. Die radikalen
Arbeiter sollen durch die Leichenfunde entmutigt werden.*

Der führende Kopf unter den Offizieren, die Hitler aushalten, ist jener
Hauptmann Ernst Röhm, später der Führer von Hitlers SA, von ihm
1934 ermordet. Vom Kadavergehorsam hält der Hauptmann gar nichts.
Er will seine Soldaten politisch motivieren und richtet für diesen Zweck
Schulungskurse ein. Mit der Durchführung wird ein Hauptmann Karl
Mayr beauftragt. Der scheint nicht weniger modern als sein Chef zu den-
ken und überläßt den Unterricht in den Kursen durchaus nicht nur
Kameraden. Er schaut sich unter den politisch profilierten Historikern
und Soziologen der Münchner Universität um und kann dabei zwei
Berühmtheiten gar nicht übersehen: den Soziologen Max Weber (»Der
größte Deutsche unseres Zeitalters« schrieb sein Schüler, der Philosoph
Karl Jaspers, 1958 über ihn) und den Historiker Karl Alexander von
Müller. Weber, der schon 1920 stirbt, scheint nur ein- oder zweimal der
Einladung des Hauptmann Mayrs gefolgt zu sein, häufiger der Historiker. Ihm verdanken wir den schriftlich vorliegenden Hinweis, daß unter
den Besuchern dieser Kurse sich einer sowohl durch seine abenteuerliche
Erscheinung (wirre Haarsträhnen hängen bis über die Augen, ein Ober-
lippenbart weit über die Mundwinkel herab) wie durch die Eloquenz seiner Diskussionsbeiträge und den Fanatismus, mit dem er sie vortrug, vor
allen andern hervorgetan hat. Der großbürgerliche, elegante Müller, dem
dieser vagantische Typ von Grund auf zuwider hätte sein müssen,
spricht von seinen Begegnungen mit Hitler vor diesem Forum der
Reichswehr durchaus positiv.

* Wenn der Verfasser entgegen üblicher Lesart daran festhält, Hitler habe seine politische Laufbahn als Spitzel reaktionärer Offiziere begonnen, so stützt er sich dabei auf
die Erinnerung an Zusammenkünfte im Elternhaus, denen der damals Zwölf- und
Dreizehnjährige als stummer Zuhörer mit ausdrücklicher Billigung des Vaters folgen
durfte, der in einem oberbayrischen Landkreis nach dem Ersten Weltkrieg die »Ein-
wohnerwehr« organisiert hat. Dadurch hatte er Kontakte zu Führern nationalisti-
scher Organisationen, die mit Hitlers Programm ganz einverstanden waren, ihn aber
als Person verachteten, der NSDAP nicht beitraten und um so mehr Gefallen daran
fanden, Hitler am Zeug zu flicken, je einflußreicher er wurde. Der »Spitzel Hitler« war
bei ihren Treffen ein beliebtes Thema, in dem sie äußerst sachkundig waren.

Karl Mayr meldet Röhm, was für ein seltsamer Vogel sich da eingefunden hat. Nicht unbemerkt bleibt und ist eine weitere Empfehlung, daß dieser Gefreite auf dem ausgefransten Uniformrock das Eiserne Kreuz 1. Klasse trägt — eine seltene Auszeichnung bei einem Soldaten des Mannschaftsstandes.

Die Offiziere und vor allem Röhm haben begriffen, daß die Zeiten vorbei sind, in denen eine exklusive Elite am Volk vorbei allein durch Druck auf die Regierung Politik machen kann. Sie suchen den Kontakt nach unten. Deshalb richten sie nun Schulungskurse für Soldaten ein und bemühen sich um den Trommler Hitler. Aber auch die großbürgerlichen Kreise haben aus dem Verhalten der Sozialdemokratie im Kriege die Lehre gezogen, daß der sich ihrer selbst bewußt gewordenen Arbeiterklasse durchaus mit nationalen Phrasen beizukommmen sei, Internationalismus und Pazifismus hingegen nur noch bei einer Minderheit verfangen. Sie halten die Massen für erziehbar in ihrem Sinne, können aber diese Erziehung nicht leisten, solange sie ohne Verbindung zum Volk sind.

Eine Elite bayrischer Reicher und Einflußreicher hat sich schon im Krieg in der »Thule-Gesellschaft« zusammengefunden, deren organisatorische Arbeit ein gewisser Rudolf Freiherr von Sebottendorff leistet. Die »Thule-Gesellschaft« überschwemmt ganz Deutschland mit antisemitischen Hetzschriften, steckt hinter Fememorden und unterhält einen Spionagering.[14] Jetzt will auch sie »Basisarbeit« leisten, ist im Kern aber eine terroristische Vereinigung.

Im Bemühen, Berührung mit unteren Volksschichten zu gewinnen, bedient sich die Gesellschaft eines nationalistischen Wirrkopfes, des Journalisten Karl Harrer, der dem im Hotel »Vier Jahreszeiten«, dem damals vornehmsten in der Stadt, residierenden Sebottendorff vormacht, er besitze enge Kontakte zu einer bedeutenden politischen Gruppe, in der sich Handwerker und kleine Angestellte zusammengefunden hätten. Diese Gruppe ist der »Nebenzimmer«-Verein des Eisenbahners Drexler. Hier schließt sich der Kreis, innerhalb dessen Hitler nun ziemlich rasch die Bezugsperson sozial weit auseinanderliegender, in ihrer staatsfeindlichen Gesinnung desto enger verbundener Kreise wird: der Offiziere, der Kleinbürger — unter denen der Drexler-Politstammtisch nur der Faden in der chemischen Lösung ist, an dem sich die Kristalle niederschlagen — und ein großbürgerliches Lager, das sich so wenig wie die Offiziere mit der Demokratie abfinden will.[15]

Im politischen Sumpfgelände, zu dem nicht ganz Bayern, sondern nur München und das Gebiet südlich der Donau geworden ist (bis der Hitler-Putsch von 1923, weil und wie er mißlingt, eine gewisse Stabilisierung und Beruhigung auch dort zur Folge hat), lassen sich zwei Lager ausmachen, die einander das Wasser abgraben wollen: die bayernbewußten Separatisten, die in der Abtrennung Bayerns vom roten, verjudeten Norden mit dem verhaßten Berlin als Hauptstadt den einzigen Weg sehen, wieder zu geordneten Zuständen zu gelangen; die Reichsnationalisten, für die Bayern nur das Sammelbecken der Rechtskräfte ist. Sie wollen von München aus den Marsch nach Berlin antreten und dort die rote Brut verjagen, um dann das Reich in alter Herrlichkeit – wenn auch ohne Kaiser an der Spitze – wieder erstehen zu lassen.

Wo Hitlers Platz in diesem Spektrum ist, kann niemandem zweifelhaft sein: Er wird in zwei Jahren der Leithammel der Reichsnationalisten. Wenn man überhaupt sagen kann, er habe im Lager der Separatisten einen gleichwertigen Gegner, so ist es der Staatskommissar Kahr, der sich keine sichere Hausmacht verschaffen und doch als ein begabter Finasseur auf eine bunte Mischung stützen kann, die von den wittelsbachischen Monarchisten bis in das Wehrkreiskommando reicht. Für Hitlers ungewöhnliches politisches Geschick und für die Spannweite seiner Zielvorstellungen lassen sich aus diesen frühen Münchner Jahren drei Feststellungen treffen: Erstens gelingt es ihm als einzigem der politisch eindeutig profilierten Volksverhetzer, zeitweise beide Lager hinter sich zu bringen: das nationalistische und das separatistische; zweitens macht dieser Hypernationalist von einem billigen Anlaß, das Volk national aufzuladen, keinen Gebrauch: Er stimmt nicht in das Geheul aller Parteien ein, das den Nationalitätenkampf in Südtirol gegen die römische Italienisierungspolitik begleitet. Auf der Linie dieses Verzichts, sich den Beifall seiner Zuhörer zu verschaffen, liegt seine von uns bereits gestreifte Verteidigung des italienischen Volkes gegen den Vorwurf, es habe verräterisch gehandelt. Vielmehr argumentiert er, daß ein Vertrag — hier der Dreibundvertrag —, der nur einer Seite Nutzen verschaffe, unter keinen Umständen haltbar sein könne; daß der benachteiligte Partner ihn aufkündige oder breche, sei nur selbstverständlich. Fragt man sich, was Hitler zu einer so erstaunlich gerechten Beurteilung des italienischen Vorgehens von 1915 veranlaßt haben könnte, so findet man heraus, daß er bereits damals eine Neuordnung Europas anvisierte, in der die Interessen von 150 000 deutschstämmigen Südtirolern zu übergehen waren, falls sie ein Hemmnis für diese Neuordnung bedeuteten. (Schätzungen ihrer Zahl schwanken; im Krieg wird von 220 000 gesprochen. Hitler hat mit unterschiedlichen Zahlen manövriert.) Ihm steht bei der Überlegung, wo ein Deutschland, das die Ketten des Versailler Vertrags brechen will, Bundesgenossen finden könnte, bereits Italien zu einer Zeit vor Augen, als er von Mussolini vielleicht noch nicht einmal den Namen gehört hat, aber weiß, daß die römische Regierung sich durch die Pariser Vorortsverträge um erhebliche Teile der ihr im Londoner Vertrag zugesagten Gebietsvorteile betrogen sieht und ihrerseits eine revisionistische Politik treibt.* Drittens – und das ist vielleicht die erstaunlichste Abweichung, die sich Hitler von der allgemeinen Volksstimmung leistet – schwimmt er nicht auf der höchsten und breitesten Welle deutschen Nationalgefühls mit, die durch den sogenannten Ruhrkampf ausgelöst wird, durch den Einmarsch französischer Truppen ins Ruhrgebiet, auf den die Reichsregierung mit dem passiven Widerstand antwortet.

Wieder ist zu fragen, was Hitler veranlaßt haben kann, nicht auf eine Pauke zu schlagen, deren lärmender Ton ohne weiteres das Getöse seiner Propaganda verstärkt hätte. Die Antwort darauf ist zugleich schwieriger und aufschlußreicher als im Falle seiner Abstinenz beim Südtirolproblem. Die Empörung des Volkes, der Parteien, ihrer Fraktionen im Parlament und der Regierung über das französische Vorgehen äußert sich mit einer derartigen Vehemenz, daß Hitler befürchten muß, er könnte sie nicht übertreffen. Angesichts dieser Woge, die das Land von Flensburg bis Berchtesgaden aufwühlt, wird die Behauptung, im Norden säßen die verjudeten Sozis und Novemberverbrecher, unglaubhaft, und gut die Hälfte all dessen, was Hitler in seinen Versammlungen an Hetze bietet, wäre um seine Durchschlagskraft gebracht, wenn er seine Bewegung in diese nationale Front einbrächte. Das klügste ist, dazu zu schweigen oder zumindest den Ruhrkampf als ein kurzatmiges Unternehmen abzuqualifizieren, das nur zu geeignet sei, von der Notwendigkeit der Erneuerung des Reiches und von der Liquidierung seiner durch den verlorenen Krieg geschaffenen Lebensbedingungen abzulenken. Hitler befürchtet, er könnte als Mitkämpfer im Ruhrkampf als ein

* Ein politischer Romantiker, Werner Abel (geb. 1902), in jungen Jahren vom Kriegsfreiwilligen und Femekollaborateur nach ganz links driftend, beeidete in einem politischen Prozeß, Hitler habe von Mussolini in den frühen zwanziger Jahren erhebliche Geldsummen erhalten und deshalb die Südtirolpropaganda der Nationalisten nicht mitgemacht. Abel wurde auf Betreiben der NSDAP im Juni 1932 in München wegen Meineids zu drei Jahren Zuchthaus verurteilt, die er absitzen mußte, und wurde im Spätherbst 1935 im Lager Dachau ermordet. Kommunisten haben sich die These, Hitler habe sich gegen etliche Millionen Lire Südtirol politisch abkaufen lassen, zu eigen gemacht, sie greift aber viel zu kurz. (Vgl. *Die Weltbühne*, Nr. 9, 1. November 1946, S. 265: »Werner Abel« von Kurt Hiller [London])

bayrischer Spezialfall der Deutschnationalen vereinnahmt werden. Das, in der Tat, würde ihm den Wind aus den Segeln nehmen.

Welchen Wind eigentlich? Oder anders gefragt: Was unterscheidet ihn denn von all den rechtsradikalen, judenfeindlichen Antidemokraten, von denen nicht wenige, denken wir dabei nur an Ludendorff, mit einem großen vorgegebenen Prestige in die Weimarer Arena steigen, über das der immer halbverhungert wirkende Mensch, der nun doch die Uniform mit einem blauen Anzug vertauscht hat und zuweilen sogar in einem aus dem Leihhaus stammenden Gehrock auftritt, nicht verfügt? Nicht nur Bayern, Deutschland von oben bis unten ist voll von rechtsradikalen Hetzern, von Männern, die die Regierung in Berlin nicht anders und mit keinen anderen Argumenten zum Teufel wünschen wie Hitler auch, die einen Putsch vorbereiten und ihn sogar durchführen wie der ostpreußische Generallandschaftsdirektor Wolfgang Kapp, der am 13. März 1920 zusammen mit einem General von Lüttwitz und der Marinebrigade Ehrhardt Berlin für 24 Stunden in seine Hand bringt und die Reichsregierung zur Flucht zwingt. Ihnen allen bleibt der Erfolg versagt, wohingegen Hitler nicht einmal sein mißlungener Putsch vom November 1923 erledigt — warum? Weil er besser reden konnte als all die anderen? Vielleicht konnte er das, und niemand wird bezweifeln, daß er ein wirkungsvoller Redner war — aber bei der Untersuchung, was eigentlich gewirkt hat, ist zuviel Aufmerksamkeit an die Form seiner Reden und auf sein politisches Argumentieren verschwendet worden, während es doch darauf angekommen wäre herauszufinden, was ganz unverwechselbar »Hitlerisch« daran gewesen ist, denn logischerweise muß darin das Geheimnis seines Erfolges liegen. Nun, bemerkt wurde in manchen Versuchen, Hitler zu »erklären«, schon, worauf wir jetzt hinsteuern, aber vielleicht ist doch nicht mit genügendem Nachdruck herausgestellt worden, daß seine Reden um ein Zentrum von eindeutig transpolitischem Charakter kreisen und er nur darin einzigartig war. Er propagierte ein Programm der Vernichtung, in dem er zwar einige der zu vernichtenden Feinde beim Namen genannt hat, vorab also die Juden, das er aber nie vollständig entwickelt hat. Ihm zuhörend, haben die Massen das Gefühl gehabt, daß da einer spricht, der nicht alles sagen kann, was ihm eigentlich als letztes Ziel vorschwebt, weil es so absolut, so ungeheuerlich ist, daß dafür die Worte fehlen.

Gewiß fasziniert es die Tausende, dann Zehntausende, die ihm zuströmen, Mordverheißungen wie die folgenden zu hören: »Mit dem Juden gibt es kein Paktieren, sondern nur das harte Entweder-Oder. Ich aber beschloß, Politiker zu werden.«[16) »Wir fordern Abrechnung mit den Novemberverbrechern von 1918 [. . .] Nein, wir verzeihen nicht, sondern fordern — Vergeltung! Die nationale Entehrung hat ein Ende zu nehmen. Vaterlandsverräter und Denunzianten gehören an den Galgen.« (September 1922)[17) »Unser Motto lautet: Und willst du nicht ein Deutscher sein, so schlag' ich dir den Schädel ein!« (November 1922) »Nicht durch die Prinzipien der Humanität lebt der Mensch oder ist er fähig, sich neben der Tierwelt zu behaupten, sondern einzig und allein durch die Mittel des brutalsten Kampfes.«[18) »Das Volk [. . .] empfindet den Verzicht auf die Vernichtung des anderen als Unsicherheit in bezug auf das eigene Recht [. . .].«[19)

Dergleichen partikulare Mordverheißungen gingen den immer größer werdenden Massen seiner Zuhörer, die sich von unsichtbaren Feinden verkauft und verraten fühlten, gewiß angenehm ein, aber sie hätten nicht ausgereicht, den gleichsam mystischen Kontakt zwischen ihnen und ihm herzustellen, der dann bis 1945 gehalten hat und nur durch fremde Gewalt, nicht durch eigene Einsicht gebrochen werden konnte. Nein, dafür wäre die Ankündigung der Vernichtung überschaubarer, benennbarer Gruppen nicht genug gewesen, hätte nicht jeder gespürt, daß der Redner nur Durchblicke auf eine Welt lieferte, die deshalb auf die vollkommenste Weise eine rein deutsche sein würde, weil alles, was nicht deutsch ist, vernichtet werden muß, vernichtet sein wird.

In den zwanziger Jahren, als er anfing, diesen paradiesischen Zustand zu beschwören — darauf verstand er sich! — und das von Weltfurcht und Zukunftsangst geschüttelte Volk daraus Trost und Zuversicht gewann, ahnte noch niemand, daß sogar die Vision einer rein deutschen Welt, die in seiner politischen Propaganda die Gestalt eines deutschen Großreiches, wenn nicht sogar von deutscher Weltherrschaft annahm, weit hinter dem zurückblieb, was ihm sein kranker Geist als das Ziel aller Ziele vorgaukelte: die leere Welt.

Erst als er es nicht mehr nötig hatte, eine quasi rationale Propaganda zu treiben, enthüllte er sich in seiner Wahrheit und ließ erkennen, daß die dem ganzen Volk oktroyierte Vorgabe, er sei national dingfest zu machen und er habe wirklich ein deutsches Programm, nichts gewesen war als die Tarnung seines Welthasses und seines Triebes zur Weltvernichtung. Diese Tarnung gilt gemeinhin als seine große Leistung, und in der Tat war sie eine große Leistung. Beim kleinen Mann, dessen Sehnsüchte nach einem besseren Leben er ebenso instinktsicher ansprach, zündeten seine Phrasen vom herrlichen großen deutschen Reich

genauso wie bei den mächtigen Herren des Kapitals und der Industrie, denen er unermeßliche Gewinne nicht nur versprach, sondern auch lieferte. Doch das war es nicht, was ihn mit dem Volk verschweißte und das Volk mit ihm, war es nicht, was man seine Mission nennen muß. Wer hat ihm aufgetragen, er sei ausersehen, die Welt zu vernichten? Wir wissen es nicht, und wir bezweifeln, daß es jemals jemand wird sagen können.*
Und sein Volk — warum faszinierte es, was er ihm davon zeigte? Darauf sich um eine Antwort zu bemühen, wäre vielleicht nicht ganz so aussichtslos, aber es hat noch niemand, soweit wir wissen, versucht.

Von dem achtzehnjährigen Hitler kann sein Linzer Schulkamerad August Kubizek noch sagen: »Sein aufgespeicherter Haß gegen alle Kräfte, die das Deutschtum bedrängten, konzentrierte sich vor allem auf das Judentum.«[20] Aber schon für den Hitler von 1922/23 ist die Ausmordung des Judentums ein Detail seiner visionären Weltschau, das er deshalb so stark heraushebt, weil die Deutschen es sich am leichtesten emotional aneignen können, denn es leben ja viele Juden unter ihnen, sie sind in Wirklichkeit vorhanden. Hitler kann mit dem Finger auf sie zeigen und schreien: Seht sie an, das sind sie, die ihr umbringen dürft, wenn ich die Macht habe. Im Zirkus Krone zu verkünden, daß auch die Polen, die Russen, die Slawen schlechthin umzubringen seien, wäre seinen Anhängern ähnlich einfach noch nicht beizubringen gewesen.

So ist Hitler auf viel geheimnisvollere Weise ein Deutscher, Sohn eines Volkes, das sich vor der Welt fürchtet, als Mussolini ein Italiener ist, ein Italiener wie aus dem Bilderbuch, auch als Charakter ein eher simpler Schulfall der Psychoanalyse in seinem stetigen Schwanken zwischen Geltungssucht und Minderwertigkeitskomplexen, von denen Hitler verschont bleibt wie kaum eine andere geschichtliche Persönlichkeit.

Im Münchner Prozeß gibt er 1924 seiner manischen Selbstgewißheit Ausdruck: »Wer zum Diktator geboren ist, der wird nicht gedrängt, sondern der will; der wird nicht vorgedrängt, sondern drängt selber vor [. . .]. Wer sich berufen fühlt, ein Volk zu regieren [. . .] hat die Pflicht, es zu tun.«[21]

Hitler ist kein programmloser Aktivist wie Mussolini, Macht ist für ihn nicht Selbstzweck, sondern die Voraussetzung, seinen »Auftrag« ausführen zu können, seiner Mission zu dienen, der er ausweglos ausgeliefert ist. Er bedarf der Macht nicht wie Mussolini, um sein Selbstgefühl

---

* Es sei hingewiesen auf: Alice Miller, *Am Anfang war Erziehung*. Frankfurt a. M. 1980, zu Hitler: S. 169—231.

abzustützen, und nichts ist ihm unbekannter als der Zweifel am eigenen Handeln. Noch in der Stunde, in der er sich tötet, wird ihn der Gedanke nicht einholen, dieses Ende selbst verschuldet zu haben.

Ein Programm, das auf Vernichtung ausgerichtet ist, kann mit Reden allein nicht erfüllt werden, es bedarf der materiellen Gewalt, welche die Vernichtung vornimmt. Es bliebe unbegreiflich, wie der hergelaufene Schlawiner, der Strizzi, wie die Münchner einen solchen Typ nennen, in kürzester Zeit über eine ansehnliche materielle Macht, d. h. über paramilitärische Einheiten und ihre Bewaffnung verfügen kann, wenn man bestritte, daß jene, die ihm die nötigen Mittel dazu liefern, auch wollen, daß sie für die Zwecke verwendet werden, die er unmißverständlich an mehreren Abenden jeder Woche in überfüllten Sälen ankündigt: für Mord und Totschlag.

Für seine private Lebensführung braucht Hitler fast nichts. Man fragt sich, wovon er eigentlich lebt, und die Antwort ist: von Äpfeln, gekochtem Reis und den Einladungen von Parteigenossen. Aber schon 1920 leistet sich der Arbeitslose einen Luxus, auf den er nie wieder verzichten wird: ein Auto mit Chauffeur. Für die Parteiorganisation zweigt Hauptmann Röhm aus geheimen Fonds der »Schwarzen Reichswehr« erhebliche Summen ab, leiht Lastkraftwagen für Propagandafahrten aufs Land hinaus, liefert Waffen für die SA. Im Dezember 1920 kann die Partei den *Völkischen Beobachter* kaufen, bis dahin ein Vereinsblatt der »Thule-Gesellschaft« voll antisemitischer Hetze, aber kaum beachtet. Daraus wird die großformatige Tageszeitung der Bewegung. Im Sommer 1921 zählt sie bereits 3000 zahlende Mitglieder, Hitler reist zum zweitenmal nach Berlin — das erste Mal hat ihn die Reichswehr in einem Flugzeug zur Beobachtung des Kapp-Putsches hingeschickt —, er wohnt dort im luxuriösen Haus des Klavierfabrikanten Bechstein, macht bei dem Industriellen Borsig erhebliche Summen locker und schafft neue Verbindungen zu Industriellen und höchsten Militärkreisen. Frau Bechstein sammelt Geld für die NSDAP und gehört zu den feinen Damen, die Hitler, wenn sie knapp bei Kasse sind, Schmuckstücke aushändigen, die er zu Geld macht. Auf dem Höhepunkt der Inflation, als man für hundert Dollar ein Haus kaufen kann, schließt Hitler mit dem Inhaber der Firma Korn-Frank in Berlin einen Vertrag und überträgt als Sicherheit für ein Darlehen von 60000 Schweizer Franken einen Smaragdanhänger mit Brillanten, »[...] einen Saphirring mit Platin und Brillanten, [...] einen Rubinring in Platin mit Brillanten, [...] eine venezianische Reliefspitze, handgenäht, [...] eine rotseidene spanische Flügeldecke [...]«.[22]

Anfang 1923 kauft Hitler und bezahlt bar mit Devisen: 17 leichte Geschütze, Tausende von Gewehren und militärische Ausrüstungen. Durch Vermittlung des Kommandeurs der bayrischen Reichswehr, General von Lossow, kann er diese Waffen bei der Reichswehr einlagern mit dem Versprechen, sie nur im Falle einer Abrechnung mit den Kommunisten zu benützen.

Nachdem er schon in die Schweiz, nach Österreich und in die Tschechoslowakei Boten ausgeschickt hat, die Geld beschaffen sollen und Geld beschafft haben, ist er nun soweit, Verbindungen mit dem Mann aufzunehmen, dessen Aufstieg man auch in München beobachtet hat und von dem man vermutet, er stehe just an dem Punkt seiner Laufbahn, dem sich Hitler in gänzlicher Verschätzung der wahren Machtverhältnisse auch nahe zu sein glaubt: der Machtübernahme. Er schickt einen Gefolgsmann zu Mussolini.

Kurt Luedecke ist einer der erfolgreichsten Geldeintreiber für die NSDAP.* Er macht sich aber auch auf andere Art nützlich. Seine feudale Wohnung, in der ein Kammerdiener mit weißen Handschuhen Tee serviert, wird zum Stabsquartier der SA. Er bietet Hitler an, eine Elitekompanie aufzustellen, die Mittel dafür wolle er sich beschaffen. In ein paar Wochen steht eine Einheit von rund hundert Mann, die sich nach Erscheinungsbild, Bewaffnung und Disziplin von einer entsprechenden Reichswehrtruppe kaum unterscheiden läßt. Luedecke kann Sprachen, ist im Ausland vorzeigbar — kurz, er ist der richtige Mann, um ihn zu den Faschisten zu schicken. Bei der Voranmeldung des Besuchs wird Mussolini vorgemacht, Herr Luedecke käme auf Empfehlung Ludendorffs.

In Mailand angekommen (September 1922), ruft er vom Bahnhof aus beim *Popolo d'Italia* an, bekommt ohne weiteres den Chef an den Apparat und wird noch für denselben Nachmittag in die Redaktion bestellt. Schon 1920 ist das Blatt aus den zwei Zimmern, in denen Mussolini seinen ersten *Popolo*-Leitartikel am 15. November 1914 geschrieben hat, in

---

* So schickt Hitler im Januar 1924 (er ist des Hochverrats angeklagt, nach dem Putschversuch verliert die junge Partei Mitglieder) Luedecke auch in die USA, er soll dort unter anderen den rabiaten Antisemiten Henry Ford zum wiederholten Male um Geld angehen. Zur gleichen Zeit reist das Ehepaar Siegfried und Winifred Wagner durch die Staaten — Richards Sohn dirigiert Konzerte —, um rund 200 000 Dollar für die Wiedereröffnung der Bayreuther Festspiele zu sammeln. Mit den Wagners trifft sich Luedecke im Hotel »Waldorf« in New York. Frau Winifred ist bereits für den Politiker wie für den Mann Hitler entbrannt und wirkt nun auch tatkräftig bei Luedeckes Auftrag mit. Sie führt ihn bei Ford ein.[23)]

einen aufwendigen Block umgezogen, in dem sich auch die Druckerei befindet. Als Mussolini dort zum erstenmal in das für ihn vorgesehene Zimmer getreten war, sah er einen Klubsessel und rief: »Raus, raus damit, sofort, sonst werfe ich ihn aus dem Fenster. Lehnstühle und Pantoffeln sind der Ruin des Mannes.«[24] Luedecke ist vom Gebäude und seiner Einrichtung tief beeindruckt, so üppig hat es die NSDAP noch nicht; weniger hingegen von Mussolini selbst, dessen »fahle Gesichtsfarbe, müde herabhängenden Mund und abgebissene Fingernägel« er beschreibt. Die schwarze Flagge mit dem Totenkopf, der einen Dolch zwischen den Zähnen hält, hängt als Wanddekoration seit 1914 hinter dem Schreibtisch.[25]

Er habe, so berichtet Luedecke, mit seinen Erklärungen bei Adam und Eva anfangen müssen, denn Mussolini sei der Name Hitler gänzlich unbekannt gewesen. Es ist nicht einzusehen, warum Luedecke dies erfunden haben sollte, es überrascht aber um so mehr, als Mussolini ein halbes Jahr vor dieser Begegnung ein paar Tage in Berlin gewesen und von der Prominenz des Weimarer Systems empfangen worden war. Von der rechten Fronde, von seinen Gesinnungsgenossen, hat er niemanden besucht. Im Auswärtigen Amt sprach er mit dem Experten für Italienfragen, Baron Tucher; ferner waren Reichskanzler Wirth, Rathenau und Stresemann — der nach Rathenaus Ermordung in der Königsallee Außenminister wird — seine interessierten Gesprächspartner.[26]

Schenken wir Luedecke darin Glauben, Mussolini habe von Hitler nichts gewußt, so ist damit gesagt, daß dieser in den hochpolitischen Gesprächen zwischen dem Italiener und Mitgliedern der Reichsregierung 1922 nicht erwähnt worden ist. Daß sie nichts von ihm gewußt haben, ist unmöglich: Der bayrische Sumpf war gefährlich genug, um ständiger Beobachtung von Berlin aus sicher zu sein, und selbst ein General von Seeckt (der in krisenhafter Situation auf die Frage des Reichskanzlers: Wo steht die Reichswehr? sich die Antwort erlaubte: Die Reichswehr steht hinter mir!) läßt sich in München durch General von Lossow mit Hitler bekanntmachen und führt ein Neunzig-Minuten-Gespräch mit ihm, wobei er seine tiefe Skepsis gegenüber der Bewegung keineswegs verbirgt.

Es waren nicht die deutschen Demokraten, es war der italienische Faschist, der in seinen Berliner Informationsgesprächen das antidemokratische Lager ausgeklammert hatte. Er wollte sich über die Personen und ihren Einfluß orientieren, mit denen er es als italienischer Regierungschef zu tun bekommen würde, und sich ihnen im voraus als zuverlässiger künftiger Partner präsentieren. Doch was er zu hören und zu sehen bekam, stimmte ihn pessimistisch. Wieder zurück in Mailand, schrieb er reportagehaft im *Popolo*, analytisch in der *Gerarchia* (der Zeitschrift für die faschistischen Intellektuellen), das Deutschland, das er gesehen habe, sei nur ein »Als-ob-Deutschland«, das wahre stehe dahinter schon in Bereitschaft. Die auf den Friedensverträgen beruhende europäische Ordnung werde bald zusammenbrechen.

Mit Luedecke hat er einen Sprecher dieses Deutschlands von morgen vor sich. Der Deutsche kann darauf hinweisen, sein Auftraggeber habe das Bündnis mit Italien seit langem propagiert. In einer Rede vom 1. August 1920 hatte Hitler gesagt: »Die Grundforderung ist, weg mit dem Friedensvertrag! Wir müssen hierzu alle Hebel in Bewegung setzen, hauptsächlich die Gegensätze speichern und [. . .] alles nutzen, damit wir Italien für uns bekommen.«[27]

Mussolini ist jetzt begierig, aus diesem Lager Informationen zu bekommen. Mit seinem Besucher stimmt er darin überein — und wiederholt die Thesen seiner Deutschlandberichte —, daß die Weimarer Demokratie, nicht weniger brüchig als die italienische, nicht in der Lage sein werde, die aus der Niederlage erwachsenen Probleme zu meistern. Was Luedecke täglich von Hitler hören kann, hört er nun zu seiner Befriedigung auch von Mussolini: Der Kommunismus, der Bolschewismus müsse mit Stumpf und Stiel ausgerottet werden. Der Italiener schildert begeistert, welche Erfolge seine militanten Verbände in einem knappen Jahr in ihrem Kampf gegen die Linken — eingeschlossen die Sozialdemokraten — errungen hätten. Luedecke erkundigt sich nach der militärischen Taktik der faschistischen »Strafaktionen« auf dem Land und in Provinzstädten und macht sich darüber Notizen. Zwei von Luedecke angesprochene Punkte wischt Mussolini vom Tisch. Die Frage, welche Politik eine faschistische Regierung gegenüber dem deutschen Volkstum in Südtirol einschlagen werde, weist er mit allen Zeichen der Verärgerung und Gereiztheit zurück. Darüber sei kein Wort zu verlieren, der Brenner sei Italiens Grenze. Durch seine Schroffheit bringt sich Mussolini um diese allererste Gelegenheit zu erfahren, daß das Südtirolproblem nach Hitlers Willen niemals zwischen einem nationalsozialistischen Deutschland und einem faschistischen Italien trennend stehen solle.

Das andere von Luedecke berührte Problem, der Kampf gegen das Judentum dürfe nicht weniger entschlossen geführt werden als der Kampf gegen den Kommunismus, begegnet Mussolini ebenso ablehnend und mit Ironie. Davon halte er wenig, das Problem stelle sich in Italien nicht. Im ganzen sieht Luedecke die Überzeugung Hitlers und seines Kreises, der Faschismus stehe unmittelbar vor dem Sieg, durch Mussolini voll bestätigt. Dennoch bringt er gegen Ende des Gesprächs die Frage vor, die zu stellen er ausdrücklich beauftragt ist: Ob die faschistische Führung ihre bewaffneten Einheiten nach Rom werde marschieren lassen und den Staat mit Gewalt sich unterwerfen wolle, wenn der Sieg anders nicht zu erringen sei? Luedecke weiß, was Hitler hören will, der den Marsch nach Berlin plant, und möglicherweise haben ihn auch Mussolinis plastische Schilderungen der »Strafaktionen« seiner Schwarzhemden so einseitig beeinflußt, daß er gar nicht bemerkt, wie geschickt Mussolini einer eindeutigen Antwort ausweicht, als er sagt: »Wir werden der Staat sein, weil wir es wollen.«[28] Für den Deutschen heißt das: Selbstverständlich werden wir notfalls den Staat mit Gewalt erobern. Ganz in diesem Sinn wird er Hitler berichten. Daß Mussolini nichts dergleichen im Sinn hat und nichts dergleichen tut, wird man später in München nicht wahrhaben wollen.

Das Gespräch dauert vier Stunden und wird von der Redaktion des *Popolo d'Italia* als Rekord gewertet. So lange hat der Chef noch nie mit einem unbekannten ausländischen Privatmann gesprochen.

Der Sendbote hat in München seinen Koffer noch nicht ausgepackt, als er zu Hitler zur Berichterstattung befohlen wird; er, nun schon »der Führer« genannt, hört, der Italiener stehe unmittelbar vor der Machtübernahme und werde sie durch den Einsatz seiner bewaffneten Verbände herbeiführen.

Nach Rom und nur zur Feldherrnhalle

Zu erfahren, daß Mussolini seinen Judenhaß nicht teilt, ist eine schwere Enttäuschung für Hitler. Doch eine prinzipielle Kritik an der Judenpolitik des Faschismus unterbleibt noch lange. Nur mit leiser Stimme melden die Nationalsozialisten diesbezügliche Besorgnisse an, so im Januar 1923 in einem vom *Völkischen Beobachter* veröffentlichten Artikel Rosenbergs.[29]

Das wichtigste Ergebnis von Luedeckes Mailänder Mission besteht darin, daß Hitler eigene Zweifel an der Ausführbarkeit eines gewaltsamen Staatsstreiches durch eine kleine kampfentschlossene Minderheit beschwichtigt sieht. Sein Bote hat ihm den Eindruck vermittelt, die Schwarzhemden warteten nur auf den Einsatzbefehl, um Rom und den ganzen Staat zu erobern.

Wenige Wochen später ist es soweit. Am 16. Oktober 1922 entsteht der militärische Organisationsplan für den »Marsch auf Rom«.

In der 1932 veröffentlichten Italienischen Enzyklopädie steht in dem Artikel »Fascismo« (von G. Gentile, G. Volpe und Mussolini): »Wir hatten keine strenge doktrinäre Grundlage [...] unsere Doktrin war die Tat.« Nichts wahrer als das, ein durchdachter ideologischer »Überbau« fehlt der italienischen Erneuerungsbewegung. Daß aber die Machtübernahme *nur* Aktion gewesen sei, ist eine unhaltbare Behauptung. Der »Marsch auf Rom« ist alles andere als Aktion, nämlich eine Schau- und Propagandaveranstaltung, an der sich etwa einhunderttausend schreiende, singende, Fahnen und Fähnchen schwingende, schwarzkostümierte, teils gänzlich unbewaffnete, teils ihre Waffen dekorativ benützende Nationalisten und Faschisten beteiligen – unter ihnen jener harte Kern, der zuvor zwei Jahre lang tatsächlich in Aktionen brandstiftend, mordend, folternd, plündernd ganze Provinzen Italiens terrorisiert hat.*

Vor dem Marsch liegen und hinter dem Marsch verbergen sich die politischen Finten, Winkelzüge, Intrigen, mit denen Mussolini die bisherigen Hüter eines demokratisch-monarchischen Italiens derart einlullt und verunsichert, daß sie den gefährlichen Charakter seiner Bewegung nicht erkennen. Ein Großindustrieller hat später erklärt: »Wir wollten nicht die Diktatur; wir wollten einfach, daß Mussolini in der Regierung die Ordnung und Ruhe im Lande wiederherstellt. Dies geschehen, wäre man zum alten System zurückgekehrt.«[31]

Mussolini weiß, daß König Viktor Emanuel sich geweigert hat, die Ankündigung des »Marsches auf Rom« zum Anlaß zu nehmen, den Ausnahmezustand zu proklamieren und die Armee einzusetzen. Diese Unentschlossenheit ermutigt ihn, vom König zu fordern, er möge ihm schriftlich zusagen, daß er ihn mit dem Amt des Regierungschefs betrauen werde. Diese Bestätigung trifft in Mailand in Form eines Telegramms ein: »Seine Majestät der König bittet Sie, sich sobald wie möglich nach Rom zu begeben, wo er Sie mit der Bildung der Regierung beauftragen möchte. Hochachtungsvoll Cittadini.«[32]

---

* Am 1. September 1921 sind schon 726 Parteilokale der Sozialisten verwüstet, 166 Linke umgebracht, 40 (sozialistische) »Häuser des Volkes« in Flammen aufgegangen.[30]

Erst nachdem dieses Telegramm vorliegt, läßt Mussolini im Nachtzug nach Rom ein Schlafwagenabteil reservieren, in dem er am nächsten Morgen in der Hauptstadt ankommt. Keine Schwarzhemdeneinheit wird die Stadtgrenze in Richtung aufs Zentrum überschreiten, bevor die Ernennungsurkunde für den Ministerpräsidenten Mussolini unterzeichnet ist.

Dieses politische Ränkespiel Mussolinis wird von den Nationalsozialisten in München nicht zur Kenntnis genommen. Berechtigt auch nichts zu der Annahme, Hitler hätte sich auf das Abenteuer vom November 1923 nicht eingelassen, wäre ihm nicht das italienische Beispiel, mißdeutet als reiner Gewaltakt, vor Augen gestanden, so hat es doch auf Hitler selbst und das ganze nationalsozialistische Lager ausgesprochen beflügelnd gewirkt.

Der »Marsch auf Rom« als militärische, als die letztlich entscheidende Aktion (als die er schließlich sogar in die hausgemachte Legende des Faschismus eingegangen ist) versetzt die ausgehaltene Bierkellerkamarilla in Staatsstreichstimmung, in der Hitler sie haben will: »In Italien ist der Faschistenführer Herr des ganzen Landes geworden. Nicht durch 20 Mandate mehr oder weniger [. . .], sondern kraft seiner Energie, kraft des lodernden Willens seiner Scharen, ihr Vaterland von der bolschewistischen Seuche zu bewahren.«[33]

»Was eine Schar beherzter Männer in Italien gekonnt hat, das können wir in Bayern auch. Den Mussolini [. . .] haben auch wir: er heißt Adolf Hitler.«[34] »Mussolini hat gezeigt, was eine Minorität zu leisten vermag, wenn ihr der heilige nationale Wille innewohnt. Auch bei uns wird und muß die Stunde kommen, wenn wir nicht zugrunde gehen wollen.«[35]

Noch 19 Jahre später, mitten im Krieg, als Hitler nur noch mit Mißtrauen und Sorge nach Italien blickt, erinnert er sich der aufrüttelnden Wirkung der faschistischen Machtübernahme: »Man sage nicht, daß die Vorgänge in Italien ohne Einfluß auf uns waren. Das Braunhemd wäre vielleicht nicht entstanden ohne das Schwarzhemd. Der Marsch auf Rom 1922 war der Wendepunkt der Geschichte. Die Tatsache, daß man das machen kann, hat uns Auftrieb gegeben. Würde Mussolini damals vom Marxismus überrannt worden sein, ich weiß nicht, ob wir uns hätten halten können. Der Nationalsozialismus war damals noch ein schwaches Pflänzlein.«[36]

Wenn einer der engsten Mitarbeiter Hitlers, Hermann Esser, in dieser Zeit der Putschvorbereitung in einer Hofbräuhausversammlung drei Tage nach Mussolinis Berufung zum Regierungschef mit dem Satz: »Der

Mussolini Deutschlands heißt Hitler!« einen Jubelsturm ohnegleichen auslöst, so steht dem Redner und seinem Publikum ein Mussolini vor Augen, den sie ihrerseits für einen italienischen Hitler halten, einen Draufgänger, der sich mit terroristischen Mitteln durchgesetzt hat: »Im Herbst 1922 muß der Vergleich Hitlers mit Mussolini förmlich in der Luft gelegen haben; die politischen Gegner der NSDAP bedienten sich seiner ebenso wie die politische Anhängerschaft.«[37]

Die Gegner Hitlers erfüllt Mussolinis Sieg mit der Besorgnis, daß Hitlers Entschlossenheit, in München Ernst zu machen, dadurch angeheizt werde. Wenn dieser Italiener in der Aura des Erfolgs und mit den Vollmachten seines hohen Amtes auftreten kann, wird dann nicht der Faschismus, der von sich behauptet, er verkörpere das neue Lebensgefühl einer jungen Generation, zu einer ganz Europa ansteckenden Krankheit werden?

In welchen Perspektiven Mussolinis Durchbruch auch betrachtet wird – ganz Europa und die Vereinigten Staaten registrieren, daß die erst vor drei Jahren aus einem Weltkrieg hervorgegangene Neuordnung Europas mit Mussolinis Sieg in Frage gestellt ist. »Daß man das machen kann«, stimuliert die Nationalsozialisten, daß und warum »das« geschehen konnte, beunruhigt die Großmächte, vorab England und Frankreich, die Garanten der Friedensverträge.

Daß der Deutsche demnächst tun will, was der Italiener gerade getan hat, kündigt er in seinen Reden unmißverständlich an: »Zum Freiwerden gehört Stolz, Wille, Trotz, Haß und wieder Haß! Wir haben die Pflicht, darüber zu reden, da wir in naher Zukunft mit der Macht auch die weitere Pflicht haben werden, diese Verderber, Lumpen und Hochverräter an den Galgen zu hängen, an den sie gehören!«[38]

Alles, was das Jahr 1923 bringt, nützt Hitlers Plänen. Anfang Juli kostet ein Dollar rund 200 000 Reichsmark, am 1. November 130 Milliarden. Die künstlich geschaffene Inflation wird bis zu dem Punkt getrieben, daß Geldscheine nicht mehr gezählt, sondern gewogen werden. Wer nichts hat, um sich am Tauschhandel zu beteiligen, in den die Wirtschaft zurückfällt, und außer Reichsmark nichts verdient, hungert und friert. Der »passive Widerstand« an der Ruhr gegen die französische Besetzung vergrößert die sozialen Spannungen. Unter dem trügerischen Eindruck nationalen Zusammenstehens gerät die parlamentarische Demokratie in eine immer tiefere Krise hinein, wird die Reichsregierung immer machtloser, und das heißt für Bayern, daß sich dort die separatistischen Kräfte noch unverhüllter hervorwagen. Nicht einmal mehr Befehle General von

Seeckts, Chef der Heeresleitung, greifen in Bayern durch; die angeordnete Verhaftung von rechtsradikalen Führern findet nicht statt, die befohlene Ablösung des »Sympathisanten« der Separatisten, General von Lossow, des höchsten Offiziers der in Bayern stationierten Reichswehrverbände, wird nicht durchgeführt; vielmehr ernennt ihn Generalstaatskommissar von Kahr, dem die Regierung diktatorische Vollmachten übertragen hat, zum Kommandanten der bayrischen Reichswehr. Die NSDAP ist im Schneeballsystem in einem Jahr von 10 000 auf über 100 000 Mitglieder gewachsen (eine genaue Zahl ist für diese Zeit nicht verbürgt), der Großindustrielle Thyssen läßt der NSDAP und dem Freikorps Oberland zusammen 100 000 Goldmark zukommen, Ernst von Borsig, Fabrikant in Berlin, Präsident des Arbeitgeberverbandes, stiftet selbst und macht bei Kollegen wiederum Geld locker. Auch aus Italien kommt finanzielle Hilfe. Darüber haben sich u. a. politisch so gegensätzlich orientierte Persönlichkeiten wie der französische Botschafter und nachmalige Hochkommissar François-Poncet, der SS-General Wolff und der preußische Ministerpräsident Otto Braun geäußert; sie sind sich darin einig, daß Hitler schon vor seinem Putsch aus Italien finanziell unterstützt worden sei. Ein italienischer Diplomat spricht auch von Waffenlieferungen.[39)]

Im September und Oktober 1923 beginnt ein Wettlauf zwischen den bayrischen Separatisten und den »Reichserneuerern«: Wer würde zuerst losschlagen? Von Berlin aus läßt Seeckt die linken Umsturzversuche in Küstrin, Sachsen, Hamburg und Thüringen durch die Reichswehr niederschlagen, in Bayern hingegen, das sich der Explosion von rechts nähert, unternimmt er nichts. Das separatistische Lager mit Kahr, Lossow und Oberst Seißer an der Spitze, abgestützt vom Bürgertum und von weiten Kreisen der Wirtschaft, verfügt über die Staatsorganisation, die bayrische Reichswehr, die Landpolizei und genug Geld. Auf der anderen Seite Hitler mit seiner Partei, SA, Kampfbund und dem General Ludendorff als Aushängeschild. Beide Lager lassen unmißverständlich erkennen, daß sie losschlagen werden. Nebeneinander, miteinander, gegeneinander.*

Das Gesetz des Handelns geht für ein paar Tage auf die Separatisten über. Für den Abend des 8. November 1923 kündigt Generalstaatskommissar von Kahr eine Massenversammlung im Bürgerbräukeller (auf dem rech-

---

* »Ich kann es ganz ruhig eingestehen, daß ich von 1919 bis 1923 überhaupt nichts dachte als an einen Staatsstreich.« (Hitler in seiner Rede am 8. November 1936)

ten Steilufer der Isar) an. Hitler und seine Komplizen glauben, bei dieser Gelegenheit wolle er die Unabhängigkeit Bayerns vom Reich verkünden. Überhastet beschließen sie, die Versammlung umzufunktionieren und daraus den Start für den »Marsch auf Berlin« werden zu lassen.

Der Saal ist überfüllt, Kahr steht am Pult und redet schon eine ganze Weile, ohne erkennen zu lassen, ob er tatsächlich im Begriff steht, den entscheidenden Schritt in die Illegalität zu tun. Mit ein paar Vertrauten drängt sich Hitler durch die biertrinkenden Stammtischbrüder und politischen Gaudiburschen nach vorne, die seit Monaten darauf warten, daß es endlich knallt. Es wäre ein Irrtum anzunehmen, all diese Bayern, die nun schon seit Jahren zu Hitlers Versammlungen strömen, seien von einem definierbaren politischen Engagement angetrieben. Weit verbreitet ist die Lust an lärmenden Auftritten, an Krawall, von der bis zum heutigen Tag gewisse Typen von politischen Schreihälsen profitieren. »Der zoagt's eana!« (Der zeigt es ihnen!), die verantwortungslose Opposition um der Opposition willen, das gefällt südlich des Mains, südlich der Donau noch mehr.

Im Bürgerbräukeller müssen die Verschwörer eine eingeplante kurze Wartezeit überbrücken, etwa zwanzig Minuten, die zwei SA-Stürme benötigen, um das weitläufige Gebäude zu umstellen. »Putzi« Hanfstaengl, der Finanzkräftigste unter Hitlers engster Gefolgschaft, bezahlt die Biere (eine Maß = ein Liter kostet an diesem Abend eine Milliarde Mark). Kahr fährt fort, als habe er Hitler nicht bemerkt. Plötzlich werden die Türen aufgerissen. Von Göring angeführt, stürzt Hitlers ausgesuchte Leibgarde, etwa 25 Mann, in den Saal. Sie verteilen sich an den Seitenwänden, ihre Revolver am hochgereckten Arm — um den die Hakenkreuzbinde geschlungen ist — weisen gegen die Decke.

Jetzt ist der Teufel los. Um das ausbrechende Chaos zu bändigen und sich gegen den Lärm durchzusetzen, springt Hitler auf einen Stuhl und gibt einen Revolverschuß gegen die Decke ab. Er verkündet den Ausbruch der »nationalen Revolution«. Doch sollen alle Anwesenden Ruhe bewahren und das Weitere abwarten; den Saal dürfe niemand verlassen, die SA bewache alle Ausgänge.

Er nötigt Kahr, General Lossow und Oberst Seißer (deren Anwesenheit die Vermutung nahelegt, daß der Abend vielleicht doch in einer Proklamation des Freistaates Bayern geendet hätte), ihm zu folgen. Den Revolver hat er noch in der Hand.

In einem leerstehenden Nebenraum fordert er mit vor Erregung überschlagender Stimme die Herren auf, sich unter seiner Führung an der

»Revolution« zu beteiligen. Zunächst erfährt er eine Abfuhr, die Herren sagen: Nein, so nicht!, und schon weiß Hitler nicht mehr weiter.

Es ist aber auch der politisch ungewöhnlich unfähige Ludendorff*, im Kriege immerhin jahrelang der eigentliche Herr des Deutschen Reiches, von Hitler in den Bürgerbräu bestellt worden.

Verspätet hat er jetzt seinen Auftritt und stellt den Herren eindringlich vor Augen, es handle sich um nichts weniger als darum, die nationale Ehre des Deutschen Reiches wieder herzustellen. Daß ein Generalstaatskommissar und zwei hohe Offiziere gegenüber dem »hergelaufenen Gefreiten«, auch wenn er mit dem Revolver herumfuchtelt, Widerstandskraft beweisen, vor dem ehemaligen Generalquartiermeister des ungeschlagenen, leider verratenen herrlichen deutschen Heeres aber in die Knie gehen, zeigt, daß ein Appell an die nationale Ehre in solchem Kreis unfehlbar Wirkung tut, vor allem eben, wenn er von einem Ludendorff vorgebracht wird.

Was in den drei reaktionären Machthabern im tristen Abstellraum vorgeht, in den vom Saal her Lärm der von den SA-Männern mühsam in Schach gehaltenen Menge dringt, läßt sich nur an Hand ihrer kurz darauf gefaßten Beschlüsse vermuten. Einen neutralen Zeugen der Szene gibt es nicht. Gewiß ist indes, daß Ludendorff ungewollt die Ursache zu einem entscheidenden Fehler Hitlers wird. Hält er den General auch zutreffenderweise für eine politische Null, so ist der Gefreite des Ersten Weltkrieges doch nicht ohne Ehrfurcht vor dem großen Feldherrn und kommt deshalb gar nicht auf den Gedanken, die Chefs der Staatsmacht, der bayrischen Militärmacht, der bayrischen Polizei könnten auch diesem Nationaldenkmal gegenüber Komödie spielen. Hitler glaubt ihnen, daß sie mitmachen werden, weil Ludendorff ihnen glaubt, und deshalb dürfen sie sich davonmachen, unbeaufsichtigt, unkontrolliert durch die SA.

Ähnlich gravierende Fehler summieren sich: Schlüsselpositionen in der Stadt werden nicht besetzt, der Telefon- und Telegraphenverkehr wird nicht unterbrochen, der Bahnbetrieb nicht stillgelegt. Wenigstens daran denkt Hitler, daß eine Revolution Geld kostet. Er läßt aus der Druckerei, in der das Inflationsgeld hergestellt wird, den dort lagernden Vorrat an Milliardenscheinen auf einem Lastwagen in den Bürgerbräukeller schaffen, wo er in einem Vorraum abgeladen und später zur Bezahlung der im

---

* Hitler über Ludendorff Anfang 1923: »In der Politik wird er mir nicht das mindeste dreinreden [. . .]. Wissen Sie, daß auch Napoleon bei Bildung seines Konsulats sich nur mit unbedeutenden Männern umgeben hat?«[40]

Laufe der Nacht aus allen Himmelsrichtungen anmarschierenden, anrollenden Verbände benützt wird.

Daß die erpreßten Betrogenen den Erpresser fallenlassen, wird ihm und seiner Umgebung in den frühen Morgenstunden des 9. November klar. Die Putschisten im Wartestand Kahr, Lossow und Seißer ersticken den Putsch des Vabanquespielers. Ein Demonstrationszug, dessen Teilnehmer inzwischen begriffen haben, daß sie nicht nach Berlin, sondern nur ziellos durch München marschieren werden, formiert sich am Vormittag oberhalb der Isarbrücke, überquert sie, erreicht die Innenstadt, biegt nach Norden in die Residenzstraße ein. In deren Verengung zwischen Feldherrnhalle und Residenz sehen sich die vorderen Reihen, sehen sich Hitler, Göring, Ludendorff, Heß, Weber, Frick, Scheubner-Richter und andere Verschwörer einer Kette von Polizisten gegenüber: Sie halten ihre Gewehre im Anschlag, auf den sich nähernden Zug gerichtet. Ein einzelner Schuß fällt, ihm folgt eine Salve. Zwischen Schuß und Salve werfen sich die meisten in den vorderen Reihen zu Boden. Einer bleibt aufrecht stehen und verzögert auch seinen Schritt nicht: Ludendorff, selbst im Lodenmantel von allen erkannt. Tote und Verwundete liegen herum, Geschrei, Schmerzgebrüll. Die Marschkolonne löst sich auf. Nachrückende Teile des Zuges kommen in Unkenntnis dessen, was vorne geschehen ist, erst nach und nach zum Stehen. Von den Mauern der Residenz bis hinüber zu den Schaufenstern der Geschäftshäuser ballt sich die Masse zusammen. Durch das Sträßchen im Rücken der Feldherrnhalle, das später im Volksmund das »Drückebergergäßchen« heißen wird, weil es jene benützen, die dem »Mahnmal«, Erinnerung an diesen 9. November 1923, nicht mit dem »Hitler-Gruß« die befohlene Reverenz erweisen wollen — durch jenes Gäßchen schleicht sich Hitler fort, steigt in ein Auto, flieht aus der Stadt. Bei den Hanfstaengls in Uffing am Staffelsee wird er verhaftet.* In seinem spektakulären Münchner Prozeß wird er zu fünf Jahren Festungshaft verurteilt, in die Festung Landsberg am Lech eingewiesen, wo er *Mein Kampf* schreibt und diktiert. Im Dezember 1924 wird er entlassen.

Sechzehn Tote der NSDAP, der SA, des »Kampfbundes« und drei tote Polizisten sind das Resultat einer politischen Komödie in bayrischem

---

* »Ich folgte Mussolinis Beispiel zu genau. Ich hatte geglaubt, der Münchner Putsch sei so etwas wie der Anfang eines Marsches auf Berlin, der uns sofort an die Macht bringen werde. Aus seinem Fehlschlag lernte ich, daß jedes Land seinen eigenen Typus und seine eigene Methode der nationalen Wiedergeburt entwickeln müsse.«[41]

Zuschnitt.* Hitler ist noch kein Mussolini, und er wird auch nie einer werden. Alles, was ihm dazu an menschlicher Statur fehlt, macht seine Überlegenheit über den Italiener aus. Nach dem Debakel des Putsches breiten sich auch unter seinen wichtigsten Gehilfen Zweifel aus, ob er wirklich der Mann der Zukunft sei. Sie haben die Qualität seiner Unbeugsamkeit noch nicht begriffen, seine Verpflichtung auf eine Vision.

Hitler holt auf

In dem Jahrzehnt, in dem sich Mussolini bereits im Zentrum der Staatsmacht befindet, Hitler noch um Stimmen und Einfluß werben und um Geld Bittgänge antreten muß, dürfte es auf der ganzen Welt nur einen Mann gegeben haben, der sich dessen sicher war, daß Adolf Hitler einmal der Herr Europas sein werde: Hitler. Für Mussolini waren der Mann und seine Bewegung nur ein vages Versprechen für die Zukunft. Hitlers Putschabenteuer 1923 mit nachfolgender Haft, Verurteilung und Gefängnisstrafe, Rückzug aus der Öffentlichkeit, massenhaften Parteiaustritten wirken auf Mussolini ernüchternd, was diesen Mann und seine Bewegung betrifft, verringern aber keineswegs sein spezielles Interesse für die Chancen der deutschen Rechten. Er wendet sich dem militanten, deutschnationalen Konkurrenzunternehmen zur NSDAP, dem »Stahlhelm«, zu; dieser Bund organisiert eine Art Sternfahrt nach Italien und andere Kontakte von »Stahlhelm«-Delegationen mit offiziellen Stellen der zweiten und dritten Ebene in Rom — aber sie versanden rasch wieder, als die NSDAP 1930 mit 107 Abgeordneten in den Reichstag einzieht und sich damit als die wichtigste antidemokratische Kraft legitimiert. Daß sie Deutschland umkrempeln könnte, traut Mussolini ihr noch immer nicht zu.

Im Blick auf seinen eigenen Aufstieg in knapp vier Jahren, von denen nur die letzten zwei eigentliche Kampfzeit waren, neigt der Italiener dazu, auf diese deutschen Westentaschenrevolutionäre mit Verachtung herab-

* Aus den toten Parteigenossen werden nach 1933 die »Blutzeugen der Bewegung«. Sie werden in »Ehrentempeln« zwischen den »Führerbauten« beigesetzt, Stätten jährlich wiederholter Totenfeiern. Nach 1945 werden die »Tempel« gesprengt.

zuschauen. In der faschistischen Zeitschrift für denkfähige Gehirne, *Gerarchia*, Septemberausgabe von 1929, erscheint eine langatmige Analyse der deutschen Innenpolitik, deren Abdruck nicht ohne Mussolinis ausdrückliches Einverständnis hätte erfolgen können. Der Titel lautet: »Das deutsche Labyrinth«. Die Hitlerianer und Hitler selbst könnten daraus erfahren, daß es zwar so etwas wie einen deutschen Faschismus gebe, er aber nicht einen Führer von Format besitze und gegebenenfalls »aus Mangel an Ideen am Ende Kaiser Wilhelm II. zurückrufen müßte«[42]. Hitler findet nur nebenbei Erwähnung als »Pseudofaschist«. Tatsächlich aber hat sich die innenpolitische Situation in Deutschland gewandelt. Auf dem zehnjährigen Marsch durch die Institutionen ist die Harzburger Demonstration einer nationalen Oppositionsfront (Oktober 1931), die von Hugenberg bis Hitler reicht, eine in ihrer Bedeutung gar nicht zu überschätzende Station. Wenige Tage später dürfen sich Hitler und Göring beim Reichspräsidenten einfinden, eine Begegnung, die noch ohne konkrete Folgen bleibt, die aber von Hitler zu Recht als ein Akt politischer Einsegnung bewertet wird: Das Regime von Weimar bestätigt seinem Todfeind, er kämpfe legal auf dem Boden der Verfassung.

Danach sieht sich der Deutsche bereits auf gleicher Ebene mit dem Italiener und drängt nun zum wiederholten Male auf eine persönliche Zusammenkunft in Rom. Mussolini sagt »jein«, woraus ein Nein wird, verklausuliert in der Form, eindeutig im Ergebnis. An Ermunterung aus Italien fehlt es aber auch weiterhin nicht. Informative Gespräche, von denen der Öffentlichkeit nichts bekannt wird, und veröffentlichte Verlautbarungen engen Zusammenspiels folgen einander, darunter das wichtige Interview Carlo Scorzas mit Hitler im April 1932. Scorza, ursprünglich Journalist, gehört zu den getreuesten und zuverlässigsten Anhängern des Duce. (Er wird ein halbes Jahr vor Mussolinis Sturz Generalsekretär des PNF, Partito Nazionale Fascista.)[43]

In diesem Gespräch rühmt Hitler das immer tiefere Eindringen der nationalsozialistischen Ideen in die breiten Volksmassen und sieht darin einen Prozeß, der ihn mit absoluter Gewißheit an die Macht bringen werde. Er skizziert die Achse — ohne den Begriff zu benützen, der erst später von Mussolini in die Sprache des Zeitalters eingeführt werden wird: »Vereinigt bilden Deutschland und Italien einen Block von vielleicht 110 Millionen Menschen [. . .] Dieser von der Nordsee bis zum Mittelmeer reichende Damm wird die bolschewistische Gefahr für immer abwehren [. . .].«[44]

Als Brüning am 30. Mai 1932 zurücktreten muß (der von Mussolini im August 1931 mit allen Zeichen der Sympathie empfangen wurde), wirkt dieses Ereignis auf Mussolini so, als erlebe er schon den 31. Januar 1933 und als sei Hitler bereits Reichskanzler. Nach den Reichstagswahlen vom 31. Juli 1932, aus denen die NSDAP mit einer Verdoppelung ihrer Sitze (230 = 36,3 Prozent aller Stimmen) hervorgeht, zweifelt Mussolini nicht mehr daran, daß es Hitler sein wird, wenn überhaupt ein deutscher »Revolutionär«, der als sein Bruder im Geiste und in der Tat Deutschland regieren werde: »In einem Interview gegenüber dem Berliner *Tag* wies er erneut auf die notwendige Revision der Friedensverträge hin, auch als Mittel, einem Krieg vorzubeugen. Inzwischen hatte er der Formierung nationalsozialistischer Gruppen unter den in Italien lebenden Deutschen zugestimmt und sein Interesse immer mehr der Person Adolf Hitlers zugewandt, die in Deutschland mehr und mehr Einfluß gewinnt. Hitler erklärte währenddessen in der Öffentlichkeit, er sehe im Duce seinen eigenen Lehrmeister.«[45)]

Aber selbst jetzt ist Mussolinis Einschätzung Hitlers nicht frei von Mißtrauen und Irritation — und daran wird sich bis zu seinem Tode nichts ändern. Daß er ihm auch noch so kurz vor der Machtübernahme mit Reserve begegnet, findet u. a. darin seinen Ausdruck, daß er einer persönlichen Begegnung bis 1934 ausweicht, obschon sie von dem Deutschen immer dringlicher gewünscht wird.

Statt dessen nehmen nun die Kontakte durch italienische und deutsche Mittelsmänner erheblich zu. In Scharen schickt die NSDAP ausgesuchte Mitglieder über die Alpen, unter ihnen die besondere Gruppe jener, die sich deutscher Strafverfolgung entziehen müssen. Sie sind so zahlreich, daß für sie mit Einverständnis der italienischen Behörden ein unter SS-Verwaltung stehendes Flüchtlingslager in Malcesine am Gardasee eingerichtet wird. NS-Abordnungen besuchen faschistische Schulungskurse, und bis nach Süditalien hinunter richtet die Partei Stützpunkte ein, aus denen sich Ortsgruppen von dauernd in Italien lebenden Deutschen entwickeln. Die Münchner Parteizentrale macht ihnen diskretes Auftreten zur Pflicht und verbietet ihre offizielle Teilnahme an faschistischen Feiern, sofern nicht für den einzelnen Fall eine Spezialerlaubnis aus dem »Braunen Haus« vorliegt.

Mussolini gibt inzwischen Hitler Ratschläge für seine weitere Taktik. Durch seinen Generalkonsul in München läßt er ihm sagen, er möge doch die oberste Parteiführung von München nach Berlin verlegen, um die Partei sicherer in den Griff zu bekommen, als es von Bayern aus mög-

lich sei. Die Antwort lautet, die Parteiführung könne in München unge-
störter arbeiten als in Berlin, wo die preußische Verwaltung und Polizei
erhebliche Schwierigkeiten bereiten würde. Hitlers Argument läßt
erkennen, daß München noch immer ein Freigehege für die Feinde der
deutschen Republik ist und nicht von ungefähr bald darauf zur »Hauptstadt der Bewegung« ehrenhalber aufgewertet wird.

Der Generalkonsul vermittelt Hitler auch des Duce Aufforderung, er,
Hitler, möge endlich vom pseudodemokratischen Mundspitzen zum
Pfeifen übergehen; die Macht der Nationalsozialisten sei so groß, daß ein
gewaltsamer Staatsstreich diesmal gelingen müsse. Dem setzt Hitler entgegen, Polizei und Reichswehr gehorchten der Regierung, es wäre
»Wahnsinn«, sich auf Gewaltanwendung einzulassen. Davon abgesehen, bedürfe er ihrer nicht mehr, denn: »Dreizehn Jahre hindurch habe
ich die Deutschen erzogen, sie mit meinen Grundsätzen vertraut
gemacht und habe dadurch die Plattform für die Zukunft geschaffen. Es
geht gar nicht anders, als daß ich legal die Macht erhalte [. . .] Ich habe mit
den Meinigen schon alle materiellen Kräfte in der Hand, um Deutschland
zu regieren [. . .] der Tag ist nicht mehr fern, an dem wir [. . .] durch den
einhelligen Willen des Volkes im Namen Gottes und zum Wohle des
Volkes regieren werden.«[46]

Die kurze Dauer des Prozesses, in dem sich die Weimarer Republik in
den NS-Einheitsstaat verwandelt, der Reichskanzler zum Diktator
wird, gibt Hitler recht. Seine absolute Macht ist in ein paar Monaten
installiert — die faschistische Diktatur ist erst 1928 voll durchorganisiert,
sechs Jahre nach Mussolinis Berufung ins Amt des Ministerpräsidenten.
Hitlers pseudodemokratischer Aufstieg wird durch die ihn mit dem
Volk verbindende Antiweltgrundstimmung beschleunigt und ganz entscheidend durch die gesellschaftspolitischen Voraussetzungen begün-
stigt, die in Italien nicht gegeben sind. Das Reich ist ein voll entwickelter,
kapitalistisch und zentralistisch organisierter Industriestaat, in Italien
gibt es noch eine Feudalgesellschaft, aus der Mussolini mühsam und
ohne vollen Erfolg eine moderne Industriegesellschaft zu machen versucht.

Der eigentliche Unterschied zwischen der Stellung Hitlers im eigenen
Volk und jener Mussolinis in dem seinen liegt aber auf einem ganz anderen Gebiet als dem sozioökonomischen. Hitler erblickt in der Welt eine
feindliche Verschwörung, in ihrer Mitte als Motor das Judentum, und
diese Sicht teilt das Volk: Quer durch alle Schichten und Klassen wird
das Fremde als das Böse empfunden, und dieses Gefühl ist die Ursache

dafür, daß Mord und Vernichtung nicht nur später hingenommen, sondern auch gewollt wurden. Das ist die Wahrheit der Phrase: ein Volk, ein Reich, ein Führer!

Hingegen waren die »objektiven Voraussetzungen«, von denen Mussolini in den Sattel gehoben wurde, ein gleichsam konventioneller Nationalismus à la D'Annunzio und miserable ökonomische Verhältnisse, die in der Tat mit beträchtlichem Stellenwert in die Motivationsgeschichte des Faschismus eingesetzt werden müssen. Der mindestens ebenso große Stellenwert dagegen, den ihnen die deutsche Zeitgeschichtsschreibung für den Nationalsozialismus und seinen Sieg beimißt, ist nichts als ein Detail in der Entschuldigung, wenn nicht gar der Rechtfertigung, daß sich die Deutschen einem deklarierten Schreibtischmörder in die Arme geworfen haben. Auch bei vier Millionen Arbeitslosen war die materielle Not der Reichsbevölkerung niemals so groß wie die des italienischen Südens nach dem Ersten Weltkrieg, und landwirtschaftliche Sklavenarbeit für den Eigentümer hat es im 20. Jahrhundert in ganzen Provinzen Italiens, in Deutschland nirgendwo gegeben.

Wer nicht in diese Tiefenschichten der Argumentation folgen kann oder will, dem bietet sich eine auf der Hand liegende Erklärung dafür an, warum Mussolini soviel länger als Hitler brauchte, um das Volk auf Vordermann zu bringen: Beide waren vom Augenblick der Machtübernahme an die Personifikation ihres Staates und seiner Macht, und es gehört denn doch wohl zum politischen Einmaleins, daß die Deutschen obrigkeitsgläubig sind, staatsgläubig, während die Italiener allem, was von oben kommt und sozusagen nach Staat riecht, aufsässig und mißtrauisch begegnen. Gewiß standen sie auch zu Hunderttausenden unter dem Balkon des Palazzo Venezia und jubelten ihrem Duce zu — es war aber dieser Jubel von anderer Substanz, ein schaumartiges, schäumendes Phänomen, unvergleichbar der unterwürfigen Inbrunst, mit der die Deutschen sich um Hitler scharten.

Noch Ende 1932, als General Schleicher auf Papen als Reichskanzler folgt, hat man in Rom die Natur des Bündnisses zwischen Hitler und seinem Volk nicht begriffen und bezweifelt, ob es ihm gelingen werde, in die Reichskanzlei einzuziehen. (Die ganze Geschichte der Achse wird davon beeinflußt, daß den Italienern, auch Mussolini, ein Sensorium dafür fehlt, in welchem Maße deutschem Handeln irrationale Motive zugrunde liegen. Daß sie es gar nicht erkannt hätten, wäre freilich zuviel gesagt.) Gerade die Ungewißheit, wie der von ihm seit einem Jahrzehnt erwartete Zusammenbruch des Weimarer Systems eintreten werde, macht die deutsche Entwicklung um die Jahreswende 1932/33 für Mussolini so brennend interessant, daß ein nicht mehr abreißender Informationsstrom durch die Telefonleitungen zwischen dem Palazzo Venezia und Berlin fließt — nicht selten ist Mussolini selbst der Gesprächspartner seiner vorgeschobenen Beobachter. In der italienischen Botschaft ist man klüger als der amtierende deutsche Reichskanzler Schleicher, der noch im Januar 1933 gegenüber dem ihn besuchenden österreichischen Justizminister Kurt von Schuschnigg erklärt: »Herr Hitler ist kein Problem mehr, die Frage ist gelöst [. . .], diese Sorge ist nunmehr von gestern.«[47]

Mussolinis Hauptinformant, Major Giuseppe Renzetti, verfügt über so hervorragende Verbindungen in Berlin, daß er schon eine Woche vor Hitlers Machtübernahme seinem Chef eine Kabinettsliste durchgeben kann, die nur den einen Fehler aufweist, daß Hitlers erster Wehrminister, General von Blomberg, hier General Beremberg genannt wird. Ein Hörfehler, mehr nicht. Am Vormittag des 30. Januar 1933 vereidigt Generalfeldmarschall von Hindenburg in seiner Eigenschaft als Reichspräsident den Gefreiten Adolf Hitler in seiner Eigenschaft als Führer der NSDAP: Hitler ist Reichskanzler.

Major Renzetti ist auch der Empfänger der Botschaft, die Hitler 24 Stunden nach seiner Ernennung an Mussolini richtet. Darin heißt es: »*Mit Sicherheit* verdanke ich es dem Faschismus, daß ich bis zu diesem Punkt gekommen bin. Wenn es auch zutrifft, daß die beiden Bewegungen Unterschiede aufweisen, so trifft es doch auch zu, daß Mussolini die ›Weltanschauung‹ geschaffen hat, die beide Bewegungen verbindet. Ohne jene Schöpfung hätte ich *vielleicht* diese Stellung nicht erreichen können [. . .].« (Hervorh. v. Verf.) Am 5. Februar 1933 fliegt Hitler nach München. Am Tag darauf gibt er dem englischen Oberst Etherton, der als Vertreter der *Daily Mail* und anderer englischer Zeitungen zu ihm kommt, ein Interview (dessen englischer Text dann im *Völkischen Beobachter* berichtigt wird) und empfängt den ihm gut bekannten italienischen Generalkonsul. Zu ihm spricht er von der notwendigen Zusammenarbeit Deutschlands mit England und Italien und setzt hinzu: »Aber während diese Überzeugung mir in bezug auf England überwiegend von der Vernunft diktiert wird, so spricht in bezug auf Italien auch mein Herz [. . .].«[48]

Bäumchen wechsle dich!

In den sechs Jahren, die bis zum Abschluß des deutsch-italienischen Militärbündnisses noch vergehen, verändern sich die Machtverhältnisse in Europa bis in den Grund. Diese Entwicklung wird von den »jungen Völkern« vorangetrieben, dem faschistischen Italien und – noch mehr – vom nationalsozialistischen Reich. Die beiden Mächte arbeiten dabei nicht Hand in Hand, führen keineswegs die perfekt abgestimmte Kür eines Eisläuferpaars vor – das werden sie auch nicht als Verbündete tun! –, aber doch eine Art politisches Ballett, mit weiträumigen, sie einander nähernden, sie voneinander entfernenden Bögen und Sprüngen. Beide sind Nutznießer dieses labilen Zusammenspiels. Während der ersten Jahre der nationalsozialistischen Herrschaft kommt es den Italienern mehr zugute als den Deutschen.

Hitler ist noch nicht 24 Stunden Regierungschef, als er durch Mussolinis Deutschlandbeobachter Renzetti dem Kollegen in Rom bestellen läßt: »Als Kanzler möchte ich [. . .] erklären, daß ich von meiner Stellung aus mit allen mir zur Verfügung stehenden Kräften jene Politik der Freundschaft gegenüber Italien verfolgen werde, die ich bis jetzt ständig so warm befürwortet habe. [. . .]«[49]

Bei den nachfolgenden Empfängen läßt er sich vorrangig den Korrespondenten des *Giornale d'Italia* vorstellen und spielt ihnen gegenüber bereits auf ein deutsch-italienisches Bündnis an: »[Wir] streben nach den gleichen Zielen. Daher ist es um so leichter, einen Zusammenschluß zur Lösung der großen Fragen zu finden, die beide Völker betreffen. Von deutscher Seite wird alles getan, was notwendig ist, um ein solches Einverständnis herbeizuführen.«[50]

Hitlers noch vorsichtige Formulierungen eines Bündnisangebots mit Worten wie »Zusammenschluß« und »Einverständnis«, das es »herbeizuführen« gelte, werden in der veröffentlichten Meinung dieser ersten Wochen übertrieben wiedergegeben; ein Bündnisvertrag wird als nahe bevorstehend, als beinahe selbstverständlich hingestellt. Die zum Teil geradezu überschwenglichen Kommentare, mit denen die italienische Presse die Wendung in Deutschland feiert – für ganz Europa sei eine neue Epoche angebrochen –, könnten Hitler glauben machen, Mussolini werde spornstreichs auf seine Avancen eingehen, die Romreise werde zustande kommen, ein Bündnisvertrag ausgehandelt. Aber nichts dergleichen geschieht.

Am 27. Februar 1933 brennt der Reichstag. Der danach beginnende politische Terror wird in Italien nicht registriert. *Giornale d'Italia* schreibt begeistert: »Das Resultat der Wahl [vom 5. März 1933] zeigt, wie das neue Deutschland von dem breiten nationalsozialistischen Strom, der die nationale Einheit über alle Klassen und Parteien hinweg verwirklicht und mit einem absolut neuen, geradezu fanatischen Geist erfüllt, getragen wird.«[51]

Am Tage darauf tritt der Faschistische Großrat zusammen und bekräftigt mit seiner Autorität, der höchsten des Systems nach der des Duce selbst, eine Grußadresse an die faschistische Bewegung »jenseits der Grenzen Italiens«. Darin stilisiert sich Mussolini zum Protektor, ja, zum Erfinder »eines neuen Geistes, der sich direkt oder indirekt aus jenem Ensemble von Doktrinen und Institutionen herleitet, durch die Italien den modernen Staat, den Volksstaat geschaffen hat«[52].

Hinsichtlich Südtirols ist die von Hitler geführte Regierung die einzige überhaupt in Berlin vorstellbare, derentwegen sich Rom keine Sorgen zu machen braucht. Anders liegen die Dinge mit Österreich. Als »Führer der Bewegung« ist Hitler auch Chef der österreichischen NSDAP, die ein Zweig der Gesamtpartei ist, keine in sich selbständige österreichische Organisation. Damit hat der deutsche Reichskanzler politischen Einfluß auf ein knappes Viertel aller wahlberechtigten österreichischen Bürger. Hätte es damals schon Begriffe wie »deutsch-deutsche« bzw. »besondere Beziehungen« gegeben, Hitler hätte sie benützt. Für ihn ist Österreich nicht Ausland; er ist überzeugt, daß die Vereinigung der beiden Länder sich wie von selbst vollziehen wird, während Mussolini alles dafür tut, daß der »Anschluß« ad calendas graecas verschoben wird. Graf Dino Grandi, einer der engsten und fähigsten Mitarbeiter des Duce, Mitkämpfer der ersten Stunde – Außenminister, Botschafter in London, Justizminister, Kammerpräsident, im Juli 1943 Anführer der Fronde gegen Mussolini im Faschistischen Großrat –, würde 1933 am liebsten alle Verbindungen zum nationalsozialistischen Deutschland abbrechen. Er fürchtet, aus der Zusammenarbeit ergäben sich außer dem »Anschluß«, dem sich ein mit Berlin verbündetes Italien auf Dauer nicht widersetzen könne, noch andere schwere außenpolitische Nachteile, etwa der Verlust an politischem Kredit, den das faschistische Italien neuerdings in England genießt, wo Mussolini mehr und mehr Bewunderung erntet und als die große europäische Figur, das überragende staatsmännische Talent gilt.

In der Tat sind es diese Jahre vor dem Kolonialkrieg gegen Äthiopien, in denen Mussolini sich auch im eigenen Volk auf der Höhe seines Ansehens befindet. Der Verdacht, daß er Italien den nun weithin als unkalkulierbar eingeschätzten Deutschen ausliefern könnte, wird nur da und dort im Ausland geäußert, stützt sich mehr auf Spekulationen als auf Fakten. Der Duce spielt noch sein eigenes Spiel, und soweit er die Deutschen darin einbezieht, geschieht es nicht, ohne daß er sich Rückzugsmöglichkeiten offenhielte. Erstaunlich genug, daß dieses Deutschland buchstäblich über Nacht politisch vom Objekt zum Subjekt geworden ist. Noch verfügt es über keine einzige Division mehr als vor dem Januar 1933. Von einer realen Zunahme an Macht kann noch keine Rede sein, ein neues Rüstungsprogramm steht noch nicht einmal auf dem Papier fest — und doch sind plötzlich die außenpolitischen Karten anders gemischt als bisher. Mussolini erkennt die Chance, jetzt den Plan eines Viermächteabkommens zwischen Frankreich, England, Italien und Deutschland auf den Tisch zu legen, den er bereits 1931 konzipiert hat. Der Pakt würde, gelangte er zur Wirkung, praktisch die in den Friedensverträgen 1918/19 festgeschriebenen Machtverhältnisse in Bewegung bringen, durch eine Hintertür zur Revision des Versailler Vertrags führen, Deutschland zur ersehnten »Gleichberechtigung« verhelfen, es aber zugleich unter die mäßigende Kontrolle der drei Partner bringen, während Italien sich größere Handlungsfreiheit im Mittelmeer und auf dem Balkan davon versprechen könnte.

Hitler zieht nicht mit, aber seine innere Position ist noch zu schwach, als daß er einfach erklären könnte, er werde sich in keine ihm überlegene Mächtegruppierung einbinden lassen; er versteckt sich hinter Phrasen: »Wir messen diesem Plane ernsteste Bedeutung bei, wir sind bereit, auf seiner Grundlage in voller Aufrichtigkeit mitzuarbeiten [...] Aus diesem Anlaß empfinden wir besonders dankbar die verständnisvolle Herzlichkeit, mit der in Italien die nationale Erhebung Deutschlands begrüßt worden ist.«[*]

Es wird Juni werden, bis sich Hitler bereit findet, einer Viermächteübereinkunft zuzustimmen, die bis dahin derart viele Textveränderungen erfahren hat, daß sie zu einer Hülse ohne Inhalt geworden ist, für die

[*] Aus der Regierungserklärung Hitlers zum Ermächtigungsgesetz vor dem Reichstag am 23. März 1933, tags darauf im *Völkischen Beobachter* veröffentlicht. Darin heißt es auch: »Ebenso legt die Reichsregierung, die im Christentum die unerschütterlichen Fundamente der Moral und Sittlichkeit des Volkes sieht, größten Wert auf freundschaftliche Beziehungen zum Heiligen Stuhl [...]!«

Deutschen nicht mehr als Spielmaterial, um Zeit zu gewinnen. Nur Italien und England ratifizieren das Abkommen, das den Zerfall Europas nicht verhindern wird.

Wenn Mussolini gleichwohl seine Presse anweist, den Vertrag als eine herrliche Friedenstat, gültig für ein Jahrhundert, zu feiern, so ist das nicht pure Propaganda. Durch geschickte Verhandlungsführung konnte er sogar bei den Franzosen ein gewisses Vertrauen erwerben. Er sieht sich verführt, bis in die Jahre 1934/35, bis in den Äthiopischen Krieg hinein eine Politik des Ausgleichs zu betreiben, die ihn von Deutschland entfernen wird.

Hitler läßt erkennen, daß er sich in der »Anschluß«-Frage nicht ruhig verhalten will. Durch Gesetz vom 29. Mai 1933 führt er eine Gebühr von tausend Reichsmark für jede private Reise nach Österreich ein, wodurch dieses Land die Einnahmen aus dem deutschen Tourismus verliert. Die Maßnahme soll das Regime Dollfuß, das die österreichische NSDAP nicht an der Regierung teilnehmen lassen will, unter Druck setzen, während Wien gleichzeitig Schutz und Förderung bei Mussolini findet.

Eine weitere Belastung erfährt das freund- und verwandtschaftliche Verhältnis zwischen Faschismus und Nationalsozialismus schon in den ersten Monaten von Hitlers Kanzlerschaft durch die sofort anlaufenden Maßnahmen gegen die jüdischen Bürger. Mussolini vermutet, der Boykott jüdischer Geschäfte (mancherorts bereits deren Zerstörung), jüdischer Ärzte, jüdischer Rechtsanwälte seien Übergriffe von Fanatikern, mit denen Hitler nichts zu tun habe. Als er seinen Irrtum erkennt, macht er verschiedene Versuche, direkt auf Hitler einzuwirken. Botschafter Cerutti begibt sich auftragsgemäß zum deutschen Reichskanzler und verliest eine persönliche Mitteilung Mussolinis, in der dieser auf die schädlichen internationalen Folgen der antisemitischen Aktionen hinweist. Hitler unterdrückt mit Mühe einen Wutanfall und erklärt u. a. (nachdem er erwähnt hat, in seinem Arbeitszimmer im Münchner »Braunen Haus« stehe seit Jahren eine Mussolini-Büste): »[...] erlauben Sie mir die Feststellung, daß Mussolini von dem jüdischen Problem nichts versteht [...] Ich weiß nicht, ob in zwei- oder dreihundert Jahren mein Name in Deutschland noch in hohen Ehren steht, so große Dinge ich auch für mein Volk zu leisten hoffe — aber darüber besitze ich absolute Gewißheit, daß in fünf- oder sechshundert Jahren der Name Hitler überall als der Name dessen verherrlicht werden wird, der ein für allemal die Weltpest des Judentums ausgerottet hat.«[53]

Eins kommt zum andern: die Judenhetze von »diesem Idioten in Berlin«

(Mussolini), die zunehmende Besorgnis vor einem Einmarsch der Deutschen in Österreich, das Scheitern der Viermächtekonzeption und, last but not least, die eigenen Pläne, Äthiopien zu erobern und dafür gut Wetter in Frankreich und England zu machen — Mussolini driftet immer weiter von Deutschland ab.

Ein von beiden Seiten spektakulär aufgezogener Besuch Görings in Rom (April 1933), der in die Zeit der Viermächteverhandlungen fällt, ändert daran nichts, bewirkt bei Mussolini eher eine weitere Verstimmung, weil Göring in seiner Art, in der sich Jovialität, Brutalität und Verschlagenheit mischen, sozusagen den österreichischen Stier bei den Hörnern packt und Mussolini zu verstehen gibt, Hitler werde auf den »Anschluß« nicht verzichten. Mussolini vergißt den miserablen Eindruck, den Göring auf ihn gemacht hat, nicht so bald und äußert zu einem englischen Gesprächspartner im Oktober 1933: »Die deutsche Politik wird heute von zwei Männern bestimmt, Hitler und Göring, der eine ein Träumer, der andere ein ehemaliger Insasse einer Irrenanstalt [...] beide leiden an einem Minderwertigkeitskomplex und an einem verbitterten, verdrehten Rechtsempfinden.«[54]

Indirekt aufgestachelt vom Beispiel Deutschlands, wo nun Innenpolitik mit Massenverhaftungen, Ausbürgerungen, Bücherverbrennungen, Konzentrationslagern und Mord betrieben wird, wie auch nach direkten Anweisungen aus der Münchner Parteizentrale handelnd, gehen die österreichischen Nationalsozialisten zu Terrormaßnahmen gegen das Dollfuß-Regime über: Brücken werden gesprengt, Bomben gezündet, Mordanschläge verübt. Die Regierung wehrt sich. Nach langem Zögern wendet sich Dollfuß an London und Rom um Hilfe. Die nächsten Monate sind von Mussolinis Versuchen ausgefüllt, sich in einer Zwischenstellung zu halten, doch dauert dieser Zustand eines letzten Endes erfolglosen Lavierens zu lange, so daß die Autorität und Glaubwürdigkeit des Italieners in beiden Lagern erschüttert wird. Dennoch werden in der nun gelenkten deutschen Presse die pathetischen Freundschaftsbeteuerungen an die Adresse des Faschismus fortgesetzt. Dahinter verbirgt sich eine Politik der Konfrontation, von der Mussolini so lange nichts erfährt, bis ihm der deutsche Botschafter mitteilt, soeben (am 14. Oktober 1933) sei Deutschland durch einseitige Aufkündigung aus den beiden wichtigsten internationalen Gremien ausgetreten: dem Völkerbund und der Abrüstungskonferenz.

Es ist der erste Fall eines eindeutig hinterlistigen Vorgehens Deutschlands gegenüber Italien. In ihm kommt Mißachtung, ja, Verachtung des

Partners zum Ausdruck. In Rom wird von »bewußter Illoyalität« gesprochen.[55]

Aus der Situation des Düpierten heraus drängt nun Mussolini zur Abschirmung seiner Österreich- und Balkanpolitik auf ein Abkommen zwischen Wien, Budapest und Rom und hat dabei durch zähes Verhandeln mehr Erfolg als mit dem Viermächteplan. Im März 1934 werden von Österreich, Ungarn und Italien die Römischen Protokolle unterschrieben, die nichts weniger bedeuten als eine italienische Garantie für die Unabhängigkeit Österreichs. Mussolini kommentiert das Abkommen in einer Rede: »Österreich weiß, daß es zur Verteidigung seiner Unabhängigkeit als souveräner Staat auf Italiens Hilfe zählen kann.«[56]

Mussolinis Außenpolitik bis zum Krieg hin könnte man als das Spiel »Bäumchen wechsle dich« bezeichnen, aber er riskiert nie einen wirklichen Bruch mit Deutschland. Die Übereinstimmung im Ideologischen, im Dynamismus der beiden Regime färbt die Beziehungen zwischen ihnen, den beiden Staaten, den beiden Völkern und eben auch zwischen den beiden Männern. Anfang 1934 sind die deutsch-italienischen Beziehungen weit problemloser als in den Jahren des Paktes der Achse.

Mit den Römischen Protokollen glaubt Mussolini einen sicheren Damm gegen Hitlers Expansionsdrang aufgerichtet zu haben, der ihm nun die Freiheit gibt, die zerrissenen Fäden nach Berlin neu zu knüpfen. Einer persönlichen Begegnung steht nichts mehr im Wege. Sie findet am 14. und 15. Juni 1934 in und bei Venedig statt, nicht ohne daß Mussolini zuvor Dollfuß die beruhigende Versicherung zukommen läßt, er werde sich in seiner Haltung als Protektor der österreichischen Unabhängigkeit von den Deutschen nicht beirren lassen.

Der 14. Juni 1934 ist ein sonniger Tag, nicht ganz so heiß, wie es in Venedig in dieser Jahreszeit schon zu sein pflegt. Auf der Piste des Flugplatzes San Niccolò di Lido landen zehn Junkersmaschinen mit Hitler und seinem Hofstaat. Am Ausgang des kleinen Flughafengebäudes – die Begrüßung hat auf rotem Teppich stattgefunden – flüstert Mussolini seinem Schwiegersohn Ciano zu: »Er gefällt mir nicht.« Der amerikanische Journalist Strina hört und notiert die Bemerkung. Hitler, umgeben von einem Schwarm uniformierter Italiener, bemerkt, daß er falsch angezogen ist. Seinen Botschafter Hassell herrscht er an: »Warum haben Sie mir nicht gesagt, daß ich Uniform tragen soll?« An der Spitze eines wahren Heerzugs von Italienern und Deutschen fahren die Diktatoren aufs Land hinaus.

Ein Augenzeuge dieser ersten Begegnung der Diktatoren, Filippo

Anfuso*, berichtet: »Hitler wurde nach Schloß Stra auf dem venetianischen Festland verbannt, wo riesige Schnaken ihn in Wut brachten. Das Gefolge der beiden Diktatoren warf sich schiefe Blicke zu. Die Faschisten fingen gerade an, schwarze Jacken aus sardischer Wolle, Orbace genannt, zu tragen. Sie fühlten sich in dieser Uniform noch etwas ungemütlich, während die Deutschen diese Uniform, ihren Schnitt und ihre Träger mit dem ironischdrohenden Blick studierten, der das Erbteil einer umfassenden Kasernentradition ist. Als sie begriffen, daß es sich nicht um eine Volkstracht, sondern um eine Uniform handelte, grinsten sie. Dieses Hohnlächeln reicht sehr weit in die Geschichte zurück [...] Die Italiener rächten sich, indem sie ihren Blick besonders auf die Frisur des Kanzlers und seinen Regenmantel richten, wobei sie nur vergaßen, daß auch Mussolini jahrelang, und noch als Ministerpräsident, mit einem absolut gleichen Regenmantel herumgelaufen war.«[57]

Die an Äußerlichkeiten orientierte Beschreibung eines schlecht gekleideten Hitler neben einem unerhört eleganten Mussolini in Uniform hat auf die politische Berichterstattung abgefärbt, die sich in ihrer Abwertung des Ergebnisses der Zusammenkunft um so leichter tat, als die stundenlangen Gespräche der Diktatoren unter vier Augen stattfinden, und das heißt: in deutscher Sprache, denn Hitler beherrschte keine andere. Wie es um das Deutsch Mussolinis bestellt war, darüber gibt es sehr widersprüchliche Auskünfte von Ohrenzeugen.[58]

Es ist verbürgt, daß sich Mussolini auch nach dem Treffen gegenüber verschiedenen Gesprächspartnern abfällig über den deutschen Reichskanzler geäußert hat: »Dummkopf«, »Barbar«, »Schwätzer«. Ähnlich wird er sich noch oft über Hitler auslassen, ohne sich von ihm abwenden zu wollen. Aus solchen flapsigen Bemerkungen sollten daher keine Schlüsse auf das politische Gewicht der beiden Unter-Vier-Augen-Gespräche von 1934 gezogen werden, sondern nur solche auf die geschichtsnotorisch schlechten Manieren des Duce.

Unter den 400 aus aller Welt herbeigeeilten Journalisten entsteht sofort das Gerücht, die Diktatoren hätten sich nicht vertragen. Ihm wird von Mussolini in seiner auf dem Markusplatz gehaltenen Rede deutlich widersprochen: »Hitler und ich, wir haben uns nicht getroffen, um die

---

* Anfuso gehörte zu den intelligentesten Diplomaten Mussolinis, der seinem Herrn auch noch am Gardasee diente. Nach Stil und Informationswert überragen seine Memoiren die meisten italienischen Berichte aus der Feder von Mitspielern und Augenzeugen des Faschismus.

politische Landkarte Europas und der Welt zu überdenken, geschweige denn sie zu verändern [...], wir haben lediglich versucht, die düsteren Gewitterwolken, die sich am Horizont abzuzeichnen beginnen, zu vertreiben.«[59]

Die Begleitumstände dieser Rede werden für den Deutschen zum Lehrstück darüber, wohin geschickte Regie und Propaganda ein Volk bringen können. Was ihm der Faschismus hier vorführt, übertrifft seine eigenen Massenerlebnisse noch beträchtlich. 70 000 Schwarzhemden sind herangefahren worden und füllen das arkadenumgrenzte Rechteck bis an die Wände der Paläste und der Kirche. Mussolinis Sätze werden vom Ovationsgebrüll der Menge zerhackt. Den neben ihm auf dem Podium sitzenden, zuweilen sich erregt erhebenden deutschen Reichskanzler führt er vor wie einen weißen Elefanten. Tief geschmeichelt von seinem Besuch, spendet die Menge auch dem Gast Beifall, der vom Regisseur dieses Schauspiels geschickt auf ihn gelenkt wird. Mussolinis Sätze — er hält sich nicht an ein vorbereitetes Manuskript — werden Hitler flüsternd übersetzt, aber er hört nur mit halbem Ohr zu. Was er in sich aufsaugt, ist das Bild, ist der ekstatische Dialog zwischen dem einen und den Hunderttausenden, den er bisher nur aus der Position des einen erlebt hat.

Rosenberg, einer der ersten, mit denen Hitler nach seiner Rückkehr über Venedig spricht, notiert in seinem Tagebuch: »Eben vom Führer. Er ist noch ganz berauscht von Venedig. Schätzt die Begeisterung für Mussolini als echt ein. Der Fanatismus sei nicht gekünstelt. Die Menschen vom Lande ständen gebeugt in Ehrfurcht vor ihm wie vor einem Papst, und er nähme die in Italien übliche cäsarenhafte Pose an. Das falle aber alles in einer persönlichen Unterhaltung ab. Da werde Mussolini menschlich liebenswürdig.«[60]

Ein anderer Beobachter, Baron Pompeo Aloisi, beschreibt dieselbe Szene: »Die Begeisterung grenzte ans Delirium [...] Ich habe heute gespürt, wie erschreckend leicht die Massen zu beeindrucken sind. Mussolini war der Gefangene einer Begeisterung, die er selbst hervorgerufen hatte. Nach Beendigung seiner Rede war er bleich vor Erregung [...] Ungeheurer Eindruck.«[61]

Von den aktuellen Problemen, die Zündstoff enthalten, wird keines in Venedig einer Klärung oder gar einer Lösung zugeführt. Man hat sich beschnüffelt, man hat sich kennengelernt in der Glorie der Massenanbetung und im Glanz der Pläne, die Welt zu verändern.

Vierzehn Tage nach Venedig startet Hitler seine erste Massenmordaktion. Er beteiligt sich in Person an der Verhaftung des Stabschefs der SA, Ernst Röhm, der ihm in den frühen Münchner Jahren in den Sattel geholfen hat und Duzfreund ist, nimmt aber an keiner der Erschießungen teil. Sein Blutdurst bedarf nicht des konkreten Anblicks von vergossenem Blut, um gestillt zu werden. Der Mann, der unmittelbar und mittelbar den Tod von fünfzig Millionen Menschen verursachte, hat außer als Soldat im Ersten Weltkrieg und außer einigen »Blutzeugen der Bewegung« — für weniger als eine Minute am 9. November 1923 auf dem Pflaster des Münchner Odeonsplatzes — niemals einen Toten, einen gewaltsam Getöteten aus der Nähe gesehen. (Er hat sich jedoch an den Filmstreifen über die Hinrichtung der Widerstandskämpfer des 20. Juli 1944 im Hauptquartier delektiert.)

In parteiamtlichen Presseverlautbarungen werden 74 Opfer zugegeben, von 200 wird geflüstert.

Hindenburg, der ehrwürdige Generalfeldmarschall und Reichspräsident, gratuliert dem Mörder zur schnellen Tat: »Aus den mir erstatteten Berichten ersehe ich, daß Sie durch Ihr entschlossenes Zugreifen und die tapfere Einsetzung Ihrer eigenen Person [!] alle hochverräterischen Umtriebe im Keime erstickt haben. Sie haben das deutsche Volk aus einer schweren Gefahr gerettet. Hierfür spreche ich Ihnen meinen tiefempfundenen Dank und meine aufrichtige Anerkennung aus.«[62]

In der Reichstagssitzung vom 13. Juli 1934 verpackt Hitler das Massaker in einer dreieinhalbstündigen Rede in politische Phrasen und läßt sich dabei, wie fotografisch festgehalten ist, durch bewaffnete SS-Posten, die hinter dem Rednerpult stehen, bewachen — vielleicht aus Sorge, es könnte zu einem Tumult kommen. Er überschätzt die Volksvertreter, nicht aber die moralische Insuffizienz des Volkes, dessen bedingungsloser Loyalität und Zuneigung er auch weiterhin sicher sein kann.

Mit der »Nacht der langen Messer« ist dieser dramatische Sommer des Jahres 1934 noch nicht auf seinem Tiefpunkt angelangt. Am 25. Juli ermorden Nationalsozialisten den österreichischen Bundeskanzler Dollfuß in seinem Büro.

Mussolini erreicht die Schreckensnachricht aus Wien in Riccione, wo sich Dollfuß' Frau und Kinder bereits als seine Gäste aufhalten. Er sieht in dem Überfall der Nationalsozialisten auf die Staatskanzlei das Signal für die unmittelbar bevorstehende gewaltsame Besetzung Österreichs durch die Deutschen. Über Staatssekretär Suvich und den Armeegeneral Federico Baistrocchi gibt er das Stichwort aus für den sofortigen kriegsmäßigen Aufmarsch von zwei Armeekorps an der Grenze zu Österreich.

Sie sind nicht gerade zufällig im Alpengebiet im Manöver. Dann begibt er sich zu Alwine Dollfuß und ihren Kindern, um ihnen schonend beizubringen, daß ihr Mann und Vater tot sei. Zunächst spricht er nur von einer schweren Verwundung.

Vom nächsten Tag an läßt er zu, daß die italienische Presse, der in der Berichterstattung über die Röhm-Morde noch eine gewisse Zurückhaltung auferlegt worden war, jetzt einen antideutschen, antinationalsozialistischen Sturm entfesselt, wie ihn Hitler noch nie erlebt hat, auch nicht seitens der linken Presse vor 1933. Mussolini spricht offen aus, wen er für den Drahtzieher hält: »Hitler ist der Mörder von Dollfuß«, äußert er gegenüber dem österreichischen Vizekanzler Starhemberg.

Als er am 6. September in Bari die Levante-Messe eröffnet, steht er während seiner Rede gleich einem martialischen Denkmal auf einem Panzer und läßt erkennen, daß seine Wut auf die Deutschen noch nicht verraucht ist: »Dreißig Jahrhunderte Geschichte erlauben uns, mit einem souveränen Mitleid auf gewisse Ideen von jenseits der Alpen zu blicken, die von einer Brut vertreten werden, welche wegen Unkenntnis der Schrift unfähig war, Dokumente ihres Vorhandenseins zu hinterlassen, als Rom einen Cäsar, Vergil und Augustus besaß.«[63]

In den letzten Monaten dieses Jahres 1934 (am 9. Oktober wird in Marseille König Alexander von Jugoslawien und der neben ihm im Automobil sitzende französische Außenminister Barthou ermordet) bilden die deutsch-italienischen Beziehungen eine Konstellation, die an zwei Skorpione in einer Flasche denken läßt. Mussolini erklärt gegenüber dem Botschafter Hassell, er befürchte, Deutschland wolle Krieg gegen Italien führen.[64]

Entschlossener denn je läßt er sich mit den Garanten des Versailler Vertrags ein. Anfang April 1935 ist seinem beharrlichen Werben um Frankreich und England der Erfolg beschieden. Am 10. April läßt die Familie Borromeo aus dem Musiksaal ihres Palastes auf der Isola Bella im Lago Maggiore die Sammlung kostbarer alter Instrumente entfernen und statt ihrer einen großen Konferenztisch aufstellen. Am nächsten Tag kommen in Motorbooten vom Hotelort Stresa herüber und nehmen an diesem Tisch Platz: der französische Ministerpräsident Flandin und sein Außenminister Laval mit Beratern; Premierminister Macdonald und sein Außenminister Simon mit Sekretären; und, als stärkste Delegation, die italienische mit Mussolini und Staatssekretär Suvich an der Spitze. Fünf Tage später kann im Völkerbundsrat eine umfassende Dreiervereinbarung verlesen werden, die nach Stresa benannt ist, wo die Beteiligten während der Konferenz wohnen. In allen wesentlichen Punkten richtet sich der Vertragstext gegen das Deutsche Reich.

Mit der Deklaration von Stresa ist ein neuer Schutzzaun um Österreich errichtet. Im Juni 1935 zeichnen zwei hohe Militärs, für Italien Badoglio, für Frankreich der Generalstabschef Gamelin, ein Geheimabkommen ab, das für den Fall eines militärischen Vorgehens gegen Wien ganz bestimmte Gegenmaßnahmen vorsieht, an denen sich ein französisches Armeekorps, nach Norditalien verlegt, zu beteiligen habe.

Dergestalt gegen den mit Sicherheit immer noch erwarteten deutschen Überraschungscoup abgeschirmt, wendet sich Mussolini Afrika zu. Daß er es überhaupt wagen kann, Krieg zu führen, hat ironischerweise ganz entscheidend mit der als Bedrohung empfundenen deutschen Aufrüstung zu tun, die Ende 1936 bereits ein derartiges Ausmaß erreicht hat, daß die Demokratien es sich nicht mehr erlauben können, sich militärisch in Afrika für Abessinien und gegen Italien zu engagieren. Sie sind sich dessen gewiß, daß Hitler eine solche Chance benützen würde, um zwei Fliegen mit einer Klappe zu schlagen: die Grenzrevision im »Korridor« gegen Polen zu erzwingen und zugleich Österreich einzukassieren. Das ist Mussolinis Chance. Er überfällt Abessinien.

Die italienische Bevölkerung engagiert sich für den Krieg, als die englische Homefleet im Mittelmeer aufkreuzt, um Italien von See her abzuschnüren. Es bleibt beim Vorsatz, der ohnehin undurchführbar wäre — aber nun ist die Nation in ihrem Stolz verletzt. Der Völkerbund reagiert auf den Angriffskrieg mit Sanktionen, d. h. mit der Aufforderung an seine Mitglieder, keine kriegswichtigen Güter an Italien zu liefern. Hitler betont, er beabsichtige, sich völlig aus dem Konflikt herauszuhalten. Die Art, wie der Krieg geführt wird, bringt Italien weltweit um bisher auch und gerade von Mussolini erworbene Sympathien: »Mit einer beispiellosen Brutalität, die einen neuen Stil unmenschlicher Kriegführung etablierte, machte sich die moderne italienische Armee, unter Verwendung selbst von Giftgasen, an die Bekämpfung eines unvorbereiteten, nahezu wehrlosen Gegners. Nicht minder beispiellos war, wie sich prominente Offiziere, darunter die Söhne Mussolinis, Bruno und Vittorio, mit gemeinem Übermut brüsteten, von ihren Kampfflugzeugen aus in fröhlicher Treibjagd ganze Menschenrudel, die nach Hunderten und Tausenden zählen, mit Brandbomben und Bordwaffen in den Tod gehetzt zu haben.«[65] (Der Leser wird sich erinnern: Vittorio Mussolini lernte der Verfasser als den freundlichen, bärtigen Herrn kennen, der ihn durch die verlassene Burg seines Vaters führte.)

Die nichtdeutsche, nichtitalienische Weltöffentlichkeit sieht in Mussolinis Kolonialkrieg ein imperialistisches Verbrechen und erwartet, daß der Diktator durch Sanktionen in die Knie gezwungen wird. (Goebbels hat Mühe, einige deutsche Zeitungen von antiitalienischen Stellungnahmen abzuhalten). Es ist Ansichtssache, ob die »deutsche Gefahr«, die sich in der deutschen Kriegsrüstung manifestiert, schon als der alles beherrschende Faktor in der europäischen Politik eingeschätzt werden muß oder (noch) nicht. Aber gäbe es sie überhaupt nicht, so könnte sich im Völkerbund, in der französischen oder der englischen Regierung kein Politiker erlauben, gegen den Strom der Weltmeinung zu schwimmen, die den Bruch mit Italien und seine Bestrafung verlangt. Weil aber das Reich bereits hat erkennen lassen, daß es den Krieg nicht fürchtet, kommt man Mussolini entgegen, um ihn nicht ausweglos an die Seite der Deutschen zu treiben. Obschon die öffentliche Meinung in allen Kulturstaaten im Dezember 1935 spontan mit Proklamationen der Freiheitsliebe und des Gerechtigkeitsgefühls reagiert. Sie sieht in den taktisch motivierten Zugeständnissen an Italien einen Verrat der Ideale eines pazifistisch gestimmten Zeitalters, das den Völkerbund, dessen Macht gewaltig überschätzt wird, für den Garanten seiner Friedenssehnsucht hält, jene aber, die zu Zugeständnissen bereit sind, für Verräter der guten Sache.

Das Nebeneinander von moralischen Protesten und politischer Impotenz hat das schlimmste Ergebnis: Die Italiener können ihren Krieg fortsetzen, aber die Versuche der Demokratien, sie darin zu hindern, treiben sie erneut auf die Seite der Deutschen. Außerdem hat das Verhalten der Demokratien gegenüber dem kriegführenden Italien Hitler in seiner Überzeugung bestärkt, sie seien schwach. Er zündet seine nächste Bombe — nicht für den »Anschluß«, nicht für Grenzrevisionen im Osten macht er sich Mussolinis Krieg zunutze, doch setzt er sich über den Locarnovertrag* hinweg und läßt am 7. März 1936 die Reichswehr mit klingendem Spiel und flatternden Fahnen über die Rheinbrücken in die entmilitarisierten Westgebiete des Reiches einrücken. Er läuft ein Risiko, von dem er später sagt, er hätte es nicht ein zweites Mal auf sich genommen — eine Bemerkung, die man für ironisch gemeint halten könnte, wäre Hitler zur Ironie fähig. Mit dieser Aktion wischt er ein für

---

* Locarnovertrag, am 16. Oktober 1925 abgeschlossene Vereinbarung zwischen Belgien, Deutschland, Frankreich, Großbritannien, Polen und Italien über die Unverletzlichkeit der westlichen Reichsgrenzen, die Entmilitarisierung des Rheinlands und einen deutsch-polnischen Gewaltverzicht.

Frankreichs Sicherheit eingebautes Kernstück des Versailler Vertrags vom Tisch.

Er spricht diesen Schlag sowenig wie andere mit Mussolini vorweg ab, aber diesmal denkt der Palazzo Venezia gar nicht daran, sich über mangelhafte Information zu beschweren, denn nun kann Mussolini in Afrika erst recht machen, was er will.

Am 5. Mai 1936 zieht Badoglio an der Spitze seiner Truppen in die äthiopische Hauptstadt Addis Abeba ein; der italienische Sieg ist vollkommen. Für die Stämme Äthiopiens sieht das Fazit der italienischen Eroberung folgendermaßen aus: im Krieg gefallen: 275 000; in den folgenden Untergrundkämpfen getötet: 75 000; bei »Säuberungsaktionen« umgebracht: 18 000; in Konzentrationslagern gestorben: 35 000; vom Militär verurteilt und hingerichtet: 24 000.[66]

Der König von Italien wird Kaiser von Äthiopien. Dieses Land wird ein Teil des »Imperiums« und künftig von einem Vizekönig regiert. Es wird deren drei geben: Badoglio, Graziani, den Herzog von Aosta. Im März 1938 bekommen sowohl der König als auch Mussolini vom Senat den Titel »Marschall des Imperiums« verliehen, so daß es zu des Königs Ärger deren zwei gibt. Ciano schreibt von seinem Schwiegervater: Mit Abessinien hat der Größenwahn begonnen. »Jetzt richtet der Duce seine Blicke immer mehr nach außen; die Macht und das Ansehen Italiens werden mehr und mehr mit seiner persönlichen Macht, seinem persönlichen Ansehen identisch. Es ist das fatale Gesetz der Diktaturen: Immer muß der Glanz nach außen für den Verlust der Freiheit im Innern entschädigen.«[67]

Die großen Feste der Freundschaft

Der Krieg ist vorbei, das »Imperium« gegründet — dem Friedensbrecher wird international bestätigt, er habe nichts Böses getan. Die nicht wirksam gewordenen Völkerbundssanktionen werden am 4. Juli 1936 auch formal aufgehoben. England und Frankreich erkennen, was sie damit angerichtet haben und daß der Schuß voll nach hinten losgegangen ist. Daran wird auch die Tatsache nichts ändern, daß Mussolini wieder einmal, gegen Ende des Jahres 1936, einen schwachen Versuch macht, mit England zu einem Interessenausgleich zu kommen, woraus Anfang

Januar 1937 der Text eines Gentlemen's Agreement wird, in dem sich die beiden Mächte verpflichten, im Mittelmeer einander nicht aktiv in die Quere zu kommen. Diese in ihrer Unverbindlichkeit kaum zu übertreffende Vereinbarung hat keine Basis mehr in einem Europa, das sich bereits im fortgeschrittenen Stadium des Zerfalls in zwei feindliche Lager befindet. Denn der Sieger Mussolini wendet sich mit zunehmender Entschlossenheit den Deutschen zu und vergißt die »Schmach« der Sanktionen nie. Noch mitten im Krieg, im Januar 1936, honoriert er die deutsche Haltung, indem er erkennen läßt, daß er unter der Bedingung, daß Österreichs staatliche Selbständigkeit erhalten bleibe, dessen politische Abhängigkeit vom Reich hinnehmen würde. An diesem Faden spinnen die Diplomaten beider Länder monatelang weiter.

In Italiens Außenpolitik beginnt ein immer deutschfreundlicherer Wind zu wehen, zielbewußt von Mussolinis Schwiegersohn Ciano entfacht. Dessen Ehrgeiz ist darauf hingerichtet, Außenminister zu werden. Inwieweit der hochbegabte, korrupte, in seiner Eitelkeit und seinem Bedürfnis nach äußerem Prunk fast mit Göring zu vergleichende Dreiunddreißigjährige dabei von wirklicher Sympathie für die Deutschen geleitet wird, ist eine Frage, die man im Rückblick eher mit nein als mit ja beantworten wird. Daß er von der Stabilität und wachsenden Macht des nationalsozialistischen Regimes in den Jahren der Vorbereitung des Zweiten Weltkriegs überzeugt ist, läßt sich seinen Tagebüchern entnehmen, die er ebenso sorgfältig und tendenziös wie Goebbels führt und zum gleichen Zweck: durch Selbstdarstellung sein Bild in der Geschichte vorzuprägen. Ehrgeiz, hohe Begabung für Intrigen, verwandtschaftliche Nähe zum Chef, Bewunderung für den nationalsozialistischen Aufstieg und dazu bei Mussolini selbst der Ansatz zu einer grundsätzlichen außenpolitischen Umorientierung, die weniger auf wachsender Deutschfreundlichkeit als vielmehr auf einem Nachlassen seines wachen Mißtrauens gegenüber den Deutschen beruht: Es kostet Staatssekretär Suvich und Baron Pompeo Aloisi ihre Stellungen im Palazzo Chigi, den »zwei stärksten Exponenten einer auf Frankreich und England hin orientierten, dem deutschen Dynamismus mit tiefem Mißtrauen gegenüberstehenden Politik«[68]. Im Juni 1936 ist Ciano am Ziel, eine breite Wachablösung in den Ministerien findet statt, er wird Außenminister. Bei Mussolini setzt sich unter Cianos Einfluß die Erkenntnis durch, daß er sein starres Nein zu der Frage des »Anschlusses« nicht aufrecht erhalten kann, wenn er eine Anlehnung an Deutschland anstrebt. Er begehrt nicht mehr auf, als Hitler mit Schuschnigg im

Juli eine Vereinbarung eingeht, in der allen denkbaren Bestrebungen, Österreich in eine den Interessen des Reiches zuwiderlaufende Ordnung des Donauraums einzubinden, dadurch ein Riegel vorgeschoben wird, daß Wien anerkennt, Österreich sei ein deutscher Staat und werde als solcher politisch handeln. Es ist nur ein Trostpflaster auf die österreichische Wunde Mussolinis, wenn in die Vereinbarung auch der Satz aufgenommen wird: »Im Sinne der Feststellung des Führers und Reichskanzlers vom 21. Mai 1935* anerkennt die Deutsche Reichsregierung die volle Souveränität Österreichs.«

Die Tausend-Reichsmark-Reisesteuer wird aufgehoben, der deutsche Tourismus nach Österreich kommt wieder in Gang. Es ist das Jahr – übrigens auch das Jahr der Berliner Olympischen Spiele, auf denen sich das deutsche Regime im Schafspelz präsentiert –, in dem Hoffnungen erwachen, Europa könne mit den Diktaturen und diese unter sich zu einem Gleichgewichtszustand gelangen, der den drohenden Krieg wenn nicht ganz verhindern, so doch weit hinausschieben könnte. Da aber fängt der Kontinent, dessen politische Karte sich als eine Ansammlung latenter Konflikte zeichnen ließe, ideologisch zu brennen an. Nach den französischen Wahlen vom 26. April 1936 hat der Sozialist Léon Blum unter Einbeziehung der Kommunisten eine Volksfrontregierung gebildet, ein Begriff, der für kapitalistische Demokratien bis zum heutigen Tage seinen Schrecken nicht verloren hat. Der Linksrutsch in Frankreich, das bis dahin als der entschlossenste Hüter des Status quo aufgetreten ist und dessen Sicherheitsbedürfnis gegenüber dem aufrüstenden Deutschland auch künftig eine andere Politik gar nicht erlaubt, verstärkt das deutsche und italienische Gebrüll von der kommunistischen Weltgefahr und hat zur Folge, daß diese beiden Staaten in ihrem Antikommunismus dichter zusammenrücken, oder richtiger gesagt: überhaupt zum erstenmal sich selbst in der Rolle von zwei Pferden vor einem Wagen erleben.

Noch weit folgenreicher für die Entwicklung einer ideologischen Dynamik der künftigen Achse wird der Putsch, den der spanische General Franco am 18. Juli 1936 gegen die republikanische Regierung in Madrid

---

* Am 21. Mai 1935 verkündet Hitler das neue deutsche Wehrgesetz, mit dem er sich zum Obersten Befehlshaber der Wehrmacht macht. In der dieses Gesetz rechtfertigenden »Friedensrede«, im Reichstag am selben Tag — eine der längsten, die er gehalten hat —, erwähnt er auch Österreich: »Deutschland hat weder die Absicht, noch den Willen, sich in die österreichischen Verhältnisse einzumengen [. . .].«[69]

von Marokko aus anzettelt. Er könnte seine Truppen gar nicht übers Mittelmeer bringen, baute ihm Hitler nicht mit seinen Ju-52-Maschinen eine Luftbrücke. Dessen Engagement hält sich jedoch in der Folge in Grenzen. Weil alles, was geeignet ist, ein einseitiges Interesse der politischen Gegner an seinen Machenschaften — Aufrüstung und Judenverfolgung — zu mindern, ihm gelegen kommt, ist er an einem raschen Sieg Francos nicht interessiert. Er beschränkt sich darauf, Teile seiner Luftwaffe, zur »Legion Condor« formiert, über Spanien operieren zu lassen wie in einem Manöver unter Kriegsbedingungen. Alles in allem schickt er nicht mehr als knapp 20 000 Luftwaffensoldaten aller Art nach Spanien, während Mussolini mit 70 000 Legionären eingreift. Die auf der anderen Seite kämpfenden internationalen Brigaden, ihre Propaganda, ihre Lieder, ihr fanatischer Einsatz lassen die Welt erkennen, daß es zwar auch darum geht, wer in Spanien regieren wird, daß es sich aber im Grunde um den Zusammenprall ideologischer Positionen handelt, für den der spanische Krieg nur die (nicht gesuchte) Gelegenheit und der Schulfall ist. Er wird in diesem Maßstab und in Europa der einzige bleiben, in dem sich mit der Waffe in der Hand nationalistische Faschisten (Mussolini und Franco) und rassistisch imprägnierte Nationalsozialisten einerseits, Linke, Republikaner, Sozialisten und Kommunisten andererseits in reiner Scheidung gegenüberstehen. In dieser Gruppierung werden die letzteren geschlagen.

In keiner späteren Phase ihres Bündnisses erleben die beiden Regime ihre militärische Zusammenarbeit so problemlos wie in Spanien. Daß sie plötzlich gemeinsam Krieg führen — das allein schon versetzt sie in eine euphorische Stimmung, und noch dazu schlagen sie sich, wie gesagt, an einer weltanschaulich zu definierenden Front, an der sie nichts voneinander trennt.

Um nach dem Stillhalteabkommen mit Österreich ein nächstes Glied der Kette zu schmieden, mit dem er Italien an Deutschland fesseln will, schickt Hitler erst Dr. Hans Frank, dann Prinz Philipp von Hessen nach Rom, um Ciano einzuladen. Ciano kommt am 21. Oktober 1936 nach Berlin mit der Weisung seines Herrn, sich vorsichtig gegenüber den deutschen Avancen zu verhalten. Anfuso berichtet: »Dieser erste offizielle Kontakt mit dem nazistischen Deutschland war für uns sehr lehrreich. Die Deutschen hatten zwei Sprachen: eine für die Faschisten und die andere für die Italiener. Auf einer Reihe von Empfängen zu Ehren Cianos begegneten wir gewissen Typen, die uns unter den Arm nahmen und von der göttlichen Gemeinschaft zwischen Mussolini und Hitler redeten, als ob sie von der Ergänzung Apolls durch Dionysos sprächen: Sie erwarteten alles von dieser Vermählung. Sofern sie aber die Italiener meinten, kehrten sie erstaunliche Kenntnisse von italienischer Kunst und Geschichte hervor. Sie sprachen mit der wohlgeneigten Herablassung der Leute, denen ihre Italien-Reisen Vergnügen bereitet haben.«[70]

In dieser Runde von Heuchlern und Poseuren tritt allein Ribbentrop den Italienern unfreundlich gegenüber. Er ist Hitlers Botschafter in London, wird übers Jahr sein Außenminister werden und bastelt in diesen Monaten an einer ganz anderen Achse: der zwischen Berlin und London. Für Hitlers Methode, seine Mitarbeiter nur das jeweils Notwendigste wissen zu lassen, ist bezeichnend, daß sein Londoner Botschafter auf einer proenglischen Linie tätig ist, während er mit dem italienischen Außenminister über Dokumenten sitzt, die einer dem andern zeigt, um zu beweisen, wie tückisch und doppelbödig Großbritannien Politik gegenüber Mussolini wie Hitler betreibt. Der stets um seine Würde besorgte, gußeiserne Ribbentrop wirkt auf Ciano vom ersten Augenblick an abstoßend und widerwärtig — woran sich in den kommenden Jahren nichts ändern wird. Nach dieser ersten Begegnung nennt er ihn einen *fesso*, was mit »Arschloch« nicht schlecht übersetzt ist. An den Berliner Gesprächen ist Hitler noch nicht beteiligt, ihm begegnet Ciano erst auf dem »Berghof« über Berchtesgaden. Es ist ein strahlender Herbsttag, Hitler führt seine Gäste an die berühmte wandgroße Panoramascheibe und läßt sie durch Ferngläser auf Salzburg hinüberschauen — eine Geste, deren politischer Gehalt Ciano nicht verborgen bleibt. Vom »Anschluß« wird nicht gesprochen, das Thema ist noch immer heiß. »Zu sagen, daß Hitler Ciano gegenüber Zucker und Honig war, wäre noch viel zuwenig. In seiner schmucklosen Uniform eines Hotelnachtportiers kam er dem italienischen Minister entgegen und umfing seine beiden Hände.«[71]

In nächtlichen Telefongesprächen überzeugt Ciano Mussolini von der Entschlossenheit der Deutschen, mit Italien durch dick und dünn zu gehen. Er kann auch Hitler zitieren: »Für mich ist Mussolini der größte Staatsmann der Welt.« Ein Geheimabkommen wird unterzeichnet, in dem einer dem andern den festen Willen zur Zusammenarbeit zusichert. Auf dem Rückflug über die Alpen herrscht nach Anfusos Erinnerung eine unvergeßlich klare Sicht, Ciano erscheint seinen Begleitern wie in einem Höhenrausch des Erfolgs, und er ist fest entschlossen, seinem Schwiegervater diese Deutschlandreise als einen vielversprechenden Traum von der herrlichen italienisch-deutschen Zukunft auszumalen, obwohl er selbst das Zusammensein mit diesen Deutschen wie einen

Alpdruck empfunden hat, so mühsam und grundsätzlich waren sie in allen Gesprächen und so fürchterlich unelegant in ihrer Erscheinung. Ciano predigt im Palazzo Venezia nicht vor tauben Ohren. Am 1. November 1936 hält Mussolini auf dem Mailänder Domplatz vor Hunderttausenden eine Rede, in der er von Cianos Mission berichtet und zum erstenmal den Begriff »Achse« verwendet. Geschmiedet ist sie noch nicht. Noch fast ein Jahr später, im September 1937, wird Hitler auf dem Reichsparteitag nur von einer deutsch-italienischen »Willensgemeinschaft« sprechen als dem Element der Sicherung Europas vor dem chaotischen Wahnsinn der Demokratien.

In diesem veränderten Klima italienisch-deutscher Beziehungen gedeiht ein politischer Tourismus über die Alpen hinweg in Zügen und Flugzeugen. Teils hat er amtlichen oder doch wenigstens halbamtlichen Charakter. Sowohl Mussolini als auch Hitler kontrollieren insgeheim ihre Auswärtigen Dienste und knüpfen mit Sonderboten ohne Wissen ihrer Außenminister ein zweites Informationsnetz. Überdies setzen beide in ihre Vertretungen in Rom bzw. in Berlin beamtete Spione, die regelmäßig über ihre Chefs, die Herren Botschafter, unter Umgehung des Dienstweges geheim zu berichten haben. Die Beschatteten finden gewöhnlich rasch heraus, daß und von wem sie beschattet werden.

Zu den prominentesten Italienreisenden zählt von 1937 an Himmler, der in diesem Jahr mit seiner Frau erstmals Urlaub in Taormina auf Sizilien macht. Mit seinem Tick, überall nach frühgermanischen Spuren zu suchen, entdeckt er auf der Insel die Siculer, mehr mythische als historisch dingfest zu machende angebliche Ureinwohner Siziliens germanischer Abkunft. Die Antiquitätenhändler von Taormina bis Palermo decken Himmler mit Hirtenflöten und Hirtenstäben aus der Siculerzeit ein, von denen nur einige wenigstens alt, wenn auch undatierbar sind, die meisten für den deutschen Chefpolizisten auf alt hergestellt werden. Zwischen ihm und seinem Kollegen Bocchini kommt es zu einer Freundschaft, die allen, die sie von Berlin oder Rom aus beobachten können, unerklärlich bleibt. Der pedantische, humorlose, spießbürgerliche Himmler, unter dessen Regie im Krieg die »Endlösung« organisiert wird, tritt in eine rege, unzweifelhaft auf Sympathie beruhende Beziehung zu diesem humorvollen, verfressenen Zyniker, der alle Freuden dieser Welt bis auf den Grund auskostet und 1940 auch ein dementsprechendes Ende in den Armen einer sehr jungen Geliebten findet. Er ist als Polizeichef für die Sicherheit des Regimes verantwortlich und auf seinem Gebiet ein glänzender Fachmann.

Natürlich bleibt auch Bocchini nicht verborgen, daß für Himmler Italien kulturell nur insoweit interessant ist, als sich dort auch Germanen getummelt haben und untergegangen sind. Er lenkt das Interesse des Deutschen auf den Ostgotenherrscher Teja, der mit einem letzten Aufgebot am Monte Latteo bei Neapel vernichtend geschlagen und getötet worden ist. Ob es nicht Zeugnisse dieses Ereignisses gäbe, Gräber, Grabinhalte, Waffen? Diese Frage Himmlers bringt Bocchini auf eine Idee, deren Ausführung die *knowing men* in der faschistischen Hierarchie monatelang amüsiert. Echte westgotische Funde aus Museen, ein Zaumzeug, ein Schwert, läßt er beim Monte Latteo eingraben und durch eingeweihte Archäologen »zufällig« entdecken, nachts bei Fackelschein und in Anwesenheit deutscher Zeugen. Die Relikte gehen als Geschenk an den Reichsführer der SS ab, der sich seinerseits mit einem historischen Fundstück bedankt, das er durch seinen Aufpasser in Rom, SS-Standartenführer Eugen Dollmann, Bocchini überreichen läßt. In der Verpackung findet sich »ein luxuriöses Etui aus bestem samtschwarzen Juchten. Tief eingeprägte goldene SS-Runen zieren diese Schatulle [...]. ›Welch schönes Geschenk!‹ rief Bocchini [...] Das kostbare Etui war mit Seide ausgeschlagen [...], darin lag ein verdorrtes, unansehnliches, graubraunes, schmutziges Gebilde.«[72] Es ist ein Stückchen von der ältesten Wotanseiche, die man in einem Sumpf gefunden hat.

Aus vielen Kontakten über die Alpen hinweg ergeben sich schließlich unausweichlich pompöse Auftritte der Diktatoren im jeweils anderen Land. Den Anfang macht Mussolini, von Hitler dringlich ins Reich eingeladen. Begegnungen zwischen zwei Regierungschefs würde man heute Gipfelkonferenzen nennen. Auf die Besuche Mussolinis in Deutschland und Hitlers in Italien läßt sich der Begriff »Konferenz« nicht anwenden. Gesprächstermine sind kaum vorgesehen, keiner ist länger als eine Stunde. Hier werden über mehrere Tage hinweg Nonstop-Revuen aufgeführt, die im einen Fall »Deutschlands Größe«, im anderen »Italiens Herrlichkeit« heißen. Die Diktatoren wenden gegeneinander das Mittel ästhetisierter Machtdarstellung an, mit dem sie ihre eigenen Völker hypnotisieren, und man kann nur darüber staunen, wie sie selbst auf die Tricks hereinfallen, die sie sonst ihrem Publikum vormachen und die sie so virtuos beherrschen.

Als Mussolini mit drei Ministern und einem Gefolge von etwa hundert Personen am 25. September 1937 in seinem Sonderzug am Grenzbahnhof Kiefersfelden bei Kufstein deutschen Boden betritt, überliefert er sich damit einem gnadenlosen Fünf-Tage-Programm, das in München in

Hitlers Privatwohnung beginnt. Dort ernennt der Gast den Gastgeber mit einer feierlichen Urkunde, ihm einen Ehrendolch samt Gehänge überreichend, zum »Ehrenkorporal« der »Milizia Volontaria per la Sicurezza Nazionale«, d. h. der Militärorganisation der Partei, die er in Italien zu dem gemacht hat, was Röhm aus der SA machen wollte und von Hitler verbissen abgelehnt worden war: zu einer Armee neben der Armee. Mussolini gibt sich offensichtlich keine Rechenschaft darüber, daß die Freude des Deutschen über die hohe Auszeichnung nur gering sein kann.

Mit dieser kleinen Zeremonie am Prinzregentenplatz ist auch schon die einzige Begegnung der Diktatoren während des ganzen Besuchs vorbei, über der keine Fahnen wehen, zu der keine Militärkapellen Märsche spielen, keine Soldaten, welcher Waffengattung auch immer, Spalier stehen, keine SS-Standarten im Stechschritt paradieren, Speer und andere Dekorateure keine theatralischen Szenen aufgebaut haben, Flakscheinwerfer keine Dome aus Lichtbündeln unter den Himmel zaubern. Von München übers Ruhrgebiet, Hannover, Mecklenburg bis Berlin wird die italienische Delegation kreuz und quer durchs Reich gefahren, immer gefolgt von Hitlers nagelneuem, viel eleganterem Zug, wobei es die Reichsbahn nach einem minuziösen Plan so einzurichten weiß, daß Hitler an jeder Zwischenstation bei der Abfahrt anwesend ist, um an der nächsten schon wieder auf dem roten Teppich zu stehen, wenn Mussolini aussteigt. Das größte Kunststück vollbringen nach langer Einübung die Lokomotivführer der beiden Züge bei der Einfahrt nach Berlin, indem sie diese zwanzig Minuten lang ohne die geringste Verschiebung nebeneinander herlaufen lassen, der Führerzug aber im letzten Augenblick doch wieder jenen Sekundenvorsprung gewinnt, der es Hitler einmal mehr erlaubt, zwischen Lorbeerbäumen und Fahnen dem aussteigenden Mussolini mit gleichbleibender Herzlichkeit die Hände entgegenzustrecken.

Mussolini wird im Manöver und auf Paraden die neue deutsche Wehrmacht vorgeführt. Bei Krupp und in den Buna-Werken (für künstlichen Kautschuk) kann er die Produktionskraft des Reiches und dessen weit überlegene Technologie bestaunen. Es sind aber nicht diese handgreiflichen Zeugnisse deutscher Macht, die Mussolini am nachdenklichsten stimmen und zum unmittelbaren Anlaß dafür werden, daß er das italienische Schiff in das Kielwasser des deutschen lenkt. Zur eigentlichen Lehrstunde wird für ihn die »Völkerkundgebung der 115 Millionen« (die Bevölkerungen Deutschlands und Italiens zusammengerechnet) in Berlin, wo die künstlich angefachte Duce-Hysterie ihren Höhepunkt erreicht. Auf dem in die Nacht hineinreichenden Fest, zu dessen im Stil einer Wagneroper inszenierten Schauplätzen und Versammlungsorten Mussolini auf einem möglichst langen, durch die ganze Stadt führenden Umweg gefahren wird, erlebt er, erlebt seine ganze, davon nicht weniger angerührte Begleitung, daß zwischen einer in Paradeuniform aufgestellten deutschen Division und der Berliner Bevölkerung, die gleichfalls in Quadraten »geordnet« ist, nur noch insoweit ein Unterschied besteht, als jene uniformiert ist, diese aber Festtagskleider trägt. Auch scheinen die Hunderttausende hinter den polizeilichen Absperrungen nach einem strengen Reglement »aufmarschiert« zu sein, das Fähnchenschwenken eingeübt zu haben und bilden so in den Augen der Italiener das Gegenbild zu dem, was sie zu Hause unter »Volk« verstehen.

Als Mussolini seine Rede beginnt, wird aus einem bis dahin sanften Landregen eine sintflutartige Naturkatastrophe. Die Uniformen der Prominenz auf den Tribünen färben sich im Handumdrehen dunkel. In den Wochenschauen wird einige Tage später zu sehen sein, wie die schweren Regentropfen von Mussolinis Hand zurückspringen gleich winzigen, im Flutlicht schimmernden Federbällchen. Nachdem er sich schon vorher, von der Situation fortgerissen, nicht ans Manuskript gehalten hat, könnte er es jetzt nicht mehr, der Regensturm verwischt die Zeilen. Die in langen Reihen vor der Tribüne aufgefahrenen Mercedeswagen, deren Faltdächer aufgeschlagen sind, um die Insassen — gemäß dem Protokoll je ein Deutscher und je ein Italiener — mehr Volksnähe genießen zu lassen, verwandeln sich in Badewannen. »Aber die Massen verharrten — in dichte schwarze Wolken gehüllt — unbeweglich, so daß es zwischen Himmel und Erde nichts gab als eine [. . .] unbesiegbare lateinische Stimme, die von den dröhnenden Lautsprechern grausam übersteigert wurde. [. . .] Mussolini hatte an den Kanonen nur einen mäßigen Gefallen gefunden; diese germanische Flut aber, die heroische Ordnung der triefendnassen Massen, die imponierende Aufstellung dieser freudig erregten Menge, die Zustimmung, die von diesen Heersäulen in Uniform ausging, das Tücherschwenken bis in die fernsten Reihen und das urtümliche Geschrei, das ihm am Ende seiner Rede zujubelte — dies alles machte Eindruck auf ihn.«

Mussolini wird auch nach »Karinhall« zu Göring hinausgefahren. »Auf einem Hügel oberhalb eines Flusses hatte er sich ein Jagdhaus gebaut, das im Innern einem Königspalast glich und vollgepackt war mit Gemälden, Plastiken, Miniaturen, Porzellan, Teppichen, Gobelins [. . .], Modellen von Flugplätzen und winzigen Bombern. [. . .] Hochgewachsene Diener und breithüftige Kellnerinnen liefen in dieser Karawanserei im Jagdkostüm herum, das Hifthorn an der Seite. [. . .] Auf dem Hof kitzelten uns die Zähne junger spielender Löwen.«[73)] Mussolini erkundigt sich, ob er sich hier in einer zweiten Reichskanzlei befinde, muß aber erfahren, es handle sich um Görings privaten Wohnsitz. Er zeigt sich besorgt, daß seine Gerarchen, die es an Bereicherung auch nicht fehlen lassen, an diesem Beispiel zu ganz neuen Maßstäben der Korruption gelangen könnten.

Was Mussolini als stärksten Eindruck nach Rom mitnimmt, ist nicht, was die Deutschen tun, sondern was sie sind: dank ihrer Disziplin eine besondere Sorte von Volk. Nur ein Schritt führt Mussolini von dieser, in seine faschistische Ideologie ohnehin passende Einsicht zu einer »verständnisvolleren« Betrachtung der Hitler-Rosenbergschen »Herrenrassentheorie«, in der er bisher nur den eitel Blödsinn gesehen hat, der sie ist. Und wiederum ist von dort nur ein winziger Schritt zum Rassismus überhaupt in seiner deutschen Zuspitzung des Antisemitismus.

Auf dieser Deutschlandreise infiziert sich Mussolini mit dem Gift des deutschen Judenhasses, was auf eine entsprechende Rassengesetzgebung in Italien nicht ohne Folgen bleiben wird, wobei freilich die Ermordung der jüdischen Minderheit nicht einmal gedanklich erwogen wird. Eine zweite Folge der Reise ist eine weitere Annäherung an die Entweder-Oder-Politik Hitlers, die im Austritt Italiens aus dem Völkerbund am 11. Dezember 1937 ihren weltweit bemerkten Ausdruck findet. Zu diesem Zeitpunkt ist Hitler bereits intensiv mit der Vorbereitung eines Angriffskriegs beschäftigt. In der berühmt gewordenen Konferenz vom 5. November 1937 läßt Hitler vor einem Kreis nächster militärischer und politischer Gehilfen zum erstenmal sein Vernichtungsprogramm im Umriß erkennen und begründet dessen kurzfristige Termine mit zwei Argumenten: Er habe es mit feigen Gegnern zu tun, die so bald wie möglich zu schlagen ein Gebot der Vernunft sei; dennoch könne nur er selbst diese großen Aufgaben lösen, und wahrscheinlich sei ihm nur eine relativ kurze Lebenszeit beschieden.

Nachträglich kann man sich fragen, ob Hitler, als er an jenem 5. November 1937 seine Weltzerstörungsvision in Gestalt von konkreten Kriegsplänen andeutungsweise erkennen läßt, mit den konservativen Figuren, die ihm zuhören dürfen, vielleicht nur einen Test veranstaltet: Eignen sie sich als Handlanger und Komplizen oder nicht? Es sind Neurath, der noch Außenminister ist, Blomberg, der Reichskriegsminister, Fritsch,

Oberbefehlshaber des Heeres, Admiral Raeder, Oberbefehlshaber der Kriegsmarine und, als einziger Vollblutnationalsozialist, Göring.

Als seine nächsten Ziele, die mit militärischer Gewalt zu erreichen sind, nennt Hitler die »Beseitigung der Tschechoslowakei« und den »Anschluß«. Während er im ersteren Fall keine Schwierigkeiten voraussieht, ist er sich der italienischen Haltung angesichts seines Einmarsches in Österreich noch nicht sicher.

Was »die deutsche Raumfrage« insgesamt angehe, so prognostiziert Hitler in jener Zusammenkunft, werde er sie bis 1943, spätestens bis 1945 gelöst haben.

In der nachfolgenden Diskussion schweigt sich Raeder aus, tragen die Generäle und Neurath ernste Bedenken vor, bricht selbst Göring nicht in begeisterte Zustimmung aus und regt an, man solle wenigstens in Spanien zu Ende kommen, bevor man weitere militärische Aktionen unternehme.*

Die Erfahrung dieses Tages belehrt Hitler, daß er sich zur Durchführung seiner Kriegspläne ein Personal suchen muß, das, wie er selbst, keine Skrupel kennt und kein Risiko scheut. Am 4. Februar 1938 schickt er den Kriegsminister weg und übernimmt selbst dessen Funktion. Mit Blomberg haben 16 Generäle zu gehen, und 44 andere werden versetzt. Außenminister Neurath wird durch Ribbentrop ersetzt, und die Botschafter Hassell (Rom), Dirksen (Tokio) und Papen (Wien) werden abberufen. Die Botschaft in Rom übernimmt Mackensen, ein Sohn des Feldmarschalls aus dem Ersten Weltkrieg. Das Reichskabinett gibt am 6. Februar »seiner tiefen Befriedigung« Ausdruck über die durch den Wachwechsel erfolgte »Konzentration und Stärkung der politischen, militärischen und wirtschaftlichen Kräfte des Reiches«. Göring ist das erstrebte Amt des Kriegsministers entgangen, dafür wird er zum Generalfeldmarschall ernannt. Um ein ihm ergebenes Instrument für die Wehrmachtführung zu schaffen, ernennt Hitler Keitel zum Chef des Oberkommandos der Wehrmacht und den willenlosen Brauchitsch zum Oberbefehlshaber des Heers. Auch Fritsch muß gehen, gegen ihn werden »Beweise« für seine Homosexualität gefälscht.

Mussolini versteht, was die Veränderungen in Berlin bedeuten, und tele-

---

* Der für diesen Zweck zugezogene Oberst Hoßbach hat ein Protokoll von den Ausführungen Hitlers wie von der anschließenden Diskussion angefertigt. Es blieb erhalten und bildet als »Hoßbach-Protokoll« eines der wichtigsten politischen Dokumente des Dritten Reiches. Hoßbach war von 1934 bis Anfang 1938 Adjutant der Wehrmacht bei Hitler.

grafiert: »In meiner Eigenschaft als Minister für die italienische Wehrmacht sowie persönlich möchte ich Eurer Exzellenz meine Freude und
die des italienischen Volkes anläßlich der Übernahme des unmittelbaren
Oberbefehles über die gesamte Wehrmacht des Reiches durch Eure
Exzellenz ausdrücken. Ich betrachte dieses Ereignis als geeignet, die
Kameradschaft zwischen unseren Streitkräften und unseren Regimen zu
verstärken.«[74]

Selbst solche Sympathiekundgebungen aus Rom löschen Hitlers Erinnerung an die italienische Teilmobilmachung anläßlich der Ermordung
Dollfuß' nicht aus. Er ist sich der italienischen Reaktion auf eine militärische Aktion gegen Österreich nicht sicher. Wahrscheinlich hätte er noch
nicht im März gehandelt, wäre der österreichische Bundeskanzler nicht
auf die mehr Mut als Besonnenheit verratende Idee gekommen, zu einem
Volksentscheid in der Frage der Unabhängigkeit Österreichs aufzuru-
fen, nachdem ihn Hitler zwischen dem 12. und 15. Februar 1938
gezwungen hatte, seine Regierung umzubilden und die Nationalsozialisten daran zu beteiligen.

Hitler kann es nicht riskieren, daß die Volksbefragung zu einem Erfolg
für Schuschnigg wird. Am 10. März befiehlt er die Mobilmachung von
zwei in Bayern liegenden Divisionen, die zu einem kriegsstarken Armeekorps zusammengefaßt und für den Einmarsch in Österreich in die Ausgangsposition gebracht werden. Am Tag darauf ergeht der detaillierte
Einsatzbefehl unter dem Stichwort »Unternehmen Otto«, und am
12. März erlebt Wien zunächst eine Invasion der nationalsozialistischen
Prominenz. Es treffen ein: Himmler, Heydrich, SS-Obergruppenführer
Daluege, Heß, Gauleiter Bürkel (Saar), während Göring von Berlin aus
die österreichische Regierung mit der Drohung, die Truppen würden
marschieren, am Abend zum Rücktritt zwingt.

Hitler erleidet inzwischen einen Nervenzusammenbruch. Er befürchtet,
Mussolini könnte mobilisieren. Göring bewährt sich in der Krise, auf ihn
geht die gesamte Befehlsgebung über. Eigentlich haben die Deutschen
mit Schuschniggs Rücktritt und mit der Ernennung des Nationalsozialisten Seyß-Inquarts bereits die Voraussetzung zum »Anschluß« ohne
Truppeneinsatz geschaffen, aber Göring weiß, wieviel Hitler an der militärischen Demonstration seiner Stärke gelegen ist. Er zwingt den neuen
Bundeskanzler, ein Telegramm zu unterschreiben und abzusenden, in
dem die »provisorische österreichische Regierung« die deutsche Regierung »um baldmöglichste Entsendung deutscher Truppen« bittet.

Mit einem Brief, in dem die aus der Luft gegriffene Behauptung enthalten ist, der österreichische Volksentscheid bezwecke die Wiederherstellung der habsburgischen Monarchie, schickt Hitler den in solchen Krisen immer unvermeidlichen Hessenprinzen mit einer Sondermaschine nach Rom. Mussolini holt den Faschistischen Großrat im Palazzo Venezia zusammen und liest in feierlicher Sitzung Hitlers Brief vor. Rom geht schon zu Bett. Gegen Mitternacht ruft der Prinz seinen Führer an. Folgender Dialog ist festgehalten:

Prinz von Hessen: *Ich komme eben zurück aus dem Palazzo Venezia. Der Duce hat die ganze Angelegenheit sehr, sehr freundlich aufgenommen. Er läßt Sie sehr herzlich grüßen [. . .].*

Hitler: *Dann sagen Sie Mussolini bitte, ich werde ihm das nie vergessen.*

Prinz von Hessen: *Jawohl.*

Hitler: *Nie, nie, nie, es kann sein, was will [. . .] wenn die österreichische Sache jetzt aus dem Wege geräumt ist, bin ich bereit, mit ihm durch dick und dünn zu gehen, das ist mir alles gleichgültig [. . .] Sie können ihm das nur mal sagen, ich lasse ihm wirklich herzlich danken, ich werde ihm das nie, nie vergessen. Ich werde ihm das nie vergessen.*

Prinz von Hessen: *Jawohl, mein Führer.*

Hitler: *Ich werde ihm das nie vergessen, es kann sein, was will. Wenn er jemals in irgendeiner Not oder Gefahr sein sollte, dann kann er überzeugt sein, daß ich auf Biegen vor ihm stehe, das kann sein, was da will, wenn sich auch die Welt gegen ihn erheben würde.* *

Die unbeherrschte Diktion, die rabulistische Vertauschung der kausalen Bezüge, als sei Mussolini, gegen den sich Hitler mit der Besetzung Österreichs mindestens politisch gerade »erhoben« hat, bedroht, weil sich die Welt gegen ihn erheben werde, lassen erkennen, daß Hitler seiner Nervenkrise noch nicht wieder Herr geworden ist. Er hat sie jedoch am Abend des Einmarschtages überwunden, als er auf den Balkon des Linzer Rathauses tritt und seiner Ergriffenheit Ausdruck gibt, die in diesem Augenblick nicht gespielt gewesen sein dürfte: »Wenn die Vorsehung mich einst aus dieser Stadt heraus zur Führung des Reiches berief, dann muß sie mir damit einen Auftrag erteilt haben, und es kann nur ein Auftrag gewesen sein, meine teure Heimat dem Reich wiederzugeben! Ich habe an diesen Auftrag geglaubt, habe für ihn gelebt und

---

* Fest verweist auf die Nürnberger Prozeßakten (S. 752 f.). Die telefonische Eruption gerinnt zu einem Telegramm, das ebenfalls die Formel: »Ich werde Ihnen das nie vergessen!« enthält. Erheblich kühler antwortet Mussolini: »Meine Haltung ist bestimmt von der in der Achse besiegelten Freundschaft zwischen unseren beiden Ländern.«[75]

gekämpft, und ich glaube, ich habe ihn jetzt erfüllt! Ihr alle seid Zeugen und Bürgen dafür!«[76]

Von jetzt an braucht Hitler auf dem Weg nach Italien nicht mehr ein Land zu durchqueren, das ihm nicht unterworfen ist. Der Brenner ist Reichsgrenze geworden. Diese erste Veränderung der politischen Karte Europas durch eine deutsche Gewalttat, die zunächst von allen hingenommen wird, ist von ganz entscheidender Bedeutung für das Tempo der Entwicklung zum Krieg hin. In der Zeitgeschichte wird in der Regel die zweite Aktion gegen die Tschechoslowakei, im März 1939, als das Schwellenereignis bewertet, hinter dem der Krieg unvermeidlich wird. Das ist insoweit zutreffend, als die Demokratien erst von da an entschlossen sind, keine weitere Expansion Deutschlands hinzunehmen. In zwei Punkten aber muß die Besetzung Österreichs als das den Ausbruch des Zweiten Weltkriegs zwingend programmierende Ereignis gesehen werden. Sie festigt endgültig Hitlers Überzeugung, seine potentiellen Gegner seien Schwächlinge, mit denen er Schindluder treiben könne, und sie macht den Faschismus in der Gestalt Mussolinis zum Objekt deutscher Kriegspolitik. Nicht die Veränderung der Reichsgrenzen, sondern der Vorgang der Veränderung, die Entsendung des feudalen Boten zum Palazzo Venezia erst dann, als auch ein Widerstand Mussolinis an der Tatsache der Besetzung Österreichs nichts mehr zu ändern vermocht hätte, legt die Rangordnung im künftigen Bündnis fest und bringt zum Ausdruck, wie sehr Hitler die Italiener und ihren ganzen Faschismus verachtet, mag er auch dem Mann Mussolini noch ein Gefühl der Wertschätzung entgegenbringen.*

---

* Auch daran darf man zweifeln. Als Rudolf Heß, intimer Vertrauter seines Führers, im Krieg nach England fliegt (am 10. Mai 1941 angesichts des bevorstehenden Überfalls auf die Sowjetunion), schickt Hitler seinen Außenminister Ribbentrop umgehend nach Rom, der zunächst, solange man im Führerhauptquartier noch hofft, Heß sei tödlich abgestürzt, nur allgemein beruhigende Erklärungen im Palazzo Venezia abgeben soll. Gerade noch vor seiner Audienz beim Duce erfährt er, daß Heß lebt und sich in englischem Gewahrsam befindet. Ribbentrop telefoniert sofort mit Hitler und geht nun mit einer veränderten Order zu Mussolini: In der Befürchtung, Heß werde den Engländern Munition gegen die Achse liefern, indem er ausplaudere, was Hitler im engsten Kreis seit eh und je über Mussolini geäußert hat, macht Ribbentrop den vorbeugenden Versuch, Mussolini davon zu überzeugen, daß Heß wirklich verrückt sei und alles, was er vielleicht aussagen werde, Erfindungen seiner kranken Phantasie seien. Heß verbreitet keinen Klatsch über Hitler, aber gerade die sonst schwer verständliche Mission Ribbentrops läßt bei Ciano und Anfuso den Verdacht aufkommen, Hitlers Mussolini-Begeisterung sei schon immer Theater gewesen.

Mit der staatsrechtlichen Einverleibung Österreichs ist das Problem der endgültigen Grenzziehung in den Alpen noch nicht zu Ende. Am 16. März 1938, also unmittelbar nach Hitlers: »Das vergesse ich ihnen nie, nie. . .!«, hält Mussolini seine Rechtfertigungsrede vor der Kammer, begründet, warum Italien nicht mobilisiert. Eine Darstellung des Kampfes der Italiener für ihre nationale Einigung dient ihm ebenso als Argument, warum Hitlers Vorgehen gerade in Italien verstanden werden müsse, wie die Erinnerung »an die unvergeßliche Tatsache [. . .], daß das erste Militärbündnis des jungen Königreiches Italien mit Preußen im Jahre 1866 geschlossen wurde«[77].

Einem Mussolini, der nicht kämpfen will und auch nicht kann, bleibt nichts übrig, als gute Miene zum bösen Spiel zu machen. In Wahrheit sitzt der »Anschluß«-Schock bei ihm, unter seiner Regierungsmannschaft und im ganzen Volk tief, und als nun die Deutschen Südtirols in der sicheren Erwartung, nun würden auch sie bald heim ins Reich geholt, ihr Gebiet mit einer neuen Welle antiitalienischer Propaganda und »Los-von-Rom«-Forderungen überschwemmen und es vermehrt zu Zerstörungen italienischer Einrichtungen kommt, verdüstert sich der diplomatische Horizont zwischen Berlin und Rom aufs neue.

Am 18. März hält Hitler seinerseits die große Rechtfertigungsrede zum »Anschluß« vor dem Reichstag: Wenn die Südtiroler genau zuhörten, könnten sie zwar aus der Bemerkung Hoffnung schöpfen, dreieinhalb Millionen Deutsche seien nicht frei, zugleich aber erfahren, daß sie, diese 150 000 unfreien Deutschen, in dieser Rechnung nicht vorkommen: »Ich habe nun schon [. . .] ausgeführt, daß es eine allseits befriedigende Regelung der völkischen und territorialen Verhältnisse in Europa kaum geben wird, d. h.: es ist nicht unsere Auffassung, daß es das Ziel einer nationalen Staatsführung sein soll, nach allen Seiten hin, sei es durch Proteste oder durch Handlungen, territoriale Forderungen zu verwirklichen, die mit nationalen Notwendigkeiten motiviert, am Ende doch zu keiner allgemeinen nationalen Gerechtigkeit führen können.«[78]

Diese Passage, die allzu allgemein formuliert ist und das Wort Südtirol ausklammert, reicht vor dem Hintergrund der völkischen Aktionen in Südtirol nicht aus, um Rom zu beruhigen. Mussolinis Rede zu Österreich vor der Kammer gibt keinen Begriff davon, welche antideutsche Stimmung im Palazzo Venezia wirklich herrscht. In Wutausbrüchen, die durch die geschlossenen Türen seines Arbeitssaales zu hören sind, verkündet Mussolini, er werde quer durch die Alpen einen Befestigungswall bauen lassen und die Deutschen, würden sie nur einen Schritt über die neue Grenze nach Süden tun, in Koalition mit der ganzen Welt so zu Boden schlagen, daß sie »für mindestens zwei Jahrhunderte« sich nicht mehr erheben könnten.

Wenn er von der ganzen Welt spricht, kann er eigentlich nur England meinen, denn der »Anschluß« hat zur Folge, daß Italiens gesteigertes Interesse, wenigstens im Mittelmeerraum stabilere Verhältnisse zu schaffen — wenn schon ein gesamteuropäisches Arrangement nicht zu erreichen ist —, zum Abschluß einer alle schwebende Fragen abdeckenden Vereinbarung mit England führt. Doch Italien gewinnt durch sie wenig. Es ist sogar ein Zusatzprotokoll mit aufschiebender Wirkung beigefügt: Erst müsse die italienische Herrschaft in Abessinien auch formal anerkannt und die Lage in Spanien geklärt sein. Im Klartext: Italien habe seine Truppen aus Spanien nach und nach zurückzuziehen. Ciano notiert am 16. April 1938 in seinem Tagebuch: »Um 18.30 Uhr Vertragsunterzeichnung mit England. Lord Perth [der englische Verhandlungspartner und Signatar des Abkommens, Anm. d. Verf.] ist bewegt. Er sagt mir: ›Sie wissen, wie sehr ich mir diesen Moment gewünscht habe! Es ist wahr: Perth ist immer ein Freund von mir gewesen [...] Vor dem Palazzo Chigi versammeln sich unzählige Menschen, die begeistert klatschen [...] Der Duce ist zufrieden [...] In der Zwischenzeit ist die Menge bis zur Piazza Venezia vorgedrungen, und er [der Duce] begibt sich auf den Balkon.« Am nächsten Tag erscheint der deutsche Botschafter Mackensen bei Ciano. Im Tagebuch heißt es unter dem 17. April: »[...] aber gerade mit den Deutschen haben wir in Südtirol (Alto Adige) Schwierigkeiten. Nach dem Anschluß haben die Fremden zu stolz den Kopf gehoben, und irredentistische Kundgebungen haben in einem Maß zugenommen, daß wir es nicht länger tolerieren können [...]
Ich habe dem Duce vorgeschlagen, auf eigene Verantwortung Göring über diesen Tatbestand zu unterrichten. Ich habe bereits einen Brief an die Behörde aufgesetzt, den ich morgen dem Duce vorlegen werde. Wenn er einverstanden ist, werde ich ihn abschicken.«[79]

Es ist nicht der erste Brief, der in der leidigen Angelegenheit die Berliner Botschaft anweist, bei Göring vorstellig zu werden, in dem man (noch) den mächtigsten Sachwalter der italienischen Interessen am Hofe Hitlers sieht. Göring spricht gegenüber Magistrati von eingeschleusten Provokateuren in Südtirol, und überhaupt, das Problem sei erledigt, wie der Führer vor dem Reichstag versichert habe. Das alles sei eine Bagatelle im Vergleich zu den Aufgaben, die in der unmittelbaren Zukunft auf die Achse zukämen, und das Reich werde mit all seiner Kraft Italien gegen

England beistehen. Diese Bemerkung fällt, als die Tinte unter dem eng-
lisch-italienischen Abkommen noch nicht trocken ist. Magistrati versteht sehr wohl, sie zu deuten: Ihr Italiener, seid vorsichtig, bleibt
hübsch bei der Stange, eine andere Möglichkeit habt ihr gar nicht. Das
wissen sie.

Der Gegenbesuch des Führers findet im Mai 1938 statt, auch wenn am
deutsch-italienischen Himmel bedeutend dunklere Wolken hängen als
in den Tagen der Deutschlandreise des Duce. Die Erfahrung, die Hitler
machen muß: daß er nicht Gast des Duce, sondern des Königs ist, daß
dieser König zwar klein und häßlich ist, aber überall, wo er sich zeigt, in
der ersten Reihe steht, Mussolini aber in der zweiten — das verdirbt ihm
gehörig den Spaß an der ganzen Reise. Er wird fürderhin nicht aufhören
zu murmeln: Duce, schicke diesen Nußknacker weg.

Eine Szene wie 1934 auf dem Markusplatz wiederholt sich nicht, die
Massen spielen nicht mit, ihr Duce plus Hitler ist ihnen weniger wert als
ihr Duce allein — sie haben ein Gespür dafür, daß der Mann mit dem
Bärtchen, obwohl er neben Mussolini besonders mickrig wirkt, der
Mächtigere ist, und das paßt ihnen ganz und gar nicht. Am 16. April 1938
haben sie durch ihren Beifall für den Abschluß des Vertrags mit den Engländern gezeigt, welcher Seite sie instinktiv zuneigen.

War Mussolini in einem Sonderzug und mit einer Hundertschaft nach
Deutschland gefahren, so kommt Hitler mit drei Zügen, ist begleitet von
seiner gesamten Führungsmannschaft (ohne Göring, der den Auftrag
hat, zu Hause das Reich zu bewachen) und von fast dreihundert Statisten
seiner Hofhaltung; einer der Züge ist allein für Ehefrauen und nichtange-
traute Personen weiblichen Geschlechts samt ihrem mehrere Waggons
füllendem Gepäck reserviert.

Einem jungen Beamten des Palazzo Chigi, Casto Caruso, ist die Aufgabe zugefallen, das gesamte Programm aufzustellen, technisch und
organisatorisch vorzubereiten und diesen deutschen Heerhaufen nach
den Regeln zweier Protokolle, des königlichen und des faschistischen,
ohne Pannen zu lenken. Daß der Papst Rom verläßt und die Vatikanischen Sammlungen für alle Besucher schließen läßt, solange Hitler sich in
Rom aufhält, erspart Caruso, auch noch das Protokoll des Heiligen
Stuhls für die Deutschen durchforsten zu müssen. »Er machte alles: er
rangierte Züge und Schlachtschiffe, baute Tribünen, regierte die Kolonnen der Autos und Karossen [...] und machte aus diesem Besuch ein
Meisterwerk der Organisation.«[80]

Außerdem läßt er für die Sonderzüge einen eigenen Bahnhof am Stadtrand in Richtung Ostia bauen. Für jeden Gast gibt es ein rot eingebundenes Buch, auf das in Goldschrift sein Name eingepreßt ist; es enthält das Programm und alle notwendigen Hinweise auf die Quartiere, die Transporteinrichtungen, die Kleidervorschriften usw.

Am Abend des 3. Mai, um 20.30 Uhr, quillt die Masse der Gäste auf die von kostbaren Teppichen bedeckten Bahnsteige. Darauf stehen Seine Majestät Viktor Emanuel III., der Duce, Graf Ciano, einige Minister, Parlamentarier, Parteigrößen, Generäle, Admiräle, Herzöge und Fürsten, Herzoginnen und Fürstinnen; hochadlige Köpfe sind von funkelnden Stahlhelmen bedeckt, über denen Reiherfedern schwanken. Die Deutschen haben den Eindruck, in eine Opernaufführung geraten zu sein, und sehen mit Entsetzen, daß ihr Führer, der Autonarr, in eine von herrlichen Pferden gezogene Kutsche dirigiert wird, in der er neben Seiner Majestät durch Rom zum Quirinal, dem königlichen Stadtschloß, fahren muß. Gebäude, die älter als hundert Jahre sind — und was ist in der römischen Innenstadt nicht älter? —, erstrahlen im Flutlicht. Hitler erkundigt sich bei Seiner Majestät nach den Namen der Bauwerke, an denen die Kutsche vorbeirollt. Es riecht nicht nach Benzin, sondern nach Pferden. Im Innern des Quirinalpalastes bleibt nicht nur das 20. Jahrhundert vor dem Portal zurück, es trägt dort auch niemand ein Schwarzhemd, und die Kammerherren verbeugen sich. Hitler sieht sich jäh in ein Rom eingesperrt, in dem es den römischen Gruß nicht gibt und schon gar nicht ein »Heil Hitler!«. Himmler faßt seine Reaktion auf die königliche Pracht in dem Satz zusammen: »Man atmet hier Katakombenluft!« und spricht damit seinem Führer aus dem Herzen.

Über dem ganzen Italienaufenthalt Hitlers und seines Gefolges könnte als Motto stehen: *Tutto a posto e niente in ordine!* Zu deutsch, frei übersetzt: Es klappt alles, aber es stimmt nichts! Nur die Flottenparade im Golf von Neapel, von der königlichen, der faschistischen und der deutschen Prominenz von der Brücke des Schlachtschiffs »Conte di Cavour« aus beobachtet, wird zu einem durchschlagenden Erfolg. Sechs Panzerkreuzer, sieben schwere, 14 leichte Kreuzer, 24 Torpedojäger, 32 Torpedoboote und eine ganze Herde von U-Booten nehmen daran teil. Die letzteren führen ein Manöver vor, das seither von keiner Kriegsmarine irgendeines Staates wiederholt worden ist: Sie tauchen, in Linie formiert, Boot neben Boot in geringem Abstand, backbord der »Cavour« weg, alle im selben Augenblick, und erscheinen in gleicher Ordnung und mit gleicher Präzision steuerbord wieder. Hitler selbst und seine Militärs, Keitel, Stülpnagel, Konteradmiral Schniewind, General Bodenschatz, sind von der Schau begeistert. Das Ballett der U-Boote bildet den Höhepunkt der ganzen Reise. So etwas haben die Deutschen zu Hause nicht. Und mehr noch als in Autos ist Hitler in Kriegsschiffe verliebt; mit seinen Detailkenntnissen erregt er bei den italienischen Offizieren Staunen und Bewunderung.

Das Volk von Neapel versagt sie ihm. Zwei Akte von *Aida* werden in der Monsteroper aufgeführt, anschließend wird auf der Terrasse des Bourbonenschlosses ein Festmahl aufgetragen. Hitler ist im Frack. Der Anblick der von Lichtergirlanden konturierten Kriegsschiffe auf dem nächtlichen Meer fasziniert ihn. Zu spät macht der Chef des deutschen Protokolls, Bülow-Schwante, seinen Herrn darauf aufmerksam, daß man zum Bahnhof aufbrechen müsse. Es bleibt keine Zeit, den Frack gegen die braune Uniform zu vertauschen. Im offenen Wagen fährt der Kriegsherr der Deutschen, mit dem Zylinder auf dem Kopf, und sieht aus »wie der französische Ministerpräsident« (Hitler). Im Zug hat er einen Wutausbruch, denn das Volk hat hinter ihm hergeschrien: »Charlie Chaplin! Charlie Chaplin!« Bülow-Schwante wird gefeuert.

Auf einem Empfang, den Mussolini am Abend des 7. Mai im Palazzo Venezia gibt, überreicht Hitler mit seiner Tischrede der italienischen Nation das »Geschenk«, zu dem er sich unter dem Eindruck der fortdauernden »Anschluß«-Allergie der Italiener schon in Berlin entschlossen hat, wie Göring bei der Abfahrt in Berlin, zu der er auf dem Anhalter-Bahnhof erschienen war, Magistrati wichtigtuerisch anvertraut hat.

Hitler sagt an der Tafel im Palazzo Venezia: »Belehrt durch die Erfahrungen zweier Jahrtausende, wollen wir beide, die wir nun unmittelbare Nachbarn geworden sind, jene natürliche Grenze anerkennen, die die Vorsehung und die Geschichte unseren beiden Völkern ersichtlich gezogen haben. Sie wird dann Italien und Deutschland durch die klare Trennung der Lebensräume der beiden Nationen nicht nur das Glück einer friedlich gesicherten dauernden Zusammenarbeit ermöglichen, sondern auch als Brücke gegenseitiger Hilfe und Unterstützung dienen. Es ist mein unerschütterlicher Wille und mein Vermächtnis an das deutsche Volk, daß es deshalb die von der Natur zwischen uns beiden aufgerichtete Alpengrenze für immer als eine unantastbare ansieht. Ich weiß, daß sich dann für Rom und Germanien eine große und segensreiche Zukunft ergeben wird.«[81]

Die Italiener springen auf, Mussolini wendet sich Hitler zu und umarmt ihn.

Der letzte Tag der Reise führt nach Florenz, wohin der König nicht mitkommt. Mit Mussolini allein, ringt sich Hitler zu einer etwas lockereren Haltung durch. Er fühlt sich in der schönen Stadt wohl und verweilt länger als im Terminplan vorgesehen vor den Bildern in den Uffizien, die Mussolini nichts sagen. Italiens Regierungschef gibt, ohne rot zu werden, zu, daß er das Museum noch nie besucht habe.

Am 9. Mai, um Mitternacht, endet auf dem Florentiner Bahnhof die zweite und letzte Auslandsreise, die der Führer und Reichskanzler unternommen hat, ohne daß ihm der Weg über Landesgrenzen von Panzern, Bomberflotten und Infanteriedivisionen gebahnt worden wäre. Beim Abschied stehen ihm Tränen in den Augen, als ihm Mussolini versichert: »Nun kann uns keine Macht der Welt mehr trennen.«[82]

Auf Gedeih und Verderb

»München« — der ärgerliche Kompromiß

Wenige Tage, bevor Hitler nach Italien aufgebrochen ist, am 21. April 1938, hat er mit Keitel die Einzelheiten der »Studie Grün« besprochen, des Kriegs gegen die Tschechoslowakei, der kein »Überfall aus heiterem Himmel ohne jeden Anlaß oder Rechtfertigungsmöglichkeiten« sein soll. Das Komplott protokolliert wieder der Wehrmachtsadjutant, es ist nicht mehr Hoßbach, sondern seit dem 28. Januar 1938 Schmundt. Mehrfach ist in der »Studie« vom »blitzschnellen« Handeln bzw. »Zupacken« die Rede. Die Sache müsse in vier Tagen erledigt sein. Von diesen Kriegsvorbereitungen erfährt Mussolini während Hitlers Aufenthalt in Italien nicht ein Wort.

Ganz Europa erkennt, daß es von den Deutschen in eine friedensgefährdende Krise hineingetrieben wird. Die Demokratien machen einen schwachen Versuch, wenigstens Italien davon abzuhalten, Öl ins Feuer zu gießen. Am 12. Mai 1938 wird in Genf ein Beschluß verabschiedet, wonach es allen Mitgliedern des Völkerbundes erlaubt wird, Abessinien als Teil des italienischen »Imperiums« völkerrechtlich anzuerkennen. Damit begeben sich die Gegner der Achse auf das Glatteis der Beschwichtigungspolitik, die das Gegenteil dessen bewirken wird, wozu sie eigentlich dienen soll: Die Achsenmächte werden nicht von ihren Kriegsplänen abgebracht, sondern in ihrer Überzeugung bestätigt, ihre Kriege ohne Risiko führen zu können.

Die erste Sudetenkrise tritt am 12. September 1938 in ihr aktuelles Stadium, als Hitler während des Nürnberger Reichsparteitags »Großdeutschland« in einer gewaltig ausholenden Kampfrede zur Generalabrechnung mit der Tschechoslowakei zwecks nationaler »Befreiung« der Sudetendeutschen ansetzt. »Unter der Mehrheit der Nationalitäten, die in diesem Staat unterdrückt werden, befinden sich auch dreieinhalb Millionen Deutsche [. . .] [Sie] sind nun ebenfalls Geschöpfe Gottes. [. . .] Er hat die sieben Millionen Tschechen nicht geschaffen, daß sie dreieinhalb Millionen Menschen überwachen, bevormunden und noch viel weniger vergewaltigen und quälen.«[1] Hitler endet nach Stunden mit dem Satz: »Wir verdienten nicht, Deutsche zu sein, wenn wir nicht bereit wären, eine solche Haltung einzunehmen und die daraus folgenden Konsequenzen so oder so zu tragen.«[2]

Das ist die unmißverständliche Drohung mit Krieg. England und Frankreich weichen zurück: Gebiete mit mehr als fünfzig Prozent deutscher

Bevölkerung sollen ohne Volksabstimmung an das Reich fallen, die neuen Grenzen von England und Frankreich garantiert werden. Dennoch besteht Hitler auf dem Einmarsch deutscher Truppen »sofort« und übergibt am Tag darauf der englischen Regierung ein Memorandum, worin er in sechs Punkten derart extreme Forderungen erhebt, daß er sicher ist, sie nur mit einer kriegerischen Aktion durchsetzen zu können. Chamberlain erklärt, der Text stelle ein Ultimatum an die Prager Regierung dar, das er nicht weiterleiten werde. Hitlers drohendem Drängen gibt der englische Premier ein weiteres Mal nach und stellt Prag nun doch das Memorandum zu. Dort zeigt die Regierung mehr Mut und weist die deutschen Forderungen als unannehmbar zurück. Das tschechische Nein gibt Hitler neue Hoffnung, daß er seinen Krieg bekommen werde. Er kann aber nicht verhindern, daß ihm »der alte Mann mit dem Regenschirm« wieder das Konzept verdirbt, indem er am 26. September von London aus neue direkte Verhandlungen zwischen Prag und Berlin unter seinem Vorsitz vorschlägt. Am Abend dieses Tages spricht Hitler im wie immer überfüllten Berliner Sportpalast, wo sich außer seinen Parteigenossen eine große Anzahl von ausländischen Pressevertretern und Diplomaten eingefunden haben — alle mit dem Bewußtsein, es werde über Krieg oder Frieden entschieden.

In dieser Rede versichert er im Tonfall eines heiligen Schwurs, das Problem der Sudetendeutschen sei das letzte, das er noch lösen müsse, es ist »die letzte territoriale Forderung, die ich in Europa zu stellen habe«. Er schreit in den Saal: »Herr Benesch hat jetzt die Entscheidung in der Hand! Frieden oder Krieg!« Er hat schon alles in der Tasche, was er fordert, aber auf eine Art, die ihm nicht erlaubt, Krieg zu führen, zu schießen, zu vernichten. Diese Sudetendeutschen, die eine zunehmend antideutsche Haltung Prags ihrer blinden nationalistischen Ausrichtung nach den Weisungen aus Berlin zuzuschreiben haben, sind für ihn nur der erwünschte Anlaß, Krieg zu führen.

Zwei Tage vergehen, in denen sich in der Reichskanzlei der englische (Henderson), der französische (François-Poncet) und der italienische (Attolico) Botschafter die Klinke in die Hand geben, »während in den Gängen und Nebenzimmern der Hochbetrieb der großen Krisentage« herrscht. Hitler geht durch die Räume, unterhält sich bald mit dem, bald mit jenem und gibt »lauter kleine Sportpalastreden« von sich.[3])

Am 28. September, 12 Uhr mittags, meldet sich Mussolini durch den Mund seines Botschafters bei Hitler, erklärt sich bereit, aufgrund eines englischen Vorschlags als Vermittler tätig zu werden, »und bittet Sie, von einer Mobilisierung abzusehen [. . .] Instinktiv fühlte ich in jenem Augenblick, daß die Kriegsgefahr nun vorüber war.«[4]) Es kommt zur Münchner Konferenz, an der als Hauptakteure Hitler, Mussolini, Chamberlain und Daladier teilnehmen.

In fast allen europäischen Ländern sind die Mechanismen der Mobilmachung schon im Gang, strömen die Reservisten in die Kasernen. Die Völker halten den Atem an. Mussolini kommt in seinem Sonderzug an der neuen deutschen Grenze an, dem Brennerpaß, ohne daß vorher ein persönliches Gespräch oder ein informierender Telegrammwechsel zwischen ihm und Hitler stattgefunden hat. Dieser fährt ihm bis Rosenheim entgegen, Mussolini steigt in den Führerzug um. Im Salonwagen liegt eine riesige Karte auf dem Tisch; nicht, wie zu erwarten wäre, die von Böhmen und Mähren, sondern vom Westen des Reiches. Darin eingezeichnet sind die Befestigungen und Bunker des noch im Bau befindlichen Westwalls. Hitler spricht von einem Krieg »gegen die Demokratien«, als werde schon gekämpft. In den knapp fünfzig Minuten, die der Zug bis München braucht, geht er mit keinem Wort auf die Sudetenkrise ein, die Mussolini hergeführt hat. Was er ihm zu verstehen geben will, ist, der unerwünschte, aber nicht abzulehnende Vermittler möge gar nicht erst versuchen, ihn mit dem Hinweis, der große Krieg könne ausbrechen, von seiner Entschlossenheit abzubringen, in die Tschechoslowakei einzumarschieren. Dann ist eben Krieg, tut mir leid, aber ich kann es nicht ändern — das will die Westwallkarte auf dem Tisch den Italienern sagen. Erst bei der Einfahrt in die Stadt händigt Hitler »dem größten Staatsmann des Zeitalters« ein Blatt Papier mit seinen »Mindestforderungen« an Prag aus. Was Mussolini vielleicht in der Sache zu sagen hätte, interessiert ihn nicht.

Man weiß, wie die Münchner Konferenz ausgegangen ist. Im Text des Abkommens wird eine ratenweise Besetzung der abzutretenden Gebiete durch die deutschen Truppen vorgesehen. Die letzten Positionen sollen sie bis zum 10. Oktober 1938 erreicht haben. Hitler hat nicht seinen Krieg, sondern nur das militärische Schauspiel. Für ihn ist »München« ein Mißerfolg. Mussolini geht daraus als der große Friedensstifter hervor. Auf der Rückreise durch Italien muß er erleben, daß er für seine kriegsverhindernde (in Wahrheit nur kriegsaufschiebende) Mission auf den Bahnhöfen gefeiert wird, eine Rolle, die ihn verlegen macht und ärgert.

»Begriffen die beiden Diktatoren, daß ihnen niemals wieder eine solche laute Dankbarkeit zuteil werden würde?« fragt Anfuso.[5]) Nur Dankbarkeit? Viel mehr wird Hitler ernten, als er Frankreich zerschlagen hat und es ein Jahr danach so aussieht, als werde er in einem »Blitzkrieg« auch die Sowjetunion »erledigen«. »Erledigen«, das war der Ausdruck, nicht »besiegen«. Dafür Jubel, Begeisterung, Verehrung, die sich zur Anbetung steigert!

Die konkreten Folgen des Münchner Abkommens berühren und verändern die Machtverhältnisse in ganz Europa, die Sowjetunion eingeschlossen. Gegen dieses Großdeutschland kann Frankreich in Europa nichts mehr allein durchsetzen; der Vertrag Moskaus mit Prag ist wertlos geworden; die Engländer, Chamberlain, sein Außenminister Halifax und vor allem ihr Botschafter in Rom, Lord Perth, versuchen Mussolini eine goldene Brücke zu bauen, auf der er sich, würde er sie benützen, von den Deutschen wieder entfernen könnte. Er erntet in intensiven Verhandlungen mit London alles, was er mit dem Abessinienkrieg und mit der Intervention in Spanien, die noch nicht beendet ist, gesät hat. Ribbentrop befürchtet, Mussolini könnte sich wirklich vom Reich wegloken lassen und kommt unangemeldet am 27. Oktober für zwei Tage nach Rom. Unverändert hält Ciano den deutschen Kollegen für einen *fesso* und schreibt über ihn: »[. . .] er hat sich die Idee des Krieges in den Kopf gesetzt, er will Krieg, seinen Krieg [. . .]. Er macht weder Feinde aus, noch signalisiert er Kriegsziele. Aber er will Krieg innerhalb von drei, vier Jahren.«[6] Der deutsche Außenminister ist gekommen, um aus der vagen Andeutung, Deutschland sei bereit, einen Militärpakt mit Italien abzuschließen — Ciano gegenüber angeblich schon während der Flottenparade in Neapel hingeworfen —, ein Angebot in aller Form zu machen, das über die ursprüngliche Vorstellung eines Zweiervertrages hinausgehen, Japan als dritten Verbündeten in den Pakt einbeziehen soll. Mussolini ist noch nicht bereit, die Engländer durch ein solches Bündnis zu verprellen — Hitler hat den falschen Mann zur falschen Zeit geschickt —, aber er schwenkt auch nicht zu ihnen ab. Er sagt zu Ciano: »In Europa bleibt die Achse das wichtigste. Im Mittelmeerraum — solange wie möglich — Zusammenarbeit mit den Engländern. Frankreich bleibt draußen: Ihm gegenüber haben wir unsere Forderungen bereits aufgestellt.«[7]

Die von der Unvermeidlichkeit einer kriegerischen Auseinandersetzung noch immer nicht überzeugten Engländer sind es zufrieden, daß Mussolini wenigstens mit ihnen noch leidlich vernünftige Kontakte hält, woran ihrem Botschafter Perth besonderes, auch vom Palazzo Venezia anerkanntes Verdienst zukommt.

Nachdem Hitler seine Beute eingebracht hat, ohne einen Schuß abgeben zu können, geht Europa auf Zehenspitzen. Man sieht die schlafenden Hunde liegen, aber man will sie nicht wecken. (Auf einem anderen Blatt steht, daß die englische Regierung sofort nach »München« aufzurüsten beginnt.) Doch die deutschen Hunde schlafen nicht im mindesten. Mit jedem Tag, der nach der Münchner Konferenz vergeht, wächst in Hitler die Überzeugung, das Abkommen habe ihn die ganz einmalige Chance verpassen lassen, »die Demokratien« (Frankreich, England, die Tschechoslowakei) vernichtend zu schlagen. Er sieht Europa so vor sich, wie es ein paar Jahre später tatsächlich aussehen wird, und es reicht ihm nicht, daß nur Spanien schon den erwünschten Anblick bietet: ausgebrannt und mit Leichen bedeckt.

Am 21. Oktober wird außer dem Gesetz über die Eingliederung der sudetendeutschen Gebiete in das Reich auch ein grundsätzlicher Befehl an die Wehrmacht erlassen. Darin heißt es, sie müsse, schon bevor eine Weisung für die künftige Kriegführung ergangen sei, auf folgende »Fälle« vorbereitet sein: »1) Sicherung der Grenzen des Deutschen Reiches und Schutz gegen überraschende Luftangriffe, 2) Erledigung der Rest-Tschechei, 3) Inbesitznahme des Memellandes.«

Die »Rest-Tschechei« ist nach dem Einmarsch der Deutschen noch einmal am 5. Oktober verkleinert worden. Der katholische Geistliche Joseph Tiso hat die Schwäche der Prager Regierung benützt, um einen autonomen slowakischen Staat mit der Hauptstadt Bratislava auszurufen.

Nur Kriegspläne statt Krieg! Um ihn betrogen, betätigt sich das deutsche Regime auf einem anderen Feld seines Vernichtungsprogramms. Daß ein Beamter der deutschen Botschaft in Paris, Ernst E. vom Rath, dem Revolverattentat eines emigrierten jungen deutschen Juden erst nach zwei Tagen erliegt (und zwar gerade am 9. November, als in München die üblichen Parteifeiern veranstaltet werden), gibt Hitler Zeit, das Pogrom zu organisieren, das in der Nacht vom 9. auf den 10. November 1938 stattfindet und im Volksmund, aber auch in der Zeitgeschichte »Reichskristallnacht« heißt, ein Wort, das allenfalls die zerschlagenen Schaufensterscheiben abdeckt, nicht die Brandstiftungen, nicht die Morde dieser Nacht, nicht die Milliarde Reichsmark, die Göring aus den jüdischen Mitbürgern herauspreßt.

Die Synagogen brennen noch, als Hitler am Abend dieses 10. November im Münchner »Führerbau« eine damals nicht veröffentlichte Rede vor der Presse hält, in der er mit keinem Wort auf das Pogrom eingeht, so, als habe es nicht stattgefunden. Zwei Passagen verdienen, als Kontext zu dieser Darstellung erwähnt zu werden: Hitler entschuldigt sich dafür, daß er »jahrelang« nur vom Frieden geredet habe, aber nun müsse man dem Volk klarmachen, daß es Dinge gebe, die nur mit Gewalt durchzusetzen seien. Es ist noch eine Nachwirkung seiner Beobachtung, daß die Rettung des Friedens durch das Münchner Abkommen von weiten Kreisen der Bevölkerung begrüßt worden ist, wenn er an diesem Abend äußert, es habe ihn besorgt gemacht, sich fragen zu müssen, ob am Ende das Volk sein Friedensgerede für bare Münze genommen habe und zu einer defätistischen Haltung verführt worden sei. Damit müsse nun freilich Schluß sein. Und auch folgende Sätze gehörten ins Goldene Buch des Dritten Reiches: »Ich habe, das muß ich Ihnen noch dazu sagen, oft ein einziges Bedenken, und das ist folgendes: Wenn ich so die intellektuellen Schichten bei uns ansehe — leider, man braucht sie ja, sonst könnte man sie eines Tages ja, ich weiß nicht, ausrotten oder so was [. . .].«

So sehen deutscherseits die ersten Reaktionen auf einen verhinderten Krieg aus. Die italienischen unterscheiden sich davon nur um Grade. Im unerwünschten Glanz des Friedensstifters tritt der Duce eine Woche nach dem Münchner Treffen vor den Faschistischen Großrat und verspricht, daß Albanien italienisch werde. Aber damit nicht genug: »Tunis und Korsika werden wir uns holen, und von der Schweiz, die eines Tages ohnehin in ihre Nationalitäten zerfallen wird, das Tessin.«[8]

Ob Korsika oder gar Nizza den Franzosen allein durch politische Pression und Propaganda abzutrotzen sind, erscheint ihm fraglich. Zu Ciano sagt er: »Das ist mein Programm; wie es realisiert wird, mag die Zukunft lehren.« Aber das ist auch bei ihm nicht alles. Wie Hitler hat auch er seine Vision: die Wiederholung des alten Römischen Reiches im 20. Jahrhundert. Mag sie phantastisch und unter allen Umständen nicht zu verwirklichen, nur eine Ausgeburt seines Größenwahns sein, so verneint sie doch nicht prinzipiell die religiösen, ethischen und humanistischen Grundlagen Europas, die in Hitlers Bild von einer durch ihn und das deutsche Volk gestalteten Welt nicht mehr vorkommen.

Mussolinis Plan, das italienische Territorium noch weiter zu vergrößern, ist vergleichsweise bescheidener Natur: Er will Albanien besetzen, ein Land mit 1,2 Millionen Fischern, Bauern und kleinen Händlern (wohingegen Italien 44 Millionen Einwohner hat). Er würde diese Absicht unverzüglich ausführen, fände nicht am 4. Februar 1939 in Belgrad eine Regierungskrise statt, durch die der faschistenfreundliche Ministerpräsident Stojadinowitsch gestürzt wird. Jetzt muß sich Mussolini fragen, ob nicht Jugoslawien den italienischen Einmarsch in Albanien mit seiner

Mobilmachung beantworten wird, weshalb er ihn aufschiebt. Ciano notiert, Mussolini habe die Verzögerung der Aktion in Zusammenhang mit seiner Deutschlandpolitik gebracht: »Wenn wir das Abkommen mit Berlin schon unterzeichnet hätten, könnten wir sofort angreifen. Jetzt müssen wir alles verschieben.«[9] Er ist es nun, der auf den Abschluß eines Bündnisvertrages mit dem Reich drängt — aus welch nichtigem Anlaß! Die Befürchtung, das schwache königliche Jugoslawien könnte Albanien schützen, läßt ihn zum großen deutschen Bruder nach Norden blicken!

Dies ist ein Moment im italienisch-deutschen Spiel, in dem wir uns den unglaublichen Widerspruch zwischen Wollen und Können, Sein und Schein der Macht des Faschismus vergegenwärtigen wollen, zwischen seiner materiellen Mangelsituation und dem bombastischen Großmachtgetue, mit dem sich das Regime seinem Volk präsentiert. Wir sehen den Cäsar spielenden Mussolini, der sich ja tatsächlich auf dem Gipfel seiner Laufbahn befindet (ohne zu wissen, daß es nur noch abwärtsgehen kann), hinter seinem Schreibtisch in einer Ecke des riesigen Weltkartensaals des Palazzo Venezia und stellen uns vor, wie er zur Balkontür schreitet, meist wenn die Dunkelheit schon angebrochen ist, und wie er im Scheinwerferlicht vom Balkon herab zu den Hunderttausenden spricht, die, Kopf an Kopf, den Platz füllen und »Evviva il Duce! Evviva il Duce!« schreien. Wir sehen ihn gleich einem Gottkönig auf dem erhöhten, mit rotem Samt bespannten Sessel an der Schmalseite des hufeisenförmigen Tisches sitzen, an dem sich der Faschistische Großrat nach dem Hofzeremoniell des Palazzo Venezia versammelt, um hinzunehmen und auszuführen, was ihm der EINE und EINZIGE von seinen einsamen Entschlüssen mitzuteilen beliebt — und stellen dem entgegen, daß derselbe Mann es ohne deutsche Rückendeckung nicht mehr wagt, eine Division über die Adria zu schicken.

»Jetzt müssen wir alles verschieben« — dieser Entschluß schenkt den Deutschen ein paar Wochen Zeit, in denen sie sich auf ihren nächsten militärischen Schlag vorbereiten, wie nun schon üblich ohne Absprache mit den Italienern. Am Abend des 14. März 1939 erscheint der in der Achsenkonstruktion eigentlich nicht vorgesehene Hessenprinz Philipp im Palazzo Venezia und übergibt einen Brief Hitlers, aus dem Mussolini erfährt, die deutschen Truppen marschierten wieder. Um 4 Uhr morgens unterschreiben der eingeschüchterte tschechische Staatspräsident Hácha und sein rückgratloser Außenminister Chvalkovský das ihnen von Hitler vorgelegte Papier, durch das die Tschechoslowakei aufhört,

als Staat zu existieren (bis 1945). Darin heißt es: »Der tschechoslowaki-
sche Staatspräsident hat erklärt, daß er [. . .] das Schicksal des tschechi-
schen Volkes und Landes vertrauensvoll in die Hände des Führers des
Deutschen Reiches legt.« Am Abend sind die deutschen Truppen und ihr
Führer in Prag.

Mussolini braucht eine Weile, bis er wirklich begreift, was damit geschehen ist. Dann bricht seine ständig zur Schau getragene Siegerpose in sich
zusammen: »Der Duce ist in Gedanken versunken und deprimiert. Es ist
das erste Mal, daß ich ihn so sehe.«[10] Und am selben Tag: »Die öffentliche Weltmeinung ist niedergeschlagen. Aus allen Hauptstädten erreichen uns bestürzte Telegramme.«[11] Sogar der nach dem Duce mächtigste Faschist, Ciano, den man in diesen Monaten ohne Übertreibung
einen in den Palazzo Venezia eingeschleusten Agenten der Deutschen
hätte nennen können, läßt nun eine gewisse Ernüchterung erkennen:
»Die Ereignisse dieser Tage haben mein Urteil über den Führer und über
Deutschland revidiert: Auch er ist unloyal und unzuverlässig, und man
kann mit ihm keine [gemeinsame] Politik machen. Von heute an werde
ich mich beim Duce für ein Abkommen mit den Westmächten einsetzen.«[12]

Für König Viktor Emanuel bilden die weltweite Verurteilung von Hitlers neuem Gewaltakt und die zwiespältige Verfassung, in der er Mussolini bei der üblichen Wochenaudienz erlebt, eine ersehnte Gelegenheit,
endlich einmal auch vor den Ohren seines sonst so hitlerhörigen Ministerpräsidenten seinen antideutschen Gefühlen Luft machen zu können.
Schurken und Lumpen sind sie, diese Deutschen — auf diese bündige
Formel bringt der König seine Meinung in demselben rot-goldenen
Ecksalon der Villa Savoia, in dem er 1943 Mussolini aus seinem Amt
verstoßen wird.

Diesen letzten und bis dahin krassesten Fall von Rücksichtslosigkeit, ja
mehr, von Verhöhnung des angeblich so hochgeschätzten Freundes und
Partners im expandierenden Geschäft will auch Mussolini nicht einfach
einstecken. Mit Ciano und seinem Berliner Botschafter Attolico setzt er
sich tagelang im Palazzo Venezia zusammen und brütet darüber, was zu
tun sei: nun also doch auf nach Albanien!

Was statt dessen getan werden müßte, wäre die Wiederholung der italienischen Politik von 1914/15, die Schwenkung um 180 Grad, die Mussolini damals mit anderen herbeigeführt hat und über die er 1939 so denkt
wie die Deutschen: Es sei Verrat gewesen. Aber auch wenn er nicht so
dächte — der Diktator Mussolini hat 1939 nicht mehr die Möglichkeit,

die der Journalist und Sozialist knapp 25 Jahre früher gehabt und womit er das Fundament seines Aufstiegs gelegt hat, nämlich nur seinem Instinkt zu folgen. In seiner Laufbahn als geschickter, phantasievoller, trickreicher Politiker hat er den Rubikon überschritten und wandert nun weiter als sein eigener Mythos, ein Napoleon des 20. Jahrhunderts. Als gleichrangiger, nachdenklich erwägender Politiker im Milieu demokratisch legitimierter Kollegen ist er nicht mehr vorstellbar (Hitler ist es nie gewesen!). Man braucht sich nur die Bilder von der Münchner Konferenz zu betrachten, wie er in der peinlich »richtigen« Architektur des Führerbaus mit herausgewölbter Brust und gerecktem Kinn zwischen Daladier, Chamberlain, Henderson und anderen extrem zivilen Typen steht, wie ein Modell fürs eigene heroische Denkmal, um sicher zu sein, daß er Demütigungen und schallende Ohrfeigen von Hitler noch eher hinnehmen wird, als auf Kriegsruhm zu verzichten. Auch Mussolini will jetzt den Sieg auf dem Schlachtfeld, und er geht in seiner neidvollen Orientierung am deutschen Vorbild so weit, daß er händereibend befiehlt: Kein Wort zu Hitler darüber, wann wir in Albanien einfallen werden!

Hitler erläßt am 3. April einen Führerbefehl, mit dem der Wehrmacht neue Aufgaben gestellt werden. Der »Fall Grün« ist durch den »Fall Weiß« ersetzt, worunter der Angriff auf Polen zu verstehen ist. Nun wird auch schon das Datum genannt, das aus der Geschichte des 20. Jahrhunderts nicht mehr wegzudenken ist: Vom 1. September 1939 an müsse es möglich sein, auf Knopfdruck des Oberkommandos in Polen einzumarschieren. Und strengster Befehl: Kein Wort darüber zu den Italienern!

Die höchsten militärischen Vertreter beider Falschspieler haben eine gezinkte Karte im Ärmel, als sie sich am 5. April in Innsbruck zu gemeinsamen Generalstabsbesprechungen zusammensetzen. Doch sie können nichts absprechen, da sie über ihre nächsten Kriegspläne nicht reden dürfen!

Das große Geheimnis lüften die Deutschen nicht so bald, das kleine Albaniengeheimnis Mussolinis offenbart sich mit der Invasion am 7. April. Es ist der Karfreitag. Ciano genießt »Frontflüge« über die Adria und landet in Tirana zugleich mit den einmarschierenden Truppen. »Kein Angriff, sondern eine Landpartie, die nur durch Pistolenschüsse getrübt worden ist.« (Anfuso)[13]

Zu den zwei Kronen Viktor Emanuels kommt als dritte die Albaniens, von der sich König Zogu, der ins Exil geht, trennen muß. Ökonomisch profitiert das blutarme Land davon, ein Teil des italienischen Staates

geworden zu sein. Technische und landwirtschaftliche Berater und viel
Geld strömen nach Tirana.

Daß Mussolini den Streich hinter Hitlers Rücken ausgeführt habe,
glaubt in Europas Hauptstädten niemand. Die Zweifel an seiner Ach-
sentreue, die nach dem 15. März aufkommen, sind nach dem 7. April wie
ausgelöscht. Neben allen wütenden Vorwürfen, die der Friedensbrecher
Mussolini in den Zeitungen lesen kann (er liest täglich u. a. ein Dutzend
englische und französische), muß er sich auch sagen lassen, daß er sich
zum willenlosen Gehilfen des Mordgesellen und Judenfressers in Berlin
mache — was nicht wenig dazu beiträgt, daß er es immer mehr wird.

Der Friedensretter geht in die Kriegsfalle

Als Göring eine Woche nach der Besetzung Albaniens nach Rom
kommt, sind die Wolken des 15. März vom italienisch-deutschen Himmel verschwunden. Offen und freundlich wird besprochen, wie man es
denn mit dem Militärbündnis und mit seinem Zweck, dem großen Krieg,
halten wolle. Dabei taucht der Gesichtspunkt auf, der sich in der Folge
von nicht zu überschätzender Wichtigkeit erweisen wird: *Wann* soll der
Krieg beginnen? Mussolini erklärt, Italien werde nicht in der Lage sein,
Frankreich vor 1942/43 anzugreifen, und Göring bestätigt, auch der
Führer denke nicht daran, zu einem früheren Termin loszuschlagen.
(Selbstverständlich kennt Göring die Angriffsbefehle für den Herbst!)
Die deutschen Kriegsvorbereitungen aber nehmen einen derartigen
Umfang an, daß sie nicht mehr absolut geheimgehalten werden können.
Botschafter Attolico, meist hervorragend informiert, hört auch das Gras
von »Fall Weiß« wachsen und warnt seinen Chef. Ciano zieht daraus
zutreffende Schlüsse: »[. . .] Ein deutscher Vorstoß gegen Polen würde
Krieg bedeuten, daher haben wir das Recht auf eine frühzeitige Informa-
tion. Wir müssen uns vorbereiten können, und wir müssen auch die
öffentliche Meinung auf ein solches Ereignis vorbereiten, das nicht überraschend eintreten darf. Ich habe Attolico Anweisung gegeben, mein
Treffen mit Ribbentrop zu beschleunigen.«[14]

Am 6. und 7. Mai 1939 treffen sich die Außenminister in Mailand. Aus
Cianos Eintragung vom 20. April geht klar hervor, daß sich die Italiener
von dem auszuhandelnden Vertrag versprechen, künftig nicht mehr von

Extratouren Hitlers überrascht werden zu können, insbesondere nicht von der deutschen Aktion gegen Polen, welche den Krieg bedeute. Es geht aber nicht nur darum. In seiner eindeutigen Ausrichtung auf eine gemeinsame Kriegführung verlangte der Vertrag, zu dessen Abfassung die Außenminister nach Mailand gekommen sind, endlich einmal im Klartext voreinander zu bekennen, wie sie sich die künftige Ordnung in Europa vorstellen. Würden sie diese elementare Voraussetzung für ein Koalitionsabkommen erfüllen, so bemerkten sie, daß sie mit letztlich unvereinbaren Zielen in einen Weltkrieg gehen wollen. Jene Italiens liegen im Mittelmeerraum und auf dem Balkan, jene des Reiches im Osten des kontinentalen Europas — so könnte man sagen, wenn man sich nur an die verschiedenen Führerweisungen hielte.

Wäre der »Lebensraum« im Osten in der Tat alles, was Hitler erobern will, so hätte er sich über diese Absicht mit den Italienern verständigen können. Aber er kann nicht enthüllen, um was es ihm wirklich geht: um eine ausgemordete Welt. Er kann nicht die Ausgabe des *Stürmer* auf den Verhandlungstisch legen, die genau in der Woche an allen Kiosken im Reich aushängt, in der in Mailand verhandelt wird und in der Mussolini lesen könnte: »Es muß eine Strafexpedition über die Juden in Rußland kommen. Eine Strafexpedition, die ihnen dasselbe Ende bereitet, wie es jeder Mörder und Verbrecher zu erwarten hat. Das Todesurteil, die Hinrichtung! Die Juden in Rußland müssen getötet werden! Sie müssen ausgerottet werden mit Stumpf und Stiel!«[15] Daß es sich hier nicht um die Ausgeburt der perversen Phantasie des Gauleiters Streicher, sondern um das großdeutsche Regierungsprogramm handelt — kann er es laut sagen? Nein, er kann nicht.

Die »Kriegsziele« Italiens und Deutschlands liegen nicht nur geographisch zu weit für einen Koalitionskrieg auseinander — verlangen, im einen Falle einen Seekrieg, im anderen einen Landkrieg zu führen —, sie sind ihrem Wesen nach unvereinbar. Nur Italiens Motive sind als imperialistische zu definieren. Das deutsche Kriegsziel kann überhaupt so nicht mehr benannt werden, weil mit dem Begriff »Ziel« konstruktive Vorstellungen unabdingbar verbunden sind und er nicht auf Vernichtung schlechthin angewendet werden kann. Was davon in »Weisungen« eingeht, mit denen der Generalstab zu arbeiten hat, ist jeweils nur eine vage Andeutung des Beabsichtigten, obschon sie in ihrer Sprache und in der Benennung dessen, was konkret zu geschehen habe, in dem darin zum Ausdruck kommenden Vernichtungswillen über alles hinausgehen, was aus dem Zweiten Weltkrieg an vergleichbaren Befehlen aus anderen

Nationen vorliegt, und über alles, was der erste hervorgebracht hat: »Das wesentlichste Ziel des Feldzuges [in der UdSSR, Anm. d. Verf.] gegen das jüdisch-bolschewistische System ist die völlige Zerschlagung der Machtmittel und die Ausrottung des asiatischen Einflusses[. . .] *Fern von allen politischen Erwägungen der Zukunft* [Hervorh. v. Verf.] hat der Soldat zweierlei zu erfüllen: 1) die völlige Vernichtung der bolschewistischen Irrlehre, des Sowjetstaates und seiner Wehrmacht, 2) die erbarmungslose Ausrottung artfremder Heimtücke[. . .].«[16]

Solche »Kriegsziele« bringen den Begriff »Endsieg« hervor, der sich ambivalent deuten läßt: positiv als der absolute Sieg, hinter dem ein anderer, weiterer, späterer Sieg nicht mehr möglich ist, was bedingt, daß er eine ausgemordete, vernichtete Welt gewissermaßen »hergestellt« hat, in der sich allein die übriggebliebenen Mörder und Vernichter, nunmehr jeder Bedrohung bar, an der Leere und an sich selbst ergötzen können. Das erhofften sich die Deutschen vom »Endsieg«, eine ganz und gar deutsche Welt, in der die Reste der Undeutschen ein lemurenhaftes Dasein führen sollten. Negativ gedeutet, ist der »Endsieg« erreicht, wenn auch die Täter nicht mehr übrigbleiben. Der Sieg ist das Ende selbst. Wir sind nahe bei Richard Wagners Visionen, eine Nähe, die oft genug bemerkt worden ist zusammen mit der Tatsache, daß dem Nationalsozialismus nächtliche Feiern, insbesondere solche, die irgendwie mit dem Tod zusammenhingen, eindrucksvoll gelangen, während Tagesrituale, mit denen die Kraft und Herrlichkeit der Bewegung und des Dritten Reiches versinnbildlicht werden sollten, über die Speerschen Platitüden selten hinauskamen.*

Es kann nicht bezweifelt werden, daß der phantasievolle Erfinder der Ästhetik der Brutalität, Hitler selbst, die negative Bedeutung des Begriffs »Endsieg« verinnerlicht hat. Auf dem höchsten Gipfel seines Triumphs, nach dem blendenden Sieg über Frankreich, am 19. Juli 1940, sagt er in seiner Reichstagsrede: »Das deutsche Volk ist dank der natio-

---

* Eine Ausnahme bilden die beiden offiziellen Filme, die Frau Riefenstahl von den Berliner Olympischen Spielen und von einem der Reichsparteitage hergestellt hat. Sie wurden vom ganzen Volk, und werden bis zum heutigen Tag, als die ästhetischen Quintessenzen des Nationalsozialismus begriffen. Aus antagonistischer Sicht können sie nur als die raffinierteste Lüge über den Nationalsozialismus angesehen werden. Um kein Mißverständnis aufkommen zu lassen: Es ist damit nicht gesagt, daß diese Machwerke ihre unverlorene Strahlkraft aus der subjektiven Verlogenheit ihrer Hersteller bezogen hätten. Sie sind das perfekte Round-up der Verlogenheit des Systems, die Wahrheit einer genial inszenierten Lüge.

MUSSOLINI-KULT:

Im häuslichen Milieu (Villa Torlonia in Rom), trotz Säulenpracht ein Spießbürger, war Mussolini fürs Volk ein Gott, dem Altäre errichtet wurden

HERRENMENSCHEN

Empfang des Duce in München

Verregnete Jubelfeier in Berlin

In Görings Hauptquartier (Ostpreußen)

Gegner und Komplizen:
Ribbentrop und Ciano (rechts Botschafter Mackensen)

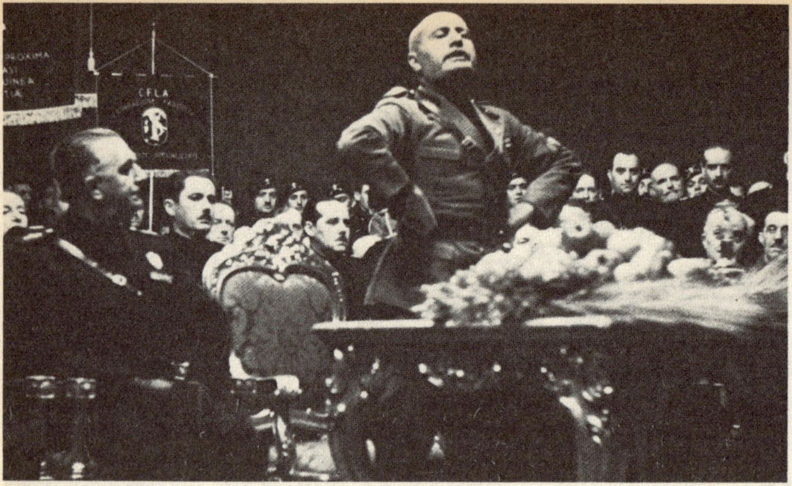

HINTER DEN HELDISCHEN POSEN
verbirgt sich der Schwächling,
die Handpuppe Hitlers. Als Kumpel im
Schwarzhemd wirkt Mussolini echter

IN ROM: zwei Gastgeber, Duce und
König, dazu Hofgesellschaft hinter
Goebbels, Himmler und Heß (1938)

IN BERLIN: nur ein Führer und das Volk
militärisch aufgestellte Statisterie (Olympiastadion, 1937)

ZWIESPRACHE der Witwe Rachele mit dem Idol in Gips; des Dichters D'Annunzio mit seinem Verehrer (1923)

nalsozialistischen Erziehung in diesen Krieg nicht gegangen mit der Oberflächlichkeit eines Hurrapatriotismus, sondern mit dem fanatischen Ernst einer Rasse, die das Schicksal kennt, das ihr bevorsteht, falls sie besiegt werden sollte.«[17] Dieser Mann lebt zum Tode hin, und nicht trotzdem, sondern eben deshalb folgt ihm sein Volk auf diesem Weg bis zum Endsieg.

Edda Ciano hat aufgeschrieben: »Auf einem Spaziergang im Park von Berchtesgaden [gemeint ist vermutlich der ›Berghof‹, Anm. d. Verf.] zog Hitler meinem Mann gegenüber zwei mögliche Ausgänge eines Konflikts in Erwägung: ›Wir müssen den Krieg gewinnen, und wir werden ihn gewinnen. Sollten wir ihn nämlich — aufgrund eines Unglücks — verlieren, dann bliebe uns kein Grund mehr zum Leben, und ich würde mich als erster umbringen‹.«[18]

Die beiden Visionen von dem Zustand »danach«, in den einen Begriff »Endsieg« gefaßt, sind in der nationalsozialistischen Ideologie der Ersatz für das Jüngste Gericht; sie meinen eine Welt, in der es nicht mehr stattfinden *kann*. (Der Traum von einer Welt, in der es nur noch Richtende, aber keine Richter mehr gibt, macht es der deutschen Führung möglich, Völkermord in Buchhaltersprache zu beschließen und wie irgendein Geschäft zu organisieren.) In der modernen Geschichte ist der Zweite Weltkrieg, was die deutsche Seite betrifft, der einzige, in dem die politische Führung (mit der militärischen identisch) keine wirtschaftlich oder geographisch auszumachenden Vorstellungen formuliert hat, für welchen Friedenszustand sie eigentlich kämpft.

Über einen solchen Abgrund hinweg, von Mussolini zuweilen erahnt, schließen die beiden Staaten einen Bündnisvertrag, der das juristische Fundament gemeinsamer Kriegführung bilden soll. Die Deutschen hätten sich gern mit einem stärkeren Partner zusammengetan, mit England beispielsweise, aber es bietet sich keiner an. Auf nach Mailand! Aus Berlin fliegt Ribbentrop ein, aus Rom Graf Ciano, der von Mussolini zur Vorsicht ermahnt worden ist, Galeazzo, du weißt, wir können ihnen nicht trauen.

Ciano erlebt eine Überraschung. Ein höflicher Ribbentrop tritt ihm gegenüber, der zum erstenmal auch bereit ist zuzuhören, wenn der andere spricht. Jeder Schmeichelei zugänglich, ist der Graf nicht der Mann, der aus dieser Wandlung den Schluß zieht, nun müsse er erst recht mißtrauisch sein. Am Telefon berichtet er dem Duce, die Deutschen seien einsichtsvoll und zu »echten Verhandlungen« bereit wie noch nie.[19]

Ciano hat aus dem Palazzo Venezia außer mündlichen Direktionen ein Schriftstück mitbekommen, das man, handelte es sich um ein kirchliches Dokument, eine »Handreichung« nennen könnte — eine von Mussolini selbst entworfene Skizze, worüber und wie verhandelt werden solle. Es ist ein in sich widerspruchsvoller Text, die Spiegelung der widersprüchlichen Gefühle des Duce gegenüber den Deutschen. In dem Entwurf spielt sein progermanischer Treuekomplex eine besonders verhängnisvolle Rolle. Mussolini erklärt sich bereit, eine Bindung einzugehen, die juristisch so abgesichert ist, daß die sich daraus ergebenden Verpflichtungen im Kriegsfall »automatisch« in Kraft treten. Damit will er einen bei den Deutschen möglicherweise entstehenden Verdacht, die Italiener seien vielleicht doch noch »eine Hure« wie 1914/15, im Keim ersticken.

Der von allen italienischen Geistern verlassene Ciano zeigt den Deutschen Mussolinis Entwurf! Zu lesen, wenn Krieg, dann sind wir auf eurer Seite, das gefällt den Deutschen. Bevor sie aber bei der Lektüre der »Handreichung« zu diesem erfreulichen Abschnitt kommen, müssen sie zur Kenntnis nehmen, was Mussolini an den Anfang stellt und ausführlich motiviert: Vor 1943 sei Italien für einen europäischen Krieg nicht gerüstet. Die Gründe, die er dafür angibt, sind ein Sammelsurium höchst merkwürdiger Art: Neben einem so gewaltigen Unternehmen wie der Verlegung der Rüstungsindustrie nach Süditalien, die vor dem Krieg durchgeführt werden müsse, nennt er beispielsweise die Deviseneinnahmen aus der für 1942 geplanten Weltausstellung.

Man kann sich leicht vorstellen, mit welch höhnischem Grinsen die Deutschen Mussolini in seine Karten schauen, aber das wäre bedeutungslos, wenn sie mit ihm einen für beide Seiten verbindlichen Terminplan aushandelten. Statt dessen beschließen sie, es gar nicht zur Diskussion über diesen Punkt kommen zu lassen, sondern ihn durch Betrug aus der Welt zu schaffen, indem sie den Italienern versichern, daß sie mit der Bedingung einverstanden seien: vor drei oder vier Jahren kein Krieg! Die diesbezüglichen Zusicherungen schwanken sogar zwischen drei und fünf Jahren, während das Datum für den Überfall auf Polen schon fast auf den Tag genau vorbestimmt ist: spätestens September 1939!

Ist es verhältnismäßig einfach, in der Verhandlungsführung der Deutschen einen roten Faden zu entdecken — mit welchen Mitteln immer, wir wollen, daß die Italiener einen Vertrag unterschreiben, der unseren Interessen dient, mögen sie schauen, wo sie mit ihren bleiben! —, so ist und bleibt doch Mussolinis Verhalten rätselhaft. Er vollzieht zwischen Mittag und Abend des 6. Mai einen Stellungswechsel, für den es eine wirklich stichhaltige Erklärung nicht gibt. Von der vorsichtigen Zurückhaltung, die er selbst in den Tagen zuvor mehrfach hat erkennen lassen und die er Ciano geradezu anbefohlen hat, ist in einem entscheidenden Telefongespräch mit dem Außenminister am Ende des ersten Verhandlungstages nichts mehr zu bemerken. Diese Schwenkung allein auf den Eindruck von verständnisvoller Mäßigung zurückzuführen, den Ribbentrop bei Ciano hervorzurufen weiß, ist unbefriedigend, auch wenn Ciano schreibt und in diesem Sinne dem Duce Bericht erstattet: »Er wollte nicht — wie gewöhnlich — blindlings Schläge austeilen, sondern er machte sich persönlich zum Fürsprecher einer gemäßigten Verständigungspolitik.«[20]

Möglicherweise hat Mussolini gefürchtet, die Deutschen könnten Schwierigkeiten machen. Nun, da sie einen so umgänglichen Eindruck erwecken und ihm die notwendige Friedensfrist ohne weiteres zubilligen, möchte er aus dem Vertrag unverzüglich propagandistisches Kapital schlagen, d. h. er schlägt vor, die zunächst beabsichtigte Geheimhaltung des Textes aufzugeben und ihn zu veröffentlichen. Geschieht das, so darf er keinen Hinweis darauf enthalten, wann der Krieg beginnen soll. Also unterbleibt er, das kann ja nichts schaden, versprochen ist versprochen.

Mit der Veröffentlichung will Mussolini allen im Ausland immer wieder lautgewordenen, ihn beleidigenden Verdächtigungen, mit Italien sei vielleicht doch noch ein antideutsches Geschäft zu machen, ein Ende bereiten und sich der Welt als der ebenbürtige Partner des nun wieder so mächtigen Deutschlands und seines großen Führers empfehlen.

Ein derartiges emotionales Engagement macht dann auch den bodenlosen Leichtsinn verständlich, mit dem die Italiener — und das sind nicht nur der Duce und Ciano, schließlich gibt es auch noch die hohe Beamtenschaft des Palazzo Chigi mit dem hochintelligenten Anfuso an der Spitze und den nicht weniger intelligenten Botschafter Attolico — es den Deutschen überlassen, den unterschriftsreifen Text in Berlin auszuarbeiten, und ungeprüft der Versicherung Glauben schenken, er stimme in allen wichtigen Punkten mit dem überein, was in Mailand ausgehandelt worden sei. Auch das ist eine lügenhafte Behauptung, gegen die nicht protestiert wird. In Anwesenheit des Führers (hinter dem Göring steht), jedoch ohne den Duce, unterschreiben Ribbentrop und Ciano in einem feierlichen Akt am 22. Mai 1939 in Berlin im Großen Saal der neuen Reichskanzlei das Dokument des Stahlpakts, in dem der Artikel III lautet: »Wenn es entgegen den Wünschen und Hoffnungen der vertragsschließenden Teile dazu kommen sollte, daß einer von ihnen in kriegerische Verwicklungen mit einer anderen Macht oder anderen Mächten gerät, wird ihm der andere vertragsschließende Teil sofort als Bundesgenosse zur Seite treten und ihn mit allen seinen militärischen Kräften zu Lande, zur See und in der Luft unterstützen.«

Ein Hinweis darauf, wie es zu kriegerischen Verwicklungen kommen muß und ob vom »Wie« die Bündnisverpflichtung abhängt, ein solcher Hinweis, der noch in der ursprünglichen Fassung enthalten war und die Bündnisverpflichtung ausdrücklich nur für den Fall vorsah, daß Italien oder Deutschland angegriffen werde, fehlt in der Endfassung.

Ciano sagt, er habe noch nie einen derartigen Vertrag gelesen, und er sei wahrhaft Dynamit. Diese Erkenntnis hindert ihn nicht, über den Akt der Unterzeichnung zu schreiben: »Das Unterzeichnungszeremoniell war sehr feierlich und der Führer zutiefst bewegt.«[21]

Mit dem Stahlpakt im Rücken sieht die deutsche Führung ihre Chance verbessert, gegen Polen vorgehen zu können, ohne ein militärisches Eingreifen der Westmächte befürchten zu müssen. Warnungen, die vor allem aus England kommen, vermögen sie von dieser Auffassung nicht abzubringen. Am 31. März teilt Chamberlain dem Unterhaus mit, ein englisch-polnisches Militärbündnis sei in Vorbereitung und erklärt: »Um die Haltung der britischen Regierung in der Zwischenzeit völlig klarzustellen, bevor diese Konstellationen abgeschlossen sind, fühle ich mich veranlaßt, dem Hause mitzuteilen, daß während dieser Zeitdauer für den Fall irgendeiner Aktion, die eindeutig die polnische Unabhängigkeit bedroht und die die polnische Regierung für so lebenswichtig hält, daß sie ihr mit ihren nationalen Streitkräften Widerstand leistet, die britische Regierung sich verpflichtet fühlen würde, der polnischen Regierung alle in ihrer Macht stehende Hilfe sofort zu gewähren.«[22]

Was Chamberlain mit so großem Ernst vorbringt, verliert in Berlin vollends an Gewicht, als Stalin Anfang April Molotow zu seinem Außenminister macht und damit ein Signal setzt, daß er möglicherweise das Sicherheitssystem der Sowjetunion neu konstruieren will, für das bis dahin die Westmächte als Partner einer das Reich eindämmenden Außenpolitik angesehen und behandelt worden sind. (In Moskau verhandelt eine englisch-französische Delegation über einen Militärvertrag.)

Vor den Augen Ribbentrops tut sich eine atemberaubende Perspektive auf: mit der Sowjetunion über Polen in ein Jahrhundertgeschäft zu kommen. Es abzuschließen erforderte, für eine gewisse Zeit vorzutäuschen, man habe das hundertfach proklamierte Ziel aufgegeben, den Kommunismus mit Stumpf und Stiel auszurotten, die slawischen Untermenschen zu vernichten . . . ja, darauf nur solange in der Propaganda zu verzichten, bis Polen niedergeworfen und damit eine Ausgangsposition gewonnen ist, von der aus gegen die UdSSR selbst vorgegangen werden kann. Ein innenpolitisches Risiko braucht die Reichsführung nicht einzukalkulieren; sie kann davon ausgehen, das Volk werde alles gutheißen, was der Führer gutheißt und der Vergrößerung der Vernichtungskraft des Reiches dient.

Bereits zwei Tage nach Molotows Ernennung zum Außenminister führt am 5. Mai der Rußlandexperte Schnurre aus Ribbentrops Ministerium ein Gespräch mit dem sowjetischen Geschäftsträger in Berlin, Astachow, das so hoffnungsvoll verläuft, daß der Minister am 10. Mai Schnurre und einen weiteren Experten, Hilger, zu Hitler auf den Obersalzberg schickt, wo sie ihm einen so optimistisch gefärbten Vortrag halten, daß er auf Ribbentrops Kurs einschwenkt und von da an die Idee einer Teilung Polens konsequent verfolgt.

Am 23. Mai eröffnet Hitler seiner in die Reichskanzlei beorderten Generalität: »Weitere Erfolge können ohne Blutvergießen nicht mehr errungen werden. Danzig ist nicht das Objekt, um das es geht. Es handelt sich für uns um die Erweiterung des Lebensraumes im Osten. Es entfällt also die Frage, Polen zu schonen. Es bleibt der Entschluß, bei erster passender Gelegenheit Polen anzugreifen. Ist es nicht sicher, daß im Zuge der deutsch-polnischen Auseinandersetzung ein Krieg mit dem Westen ausgeschlossen bleibt, dann gilt der Kampf in erster Linie England und Frankreich. Die Staatsführung hat sich [. . .] auf den Krieg von 10- bis 15jähriger Dauer einzurichten.«[23]

Am 22. Juni legt das Oberkommando der Wehrmacht befehlsmäßig den Zeitplan für den Angriff auf Polen vor (Einberufung der Reserven soll mit der Begründung stattfinden, sie würden für die Herbstmanöver benötigt), und am 24. Juni befiehlt Hitler die Ausarbeitung der Pläne für die unversehrte Inbesitznahme der Brücken über die Weichsel im Korridor.

Je deutlicher erkennbar wird, daß Berlin den Krieg kurzfristig vorbereitet und unter allen Umständen führen will, desto mehr wenden sich Friedenshoffnungen Mussolini zu. Der Völkerbundkommissar für Danzig, Carl Jacob Burckhardt, schreibt an einen Beamten des Foreign Office in London: »Mussolini hat sich im vergangenen September um den Frieden verdient gemacht. Wenn man das anerkennt und betont, könnte man jetzt das gleiche Resultat erreichen, die Franzosen könnten dazu etwas beitragen, indem sie Italien in irgendeinem Punkt entgegenkommen. Es ist leichter, mit Mussolini als mit Hitler zum Ziele zu kommen. In der Verständigung mit Rom liegt eine stärkere Friedensgarantie als in der mit Rußland.«[24]

Damit bezieht sich Burckhardt auf die erwähnten Bemühungen der Westmächte, mit Rußland zu einer Vereinbarung zu kommen. Sie können Stalin gerade das nicht bieten, was er will und was er nur von Hitler bekommen kann.

Beeinflussungsversuche von außen prallen an Mussolini ab, aber er fängt an, sich ernsthaftere Gedanken über die Berliner Politik zu machen, als Attolicos Berichte immer pessimistischer klingen. Auch bei Ciano melden sich Zweifel, wohin seine prodeutsche Politik Italien führen könnte: »Die Beharrlichkeit Attolicos stimmt mich nachdenklich. Entweder hat dieser Botschafter gänzlich den Verstand verloren, oder aber er sieht und weiß etwas, das uns völlig entgangen ist. Der äußere Anschein spricht für die erste Möglichkeit. Aber es ist dennoch angebracht, die Ereignisse mit äußerster Aufmerksamkeit zu verfolgen.«[25]

Es ist reichlich spät für eine Korrektur des Achsenkurses. General Roatta, Militärattaché an der italienischen Botschaft in Berlin, beobachtet als Fachmann die Kriegsvorbereitungen der Deutschen und schickt einen erstaunlich genauen Situationsbericht nach Rom. Außerdem berichtet er über eine Zusammenkunft mit Admiral Canaris (ohne diesen zu nennen), der ihm zu verstehen gegeben habe, die Deutschen könnten ohne Konsultation des Verbündeten den Krieg beginnen. Für diesen Fall gibt Canaris den Rat, wenn es so käme, brauchten die Italiener nicht auch in den Krieg einzutreten.*

Dank Attolicos und Roattas immer schrilleren Warnungen vor den deutschen Plänen bricht in diesen Tagen der opportunistische Optimismus Cianos zusammen und macht einer Skepsis Platz, von der auch Mussolini wenigstens sporadisch angesteckt wird. Es wird jedoch seine Wankelmütigkeit die eigentliche Ursache dafür, daß aus der militärischen und ökonomischen Schwäche der Italiener eine den Verbündeten bremsende Funktion nicht entwickelt werden kann.

---

* In diesem Zusammenhang, und auch an anderen Stellen, spricht Siebert von einer deutschen »Widerstandsgruppe«. Das ist m. E. eine zu hoch gegriffene Bezeichnung. Es gibt einige wenige, die versuchen, Sand in das Kriegsgetriebe zu schütten — eine untereinander nach Plan operierende Gruppe (von der in Verbindung mit dem 20. Juli 1944 gesprochen werden kann) gibt es 1939 nicht.

Am 6. August sitzen Ciano und der Duce in desolater Stimmung zusammen, und am 7. August steht fest, daß Ciano sich mit Ribbentrop treffen soll, um herauszufinden, was die Deutschen wirklich vorhaben. Er trifft sich zwischen dem 11. und 13. August einmal mit dem Reichsaußenminister (RAM) auf Schloß Fuschl, zweimal mit Hitler auf dem Obersalzberg.

Edda Ciano zitiert bei der Beschreibung der Vorkriegsmonate Absätze lang aus dem Tagebuch ihres Mannes und setzt aus eigener Erinnerung hinzu: »Als sie zu Tisch gingen, vor dem Mittagessen, fragte mein Mann Ribbentrop schließlich: ›Ist es Danzig, das Sie haben wollen?‹ — ›Viel mehr‹, antwortete sein Gesprächspartner, ›wir wollen den Krieg.‹«[26)]

Ciano beschränkt sich Mussolini gegenüber nicht auf den Nachweis, daß es tatsächlich eine mehrfach wiederholte Zusage der Deutschen gibt, noch jahrelang stillzuhalten. Er läßt darüber hinaus vom Parteisekretariat und von der politischen Polizei Stimmungsberichte sammeln, aus denen hervorgeht, daß sein Volk den Krieg nicht will und die Deutschen fürchtet. Polizeipräsident Bocchini, der von Himmler so bewunderte Kollege, hat Witz und Mut zu schreiben: »Man kann mit Sicherheit behaupten, daß in Italien nur die Antifaschisten Gründe haben, den Krieg zu wünschen, da sie sich nur durch einen Krieg von dem ihnen verhaßten Regime werden befreien können.«[27)]

Wie man einen Weltkrieg macht

Dem Krieg so nahe, daß nun schon jeder Tag Wendungen und Entscheidungen zeitigt, die in unmittelbarem Zusammenhang mit dem eigentlichen Ausbruch der Kriegshandlungen der großdeutschen Armee gegen Polen stehen, glauben wir die Entwicklung von 14 Tagen am besten in einer Art Kalendarium anschaulich machen zu können. Der Leser wirft damit gewissermaßen einen Blick in ein Tagebuch, das die Geschichte geschrieben hat:

15. August 1939
Roatta hat eine weitere Zusammenkunft mit Canaris. Der Admiral läßt ihn wissen, der Angriff auf Polen werde »in zwei Wochen« beginnen, die Westmächte würden sicher eingreifen, der Krieg werde lange dauern,

Deutschland werde geschlagen, »und das wird das Ende Deutschlands sein«.[28]

15.–17. August

Bevor Botschafter Attolico zur Berichterstattung von Berlin nach Rom fliegt, setzt er eine diplomatische Initiative über seinen englischen Kollegen in Gang mit dem Ziel, London möge versuchen, auf Mussolini einzuwirken, damit er Hitler mäßigend in den Arm falle. Das hat zur Folge, daß auf Weisung aus London der britische Botschafter in Rom, Percy Loraine, am 17. August bei Ciano vorstellig wird und genau im Sinne des listigen Attolico die Frage vorbringt, ob nicht unter der Decke und ohne die Achsenpolitik im ganzen zu berühren, ein Zusammenspiel zwischen London und dem Palazzo Venezia zur Rettung des Friedens erwogen werden könnte. Loraine kann nach London berichten, Ciano habe geantwortet: »Ich nehme Ihre Worte sorgfältig zur Kenntnis.«[29]

19. August

Es kommt zu einem Zusammenspiel Kordts, des Botschaftsrats an der deutschen Botschaft in London (dem neben Canaris wohl effizientesten »Widerständler« in diesen Wochen), dem Foreign Office in London, dem britischen Botschafter in Rom, Loraine, und dem sowjetischen Geschäftsträger in Rom, Hefland.

Noch immer laufen in Moskau die Bemühungen der Westmächte und der Deutschen, Stalin für sich zu gewinnen, nebeneinander her. Der russische Diplomat ist von seinem Ministerium darüber informiert, unter welchem Termindruck die Deutschen mit Molotow verhandeln. Es ist auch anzunehmen, daß sie über ihren Kriegsplan mit den Sowjets viel konkreter sprechen als mit ihrem italienischen Verbündeten, denn das Angebot, das sie Stalin machen — die Teilung Polens —, setzt ja den kurzfristig bevorstehenden Angriff auf Polen voraus. Würden die deutschen Unterhändler darüber schweigen, hätten sie Stalin gegenüber eine viel schwächere Position.

Hefland weiß nicht, daß sich Stalin bereits für die deutsche Lösung entschieden hat (und niemand wird es wissen, bevor der Vertrag auf dem Tisch liegt). So handelt er guten Glaubens, als er Loraine dringlich nahelegt, die Westmächte möchten in Moskau doch alles tun, um zum Abschluß zu kommen. (Diese Gespräche zwischen dem Sowjetrussen und dem Engländer finden am 18. und 19. August statt.)

Das geheime Zusammenwirken so verschiedener Personen mit demselben Motiv hat zur Folge, daß die englische Regierung über ihren antiitalienischen Schatten springt und Außenminister Lord Halifax am 19. August Mussolini über Loraine unter allerstrengster Geheimhaltung (auch gegenüber Frankreich und Polen) eine ausführliche Botschaft zukommen läßt, »damit Signor Mussolini völlige Klarheit über die Auffassungen der Regierung Seiner Majestät besitze«. Daraus erfährt der Duce, daß die Engländer dem Plan einer internationalen Konferenz (eine Lieblingsidee Mussolinis seit »München«!) jede Unterstützung gewährten, sofern Polen und die Sowjetunion daran teilnehmen würden. Sie macht auch klar, daß die englische Regierung Hitlers Wünsche bezüglich Danzig und dem Korridor auf einer solchen Konferenz positiv behandeln würde, sofern es zu keiner Gewaltanwendung käme und das Ergebnis durch die Garantie anderer Mächte und ein internationales Schiedsgericht abgesichert würde.

20. August
Hitler an Stalin (16.35 Uhr geschrieben, Ankunft in Moskau am 21. 8., 0.45 Uhr): »[. . .] Es ist meine Auffassung, daß es bei der Absicht der beiden Reiche, in ein neues Verhältnis zueinander zu treten, zweckmäßig ist, keine Zeit zu verlieren. Ich schlage Ihnen daher noch einmal vor, meinen Außenminister am Dienstag, dem 22. August, spätestens aber am Mittwoch, dem 23. August, zu empfangen. Der Reichsaußenminister hat umfassendste Generalvollmacht zur Abfassung und Unterzeichnung des Nichtangriffspaktes sowie des Protokolls. Eine längere Anwesenheit des Reichsaußenministers in Moskau als ein bis höchstens zwei Tage ist mit Rücksicht auf die internationale Situation unmöglich. Ich würde mich freuen, Ihre baldige Antwort zu erhalten.«[30]
13 Uhr: Die Botschaft des englischen Außenministers Halifax erreicht über Loraine den Palazzo Chigi. Ciano ist am 19. August nach Tirana geflogen. Sein Kabinettschef Anfuso erkennt die Wichtigkeit des Schriftstückes sofort und sorgt dafür, daß Ciano unverzüglich nach Rom zurückfliegt.
Edda Ciano: »Am 20. August erhält mein Mann, der sich gerade in Albanien aufhält, ein Telegramm von Anfuso mit der Mitteilung, daß seine Rückkehr nach Rom noch am selben Abend wünschenswert sei. Galeazzo bricht sein Programm ab und kehrt sofort nach Rom zurück, wo ihm eröffnet wird, mein Vater wolle den Deutschen um jeden Preis mitteilen, daß er die Absicht habe, sich bei einem eventuellen Konflikt auf ihre Seite zu stellen. Es gelingt Galeazzo, das Absenden einer solchen

Botschaft auf den nächsten Tag zu verschieben: Die Engländer haben ihn gebeten, sich für eine friedliche Lösung der polnischen Frage einzusetzen.«[31] Edda Ciano vereinfacht die Ereignisse des Tages. Attolico ist von einer Unterredung mit Ribbentrop zurückgekommen, die ihn ein weiteres Mal in seiner Auffassung bestärkt hat, daß die Deutschen ohne Rücksicht auf die Italiener vorgehen werden. Ciano und dem Botschafter kommt die Erklärung des englischen Außenministers wie bestellt zum genau richtigen Zeitpunkt.

20 Uhr (Palazzo Venezia): In den tief in die Nacht hinein andauernden Diskussionen gelingt es den beiden, Mussolini den Entwurf einer Erklärung, die den offiziellen Charakter einer Note bekommen soll, an die deutsche Regierung abzuringen, in der sowohl auf Attolicos Besprechungen mit Ribbentrop als auch auf die Botschaft der englischen Regierung eingegangen wird. Ribbentrop selbst, so heißt es im italienischen Entwurf, sei der Überzeugung, daß der kriegerische Konflikt nicht auf Polen beschränkt werden könne, und die englische Regierung bestätige erneut, daß England und Frankreich ihrer Beistandspflicht gegenüber Polen unter allen Umständen nachkommen würden. So sehe sich die italienische Regierung in der Zwangslage, definitiv erklären zu müssen, daß für sie die Voraussetzungen, jetzt einen Krieg zu führen, nicht gegeben seien. Infolgedessen messe sie dem englischen Vorschlag, über die deutschen Wünsche gegenüber Polen unverzüglich in Verhandlungen einzutreten, hohe Bedeutung zu.

Mussolini kann nicht darauf verzichten, auch hier auf seine Sternstunde als Friedensstifter hinzuweisen und zu erwähnen, »München« habe ja gezeigt, wie vorteilhaft Verhandlungen für Deutschland verlaufen. (Er hat immer noch nicht begriffen, daß Hitler »München« als Niederlage empfunden hat!) Der Entwurf der italienischen Note entwickelt bereits eine Art Tagesordnung für eine solche internationale Konferenz, die den Krieg verhindern soll. Als die Friedensstifter den Palazzo Venezia verlassen, liegt der Text auf dem Tisch; Mussolini hat erklärt, er müsse die Sache überschlafen, anderntags werde er entscheiden.

21. August

9.30 Uhr (Palazzo Venezia): Wie jeden Morgen hat Mussolini um 8 Uhr seinen Wohnsitz, die Villa Torlonia, verlassen. Er hat inzwischen Zeit gehabt, das Produkt der vergangenen Nacht noch einmal zu studieren. Das Ergebnis ist, daß er es rundweg verwirft, darin ein Dokument des

»Verrats« sieht und erklärt, wenn die Deutschen Krieg machten, so werde er dabei sein.

In diesen Stunden ist Ciano sich der mit seinem Amt verbundenen Verantwortung voll bewußt, und es wäre gewiß ungerecht, seine Haltung nur auf die Beleidigungen zurückzuführen, die ihm Ribbentrop und dessen Gehilfen in Fuschl, in Salzburg und auf dem Obersalzberg zugefügt haben. Er kämpft für dieses bißchen Friedenshoffnung, das noch übrig ist, und in der Eintragung dieses Tages ist der Stolz zu spüren, den er darüber empfindet, daß er vor seinem Schwiegervater nicht zurückgewichen ist: »Duce, Ihr könnt und dürft nicht gemeinsam mit den Deutschen marschieren. Die Aufrichtigkeit, mit der ich Euch in der Achsenpolitik gedient habe, gebietet mir, offen mit Euch zu sprechen. Ich bin nach Salzburg gefahren, um ein gemeinsames Vorgehen auszuhandeln: Man stellte mich vor ein ›Diktat‹. Die Deutschen — nicht ich — haben ein Bündnis verraten, demgemäß wir gleichberechtigte Partner, nicht Herr und Sklave sein sollten. Zerreißt das Dokument, werft Hitler die Fetzen ins Gesicht, und Europa wird in Euch den natürlichen Führer des antideutschen Kreuzzuges erkennen. Wollt Ihr, daß ich nach Salzburg fahre? Dann werde ich es tun, und ich werde mit den Deutschen genauso zu reden wissen, wie die Situation es erfordert. Hitler wird mir das Rauchen nicht verbieten können, wie er es bei Schuschnigg getan hat.«[32]) (Diese Notiz ist sicherlich ein Kondensat dessen, was er wirklich gesagt hat, und gewinnt dadurch eine Kraft, die Ciano in der mündlichen Diskussion kaum erreicht haben dürfte.)

Gegen Mittag ist Mussolini schon wieder nicht mehr der Mann, der durch dick und dünn mit Hitler marschieren wird. Fürs erste läßt er sich die Zustimmung zu einem sofortigen Treffen Cianos mit Ribbentrop abringen, für das noch am Abend die politische Marschorder ausgearbeitet werden soll.

Über die Berliner Botschaft versucht Ciano, eine telefonische Verbindung mit Ribbentrop herzustellen, um ihm zu sagen, daß er auf ein Treffen am nächsten Vormittag bestehe.

16 Uhr: Ribbentrop läßt wissen, daß er sich im Augenblick nicht auf einen Termin festlegen könne, er erwarte stündlich eine Nachricht aus Moskau, die seine Dispositionen beeinflussen werde. Gegen Abend werde er klarer sehen. In der Tat hat Berlin seinen Moskauer Botschafter am 20. August beauftragt, die sowjetische Regierung zu veranlassen, Ribbentrop unverzüglich zu empfangen. Für Hitler läuft der Countdown: Er will am 26. August über Polen herfallen.

17.30 Uhr: Ein Treffen zwischen Ciano und Ribbentrop am Brenner wird für den nächsten Tag vereinbart.

18 Uhr (Palazzo Venezia): Ciano und Attolico sitzen bei Mussolini, um das Treffen Cianos mit Ribbentrop vorzubereiten. Der Sonderzug für Ciano ist bereits geordert. Sein Gepäck enthält eindeutig formulierte Einwände gegen die Berliner Kriegspolitik (wobei daran zu erinnern ist, daß man in Rom noch keine Ahnung von den Moskauer Verhandlungen hat). Ein Punkt in Cianos Verhandlungsprogramm kommt einer partiellen Aufkündigung des Stahlpakts gleich. Er lautet: »Wenn Deutschland Polen angreift und die Westmächte ihrerseits eingreifen, wird Italien wegen des gegenwärtigen Stands der italienischen Rüstung — der Hitler und Ribbentrop zeitig mitgeteilt worden ist — keine kriegerische Initiative ergreifen.«

21.35 Uhr: In Berlin läuft die Nachricht ein, daß Stalin den RAM (die amtsübliche Abkürzung für Reichsaußenminister) am 23. August in Moskau erwartet.

22 Uhr: Ribbentrop ruft Ciano an und vertraut ihm »ein persönliches Geheimnis« an: Er müsse das Treffen mit ihm aufschieben, denn er fliege morgen, am 22. August, nach Moskau, um ein Abkommen abzuschließen.

22.15 Uhr: Das Deutsche Nachrichtenbüro verbreitet die sensationelle Nachricht.

22. August

»Vollmacht. Dem Reichsminister des Auswärtigen Amtes, Herrn Joachim Ribbentrop, erteile ich hierdurch Generalvollmacht, im Namen des Deutschen Reiches mit bevollmächtigten Vertretern der Union der Sozialistischen Sowjetrepubliken über einen Nichtangriffspakt sowie über alle damit zusammenhängenden Fragen zu verhandeln und sowohl den Nichtangriffspakt als auch andere sich aus den Verhandlungen ergebenden Vereinbarungen zu unterzeichnen, und zwar gegebenenfalls mit der Maßnahme, daß diese Vereinbarungen sofort mit der Unterzeichnung in Kraft treten.

Obersalzberg, den 22. August 1939 Adolf Hitler/Ribbentrop«

Der Text läßt erkennen, daß die Vorverhandlungen sich längst über einen Nichtangriffspakt hinaus zu »anderen Vereinbarungen« entwickelt haben, und der ausdrückliche Hinweis auf die sofortige Gültigkeit der Vereinbarungen zeigt, daß es Hitler wirklich um Tage, ja, um Stunden geht.

Am Vormittag versammelt Hitler die Generalität in seinem Haus. Die Gewißheit, daß die Sowjetunion sich neutral verhalten wird, verleiht seinen mehrstündigen Ausführungen, die mittags durch ein kurzes Essen unterbrochen werden, einen Ton von Selbstherrlichkeit, der selbst für ihn ungewöhnlich ist.

In der unverhüllten Bekundung seines Vernichtungstriebs erinnert diese Rede an seine ersten Münchner Jahre vor dem Putsch, als die Ankündigungen seiner mörderischen Absichten sein Publikum fanatisiert haben. Es liegen verschiedene protokollarische Niederschriften von Hitlers Eröffnungen vor. Generalstabschef Halder scheint vor allem jene Formulierungen des Führers festgehalten zu haben, die ihn, einen im Generalstab erzogenen Offizier, am meisten befremdeten (Auszug):

»II. Forderungen des Führers an die militärischen Führer

1. Rücksichtslose Entschlossenheit: Gegenzüge Englands—Frankreichs werden kommen. Es muß durchgehalten werden. W-Aufmarsch [W = West, Anm. d. Verf.] wird gefahren. ›Eiserne unerschütterliche Haltung aller Verantwortlichen!‹

2. Ziel: Vernichtung Polens — Beseitigung seiner lebendigen Kraft. Es handelt sich nicht um Erreichung einer bestimmten Linie oder einer neuen Grenze, sondern um die Vernichtung des Feindes, *die auf immer neuen Wegen angestrebt werden muß.* [Hervorh. v. Verf.]

3. Auslösung: Mittel gleichgültig. Der Sieger wird nie interpelliert, ob seine Gründe berechtigt waren. Es handelt sich nicht darum, das Recht auf unserer Seite zu haben, sondern ausschließlich um den Sieg.

4. Durchführung: Hart und rücksichtslos. Gegen alle Erwägungen des Mitleids hart machen! [. . .]

5. Neue Grenzziehung: Neues Reichsgebiet? Vorgelagertes Protektoratsgebiet. Militärische Operationen haben keine Rücksicht zu nehmen auf spätere Grenzziehung.«

Halder macht sich auch Notizen über die »persönlichen Bedingungen«, denen Hitler in seiner Rede einen weiten Raum widmet: »Auf unserer Seite: Die Person des Führers. Die Person Mussolinis als alleiniger Träger der imperialen Idee. Hat seine Stärke in abess. Konflikt erwiesen [. . .] Auf der Feindseite: Persönlichkeiten des genügenden Formates [. . .] sind nicht vorhanden. Die Gegenseite hat viel zu verlieren, wir nur zu gewinnen.«

Das Hauptprotokoll, dessen Verfasser nicht genannt ist, deckt Halders Notizen ab: »Eiserne, unerschütterliche Haltung vor allem der Vorgesetzten, feste Zuversicht, Siegesglauben [. . .] Eine lange Friedenszeit würde uns nicht gut tun [. . .] Nicht Maschinen ringen miteinander, sondern Menschen. Bei uns qualitativ der bessere Mensch. — Friedrich der Große hatte seinen Enderfolg nur durch seine Seelenstärke.« (Dieses Argument wird Hitler 1945 immer wieder anführen.)

»Unsere Gegner sind kleine Würmchen. Ich sah sie in München.« Und: »Nun ist Polen in der Lage, in der ich es haben wollte.«

»Ich habe nur Angst, daß mir noch im letzten Moment irgendein Schweinehund einen Vermittlungsplan vorlegt.«

Das ist die Sprache eines Mannes, der, all seiner politischen Anfangserfolge ungeachtet, nicht ein Politiker genannt werden kann, wenn darunter die Fähigkeit und der Wille zu verstehen ist, das Für und Wider eines Entschlusses abzuwägen, von dem entweder die Wohlfahrt oder das Unglück eines Volkes abhängt. Hitlers hervorragend funktionierender Instinkt für die Schwächen des Gegners und sein kein Risiko scheuender Wille, die Schwäche auszunutzen, gehören gewiß zu den Eigenschaften, über die ein Politiker verfügen sollte — sich dabei an Bismarck zu erinnern, bringt den Eisernen Kanzler noch lange nicht in die Nähe Hitlers! —, aber sie allein reichen nicht aus, um ihm die Qualität und den Rang eines Politikers, etwa gar eines großen Politikers zuzusprechen. Gerade seine Bereitschaft, sich dem Instinkt zu überlassen, die Fakten unter den Tisch zu wischen, wenn sie ihm geboten hätten, gegen seinen Instinkt zu handeln, disqualifizieren ihn zum verantwortungslosen Hasardeur.

In keiner Phase seines Wirkens steht Hitler als ein so elender Wicht vor uns wie in jener, in der ihn das Volk ob des Vertrags mit Moskau als einen zweiten Bismarck gefeiert hat; jetzt, als er mit den Fingerspitzen den Krieg in Konkretum bereits zu berühren glaubt und er überzeugt sein darf, die Zeit seiner Trieberfüllung sei endlich angebrochen, das große Morden werde beginnen, da fallen die Hüllen von ihm ab, mit denen er sich in der Rolle des Reichskanzlers und Parteiführers drapierte. Jetzt handelt und spricht er als der, der er ist: ein Schreibtischmassenmörder.

Der falsche Cäsar im Palazzo Venezia mag uns mit seinem Hin und Her, seiner Unentschlossenheit, seiner Leichtfertigkeit, die schließlich den Ausschlag gibt, jämmerlich und auch lächerlich erscheinen; aber es wäre doch falsch, sein ewiges Schwanken allein seinem wankelmütigen Charakter zuzuschreiben, wenn auch nicht zu bestreiten ist, daß er den ganzen Aufwand seines öffentlichen Auftretens und seine pathetischen

Posen nötig hatte, um sich eine weniger armselige Charaktermaske umzubinden. Nein, was ihm an Durchschlagskraft fehlt, was ihn zum Opfer Hitlers werden läßt, ist gerade seine Überlegenheit als Politiker über den deutschen Diktator. Hätte ihn nicht sein unseliger Treuekomplex, den er gleichsam stellvertretend für sein ganzes Volk gegenüber den Deutschen hegte und pflegte, in den Zustand einer hypnotisierten Maus versetzt, dann wäre er fähig geblieben, nach eigenem politischen Ermessen Italien zu führen; dann hätte er sich unter keinen Umständen in den Krieg der Deutschen hineinreißen lassen, von dem er ja sofort begriffen hatte, daß es sein Krieg nicht sein kann und nicht sein wird. Nur seine wahrhaft hirnrissige Idée fixe, ein zweites 1915 dürfe es nicht mehr geben, hat ihn verhindert, der »Schweinehund« zu sein, der Hitler in den Rücken fällt, wie er ihm in München um des Friedens willen in den Rücken gefallen war. Gewiß — nichts, was Mussolini noch hätte unternehmen können, einschließlich der Erklärung, daß er, wenn er schon Krieg führen müsse, ihn auf der Seite der Alliierten führen werde, hätte Hitler davon abgehalten loszuschlagen. Aber wie stünde der »Schweinehund«, der verräterische, in der Geschichte des Zweiten Weltkriegs? Als einer der großen Politiker, die Italien hervorgebracht hat!

Nichts davon! Die Information über den bevorstehenden Abschluß eines deutsch-sowjetischen Vertrags läßt Ciano von der Reise zu Ribbentrop Abstand nehmen, in Rom bewundert man den Coup fast ebenso wie im Reich selbst.

15 Uhr: Die englische Regierung tritt zu einer Ad-hoc-Sitzung zusammen und veröffentlicht folgende Erklärung: »Ein deutsch-sowjetischer Nichtangriffspakt wird Englands Verpflichtungen Polen gegenüber nicht berühren. Die Regierung Seiner Majestät hat dies wiederholt festgestellt und ist entschlossen, ihren Verpflichtungen nachzukommen.« Chamberlain schreibt unmittelbar nach der Kabinettssitzung an Hitler: »[...] Es ist behauptet worden, daß, wenn Seiner Majestät Regierung ihren Standpunkt im Jahre 1914 klarer dargelegt hätte, jene große Katastrophe vermieden worden wäre. Unabhängig davon, ob dieser Behauptung Bedeutung beizulegen ist oder nicht, ist Seiner Majestät Regierung entschlossen, dafür zu sorgen, daß im vorliegenden Fall kein solch tragisches Mißverständnis entsteht. Nötigenfalls ist Seiner Majestät Regierung entschlossen und bereit, alle ihr zur Verfügung stehenden Kräfte unverzüglich einzusetzen, und es ist unmöglich, das Ende einmal begonnener Feindseligkeiten abzusehen. Es würde eine gefährliche Täuschung sein zu glauben, daß ein einmal begonnener Krieg frühzeitig enden

würde, selbst wenn ein Erfolg auf einer der verschiedenen Fronten, an denen er geführt werden wird, erzielt worden sein sollte.«

Der Brief endet: »Im Hinblick auf die schweren Folgen für die Menschheit, die aus einer Handlung ihrer Herrscher entstehen können, vertraue ich darauf, daß Eure Exzellenz mit tiefster Überlegung die Ihnen von mir dargelegten Gesichtspunkte abwägen werden.«

21 Uhr: Der Brief erreicht die englische Botschaft, und Henderson bekommt den Auftrag, ihn unverzüglich Hitler persönlich auszuhändigen. Dieser befindet sich noch immer auf dem Obersalzberg, wohin Henderson für den nächsten Vormittag bestellt wird.

Zur selben Zeit findet sich Loraine bei Ciano im Palazzo Chigi ein und soll erkunden, wie Mussolini die Botschaft des britischen Außenministers vom 19. August aufgenommen habe. Nur ein paar Stunden früher hätte Ciano antworten müssen, die Sensation aus Moskau habe allen Friedensbemühungen den Wind aus den Segeln genommen, das gelte auch für ihn, Ciano, selbst, denn Mussolini bewundere das Meisterstück Hitlers und werde mit ihm in den Krieg ziehen. Solcherart, es ist kaum zu glauben, ist Mussolinis erste Reaktion gewesen, als er vom Moskauer Vertrag gehört und angenommen hatte, daraufhin würden auch die englischen Garantieversprechen für Polen nicht mehr gelten. Als er dann jedoch erfährt, England gebe nicht nach und werde den Einfall Hitlers in Polen nicht passiv hinnehmen, ist vor Mussolini das Gespenst eines Weltkriegs neu aufgetaucht. Eine Folge davon ist, daß der britische Botschafter in Ciano auf einen höflichen, aufmerksamen Gesprächspartner trifft. So rasch, wie er sich zusammen mit dem Schwiegervater vom Boden der Tatsachen entfernt hatte, ist er wieder dorthin zurückgekehrt, und bei dem Zyniker, der er ist, vollziehen sich solche Drehungen noch rascher als bei dem letzten Endes sentimentalen Duce. Was diesen angeht, so hat er binnen 48 Stunden zweimal die volle Kehrtwendung vom treuen, kriegsentschlossenen Gefolgsmann der Deutschen zum italienischen Regierungschef vollzogen, der davor zurückscheut, sein Volk in ein unabsehbares Kriegsabenteuer hineinzuführen.

23. August

13 Uhr: Henderson hat sich auf dem Obersalzberg eingefunden. Daß Hitler noch immer nicht nach Berlin in die Reichszentrale zurückkehrt, ist ein Phänomen, das hohe Beachtung verdient. Schon entwickelt er seine spätere Führerhauptquartierpraxis: Aus dem Staats- und Parteichef wird der Feldherr, der von jedem beliebigen Platz aus den Befehls-

apparat in Gang halten kann. Als das von den Deutschen beherrschte Gebiet vom Atlantik bis an die Wolga reicht, ist es in der Tat gleichgültig, von wo aus die Befehle gegeben werden. (Sie kommen für Jahre aus einem ostpreußischen Birkenwald.)

Der Führer, den Henderson — der Gentleman mit der Nelke im Knopfloch — bei dieser Unterredung erlebt, ähnelt stark dem, von dem es geheißen hat, er sei ein Brüller und hysterischer Teppichbeißer gewesen. Daß er normalerweise mit den Allüren eines Wiener Oberkellners auftritt, paßt nicht in dieses Klischee, das an diesem herrlichen Sommertag fast der Wirklichkeit entspricht. Hitler brüllt tatsächlich, und zwar länger als eine Stunde. Selbst der geschönten Wiedergabe, die das Deutsche Nachrichtenbüro (erst am sechsten Kriegstag!) unter der Überschrift »Der Führer stellt den britischen Botschafter« veröffentlichen wird, ist die Tonlage Hitlers noch zu entnehmen: »Der Führer führte dann aus, daß er bei dem geringsten polnischen Versuch, noch weiterhin gegen Deutsche oder gegen Danzig vorzugehen, sofort eingreifen werde, ferner, daß eine Mobilmachung im Westen mit einer deutschen Mobilmachung beantwortet werden würde.

Der Botschafter Henderson: ›Ist das eine Drohung?‹

Der Führer: ›Nein, eine Schutzmaßnahme!‹«

Weizsäcker und Geheimrat Hewel vom Auswärtigen Amt sind Zeugen der Szene. »Kaum hatte sich die Tür hinter dem Botschafter geschlossen, als Hitler sich lachend auf die Schenkel klatschte und mir sagte: ›Dieses Gespräch überlebt Chamberlain nicht, sein Kabinett wird heute abend stürzen.‹« (Weizsäcker[33])

Henderson hat die Weisung, sich den Tag über noch zur Verfügung zu halten, um einen Brief Hitlers in Empfang zu nehmen. Darin wiederholt der Führer, er habe nicht die Absicht, England oder Frankreich anzugreifen, könne aber in der Mobilmachung dieser Staaten nur eine Bedrohung des Reiches sehen, und er würde gegebenenfalls »die sofortige Mobilmachung der deutschen Wehrmacht anordnen«. Über Polen: »Die Fragen des Korridors und von Danzig müssen und werden ihre Lösung finden.« Der Ton ist gemessen und höflich, verrät nichts von der Szene, die vor Henderson soeben in berechnender Schauspielerei aufgeführt worden ist.

Zur Teezeit holt Henderson den Brief ab. Ein gänzlich verwandelter Hitler tritt ihm entgegen. Alles, was er sagt, klingt wie eine Bitte, England möge doch verstehen, daß er gar nicht Krieg führen wolle, aber leider nicht anders könne: »Heute bin ich 50, wenn es schon zum Krieg kommen muß, dann soll er heute stattfinden, als wenn ich 55 oder 60 bin.« Es fällt auch der Satz: »Es ist wohl jedem klar, daß der Weltkrieg nicht verloren worden wäre, wenn ich damals Kanzler gewesen wäre.«

Diesen ganzen Tag über verhandelt Ribbentrop in Moskau, fühlt sich dort wohl »wie unter alten Parteigenossen«.

Am Abend ist Hitler noch immer auf dem Obersalzberg, er will die Vollzugsmeldung aus Moskau abwarten. Ribbentrop ruft an und meldet, letzte sowjetische Forderungen gingen über die bisherigen Absprachen hinaus, sie verlangten jetzt auch die Ostseehäfen Libau und Windau. Um 23 Uhr liegt Ribbentrop Hitlers Antwort vor, sie besteht aus zwei Worten: »Ja, einverstanden.« Zwei Stunden später, der 24. August ist angebrochen, meldet Ribbentrop, der Vertrag sei unterschrieben. In Moskau wird gefeiert. Das Zusatzprotokoll, das die Italiener nie zu Gesicht bekommen werden, beschreibt die künftigen Westgrenzen der Sowjetunion, die Frage aber, ob Polen als eigener Staat ganz verschwinden soll, läßt es noch offen. Auch Bessarabien wird darin dem sowjetischen Einflußgebiet zugeschlagen. »Hitler, der bisherige ›Vorkämpfer Europas gegen den Bolschewismus‹ und Bannerträger der Antikominternpolitik, gab darin [. . .] Zwischeneuropa von Finnland bis zum Schwarzen Meer preis.«[34]

Dieses Gebiet ist weit größer, in Quadratkilometern gerechnet, als das Deutsche Reich. In der Geschichte der modernen Zeit gibt es keinen zweiten Vertrag zwischen zwei Staaten, der dem einen, hier der Sowjetunion, im ersten Anlauf so viel für so wenig eingebracht hat. Der fürchterliche Preis, den sie dann von 1941 an für ihre heutige Weltmachtstellung bezahlen mußte, hängt insoweit mit dem Vertrag von 1939 zusammen, als er es Hitler erleichterte, gegen Polen loszuschlagen und seine Ausgangsposition für den Feldzug gegen die UdSSR zu verbessern. Doch nichts berechtigt zu der Annahme, daß ohne den Vertrag der Sowjetunion die Invasion der Deutschen erspart geblieben wäre. Durch ihn hätte Stalin Zeit gewonnen, eine westliche Verteidigungsfront aufzubauen. Warum er diese 21 Monate nicht entsprechend nutzte, hat bis heute keine wirklich befriedigende Erklärung gefunden.

24. August

An diesem Tag wird von Attolico in Berlin der Plan geboren, dessen Durchführung Mussolini den Vorwand liefert, am 1. September nicht zu marschieren und dennoch nicht — in seinen Augen — zu verlieren, was er Italiens Ehre nennt. Attolico telegrafiert an Ciano, es solle gar nicht politisch-juristisch bewiesen werden, daß Italien nach dem Stahlpakt nicht zu marschieren *brauche,* sondern technisch-militärisch, daß es nicht zu dem von Hitler bestimmten Zeitpunkt marschieren *könne,* wofür der Nachweis zu liefern sei. Dieser Nachweis solle so formuliert sein, daß die Deutschen erkennen müßten, daß die italienische Wehrmacht für sie tatsächlich derzeit keine wirkliche Hilfe bedeute, und dann »würden sie das vorschlagen, was wir wollen, und alles würde sich planmäßig ergeben«. Schon spricht Attolico von einer »Liste« all dessen, was Italien benötigen würde, um kämpfen zu können — von einer den Deutschen zu präsentierenden Wunschliste, die sie nicht erfüllen könnten, womit ihnen der Schwarze Peter zugeschoben sei.

Es werden noch zwei Tage vergehen, bis die ominöse Liste aufgestellt und den Deutschen übergeben ist, doch es ist das Telegramm Attolicos vom heutigen Tage, welches Mussolini das Schlupfloch zeigt, durch das er dem Krieg zehn Monate lang entkommen wird.

Die riesige deutsche Delegation besteigt um 1 Uhr mittags in Moskau die beiden Condormaschinen und fliegt — über Polen nun schon mit Jagdschutz — nach Deutschland zurück. Nachdem Hitler (jetzt in Berlin) die unterzeichneten Dokumente mit eigenen Augen gesehen hat, erteilt er den Angriffsbefehl für den 26. August, 4.45 Uhr früh.

So schwer es für die einzelnen Tage, ja, für einzelne Stunden bis zum Krieg hin zu sagen ist, ob Mussolini gerade in Kriegsstimmung ist oder sich heraushalten will, so schwer ist es auch nachzuvollziehen, wovon Hitler, Ribbentrop, Göring und die ganze Reichsführung jeweils ausgehen: daß die Westmächte kämpfen oder daß sie es nicht tun? Für die eine wie für die andere Auffassung lassen sich Belege auflisten, ohne daß zu erkennen wäre, wovon der Wechsel in den Prognosen bestimmt wird. Vielleicht läßt sich sagen, daß Hitler auch nach dem Abschluß von Moskau mit dem großen Krieg rechnete, unbeschadet dessen, daß er, wie wir sehen werden, tiefe Betroffenheit zeigt, als die englische Kriegserklärung vor ihm liegt. Wenn er sich optimistisch gibt, die Begrenzung auf eine lokale Auseinandersetzung als sicher hinstellt, versucht er wohl nur seine Umgebung — und vielleicht auch sich selbst — zu beruhigen.

25. August

Ribbentrop, aus Moskau zurück, versucht, Ciano telefonisch in der Nacht zu erreichen. Das gelingt nicht, denn Ciano ist beim König, und der König ist beim Forellenfischen auf einem seiner Landgüter, Sant' Anna di Valdieri. Ciano meldet sich, als er nach Rom zurückgekehrt ist;

das Gespräch kommt in den ersten Morgenstunden des 25. August zustande. Da der deutsche Außenminister keine substantiellen Erklärungen abgibt, sondern nur »große Ereignisse« ankündigt, bleibt unklar, warum er überhaupt angerufen hat.

Die Reichskanzlei entwickelt gegen 8 Uhr früh wie immer ihre Geschäftigkeit. Gegen 9 Uhr, der Vertrag von Moskau ist schon 36 Stunden alt, erinnert sich Hitler, daß er in Rom einen Bundesgenossen hat, der vermutlich darauf wartet, von ihm selbst zu erfahren, was die ganze Welt in Erregung versetzt. Er schreibt: »Ich habe Ihnen, Duce, darüber im einzelnen noch nicht berichtet, weil mir sowohl der Einblick in den erreichbaren Umfang dieser Besprechungen, als auch überhaupt die Gewißheit der Möglichkeit des Gelingens fehlte.« Was den Beginn des Überfalls auf Polen betrifft, der auf Tag und Minute festgelegt ist, so behauptet der Führer dem Duce gegenüber, sich im Zustand gänzlicher Ungewißheit zu befinden: »Niemand kann unter diesen Umständen voraussagen, was die nächste Stunde bringt.« Mit dem letzten Satz versucht er, sozusagen mit der Wurst nach dem Schinken zu werfen: »Ich darf Ihnen abschließend noch versichern, Duce, daß ich in einer ähnlichen Situation das volle Verständnis für Italien aufbringen werde und Sie von vornherein in jedem solchen Falle meiner Haltung sicher sein können.«

Dieser Brief ist noch nicht ins reine geschrieben, als im Palazzo Venezia Ciano vor Mussolini steht und ihn beschwört, es müsse nun etwas geschehen, auch der König sei absolut dagegen, daß sich Italien in einen derart unabsehbaren Krieg stürze, nur weil dieser Hitler Polen zerschlagen wolle. Die nach dem Moskauer Knall als wertlos angesehenen Texte, mit denen Ciano Ribbentrop am Brenner oder in Innsbruck beeindrucken sollte, werden wieder hervorgeholt. Es scheint eine glückliche Stunde für Ciano und für das ganze italienische Volk anzubrechen. Mussolini hat inzwischen begriffen, wie schamlos er mit den Moskauer Verhandlungen hintergangen worden ist. Attolico wird angewiesen, sich zu Hitler mit einer Botschaft zu begeben, in der es u. a. heißt: »Wenn Deutschland Polen angreift und dessen Alliierte ihrerseits Deutschland angreifen, wird Italien keine Initiative zu kriegerischen Handlungen ergreifen angesichts der gegenwärtigen Situation unserer militärischen Vorbereitungen, die dem Führer und Ribbentrop wiederholt und zeitig mitgeteilt wurde. Italien kann nur seine militärischen Vorbereitungen beschleunigen, und die Schnelligkeit seiner Intervention wird von dem Kriegsmaterial und den Rohstoffen abhängen, die Deutschland uns zur Verfügung stellen wird. [. . .]«

In Berlin hat sich inzwischen folgendes abgespielt: Nach dem Diktat des Briefs an den Duce hat Hitler seinen Dolmetscher Schmidt in die Reichskanzlei bestellt und sich von ihm die Reden Chamberlains und Halifax' vom Vortag übersetzen lassen. Er scheint in der Nacht den Entschluß gefaßt zu haben, einen Vorschlag zur Bereinigung des Polenproblems zu machen, der sich absolut von allem unterscheidet, was er bisher dazu hat verlauten lassen. Er läuft auf nichts Geringeres hinaus als auf eine Teilung der kapitalistischen Welt in eine englische und eine deutsche Einflußsphäre, wobei er die englische als im britischen Weltreich schon existierend anerkennt, für dessen Bestand er sich »persönlich verpflichten« will. Es gibt Äußerungen, wonach er Henderson gegenüber so weit gegangen sein soll zu erklären, daß er bereit sei, die englischen Interessen auch gegen Italien zu vertreten. Ob das zutrifft oder nicht, ist deshalb belanglos, weil der ganze Vorschlag, zunächst mündlich vor Henderson entwickelt, dann nach des Dolmetschers Gesprächsnotizen schriftlich ausgearbeitet und in die englische Botschaft nachgeschickt, nichts als ein billiger Trick ist, um die Verantwortung für den Krieg abzuschieben. Der Umstand, daß über alle Straßen der östlichen Reichsgebiete und der besetzten Tschechoslowakei die Divisionen in ihre Bereitstellungsräume rollen und marschieren (56 Infanteriedivisionen, eine Kavalleriebrigade, 1300 Kampfflugzeuge und Bomber) und nicht einmal mehr 24 Stunden vergehen sollen, bis diese Vernichtungsmaschine in Aktion treten wird, erzeugt in der Reichskanzlei Nervosität. Was ist eigentlich los mit diesen Italienern? (Mussolinis Absage ist noch nicht angekommen!) Ab 14 Uhr versucht Ribbentrop, Ciano zu erreichen, doch läßt sich dieser verleugnen. Generalstabschef Halder notiert: »Nochmals Ersuchen, auf Duce einzuwirken. Daher Verzögerung 14 bis 15 Uhr. Dann Entschluß des Führers, ohne Mussolinis Antwort Befehl auszulösen: 15.02.«
Ribbentrop kommentiert lässig: »Nun, dann werden wir den Krieg eben ohne die Italiener machen!« Hat er etwa inzwischen Mussolinis Botschaft erhalten, daß Italien nicht marschieren wird? Nein, sie ist ihm nur um 13.25 Uhr von Attolico angekündigt worden, der fünf Minuten später einen letzten Hilferuf an Ciano richtet, es müsse nun eine persönliche Intervention Mussolinis bei Hitler stattfinden: »Aber sofort, ich sage sofort, ohne eine Minute zu verlieren!« Die verlangte Intervention wäre eigentlich schon der angekündigte Brief, aber aus Rom kommt die Weisung, er dürfe Hitler bzw. Ribbentrop nicht übergeben werden. Was ist geschehen?

Um 15 Uhr, als Hitler gerade den Angriffsbefehl bestätigt, übersetzt Mussolini Ciano Satz für Satz Hitlers Brief vom Vormittag. Mackensen, der ihn überbracht hat, ist dabei anwesend. Im Tagebuch charakterisiert Ciano den Brief: »Die Botschaft ist zweideutig, sie enthält ein metaphysisches Element und schließt mit der Erwartung auf ›italienisches Verständnis‹.«[35]

Von allen gespenstischen Vorgängen, die sich auf dem Weg zum Krieg ereignen, ist jener, der der Verlesung des Führerbriefs folgt, gewiß der seltsamste und unbegreiflichste. Der Staatsmann hinter seinem gewaltigen Schreibtisch in der Ecke der marmornen Riesenhalle, die er sich zum Arbeitszimmer ausgesucht hat; der Mann, der ja tatsächlich noch Achtung und Ansehen in ganz Europa, ja, auf der ganzen Welt genießt; der Mann, der ein paar Stunden zuvor dem Schreiber dieses erbärmlichen Briefs mitteilen wollte, er werde sich nicht mit ihm in den Krieg stürzen — er läßt jetzt den Botschafter dieses Deutschen wissen, nun könne von Frieden keine Rede mehr sein. Wann denn nun der Krieg ausbreche? Mackensen kann oder will nicht antworten. Nun gut, sagt der Duce, zwei, drei Jahre Vorbereitung, das wäre ja sehr angenehm gewesen, aber nun sei es eben so, und Italien stehe bedingungslos neben Deutschland. (Das Wörtchen »neben« im Bericht Mackensens wird in Berlin von Weizsäcker unterstrichen und mit zwei Ausrufezeichen versehen werden.)

Und Ciano? Ciano begleitet Mackensen über die 180 Quadratmeter polierten Marmors zur Tür und sagt, das Wort »Friede« werde für ihn ab sofort ersetzt durch das Wort »Sieg«. Diese Leute sprechen immer einen bühnenreifen Text.

Was dann geschieht, läßt fragen, ob der Duce und Ciano vor dem deutschen Botschafter nur eine Schau abgezogen haben, um Zeit zu gewinnen, oder ob Mussolini ein weiteres Mal umfällt? Das letztere ist wahrscheinlicher. Sicher wissen wir nur, daß Ciano um 17.30 Uhr ans Telefon geht und Attolico eine Botschaft an Hitler aufträgt, die im wesentlichen jener entspricht, deren Zustellung an den Reichsaußenminister er noch mittags verboten hat. Die Forderung nach Materiallieferungen ist jetzt mit aller Schärfe formuliert, und das heißt, Attolicos kluger Vorschlag, nicht zu sagen, wir wollen nicht Krieg führen, sondern wir können nur unter ganz bestimmten Voraussetzungen Krieg führen — was die nackte Wahrheit ist! —, wird jetzt durchgeführt. Ciano diktiert ins Telefon: »Die Intervention kann jedoch unverzüglich erfolgen, wenn Deutschland uns *sofort* [Hervorh. v. Verf.] das Kriegsmaterial und die

Rohstoffe liefert, um den Angriff aushalten zu können, den die Franzosen und Engländer vorwiegend gegen uns richten werden. Bei unseren Begegnungen ist der Krieg für 1942 vorgesehen gewesen [...].« In diese neue Fassung ist ein aggressiver Ton hineingekommen, der in Berlin selbstverständlich wahrgenommen wird. Diesmal tritt nicht die geringste Verzögerung in der Übermittlung ein. Eine halbe Stunde nach der telefonischen Durchgabe überreicht Attolico in der Reichskanzlei den Text. »Mit eisigem Gesicht verabschiedete Hitler den Abgesandten Mussolinis und erklärte ihm nur kurz, er werde sofort auf den Brief antworten. ›Die Italiener machen es genau wie 1914‹, hörte ich [= Dolmetscher Schmidt] Hitler sagen, als Attolico gegangen war, und in der nächsten Stunde hallte die Reichskanzlei förmlich wider von abfälligen Bemerkungen über den ungetreuen Achsenpartner. [...]

Gleich nachdem ich mit Attolico aus Hitlers Zimmer herausgetreten war und mich von ihm verabschiedet hatte, sah ich Keitel mit schnellen Schritten an mir vorbei zu Hitler gehen. Während ich noch unschlüssig überlegte, zu welcher der verschiedenen in der Halle sitzenden Gruppen ich mich begeben sollte, kam Keitel schon wieder aus Hitlers Zimmer herausgestürzt. Ich hörte ihn aufgeregt mit seinem Adjutanten sprechen und fing dabei die Worte auf: ›Der Vormarschbefehl muß sofort widerrufen werden.‹«[36]

Zu dem Entschluß, die Divisionen noch einmal anzuhalten — was in der Durchführung zwei Tage lang zu chaotischen Verhältnissen in den Bereitstellungsräumen führt —, kann außer Mussolinis Botschaft auch beigetragen haben, daß am selben Nachmittag die endgültige Fassung des englisch-polnischen Beistandspakts unterschrieben wird, der sofort in Kraft tritt.

Von der Wut Hitlers dringt nichts zu Mussolini. Ihn erreicht ein sachlicher Brief, mit dem er aufgefordert wird mitzuteilen, was Italien an Rüstungsgütern und Waffen braucht. (»Alles würde sich planmäßig ergeben«, hatte Attolico in kluger Voraussicht am 24. August geschrieben!) Hitlers Anfrage erreicht Mussolini um 21.30 Uhr.

26. August

Um 10 Uhr sind in dem an Mussolinis Arbeitssaal anstoßenden Konferenzraum, in dem die seltenen Sitzungen des Faschistischen Großrats stattfinden, die Generalstabschefs der italienischen Wehrmacht versammelt, um die Daten für jene Liste zu liefern, die Hitler angefordert hat. Ciano redet den Generälen ins Gewissen, sie sollten keinen Türken bauen, sondern aufrichtig sagen, was sie brauchen. Diese für die Herren überraschende Aufforderung, den Duce mit konkreten Zahlen zu bedienen, veranlaßt sie, statt wie üblich die Mängel zu beschönigen, das Gegenteil zu tun. Was dabei herauskommt, ist eine italienische Wunschliste, die, würde sie erfüllt, zur Folge hätte, daß über den Brenner und durch die Schweiz 17 000 zusätzliche Güterzüge nach Italien rollen müßten. Der quantitativ größte Posten sind sechs Millionen Tonnen Kohle, der kleinste, dafür um so wertvollere, zwanzig Tonnen Zirkon. Dazu werden 150 Flakbatterien angefordert und Werkzeugmaschinen, »wie sie bereits bei den Innsbrucker Generalstabsbesprechungen gegenüber Keitel aufgelistet worden sind«.

Mit dieser Liste, von der Ciano sagt, sie würde einen Stier umwerfen, wenn er lesen könnte, geht Attolico zu Ribbentrop, und sein ganz persönlicher Triumph, der ihm mit diesem Papier beschert wird, verführt ihn zu einer Übertreibung, die gar nicht mehr nötig gewesen wäre. Auf des RAM naheliegende Frage, wann denn Italien all dies benötige, sagt der Botschafter: »Sofort, noch vor Beginn der Feindseligkeiten.« Ribbentrop, dessen Intelligenz bescheidener Natur ist, um es freundlich zu sagen, erkennt dennoch, was sich von selbst versteht: »Begreifen Sie, daß Sie auf diese Weise unmöglich machen, das Bündnis wirksam werden zu lassen?« Attolico erwidert, er mache gar nichts unmöglich, er erledige, was ihm aufgetragen sei. Das »sofort« wird auf Rückfrage prompt von Rom aus korrigiert. Aber das ändert nichts daran, daß die Deutschen gute Miene zum guten Spiel der Italiener machen müssen, denn auf eine öffentliche Bekundung dieses ersten und für alles weitere entscheidenden Achsenbruchs können sie es nicht ankommen lassen.

Hitler an Mussolini am selben Tag: »Unter diesen Umständen, Duce, begreife ich Ihre Lage und bitte Sie nur, die mir in Aussicht gestellte Bindung englisch-französischer Kräfte durch eine aktive Propaganda und geeignete militärische Demonstrationen herbeiführen zu wollen.«

Dem Duce ist nicht wohl: »Sein militärischer Instinkt und sein Ehrbegriff haben ihn zum Kampf geführt. Sein Verstand hielt ihn zurück. Darunter leidet er sehr.«[37]

Wir brechen an dieser Stelle die Chronologie ab, obwohl noch ein paar Tage bis zum Kriegsbeginn fehlen. Sie sind ausgefüllt mit einer wahrhaft chaotischen diplomatischen Betriebsamkeit zwischen London, Paris, Rom und Berlin. Hitler verzögert den neuen Angriffsbefehl, gibt ihn dann doch am 28. August. Göring, mit dem Schweden Dahlerus als flie-

gendem Boten, der mehrfach zwischen Berlin und London hin- und her-
gejagt wird, scheut den Krieg offensichtlich, verbirgt es vor Hitler, gerät
darüber aber mit dem Kriegstreiber Ribbentrop aneinander. Die Engländer glauben noch immer, via Rom etwas erreichen zu können, und Mussolini hält gegen alle Vernunft an seinem Konferenzplan fest. Es ist, als ob
Affen Bridge spielen.

Parallelkriege

Bis zum Überfall auf Rußland

Ende August 1939 äußert sich Italiens versprochene Hilfeleistung für
den deutschen Krieg vorwiegend in der faschistischen Presse — Leitartikel mit dem üblichen Gebell gegen die Demokratien. Darüber hinaus
ordnet Mussolini konkrete Maßnahmen an, die den Eindruck erwecken
sollen, als stehe seine Kriegserklärung unmittelbar bevor: In den großen
Städten werden Luftschutz- und Verdunklungsübungen abgehalten,
Reservisten einberufen, die See- und Luftstreitkräfte in Alarmzustand
versetzt, der militärische Funkverkehr codiert, private Lastwagen von
Armeekommandos requiriert und dergleichen mehr. Bedenkliche
Berichte der Geheimpolizei über die Volksstimmung setzen der martialischen Inszenierung Grenzen. Ganz darauf zu verzichten, verbieten die
Zusagen an den Bundesgenossen; zudem sieht Mussolini gerade in seinen »Kriegsvorbereitungen« einen klugen Schachzug, falls es vielleicht
doch nicht zum Krieg kommen sollte: »Der Gedanke an unsere erzwunge-
ne Neutralität lastet natürlich immer schwerer auf ihm. Nicht in der
Lage, Krieg zu führen, trifft er alle jene Maßnahmen, die ihm im Fall einer
friedlichen Lösung die Behauptung gestatten, er wäre ja ohne weiteres in
den Krieg eingetreten.«[38]
Ciano schaut dem Trickspiel mit gemischten Gefühlen zu, da er fürchtet,
daß der Duce doch noch in den Krieg hineinstolpern könnte. Als er am
31. August 1939 zu der Überzeugung gelangt, England treffe im Mittelmeer ernsthafte Vorbereitungen gegen Italien, gebärdet er sich vor seinem Schwiegervater wie ein Mann, der dem Weltuntergang entgegen-
blickt. Er ringt ihm die Erlaubnis ab, dem englischen Botschafter klipp

und klar zu sagen, Italien werde Gewehr bei Fuß stehen bleiben, was immer die Deutschen unternähmen.

Eine Stunde später empfängt er Percy Loraine. »Ich informiere ihn über das Geschehen, dann tue ich so, als könne ich meine innersten Gefühle nicht verbergen und sage: ›Aber weshalb wollen Sie das Unmögliche schaffen? Haben Sie denn noch nicht begriffen, daß wir nie einen Krieg gegen Ihr Land oder gegen Frankreich beginnen werden?‹ P. Loraine ist tief bewegt, seine Augen glänzen. Er nimmt meine Hände: ›In den letzten fünfzehn Tagen ist mir genau das klar geworden. Ich habe es auch schon meiner Regierung telegrafiert.‹«[39]

Loraine gibt die eindeutige Information sofort nach London weiter, wo man noch einmal Hoffnung schöpft, vielleicht doch über Mussolini zu Verhandlungen mit Hitler zu gelangen. In dem Glauben, daß die Engländer nun ihrerseits gegenüber Italien stillhalten werden, nimmt Mussolini unverzüglich seine pseudokriegerischen Befehle zurück. »Die Ewige Stadt erstrahlt wieder im Lichterglanze, ein beglückendes Zeichen für die Römer, daß der Friede wenigstens für Italien gerettet sein wird, während die gleichzeitige deutsche Rundfunkmeldung die Hoffnung auf deutsch-polnische Verhandlungen zunichte macht.«[40]

Gibt es mit der Indiskretion Cianos gegenüber dem Botschafter der führenden Macht des feindlichen Lagers neben dem umfassenden »Verrat auf deutsch« von nun an auch einen kleinen »Verrat auf italienisch«? Die Frage ist zu bejahen.*

Was die Engländer rund acht Stunden früher erfahren, als sie es den Ereignissen des 1. September ohnehin entnehmen werden, ändert an der Gesamtsituation nichts, beeinflußt die militärischen Dispositionen Englands und Frankreichs nicht, und nach wie vor sind die Friedenschancen angesichts der Kriegsentschlossenheit der Deutschen gleich Null.

Erstaunlicherweise ist es nicht der Aufmarsch der deutschen Armee gegen Polen, der im Palazzo Venezia und im Palazzo Chigi die Verantwortlichen unentrinnbar mit der Erkenntnis konfrontiert, der Krieg sei nicht zu vermeiden. Erst vergleichsweise harmlose Präventivmaßnahmen, die England im Mittelmeer trifft, haben diese Wirkung, und es ist

---

* Im Laufe des Kriegs vermutet Hitler, der König oder jemand aus seiner Umgebung habe den Engländern den Wink gegeben; von der Unterredung zwischen Ciano und Loraine erfährt er nichts. 1943, nach Stalingrad, als sich die Niederlage abzeichnet, wird Hitler behaupten, England und Frankreich hätten die Zerschlagung Polens hingenommen, und es wäre überhaupt nicht zum großen Krieg gekommen, wenn Italien mit Deutschland zusammen bereit gewesen wäre, in den Kampf zu ziehen.

auch klar, warum: Schlüge England jetzt zu, dann würde es nicht die Deutschen mitten auf dem Kontinent in Polen oder am Rhein treffen, sondern die Italiener auf ihrem Stiefel mit seinen nicht zu verteidigenden endlosen Küsten. Noch ist kein Schuß gefallen, und schon zeichnet sich ab, was den Krieg der Achse vom ersten Tag an beeinträchtigt und bald aussichtslos machen wird: daß die Koalitionspartner zwei ganz verschiedene Kriege führen müssen, wenn auch gegen dieselben Feinde.

Als Mussolini am 1. September zu früher Stunde in der Villa Torlonia mit der Nachricht geweckt wird, die deutschen Truppen seien in Polen eingedrungen, hat er noch immer nicht verstanden, daß es nicht um Danzig und andere »Korrekturen« der Ostgrenze des Reiches geht. Stünde ihm schon klar vor Augen, daß es hinfort einen polnischen Staat nicht mehr geben wird und dessen Territorium zwischen den beiden Vertragspartnern aufgeteilt werden soll, er würde doch wohl am 31. August aufgehört haben, immer neue Konferenzvorschläge nach London oder Paris übermitteln zu lassen. Er gibt sich einem blinden Optimismus hin, in dem ihm zwar nicht London, wohl aber Paris noch ein paar Tage lang nacheifert, wo man nur allzu bereit wäre, alles für die Lokalisierung des Konflikts zu opfern, Danzig, den Korridor, die eigene »Ehre«.

Im Reich herrscht eine knappe Woche lang eine beklommene Stimmung. Als Warschau brennt, zeigt die Wochenschau Hitler am Scherenfernrohr, wie er sich am Bombardement delektiert. Begeistert erlebt das Volk im Kino Warschaus Vernichtung mit. Auch Hitler läßt sich die Szene vorführen, Speer ist dabei: »Brandwolken verdüsterten den Himmel, Sturzbomber kippten auf ihr Ziel, man konnte den Flug der ausgeklinkten Bomben, das Hochziehen der Maschinen und die ins Riesige wachsende Explosionswolke in einer durch filmische Raffung bewirkten Steigerung verfolgen. Hitler war fasziniert. Den Abschluß des Films bildete eine Montage, auf der ein Flugzeug sich auf die Umrisse der britischen Inseln stürzte, ein Feuerschlag folgte, die Insel flog zerfetzt in Stücke. Hitlers Begeisterung kannte keine Grenzen mehr: ›So wird es ihnen gehen!‹ rief er hingerissen aus, ›so werden wir sie vernichten!‹«[41]

Die Glocken des Sieges läuten, die Westmächte benehmen sich, als hätten auch sie sich für Nichtkriegführung nach Italiens Beispiel entschieden, der befürchtete Zweifrontenkrieg findet zunächst nicht statt: Der Krieg verliert seinen Schrecken.

Kein führender Politiker Englands oder Frankreichs empfindet gleich Mussolini ein schlechtes Gewissen darüber, daß die Armeen ihrer Länder nicht kämpfen. Die Polen verdienen jedes Mitleid, aber ihre Niederlage ist nur eine Episode. Die Demokratien richten sich sofort auf einen Weltkrieg ein. Chamberlain vor dem Unterhaus nach der Kriegserklärung: »England steht jetzt mit Deutschland im Kriege. Wir haben uns entschlossen, diesen Krieg bis zum Ende zu führen.« Bei Churchill klingt die Kampfansage pathetischer: »Wir kämpfen, um die gesamte Welt von der Seuche der nationalsozialistischen Tyrannei zu retten und alles zu verteidigen, was den Menschen am heiligsten ist. Dieser Krieg wird geführt, um die Menschenwürde wieder herzustellen.«

Der tiefere Grund für die verblendete Zähigkeit, mit der Mussolini den Weltzustand vor den 1. September zurückdrehen möchte, ist darin zu suchen, daß sein ganz persönliches Hauptproblem mit einem Schlag vom Tisch wäre, würde noch verhandelt: seine Nichtteilnahme am Krieg. Sie bereitet ihm Qualen. Sein Verratstrauma trägt dem Führer zu früher Stunde des ersten Kriegstages den Besuch des Botschafters Attolico unter überraschenden Umständen ein. Der Terminplan der Reichskanzlei sieht für 10 Uhr vormittags die Rede vor, mit der Hitler verkünden will, daß er den Krieg begonnen habe — eine Tatsache, die er in die Formel kleidet: »Seit 5.45 Uhr wird jetzt zurückgeschossen.« (Tatsächlich wird seit 4.45 Uhr »zurückgeschossen«; Hitler hat seinen eigenen Angriffsbefehl nicht genau im Kopf.) Eine Stunde vor dem Auftritt im »Reichstag« bringt Attolico das Kunststück fertig, bis zu Hitler vorzudringen, um ihm eine Botschaft des Duce auszuhändigen. Während sich auf dem Schreibtisch die Funksprüche häufen, die den Obersten Befehlshaber der Wehrmacht über das erste Kampfgeschehen in den polnischen Grenzgebieten auf dem laufenden halten, überfliegt dieser zwischendurch — sichtlich gelangweilt — den Brief aus dem Palazzo Venezia: »Unter den gegenwärtigen Umständen ist es im gemeinsamen Interesse nötig, die Beziehung zwischen den beiden Ländern — Deutschland und Italien — hinsichtlich des Kriegs gegenüber Dritten klarzustellen. Der Duce muß in einigen Stunden den Ministerrat und den Großrat einberufen und möchte bei dieser Gelegenheit ein Telegramm des Führers vorlegen können, das ihm für die seiner Sache in diplomatischer und politischer Hinsicht gegebene Unterstützung dankt und ihm erklärt, daß Deutschland im Vertrauen auf sein gutes Recht und seine Stärke den militärischen Beistand Italiens nicht verlangt. [. . .]«[42]

Der Betrogene bittet den Betrüger, ihm zu bestätigen, daß er ehrenhaft handle! Unmittelbar nach der Audienz kann Attolico Ciano berichten, der Führer habe kurz aufgeblickt und gesagt: »Gut.« Damit gibt Hitler dem erwartungsvoll vor seinem Schreibtisch stehenden Italiener kühl zu verstehen: Na schön, wenn Ihr Boß glaubt, er benötige von mir eine Bestätigung seines anständigen Verhaltens, dann soll er sie haben. Sie lautet: »Duce! Ich danke Ihnen auf das herzlichste für Ihre diplomatische und politische Unterstützung, die Sie Deutschland und seinem guten Recht in der letzten Zeit zuteil werden ließen. Ich bin der Überzeugung, die uns gestellte Aufgabe mit den militärischen Kräften Deutschlands lösen zu können. Ich glaube deshalb, der militärischen Unterstützung Italiens unter diesen Umständen nicht zu bedürfen. Ich danke Ihnen, Duce, auch für alles, was Sie in Zukunft für die gemeinsame Sache des Faschismus und Nationalsozialismus tun werden. Adolf Hitler.«

Der letzte Satz, die Verwendung der ideologischen Etiketten der beiden Regime, statt vom »Bündnis« zu sprechen, läßt vermuten, daß sich Hitler an diesem Tag nicht mehr sicher ist, ob die Achse zum Zweck der Koordination militärischer Macht überhaupt noch funktionieren werde. Danach verläßt Hitler die Reichskanzlei und fährt zwischen einem Spalier von SA und SS in den Reichstag. Seine Kriegsrede vor dem Plenum in Uniform ist verhältnismäßig kurz und eine der seltsamsten, die er gehalten hat, wenn man sich den Anlaß vergegenwärtigt; sie ist in ihrer Grundstimmung gänzlich ungeeignet, das Volk mit Siegeszuversicht zu erfüllen: »Ein Wort habe ich nie kennengelernt, das heißt: Kapitulation! Wenn irgend jemand aber meint, daß wir vielleicht einer schweren Zeit entgegengehen, so möchte ich bitten zu bedenken, daß einst der Preußenkönig mit einem lächerlich kleinen Staat einer der größten Koalitionen gegenübertrat und in drei Kämpfen am Ende doch erfolgreich bestand, weil er jenes gläubige, starke Herz besaß, das auch wir in dieser Zeit benötigen.«

Man sollte meinen, daß der Mann, der soeben mit wilder Entschlossenheit einen Krieg angezettelt hat, bedingungslos für seine Sache eintritt. Statt dessen sucht er schon jetzt bei historischen Vorgängern Zuflucht, an die er und seine Kumpane sich beim Zusammenbruch 1945 klammern werden. Neben Richard Wagner, den die »Vorsehung« in Gestalt des bayerischen Königs Ludwig II. im letzten Augenblick gerettet hat, ist für ihn dieser »Preußenkönig« Vorbild, den nur der Tod der Zarin im Jahr 1762 vor der endgültigen Niederlage bewahrt hat, weil der Nachfolger aus »einer der größten Koalitionen« ausscherte. (Im Tod Roosevelts, April 1945, wird die eingebunkerte Reichsführung eine Parallele zu 1762 sehen.) Hitler hat sich bereits als Soldat eingekleidet, und er wird diesen Rock »nur ausziehen nach dem Sieg — oder — ich werde dieses Ende nicht mehr erleben!« Was in der schriftlichen Wiedergabe mit zwei

Gedankenstrichen angedeutet ist, die dramatische Sprechpause, ist in der Tonaufnahme der Rede festgehalten, und es ist zu hören, daß die Worte »ich werde dieses Ende nicht mehr erleben« mehr Gewicht als der erste Teil des Satzes und die Überzeugungskraft einer Prophezeiung haben. Auch das Gift, mit dem dann die Millionen von Menschen umgebracht werden, taucht schon auf: »Wer mit Gift kämpft, wird mit Giftgas bekämpft« und weiter: »Wer sich selbst von den Regeln einer humanen Kriegführung entfernt, kann von uns nichts anderes erwarten, als daß wir den gleichen Schritt tun.« Anlaß, Umstände und Adressaten seiner Ausführungen vergessend, spricht er plötzlich Sätze, die mit den vorangegangenen in keinem logischen Zusammenhang mehr stehen und auch für sich allein den Anschein vollständiger Sinnlosigkeit erwecken, es sei denn, man begreift sie als luzide Verlautbarungen seiner »Mission«; so zum Beispiel: »Wir haben auch keinerlei Ziel für die Zukunft, und diese Einstellung des Reiches wird sich nicht mehr ändern«, und: »Es ist gänzlich unwichtig, daß wir leben [. . .]«[43)]

Der Italiener aber bekommt nicht, worum er durch Attolico vor einer Stunde hat bitten lassen: die öffentliche Rechtfertigung für Italiens Nichtkriegführung. Es ist, als müsse sich der Redner mühsam daran erinnern, daß es überhaupt ein Problem der Achse gibt: »Ich möchte hier vor allem Italien danken, das uns in dieser ganzen Zeit unterstützt hat. Sie werden aber auch verstehen, daß wir für die Durchführung dieses Kampfes nicht an eine fremde Hilfe appellieren wollen.« Kein Wort mehr! Die ideologische Blutsbrüderschaft scheint vergessen, statt dessen »fremde Hilfe«! Mussolini nimmt keinen Anstoß daran. Die paar verlogenen Zeilen aus Berlin — Trostpflaster auf seinen Treue- und Minderwertigkeitskomplex (bei ihm nahezu ein und dasselbe) — tun ihm derart wohl, daß er darüber das Faktum: Nun ist der gefürchtete Krieg da! als eine rein deutsche Angelegenheit anzusehen vermag — einen Krieg, der damit beginnt, daß über fünfzig auf volle Kriegsstärke gebrachte Divisionen in Polen einbrechen. Seit 4.45 Uhr haben sich die Dinge schrecklich geklärt, der Rubikon ist überschritten, vom anderen Ufer tönen Phrasen herüber: »Duce, ich danke Ihnen auf das herzlichste [. . .]« Es ist ein guter Tag, dieser erste Tag eines fremden Krieges — durch die hohen Fenster des Palazzo Venezia gesehen!

»Der Duce ist ruhig. Er hat sich nunmehr dazu entschieden, nicht einzugreifen, und der innere Kampf, der seinen Geist während dieser letzten Wochen beunruhigt hat, ist beendet [. . .] Er will gegenüber dem deutschen Volk nicht als wortbrüchig gelten und ebensowenig gegenüber

dem italienischen, das, offen gestanden, nicht allzu viele Skrupel zeigt —
so sehr ist es durch seinen antideutschen Haß verblendet [. . .]
Um 15 Uhr Ministerrat. Kurze Ansprache des Duce. Dann spreche ich,
mit klarer gegen Deutschland gerichteter Haltung. [. . .] Auch die Minister — wie Starace und Alfieri —, die als die größten Kriegstreiber aufgetreten waren, umarmen mich und sagen, ich hätte dem Land einen großen Dienst erwiesen. [. . .] Es kommen auch die ersten Nachrichten von
den deutschen Siegen.«[44)]
Mussolinis wichtigste politische Handlung am ersten Kriegstag ist die
Anweisung an Presse und Rundfunk, die Erklärung des Führers: »Duce!
Ich danke Ihnen auf das herzlichste« in großer Aufmachung herauszustellen. Am 2. September gibt es keine italienische Zeitung, die den Text
nicht auf der ersten Seite bringt. Weder am 2. September noch in der Fol-
gezeit gibt es eine einzige deutsche Zeitung oder Rundfunkstation, die
ihn veröffentlicht.
Die Frage, ob sich die deutsche Öffentlichkeit in jenen ersten Kriegswochen eigentlich von Italien »verraten« gefühlt habe oder nicht, kann
nicht eindeutig beantwortet werden. Von Anfang November datiert eine
Gesprächsnotiz von Botschaftsrat Magistrati, die festhält, Göring habe
ihm gegenüber geäußert, zwanzig Prozent der Deutschen hegten Skepsis oder Zweifel bezüglich Italiens Verhalten, achtzig Prozent jedoch
seien damit einverstanden, weil sie wüßten, alles sei zwischen dem Führer und dem Duce abgesprochen. Was der Führer weiß, will und gutheißt, ist gut. Statt Empörung über »Verrat« nur ein Gefühl der Beklom-
menheit und der Besorgnis, weil weit und breit kein Staat, kein Volk zu
sehen ist, das bereit wäre, sich an der Reise in den Krieg zu beteiligen.
In Rom ist man in diesen ersten Kriegswochen und -monaten von ganz
besonderer Empfindlichkeit gegenüber allen aus Deutschland kolpor-
tierten Aussprüchen, durch die Mussolini seine Ehre, die auch bei ihm
Treue heißt, verletzt fühlt. Wütend läßt er wiederholt über Ciano die
Forderung vorbringen, der »Persilschein« des Führers müsse auch in der
deutschen Presse veröffentlicht werden. Doch er muß hören, der
Augenblick sei ungeeignet.
Wie immer in schwierigen Situationen wird Mussolini zum Spielball
unkontrollierter Stimmungsumschwünge. Ciano hält sie fest: »2. September: [. . .] Hier nichts Neues. Der Duce ist von der Notwendigkeit,
neutral zu bleiben, überzeugt, aber gar nicht zufrieden. Immer, wenn er
kann, spricht er von unseren Möglichkeiten, etwas zu unternehmen. Die
Italiener sind dagegen nahezu ausnahmslos glücklich über die gefaßten

Entschlüsse. 3. September: [. . .] Und wenn Polen erledigt sein wird, werden sie [England und Frankreich, Anm. d. Verf.] den Kampf fortführen wollen, der gegenstandslos geworden ist? Der Duce glaubt es nicht. Er neigt zu der Annahme, daß der Friede in kurzem geschlossen werden wird, ohne daß es zu einem Zusammenstoß kommt, den er militärisch für unmöglich hält. Da bin ich anderer Ansicht. [. . .]
7. September: [. . .] Der Duce hat noch Anfälle von Kriegslust. Immer, wenn er einen Artikel liest, der seine jetzige Politik mit der von 1914 vergleicht, reagiert er heftig deutschfreundlich. Er spricht von neuen Unterredungen mit Hitler, um Beschlüsse für den Eintritt in den Krieg zu fassen. Aber er wird nichts Derartiges tun.
9. September: [. . .] Ich begleitete Villani [ungarischer Gesandter in Rom, Anm. d. Verf.] zum Duce. Er ist äußerst deutschfeindlich. Er sprach klar. Er sagte, welche Drohung über der ganzen Welt lasten würde, mit Einschluß Italiens, wenn die Deutschen diesen Krieg gewinnen sollten. In Wien singen sie bereits ein Lied mit dem Inhalt: ›Was wir haben, halten wir fest, morgen ziehen wir nach Triest.‹ [. . .]
Im Gespräch mit mir hat der Duce dann das Verhalten der Deutschen heftig verurteilt. Er will jedoch eine vorsichtige Politik treiben — und er hat recht —, da ein deutscher Sieg nicht ausgeschlossen ist.«
In Mussolini wiederholt sich ein ähnlicher »Seelenkampf« wie 1914. Damals: »Der Sozialist in ihm war für die Neutralität, der Italiener in ihm für den Krieg.« Heute: Der Italiener in ihm ist für Neutralität, der Faschist in ihm für den Krieg. Solange dieser innere Konflikt nicht ausgetragen ist, was erst im Mai 1940 geschehen wird, stellt sich das offizielle Italien scheintot. In den Städten wird in den Schaufenstern, an den Anschlagtafeln in den Fabriken als neueste Tageslosung der Spruch ausgehängt: »Der Kapitän darf nicht gestört werden, wenn die Navigation schwierig ist. [. . .]«
Trotz der eindeutig demonstrierten Unlust, Krieg zu führen, wird die Verwendung des Begriffs »Neutralität« für die italienische Politik sorgfältig vermieden; statt dessen wird der von Mussolini geprägte Ausdruck *nonbelligeranza*, Nichtkriegführung, ausschließlich verwendet. Er ist mehrdeutig und erinnert weniger an die Neutralitätsbestrebungen zu Beginn des Ersten Weltkriegs.
Am 17. September 1939 besetzt die Sowjetunion die ihr von Hitler mit dem »Nichtangriffspakt« hingeworfene Hälfte Polens. Ende September ist Ribbentrop zum zweitenmal in Moskau, wo ein Grenz- und Freundschaftsvertrag abgeschlossen wird, der das Ende eines selbständigen pol-

nischen Staates bedeutet. Artikel II lautet: »Die beiden Teile erkennen die in Art. I festgelegte Grenze der beiderseitigen Reichsinteressen als endgültig an und werden jegliche Einmischung dritter Mächte in diese Regelung ablehnen.«[45]

Auch diese Reise des Reichsaußenministers wird hinter Italiens Rücken vorbereitet. Über ihren Zweck findet keine Konsultation mit dem Palazzo Chigi statt, obschon die Verlegung der Grenze der Sowjetunion so weit nach Westen den ganzen Balkan in Panik versetzt und italienische Interessen in diesem Raum unmittelbar berührt. Es hätte Hitler nur ein Wort gegenüber dem »Freund« in Rom gekostet, um ihm die Furcht vor dem ungeheuren Machtgebilde Sowjetunion plus Großdeutsches Reich zu nehmen: Duce, alles nur Spiegelfechterei! An meiner Absicht, Rußland zu schlagen, hat sich nichts geändert. Aber er sagt es nicht. Für eine solche Erklärung fehlt die Vertrauensbasis zwischen diesen Männern, von denen gesagt wird, sie seien Freunde gewesen. Die deutsche Partie mit Moskau wird in Berlin so trickreich gespielt, daß sich auch Stalin, wie sich 1941 zeigen wird, täuschen läßt.

Der zweite Moskauer Vertrag löst in Verbindung mit der Eingliederung Ostpolens und aller anderen von Hitler gewissermaßen freigegebenen Gebiete bei der faschistischen Führung politischen Großalarm aus. Nach der Rückkehr Ribbentrops von den Verhandlungen am 29. September reist Ciano am 1. Oktober nach Berlin. Bei den Besprechungen kommt nichts heraus, was die Italiener beruhigen könnte. Cianos antideutsche Tendenz verstärkt sich. Als sich Berlin zu dem Überfall auf Finnland am 30. November so teilnahmslos verhält, daß es sich praktisch einer Komplizenschaft mit dem Angreifer schuldig macht — während Italien den Finnen ganz offen politische und materielle Hilfe zusagt und an italienischen Universitäten für Finnland und damit unmißverständlich gegen Deutschland demonstriert wird —, läßt Ciano belastendes Material zur deutschen Italienpolitik sammeln. Er geht bis auf die ersten Stahlpaktverhandlungen, ja, bis zum Abessinischen Krieg zurück, um nachzuweisen, daß der Partner immer wieder gegen Buchstaben und Sinn des Abkommens gehandelt habe und seine Hilfe im Kolonialkrieg ganz geringfügig gewesen sei. Diese Papiere legt er dem Faschistischen Großrat am 7. Dezember vor. »Die Dinge, die ich offenlege, machen großen Eindruck: Und da ich an die absolute Verschwiegenheit des Großrats nicht glaube, bin ich sicher, daß das, was ich gestern abend gesagt habe, langsam in die Öffentlichkeit durchsickern und die angemessene Wirkung hervorrufen wird.«[46]

Cianos Auftritt in der Sitzung des Großrats ist die Generalprobe der großen programmatischen Rede, die er am 16. Dezember vor der faschistischen Kammer hält. Einen Rückblick auf die Entstehung des Bündnisses
benützt er, um dessen ursprünglich totale Frontstellung gegen den Welt-
kommunismus hervorzuheben; in diesem Geiste hätten im Spanienkrieg
deutsche und italienische Kontingente gemeinsam gekämpft gegen eine
internationale, von Moskau unterstützte Brigade, demselben Moskau,
mit dem die Deutschen jetzt Verträge schlössen.

Indem er über ein so brennendes Problem spricht, als hielte er ein zeitge-
schichtliches Referat, gibt er der italienischen Kritik an der nationalsozialistischen Sowjetpolitik offiziellen, weltweit beachteten Ausdruck.
Ebensowenig kann es Berlin gefallen, daß er ausführlich auf seine Salz-
burger Gespräche mit Hitler und Ribbentrop eingeht und erstmals aus-
plaudert, damals habe er vorgeschlagen, beide Regierungen sollten eine
gemeinsame Erklärung herausgeben, wonach sie eine politische Lösung
der Danzig- und Korridorprobleme noch für möglich hielten. Deutscherseits aber sei der Vorschlag ohne Diskussion zurückgewiesen worden. Das ist der kaum noch kaschierte Vorwurf an die deutsche Adresse,
nur in Berlin sei der Krieg gewollt worden.

Trotzdem bekennt sich der Italiener unterm Strich zur Solidarität mit
dem Achsenpartner, heißt nachträglich das Vorgehen gegen die Polen
verständlich und richtig, läßt aber erkennen, daß gemeinsames Handeln
im Krieg die Einhaltung von Bedingungen zur Voraussetzung habe, auf
die sich der deutsche Partner offenbar nicht einlassen wolle.

Alles in allem ist Cianos Rede ein diplomatisches Meisterstück, je nach
dem eigenen Standpunkt kann der eine das, der andere jenes herauslesen.
In ihrer Doppelbödigkeit findet sie die widersprüchlichsten Beurteilun-
gen. Nach Cianos eigener Bekundung waren nur seine Landsleute klug
und gewitzt genug, um sie so zu verstehen, wie er sie gemeint habe: »Das
wahre Begräbnis der Achse«.[47)]

Doch dazu ist sie zu fein gesponnen, das Begräbnis läßt noch Jahre auf
sich warten. Die Deutschen grollen, vermeiden aber, es zu einer offenen
Krise kommen zu lassen. Nach einem vier Monate währenden Intervall
des Schweigens nimmt Mussolini sowohl die Rede wie ihr Echo zum
Anlaß, am 5. Januar 1940 Hitler einen langen, Friedensverhandlungen
anmahnenden Brief zu schreiben, in dem er sich vor seinen Außenminister stellt und dessen Darlegungen als ausgesprochene Treuebekundung
interpretiert, eine vom Wortlaut nicht gedeckte, tendenziöse Akzentu-
ierung ihres Tenors. Kaum zu glauben, daß der Verfasser dieses Briefs,

der wie von einer Lehrkanzel herab geschrieben ist, derselbe Mann sein soll, der im September Hitler servil um ein politisches Leumundszeugnis gebeten hatte.

Einen erheblichen Raum des Schriftstücks nimmt die Kritik an den Moskauer Vereinbarungen ein, in der er über Cianos Text noch hinausgeht: »Aber ich, der ich als Revolutionär geboren bin und diese meine Haltung nie geändert habe, sage Ihnen, daß Sie nicht ständig die Prinzipien Ihrer Revolution den taktischen Erfordernissen eines bestimmten politischen Augenblicks opfern können. Ich weiß, daß Sie nicht das antisemitische und antibolschewistische Banner aufgeben können, das Sie zwanzig Jahre lang wehen ließen. [...] Sie können nicht Ihr Evangelium verleugnen, an welches das deutsche Volk blind geglaubt hat. Ich habe die strenge Pflicht hinzuzufügen, daß ein weiterer Schritt in Ihren Beziehungen zu Moskau katastrophale Wirkungen in Italien hätte [...] Lassen Sie mich glauben, daß das nicht geschehen wird.«[48]

Wenn Mussolini drei Jahre später die militärische Katastrophe in der Sowjetunion herannahen sieht und Hitler immer wieder vergebens beschwört, die offensive Kriegführung an der Ostfront zu beenden und einen Wall zu bauen, da Rußland nicht zu besiegen sei, wird er sich ungern an diesen Brief erinnern, in dem er auch schreibt, der deutsche Lebensraum liege im Osten, und ihrer beider Revolutionsziele seien erst erfüllt, wenn der Bolschewismus vernichtet wäre.

Noch um die Jahreswende 1939/40 anerkennt Italien die polnische Exilregierung, ist in Warschau vertreten — ein Umstand, der nicht wenigen Polen das Leben rettet —, und noch hält es an dem beharrlich in Berlin vorgebrachten Vorschlag fest, es müsse ein selbständiges, nur von Polen bewohntes, von Polen verwaltetes Restpolen geschaffen werden.

Solche Überlegungen, von Attolico vorgetragen, fängt Ribbentrop ab, sie erreichen Hitler gar nicht. Wer ihn um die Jahreswende 1939/40 in seinem Alltag erlebt, gewinnt den Eindruck, als stünde er hoch über allen Problemen, dessen gewiß, daß sie sich wie von selbst zu seinen Gunsten erledigen werden. Am Weihnachtstag verbringt er ein paar Stunden bei alten Münchner Freunden, der Verlegerfamilie Bruckmann, und schreibt ins Gästebuch: Im Jahre des Kampfes um die Errichtung des großen deutsch-germanischen Reiches.

Hitlers oft bewährte Taktik, eine Sache laufen zu lassen, ist auch diesmal gegenüber Mussolini erfolgreich, weil sich ohne sein Zutun die Lage Italiens gegenüber den Alliierten verschlechtert, was soviel heißt, daß sie sich zu seinen Gunsten verbessert. Die Blockade der Halbinsel wird auf

Betreiben Englands erheblich verschärft, um Italien zu klarer Stellungnahme zu zwingen: Für die notwendigen Kohleimporte aus England soll Italien mit der Lieferung kriegswichtiger Güter (Flugzeuge, Panzerabwehrkanonen, Munition, Sprengstoffe und optische Instrumente) im Wert von 15 Millionen Pfund Sterling bezahlen. Der Generalstab und der Außenhandelsminister Riccardi rechnen dem Duce vor, was es für Italien bedeuten würde, wenn er nicht auf den englischen Vorschlag einginge. Doch Sachargumente, auf Zahlen basierend, gehen an ihm vorbei, er sieht in Englands Forderungen einen Erpressungsversuch, den er beleidigt zurückweist. Als die Blockade voll in Kraft tritt, driftet Mussolini wieder zu den Deutschen hin. Diese Wendung leitet seine endgültige Unterwerfung unter deutsche Bevormundung ein. Ciano begreift, daß es ihn persönlich in Gefahr bringen könnte, wenn er weiterhin eine antideutsche Politik verträte. Eine Szene, in der ihm der Schwiegervater eine alte Presseveröffentlichung über die Ermordung Röhms zuschiebt, mit der Bitte, den Artikel zu lesen, mahnt ihn zur Vorsicht.

Mussolini leidet körperlich unter der Erkenntnis, daß er sich entscheiden muß. Er wirkt wie ein gealterter, müder Mann und ist von Darm- und Magengeschwüren geplagt. Aussprüche aus diesen Wochen sind geeignet, Zweifel an der zuverlässigen Funktion seines Gehirns aufkommen zu lassen: Das italienische Volk muß man »von morgens bis abends in Disziplin und Uniformen halten; und es braucht Schläge, Schläge, Schläge!«[49] »Das italienische Volk ist eine Rasse von Schafen. Achtzehn Jahre genügen nicht, um es zu verwandeln. Man braucht dazu hundertachtzig Jahre oder vielleicht auch tausendachthundert.«[50] »In Italien gibt es immer noch Idioten und Verbrecher, die annehmen, Deutschland werde besiegt: Und ich sage Euch, daß Deutschland siegen wird.«[51]

Sumner Welles, US-Unterstaatssekretär, Ende Februar von Roosevelt auf Europareise geschickt, notiert nach seiner Audienz im Palazzo Venezia: »Der Mann, den ich vor mir sah, schien 15 Jahre älter zu sein als sein wirkliches Alter von 56 Jahren. Er war eher schwerfällig und unbeweglich als vital [. . .]«[52] Die Gespräche zwischen dem Amerikaner und Ciano, offen und in Sympathie geführt, tragen jetzt, nach Durchführung der englischen Blockadedrohungen, zu der von Roosevelt beabsichtigten Verstärkung der neutralistischen Haltung Italiens nichts mehr bei. Am 2. März 1940 hat Welles eine längere Unterredung mit Hitler, die ebenfalls zu keiner ungünstigeren Zeit hätte stattfinden können, denn die deutsche Führung ist bereits voll mit der Vorbereitung des nächsten Feldzugs gegen ein neutrales Land beschäftigt: gegen Norwegen.

Sumner Welles hört sich an, was ihm in pausenlosem Redestrom vorgesetzt wird, und bekommt auf die Frage, wie er, Hitler, sich nach dem Krieg eine bessere Weltordnung vorstelle, zur Antwort, daß es sich nicht um die Kriegsziele Deutschlands handle, sondern um die seiner Feinde, die Deutschland vernichten wollten. Aber Deutschland werde sich eines solchen Schicksals zu erwehren wissen, »und im allerschlimmsten Falle würden alle vernichtet werden«[53] — eine der frühesten, wenn nicht die früheste Ersatzformel für den später benützten Begriff »Endsieg«! Dem Amerikaner macht der mythische Satz so tiefen Eindruck, daß er auf ihn in seiner kurzen Entgegnung zurückkommt: Seine Regierung hoffe, es würden nicht alle, sondern keines der am Krieg beteiligten Länder vernichtet werden.

Die Vorstellung, der Amerikaner könne bei Mussolini vielleicht doch etwas im Sinne einer Friedensmission ausrichten, beunruhigt Ribbentrop; er fliegt am 10. März 1940 nach Rom. Außer den prominenten Faschisten darf er auch dem Papst seine Aufwartung machen, der ihn in der deutschen Botschaft mit drei vatikanischen Automobilen abholen läßt. Pius XII. bietet — in der Hoffnung, Eindruck auf die deutschen Besucher zu machen — das ganze Zeremoniell seines Hofstaates auf. Der äußere Glanz steht in schroffem Mißverhältnis zu dem sachlichen Ergebnis, es gibt keines. Apostolische Friedenstöne begegnen tauben Ohren. Immerhin bleibt dem Papst das Kriegsgeschrei erspart, wie es Mussolini von Ribbentrop zu hören bekommt: »In wenigen Monaten ist das französische Heer vernichtet, und die einzigen Engländer, die es noch auf dem europäischen Festland gibt, werden sich dort als Gefangene aufhalten.« Diese sich bis ins kleinste erfüllende Prophezeiung reißt vor dem an seiner Untätigkeit buchstäblich krank gewordenen Duce die unwiderstehliche Perspektive auf den großen Sieg auf; »in einer zweiten Unterredung am nächsten Tag war dann plötzlich auch Mussolini ganz auf den Krieg eingestellt. Er sei bereit, an der Seite Deutschlands in den Konflikt einzugreifen. [. . .]«[54] Die Neutralistenpartei an seinem Hof kann sich keinen Hoffnungen auf Erfolg mehr hingeben. In der Begegnung mit Hitler auf dem Brennerpaß am 18. März 1940, die vierte Zusammenkunft der Diktatoren, bestätigt der Duce seine Kriegsbereitschaft.

Hitler redet nicht von Treue, Ehre und Verträgen, sondern von einer Million Tonnen Kohle, die er ab sofort monatlich nach Italien liefern will. Das Protokoll vom 13. März, in dem die deutsche Verpflichtung, die italienische Industrie mit Kohle zu versorgen, festgeschrieben wird, stellt die bis dahin solideste Kette dar, mit der Italien an das Reich gefesselt wird, weit solider als der Bündnisvertrag. Damit verliert Italien den bisherigen politischen Spielraum, den es seiner Nichtkriegführung verdankt hat, noch bevor es diesen Status wirklich aufkündigt.

Von nun an rollen Nacht für Nacht auf drei Bahnrouten die Kohlenzüge über die Alpen, die westlichste führt via Basel—Chiasso durch die ganze Schweiz — dieses Musterland der Demokratie und Neutralität hat den ganzen Krieg hindurch keinen geringen Anteil daran, daß das faschistische Schiff weiterschwimmen kann.

Ein Vergleich des Mussolini-Briefs vom 5. Januar an Hitler mit den Aufzeichnungen vom Brennergespräch liefert ein wahrhaft phänomenales Material zu einer Thematik, die man in die Frage kleiden könnte: Wie viele Mussolinis hat es eigentlich gegeben? Sieht er in seinem Brief noch die Gefahr einer Aufweichung der ideologischen Front durch die Moskauverträge voraus, so spricht er am Brenner davon, die deutsch-russische Annäherung sei eine kluge, unvermeidliche Maßnahme gewesen, er glaube nicht an die Gefahr einer bolschewistischen Ansteckung, und seit 1924 habe er selbst eine rußlandfreundliche Politik betrieben, wobei er immer klar zwischen Politik und Ideologie zu unterscheiden gewußt habe.

Die Gegner einer Kriegsteilnahme Italiens sind sich im Frühjahr 1940 darüber im klaren, daß der Duce die Neutralität nicht durchhalten werde und er deshalb entfernt werden müsse. Der König und die um ihn gescharten feudalen Kreise — Feinde und Nutznießer des Systems in einem — argwöhnen, Mussolini werde vom Brenner mit wilder Kriegsentschlossenheit zurückkehren. Sie denken darüber nach, wie er noch vorher abgehalftert werden könne. Darüber informiert, daß es im Schoß des faschistischen Regimes eine Gruppe, mit Ciano als Motor, gebe, die dafür arbeitet, Italien aus dem Krieg herauszuhalten, fühlt der Hofminister des Königs, Graf Acquarone — der auch 1943 im Komplott gegen das Regime wieder eine Schlüsselstellung innehaben wird —, bei Ciano vor, ob man dort bereit sei, eine radikale Konsequenz aus der Überzeugung zu ziehen, daß mit Mussolini der Krieg für Italien nicht mehr vermeidbar sei.

Es ist der erste Versuch monarchistischer Kräfte, ins Zentrum der faschistischen Hierarchie vorzustoßen, um dort Verbündete zu finden. (Außer Ciano sind als potentielle Partner bereits 1940 Grandi, Bottai und Balbo zu nennen, von denen 1943 nur Balbo nicht mehr gegen Mussolini aktiv werden kann, weil er tot ist.) Das Ergebnis: Diese führenden

Faschisten lassen kein Wort über Acquarones Initiative verlauten und machen sich dadurch zu seinen Komplizen, sind jedoch zu einem Bruch mit dem Regime und der Opferung des Duce auf dem Altar des Vaterlandes noch nicht bereit.

Im kommenden Vierteljahr macht Italien die letzten Schritte zum Krieg hin. Am 31. März entwickelt Mussolini seine Konzeption, wonach dem Krieg an der Seite der Deutschen nicht auszuweichen sei, und nennt das Frühjahr 1941 als Termin für den Angriff. Als die Besetzung Norwegens und Dänemarks glatt verläuft, verlegt er den Termin vor: September 1940. Doch Hitler bereitet ihm noch eine Überraschung. Am 10. Mai 1940 überfällt er Frankreich ohne Absprache mit den Bundesgenossen. Ciano notiert: »Für die Nachwelt: Gestern habe ich in der deutschen Botschaft — schlecht — zu Abend gegessen [. . .] Kein einziges Wort zur Lage. Als ich um 0.25 Uhr nach Hause gehen wollte, sagte mir Mackensen, daß er mich eventuell in der Nacht stören müsse, da er eine Nachricht aus Berlin erwarte. Er fragte nach meiner Telefonnummer. Um 4 Uhr hat er dann angerufen und gesagt, daß er mich in einer Dreiviertelstunde abholen werde, um mit mir zum Duce zu fahren. Um Punkt 5 Uhr sollte er sich laut Befehl mit ihm treffen. Über den Anlaß für dieses Gespräch wollte er am Telefon nichts Näheres erzählen. Als er dann bei mir eintraf, hatte er ein dickes Aktenpaket unterm Arm, das er mit Sicherheit nicht per Telefon bekommen hat. Verlegen stammelte er dann etwas von einem Boten aus Berlin, der auf Anordnung in einem Hotel habe warten müssen — eine höchst merkwürdige Entschuldigung.«[55)] So erfahren die Italiener vom Überfall auf Frankreich.

Unter dem Eindruck des deutschen Vormarsches durch die neutralen Länder Holland und Belgien spricht Mussolini jetzt davon, jeder Tag nach dem 5. Juni sei ein guter Tag, um Krieg zu machen. Daraus wird dann der 10. Juni. Hunderttausende versammeln sich um den Palazzo Venezia und vernehmen die vertraute Stimme vom Balkon herab: »Kämpfer zu Lande, zu Wasser und in der Luft, Schwarzhemden der Revolution und der Legionen, Männer und Frauen Italiens, des Imperiums und des Königreiches Albanien, hört! Die vom Schicksal bestimmte Stunde steht am Firmament unseres Vaterlandes. Die Stunde unwiderruflicher Entscheidungen hat geschlagen [. . .]

Es ist der Kampf der fruchtbaren und jungen gegen die unfruchtbaren und dem Untergang geweihten Völker [. . .] Zum drittenmal erhebt sich das proletarische und faschistische Italien, stark, stolz, geschlossen wie noch nie.«[56)]

Jubeln die Massen, die über ein halbes Jahr ihren Capo dafür geliebt haben, daß er sie aus dem Krieg herausgehalten hat, und die jedes politische Manöver, von dem sie erfuhren und das ihnen eine Hinwendung zum Krieg zu sein schien, verurteilten? Sie jubeln!

Am 11. Juni fallen italienische Truppen in Frankreich ein. Kämpfen sie im Rahmen eines mit den Verbündeten abgesprochenen »Programms«, sind Vorstellungen entwickelt worden, wofür die Achse Krieg führt? Da es auf seiten der Deutschen kein benennbares Kriegsziel gibt, können auch keine Absprachen über Sinn und Zweck des Koalitionskriegs getroffen werden. Immerhin läßt Mussolini wenigstens in grobem Umriß erkennen, was er erreichen will, und trug es erstmalig in zusammenhängender Form am 4. Februar 1939 vor dem Faschistischen Großrat vor: Italien werde sich aus »dem Gefängnis des Mittelmeers« befreien und an ein Weltmeer vorstoßen, wofür sich zwei Richtungen anböten, von Libyen durch den Sudan und Abessinien zum Indischen Ozean oder an Nordafrika entlang zum Atlantik. Er wiederholt dieses Programm in der Kriegseröffnungsrede vom 10. Juni: »Wir greifen zu den Waffen [. . .], um das Problem unserer Meeresgrenzen zu lösen. Wir wollen die territoriale und militärische Kette sprengen, mit der man uns in unserem Meer ersticken will, denn ein Volk von 45 Millionen ist nicht wahrhaft frei, wenn es nicht den freien Zugang zu den Weltmeeren hat.«[57]

Als Marschall Badoglio Ende Mai 1940 Mussolini noch einmal eindringlich darauf hinweist, Italien könne höchstens zwei bis drei Monate Krieg führen, bekommt er zur Antwort: »Ich versichere Ihnen, im September ist alles vorbei. Ich brauche nur einige tausend Tote, um mich als Kriegführender an den Verhandlungstisch setzen zu können.«[58]

Es erfüllt sich nicht einmal, was Frankreichs Botschafter bei Entgegennahme der Kriegserklärung zu Ciano gesagt hat: »Somit haben Sie gewartet, bis wir am Boden liegen, um uns einen Dolchstoß in den Rücken zu versetzen. An Ihrer Stelle wäre ich darauf nicht stolz.« Der italienische Dolchstoß versetzt Frankreich einen Kratzer, keine tödliche Wunde. Daß der Chef des neugebildeten französischen Kriegskabinetts, Marschall Pétain, die Reichsregierung am 17. Juni 1940 um Waffenstillstand bitten muß, daran haben die eingesetzten italienischen Divisionen keinen Anteil.

Der Feldzug ist zu Ende, ein Sieg errungen, der — innenpolitisch betrachtet — Hitler auf den Höhepunkt seiner Laufbahn trägt: ein Volk, ein Reich, ein Führer — das ist keine Propaganda.

Für die Kriegführung der beiden Völker hat der Sieg in Frankreich unterschiedliche Konsequenzen: Beim italienischen Partner setzt sich allzu spät die Erkenntnis durch, sein »Parallelkrieg« sei ein ganz anderer Krieg als jener, den die Deutschen auskämpfen wollen. Die Achse, definiert man sie nicht als ideologisch-politisches Phänomen, sondern gemäß den Bestimmungen des Stahlpakts als Instrument gemeinsamer Kriegführung, funktioniert nicht — das wird schon jetzt deutlich.

Zum Treffen der Diktatoren am 18. Juni in München — genau sieben Tage steht Italien im Krieg und hat ein Stückchen französische Küste bei Mentone und ein paar Dörfer in den Westalpen besetzt — erscheint Mussolini mit Ciano und einem großen Gefolge, stolzgeschwellt, als fühle er sich bereits als Erbe des französischen Kolonialreiches am Mittelmeer und seiner Kriegsflotte. Er muß sich sagen lassen, daß daraus nichts werden kann. Die Flotte? Nein, sagt Hitler, eine solche Forderung, den Franzosen unterbreitet, hätte unfehlbar zur Folge, daß Schiff für Schiff den Engländern ausgeliefert oder, falls das nicht gelänge, versenkt würde. (Vielleicht durch die Engländer, wie es dann später geschieht!) Mussolini erlebt einen Hitler, der Frankreich schonend behandeln will und noch immer hofft, mit England das große Geschäft zu machen, um auf dem Kontinent die deutsche Welt verwirklichen zu können.

In seiner Ratlosigkeit kommt Mussolini auf die Vermutung, Hitler versage ihm deshalb energische Unterstützung italienischer Interessen gegen Frankreich, weil Italien so spät in den Krieg eingetreten ist. Ob es sich so verhalte, fragt er zweimal.[59] Hitler weist die Vermutung zurück, ohne zu erklären, warum sie falsch ist. Andernfalls hätte er von seinen Plänen im Osten sprechen müssen, von denen die Italiener noch lange nichts wissen dürfen.

Ohne deutsche Unterstützung fällt das italienisch-französische Waffenstillstandsabkommen vom 24. Juni dürftig aus. Die Entmilitarisierung französischer Flottenstützpunkte im Mittelmeer (Toulon, Bizerta, Ajaccio, Oran), vor allem aber die freie Verfügung über die Hafenanlagen von Dschibuti und die Eisenbahnlinie von dort nach Addis Abeba liegen noch am ehesten auf der strategischen Linie des Seekriegs, den Italien eigentlich führen möchte.

Am 19. Juli zeigt sich unmißverständlich, warum die Italiener in München einem so maßvollen, einem auf ihre Kosten erstaunlich vernünftigen Hitler begegneten. Nach eingehenden, getrennt geführten Beratungen mit der Marine und mit dem OKH ist Hitler sich nicht mehr sicher, ob er wirklich mit ausreichenden Kräften in England wird landen können, und entschließt sich deshalb, in London in der Pose des Friedensmachers anzuklopfen. In mehrstündiger Rede vor dem Reichstag feiert er den »größten und glorreichsten Sieg aller Zeiten« und wendet sich dann ganz ähnlich wie nach dem Polenfeldzug den Engländern zu: »In dieser Stunde fühle ich mich verpflichtet, vor meinem Gewissen noch einmal einen Appell an die Vernunft auch in England zu richten [...] Ich sehe keinen Grund, der zur Fortführung dieses Kampfes zwingen könnte.«[60] Weil die »Friedenshand« nicht ergriffen wird, bleibt die Invasion noch fast ein halbes Jahr mit schwindendem Stellenwert auf dem deutschen Terminplan, bildet aber keine echte Alternative mehr zur Planung des Ostkriegs.

Mit jedem neu angesetzten, neu verschobenen Start zur Invasion wird dem Comando supremo* klarer, daß der Duce in München in üblicher Weise den Deutschen aufgesessen ist, und als diese dazu übergehen, statt Truppen über das Wasser, Flugzeuge durch die Luft nach England zu schicken und damit zum erstenmal in der Militärgeschichte den Versuch unternehmen, allein mit der Luftwaffe ein strategisches Ziel zu erreichen (ab Mitte August 1940), sagt man sich in Rom, das Jahr 1940 werde vergehen, ohne daß England in die Knie gezwungen wird.

In dieser Lage wird im Palazzo Venezia der Plan erwogen, sich — ersatzweise — dem Balkan offensiv zuzuwenden und in Jugoslawien einzumarschieren. Berlin reagiert negativ, die Aktion »Jugoslawien« wird gestrichen, 600 000 Reservisten werden wieder nach Hause geschickt. Damit beschränkt sich Italiens Kriegstätigkeit auf Monate an der für beide Mächte wichtigen »Front« gegen England darauf, Göring ein paar Flugzeugstaffeln für die Luftschlacht zur Verfügung zu stellen.

Der Versuch, die Weltmacht England an den Verhandlungstisch zu bomben oder, falls das nicht gelingen sollte, seine Widerstandskraft zu brechen, so daß die Invasion über den Kanal gewagt werden könnte, beginnt am 13. August mit dem Einsatz von mehr als 1200 Kampfflugzeugen und 900 Jagdmaschinen (75 italienische Bomber und hundert Jäger werden erst im September auf belgischen Flugplätzen ankommen). Ein so gewaltiger Aufwand, bei dem sich freilich alsbald herausstellen sollte, daß er sich zu rasch verbraucht und daß insbesondere der enorme Ausfall an Piloten nicht auszugleichen ist, erweckt den Eindruck, die deutsche Führung schreite zielsicher und ohne Unterbrechung auf ihrem Weg zum Sieg im Westen fort. Doch das Gegenteil ist der Fall.

---

* Das Comando supremo entspricht in etwa dem Oberkommando der Wehrmacht (OKW), wurde aber nicht wie dieses von Hitler vom Duce am kurzen Zügel geführt. Der Italiener hat sich nicht eingebildet, auch Feldherr zu sein.

Ende Juli 1940 entwickelt Hitler vor der Generalität seine Angriffspläne gegen Rußland: »Russisches Problem in Angriff nehmen. Gedankliche Vorbereitungen treffen/Aufmarsch dauert 4 bis 6 Wochen/Russisches Heer schlagen [...]/Politisches Ziel: Ukrainisches Reich, Baltischer Staatenbund, Weiß-Rußland — Finnland, Baltikum — Pfahl im Fleisch. Nötig 80 bis 100 Divisionen; Rußland hat 50 bis 75 Dvn.« (21. Juli 1940) — »Im Zuge dieser Auseinandersetzungen muß Rußland erledigt werden. Frühjahr 1941. Je schneller wir Rußland zerschlagen, um so besser. Operation hat nur Sinn, wenn wir Staat in einem Zug schwer zerschlagen. Gewisser Raumgewinn genügt nicht.

Ziel Vernichtung der Lebenskraft Rußlands./120 Divisionen für den Osten/Mit je mehr Verbänden wir kommen, um so besser.« (31. Juli 1940, Obersalzberg)[61]

Im Prinzip ist der Faschismus an der Vernichtung der kommunistischen Macht nicht weniger interessiert als der Nationalsozialismus. In dem bereits zitierten Brief an Hitler vom Anfang 1940 hatte Mussolini geschrieben: »Die Lösung Ihres Lebensraumes liegt in Rußland und nicht anderswo, in Rußland mit seiner ungeheuren Fläche von 21 Millionen Quadratkilometern und 9 Einwohnern auf dem Quadratkilometer. Es gehört nicht zu Europa [...] Die Masse seiner Bevölkerung ist slawisch und asiatisch [...] An dem Tag, an dem wir den Bolschewismus vernichtet haben, werden wir unseren beiden Revolutionen die Treue halten.«[62]

Das war gesagt worden, um Hitler davon abzuhalten, sich noch enger mit der Sowjetunion einzulassen, nicht aber als Ratschlag, die UdSSR demnächst anzugreifen. Für Italien 1940 eine unvorstellbare Perspektive! Ist sein Kriegsprogramm schon dadurch in Frage gestellt, daß »Seelöwe« nicht funktioniert, so muß es gänzlich undurchführbar werden, wenn (und weil) der Ostkrieg beschlossen und entfesselt wird, ohne daß durch einen Sieg über England Italiens Position zuvor im Mittelmeer abgesichert wäre.

Mit der Wendung nach Osten springt der deutsche Partner militärisch aus dem Gleis der Koalition, das er selbst mit seiner Achsenpropaganda und mit dem Stahlpakt gelegt hat.

Noch auf ganz andere Weise handelt das Reich gegen den Geist und den Sinn der Achse, indem es gegen die Sowjetunion einen Vernichtungskrieg führen will. Es plant einen Krieg, der in den Kategorien des Militärischen nicht mehr zu fassen ist. Sie sind deutsch in der gleichen Weise, wie die Endlösung deutsch ist. Aus dem militärischen Alleingang im

Osten wird ein Alleinflug in die Sphäre des Rassenwahns und Rassenhasses, wohin der italienische Faschismus nicht folgen kann und will. Wenn Mussolini formuliert: »An dem Tag, an dem wir den Bolschewismus vernichtet haben [...]« und Hitler: »Ziel Vernichtung der Lebenskraft Rußlands«, dann ist im Verbalen kaum noch ein Unterschied festzustellen – aber eben nur darin. Italienische Einsatzgruppen, die ganze Familien mit Babys an Gruben aufstellen, die jene selbst ausheben mußten, und »umlegen«, wie der damals gängige Ausdruck lautet, gibt es im Krieg der Italiener nicht, so grausam sie auch in Abessinien vorgegangen sind. Die Italiener wollen unterwerfen, die Deutschen wollen vernichten. Mögen die Strategien der Verbündeten auseinanderlaufen und sie trennen — was ab Juni 1941 die irreparable militärische Schwäche der Achse verursacht —, so wird aus dem Nichtmiteinander ein Gegeneinander erst durch die grundsätzliche Verschiedenheit der Auffassungen, wozu eigentlich Krieg geführt wird: zu imperialistischen Zwecken (in Italien) oder für den »Endsieg« (im Reich), worin wir ein Ersatz- und Tarnwort für Völkermord sehen müssen.

Dieser Abgrund, der sich schon im ersten Polenkriegstag aufgetan hat, trennt Hitler von Mussolini, trennt ihre Führungsgremien und Berater, trennt, was am schwersten wiegt, die beiden Völker. Der Ostkrieg hebt auf, was die ideologische Verwandtschaft beider Systeme in zwanzig Jahren an Gemeinsamkeiten hervorgebracht hat; hebt auf, was davon in Verträge eingegangen ist; hebt auf, was unter dem Druck unmittelbarer Bedrohung durch die Feinde bis Mitte 1943 notdürftig zur Abwehr dieser Gefahr praktiziert wird; löscht vollends aus, was an gegenseitiger Sympathie und Achtung zwischen beiden Völkern noch existiert hat. Was gemeinsame Planung sein müßte, wird zum Versteckspiel, das vor den Italienern noch verbirgt, was beabsichtigt ist. 1940 ist Hitler der große Feldherr, dessen Ruhm Mussolini nicht ruhen läßt. Er will irgendwo auf eigene Kosten und Gefahr Sieger sein; aus Eifersucht wendet er sich dem Plan zu, Griechenland zu überfallen wie die Deutschen Frankreich überfallen haben. Von den Vorbereitungen sagt nun er dem mächtigen Bündnispartner nichts, dessen Führung gerade auf Partnersuche unterwegs ist.

Hitler befindet sich am 23. Oktober 1940 auf einer 6000-Kilometer-Zugreise durch Frankreich zu einem Treffen mit Franco auf der Grenzstation Hendaye; doch Franco läßt sich nicht verführen, in den Krieg einzutreten. Deshalb befindet sich die pompöse deutsche Reisegesellschaft auf der Rückfahrt durch den französischen Herbst in gedrückter

Stimmung. Ribbentrop macht sich in Beschimpfungen des undankbaren Franco Luft; Hitler sitzt mit Keitel und Brauchitsch am Kartentisch und brütet über Probleme des Ostkriegs, von dessen Unausweichlichkeit er seine wenigstens in diesem Punkt skeptischen Berater jetzt leichter überzeugen kann, denn nun steht fest, daß Spanien und Frankreich gegen England nicht mitmachen. Eine weitere Folge ihrer Verweigerung besteht darin, daß die Achse, und das heißt, der verachtete Bündnispartner im Süden, eine vorübergehende Aufwertung im Rahmen der deutschen Kriegspläne, worin sie auch bestehen mögen, erfährt. Mussolini repräsentiert jetzt die einzige verbündete Macht, von der eine aktive, ins Gewicht fallende Kriegshilfe erwartet werden kann. Japan ist fern, Rumänien, Ungarn — nun, man wird sie benützen, zu selbständigen Aktionen sind sie weder willens noch in der Lage.

Ja, Mussolini . . . gerade macht er sich aufs ärgerlichste bemerkbar! Ein Brief über seine griechischen Pläne, den er am 22. Oktober an Hitler geschrieben hat, bedenkend, daß es vielleicht doch nicht so gut wäre, wenn jener den Beginn des Feldzugs aus der Zeitung erführe, wird unterwegs in den Zug gereicht — wenige Minuten später kennen alle die böse Nachricht. Ribbentrop eilt zum Bahnhofstelefon und läßt sich mit der deutschen Botschaft in Rom verbinden. Von einem winzigen französischen Provinznest aus gelingt das deshalb, weil die ganze Strecke der Führerreise von deutschen Kommandos gesichert ist. Über Botschafter Mackensen läßt Hitler Mussolini bestellen, er wolle ihn in einigen Tagen irgendwo in Norditalien treffen.

Des Duces Mitteilung fordert bis dahin zwar Hitlers Kritik heraus (»ein toller Plan, nie werden die Italiener im Herbstregen und im Winterschnee in den Balkanbergen etwas gegen die Griechen ausrichten«), versetzt ihn aber noch nicht in Alarmzustand. Erst als der Führerzug Belgien durchfährt, wo die Nachricht empfangen wird, aller Voraussicht nach würden die Italiener in den nächsten Tagen marschieren, befielt Hitler, die vorgesehene Reiseroute zu ändern. Mussolini wird für den 28. Oktober nach Florenz bestellt. Drei Stunden vor Ankunft erfährt Hitler aus den Rundfunknachrichten, der Feldzug habe begonnen. Die Begegnung, die dazu dienen sollte, ihn zu verhindern, ist sinnlos geworden, kann aber nicht mehr abgesagt werden.

Mussolini steht gegen 11 Uhr am Bahnsteig, vorwurfsvolle Behandlung befürchtend, die nach den vorangegangenen Wutausbrüchen Hitlers auch von seiner Begleitung erwartet wird. Der Duce profitiert jedoch von dem enttäuschenden Ergebnis der Rundreise. An der Tatsache, daß italienische Einheiten die albanische Grenze überschritten haben und im griechischen Feuer die »Balkanberge« zu erklettern versuchen, ist nichts mehr zu ändern. Wozu also den unbotmäßigen, aber immerhin standhaften Bundesgenossen verärgern? Hitler liefert ein eindrucksvolles Beispiel für seine Verstellungskunst: Man verlebt gemütliche Stunden. Dem verhinderten Künstler und Wagnerverehrer wird vom lokalen Orchester ein Konzert geboten, der Duce führt ihn durch die Prunkräume des Palazzo Vecchio, die er selbst zum erstenmal sieht, tritt Seite an Seite mit Hitler auf den Balkon, auf dem Platz ist halb Florenz zusammengeströmt. Die Leute jubeln und stehen Spalier, als der hohe Gast zum Bahnhof fährt. Anderentags kommt aus Berlin ein Telegramm, in dem es heißt: »Der stürmische Jubel der Florentiner Bevölkerung ist ein Beweis, daß die Politik des deutsch-italienischen Bündnisses [. . .] im Herzen des Volkes verankert ist.«[63]

Ein paar Wochen vergehen, es regnet, es wird Winter, der Angriff bleibt stecken, nicht einmal eine Verteidigungslinie ist sicher zu halten, statt Griechenland zu besetzen, gerät Italien in Gefahr, aus Albanien vertrieben zu werden. Am 20. November schreibt Hitler an Mussolini einen Brief, der einer jener »Weisungen« gleichkommt, mit denen er seinen Generälen sagt, was sie zu tun haben. Der Adressat bekommt einen Katalog aller Widrigkeiten aufgetischt, die sich in den letzten Monaten gehäuft haben, angefangen von der zunehmend selbstherrlicher werdenden Balkanpolitik der Sowjetunion bis zur Wiederwahl Roosevelts — das Ganze unter dem Hinweis, alles das hätte vermieden werden können, wenn seine, Hitlers, Ratschläge befolgt worden wären. Diesem Teil des Briefs folgt eine Aufzählung dessen, was Italien in Zukunft zu tun, und vor allem, was es zu lassen habe; in Nordafrika soll es seine Absicht aufgeben, bis Alexandria vorzustoßen; Marsa Matruh, ein Hafenstädtchen 150 Kilometer vor der libyschen Grenze zu erreichen und sich dort festzukrallen, dies sei den zur Verfügung stehenden Kräften angemessen, mehr nicht.

So geht das Jahr der großen Siege mit einem klaren militärischen Mißerfolg der Achse zu Ende. Es hat nichts gebracht als eine Ausweitung des Kriegstheaters und eine Situation entstehen lassen, in der eine noch größere Ausweitung unvermeidlich geworden ist. Das Bündnis mit Italien hat sich als unwirksam erwiesen, und die Lage in Albanien und in Nordafrika, wo Italien noch allein kämpft, zeigt drastisch, daß dieser Krieg für Italien eine Nummer zu groß ist. Schon bestimmt das Unbehagen auf beiden Seiten die gegenseitigen Beziehungen stärker als die Motive, die zu dem Bündnis geführt haben. Die Deutschen können nicht aussteigen und Italien sich selbst überlassen; es muß mitgeschleppt werden.

Als die Engländer Anfang März 1941 in Griechenland landen, scheint die endgültige Niederlage der Faschisten auf dem Balkan besiegelt. Mussolini müßte jetzt, so schwer es ihm fiele, Hitler um Hilfe angehen. Das bleibt ihm durch die Krise erspart, die in Belgrad ausbricht. Der Beitritt der prodeutsch eingestellten Regierung des Prinzregenten Paul zum Dreimächtepakt provoziert einen Aufstand. Paul flieht außer Landes, die neue Regierung nimmt zu den Engländern in Athen Verbindung auf und gleichzeitig auch zur Sowjetunion, mit der sie am 5. April 1941 einen Freundschafts- und Nichtangriffspakt schließt.*

Hitler handelt sofort. Am frühen Morgen des 6. April bombardieren deutsche Verbände ohne Vorwarnung Belgrad, und deutsche Armeen rücken in Jugoslawien ein. Am 17. April kapituliert die jugoslawische Armee. Ohne Halt marschieren die deutschen Divisionen weiter nach Griechenland, die Engländer schiffen sich wieder ein. Am 27. April nehmen die Deutschen Athen. Mit Ausnahme Kretas, wo die Engländer starke Kräfte zusammenziehen, ist zwei Tage später ganz Griechenland einschließlich aller wichtigen Inseln von deutschen und italienischen Truppen besetzt.

Der darmkranke Herr im Palazzo Venezia empfindet keinerlei Freude darüber, daß er in Griechenland so glimpflich davongekommen ist und sich die Besetzung dieses Landes und Jugoslawiens jetzt mit den Deutschen teilen darf. Nach dem leichten deutschen Sieg empfindet er das Versagen seiner Truppen als noch blamabler denn zuvor, und da er sich weder ein anderes Volk noch ein anderes Heer besorgen kann — wovon er oft genug träumt! —, wendet sich sein Grimm gegen die deutschen Retter aus der balkanischen Krise.

Auch den schwersten Schlag, den er in diesen Wochen hinnehmen muß, kreidet er ihnen an: Die italienischen Streitkräfte in Abessinien werden von den Engländern eingekesselt und gefangengenommen. Am 10. Mai 1941 kehrt der vertriebene Kaiser Haile Selassi in seine Hauptstadt zurück, »der erste gesetzmäßige Herrscher, der von den Faschisten und

---

* Stalin, der Anfang Mai den Vorsitz in der Regierung an sich zieht, damit in Personalunion Chef der Partei und des Staates wird, kündigt diesen Vertrag einen Monat später einseitig wieder auf — eine Geste, die Hitler zeigen soll, daß die UdSSR nicht beabsichtigt, am Status quo Jugoslawiens, wie er vor dem 5. April bestanden hat, zu rütteln.

Naziverbrechern von Thron und Land vertrieben wurde und [...] nun auch der erste, der im Triumph heimkehrt«[64]. Das »Imperium«, sein Kernstück, ist verloren. Wer ist schuld? Wirklich die Deutschen? Keineswegs. Aber Mussolini schimpft: »Die sollen sich daran erinnern, daß wir ihretwegen ein ganzes Kolonialreich verloren haben.«[65]

Von einem neuen, dem dritten Treffen auf dem Brenner mit Hitler am 2. Juni 1941 — Hitlers Stellvertreter Heß hatte sich gerade nach England abgesetzt, wovon jener mit Tränen in den Augen berichtet, Tränen, die Mussolini lächerlich findet — kehrt er in desperater Verfassung nach Rom zurück: »Ich persönlich habe übergenug von Hitler und seiner Handlungsweise. Unterredungen, die mit einem Pfiff eingeleitet werden [vor dem Treffen hat Mussolini gesagt: ›Wenn er mich sehen will, pfeift er‹; Anm. d. Verf.], gefallen mir nicht; mit Pfeifen ruft man höchstens Kellner. Und was sind das denn noch für Unterredungen? Fünf Stunden muß ich mir einen reichlich langweiligen und nutzlosen Monolog anhören. Stunden und Stunden hat er über Heß gesprochen, über die ›Bismarck‹ [die gerade versenkt worden war, Anm. d. Verf.], über Dinge, die mehr oder weniger mit dem Krieg zu tun haben, aber ohne Tagesordnung, ohne auch nur ein Problem zu vertiefen, ohne einen Entschluß zu fassen. Ich meinerseits baue jedenfalls die Befestigungen in den Alpentälern aus. Eines Tages werden sie uns nützlich sein. Vorläufig ist noch nichts zu machen. Man muß mit den Wölfen heulen.«[66]

Das Unternehmen auf dem Balkan verzögert den Aufmarsch gegen die Sowjetunion, und wenn er sie wieder räumen muß, wird Hitler die Italiener beschuldigen, nur wegen ihres griechischen Abenteuers sei er zu spät vor Moskau gestanden und vom Winter festgehalten worden.

In der Frühe des 22. Juni 1941 werden viele amtierende Politiker Europas aus dem Schlaf gerissen. Einer von ihnen ist der italienische Außenminister, zu dem um 3 Uhr früh ein Herr von Bismarck, Botschaftsrat in Rom, kommt, um ihm einen Brief Hitlers an den Duce auszuhändigen, in dem der Beginn des Überraschungsangriffs auf die Sowjetunion mitgeteilt und der Zeitpunkt der Information damit gerechtfertigt wird, er, Hitler, habe sich gerade erst in diesem Augenblick zum Krieg entschlossen (für den er seit einem Jahr Vorbereitungen hat treffen lassen).

Cianos Kabinettschef Anfuso nennt in seinen Memoiren als Zeitpunkt der Übergabe des Briefs »gegen Mitternacht«[67] — eine Angabe, die in der Kriegsliteratur verschiedentlich übernommen worden ist, doch ist nicht einzusehen, warum Ciano, der seine Notizen jeweils am nächsten Tag macht, sich irren sollte: »Um 3 Uhr morgens bringt Bismarck mir eine lange Botschaft von Hitler.«[68] Anfuso will auch wissen, daß Mussolinis erste Reaktion auf Cianos Mitteilung gewesen sei: »So schnell wie möglich an die russische Front!« Daß er so gehandelt hat, steht freilich außer Zweifel. Daß er aber wirklich sofort so reagiert habe, ist schwer zu glauben. Seiner Frau ist es anders in Erinnerung.

Es ist Sommer, Mussolini und seine Familie machen Badeferien in Riccione an der Adria. Dort wird er telefonisch von Ciano geweckt. Auch Rachele wird wach und kann der Reaktion ihres Mannes entnehmen, was geschehen ist. Sie hat geschrieben, er sei entsetzt gewesen und habe ins Telefon geschrien: »Das ist das Ende, nun haben wir den Krieg verloren.«[69]

Der Anfall von Vernunft, sollte er sich so zugetragen haben, wie Rachele berichtet, kann nur eine Stunde gedauert haben. Dann ruft Mussolini Ciano an und befiehlt, dem Botschafter der Sowjetunion die Kriegserklärung Italiens zuzustellen.

Als Molotow über den Rundfunk den 180 Millionen Sowjetbürgern mitteilt, die Deutschen hätten das Land überfallen, will es kaum jemand glauben. Noch weit entfernt vom Haß auf die Deutschen, den erst ihre Kriegführung weckt, wird der Kriegsausbruch für die Zivilbevölkerung zu einer traumatischen Erfahrung. Sie kann ihre in freundschaftliche Gefühle eingebettete Hochachtung für die Deutschen — die weder durch 1917/18 noch durch den Nationalsozialismus bis dahin ausgelöscht worden war — nicht über Nacht verdrängen. Selbst in Molotows Rede fehlt jedes haßerfüllte Wort, viel eher wirkt sie fassungslos und traurig. Nichts darin läßt erkennen, daß eine ideologische Position gegen den Nationalsozialismus bezogen wird. Der Große Vaterländische Krieg, zu dem Stalin erst aufruft, als die Deutschen vor Moskau stehen — und nur in dieser Beleuchtung Teil der Geschichte der Sowjetunion geworden ist —, wird de facto bereits in dieser allerersten offiziellen Proklamation der Verteidigungsentschlossenheit beschworen: »Das russische Volk kämpft für sein Vaterland, seine Ehre und seine Freiheit. Wir werden siegen!«

Es ist wiederum Churchill, der als einziger jene Worte findet, die die Situation verlangt: »Hitler ist ein Ungeheuer an Verruchtheit, unersättlich in seiner Blut- und Raubgier. Nicht zufrieden damit, Europa den Fuß in den Nacken gesetzt zu haben [. . .], muß er sein Werk des Niedermetzelns und Verwüstens auch an den ungeheuren Massen Rußlands und Asiens üben. Die schreckliche Militärmaschine, die wir und der Rest der zivilisierten Welt in törichter, gedankenloser und unvernünftiger

Weise der Nazibande Jahr für Jahr fast aus dem Nichts aufzubauen erlaubten, [...] muß nicht nur mit Fleisch, sie muß auch mit Öl gespeist werden. [...] Und so muß dieser blutdürstige Ganove für seine mechanisierten Armeen neue Gebiete finden, um metzeln, plündern und verwüsten zu können [...]«[70]

Sogar Mussolini, der bisher in der Zerstörung des Bolschewismus (an eine Vernichtung der Völker der Sowjetunion denkt er nicht!) die Vollendung seiner und der nationalsozialistischen Revolution gesehen hat, benennt den Raubcharakter des gigantischen Unternehmens: »Ich hoffe nur eines, daß die Deutschen bei dem Krieg im Osten viele Federn lassen. Es ist eine falsche Vorstellung, von einem antibolschewistischen Kampf zu sprechen. Hitler weiß, daß der Bolschewismus schon seit einiger Zeit nicht mehr besteht. Kein Rechtssystem schützt das Privateigentum derart wie das russische Zivilgesetzbuch. Er soll lieber zugestehen, daß er eine große Kontinentalmacht besiegen will, die Tanks von 52 Tonnen zur Verfügung hat und sich vorbereitet, die Rechnung auszugleichen.«[71]

Ostfront

Der Krieg ist noch keine 48 Stunden alt — die deutschen Siegesmeldungen dröhnen auch aus allen italienischen Lautsprechern —, da bietet derselbe Mussolini brieflich italienische Divisionen für Rußland an, ja, er bittet förmlich um die Erlaubnis für deren Entsendung. Sie wird ohne Begeisterung gewährt — mit einem lahm ausgesprochenen Dank für die kameradschaftliche Hilfe. Am 9. Juli besteht das »Corpo di spedizione italiano in Russia«, hinfort abgekürzt CSIR genannt, aus zwei motorisierten Infanteriedivisionen »Pasubio« und »Torino«, denen im weiteren Verlauf die Division »Principe Amadeo Duca d'Aosta«, hundert Flugzeuge und ein eigener, für das ganze Expeditionskorps zuständiger »Rückwärtiger Dienst« hinzugefügt werden.

In Verona paradieren die Truppen vor Mussolini, der davon nichts versteht und begeistert ist, während der deutsche Militärattaché von Rintelen, einer der klügeren Köpfe an der deutschen Botschaft in Rom, die Ausrüstung dieser Regimenter als ungenügend erkennt. Einen nicht weniger deprimierenden Eindruck gewinnt auch der italienische Generalstabschef Cavallero. Er weiß, daß die meisten seiner Soldaten die russischen Weiten vermutlich zu Fuß hinter sich bringen werden müssen, da die Ausstattung mit LKWs für die 60 000 Mann, die am 11. Juli in Züge verladen werden, bei weitem nicht ausreicht.

Der Transport dauert sechs Tage, das CSIR wird der »Heeresgruppe Süd« unterstellt und in Galizien zunächst in Reserve gehalten. Statt des ursprünglich vorgesehenen Kommandierenden Generals Zingales, der erkrankt und zu seinem Unglück erst im nächsten Jahr nach Rußland geschickt wird, übernimmt der 47jährige schneidige Generalleutnant Giovanni Messe das Kommando.

Im August beschließt Mussolini, seine Truppen in Rußland zu besuchen. Er reist im Sonderzug von Rom über den Brenner durch ganz Deutschland zum Führerhauptquartier »Wolfsschanze« bei Rastenburg. Hinter einer dreifachen Absperrung durch Stacheldrahtzäune, die jenen der Konzentrationslager in nichts nachstehen — der äußere kann sogar wie diese elektrisch geladen werden —, liegen im ostpreußischen Birken- und Kiefernwald innerhalb von drei »Sperrkreisen« Holzhäuser, Flachdachbaracken und neun oberirdische Bunker, deren Stahlbetonhülle bis zu sieben Meter dick ist. Sie ragen wie künstliche Gebirge zwischen den Bäumen auf, von Tarnnetzen überzogen wie alle Wege, Parkplätze, der Bahnhof »Görlitz«, die Hangars für die Dienstmaschinen Hitlers und des Oberkommandos der Wehrmacht (OKW). Einige Kilometer entfernt von diesem eigentlichen »Führerhauptquartier« ist das OKW in einer ähnlichen, wenn auch kleineren Anlage untergebracht, von der zum Führerbahnhof »Görlitz« Triebwagen einen Pendelverkehr aufrechterhalten. Der Flugplatz der Reichsführung befindet sich in einer Entfernung von vierzig Kilometern, weil es unmöglich ist, ihn für Flugzeuge völlig unsichtbar zu machen wie die Lager, so daß er zum Ziel feindlicher Luftangriffe werden könnte. Selbst am hellichten Tag müssen in den Baracken die Lampen brennen, denn die mit Laubimitationen aus Blech verkleideten Tarnnetze verhindern den normalen Einfall von Sonnenlicht. »Noch schlimmer wurden die Verhältnisse, als mit der zunehmenden Gefahr von Luftangriffen [. . .] der Betrieb in die oberirdischen Bunker verlegt wurde [. . .] Die Räume waren recht klein [. . .] Die feuchten Ausstrahlungen der Betonmassen, das dauernde künstliche Licht und das ständige Sausen der Belüftungsanlagen erhöhten die Unwirklichkeit dieses Milieus.«[72]

Hitler empfängt die italienische Delegation am 25. August 1941 auf dem Bahnhof »Görlitz«. Am 26. August geht es mit sechs Flugzeugen, unter ihnen die viermotorige Condor Hitlers mit Flugkapitän Baur am Steuer, nach Brest-Litowsk, wo Marschall Kluge und General Kesselring Vorträge über die Operationen gegen die sowjetische Armee halten – hinter den Vortragenden steht ein SS-Offizier mit einem Zeigestab und demonstriert auf riesigen Karten, was die Generäle berichten. Der SS-Oberstleutnant Dollmann übersetzt. Außerdem wird ein Kruppsches Monstergeschütz vom Kaliber sechzig Zentimeter vorgeführt. Ein Prototyp davon war Mussolini schon während seines Deutschlandbesuchs 1937 im halbfertigen Zustand bei Krupp gezeigt worden.

Mussolini, der Bewunderung voll, reagiert ganz nach Wunsch seiner Gastgeber und empfindet angesichts des Ungetüms die beruhigende Gewißheit, der Verbündete des Siegers zu sein. Die Organisation seiner Reise ist mit nichts vergleichbar, was ihm seine Faschisten in zwanzig Jahren geboten haben. Auf der gesamten Strecke, über die sein Sonderzug geführt wird, über Tausende von Kilometern, steht beiderseits des Gleises alle hundert Meter ein bewaffneter Posten. In den besetzten Gebieten wachen diese Männer mit dem Rücken zu dem hinter ihnen vorbeirauschenden Zug, Karabiner und Maschinenpistolen im Anschlag. Wenige Minuten bevor der Zug im »Generalgouvernement« die Station Kressendorf passiert, kommt es dort zu einem Zwischenfall, weil einige Polen den Befehl, sich zu entfernen, nicht sofort befolgen. Acht werden erschossen, die Leichen liegen noch neben dem Bahnhof, als der Zug durchfährt. An den Lokalzügen bemerken die Italiener Schilder: »Nur für Deutsche«. Bei Krosno gibt Hitler im »Hauptquartier Süd«, das sich noch im Aufbau befindet, ein Abendessen. Dabei werden Mussolini die Morgenzeitungen aus Rom überreicht — Hitler hat für die ganze Dauer der Reise eine Stafette zwischen der italienischen Hauptstadt und dem jeweiligen Aufenthaltsort der Delegation mit zwei seiner schnellsten Maschinen einrichten lassen.

Mit den nach Krosno nachgezogenen Flugzeugen geht es am 28. August um 7 Uhr früh nach Uman in der Ukraine, wohin die Condor zwei und die nachfolgenden Ju 52 drei Stunden brauchen. Der Tag wird zum Höhepunkt der Reise. Die Diktatoren und ihr Gefolge erreichen vom Feldflughafen aus in einer Kolonne geländegängiger Mercedeswagen südlich von Uman einen Platz, an dem im Viereck zwei deutsche Divisionen, die für diesen Tag kriegsfrei haben, aufgestellt sind und ihren Führer anjubeln dürfen, was sie aus Herzensüberzeugung tun. Die Begeisterung ist nicht befohlen, und Hitler gewinnt an ihr soviel Geschmack, daß er ganz vergißt, warum er eigentlich in diese öde Gegend mit den strohgedeckten Hütten geflogen ist: zu Ehren Mussolinis. Der aber steht mit seinen und deutschen Generälen wie vergessen in einer Ecke herum, während der Führer den Soldaten erlaubt, aus dem Glied zu treten und nach seinen Händen zu greifen.

Mussolinis Stunde kommt nach einer weiteren kurzen Fahrt an einem Kreuzweg beim Dorf Ladishinka, wo General Messe aus seinen Regimentern, die sich auf dem Vormarsch zum Dnjepr befinden, ein paar Kompanien herausgezogen hat, die nun das Glück haben, auf Lastwagen durch die Ukraine zu schaukeln. Sie fahren an den hohen Besuchern vorbei, haben allerdings keine Gelegenheit zum Händeschütteln, »aber offenkundig war die Freude, Mussolini zu sehen und von ihm, der sie hierher geschickt hatte, gesehen zu werden«. Die Lastwagen sind nicht für militärische Zwecke gebaut und bilden ein Sammelsurium verschiedenster Typen; unter der Bemalung mit den taktischen Zeichen sind noch die Namen der Firmen erkennbar, bei denen sie requiriert worden sind zwecks Teilnahme an einem Kreuzzug gegen den Kommunismus. Für die lachenden Männer auf diesen Zeugnissen italienischer Improvisation ist der Krieg »eine absurde Mühsal, aus dem man die Ehre wieder heil nach Hause bringen mußte. Und diejenigen, die nach Hause zurückgekehrt sind, haben sie intakt mitgebracht«.[73]

Mussolini zeigt sich von der Parade tief befriedigt, kein Deutscher, auch Hitler nicht, gießt Wasser in seinen Wein. Erst nach dem Krieg kann man bei Keitel lesen: »Besonders die völlig überalterten Offiziere machten auf uns einen trostlosen Eindruck und mußten hinsichtlich des Wertes solcher zweifelhaften Hilfstruppen höchst bedenklich stimmen. Wie sollten solche Halbsoldaten den Russen standhalten [...]«[74]

In Uman wiederholt sich in einem Flugzeugschuppen die Szene von Brest-Litowsk, der Kriegsunterricht aus erster Hand, nur steht diesmal ein anderer Marschall, Rundstedt, auf dem Podium und hat selbst den Zeigestab in der Hand, mit dem er an den aufgehängten Landkarten die Siegeskurven nachzieht, und erläutert, wie es weitergehen werde. Neben ihm steht die aus der Volksschule des Dorfes geholte schwarze Tafel, auf die ein Generaloberst mit Kreide die Namen schreibt, die Rundstedt nennt. Neben die Namen malt er je nach der Größe der betreffenden Orte Punkte und kleine Kreise, von denen aus Pfeile die noch bevorstehenden Offensiven symbolisieren. An der Spitze mehrerer dieser Pfeile stehen die Namen sowjetischer Städte, die weit hinter der Wolga liegen und nie von einem deutschen Soldaten, es sei denn als Gefangener, betreten werden.

Die beiden Herrscher sitzen zu Füßen des Marschalls; der Duce nimmt die Dienste des Dolmetschers Dollmann nicht in Anspruch, er kann dem Vortrag ohne weiteres folgen. Was schließlich die Schultafel bedeckt, ist eine Komposition aus Punkten, Pfeilen und Namen, ist die von allen im

Schuppen sich drängenden Offizieren bewunderte Chiffre des Massengrabs, in dem Millionen der Vernichter und noch mehr Millionen der Verteidiger jenes Landes verschwinden werden, auf dessen Boden am 28. August 1941 ein Feldmarschall über den generalstabsmäßigen Massenmord doziert.

Um auf dem Rückflug doch etwas vorzuzeigen, was Hitler nicht kann, läßt sich Mussolini von Kapitän Baur, der sich geschmeichelt fühlt, die komplizierten Einrichtungen der Condor erklären, um sich dann an dessen Platz zu setzen und die Maschine zu steuern. Die Reichsführung kommt sich wie im Wellenbad vor, denn es gelingt Mussolini mangels Übung verständlicherweise nicht, die empfindliche Maschine so zu lenken, als gleite sie auf einem Luftkissen. Auf der Rückfahrt diktiert Mussolini im Zug dem Pressesekretär detailliert, was der über die italienische Agentur Stefani zu verbreitende Reisebericht enthalten muß: »Vergessen Sie nicht zu sagen, daß ich die Viermotorige des Führers geflogen habe und daß ich« — dabei holt er ein Stückchen Papier aus seiner Brieftasche, auf dem er Entfernungen notiert hat — »5300 Kilometer per Bahn, 2000 per Flugzeug und mehrere hundert Kilometer im Automobil zurückgelegt habe.«[75]

Als Mussolini Einheiten des CSIR besucht, haben einige schon ihre Erfahrungen mit der russischen Weite gemacht. Die Division »Principe Amadeo Duca d'Aosta« hatte in sieben Tagen 340 Kilometer auf Straßen zurücklegen müssen, in deren Staub die Stiefel bis zum Schaft versanken. Stiefel? Schuhe tragen die Italiener, für steiniges Gelände nicht ungeeignet, am Dnjestr und Dnjepr aber eine Qual. Da auch für den Nachschub und die Verpflegung des CSIR nicht genug Lastwagen zur Verfügung stehen, bricht schon im August seine Versorgung zusammen. Die Begegnung mit dem Duce benützt General Messe, ihm kurz vor der Parade unter vier Augen zu melden, wie die Dinge stehen. Indigniert wendet sich Mussolini ab, Messe bekommt keine Antwort; auch werden keine zusätzlichen Hilfsmaßnahmen für CSIR während der nächsten Monate eingeleitet. Statt dessen werden zuerst durch Mussolini, dann Ende Oktober durch Ciano im Führerhauptquartier neue Divisionen angeboten, darunter ein Alpiniarmeekorps, Elite und Stolz der italienischen Wehrmacht. Im Kaukasus, meint Hitler, werden wir die gebirgserfahrenen Alpini ganz gut verwenden können.

Ende Oktober, aus Staub wird Schlamm, bricht die Versorgung der kämpfenden italienischen Truppen durch ihre eigene Intendantur völlig zusammen. Messe, der beim Generalstab in Rom vergeblich um Hilfe bittet, wendet sich unter Umgehung des Dienstwegs direkt an Mussolini und bekommt von ihm ein Telegramm, das jeder konkreten Zusage ausweicht und mit den Sätzen endet: »obschon fern haben wir diese schwierigkeiten umständehalber empfunden stop mein glückwunsch an offiziere und mannschaft des csir, auch für ertragen der schwierigkeiten mit römischer ruhe und faschistischer stärke stop ich sende ihnen, mein lieber messe, meine wärmsten grüße! stop mussolini!«

Den befohlenen weiteren Vormarsch bis zum Donezbecken betrachtet Messe als die letzte Leistung, die seinen ausgelaugten Divisionen vor einer längeren Pause für Auffrischung, Ergänzung von Ausrüstung und Waffen zugemutet werden kann. Er hat sich bis zu diesem Zeitpunkt der Illusion hingegeben, im großen Rahmen der Operationen der Heeresgruppe eigene Entscheidungen treffen zu können. Jetzt muß er erfahren, das CSIR »sei lediglich ein Glied in einem großen Verband und habe zu gehorchen wie jedes x-beliebige deutsche Armeekorps! Umsonst protestierte Messe in Rom: Man zeigte kein Interesse, in dieser Angelegenheit zu Gunsten des CSIR beim OKW zu intervenieren«.[76]

Damit ist das zentrale Problem des Einsatzes der auf 220 000 Mann anschwellenden Truppenkontingente Italiens an der Ostfront angesprochen: Unzweifelhaft müssen die übergeordneten deutschen Kommandostellen den Italienern Befehle erteilen können wie ihren eigenen Armeen. Sie lassen dabei außer acht, daß in den italienisch-deutschen Abmachungen, die über die Abstellung italienischer Kräfte nach Rußland getroffen worden sind, steht, das CSIR dürfe nur geschlossen eingesetzt, nicht regimenterweise auf deutsche Divisionen oder Armeekorps aufgeteilt werden. Genau das aber geschieht. Außerdem werden die besonderen Bedingungen bezüglich Bewaffnung, Motorisierung und Versorgung, unter denen die Gastsoldaten kämpfen müssen, bei ihrem Einsatz überhaupt nicht in Rechnung gestellt. Es wäre vielleicht zuviel verlangt, vom zuständigen Oberkommandierenden der Heeresgruppe zu erwarten, daß er in seine taktischen Erwägungen auch das nur psychologisch faßbare Moment mit einbezieht, demzufolge die italienischen Soldaten, ständig versorgt mit Hiobsbotschaften von der ihrer Heimat näher liegenden afrikanischen Front, kaum einzusehen vermögen, warum sie sich, ein paar tausend Kilometer von Italien entfernt, mit den Russen herumschlagen sollen.

Pflichttreu und tapfer tun sie es dennoch — und stehen den ersten russischen Kriegswinter fast besser durch als ihre deutschen Kameraden, dank des Umstands, daß Messe in der sicheren Erwartung, der Krieg werde andauern, in Rumänien und Ungarn auf eigene Faust für 100 000 Mann Winterbekleidung besorgt hat, während im Reich die »Spinnstoffsammlung« für die vor Moskau erfrierenden deutschen Soldaten erst Ende November anläuft.

Das aber ist der einzige Vorteil, den die italienischen Soldaten den Deutschen bis zum Ende ihres Einsatzes in Rußland voraus haben. 220 000 Mann und 7000 italienische Offiziere, nun zur 8. Armee (oder ARMIR) zusammengefaßt, beziehen im November 1942 am Ufer des Don, all seinen Windungen folgend, einen 270 Kilometer langen Verteidigungsabschnitt, für den neben den neun italienischen auch vier deutsche Divisionen vorgesehen sind — zwei der letzteren als Reserve. Das OKW rechnet bereits im September damit, daß die Sowjets versuchen werden, die Verteidigungsfront am Don bei den Italienern zu durchbrechen, und es würde ihnen deshalb gern noch mehr deutsche »Korsettstangen« einziehen, ist dazu aber nicht mehr in der Lage. Der Vormarsch im Kaukasus, die Eroberung Stalingrads und die Sperrung der Wolga für sowjetische Schiffstransporte bleiben trotzdem das vornehmste Ziel.

Was über die Italiener hereinbricht, sind Begleiterscheinungen der deutschen Niederlage von Stalingrad und des Endes der 6. Armee, die im einzelnen hier nicht dargestellt zu werden brauchen. Es genügt zu sagen, daß die sowjetischen Truppen am 16. Dezember 1942 bei minus dreißig, nachts minus vierzig Grad, die von ARMIR gehaltene Front durchbrechen und am Tag darauf zu einer Umzingelung ansetzen, die am 18. Dezember vollendet ist. Von den vier Armeekorps der ARMIR existiert als kampffähiger Verband am Weihnachtstag nur noch das Alpinikorps, das am linken Flügel eingesetzt ist und nicht mit eingekesselt wird. Sein Ende kommt erst Ende Januar 1943.

Für das allgemeine Desaster an Wolga und Don brauchen die Deutschen ausländische Prügelknaben, neben Rumänen und Ungarn weisen sie vorzugsweise den Italienern diese Rolle zu. Alle späteren Einsichten, Hitler und sein OKW seien die Schuldigen, sind damals allenfalls einigen höchsten Frontkommandostäben zugänglich, die Masse des Heers ist davon überzeugt, daß vor allem die feigen Italiener am Zusammenbruch der Südfront schuld seien. Auf den Rückzügen werden nun aus denen, die Verbündete waren, minderwertige, fremdrassige Geschöpfe, die man wie Feinde behandeln darf. Im italienischen Generalstabswerk über ARMIR (Rom, 1946) heißt es: »Unsere Soldaten wurden mit der Waffe aus den Stuben verjagt, um den Deutschen Platz zu machen. Unsere Kraftfahrer wurden mit der Waffe gezwungen, ihre Fahrzeuge abzugeben. Unsere Soldaten, auch Verwundete, wurden gezwungen, von den Lastwagen herunterzusteigen, um den deutschen Soldaten Platz zu machen. Die Lokomotiven für unsere Verwundetentransporte wurden abgehängt und für deutsche Züge eingesetzt. [. . .] Die deutschen Soldaten wurden aus der Luft versorgt, sie hatten zu essen und zu rauchen, als unsere Soldaten schon tagelang keine Verpflegung mehr bekommen hatten. Die auf LKW und Zügen zurückfahrenden deutschen Soldaten verspotteten und verhöhnten unsere Soldaten, die sich [. . .] zu Fuß dahinschleppten. Versuchte einer der unseren, auf die oft halbleeren LKW hinaufzuklettern, so wurde er unbarmherzig mit dem Gewehrkolben zurückgestoßen.«[77]

So steht es in den offiziellen Kriegsakten der Italiener. Aus deutscher Sicht boten die Italiener folgendes Bild: »Es dauert nicht lange, und wir haben an der Straße eine geeignete Hütte gefunden. Ein paar alte Weiber, die ein furchtbares Gezeter anheben, wie sie merken, daß wir etwas mit ihrer Bude vorhaben, werden kurz und bündig an die frische Luft gesetzt. Drei Italiener, die gutwillig nicht weichen wollen und trotz mehrfacher Aufforderung weiter fortfahren, in Kisten und Töpfen herumzuschnüffeln, bekommen mit einem derben Knüppel ins Kreuz geschlagen, was allerdings wie ein Wunder wirkt [. . .] Nach einer kurzen Rast, bei der alles aufgegessen wird, was wir in diesem Hause an Eßbarem gefunden haben, wird der Marsch fortgesetzt [. . .] Nur ein großes Schuldbewußtsein verspüre ich in der Brust. Wir haben uns diese Katastrophe selber zuzuschreiben, wenn solche niederen Subjekte auf unserer Seite kämpfen. Ist hier noch etwas vom Soldatentum zu spüren? [. . .] Es ist alles zum Verzweifeln. Direkt nebenan brennt ein Stall, den an die 20 bis 30 Italiener umstehen und großen Spaß haben. [. . .] Zu den Kameraden zurückgekehrt, erzähle ich einiges von dem Erlebten. Der Kommandeur aber winkt ab und meint, er habe nicht viel anderes erlebt. Er wolle von dem Gelump da draußen nichts hören und nichts sehen, sonst komme er in Versuchung, dieses Raub- und Mordgesindel eigenhändig mit der Pistole zu erschießen.«*

Die italienische 8. Armee verliert an der Ostfront 132 875 Offiziere, Unteroffiziere und Soldaten. Von der Ausrüstung bleiben neunzig Pro-

---

* So zu lesen im Tagebuch über die Einkesselung und Vernichtung der 8. italienischen Armee im großen Donbogen 1943 von Oberveterinär Dr. Franz Radewald, Regimentsveterinär Grenadierregiment 541, 387. Infanteriedivision im Verband der 8. italienischen Armee (dem Verfasser als Teilmanuskript zur Verfügung gestellt).

zent an der Front zurück.[78)] Mussolini wünscht dessen ungeachtet, daß wenigstens ein Armeekorps in Rußland weiterkämpfen solle. Hitler geht nicht darauf ein. Die Reste der ARMIR werden 1943 nach Italien zurücktransportiert.

Waffenbrüderschaft zu nennen, was sich zwischen den italienischen Verbänden und der Wehrmacht abgespielt hat, wäre eine Beschönigung. Aus Ehrgeiz hat Mussolini den Deutschen Gelegenheit gegeben, eine italienische Armee aufzuopfern.

Auf dem anderen Kriegstheater, auf dem deutsche und italienische Truppen Schulter an Schulter kämpfen, gehen sie wenigstens auch gemeinsam unter: in Nordafrika.

Nordafrika

Im Sommer 1940 sind die Italiener zu Land, zur See und in der Luft den Engländern im Mittelmeerraum noch eindeutig überlegen. Hätten sie sich sogleich darauf konzentriert, die Insel Malta zu erobern, die noch schwach gerüstet war, so wäre der Krieg in Nordafrika mit hoher Wahrscheinlichkeit für zwei Jahre durchzuhalten gewesen, und vielleicht hätte Mussolini vorübergehend doch in Kairo Einzug halten können. Denn Malta wird 1942 von den Engländern zur Operationsbasis ihrer Flotte und ihrer Flugzeuge ausgebaut, mit denen sie die Versorgung der in Afrika kämpfenden italienischen und deutschen Verbände erst erschweren und schließlich unterbinden.

Das Comando supremo beginnt die Auseinandersetzung mit England jedoch in Ostafrika. Truppen aus den Kolonien gehen gegen Britisch-Somaliland vor und besetzen es. 1500 Engländer entziehen sich über See der Gefangenschaft. Das ist die einzige kriegerische Aktion des Faschismus im Zweiten Weltkrieg, die nur von Italienern durchgeführt und doch gewonnen wird. Den Eingang ins Rote Meer zu sperren und damit die Versorgung der an der nordafrikanischen Küste kämpfenden Engländer abzuschneiden, gelingt jedoch nicht, weil das dem afrikanischen Horn gegenüberliegende Aden in englischem Besitz bleibt.

Etwa gleichzeitig mit der deutschen Invasion in Frankreich erwacht in Mussolini der imperiale Ehrgeiz, von Libyen aus entlang der Küste nach Ägypten vorzustoßen. Graziani, nach Balbos Tod am 28. Juni 1940 Gouverneur dieser Kolonie mit einer Garnison von über 200 000 Mann, wird in seinem Widerstand gegen diesen Plan von Badoglio unterstützt, aber Mussolini läßt die Offensive mit sechs Divisionen Mitte September

anlaufen. Sie gipfelt in der Einnahme der Hafenstadt Sidi Barani und verhält dort zunächst, noch weit entfernt von der Grenze Ägyptens.

England holt aus Indien und anderen überseeischen Besitzungen Truppen nach Ägypten, die in zwei Monaten (Dezember 1940/Januar 1941)
acht italienische Divisionen zerschlagen, 130 000 Gefangene machen,
470 Panzer und 1300 Geschütze vernichten oder wegschleppen. Tief
nach Libyen hineinstoßend, würden sie die Italiener gänzlich aus Nordafrika vertreiben, wenn diesen der so wenig erfolgreiche Krieg gegen
Griechenland nicht jetzt wenigstens den einen Vorteil brächte, daß englische Divisionen dort gebraucht werden, vorderste Stellungen in Nordafrika somit auf eine Verteidigungslinie zurückgenommen werden.

Als sich erstmals abzeichnet, daß der Verbündete nicht mehr zum Stehen
kommt, wird ein deutsches Fliegerkorps nach Sizilien verlegt, um den
englischen Nachschub über See zu unterbinden, und mit »Weisung Nr.
22«[79] vom 11. Januar 1941 wird dann auch der Einsatz deutscher Infan-
terie- und Panzerverbände in Nordafrika »aus strategischen, politischen
und psychologischen Gründen« befohlen. In dieser Kurzform wiederholt Hitler die Argumente, mit denen Mussolini bearbeitet werden muß,
dem es bitterschwer fällt, die deutsche Hilfe anzunehmen.

Daß Hitler seine Aktionen nach Afrika ausdehnen will, liegt jedoch nicht
nur an der mißlichen Lage der Italiener. Hitler beginnt in den ersten
Monaten des Jahres 1941, in denen er den Ostkrieg vorbereitet — das
dafür vorgesehene Heer wächst und wächst, der Verschleiß militärischer
Kräfte ist minimal —, in Kontinenten zu denken. So stellt er dem OKW
die Aufgabe, sich im Anschluß an die Zerschlagung der Sowjetunion
mit der Besetzung Afghanistans und der Eroberung Indiens zu beschäftigen — vor dem Hintergrund solcher Dimensionen schrumpfen die paar
tausend Kilometer nordafrikanischer Küste zu einer Bagatelle zusammen.

Der 18. Februar 1941 wird zum Geburtstag des Deutschen Afrikakorps,
das zunächst nur aus einer leichten Division und Panzerabteilungen
besteht. Mit ihrer Überführung nach Afrika und dem Totalverlust Abes-
siniens am 5. Mai büßen die Italiener den letzten Kriegsschauplatz ein,
auf dem sie allein bestimmen können.

Die dringende Notwendigkeit, in Afrika präsent zu werden, findet in
Hitlers Hofbräuhaus-Rede zum Jahrestag der Parteigründung (24.
Februar) beschönigende Erwähnung: »Daher gibt es gar keinen Zweifel,
daß der Bund, der die beiden Revolutionen, und besonders der Bund,
der beide Männer miteinander verbindet, ein unlösbarer ist, und daß,

wenn es einmal dem einen besser geht und dem andern schlechter oder umgekehrt, dann der andere ihm immer beistehen wird.«[80]

Die Bezeichnung »Afrikakorps« hat etwas Weltläufiges, das dem Tausendjährigen Reich sonst durchaus abgeht. Es liegt auch ein gewisser Stilbruch mit deutscher Militärtradition darin, daß die nach Afrika abgestellten Soldaten in eine leichte, khakifarbene, vorteilhaft geschnittene Uniform gekleidet werden, wodurch sie ins öffentliche Bewußtsein als Angehörige von Eliteeinheiten eingehen, die sie in Wirklichkeit nicht gewesen sind. Daß die deutsche Führung mit dieser Ausstattung überhaupt zur Kenntnis nimmt, in Tobruk herrschten höhere Temperaturen als in Kiel und Magdeburg, ist deshalb überraschend, weil sie die dreißig und vierzig Kältegrade der russischen Winter keineswegs veranlassen, von genagelten Lederstiefeln und Tuchmänteln Abstand zu nehmen; die deutschen Soldaten im Osten müssen daher trotz ihrer Verachtung, die sie gegen alles Russische empfinden, an den von ihnen getöteten sowjetischen Untermenschen zur Leichenfledderei übergehen, indem sie sie ihrer Filzstiefel und gesteppten Jacken zum eigenen Gebrauch entkleiden, um auf diese Weise zu überleben.*

Tropenuniform und der Name sind geeignet, der deutschen Kriegführung in Afrika das besondere Interesse, man könnte auch sagen, die besondere Sympathie der Heimat einzutragen. Was ihr aber jenen Glanz verleiht, an dem noch vierzig Jahre später poliert wird, ist die Person des Generals, dem das Afrikakorps anvertraut wird.

Der Schwabe Erwin Rommel ist fünfzig Jahre alt, als er gegen die Engländer losgelassen wird. Daß sein Ruf und Ruhm von der Niederlage, von der Veränderung des politischen Klimas, des gesellschaftlichen und staatlichen Systems unberührt bleiben, übrigens auch in England, gehört zu den wundersamsten Phänomenen der Militärgeschichte. Da Rommel ungewollt zweimal zu Schlüsselstellungen zwischen den Achsenpartnern gelangt ist und auf seinem Hauptbetätigungsfeld Afrika — es ist jedenfalls dasjenige, mit dem sein Name am engsten verbunden ist — jene Entwicklung stattfand, die unmittelbar zum Ende des faschistischen Regimes geführt hat, läßt sich sein militärisches Handeln aus unserem

---

* Das OKW ersetzt sinnvolle Winterbekleidung durch eine Medaille, die jeder erhält, der den Winter 1941/42 an der Ostfront übersteht; als »Gefrierfleischorden« geht sie in den Volksmund ein! (Dem Verfasser wird sie im Herbst 1942 in einem deutschen Heeresgefängnis in Smolensk ausgehändigt, wo er wegen »Widersetzung« vorübergehend eingesperrt ist, und bleibt sein einziger »Orden« aus der ganzen Kriegszeit. Vgl. Kuby [2])

Bericht ebensowenig ausklammern wie die Frage, worauf eigentlich der hohe Rang beruht, der ihm unter anderen Siegeshelfern Adolf Hitlers wie Dönitz oder Speidel bis heute eingeräumt wird.

Der sogenannte gesunde, d. h. der zivile Menschenverstand verführt zu der Annahme, ein Heerführer gelange dadurch zu dauerhaftem, von der Geschichte zur Kenntnis genommenem Ansehen, daß er seinen Beruf erfolgreich ausgeübt habe. Das gilt beispielsweise für den älteren Moltke. Rommel hingegen ist ein Heerführer, der durch eigenes Verschulden von den Engländern durch Sonn' und Mond geschlagen werden konnte; in diesem Punkt ist er sogar in Hitlers Menagerie von Generälen eine Ausnahmeerscheinung — sind sie auch allesamt geschlagen worden, so doch nicht unmittelbar durch eigene Fehlentscheidungen. Des weiteren hebt er sich darin vom Gros seiner Kollegen ab, daß durch ihn das militärische Prinzip, wonach es besser sei, etwas Falsches als gar nichts zu tun, die absolut höchste Ausprägung erfahren hat. Schwerlich wird sich ein zweites Beispiel dafür finden lassen, mit welcher besinnungslosen Verve das Falsche betrieben worden ist. Kann man ihn schon darin als einen geistigen Verwandten seines Führers ausmachen, dessen militärisches Schoßkind er über Jahre gewesen ist, so findet sich daneben noch eine weitere, nicht minder spezifische Übereinstimmung: Beide hingen der Überzeugung an, daß letztlich der Wille der Führung über Erfolg und Mißerfolg entscheide, nicht aber Panzerkräfte, Benzin und dergleichen Nebensächlichkeiten.

Rommels international gefestigtes, mit Broschüren und romanhaften Darstellungen genährtes Ansehen etwa damit zu erklären, seine ehemaligen Gegner in der Wüste seien ihm noch nachträglich dafür dankbar, daß er ihnen den Sieg so leicht werden ließ, ist sicher abwegig. Machten sie zwar ihrerseits von der Wunderwaffe des Willens einen ungleich bescheideneren Gebrauch, von Panzern, Nachschubsicherung und Truppenversorgung hingegen einen exzessiven, so hat es doch den Anschein, als hegten auch sie in ihrem Herzen eine geheime Bewunderung für Draufgängertum, wandervogelhaftes Ertragen körperlicher Strapazen, brutale Härte, verzuckert durch Kameraderie und ähnliche Rommeleien.

Wie der forsche Schwabe sein Handwerk betrieb gemäß seinen etwas absonderlichen Maßstäben für soldatische Tugenden — denen die Italiener so wenig entsprachen, daß er sie im Grunde samt und sonders als Unpersonen ansah —, stand im striktesten Gegensatz zu den zögernden Methoden eines Eisenhowers, der so blamabel lange brauchte, um die

Deutschen aus dem italienischen Stiefel hinauszutreiben. Da war der Wüstenfuchs denn doch ein ganz anderer Soldatenführer!

Es ist nun freilich in der Rommel-Saga dadurch eine gewisse Komplikation entstanden, daß Hitler sein Schoßkind zuletzt hat umbringen lassen, weil es an der Allmacht des Willens zu einem Zeitpunkt zu zweifeln begann, als ein blindes Pferd mit dem Huf die Niederlage ertastet hätte. Rommels schauderhafter Tod — ausgeschickte Kollegen haben ihn mit der Drohung, sich an der Familie zu vergreifen, zum Selbstmord gezwungen — ist ein Ereignis, das einen beachtlichen Stellenwert für die moralische Beurteilung von Generälen hat, die sich, wie im Fall Rommel, ohne weiteres zur Beihilfe für Mord hergegeben haben, doch für die Beurteilung der Führungsqualität des Ermordeten dürfte es eigentlich keine Rolle spielen.

Nun gut — mögen Militärs ihre Leistungskriterien, nach denen ein Geschäftsmann deshalb ein besonders guter Geschäftsmann sein müßte, weil er Bankrott macht, unter sich anwenden und daraus den Honig ihrer Selbstachtung saugen —, der Spaß hört auf, wo diese Perversität ins Politische übergreift und ein Rommel zum Widerständler stilisiert wird, weil ihn Hitler ermorden ließ. Da zählt also alles nicht, was vorher war? Da steht er als ein hochragender Fels persönlicher Integrität in einem Meer von Schmach und Schande, in dem er über Jahre gleichsam ein alles überstrahlender Leuchtturm gewesen ist, nicht nur Hitlers Liebling, auch für Goebbels die Personifikation des Sieges, als solche in Propagandaschlachten, die ihresgleichen sogar im Dritten Reich suchten, die Zug- und Paradenummer! Da zählt nicht seine Freude über die etwas vorschnelle Ernennung zum Militärgouverneur von Ägypten: »Heute stehen wir 100 km vor Alexandrien und Kairo und haben das Tor Ägyptens in der Hand — und zwar mit der Absicht, auch hier zu handeln!«[81] Nein, es zählt nicht, denn er war ja so großartig, am Anfang in Afrika.

Grandios, wie er vorwärts stürmt! Sein Frühjahrsfeldzug 1941, den er am 31. März beginnt, bringt die ganze Cyrenaika wieder in die Gewalt der Achsenmächte, der wichtige Versorgungshafen Tobruk wird eingeschlossen und belagert. Da die Engländer, von See her mühsam versorgt, nicht weichen, bauen Italiener um Tobruk herum durch die Wüste phänomenal schnell eine Umgehungsstraße. Sie, die schon so lange glücklos operiert haben, begeistern sich für den deutschen General und lassen sich von ihm Leistungen abverlangen, die sie unter ihrem Graziani nicht gebracht haben. Entsprechend gut ist das Verhältnis zwischen Deutschen und Italienern bei den Mannschaften und in den unteren Rängen der Offiziere. Die extremen Klimabedingungen tun das ihre dazu, daß man zusammenrückt und sich gegenseitig hilft. Unzweifelhaft hat das Beispiel des Generals, der sich nicht schont und anders als hohe italienische Offiziere von Privilegien an der Front nichts hält, ganz erheblichen Anteil daran, daß die Achse im Wüstensand für kurze Zeit flüchtige Realität gewinnt.

Ab Herbst wird die Versorgungslage der Truppen der Achsenmächte immer schwieriger, mit U-Booten und Torpedoflugzeugen gehen die Engländer gegen die Schiffstransporte vor, ein Viertel der Ladungen erreicht nicht die Bestimmungshäfen. Das Problem »Malta« verschwindet nicht mehr, weder aus der deutsch-italienischen Diskussion auf höchster Ebene noch aus den täglichen Wehrmachtsberichten, denn die Insel wird zum Ziel fortwährender Bombardierungen, ohne daß es gelingt, sie als Hauptstützpunkt für den feindlichen See- und Luftkrieg auszuschalten. Die Situation spitzt sich zu, Tobruk fällt nicht, die eigenen Kräfte müssen verstärkt werden, schwere Waffen (Artillerie) werden gebraucht. In dem Maße, in dem der Nachschub wächst, wachsen auch die Verluste auf den Transportwegen. Italien opfert für das afrikanische Abenteuer fast seine gesamte Handelsflotte.

Schon ist zu erkennen, daß Rußland bis zum Wintereinbruch nicht erledigt sein wird, und doch bleibt nichts anderes übrig, als Fliegerverbände von der Ostfront nach Süditalien zu verlegen. Mit dieser erheblichen Vergrößerung des deutschen Engagements in Afrika verbindet die deutsche Führung die Vorstellung, daß ihr auch die Verantwortung für den Einsatz voll übertragen werden muß.

Das ist der Augenblick — wir befinden uns im November 1941 —, in dem im Krieg gegen den äußeren Feind der Krieg zwischen dem Comando supremo und dem OKW ausbricht, in den aus verdeckter Stellung ihre beiden obersten Chefs, der Duce und der Führer, eingreifen: der Krieg um Kommandogewalt der Deutschen auf italienischem Boden und über die italienische Armee selbst. Das ist der Augenblick, in dem neben Rommel ein zweiter deutscher General in Italien Führungsaufgaben übernimmt, was den italienischen Kriegsschauplatz nach und nach zu einem deutschen werden läßt, und zwar bereits vor der Entfernung des faschistischen Regimes. Dieser andere General ist Kesselring, der Mitte November bei Rom sein Hauptquartier einrichtet und sich in die Zuständigkeit mit Rommel derart teilt, daß dieser die Offensive gegen Ägypten zu leiten hat, die er, Kesselring, dadurch ermöglichen soll, daß er die Versorgung des Afrikakorps und der angegliederten italienischen

Verbände in der Luft und zur See gegen die Engländer sichert (zu denen sich ab Anfang Dezember 1941 die Amerikaner gesellen). In der Luft operieren bereits vorwiegend deutsche Verbände, während der gesamte Verkehr über das Mittelmeer von der italienischen Handels- und Kriegsflotte (die selten in Erscheinung tritt) durchgeführt werden muß. Wenn also zunächst das OKW, dann nach seiner Ankunft in Rom Kesselring persönlich mit aller Schärfe fordert, ihm müsse die Gesamtverantwortung übertragen werden, bedeutete das für die Befehlsgebung auf diesem Sektor eine weitgehende Ausschaltung der Kompetenzen des Commando supremo auf seinem eigenen Staatsgebiet. Hier beißen die Deutschen noch das ganze Jahr 1942 hindurch auf Granit.

Kesselring hat gerade erst sein Kommando übernommen, als die Engländer am 18. November 1941 angreifen, den Belagerungsring um Tobruk sprengen, Rommels Rückzug bis hinter die Cyrenaika erzwingen. Es ist noch nicht die endgültige Niederlage, es ist ihr Vorbote. Das italienische Oberkommando ist sich danach nicht mehr ganz so sicher, ob die Entscheidungen des Wundermanns Rommel immer die richtigen sind. Er selbst aber fühlt sich durch den Rückzug in seinem Ehrgeiz aufs äußerste herausgefordert und ist von da an nicht einmal mehr von der »Wolfsschanze« aus am Zügel zu führen, geschweige denn durch den italienischen Generalstab. Schon die Gegenoffensive, zu der er am 21. Januar 1942 antritt, geht auf seinen einsamen Entschluß zurück, erreicht aber ihr Nahziel, die Rückeroberung von Tobruk, nicht, obwohl pausenlose Bombenangriffe auf Malta — allein im Januar 263 an der Zahl — die Verluste bei der Versorgung seiner Truppen vorübergehend mindern. Auch machen sich 26 ins Mittelmeer verlegte deutsche U-Boote und italienische Zwerg-U-Boote, die in den Hafen von Alexandria eindringen und dort zwei englische Schlachtschiffe für Monate außer Gefecht setzen, entlastend bemerkbar. Die Torpedierung eines Flugzeugträgers liefert für lange Winterwochen der deutschen Propaganda den Stoff, um die Siegeszuversicht anzuheizen, bis Rommels Angriff im Januar ihn und sein Afrikakorps erneut in die Schlagzeilen bringt.

Hitler, der sich berechtigterweise sagen darf, er habe einen persönlichen Anteil an der Bewältigung der existenzgefährdenden Krise seiner Armeen vor Moskau, und der darin eine neue Bestätigung seines Feldherrentalents sieht, mischt sich im April 1942 massiv in die afrikanische Kriegführung ein und bestellt Mussolini zu einer Planungskonferenz, die am 29. und 30. April auf Schloß Kleßheim bei Salzburg stattfindet. Der dort zum Rapport erscheinende Duce befindet sich bereits in einer gefährlichen Situation. In Rom formiert sich mit loser und vorsichtiger Verständigung zwischen den einzelnen antifaschistischen Gruppen ein Lager, das für den Fall einer Existenzkrise des faschistischen Regimes eine Auffangstellung vorbereitet, die sich politisch auf die Autorität der Krone stützen soll. Wie sich 1943 erweisen wird, spielt darin auch die Polizei eine wichtige Rolle, die von ihrem fähigen, dem Mythos des Faschismus nicht erlegenen Chef Senise organisatorisch gegen die Partei und ihre Miliz abgeschirmt wird. Ohne Mussolini zu fragen, verfügt der König die Verlegung einer traditionsgeprägten Elitedivision vor die Tore Roms und läßt immer nachdrücklicher seine Überzeugung laut werden, die italienischen Truppen müßten aus Rußland zurückgezogen werden. Derartige für den Autoritätsverfall des Regimes symptomatische Erscheinungen bleiben den um die Botschaft gescharten deutschen Beamten, Offizieren und Agenten erstaunlicherweise verborgen. Daß davon in Kleßheim nichts wahrgenommen wird, verwundert hingegen nicht, denn die Verachtung für den Bundesgenossen, genährt von den allein ihm angelasteten Schwierigkeiten in Nordafrika, hat mittlerweile einen solchen Grad erreicht, daß nichts, was er zur Beleuchtung der Situation aus seiner Sicht etwa vorbringen könnte, noch interessieren würde.

Die Delegation mit Mussolini muß sich nach zwei Tagen sagen, sie sei eigentlich nur gekommen, um Monologen zuzuhören, die abwechselnd von Keitel, Ribbentrop und Hitler abgespult werden. Ciano berichtet: »Er redet, redet, redet. Mussolini, der gewohnt ist, selbst zu sprechen und hier fast immer schweigen muß, leidet. [. . .] Nach dem Essen, als wirklich schon alles gesagt worden war, was gesagt werden konnte, hat Hitler ununterbrochen 1 Stunde und 40 Minuten lang gesprochen [. . .] über Krieg und Frieden, Religion und Philosophie, Kunst und Geschichte. Mussolini blickte mechanisch auf seine Armbanduhr, ich hing meinen Gedanken nach; einzig Cavallero, dieses Musterstück von Servilität, tat so, als höre er hingerissen zu.«[82] Jodl schläft, auf dem Divan umsinkend, ein, während Keitel in sitzender Stellung langsam wegdämmert.

Über den Ostkrieg erfahren die Italiener, daß das Jahr 1942 den Sieg bringen werde. Über den Krieg im Mittelmeer kommt es zu einem unheilvollen Kompromiß: Die Italiener können sich mit ihrer Ansicht, ohne die Inbesitznahme von Malta (»Unternehmen Herkules«) bestehe keine Möglichkeit, sich in Nordafrika zu halten, nicht durchsetzen, das OKW hält die Behauptung nicht aufrecht, Malta sei aus der Luft niederzukämpfen. Ergebnis: zunächst Rommel freie Hand geben, Tobruk zurückerobern, nicht weiter vorrücken als bis zur libysch-ägyptischen Grenze; dann erst Landung auf Malta.

Nach diesem unausgegorenen Programm nimmt Rommel am 26. Mai 1942 die Offensive wieder auf. Ein deutsches und ein italienisches Panzerkorps erzwingen am 21. Juni die Kapitulation Tobruks. Der Engländer mit der weißen Fahne, der für 25 000 Kameraden mitteilen soll, sie würden die Waffen strecken, wird von den ersten italienischen Soldaten, die ihn in Empfang nehmen, zu einem ihrer Stäbe geleitet und von dort aus erst zu Rommel gebracht. »Dieser Umstand veranlaßte Mussolini, am 21. Juni vormittags in einer Sondersendung [...] bekanntzugeben, die Briten hätten dem Kommandierenden General des italienischen XXI. Armeekorps die Übergabe angeboten. [...] Hitler gab daraufhin sofort die Beförderung Rommels zum Generalfeldmarschall bekannt und unterstrich damit den deutschen Anteil am Sieg und die Verdienste des deutschen Heerführers.«[83] Die Episode weist auf den Freiraum hin, in dem sich Rommels Selbstherrlichkeit austoben kann; er ist dadurch entstanden, daß seine deutschen Vorgesetzten im Wald bei Rastenburg die in Kleßheim bestätigten Unterstellungsverhältnisse an der »Rommel-Front« kaum noch beachten und nahezu vergessen, daß es dort noch auf dem Papier einen italienischen Oberbefehl gibt.

Über den Kopf des italienischen Oberkommandos hinweg, das auf Einhaltung der Vereinbarung von Kleßheim besteht und nun die eifrig betriebenen Vorbereitungen für die Landung auf Malta beenden und zum Schlag auf die Insel ausholen will, wendet sich Rommel sowohl an Mussolini wie an das OKW und gibt vor, die in Tobruk erbeuteten Versorgungsgüter erlaubtem ihm, ohne jeglichen weiteren Nachschub den Nil zu erreichen. Mussolini zögert noch, da bringt ein Brief Hitlers an ihn die Entscheidung: Malta solle ohne konkreten Ersatztermin zurückgestellt werden. Die Italiener hoffen daraufhin auf den September, allerdings wohl ohne ernsthaft daran zu glauben, daß Malta dann noch genommen werden könne. Beide Generalstäbe werden von ihren höchsten Chefs überspielt und diese von Rommel, der, als er die Grenze Ägyptens erreicht hat, sich bereits als der neue Herrscher dieses Staates fühlt und sich nicht einmal ansatzweise darum kümmert, ob nicht vielleicht auch die Italiener gewisse Ansprüche auf Mitverwaltung erheben. Seine Verachtung für sie geht soweit, daß er einen dreiwöchigen Besuch Mussolinis, der sich beim Flugplatz Derna eingerichtet hat, nicht zum Anlaß nimmt, sich bei ihm auch nur einmal zu melden.

Die Vorgeschichte zu Mussolinis Afrikareise entbehrt nicht der Komik. Mit seinem bei den afrikanischen Truppen weilenden Generalstabschef Cavallero hatte der Duce ausgemacht, er möge ihm das Stichwort »Tevere« (Tiber) nach Rom telegrafieren, wenn er des Sieges sicher sei. Am 27. Juni liest Mussolini das befreiende Wort, will am 28. nach Derna fliegen, muß aber wegen des Wetters den Flug auf den 29. verschieben. Er kommt zur Niederlage, nicht zum Sieg. Noch genau einen Tag lang können sich Rommels letzte noch betriebsfähigen Panzer durch den ägyptischen Sand bis El Alamein mahlen, dann ist die Kraft der gemischten Verbände erschöpft, das Benzin zu Ende. Wie fast alle glaubt auch der Duce an Rommels unverantwortliche Prognose, es werde bald weitergehen. Auf den Durchbruch bis Kairo hoffend, läßt er sich zwischen Derna und Tobruk spazierenfahren.

Das zufällige Zusammentreffen eines großen altmodischen Schwerts, eines edlen Pferdes, eines fähigen Bildberichterstatters mit Mussolini auf einem Dorfplatz ergibt das berühmte Foto, auf dem er auf jenem Pferd sitzt und jenes Schwert gen Himmel reckt – ein Siegesdenkmal, als »lebendes Bild« gestellt. Denkt man für einen Augenblick an den bleichgesichtigen, eingefallenen Mann, der in Gargnano im Frühjahr 1945 mit unendlich traurigen Augen in die Kamera blickt, dann kann man nicht daran zweifeln, in ihm den wahren Mussolini, sein besseres Ich, zu erkennen, indes die inszenierte Siegespose ohne Sieg das alberne Antlitz des Faschismus zeigt.

Im August kommt nicht mal mehr die Hälfte der in Italien und Griechenland auf den Weg gebrachten Versorgungsgüter und Waffen bei der Truppe an. Italien opfert die Reste seiner Handelsflotte. Soldaten werden ausschließlich des Nachts in Flugzeugen transferiert, in jenem Monat 45 000 nach Afrika; 30 000 Kranke und Verwundete kommen zurück. Solche Bedingungen hindern Rommel nicht daran, am 30. August wiederum anzugreifen. Er hat noch 55 Panzer und 77 Geschütze. Vier italienische Divisionen werden zerschlagen. Nach drei Tagen sinnloser Opfer wird der Rückzug auf die Ausgangsstellung angetreten. Daß es Rommel gelingt, aus den zersprengten Haufen überhaupt noch eine zur Verteidigung fähige Truppe zu versammeln, gehört zu den Leistungen, für die er bewundert werden könnte, wenn er nur Divisionskommandeur gewesen wäre. In einer Position , die ihm erlaubt hat, grundsätzliche, in die Gesamtstrategie eingreifende Entscheidungen zu treffen bzw. herbeizuführen, wird er zum verantwortungslosen, vom Ehrgeiz getriebenen Hasardeur.

Nach Mussolini suggeriert er jetzt Hitler, was dieser nur allzugern glaubt: Er könne sich in El Alamein halten — hundert Kilometer vor Alexandria. Die Engländer, keine Phantasten wie Rommel, bestärken ihn in seinen Illusionen, indem sie sich zwei Monate lang nicht von der Stelle rühren. In dieser Zeit regelt Churchill die Befehlsverhältnisse in Ägypten neu, die Generäle Alexander und Montgomery werden eingesetzt, der letztere als Befehlshaber der 8. Armee. Außerdem bereitet er zusammen mit den Amerikanern die »Operation Torch« vor, die Landung eines alliierten Heers an der nordwestafrikanischen Küste.

Im September ist es so ruhig, daß Rommel gegen Ende dieses Monats in seinen verdienten Urlaub fliegt. Ein General Stumme, der Afrika nur aus Reiseprospekten kennt, übernimmt das Kommando. Am 23. Oktober 1942 tritt Montgomerys 8. Armee zum Angriff an: 1100 Panzer gegen 500, 1500 Geschütze gegen 600, 150 000 Mann gegen 90 000, von denen ein Drittel Deutsche sind. Stumme fällt am Angriffstag, Rommel kehrt auf seinen Posten zurück, der endgültige Rückzug beginnt. Weit mehr deutsche als italienische Einheiten vermögen sich der Gefangenschaft zu entziehen, weil sie ihr Benzin nicht gerecht mit den Italienern teilen und die Vorteile ihrer besseren Motorisierung rücksichtslos ausschöpfen.

Als Rommel erkennen muß, daß er gegen Montgomery endgültig nichts mehr ausrichten wird und in Afrika kein Ruhm im Wüstenfuchsstil mehr zu ernten ist, will er »seinen« Kriegsschauplatz abschreiben. In einer Besprechung am 29. November im Führerhauptquartier schlägt er Hitler vor, Nordafrika zu räumen. Würde der Oberste Befehlshaber darauf eingehen, dann bliebe dem Afrikakorps die Gefangenschaft erspart. Eine allerhöchste Entscheidung, so ließe es sich dann darstellen, hätte verhindert, doch noch einmal den Kampf aufzunehmen. Daß Rommel selbst seine Sache verloren gegeben hat, hätte niemand zu erfahren brauchen. Selbstverständlich folgt Hitler diesem Rat nicht. Er sagt, was er ein Jahr später bei Stalingrad sagen wird: Aushalten, keinen Fußbreit Boden freiwillig aufgeben! Rommel fliegt zurück, steht Ende Januar schon bei Tripolis, nähert sich Tunesien, wo es dann im Mai 1943 wirklich zu Ende geht. Aber nun ist es Hitler, der das Idol der Großdeutschen Wehrmacht nicht in der Gefangenschaft verschwinden sehen will und Rommel verbietet, aus einem Genesungsurlaub zu seiner Truppe zurückzukehren. »In diesem Zustand bitterer Enttäuschungen vollzog sich sein innerer Bruch mit Hitler, der ihn in den folgenden Jahren zur Widerstandsbewegung führt.«[84] (Solche Lebensläufe, Todesläufe, wurden nach 1945 zu Stützen deutschen Selbstbewußtseins.) Für das Reich ist der Verlust

Nordafrikas eine Niederlage unter anderen Niederlagen; für Italien aber der Anfang vom Ende. Mit der Preisgabe von Tunis ist für den Verbündeten der Zustand erreicht, militärisch und psychisch, der für Deutschland erst eintritt, als die Amerikaner am Rhein und die Sowjets in Ostpreußen angelangt sind.

Die Agonie der Achse

»Die Deutschen mißtrauen Pétain in Frankreich, sie mißtrauen Kallay in Ungarn und Mihai Antonescu in Rumänien. Sie mißtrauen Franco, und sie fürchten die Türkei. Natürlich mißtrauen sie uns [den Italienern, Anm. d. Verf.]. Und sie haben recht. Ganz Europa lehnt sich gegen das Herrschaftsstreben der Deutschen auf, dem sie mit solcher Bestialität frönen. Und Italien, dem sich so viele Völker in der Hoffnung zuwenden, von ihm die Stimme des gesunden Menschenverstandes zu vernehmen, läßt sich wie die andern in den Strudel dieses Wahnsinns hineinziehen.«[85] In den »Strudel des Wahnsinns« gerissen, erleben die Deutschen vor dem Ende der Achse »Stalingrad«. Zu sagen, die Bevölkerung habe den Untergang der 6. Armee nicht zur Kenntnis genommen, wäre schon deshalb falsch, weil die nationalsozialistische Propaganda daraus die Kampagne für den »totalen Krieg« macht. Aber wie nimmt sie davon Kenntnis? Aus »Stalingrad« wird fast ein Synonym für Unglück, Schicksalsschlag, Katastrophe und ähnliche Begriffe, die nicht mehr in einem erkennbaren Bezug zu der Ursache jenes Ereignisses stehen, das gemeint ist. Aus »Stalingrad« hätte die Schlußfolgerung gezogen werden müssen, daß die Armee der Sowjetunion besser geführt wird als die deutsche und daß die Soldaten Stalins den Soldaten Hitlers, und nun allgemein und generell gültig: daß die Soldaten der Sowjetunion an Kampfesmut, in Ausdauer und im Ertragen von Entbehrungen jenen Deutschlands überlegen sind. Indem die 6. Armee an der Wolga im deutschen Urteil nicht geschlagen worden ist wie die Franzosen bei Sedan, sondern sich ein »Unglück«, eine »Katastrophe« abgespielt hat, findet der angemessene Erkenntnisprozeß, durch den die Überlegenheit des Russen gegenüber dem Deutschen als Soldat und Kämpfer ins Bewußtsein der Geschlagenen hätte Eingang finden können, nicht statt und gibt dem fast metaphysischen Erschauern, der Furcht vor »dem Russen«, Raum – woran sich bis heute nichts geändert hat. (Wer weiß, wie in der Bundeswehr das »Feindbild« entwickelt wird, kann nicht daran zweifeln, daß es so ist.) Nur dank der verfälschenden Umbenennung dieser Niederlage auf dem Schlachtfeld in ein »Unglück« kann 1943 der Kampf gegen den übermächtigen Gegner als ständiger Versuch, die Offensive zurückzugewinnen, weitergeführt werden; Stalingrad bringt die Deutschen nicht zur Einsicht der Hoffnungslosigkeit ihres kriegerischen Bestrebens, sondern wird zu einem Stimulans ihres Widerstandswillens und geht nahtlos in die Ideologie vom slawischen Untermenschen ein, mag er auch seine Überlegenheit für zwei weitere Kriegsjahre vor der ganzen Welt demonstrieren.

»Stalingrad« wird auch beim Verbündeten als die Wende des Kriegs verstanden, nach der er nur noch in der deutschen Niederlage enden kann. Mussolinis Optimismus erleidet einen jähen Einbruch, der noch durch umlaufende Gerüchte vertieft wird, nach denen eine Verschwörung gegen ihn im Gange sei, an der Ciano Anteil habe. Der Duce verteidigt seine Position ein letztes Mal. Einen Tag vor der formellen Kapitulation des noch zum Generalfeldmarschall beförderten Paulus, am 30. Januar 1943, leitet die Ersetzung des Generalstabchefs Cavallero durch General Vittorio Ambrosio eine allgemeine »Wachablösung« ein. Am 5. Februar wechselt Mussolini nahezu sein ganzes Kabinett aus. Auch Ciano verliert sein Amt als Außenminister. Er wird zum Botschafter beim Papst ernannt, eine Maßnahme, die ihn zwar den unmittelbaren Einfluß auf die Regierungsgeschäfte kostet, aber nicht als klug bezeichnet werden kann, wenn Mussolini tatsächlich glaubt, sein Schwiegersohn intrigiere gegen ihn. Wo könnte er es geschützter tun als hinter den Mauern des Vatikans? Dieser Gedanke scheint plötzlich auch Mussolini zu kommen, er will die Ernennung zurücknehmen, aber Ciano hat sich, ohne eine Stunde zu verlieren, bereits um die Bestätigung als Botschafter beim päpstlichen Sekretariat bemüht und sie umgehend erhalten.

Diese personalpolitischen Eingriffe sind von einer allgemeinen Überprüfung der Vorstellungen begleitet, wie der Krieg noch weitergeführt werden könne. Ein viele Seiten langer Brief Hitlers vom 16. Februar 1943, in dem von den Perserkriegen, den Punischen Kriegen, den Feldzügen der Hunnen, der Mongolen und dem Ehrgeiz des Islam, eine Weltreligion zu werden, die Rede ist, jedoch nicht von »Stalingrad«, belehrt Mussolini, daß seine sich mehr und mehr verhärtende Überzeugung, der Krieg gegen die Sowjetunion könne nicht gewonnen werden, die Konfrontation mit dem Bundesgenossen bedeute, sofern er, Mussolini, den Mut fände, seine Gedanken vor Hitler auszubreiten. 11,3 Millionen Verluste auf seiten der Sowjets gegen »nur« 1,4 Millionen eigene — mit solchen Zahlen mogelt sich Hitler in seinem Brief an Mussolini über die Lage am Südflügel der Ostfront hinweg und erklärt, er werde kämpfen, bis dieser Feind vernichtet sei: »Ich sehe es als eine Gnade der Vorsehung an, daß ich auserwählt wurde, in solch einem Krieg mein Volk zu führen.« Wenn Mussolini dann noch lesen muß: »Was ich für Deutschland bin, das sind Sie, Duce, für Italien«, dann fühlt er sich nicht mehr geschmeichelt, sondern zweifelt ernsthaft am Verstand des Hauptaktionärs am Unternehmen Achse, dessen Bankrott ihm jetzt unausweichlich zu sein scheint, falls die Kriegführung nicht von Grund auf neu und gemeinsam durchdacht wird.

Daß er sich am 9. März dazu entschließt, Hitler zu antworten, hängt ganz unmittelbar mit einer Initiative Rommels zusammen, der jetzt die Lage in Afrika als unhaltbar ansieht. Ausgestattet mit Lagebeurteilungen, die sich Rommel Ende Februar bei seinen Armee-Oberbefehlshabern Arnim (deutsche Truppen) und Messe (italienische Truppen) beschafft und in eine eigene Denkschrift eingearbeitet hat, schlägt er am 1. März 1943 dem OKW eine Frontverkürzung in Tunesien um fast 400 Kilometer auf 150 Kilometer vor. Da er keine Antwort erhält, greift er zur erprobten Methode, sich direkt an beide Diktatoren zu wenden, diesmal allerdings, um die Erlaubnis für eine defensive Maßnahme zu bekommen. Sie wird nicht erteilt: »In Übereinstimmung mit dem Führer habe sich der Duce der Beurteilung des GFM Rommel nicht anschließen können«[86], weshalb der GFM Rommel am 9. März vom Führer seines Afrikakommandos enthoben wird. Um der propagandistischen Wirkung willen bekommt er das »Ritterkreuz mit Eichenlaub, Schwertern und Brillanten«, den höchsten Orden, um den Hals gehängt.

Obwohl die Abberufung Rommels »unter allen Umständen geheimzuhalten«[87] ist, erfährt sie Mussolini, der daran mitgewirkt hat, natürlich sofort. Er setzt sich an diesem 9. März hin und schreibt an Hitler, wobei er sich auch mit Rommel kritisch auseinandersetzt. Der Brief behandelt eingangs das Problem »Tunis«, von dem Mussolini sagt, die letzten Positionen müßten unter allen Umständen gesichert werden. Gingen sie verloren, »so sehe ich folgende alliierte Aktionen gegen Italien voraus: a) massive Luftbombardements im Norden und Süden, b) Landungsversuche [. . .] in Sizilien und Sardinien«[88]. Sich in Afrika zu halten — das gehe nicht ohne massive deutsche Hilfe. »Unser Drama, Führer, ist, daß wir [die Italiener, Anm. d. Verf.] gezwungen sind, einen proletarischen Krieg zu führen mit den Waffen, die uns aus dem Kriege 1915—1918 geblieben sind.« Mussolini scheut sich nicht, daran zu erinnern, wann diese Waffen einst gegen den Bundesgenossen von jetzt verwendet worden sind, denn es ist ihm wichtiger, zum hundertsten Male Gelegenheit zu finden, den Partner darauf aufmerksam zu machen, daß Italien nur deshalb schlecht kämpft, weil ihm die für die Aufrüstung zugesagten Jahre nicht gewährt worden sind. Offenbar habe auch Deutschland den Krieg, weil zu leicht genommen, zu früh begonnen.

Mussolini geht dann auf die Lage an der Ostfront ein und spricht in vorsichtig formulierten Konjunktivsätzen aus, daß die Sowjetunion nicht zu besiegen sei und an einer weit zurückgenommenen Ostfront »ein Wall« gebaut werden müsse, dank dessen dann »das erschöpfte Rußland nicht mehr den tödlichen Feind darstellen [wird], wie es dies noch vor zwei Jahren war«. Er endet: »Was zählt, ist zu kämpfen und zu siegen. Die kleinen personellen Miseren [die ihn soeben zur ›Wachablösung‹ genötigt haben, Anm. d. Verf.] sind unbedeutende Episoden, verglichen mit den Leiden, die die Demoplutokratie und das Judentum der Menschheit angetan haben. Diese Leiden werden mit Feuer und Schwert geheilt werden.

Ich versichere Ihnen von neuem, daß meine Entscheidung, an Ihrer Seite zu marschieren bis zum Ende, so fest ist wie jemals.«

Mit diesem Brief hat die Mischung von Scharfsinn und Wahnideen in Mussolinis Gedanken und Vorstellungen ihren drastischsten Ausdruck gefunden. Er markiert einen Höhepunkt seiner Schizophrenie.

Im April 1943 wird Italien von hohen und höchsten deutschen Offizieren überflutet, die im Auftrag des OKW und der Seekriegsleitung nach dem Rechten sehen wollen. Diese Reisen von Inspekteuren und »Ratgebern«, die eigentlich schon Befehlsgeber sein wollen, gehören bereits in jene Planungen des Führerhauptquartiers, die im Hinblick auf ein Ausscheiden Italiens als mitkämpfender Macht entwickelt werden.

Daß sich die Italiener darüber im klaren sind, mit der deutschen Hilfe werde ihre militärische Entmündigung verbunden sein, geht am deutlichsten daraus hervor, daß Mussolini noch Anfang Mai, als Tunesiens Preisgabe unmittelbar bevorsteht, Hitlers Angebot, insgesamt fünf weitere Divisionen nach Italien zu schicken, mit Schärfe zurückweist. Für die Auswahl dieser Truppen, die von der Ostfront abgezogen werden sollen, ist deren ideologische Zuverlässigkeit ein bestimmender Faktor (»Leibstandarte«, »Division Göring«, Division »Das Reich« usw. Hitler stellt sich vor, daß geschulte Nationalsozialisten in Uniform zur Belebung des Faschismus beitragen werden). Anstelle der Infanteriedivisionen, mit denen sich nicht nur gegen die Alliierten kämpfen, sondern auch Italien wie Feindesland besetzen ließe, hätte das Comando supremo gern Flugzeuge und Panzerabteilungen. Auch ein paar hundert Flakgeschütze stehen auf seinem Wunschzettel.

Das dringlichste Problem aber bleibt bis Anfang Mai, den Nachschub über die kurze Strecke zwischen Sizilien und Afrika zu bringen. An manchen Tagen liegen die Verluste bei achtzig Prozent, woraus bei der deutschen Seekriegsleitung nicht nur auf die tatsächliche Übermacht der alliierten See- und Luftstreitkräfte, sondern auf die italienische Unfähigkeit geschlossen wird, die Transporte zu schützen – wenn es nicht sogar fehlender Wille ist.

Um hier Abhilfe zu schaffen, wird der deutsche Vizeadmiral Friedrich Ruge mit einem kleinen Stab anderer Marineoffiziere als Kontroll- und Befehlsinstanz in die widerstrebende Supermarina, die höchste Befehlsinstanz der italienischen Kriegsmarine, eingegliedert. Ein deutscher Admiralstabsoffizier nimmt hinfort an den täglichen Lagebesprechungen der Supermarina teil und braucht dort gewonnene Informationen nur in das anstoßende Zimmer zu tragen, in dem Ruge seine Lagebesprechungen abhält. Wenn der Begriff »Parallelkrieg« irgendwo eine perfekte Verwirklichung gefunden hat, so hier, bei der zweiköpfigen Leitung des Seekriegs im Mittelmeer, kurz bevor er sein Ende erreicht hat – als ein Krieg nicht von, sondern zwischen zwei verbündeten Admiralstäben.

Dabei ist Ruge seinerseits mehr Befehlsempfänger als Befehlender; hinter ihm stehen Großadmiral Dönitz und Feldmarschall Kesselring, die ihren deutschen Krieg mit italienischen Schiffen führen wollen. Sie stellen Anfang Mai das Ansinnen, die wenigen noch seetüchtigen italienischen Kreuzer für die Sicherung der Tunis-Transporte zu opfern. Die strikte Weigerung der Supermarina, sich auch noch auf diese Weise »in den Strudel des Wahnsinns« reißen zu lassen, führt zu neuen Streitereien zwischen den General- und Admiralstäben beider Mächte in einer Tonlage, wie man sie bis dahin zu vermeiden gesucht hat. Daran ändert sich auch nichts, als das deutsche »Marinekommando Italien« selbst zugibt, außer Fischerbooten und anderen »Kleinfahrzeugen« könnten Schiffe höherer Tonnage, ob bewaffnet oder nicht, die alliierte Blockade nicht mehr durchdringen.

Die Widersprüche zwischen den Auffassungen der beiden General- und Admiralstäbe über Mittel und Wege, der Krise im Mittelmeerraum zu begegnen, erweisen sich mit der dramatischen Zuspitzung der Lage in Tunis als so gravierend, daß beide Seiten eine Begegnung ihrer höchsten Führer als unbedingt notwendig ansehen. Zwischen dem 7. und 10. April 1943 kommt es auf Schloß Kleßheim bei Salzburg zu einer mit allem Pomp aufgezogenen Gipfelkonferenz. Die Italiener fahren im Sonderzug in großer Besetzung mit der Erwartung hin, es werde Mussolini gelingen, Hitler davon zu überzeugen, daß das Schwergewicht der Verteidigung nach Nordafrika verlegt und dafür in Rußland zur hinhaltenden Verteidigung übergegangen werden müsse, wohingegen die Deutschen fest entschlossen sind, in ihrer Strategie keinen Schritt zurückzuweichen. Sie glauben noch immer, in Rußland siegen zu können; alles andere finde sich dann.

Hitler hat einige Wochen zuvor aus der Feder des Militärattachés General Enno von Rintelen einen umfassenden Lagebericht aus italienischer Sicht auf den Tisch bekommen und kann danach nicht mehr daran zweifeln, daß der Bundesgenosse kurz davor steht aufzugeben. In der vorsichtigen Sprache, die bei unangenehmen Nachrichten, die Hitler erreichen sollen, angewendet werden muß, heißt es dazu bei Rintelen: »Es gibt jedoch [...] Kreise, die [...] schon jetzt irgendwelche Konsequenzen ziehen möchten, um zu retten, was zu retten ist.« Die Gefahr, daß sich diese Kreise stark erweitern würden, sei nicht allzu groß, »solange der Duce gesund und stark bleibt«[89].

Der Duce ist weder gesund noch stark. Der Zug, der ihn nach Kleßheim bringt, muß eine ganze Nacht irgendwo stehen bleiben, weil Mussolini sonst nicht schlafen kann; und die Konferenz selbst dauert einen Tag länger als geplant, weil er sich ins Bett legen muß. Aber der Duce-Gesundbeter Hitler erzielt doch einen vorübergehenden Erfolg — den einzigen, der bei einem viertägigen Palaver über den Krieg herauskommt: »Der Duce ist, wie der Führer mir erzählt, [...] wieder richtig in Form gebracht worden. Der Führer hat sich alle Mühe gegeben, und unter Aufbietung seiner ganzen Nervenkraft ist es ihm gelungen, Mussolini wieder ganz in die Reihe zu bringen. Er hat in diesen vier Tagen eine vollkommene Verwandlung durchgemacht, die auch von seiner Umgebung mit Verwunderung festgestellt worden ist. Als er den Zug verließ, so meint der Führer, sah er aus wie ein gebrochener Greis; als er wieder zurückfuhr, war er ein gehobener, tatenfreudiger Mann. [...] Der Duce ist sich darüber klar, daß es für ihn keine andere Rettung geben kann, als mit uns zu siegen oder zu sterben.«[90]

In keiner der anstehenden Fragen — z. B. mehr Nachschub nach Afrika,

Bandenkampf auf dem Balkan, mit Spanien verhandeln oder nicht, versuchen, in Rußland die Offensive zurückzugewinnen oder auf eine ausgebaute Verteidigungslinie zurückzugehen — kommt es zur Entwicklung eines gemeinsamen Konzepts. Aus den tief skeptischen Analysen, die Generalstabschef Ambrosio und seine Mitarbeiter über die Lage in Tunis und den Krieg im ganzen vorlegen, zieht die deutsche Delegation nur einen realistischen Schluß: daß der Augenblick vielleicht nicht mehr fern sei, an dem ein bedingungslos achsentreuer Duce um seine Stellung bangen müsse. Diese Besorgnis bringt ihm eine Spezialtruppe ein, die seine persönliche Sicherheit garantieren soll. Es ist die berühmte Division »M« mit ihren 36 Tigerpanzern (dem stärksten Kampfpotential der italienischen Armee!), die am 26. Juli 1943, als sie Mussolini ohne weiteres vor seiner Verhaftung hätte bewahren können, dreißig Kilometer vor Rom liegt und nicht alarmiert wird. Die seelische und körperliche Renovierung des Duce durch Hitler, von der Goebbels schwärmt, wird nur ein paar Tage anhalten. Schon am 13. April erfährt ein hoher deutscher Offizier, »daß Mussolini inzwischen wieder in tiefe Enttäuschung verfallen war«[91].

Es kommt alles so, wie es die Italiener vorausgesehen haben; und es kommt sogar noch schneller.

Das Problem des Nachschubs nach Afrika, nicht jenes der Rivalität zwischen den Oberkommandos, erledigt sich dadurch, daß die Kämpfe in Tunis am Cap Le Bon zwischen dem 11. und 13. Mai zu Ende gehen. Sie haben die Achse 30 000 Tote und 26 000 Schwerverwundete gekostet. 266 000 Mann geraten in Gefangenschaft, je zur Hälfte Deutsche und Italiener, unter ihnen elf Generäle. Die Macht der Achse in Afrika ist vernichtet, der lange Marsch der Alliierten von El Alamein bis Cap Le Bon ist nach einer Planung durchgeführt worden, die »von der Geschichte als Musterbeispiel der Kriegskunst betrachtet werden [wird]«, wie Churchill in seinem Glückwunschtelegramm an General Alexander und seinen »glanzvollen Unterführer Montgomery« schreibt, wobei er den Anteil der Amerikaner unterschlägt.

Mag dieses Ende der Armeen Arnims und Messes für die Betroffenen auch weniger schrecklich gewesen sein als für die Opfer der verbrecherischen Kriegführung in und bei Stalingrad — für den Gesamtverlauf des Kriegs ist die tunesische Niederlage von noch weit größerer Bedeutung als jene an der Wolga. Nun können die Alliierten an jeder Stelle, die ihnen passend erscheint, vom Süden her in den »weichen Leib« Europas hineinstoßen und das Mittelmeer benützen, als sei es die Irische See. Die

Hilfslieferungen an die Sowjetunion* werden ab sofort durchs Mittelmeer nach Persien, von dort per Bahn in die Sowjetunion geleitet, was eine Einsparung von mehreren tausend Seemeilen Transportweg und die Sicherheit bedeutet, daß unterwegs nahezu keine Verluste mehr entstehen. Ein Blick auf die Ostfront ergänzt das Bild einer katastrophalen Gesamtentwicklung des Kriegs: In Rußland läßt Hitler am 5. Juli 1943, diesmal gegen den Rat des Wehrmachtsführungsstabs, das Unternehmen »Zitadelle«, die letzte Offensive auf dem Boden der Sowjetunion, anlaufen und verheizt dort, fünf Tage bevor die Alliierten auf Sizilien landen, die wichtigsten Reserven, über die das Reich an der Ostfront noch verfügt.

Die geschlagenen Diktatoren ziehen aus ihrer gemeinsamen Niederlage, die den Alliierten auch den Weg nach Sizilien und aufs Festland öffnet — wie es Mussolini in einem Brief vom 9. März vorausgesagt hat —, ganz verschiedene Folgerungen. Hitler nimmt sie zum Anlaß, um seine Überzeugung, die Italiener seien an vielem schuld, dahin auszuweiten, sie seien an allem schuld. Er baut seine Anklagen aus, rückwärts bis zum Kriegsbeginn, vorwärts bis zur Prophezeiung des bevorstehenden »Verrats«.

Um dem Leser Einblick in die Denkweise Hitlers zu geben, in seine Art, eine vorgefaßte Meinung gegen jeden Einspruch abzuschirmen, nicht zuletzt auch, um seine Sprache zu vermitteln, zitieren wir im folgenden aus dem Protokoll einer Besprechung im Führerhauptquartier vom 20. Mai 1943. Obwohl wir sie nur in jenen Passagen wiedergeben, die sich um das »verräterische Italien« gedreht haben, springen wir mit diesem Zitat, was seine Länge betrifft, aus dem gewöhnlichen Rhythmus unseres Berichts heraus, glauben aber, daß im Text die Rechtfertigung dafür liegt. Anwesend sind außer Hitler selbst und den beiden Feldmarschällen Keitel und Rommel der Generaloberst Löhr (1947 in Jugoslawien wegen seiner Kriegsverbrechen hingerichtet), Botschafter Hewel, der Verbindungsmann zwischen Führerhauptquartier und Auswärtigem Amt, und noch ein halbes Dutzend anderer Offiziere. Anlaß zu dem Gespräch bildet die soeben erfolgte Rückkehr des SS-Sonderführers Constantin Alexander von Neurath aus Sizilien, Sohn des Vorgängers von Ribbentrop im Amt des Außenministers.

*Während des Kriegs werden der Sowjetunion von den Alliierten insgesamt 17 Millionen Tonnen Kriegsmaterial und Versorgungsgüter auf 3000 Schiffstransporten zugeführt.

Hitler: *Sie waren in Sizilien?*

Neurath: *Jawohl, mein Führer, ich war unten, habe mit Roatta gesprochen [...] Er hat mir [...] erzählt, daß er nicht allzuviel Vertrauen habe in die Möglichkeit einer Verteidigung Siziliens. Er behauptete, er sei zu schwach, die Ausrüstung seiner Truppen sei nicht genügend. [...] Mein Eindruck war außerdem beim Übersetzen von Giovanni [Kalabrien] nach Messina, daß man eigentlich sagen kann, daß fast der gesamte Verkehr stilliegt auf dieser kurzen Strecke. Von den Fähren, die vorhanden gewesen sind – ich glaube, es hat 6 Stück gegeben –, gibt es nur noch eine. Diese Fähre stand »unter Museumsschutz«, wie sie gesagt haben; sie wurde möglichst schonend behandelt und sollte für bessere Zwecke aufgehoben werden.*

Hitler: *Was sind die ›besseren Zwecke‹?*

Neurath: *Ja, mein Führer, das ist einmal: »Wenn der Krieg vorbei ist«, sagt der Italiener sehr oft, und das andere Mal sagt er: »Man weiß nicht, was noch kommen wird.« [...] Die deutschen Truppen, die in Sizilien sind, sind ohne Zweifel verhältnismäßig unbeliebt geworden. Das läßt sich auch sehr leicht erklären, weil der Sizilianer den Standpunkt vertritt, wir hätten ihm den Krieg ins Land gebracht, wir hätten mehr oder weniger gern aufgegessen, was er gehabt hätte, und nun würden wir auch noch dazu verhelfen, daß der Engländer selber käme, was aber im großen ganzen — das muß ich immer wieder feststellen — eigentlich gerade der sizilianische Bauer selber gern sieht; er entnimmt daraus, daß dann bald ein Ende seiner Leidenszeit wäre. [...] Wenn der Engländer da ist, hört der Krieg auf; das ist die allgemeine, in Süditalien weit verbreitete Auffassung. [...]*

Hitler: *Was geschieht nun von der offiziellen italienischen Seite gegen diese Meinung?*

Neurath: *Mein Führer, soweit ich es sagen kann, glaube ich, geschieht von den Präfekten und von den Organen, die vorhanden sind, wenig dazu; denn sie sehen das wohl und hören das, aber sie erklären einem immer [...] »Was wollen wir denn da unternehmen? Das ist die Volksmeinung! [...]«*

Hitler: *Die greifen nicht durch.*

Neurath: *Dann befindet sich, mein Führer, der Kronprinz von Italien als Oberkommandierender der italienischen Truppen [...]*

Hitler: *Und was ist da?*

Neurath: *Es ist auffallend, daß er sehr stark dort unten Inspektionen abhält und daß der General Roatta sich sehr mit ihm beschäftigt und daß im Stabe des Generals Roatta sich sehr viele Offiziere befinden — italienische Stabsoffiziere —, die als ziemlich anglophil bekannt sind, teilweise englische Frauen haben, teilweise aber sonst in irgendeiner Form in englischen Beziehungen stehen.*

Hitler: *Was habe ich immer gesagt?!*

Neurath: *Persönlich kann ich dazu sagen, daß ich, soweit ich ihn kenne, ihm nicht einen Moment über den Weg trauen würde.*

Hitler: *Nein!*

Neurath: *Ich hielt ihn immer für sehr schlau.*

Hitler: *Schlau? Für die faschistische Revolution ist er der Fouché, ein völlig charakterloser Spion. Er ist tatsächlich ein Spion.*

Neurath: *Er ist ein geborener Spitzel, der Prototyp eines solchen eigentlich [. . .]*

Hitler: *Völlig meine Überzeugung! [. . .] Haben Sie diese Sache auch mit Kesselring besprochen?*

Neurath: *Ich habe es dem General von Rintelen erzählt, mein Führer.*

Hitler: *Man muß sehr vorsichtig sein. Kesselring ist ein kolossaler Optimist, und man muß vorsichtig sein, daß er nicht in seinem Optimismus, sagen wir, die Stunde verkennt, in der der Optimismus vorbei und die Härte am Platze ist. [. . .]*

Neurath: *[. . .] Die Stimmung in Rom selbst ist unterschiedlich, mein Führer. Es ist sehr unangenehm: die plutokratische Clique, von der wir auch wissen, wie sie denkt, denkt natürlich auch nur in der englischen Linie. [. . .]*

Hitler: *Wie lange sind Sie in Rom gewesen?*

Neurath: *Ich war jetzt 7 Tage in Rom.*

Hitler: *7 Tage. Wie ist in Rom das Benehmen der Leute zu den Deutschen?*

Neurath: *So, daß zunächst einmal der deutsche Soldat aus dem Straßenbild jetzt verschwunden ist. Der deutsche Soldat bleibt in Uniform in der Frontleitstelle und am Bahnhof. [. . .] Sonst ist eigentlich das Gepräge in Rom selbst nach wie vor . . .*

Hitler: *Friedensmäßig?*

Neurath: *Friedensmäßig, jawohl; darüber ist kein Zweifel. Man ist immer erstaunt gewesen, wenn man von Afrika kam und das Straßenbild vorfand, daß es so aussah, als ob zwei Jahre lang gar nichts passiert ist. Aber es wird einem immer damit begründet: Wir sind ein armes Volk, wir haben nicht die Kleidung und nicht die Stiefel, um die Soldaten anzuziehen, deswegen ist es besser, wir lassen sie auf der Straße spazierengehen.*

Hitler: *Hätten sie sie uns wenigstens als Arbeitskräfte gegeben; dann hätten sie arbeiten können. [. . .]*

Mein Urteil ist sowieso feststehend: dieser Krieg ist von einer gewissen

Schicht von Anfang an konsequent in diesem Land sabotiert worden. Von Anfang an! Er ist sabotiert worden zunächst im Jahre 1939. Durch diese Sabotage ist es den Leuten damals gelungen, überhaupt den Eintritt in den Krieg damals zu verhindern. Das heißt: es brauchte gar nicht einzutreten; denn wenn Italien damals die Erklärung abgegeben hätte, daß es sich mit Deutschland solidarisch erklärte, wozu es verpflichtet war auf Grund der Verträge, dann wäre der Krieg nicht ausgebrochen; dann hätten die Engländer nicht angefangen, und die Franzosen hätten nicht angefangen. Denn für die Engländer war es so: zwei Stunden später, nachdem damals der Beschluß gefaßt wurde — der ist sofort nach London gegangen —, daß sich Italien nicht beteiligt, ist in England beschleunigt der Beistandsvertrag mit Polen unterzeichnet worden. Bis dahin war er nicht unterzeichnet. Zwei Stunden nach Abschluß dieses Gesprächs ist der Vertrag unterzeichnet worden. Wir haben es später erlebt: jede Denkschrift, die ich an den Duce geschrieben habe, ist unmittelbar sofort nach England gekommen. Ich habe daher immer nur Sachen geschrieben, die absolut nach England kommen sollten. Das war der beste Weg, um das sofort nach England zu bringen. [. . .]

Keitel: *[. . .] Kann man diese Fähre wieder instand setzen?*

Neurath: *Herr Feldmarschall, das wird wohl ohne weiteres möglich sein.*

Hitler: *Na also!*

Neurath: *Man kann auch ohne eine solche Fähre arbeiten.*

Hitler: *Es ist so: die Fähren sind gar nicht das Entscheidende, sondern das Entscheidende ist der Wille.*

Neurath: *Es ist nur das Bezeichnende!*

Hitler: *Wo der Wille ist, wird man eine Fähre finden [. . .]*

Rommel: *Wäre es nicht möglich, mein Führer, daß die Italiener mehr Truppen nach Sizilien herüberbringen und Sizilien halten an unserer Stelle?*

Hitler: *Möglich wäre natürlich alles. Es ist nur die Frage, ob sie es verteidigen wollen. Wenn sie wirklich verteidigen wollen, dann wäre alles zu machen. Das, was mich mit Sorge erfüllt, ist nicht das Nichtk ö n n e n — denn wenn man wirklich ernstlich will, kann man es verteidigen, darüber ist gar kein Zweifel, da könnten wir auch sofort Truppen herübergeben —, sondern was mich mit Sorge erfüllt, ist das Nichtw o ll e n der Leute, und dieses Nichtwollen sehen wir. Nun kann der Duce den besten Willen haben; aber es wird sabotiert. [. . .]*

Man muß wie eine Spinne im Netz auf der Hut sein, und Gott sei Dank habe ich immer für alle Dinge eine gute Nase, so daß ich alle Dinge mei-

stens vorher gerochen habe, was losgehen kann. [. . .]

Das Halten des Balkans ist für uns wirklich entscheidend: Kupfer, Bauxit, Chrom, vor allem auch die Sicherung, daß nicht dort, ich möchte sagen, eine uferlose Pleite entsteht, wenn die italienische Sache kommt. [. . .]

Motiv muß immer sein, daß wir vorsichtig sein müssen, daß für den Fall, daß ein Zusammenbruch eintreten würde, mit dem wir rechnen müssen, wir dann helfend eingreifen können. Das muß das große Leitmotiv sein, nicht wahr? [. . .]

Haben Sie noch etwas da?

Keitel: *Der Duce ist heute vormittag beim König gewesen und hat den Rintelen für später angesetzt. [. . .]*

Hitler: *Diese zwei Welten sind ja nicht neu. Die sind immer dagewesen, schon im Jahre [der] Abessinien-Offensive. Wenn ich damals gegen Italien gegangen wäre, wäre es sofort zusammengefallen. Ich habe ihn damals darauf hingewiesen, daß er nicht . . . Damals habe ich gesagt: »Das werde ich Ihnen nie vergessen!« Wir werden ihm das auch nicht vergessen. Ich habe ja doch damals bei dem Empfang in Rom — das weiß ich noch — so richtig empfunden: diese beiden Welten sind zu schroff in Erscheinung getreten: auf der einen Seite ohne Zweifel die faschistische Wärme des Empfangs usw., und auf der anderen Seite die absolut eiskalte Atmosphäre der militärischen und höfischen Welt, Leute, die ja sowieso unbedeutend an sich oder Feiglinge sind. Alle Leute, die mehr als 250 000 Mark Vermögen haben, werden in meinen Augen im allgemeinen zu Feiglingen, weil sie dann davon leben wollen, damit sie auf den 250 000 Mark sitzen können. Die verlieren jeden Mut. Wenn einer 1 oder 2 Millionen hat, kann man beruhigt sein: die Leute machen weder eine Revolution noch sonst etwas. Sie sind daher auch gegen jeden Krieg. [. . .] Ich habe es ja in Rom gesehen, wie der Faschismus ist. Gegenüber der höfischen Welt konnte er sich nicht durchsetzen. So ein Empfang bei Hofe — ich würde sowieso nicht davon reden — ist natürlich ein Bild, das einen anekelt nach unseren Begriffen. Aber auch beim Duce sogar, [. . .] Für mich ist der fragliche Punkt der in erster Linie: in welcher Gesundheitsverfassung ist der Duce selbst? Das ist das Entscheidende bei dem Mann, der so schwere Entschlüsse treffen muß. Und zweitens: wie beurteilt er überhaupt die Chancen Italiens im Falle, sagen wir, eines Abklingens der faschistischen Revolution oder des Königshauses? Das sind die beiden Probleme. Denn entweder das königliche Haus löst die faschistische Revolution ab — wie beurteilt er dann die Chancen seines Volkes —, oder wie beurteilt er sie, wenn das königliche Haus allein eben die Macht übernimmt; und das ist schwer zu sagen. Er hat in Kleßheim eine Äußerung getan bei Tisch, wie wir zusammen waren; da sagte er plötzlich: »Mein Führer, ich weiß nicht, ich habe keinen Nachfolger in der faschistischen Revolution; ich habe als Staatschef einen Nachfolger, der wird sich finden, aber ein Nachfolger der Revolution ist nicht da.« — Das ist natürlich sehr tragisch. Sein Jammer begann schon im Jahre 1941, wie wir in dem zweiten Hauptquartier unten gewesen sind, in dem Eisenbahnviadukt, schon im Rußlandfeldzug.*

Keitel: *Jawohl, da unten im galizischen Raum, wo der große Tunnel war.*

Hitler: *Da sprachen wir nachts über die russischen Kommissare, es könnten nicht zwei Gewalten sein usw. . . . Da wurde er sehr nachdenklich, und dann habe ich im Zug mit ihm gegessen. Da sagte er plötzlich zu mir: »Es ist richtig, was Sie sagen, Führer, man soll nicht zwei Gewalten in einer Armee besitzen; aber was glauben Sie, Führer, was soll man beginnen, wenn man Offiziere hat, die gegenüber dem Staatsregime, der Staatsidee eine . . . Reservation besitzen?« Die sagen, weil sie Offiziere sind, sie haben eine Reservation; die sagen in dem Moment, in dem man mit der Staatsidee oder der Staatsräson kommt: »Wir sind Monarchisten, wir unterstehen dem König.« Das ist der Unterschied. So war das Problem bereits damals im Jahre 1941. Und noch schärfer war es im Jahre 1940 am 28. Oktober, als ich . . . zurückkehrte — das war 1940 —; da sagte er plötzlich: »Sehen Sie, ich habe Vertrauen zum Soldaten, aber ich habe kein Vertrauen zu meinen Generälen; ich kann kein Vertrauen haben.« Das hat der Mann mir gesagt an dem Tage, an dem die Offensive gegen Griechenland oder Albanien losging. Es fragt sich ja natürlich — wenn der Duce heute 15 Jahre jünger wäre, wäre das Ganze wahrscheinlich gar kein Problem, mit 60 Jahren ist das doch schon schwieriger —, es fragt sich ja, wie er sich gesundheitlich fühlt. Aber diese zwei Welten sind in meinen Augen immer dagewesen. Die eine Welt ist nicht beseitigt worden, die ihre Fäden dauernd weitergesponnen hat. [. . .]*

Rommel: *Ich habe die große Sorge, mein Führer, daß die Italiener plötzlich umfallen und die Grenze sperren, insbesondere den Brenner, denn die Brüder haben jahrelang daran gearbeitet. [. . .]* [92)]

Hitlers Befürchtung, die Italiener könnten »plötzlich umfallen«, ist realistisch. Die Welt des Faschismus ist zum Kartenhaus geworden, in dessen Mitte ein Mann sitzt, dessen Energie erschöpft ist.

Erstes Anzeichen totaler Resignation ist sein Befehl an den Kampfkommandanten der Inselfestung Pantelleria (mit unterirdischen Flugzeughallen), sich ohne Gegenwehr zu ergeben, als sich nach wochenlanger Bombardierung der Hauptstadt Porto di Pantelleria und des Flugplatzes

Marghana am 11. Juni ein englisch-amerikanischer Flottenverband nähert. Das Kriegstagebuch des OKW verzeichnet dazu nur: »Nach kurzem Feuergefecht wurde die Insel infolge Wassermangels bedingungslos übergeben«[93)] und übernimmt damit die italienische Sprachregelung. Doch in Wahrheit spielt der vorgeschützte »Wassermangel« keine Rolle für die Preisgabe dieses Stützpunktes, der in der Hand der Alliierten das Sprungbrett nach Sizilien wird, und noch viel weniger trifft der Eindruck zu, den diese lapidare Notiz vermittelt, als hätten die Deutschen die kampflose Kapitulation Pantellerias ruhig hingenommen wie irgendeinen anderen Rückschlag an einer der Fronten vom Eismeer bis Rumänien. Sie wird zum Anlaß schärfster Kritik, die Mussolini in Form der Frage erreicht, welche Erklärung er für den schmählichen Vorgang habe.

Die eigentliche Sprengwirkung auf das deutsch-italienische Bündnis erreichen die westlichen Alliierten mit der Landung auf Sizilien, die mit äußerst verlustreichen Aktionen der britischen 1. und der amerikanischen 82. Luftlandedivision in der Morgendämmerung des 9. Juli 1943 beginnt. Zu einem zweiten »Pantelleria-Komplex« wird im deutsch-italienischen Verrats- und Feigheitsdialog die Hafenstadt Augusta, über deren kampflose Übergabe durch eine italienische Division ein deutscher Oberst am 12. Juli einen ausführlichen Bericht auf den Dienstweg bringt, der für wichtig genug gehalten wird, um dem Führer vorgelegt zu werden, der seinerseits befiehlt, er sei im Wortlaut zwecks Stellungnahme Mussolini sofort zur Kenntnis zu geben. Dieser antwortet, eine Untersuchung sei eingeleitet, Marineeinheiten hätten offenbar versagt.[94)]

In der Lagebesprechung vom 13. Juli im Führerhauptquartier wird über eine Meldung Kesselrings diskutiert, wonach »sich die Lage infolge des Ausfalls der Masse der ital. Kräfte im Angriffsraum verschärft habe«. Das Generalkommando XIV. Panzerkorps, dessen Kommandeur, General Hube, am 18. Juli Anweisung bekommt, sämtliche auf Sizilien kämpfenden deutschen Truppen unter seinen Befehl zu stellen — und sie damit aus der formal noch bestehenden Zuständigkeit des Comando supremo herauszunehmen —, erfährt insgeheim schon am 13. Juli von der Sonderanweisung des Führers, Vorbereitungen zu treffen, um die italienischen Kommandostellen völlig auszuschalten.

So bleibt festzuhalten, daß die erste deutsche Reaktion auf den drohenden Verlust Siziliens nicht in dem Bemühen besteht, an Ort und Stelle eine engere Kooperation mit dem Verbündeten herzustellen, sondern darin, das eigene Befehlsnetz abzukapseln, um es im Endeffekt auf die italienischen Verbände auszudehnen.

Selbstverständlich bemerken die italienischen Generäle an der Front wie im Generalstab, was auf sie zukommt. Vor einem Jahr hätten sie sich vermutlich noch offen dagegen gewehrt, im Palazzo Venezia Rückhalt gesucht und den Duce bedrängt, Hitler zu sagen, sie wollten wenigstens auf ihrem eigenen Staatsgebiet noch an der Kriegführung beteiligt sein. Auch jetzt noch wenden sich die Blicke höchster Funktionäre des Faschismus, unter ihnen Generalstabschef Ambrosio, Mussolini zu; er soll mit Hitler endlich Fraktur reden. Die ihm zu überbringende Botschaft lautet nicht mehr: Wir wollen unseren eigenen Krieg führen, sondern: Wir können unseren eigenen Krieg nicht mehr führen, wir wollen aufhören!

Der Duce gibt auf

Die Schlinge zieht sich zu

In dem Lager, das sich im ersten Halbjahr 1943 aus sozial und politisch grundverschiedenen Gruppierungen formiert, um den Faschismus zu beseitigen oder doch zumindest Mussolini aus seiner Machtstellung zu vertreiben, ist der kleine mißtrauische König Viktor Emanuel der erste, der den Umsturz der inneren Verhältnisse des von ihm repräsentierten Staates als unausweichlich erkennt.

Der Duce ist für ihn nie eine sympathische Figur gewesen, und in vielen Situationen, in denen ihn der Diktator allzu deutlich merken ließ, wer eigentlich Herr im italienischen Haus ist, fand er ihn ausgesprochen widerwärtig — wenn auch nie so widerwärtig wie Hitler! Was das faschistische Regime an Freiheitsverlust für das Volk und für den einzelnen Bürger bedeutete, berührte den König nicht. Wäre er 1943 nicht sicher, daß die Deutschen den Krieg verlieren, würde er auch jetzt gegen den Garanten des Achsenbündnisses nicht einen Finger krumm machen. Doch eben davon ist der kleine König, nicht nur aufgrund einer kühlen Analyse der Entwicklung an den Fronten, sondern auch weil er die Niederlage der Deutschen von ganzem Herzen wünscht, schon Ende 1942 überzeugt.

In seiner antideutschen Grundhaltung sieht er Italien — das ist für ihn ausschließlich ein monarchisches Italien! — weniger durch die Übermacht der Alliierten als durch die Schwäche der Deutschen bedroht. Er denkt dabei eher in politischen als in militärischen Kategorien und glaubt, die Vorgänge des Jahres 1918, als das Kaiserreich Deutschland politisch zusammenbrach, könnten sich wiederholen. Ein Kollaps des Nationalsozialismus würde den Bankrott der Gesamtfirma Achse bedeuten; der König will nicht zur Konkursmasse gehören, sondern als der Konkursverwalter Italiens übrigbleiben.

Erst seine diskrete Konspiration mit Generälen und Politikern belehrt den König darüber, daß nicht die Schwäche der Deutschen, sondern ihre gegenüber Italien noch fortbestehende überlegene Stärke der größte Unsicherheitsfaktor in allen gegen Mussolini gerichteten Plänen ist.

Der König reagiert auf den Verlust Nordafrikas wie alle Italiener: Er schreckt auf, und er sagt sich, daß nun gehandelt werden müsse, eine Spinne ohne Netz aber nichts fange. Von jetzt an bemüht er sich herauszufinden, mit wem er bei seinem Staatsstreich rechnen könne. Unter denen, die für den König in Frage kommen, ist der siebzigjährige Ivanoe Bonomi die Schlüsselfigur. Er war 1920 Kriegsminister, dann für kurze Zeit Ministerpräsident, was er noch einmal 1944/45 für einige Monate sein wird. In seinem Haus, Piazza della Libertà 4, finden seit Ende 1942 geheime Zusammenkünfte der Liberalen statt, die ebenso vorsichtig wie beharrlich ihre Fühler zu den Katholiken ausstrecken, unter denen sich jüngere Männer befinden, die im neuen Italien in der christdemokratischen Mehrheit führende Positionen bekleiden werden, wie Alcide de Gasperi z. B. und Andreotti.

In Mailand gruppieren sich um zwei junge politische Aktivisten mit republikanischem Linksdrall, Ugo la Malfa und Adolfo Tino, sowohl Männer der Wirtschaft als auch Intellektuelle, die aber in Rom eher Ablehnung als Unterstützung finden, denn der hauptstädtische Untergrund ist promonarchistisch auf eine so selbstverständliche Weise, daß diese Orientierung kaum programmatischen Ausdruck zu finden braucht — es sei denn in der Ablehnung republikanischer Tendenzen.

Am 2. Juni 1943 darf Bonomi zum erstenmal im Quirinal erscheinen, um darzulegen, wie er und seine Freunde sich das Ende des Faschismus und die Beendigung des Kriegs vorstellen. Der König sitzt auf einem roten Sofa, das so hoch ist, daß die Sohlen der königlichen Schaftstiefel den Teppich nicht berühren. Er trägt Generaluniform, ein Nest von Orden bedeckt die schmale Brust, die Hosen sind nach dem Gebot der Sparsamkeit geflickt. In Bonomi hat er einen Mann vor sich, dessen Loyalität außer Frage steht, doch der Politiker kann sich in den folgenden Wochen im Anschluß an diese Begegnungen immer weniger des unbehaglichen Gefühls erwehren, daß er eigentlich nur seine Zeit vertue.

Auf seine leidenschaftlich vorgetragenen Ausführungen, Italien habe das politische und moralische Recht, sich aus der Allianz mit den Deutschen zurückzuziehen, die weder dem Wunsch noch den Interessen des Volkes entspricht, antwortet der König nicht etwa: »Sie haben ganz recht!«, sondern: »Die Nation hat immer das Recht zu tun, was sie will« — ein Satz, der auch in einem Seminar über Staatsrecht hätte formuliert werden können. Nichts scheint von der Stelle zu rücken, der König hört zu und schweigt. Vor allem vermißt Bonomi Erläuterungen zum militärischen Aspekt eines doch ohne Zweifel nur gewaltsam durchzuführenden Regierungswechsels.

Bonomis Argwohn, daß in militärischer Hinsicht gar nichts geschehe, ist nicht ganz unberechtigt. Generalstabschef Ambrosio hat am 6. Juli das Versteckspiel des Königs satt und erklärt ihm unumwunden, er werde nun in seinem Stab Vorbereitungen für die Ablösung Mussolinis treffen. Er irrt sich nicht, wenn er des Königs Schweigen als Zustimmung deutet. Solche »Vorbereitungen« erschöpfen sich allerdings darin, ein paar zuverlässige Kameraden in Schlüsselstellungen zu dirigieren. Truppenbewegungen größeren Ausmaßes könnte Ambrosio noch nicht befehlen, ohne daß sie sofort von den Deutschen bemerkt würden. Italien hat Mitte 1943 zwischen den Alpen und Kalabrien nur noch 16 einsatzbereite Divisionen stehen, viele von ihnen in einem miserablen Ausrüstungsstand. Über vollmotorisierte größere Verbände verfügt das Comando supremo überhaupt nicht. 34 italienische Divisionen, darunter die besten, sind in Frankreich, auf dem Balkan und auf dem Dodekanes stationiert und können nicht zurückgerufen werden, solange Mussolini noch im Palazzo Venezia sitzt.

Auch eine kampffähige, mit modernen Maschinen ausgestattete Luftwaffe gibt es nicht mehr, und die hinsichtlich Schiffstypen und Anzahl immer noch respektable italienische Kriegsmarine ist aus zwei Gründen nicht einsatzfähig, von denen einer ausreichen würde: Mangel an Treibstoff und kein Schutz durch Flugzeuge.

Daß der König nach Mussolinis Entmachtung den Oberbefehl wieder übernehmen wird, den Mussolini an sich gerissen, aber nicht ausgeübt hat, versteht sich von selbst. Wer ihn faktisch ausüben soll, in Personalunion mit dem Amt des Ministerpräsidenten, bildet ein immer wieder diskutiertes Problem, bei dessen Behandlung der König starr daran festhält, ein Politiker dürfe es nicht sein. Er will ein Militärkabinett. Hohe Generäle, alle alt, werden ihm vorgeschlagen, zuletzt steht nur noch einer auf der Liste: »Bleibt einer übrig, Badoglio, ob es mir gefällt oder nicht«[95], soll der König gesagt haben.

Geboren 1871, mit 45 Jahren im Ersten Weltkrieg Generalmajor, 1925 Generalfeldmarschall, mehrfach Chef des Generalstabs, Sieger im Krieg gegen Abessinien, wiederholt in diplomatischen Missionen tätig, steht er an Gerissenheit dem König in nichts nach, auch nicht an Geiz und Gewinnsucht.

Nach der Klärung von Personalfragen entsteht eine Art »Fahrplan«, in den nur noch genaue Daten eingesetzt werden müssen: Entmachtung des Duce als Überraschungscoup, sofortige Einsetzung einer neuen Regierung; dann zu gegebener Zeit Ausscheiden aus dem Krieg, d. h. Kapitulation. Zu gegebener Zeit heißt: so rasch wie nur irgend möglich. Auch für ein Italien ohne Mussolini gilt, was Ambrosio am 19. Juli zu Mussolini sagen wird: In 14 Tagen müssen wir den Laden zumachen.

Die unaufhaltsame Verwandlung der Deutschen aus einer verbündeten zu einer Besatzungsmacht hat ein Ergebnis, das Mussolinis Gewaltherrschaft in zwanzig Jahren nicht hervorgebracht hat: Alle politischen Gruppen und Parteien rücken zusammen und bemühen sich um eine einheitliche Willensbildung. Der kleine König sieht sich plötzlich aus einer Position völliger Ohnmacht in die des Regisseurs versetzt, bei ihm laufen die Fäden zusammen: Monarchisten, Liberale, Sozialisten, Kommunisten überlassen ihm die Entscheidung, wie, wo und wann das Regime gestürzt werden soll. Ja, die faschistischen Führer selbst glauben, durch eine Aufwertung der Krone den drohenden Zusammenbruch des Regimes aufhalten zu können!

Als der König seine Netze spinnt, in denen sich Mussolini verfangen soll, weiß er noch nicht, daß ihm die faschistischen Bonzen in die Hände arbeiten werden. Nicht alle, aber die wichtigsten, klügsten, noch relativ mächtigsten, proben den Aufstand gegen ihren Chef aus dem gleichen Grunde, wie der König den Staatsstreich plant: weil er sich von den Deutschen nicht lossagt.

Hat er es gar nicht versucht? Aktiv nicht, aber es läßt sich nachweisen, daß er Bemühungen, einen Absprung zu finden, via Lissabon mit den Engländern Kontakt aufzunehmen, geduldet hat. Geht man ihnen nach, so macht man die Bekanntschaft eines Mussolini, der sich erstaunlich ähnlich verhält wie der König in den Monaten der Vorbereitung des

Staatsstreichs; wie dieser verschanzt er sich plötzlich hinter der Parole: Alles sehen, alles hören, nichts sagen! Zu Plänen zu schweigen, die in seinen Augen »verräterisch« sind — das ist das Äußerste, was er sich abringen kann.

Von einer Vorbereitung des »Verrats« durch Mussolini zu sprechen, hieße demnach, ein zu starkes Wort zu verwenden. Diese Ehre kommt ihm nicht zu. Wirkliche Teilnahme hätte verlangt, den progermanischen Treuekomplex zu überwinden! Dazu hat er die Kraft nicht mehr. Keiner hat seinen inneren Zusammenbruch klarer gesehen und beschrieben als er selbst. Der Sechzigjährige ohne Zukunft fertigt später in der Gefangenschaft eine Art Stenogramm seines Abstiegs an: »Seit dem 23. Oktober 1942 hat mir das Glück entschieden die Schulter zugekehrt. [. . .] Am 5. Mai bei der letzten Versammlung vor dem Palazzo Venezia erklärte ich, daß wir nach Afrika zurückkehren werden, und gerade da verloren wir in Tunesien das letzte Stück dieser Erde.«[96]

Zwanzig Jahre lang hat er mit der Pünktlichkeit eines Beamten seinen Arbeitsplatz im Palazzo Venezia aufgesucht. Das Szenarium im riesigen »Weltkartensaal«, wo in einer Ecke der Schreibtisch steht und sonst fast nichts, ist auf den allmächtigen Diktator zugeschnitten. Jetzt paßt es nicht mehr: »Es ist merkwürdig, daß ich in der letzten Zeit der Arbeit im großen Saal des Palazzo Venezia überdrüssig geworden war. Ich hatte schon beschlossen, in das Marineministerium oder eine andere Umgebung umzusiedeln, die kleiner sein sollte als der Palazzo Venezia. [. . .] Anzeichen meiner Krankheit.«[97] Anzeichen seiner Krankheit? So billig schiebt er Verantwortung von sich, nachdem sie ihm gewaltsam abgenommen worden ist! Von bestürzender Aufrichtigkeit ist er nur, wenn er sich als den Geschlagenen erkennt und bekennt: »Es scheint, die Diktatoren haben keine Wahl: Sie können nicht absinken, sie müssen fallen.«[98]

Am 5. Mai 1943 steht er zum letztenmal auf dem Balkon, den er vom Schreibtisch aus mit ein paar Schritten erreichen konnte. Die Römer haben sich noch einmal in Massen eingefunden, doch als er nach zwei Stunden eine lahme Rede beendet, verebbt das ohnehin schwache Duce-Geschrei schlagartig. Die Menge zerstreut sich rasch, es ist, als flüchteten die Römer zurück in ihre Wohnungen, diese letzten Schutzgehäuse, wo sie ihre Sorgen reihum in der Famlie von einem auf den anderen abwälzen können. Der Wundermann hat ihnen keinen Trost gespendet, er hat nur vom Aushalten und von Disziplin gesprochen, von kleineren Lebensmittelrationen, vom Siegeswillen und von der Treue zum deutschen Verbündeten und daß das Volk das Vaterland wie ein Mann verteidigen werde, wenn sich der Feind seinen Küsten nähert — die er nie betreten wird, niemals! (Aber er betritt sie ohne besondere Schwierigkeiten ein paar Tage später.)

Der Duce hat jeden Kredit beim Volk verspielt. *» È giunta l'ora? «* Ist die Stunde gekommen? fragt einer den anderen. Es wird daraus eine neue Begrüßungsformel, ein Signal der Solidarität. Die Angst, jeder sei des anderen Spitzel, Aufpasser und Denunziant, die Angst, die den »deutschen Blick« hervorbringt — sie bleibt den Italienern unbekannt. Sie schimpfen laut, im Bus, auf den Märkten, in den Geschäften, und wenn sie sagen *il fetente*, der Lump, der Stinker, meinen sie Mussolini.

24 Stunden nach seiner Rede erfährt Parteisekretär Scorza aus den Polizeiberichten, eine positive Reaktion der Bevölkerung sei völlig ausgeblieben. Deprimiert schreibt er einen zwanzig Seiten langen Brief an seinen Herrn, breitet vor ihm eine tief pessimistische Analyse der Lage aus und begeht nur den Fehler anzunehmen, der Adressat sei noch in der Lage, Volk, Partei und Armee zu begeistern.[99]

Auch andere Parteiführer und Minister sparen den Duce noch aus ihrer Kritik am Zustand des Regimes aus. Nur einer weiß, wie es wirklich um ihn steht: er selbst. Er hat aufgegeben! Einige schwächliche wirkungslose Maßnahmen, wenigstens des Hungers Herr zu werden, wiegen nicht auf, was er alles nicht tut, als er vom Aufstand seiner Gerarchen Witterung bekommt. Er ordnet keine Sicherheitsmaßnahmen für die eigene Person an, die Polizei, die Carabinieri, die Division »M«, ihm von Himmler geradezu verordnet für den Fall einer Systemkrise, sie alle bekommen keine Befehle aus dem Palazzo Venezia.

Am 13. Juli (die Alliierten sind in der Nacht vom 9. auf den 10. Juli an der Südküste Siziliens gelandet, haben Brückenköpfe gebildet und tragen damit den Krieg ins Mutterland) ruft Scorza die Präfekten und Federali aus den unmittelbar bedrohten Gebieten Süditaliens zur Berichterstattung ins Parteihauptquartier nach Rom. Dabei wird der Plan ausgebrütet, eine alle großen Städte Italiens einbeziehende patriotisch-faschistische Kampagne zu starten. Der Parteisekretär wird gefragt, was die Redner im Rahmen dieses Propagandafeldzugs eigentlich dem Volk sagen sollen. Da er keine Antwort weiß, sucht er noch einmal Rat bei dem, den er als den Helfer aus allen Nöten anzusehen gelernt hat. Er fährt zum Palazzo Venezia. Als er ins Parteihauptquartier zurückkehrt, bringt er ein Zwei-Punkte-Programm mit: 1. Der Duce ist mit der Kampagne einverstanden; 2. er wird in einigen Tagen die Parteiführer der Hauptstadt empfangen, um mit ihnen abzusprechen, was der Bevölkerung gesagt werden soll.

Die klügsten Köpfe unter den Parteiführern und Faschisten der ersten Stunde, Grandi, Federzoni, Ciano, sehen den unmittelbar bevorstehenden Kollaps des Regimes voraus. Grandi folgt bereits der Aufforderung des Parteisekretärs nicht mehr, nach Rom zu kommen und sich für die geplante Propagandaaktion als eines der Zugpferde zur Verfügung zu stellen. Von Bologna aus versucht er, Mitglieder des Großrats dafür zu gewinnen, dem Duce einmal offen entgegenzutreten, nicht, um ihn zu stürzen, sondern um das Regime durch evolutionäre Erneuerung wieder arbeitsfähig zu machen.

Unter den in Rom anwesenden Gerarchen wird Giuseppe Bottai plötzlich die Schlüsselfigur, der schon im September 1942 zu Ciano gesagt hatte, Mussolini sei nicht berechtigt gewesen, in den Krieg einzutreten, ohne den Faschistischen Großrat an der Entscheidung darüber teilnehmen zu lassen. Er verfaßt jetzt ein Schriftstück, in dem zum erstenmal die Wiederherstellung eines verfassungsmäßigen Zustandes gefordert wird, mit anderen Worten: das Ende der Diktatur. Es findet sich darin bereits andeutungsweise der Gedanke, der König müsse das Recht bekommen, notfalls die Regierungsform zu ändern.

Bottai und Grandi arbeiten nicht Hand in Hand, aber beide wissen, daß solche das Staatsgefüge berührende Vorschläge nur im Faschistischen Großrat besprochen werden dürfen. Und noch in einem anderen Punkt besteht Einigkeit: Nichts wird geschehen können, ohne die Deutschen irgendwie miteinzubeziehen. Diese Überzeugung verlangt eine in sich widerspruchsvolle Taktik: Zum einen ist die Bündnistreue Mussolinis die eigentliche Ursache der Staatskrise; zum anderen kann die Staatskrise in den Augen der Faschisten nicht durch die volle Entmachtung Mussolinis behoben werden, weil er der einzige ist, der »den Deutschen das Versprechen abgewinnen könnte, das Land nicht zu quälen« (Anfuso und sinngemäß auch Scorza).

Mussolini wird noch gebraucht — von dieser falschen Voraussetzung gehen die Gerarchen nach wie vor aus. Mit ihm, so glauben sie, muß abgesprochen werden, was der Großrat behandeln soll; nur er kann ihn einberufen. Am Spätnachmittag des 16. Juli treten zu einem zuvor nicht ausdrücklich verabredeten Termin 15 führende Faschisten vor Mussolinis Schreibtisch, mit Scorza als Parteisekretär, mit Bottai als Wortführer, aber noch ohne Grandi und Ciano. Die Herren sind nicht in Uniform, erscheinen in hellen Sommeranzügen oder nur in Hemd und Hose — ein

Bruch mit der geheiligten Etikette, an dem ein verärgerter Mussolini die aufrührerische Stimmung seiner ungebetenen Besucher abliest. In Bruchstücken, ohne Geschäftsordnung und Plan, trägt bald der eine, bald der andere Gedanken vor, die aus Bottais programmatischem Entwurf stammen, in dieser Form aber von Mussolini nicht als ein in sich schlüssiges Programm verstanden werden können. »Wir sind nicht hier, um zu verlangen, [. . .] daß Ihre Macht zerstückelt werden soll. Wir sind hier, um Verantwortung tragen zu helfen.«

Solche Wendungen sind nicht dazu angetan, Mussolini zu täuschen. Er geht in Deckung, wie immer in Krisensituationen, verweigert eine Sachdiskussion und gesteht nur zu, den Großrat einzuberufen: »Im feindlichen Lager wird man sagen, er sei zusammengetreten, um die Kapitulation zu diskutieren.«[100]

Was sich hier abspielt, nennt der Duce am nächsten Tag ein Pronunziamento, eine Aufstandserklärung, die er nicht ernst nimmt und der gegenüber er seine Verachtung nicht verhehlt: »Wer waren diese schlechtgekleideten Herren? Was wollten sie? Was für eine Autorität hatten sie?«[101]

Das einzige Resultat dieser von Mussolini als belanglos hingestellten Zusammenkunft mit römischen Parteifunktionären ist seine widerwillig gegebene Erlaubnis, den Großrat für den Spätnachmittag des 24. Juli einzuberufen.

Am 17. Juli wird Botschafter Mackensen ins Führerhauptquartier befohlen, wo man gerade erkannt hat, daß Italien unmittelbar vor dem militärischen Zusammenbruch steht. Nach wie vor in gänzlicher Verkennung der politischen Lage auf Mussolini setzend, beschließt Hitler, sich unverzüglich mit ihm zu treffen: Mackensen, der am Vormittag des 18. Juli nach Rom zurückgekehrt ist, überbringt Mussolini die Einladung, die eher ein Befehl ist, Hitler bis an die Nordgrenze Italiens entgegenzufahren. Der Beginn der Konferenz wird von Ostpreußen aus für den 19. Juli, vormittags 9 Uhr, angeordnet. Die Frage nach der Tagesordnung bleibt unbeantwortet. Es gibt keine. Die Italiener haben keine 24 Stunden Zeit, sich auf das Treffen vorzubereiten.

Es vergehen ein paar Stunden, bis Mussolini seinen Generalstabschef Ambrosio alarmiert. Vorsorglich gibt er jedoch sofort Weisung, einen passenden Ort für das Treffen zu bestimmen, nachdem sich Hitler bereit erklärt hat, ihm bis an die italienische Nordgrenze entgegenzufliegen. Irgend jemand im Comando supremo kommt auf die seltsame Idee, hierfür den Landsitz des venezianischen Industriellen Senator Gaggia vorzuschlagen, die Villa Maria, fast zwei Bahnstunden vom Flugplatz Treviso entfernt, auf dem die Delegationen landen werden. Um der Geheimhaltung willen wird von einem Treffen in Feltre gesprochen, tatsächlich aber liegt die Villa Maria nur fünf Kilometer von Belluno, hingegen gut 25 Kilometer von Feltre entfernt.[102] Die Zeitgeschichtsschreibung ist bei Feltre geblieben.

Am Nachmittag des 18. Juli 1943 befiehlt der Duce Ambrosio und dem Unterstaatssekretär im Außenministerium Bastianini, sich auf den Weg nach Treviso zu machen. Hierfür wird ein Sonderzug bereitgestellt. Diese beiden hochqualifizierten Männer werden von Hitler schon seit langem als ausgemachte »Verräter« an der deutschen Sache eingeschätzt.

Bei der Zusammenkunft werden, das ist auch ohne Tagesordnung klar, militärische Fragen zu behandeln sein, und demnach ist es selbstverständlich, daß Mussolini seinen Generalstabschef mitnimmt. Bastianini könnte er von der Sache her zu Hause lassen. Daß er es nicht tut, läßt erkennen, daß er gegenüber Hitler mit Beratern auftreten will, von denen er erwarten kann, daß sie den moralischen Mut aufbringen, Italiens Interessen zu vertreten. Er selbst hat nicht einmal den Mut, sich vor dem Aufbruch zum Treffen mit ihnen zusammenzusetzen, um eine gemeinsame Verhandlungsstrategie abzusprechen. Bastianini bekommt im Palazzo Venezia nur den General zu Gesicht, dem er den Rat gibt, er möge sich mit allen Dokumenten versehen, die geeignet seien, »eine hitzige Diskussion« durchzustehen.

Die Italiener ahnen, was ihrer harrt. Mussolini ahnt nicht nur, er weiß, was sein Comando supremo von ihm erwartet, was ganz Italien von ihm erhofft: das offene Wort, die klare Sprache. Gerade deshalb weicht er einer Vorbesprechung mit seinen Beratern aus. Noch am Telefon, als ihm Mussolini von der bevorstehenden Konferenz Kenntnis gibt, hat Ambrosio zu ihm gesagt: »Aus dieser Zusammenkunft wird nur dann etwas Entscheidendes für unser Land herauskommen, wenn Ihr es versteht werdet zu sprechen.« In welchem Sinne, dafür liegen Mussolini zwei schriftliche Äußerungen Ambrosios aus jüngster Zeit vor. Hieß es darin noch am 14. Juli: »Ohne kraftvolles Eingreifen der Deutschen ist der Kampf nicht mehr fortzusetzen«, so jetzt, nur zwei Tage später: »Der Krieg ist verloren, weil die Deutschen uns die notwendige Hilfe nicht leisten können.« — »Können«, schreibt Ambrosio, er meint aber »wollen«.

Bevor Mussolini Rom verläßt, fällt ihm in auswegloser Bedrängnis ein Schachzug ein, der zwar nichts an der Lage ändert, die Deutschen jedoch ärgern und sie daran erinnern könnte, wie listig der Gründer des »Imperiums« einst zu taktieren wußte. Er ordnet an, daß der Text eines gerade über italienischen Städten abgeworfenen alliierten Flugblatts in der italienischen Presse ohne Kommentar veröffentlicht wird. In deutscher Übersetzung lautet er: »Im Augenblick sind die vereinten Streitkräfte unter dem Kommando des Generals Eisenhower und des Generals Alexander im Begriff, den Krieg in das Herz Eures Landes zu tragen. Das ist die direkte Folge der schändlichen Politik, die Mussolini und das faschistische Italien Euch aufgezwungen haben. Mussolini hat Euch in diesen Krieg hereingezogen als einen Satellitenstaat des Zerstörers ganzer Völker und der Freiheit. Der Beitritt Italiens zu den Plänen des nationalsozialistischen Deutschlands war den antiken Freiheits- und Kulturtraditionen des italienischen Volkes unwürdig. Traditionen, denen die Völker Amerikas und Englands so viel verdanken. Eure Soldaten haben in keiner Weise für die Interessen Italiens gekämpft, sondern nur für die Interessen Nazideutschlands. Sie haben mit großem Mut gekämpft, aber sie sind verraten worden und verlassen von den Deutschen an der russischen Front und auf jedem Schlachtfeld von El Alamein bis Cap Le Bon.«

Es ist, als veröffentliche der *Völkische Beobachter* unkommentiert eine der Ansprachen Thomas Manns, die er über amerikanische Sender an die Deutschen gerichtet hat, um sie über das nationalsozialistische Regime aufzuklären. Nach dieser »Tat« fliegt der Duce gegen Abend mit seiner kleinen Privatmaschine, begleitet nur von Sekretär De Cesare und seinem Arzt, Dr. Pozzi, nach Riccione an der Adriaküste. Es ist Hochsommer, der Strand ist auch am Abend noch voller Menschen. In der seit Jahren hin und wieder bewohnten Villa ist Mussolini allein. Es ist eine Flucht zu sich selbst. Sie liegt auf der Linie seines in allen großen persönlichen Krisen gezeigten Verhaltens: *Vor* dem Entschluß, der die Krise lösen soll, taucht er in einer an Hysterie erinnernde Depression weg, um *nach* dem Entschluß wie neugeboren, tatenfreudig die Zügel wieder in die Hand zu nehmen — und sich selbst. Diesmal gibt es keinen Entschluß, also auch keine Katharsis.

Fern in Ostpreußen bereitet sich Hitler auf seine Weise auf eine Begegnung vor, von der er nicht mehr erwarten kann, daß sie ganz Italien bei der deutschen Stange halten wird, von der er sich aber verspricht, daß es ihm gelingen werde, Mussolini mit neuer Energie, neuem Kampfesmut zu erfüllen, so daß wenigstens die faschistischen Kader und Truppen sich weiterhin für die Deutschen schlagen werden. An jenem 17. Juli 1943 sitzt er mit Keitel, Jodl, Dönitz, dem Botschafter Mackensen und Prinz

Philipp von Hessen in der »Wolfsschanze« zusammen und bespricht mit ihnen Personalprobleme der militärischen Führung Italiens. Hitler stellt sich ein Kriegsgericht vor, das die derzeitige Armeeführung des Verbündeten hinter Gitter bringt. Auf die höchsten Stellen müßten neue Männer, vor allem aber müßte Generalstabschef Ambrosio verschwinden. (Der spiegelbildliche Vorgang wäre, wenn sich Mussolini mit Ambrosio im Palazzo Venezia überlegte, durch wen Hitler seine Generäle wie Keitel oder Jodl ersetzen sollte.) Den Deutschen fällt kein General ein, dessen bedingungsloser Unterwerfung unter den deutschen Führungsanspruch sie sicher sein dürften. Rommel, der zu der Besprechung verspätet kommt, sagt, eine mit Deutschland absolut zusammenarbeitende, zudem tatkräftige Persönlichkeit existiere nicht. Deshalb wird die Abteilung »Fremde Heere« noch am selben Abend beauftragt, eine einschlägige Liste derzeit in höchsten Stellen tätiger italienischer Offiziere vorzulegen und ihr Auskünfte über deren politische Zuverlässigkeit beizufügen.

Anderntags brechen Hitler und Gefolge nach Berchtesgaden auf, sitzen im »Berghof« noch einmal zusammen, diesmal ohne den Prinzen. General Warlimont, der stellvertretende Chef des Wehrmachtsführungsstabs, filtert aus dem Nachtmonolog des Führers in Stichworten ein Programm für die Konferenz heraus, an das sich Hitler dann nur streckenweise hält. Inzwischen hat er außer den vertraulichen Kopien pessimistischer Berichte, die in Rom von der faschistischen Parteiführung selbst erstellt und Botschafter Mackensen zugespielt worden sind, auch eine seitenlange Botschaft Mussolinis gelesen, die auf einen Entwurf Ambrosios zurückgeht. Sie beschönigt nicht die verzweifelte Lage auf Sizilien, nimmt aber durch eine geradezu ausschweifende Darstellung der Übermacht des Feindes die italienischen Truppen in Schutz.

Darin findet Hitler zwei Bemerkungen, die Mussolini einer Vorlage Ambrosios wörtlich entnommen hat. Richtig gelesen, können sie nur als Ankündigung der italienischen Kapitulation verstanden werden: »Das Opfer meines Landes kann nicht in erster Linie den Sinn haben, einen direkten Angriff auf Deutschland hinauszuzögern.« Und: »Mein Land, das drei Jahre früher als vorgesehen in den Krieg eingetreten ist und mithin unvorbereitet war, hat sich allmählich erschöpft. [. . .]« Hitler läßt sich, ähnlich wie Ambrosio, nur mit umgekehrter Schlachtordnung, mit einem Bündel von »Dokumenten« ausstatten, dazu geeignet, eine »hitzige Diskussion« durchzustehen, was in diesem Falle heißt: geeignet, die Italiener mit einem Katalog ihrer Fehler, Feigheiten, Unterlassungen,

Führungsschwächen zu demütigen, damit sie zu allem, was ihnen zugemutet werden soll, ja und amen sagen.

Feltre

Am 19. Juli ist die Sonne über Treviso gerade erst aufgegangen, als der Sonderzug aus Rom einläuft. Außer Ambrosio und Bastianini entsteigen ihren Schlafwagenbetten der deutsche Botschafter, sein Militärattaché Rintelen, der Himmler-Agent Dollmann und, als besonders dekorative Figur unter den italienischen Offizieren, ein Oberst Montezemolo. Er ist wie Dollmann und Ribbentrops Chefdolmetscher Paul Schmidt, der kurz darauf mit dem Flugzeug eintreffen wird, als Konferenzdolmetscher vorgesehen; alle drei werden aber beschäftigungslos bleiben, so daß Schmidt in der Villa Maria als Protokollführer verwendet werden kann.

Der Oberst trägt neben seinen italienischen auch deutsche Orden und erweckt durch das kameradschaftliche Gehabe, das er gegenüber den SS-Offizieren mit beinahe übertriebener Herzlichkeit zur Schau trägt, den Eindruck, daß er auf die deutschen Auszeichnungen besonders stolz ist. Nur Wochen später, nach der italienischen Kapitulation, wird er der führende Kopf im römischen Untergrund sein, ein listiger Feind des deutschen Besatzungsregimes.

Der Sonderzug ist voll von Sekretären, Dienern, Geheimdienstbeamten — deutschen und italienischen —, Schreibern, Stenographen, Telefonisten und Funkern. Sie alle und dazu eine auf einem Tieflader montierte Flakbatterie brauchen den Bahnhof nicht zu verlassen, denn von dort wird es ja per Zug noch weitergehen.

Nur die Prominenz fährt vor die Stadt hinaus zum Flugplatz, auf dem inzwischen eine Ehrenkompanie der Bersaglieri und ein SS-Schutzkommando Aufstellung genommen haben. Eine Maschine der deutschen Luftwaffe, die als erste landet, bringt Botschafter Dino Alfieri aus Berlin. Er ist ebenso erpicht darauf, von den Herren aus Rom das Neueste zu erfahren, wie diese das Neueste aus Berlin wissen wollen. Beide Seiten haben nur deprimierende Nachrichten füreinander. Der Botschafter erfährt, Mussolini habe sich einem Gespräch mit Ambrosio darüber, was eigentlich mit den Deutschen ausgehandelt werden solle, entzogen und mache überhaupt den Eindruck, als ob er am Geschehen keinen Anteil mehr nähme. Der General und der Diplomat müssen hören, daß es in Berlin nur *ein* Thema gibt: den Zusammenbruch der Offensive bei

Kursk, der für Italien zum denkbar ungünstigsten Zeitpunkt erfolgte, denn jetzt brauchen die Deutschen jeden Panzer und jedes Flugzeug für die Ostfront.

Um 8.30 Uhr schwebt Mussolinis kleine Maschine ein. Der Duce trägt die Uniform der faschistischen Miliz, schwarzes Hemd und die schwarze, schildlose Kappe mit dem silbernen Adler über der Stirn. Seine römischen Mitarbeiter haben sich daran gewöhnt, daß er in wenigen Monaten ein alter Mann geworden ist. Alfieri, der ihn seit Kleßheim nicht gesehen hat, erschrickt bei seinem Anblick.

Mussolini bleibt auf dem Rasen bei seinen Mitarbeitern stehen, nachdem er die Deutschen begrüßt hat. Er ist ganz damit einverstanden, daß sie sich absondern. Bastianini hat auf der Zugfahrt im Gespräch mit Rintelen etwas davon verlauten hören, daß die italienische Armee deutschem Befehl unterstellt werden soll. Er will über die vage Information sofort mit seinem Chef sprechen, doch die Ankunft der nächsten Maschine enthebt ihn der Pflicht, das heikle Thema zu berühren. Feldmarschall Keitel, General Warlimont, andere Offiziere aus dem Führerhauptquartier und erste SS-Wachen treffen ein.

Dann erscheint über der Talebene von Treviso, ein paar Minuten vor 9 Uhr, die viermotorige Condor des Führers. Überraschenderweise zieht sie, bevor sie aufsetzt, zwei Schleifen über der Piste; Mackensen deutet das Manöver dahin, der Führer wolle zeigen, was deutsche Pünktlichkeit heiße. Tatsächlich berühren die Räder der Maschine das Betonband auf die Sekunde zur verabredeten Zeit. Die kleine Treppe am vorderen Ausgang wird herausgeklappt, mit ausgreifenden Schritten erreicht der Duce die Maschine, während im selben Augenblick der Führer über ihm im Ausstieg erscheint. Beider Arme erheben sich zum Gruß, Hitlers Arm abgewinkelt und lässiger als der steil emporgereckte des Italieners. Für Sekunden bilden die Diktatoren ein Lebendes Bild, während die Propeller völlig zum Stillstand kommen und nichts weiter zu hören ist als der dumpfe Aufprall von Stiefeln auf der Piste: Aus einer rückwärtigen Luke springt die SS-Leibwache und formiert um die beiden gelbgesichtigen, kranken Herrscher einen Kordon. Alles in allem haben sich etwa 150 Personen versammelt, nicht eine von ihnen in Zivil.

Hitler kommt das Treppchen herunter und streckt Mussolini die Rechte entgegen, in die sein »einziger Freund« einschlägt. Sogleich legt sich mit besiegelnder, besitzergreifender Geste Hitlers Linke darüber, oft geübt, Herzlichkeit vortäuschend. Hunderte von Fotos haben solche Begegnungen zwischen dem Führer und dem Duce festgehalten, diese schwer beschreibbare Mischung aus Freundes- und Machtzeremoniell, das Ineinander der Blicke; Bilder, unter denen stehen könnte: die Treue als solche.

Alles läuft ab wie immer, noch dieses eine Mal, wenn auch ohne jubelndes Volk, ohne die Wochenschaureporter, ohne die Asse der Propagandakompanien. Blauer Himmel über einer idyllischen Talebene, die Silhouette der nahen Berge, erntereife Getreidefelder ringsum, goldgelb auf hohem Halm die Weizenähren, noch grün die Maiskulturen. Dahinter das unzerstörte Städtchen. Auf der Piste aber die mit Tarnfarbe angestrichenen Flugzeuge und eine ordenbehängte Komplizenschaft in Schwarz, Purpur und Gold. Der Marschallstab in Keitels Hand, zum Gruß erhoben. Alle halten den Atem an, die Trommler stehen mit erhobenen Schlegeln bewegungslos wie die Ehrenkompanie, solange der Handschlag dauert.

Rund tausend Kilometer entfernt verbluten auf Sizilien deutsche und italienische Divisionen im englisch-amerikanischen, rund 2000 Kilometer entfernt im sowjetischen Feuer. Mussolini weiß noch nicht, daß soeben in Nordafrika 500 Bomber aufgestiegen sind, die den ersten Angriff auf seine Hauptstadt fliegen, abgestimmt auf sein Führer-Treffen. Die Mordleistungen der Vernichtungslager haben in diesen Monaten ihre höchsten Sollziffern erreicht. Nur sie funktionieren noch nach Plan.

Die Trommeln und Pfeifen der Ehrenkompanie legen los, Hitler schreitet gelangweilt die kurze Front der italienischen Ehrenkompanie ab, Soldaten einer Wehrmacht, die er verachtet. Die Autos werden bestiegen; von SS abgeschirmt, schlängelt sich die Wagenkolonne zum Bahnhof. Die Bevölkerung hat keine Ahnung, wer da vorbeifährt. Es spricht sich erst im Laufe des Tages herum.

Führer und Duce bleiben während der Fahrt in einem Abteil unter sich; niemand ist Zeuge dieser Stunden, aber aus dem Protokoll der offiziellen Sitzung läßt sich schließen, daß sie sich zuvor wenig zu sagen hatten. Hitler will erst vor versammelter Runde sprechen, unter vier Augen würde der beabsichtigte Effekt der Demütigung nicht erreicht; Mussolini aber hat selbst bestätigt, daß er die Gelegenheit dieses ersten Tête-à-tête am 19. Juli nicht benützte, um auch nur andeutungsweise zum Ausdruck zu bringen, was er eigentlich sagen müßte.

In dem Abteil, in dem die Generalität zusammensitzt, geht es lebhafter zu. Ambrosio erspart Keitel nichts. Ohne Umschweife geht er auf die Niederlage an der Ostfront ein und sagt, er glaube nicht, daß die Russen noch einmal zum Stehen gebracht werden könnten. »Wir werden die Initiative zurückgewinnen«, erwidert Keitel, freilich ohne sagen zu können, wie. Ambrosio stößt nach: »Die Achse ist belagert, eingeschlossen. Man muß den Ring sprengen. Welche Vorschläge haben Sie dafür?« Keitel hat keine. »Die Angloamerikaner werden von Sizilien aus nach Kalabrien vorrücken. Wir brauchen bewegliche, voll motorisierte Divisionen. Wir haben keine. Wir brauchen sie von Euch.« Keitels Antwort: »Wir haben keine Panzerdivisionen übrig. Man muß die Küsten mit Infanteriedivisionen am Ufer verteidigen.« Wenigstens dieser Punkt wird geklärt: Die nötige Hilfe ist von den Deutschen nicht zu erwarten.

Nach den ersten zwanzig Kilometern erreicht der Zug das Tal des Piave, des Schicksalsflusses der Italiener und Österreicher im Ersten Weltkrieg. Er hat sich sein Bett schluchtartig durch das Vorgebirge gebohrt. Das ausgefahrene, sonst nur von Lokalzügen benützte Gleis folgt seinen Windungen, verschwindet immer wieder in kurzen Tunnels; vor jeder Ein- und Ausfahrt läßt die Lokomotive einen ohrenbetäubenden, klagenden Warnschrei hören, der die Gespräche in den eleganten Abteilen der Salonwagen unterbricht.

Der Gebirgsstock, bei dem Mussolini als Bersagliere im Ersten Weltkrieg verwundet worden ist, ist so weit nicht entfernt; vielleicht tauschen die beiden Gefreiten Kriegserinnerungen aus, während sie Mineralwasser und ihre Pillen schlucken. Der Zustand der Gleise erlaubt nur ein Radfahrertempo. Fast zwei Stunden braucht der Zug bis zur nächsten Station Busche (Bus — che), wo eine zweite Autokolonne für die Fahrt über die nach Belluno führende Straße bereitsteht, von der aus es bei einer einsam gelegenen Pizzeria rechts ab über einen Feldweg, der damals noch nicht asphaltiert war, zum schmucklosen Tor der Besitzung geht. Vom Tor bis zur tiefer gelegenen dreistöckigen, gelbgestrichenen schloßartigen Villa führt eine kirchenschiffhohe Allee, die sich auch hinter dem Gebäude fortsetzt, herrlichster Schmuck eines quadratkilometergroßen Parks, der sich ohne Grenze in die ungestaltete Natur verliert. Ein zweites Tor in hoher Einfriedung bildet den Eingang zu einem dekorativen Vorgarten mit Blumenrabatten und beschnittenen Hecken, der auf der linken Seite von einem einfachen Anbau eingegrenzt wird, in dem sich jene Zimmer befinden, in die sich Mussolini und seine Begleiter in der Konferenzpause zurückgezogen haben. Ein hilfloser Architekt hat die Verbindung zwischen Hauptgebäude und Anbau so verwinkelt gestaltet, daß man Mussolinis Ausspruch versteht, die Villa habe ihn an ein gebautes Kreuzworträtsel erinnert.

Dieser äußerlich gewiß ansehnliche Bau verfügt im Innern über keinen

Raum, den man einen Saal nennen könnte, über keinen großen Konferenztisch, über nichts, was einen repräsentativen Charakter hätte. Die seit 1943, wahrscheinlich seit hundert Jahren nicht veränderte Möblierung könnte privater nicht sein. Hier wohnen keine armen Leute — nach wie vor ist es ein Besitz der Familie Gaggia —, aber auch keine, die Wert auf Prunk und Stil legen. Kaum ein Stuhl paßt zum anderen, die nachgedunkelten Bilder, zum Teil auf die Wände gemalt, von Schnörkelstuck umfaßt, erheben nicht den Anspruch, Werke großer Kunst zu sein. Die Vorgebirgslandschaft zwischen Venedig und dem Alpenrand ist voll von weit großartigeren Schlössern, bequem erreichbar und doch abgelegen, genauso leicht zu sichern wie die Villa Maria — warum ist das Treffen vom Comando supremo, dem Mussolini die Wahl überlassen hat, an einen dafür derart ungeeigneten, derart zeitraubend zu erreichenden Ort gelegt worden? Der Verfasser konnte ihn besichtigen, stand vor dem zu kleinen Tisch, an dem sich die illustren Herren drängten, saß in dem unbequemen Sessel, in dem Mussolini Marterstunden verbracht hat ... Ja, er hat das Schlupfwinklige und Fuchslochartige, die Abgeschiedenheit erspürt und verweist seither nicht einfach ins Reich der Fabel, was sich als Gerücht beharrlich erhalten hat und was Ex-SS-Standartenführer Dollmann noch nach einem Menschenalter als völlig sicher hinstellt: Eine italienische Offiziersfronde habe die Absicht gehabt, den Führer und seine Generäle während der Konferenz festzunehmen, weil sie jedoch nur ein paar Stunden gedauert habe, statt, wie ursprünglich vorgesehen, drei Tage, sei es nicht zur Ausführung des Anschlags gekommen. Im Licht dieses gewiß unbeweisbaren, aber fugenlos in das Antikriegskonzept des Comando supremo von 1943 passenden Plans gewinnt die seltsame Rolle, die Oberst Montezemolo an diesem Tag gespielt hat, indem er sich als der treueste der treuen Achsenkomplizen profilierte — der er nicht gewesen sein kann —, etwas minder Rätselhaftes. Möglicherweise gehörte er zu den Verschwörern, wenn er nicht sogar der Erfinder des nicht zur Ausführung gelangenden Komplotts gewesen ist.

Auf der Mittelachse des Gebäudes liegt im Parterre der Raum, in dem sich gegen die Mittagsstunde die beiden Delegationen zusammensetzen. Beiderseits führen Doppeltüren in kleine Vestibüle, von denen aus Treppenstufen auf der einen Seite in den Vorgarten, auf der anderen in den Park führen. Mitte Juli stehen die Türen offen, geben den Durchblick frei. Pfauen sollen, wie Dollmann erzählt, damals über den Rasen stolziert sein, und zwischen dem dekorativen Federvieh schleichen die SS-Wachen und die Agenten der italienischen Geheimpolizei, der

OVRA, herum. Für das Gefolge sind unter orangefarbenen offenen Zelten die Tische für das später eingenommene Mittagessen gedeckt. Vor den Hauseingängen sind SS-Posten aufgezogen. Der alte Herr, der heute als Verwalter des Besitzes fungiert, gehörte auch schon 1943 zum Personal und erinnert sich, daß er mehr deutsche als italienische Soldaten gesehen habe.

Die Versammlung bietet das übliche glänzende Bild, und wie immer fällt der Führer durch die Schlichtheit und den schlechten Schnitt seiner Phantasieuniform aus dem Rahmen. Er rückt seinen Sessel so weit vom Tisch ab, daß er in dem auf seinen Knien liegenden Aktenbündel blättern kann. Je länger er spricht, desto schneller, lauter und häufiger knallt seine Faust am ausgestreckten Arm auf den Tisch.

Er verbreitet sich eine Stunde lang über die Kriegslage im allgemeinen und wie großartig sie trotz gewisser Schwierigkeiten von ihm gemeistert werde. Wie immer hat er die einschlägigen Daten, Produktions- und Verbrauchsziffern der Rohstoffe, der Rüstung und der Rüstungsindustrie parat. Nichts weniger beabsichtigt er, als den Italienern eine sachliche Bilanz vom Krieg im Juli 1943 vorzulegen. Ihnen will er vor Augen führen, mit welchem Einsatz Deutschland diesen Krieg führt, damit sie am Heldentum seines Volkes ermessen, wie jämmerlich sie selber kämpfen. Wieder und wieder spricht er über den fanatischen Einsatz: »Jede jetzt ausgeübte Härte ist eine geringere Härte gegenüber dem, was geschehen würde, wenn der Krieg verlorenginge. Private Rücksichten sind völlig auszuschalten.« Alle militärischen Maßnahmen, zum Beispiel der Bau von Flugplätzen, seien durchzuführen »ohne jede Rücksicht auf private Einwendungen«. Über Entschädigungen könne nach dem Krieg gesprochen werden. »Geht er verloren, dann sind die sowieso nicht mehr am Leben, die auf Entschädigungen bestehen könnten.«

Über den Ausbau von Flugplätzen und die Herstellung von bombensicheren Unterständen für abgestellte Maschinen verbreitet er sich besonders eingehend und zitiert Berichte, nach denen in Italien an einem Tag 27, an einem anderen sogar 52 Flugzeuge am Boden zerstört worden seien. Da fehle es eben an einer straffen Bodenorganisation. Dann prangert er die Untätigkeit der italienischen Kriegsflotte an. Prestige dürfe keine Rolle mehr spielen. Die Geschütze der Schlachtschiffe seien zu demontieren und für den Küstenschutz an Land zu verwenden, die Panzerkreuzer selbst, ohne Armierung, für den Seetransport einzusetzen. »Sie haben sich über Sentiments hinwegzusetzen.«

Was Sizilien angeht, so »handelt es sich um die grundsätzliche Entscheidung, ob man tatsächlich kämpfen wolle. Wenn ja, müssen fanatisch alle Konsequenzen gezogen werden. Wenn nein, ist es um jeden Mann schade, der noch nach Sizilien geschickt wird. Jeder deutsche Soldat in Italien ist ein Geschenk an die Italiener.« Der Entschluß zu kämpfen, »würde führungsmäßig große Eingriffe erfordern. Was sich auf Sizilien abgespielt hat, darf sich nicht wiederholen!« Damit ist der Führer an dem Punkt, um den sich die Vorbesprechungen auf der »Wolfsschanze« und auf dem »Berghof« gedreht haben: Die militärische Führung Italiens muß ausgewechselt werden. Aber Hitler geht jetzt nicht so weit, konkret Personalfragen anzuschneiden, Namen zu nennen. Das Problem soll Keitel später mit Ambrosio erörtern. Hitler bleibt allgemein, ist aber nicht mißzuverstehen.

Dann kehrt er noch einmal zur Schilderung der deutschen Verhältnisse zurück: Fünfzehnjährige werden mit großem Erfolg bei der Flak eingesetzt; alle Frauen sind »in den Arbeitsprozeß eingeschaltet«, die letzten, diesbezüglichen Maßnahmen hätten vor allem Frauen der mittleren und höheren Gesellschaftskreise betroffen; die aus den breiten Schichten stünden ja längst in den Fabriken. Hitler denkt dabei an Roms feine Gesellschaft, die wie in Friedenszeiten lebt. »Es handelt sich jetzt für Italien um die grundsätzliche Entscheidung, die härteste Konsequenzen mit sich bringt und es nötig macht, alle Widerstände zu brechen.« Daß jeder Mann, jeder Offizier erschossen werden müsse, der nicht bis zur letzten Patrone kämpfe, wiederholt er mehrmals.

Was in dieser Verkürzung noch plausibel klingen mag, im Salon der Villa Maria ist es ein wilder Strom von Worten, ein ekstatisches Gerede mit ständigen Wiederholungen, das sich in Intervallen zum Gebrüll steigert. Von den letzten zwanzig Minuten des Monologs sagt Mussolini später, sie hätten etwas »Kabbalistisches« gehabt, etwas »Mystisches«. Hitler wird darin zum Seher, zum Propheten: »Was heute zu tun sei, kann nicht morgen von späteren Generationen getan werden. Es ist falsch zu sagen, man hätte den Krieg später beginnen lassen sollen. In dieser Erkenntnis opfere ich meine Zeit und meine persönliche Bequemlichkeit. Ich stehe auf dem vielleicht etwas unbescheidenen Standpunkt, daß nach mir kein Größerer kommt, der die Dinge besser meistern kann. Noch zu meinen Lebzeiten muß die Entscheidung herbeigeführt werden.« Ein Agent der Nachrichtenabteilung der italienischen Marine hat später berichtet, man habe »den deutschen Capo« bis in den Park hinaus schreien hören. Mussolini sitzt in einem Sessel, der ihm nicht erlaubt, eine bequeme Haltung einzunehmen; er rutscht, je länger es dauert, immer unruhiger auf dem Polster hin und her, von Schmerzen gepeinigt. Er schaut den Führer an, solange er die Kraft dazu aufbringt und sich noch bemüht, dessen Deutsch zu verstehen. Er gibt es bald auf. Die Augen verdeckend, stützt er den Kopf in die Hand, täuscht Konzentration vor, aber von Hitlers Wortschwall dringt nichts in sein Gehirn. (Später fordert er Schmidts Protokoll an, um zu erfahren, was Hitler gesagt hat. Er bekommt es drei Tage später aus Berlin geschickt, nachdem Hitler Korrekturen vorgenommen hat.)

Es ist ungefähr halb eins, als ein eleganter junger Luftwaffenoffizier aus dem Begleitkommando des Duce gegen das strenge Gebot, niemand dürfe die Sitzung stören, zu handeln wagt. Er reicht seinem höchsten Chef einen Zettel und verschwindet wieder. Mussolini liest, was darauf geschrieben steht, erhebt sich sichtlich verstört mit einem Ruck. Jetzt erst hält Hitler in seiner Suada inne, verärgert über die Unterbrechung. Mussolini übersetzt ins Deutsche, was er auf italienisch abliest: Seit 11 Uhr schwerer Bombenangriff auf Rom, Arbeiterviertel sind getroffen. Er läßt sich wieder nieder, erwartet irgendeine teilnehmende Reaktion Hitlers, aber der Deutsche spricht weiter, als sei nichts geschehen.

Bastianini und Ambrosio verstehen kein Wort Deutsch, Alfieri wenig. Sie brauchen nicht so zu tun, als hörten sie zu. Nichts wird übersetzt, doch der Tonfall Hitlers sagt genug. Die Blicke der Italiener gehen immer wieder zu Mussolini — wann wird er sprechen? Gegen Ende, als Hitler von seiner Selbstbeweihräucherung wie aus einem Trancezustand in die Wirklichkeit zurückkehrt, an diesen Tisch, an dem außer Mussolini immerhin noch vier hohe Generäle sitzen; als er, nochmals die militärische Situation in Italien streifend, von der Verteidigung Sardiniens und Korsikas »direkt am Strand« spricht und erwähnt, es gebe Anzeichen, die Bevölkerung Korsikas sei unzuverlässig — da hebt Mussolini den Kopf und sagt: »Die Bevölkerung von Korsika ist bisher ziemlich ruhig geblieben.« Das ist alles, was die Teilnehmer an dieser Konferenz, die keine ist, von ihm zur Sache zu hören bekommen, bis Hitler sich mit dem Satz erhebt: »Ich danke Ihnen, meine Herren.«

Drei Stunden lang hat er gesprochen. Nach einigen Quellen sollen es nur zwei gewesen sein, aber das Protokoll Schmidts, ohnehin nicht wortgetreu, also verkürzt, läßt eine dreistündige Dauer als wahrscheinlich erscheinen. Hitler geht hinaus, seine Generäle hinter ihm her. Keitel und Warlimont haben wie alle anderen die ganze Zeit über geschwiegen und nur von Zeit zu Zeit an jenen Stellen, von denen sie meinten, sie seien besonders wichtig, genickt oder die Italiener bedeutsam angeblickt.

Die bedrückende Stimmung, die Hitler verbreitet, ist mehrfach von Teilnehmern bezeugt worden. Mussolini korrigiert nach seiner Verhaftung eine frühere Bemerkung, wonach die Begegnung »kameradschaftlich« verlaufen sei, und sagt zu seinem Bewacher, Admiral Maugeri: »Die Besprechung verlief nicht gut. Sie sollte drei Tage dauern und dauerte dreieinhalb Stunden. Ich war sehr verärgert, weil ich während des Angriffs nicht in Rom war. Wie üblich wurden nicht die Fragen behandelt, die auf der Tagesordnung standen, sondern ganz andere.« Protokollführer Schmidt schreibt: »Hier wurde Mussolini von Hitler im großen Kreis vor den italienischen Generälen regelrecht abgekanzelt. [. . .] So war denn dieses Treffen eine der deprimierendsten Begegnungen, an denen ich je teilgenommen habe.« Militärattaché Rintelen: »Diese Art einer ›Konferenz‹, die mehr einer Instruktionsstunde für Mussolini glich, mußte auf die anwesenden Italiener, die beiden Faschisten Bastianini und Alfieri und den Generalstabschef Ambrosio, der vergeblich auf die Erklärung Mussolinis wartete, daß Italien am Ende seiner Kraft sei, einen niederschmetternden Eindruck machen.«

Im Flur, der winkelig in den Seitenflügel führt, in dem sich Mussolinis Zimmer befindet, wird er von seinen Mitarbeitern gestellt. Seitdem ihn der König vor 21 Jahren zum Ministerpräsidenten ernannt hat, besaß niemand den Mut, in dem Ton mit ihm zu reden, den jetzt Ambrosio anschlägt. Er stellt ihm ein Ultimatum: »Nach dem, was sich gerade ereignet hat, verlange ich jetzt, daß Ihr, Duce, den Krieg binnen 15 Tagen beendet.« Mussolini will aufbegehren, aber es sind nur Sekunden, in denen er in seine gewohnte Rolle zurückzufallen versucht. Er hat versagt, und er weiß es.

Als er sich in der Nähe der Treppe mit seinen drei Beratern, die so wenig Rat wissen wie er, niederläßt, ist der Augenblick gekommen, in dem er seinem anmaßenden Stolz ein Opfer bringt und zu seinen Mitarbeitern wie zu seinesgleichen spricht. Ob Minister oder Generäle, ob hohe Parteifunktionäre oder Diplomaten — alle, die vor ihm, vor seinem Schreibtisch die Audienzen stehend absolvieren mußten, hat er *oratori* genannt, was eigentlich Redner heißt, aber er gab dem Wort die Bedeutung »Schwätzer«. Als solche hat er sie behandelt, unnahbar und mit höflicher Verachtung. Jetzt aber sagt er: »Vielleicht glaubt Ihr nicht, daß dieses Problem seit langem meine Gedanken beschäftigt. Unter der Maske der Unbewegtheit trage ich eine tiefe Pein in mir, die mir das Herz zerreißt. Ich setze den Fall: Wir lösen uns von Deutschland. Es klingt so einfach: An einem bestimmten Tag, zu einer bestimmten Stunde schickt man dem Feind einen Funkspruch. Aber was werden die Folgen sein? Der Feind wird mit Recht auf einer Kapitulation bestehen. Sind wir bereit, mit einem Federzug ein zwanzigjähriges Regime und die Ergebnisse eines langen, erbitterten Ringens auszustreichen, unsere erste militärische und politische Niederlage zuzugeben, von der Weltbühne abzutreten? [. . .] Wie wird sich Hitler verhalten? Vielleicht meint Ihr, er würde uns Handlungsfreiheit geben?«

Ist der letzte Satz mehr als eine rhetorische Frage? Hält es Mussolini für möglich, vielleicht doch *mit* Hitlers Einverständnis aus dem Krieg auszuscheiden? Der Gedanke wird nicht nur im Palazzo Venezia gedacht, auch den König beschäftigt er, und zwar noch mehr nach Mussolinis Sturz als zuvor, und ebenso dessen Nachfolger Badoglio. Der Duce macht nicht die Probe aufs Exempel, wozu beim Mittagessen noch Gelegenheit gewesen wäre. Die Herrscher nehmen es allein in einem Zimmer ein, für alle übrigen ist auf den Terrassen unter Markisen gedeckt.

Eine letzte Chance, die ebensowenig genützt wird, ergibt sich auf der Rückfahrt. Hitler und Mussolini sondern sich im Zug wieder von ihren Begleitern ab, trinken Mineralwasser und schlucken ihre Pillen. Ruhiger geworden, muß Hitler fühlen, daß er dem Italiener nicht noch mehr zumuten darf. Von der Demütigung geht er zur Seelenmassage über. Er versichert, er werde alles tun, was nur möglich sei. Er werde Flugzeuge, Flak und Panzer über die Alpen schicken. In welchem Umfang, das solle Keitel mit Ambrosio ausmachen. (Keitel hingegen, im Abteil nebenan, präsentiert Ambrosio in ultimativer Form ein Drei-Punkte-Programm, dessen dritter lautet: »Durchgreifende Maßnahmen mit dem Ziel, den militärischen Stellen in Süditalien [gemeint sind die deutschen, Anm. d. Verf.] volle Handlungsfreiheit und Machtbefugnis zur Organisierung und vollen Ausnutzung von Flugplätzen, Eisenbahnen, Straßen, Depots usw. zu geben. Die Kriegführung muß total sein [. . .]«)

Der veränderte Ton gibt Mussolini die Sprache zurück. Er erinnert sich: »Erst in der Stunde im Zug gab ich klar folgendes zu verstehen, nämlich, daß Italien zur Zeit das gesamte Gewicht zweier Imperien, wie Großbritannien und die Vereinigten Staaten, aushalten müsse, daß unter dieser Last die Gefahr heranziehe, erdrückt zu werden.« Folgender Satz, auch von Mussolini aufgeschrieben, ist der interessanteste: »Ich sagte ihm auch, die Spannung der Geister ist groß und gefährlich!«, gesprochen sechs Tage, bevor er sich wie ein kleiner Angestellter kündigen läßt. Er hört von Hitler, der U-Boot-Krieg werde mit ganz neuen Mitteln wieder aufgenommen, und eine Vergeltungswaffe werde gegen London fliegen, »welche die Stadt binnen einer Woche vom Erdboden wegrasiert!«

Beim Abschied sagt Mussolini: »Wir haben eine gemeinsame Sache, Führer!« Und zu Keitel: »Schickt bald alles, was wir brauchen, denkt daran, daß wir beide auf demselben Schiff fahren.« Als die Condor mit Hitler und Gefolge abhebt, steht Italiens Herrscher in militärischer Haltung, den rechten Arm wieder zum Himmel emporgestreckt, allein auf der Piste wie sein eigenes Denkmal. Er verharrt in dieser Stellung, bis das Flugzeug, dem Gebirge zustrebend, verschwunden ist. Als er den Arm sinken läßt, nähert sich ihm seine Delegation. Die Frage, ob er nun endlich gesprochen habe, schneidet er mit der Bemerkung ab: »Ich brauchte ihm diese Rede nicht zu halten [die Rede von der Kapitulation Italiens, Anm. d. Verf.], weil er diesmal fest versprochen hat, alle Verstärkungen zu schicken, die wir brauchen. Natürlich müssen unsere Anforderungen vernünftig sein, nicht astronomisch.«

Er wendet sich ab und geht zu seiner Maschine. Der ganze SS-Spuk ist vorbei. Mackensen, Rintelen und ihre Begleiter haben sich schon verabschiedet und sind zum Bahnhof aufgebrochen. Nach diesem Tag können sie keinen Wert mehr auf ein geselliges Zusammensein mit den Italienern legen. Ambrosio und Bastianini nehmen dasselbe Auto zum Sonderzug. Auf der kurzen Fahrt durch Treviso hat der General einen Tobsuchtsanfall: »Der Duce nimmt meine Worte nicht ernst. Er ist verrückt – verrückt, sage ich Ihnen. Was ich ihm gesagt habe, ist ernst, sehr ernst.« Ob Bastianini versteht, was der General meint? Man darf es annehmen, denn auch er gehört zu jenen, die beim König aus und ein gehen, und schon allein deshalb, weil er dazu aufgefordert wird, als zuverlässig im antimussolinischen Sinn gelten muß.

Als der Zug tief in der Nacht in Rom ankommt, läßt sich Ambrosio trotz der vorgerückten Stunde in der Villa Savoia anmelden und wird noch vom König empfangen. So bekommt Viktor Emanuel Informationen aus erster Hand. Auf der Fahrt zum König erlebt der General Rom in jenem Zustand, den er für ganz Italien vor sich sieht für den Fall, daß der Krieg weitergeführt wird, und den er ihm ersparen will. Die Stadt schläft nicht, die Menschen erwarten in Massen auf den Straßen einen zweiten Angriff – der nicht kommt –, doch ein falscher Alarm versetzt sie in neue Angst. Die Ausfallstraßen sind verstopft mit überladenen Autos, von denen viele seit Kriegsbeginn in den Garagen verborgen waren und ohne Nummernschilder sind. Die Polizisten und Milizstreifen nehmen davon keine Notiz, die Volkssolidarität umfaßt auch sie.

Als die Mitglieder des Großrats im Laufe des 20. Juli — und mit ihnen auch der König — erfahren, daß bei dem Gipfeltreffen nichts herausgekommen ist, was die Kriegslage zugunsten der Achse verändern könnte, und Mussolini dabei eine klägliche Figur gemacht habe, gewinnen die »Reformpläne« der faschistischen Führer eine klar antimussolinische Tendenz. Zugleich nehmen die Terminvorstellungen des Königs für den Staatsstreich genauere Konturen an. Er ahnt noch immer nicht, daß ihm die höchsten Faschisten selbst das Stichwort für die Aktion liefern werden. Die Nachricht von der Demütigung, die Mussolini durch höchste Offiziere des OKW und Hitler selbst zugefügt worden ist, veranlaßt nun auch Grandi, nach Rom zu kommen. Auch er sagt sich: » È giunta l'ora!« Auch er hat ein »Reformprogramm« entworfen, dem von Bottai gar nicht unähnlich. Er will sein »Programm«, in detaillierte Vorschläge aufgegliedert, in die Tagesordnung der Großratssitzung einbringen und darüber abstimmen lassen. Am 21. Juli, um 17 Uhr, wird Grandi bei Mussolini vorstellig. »Ich sagte ihm alles, was ich später im Großrat wiederholte.« Mussolini habe erwidert: »Sie hätten recht, wenn der Krieg verloren wäre«, und: »Ich will die Zügel niemandem übergeben.«[103] Der von ihm zur Einschränkung königlicher Macht als Instrument eigener Willkürherrschaft verfassungswidrig in den Staatsaufbau eingefügte Faschistische Großrat wird sie ihm aus der Hand nehmen. Er tritt am 24. Juli gegen 17 Uhr im Palazzo Venezia zusammen. Vor dem Regierungssitz sind die bei dieser Gelegenheit üblichen Ehrenformationen nicht aufmarschiert. Nur ein paar Detektive lungern wie alle Tage um den Haupteingang an der Piazza Venezia herum. Die Öffentlichkeit weiß nichts von diesem Treffen höchster Parteiführer. Die Deutschen wissen fast nichts von dem, was sich in Rom zusammenzieht. Botschafter Mackensen wird noch am 23. Juli von Mussolini empfangen – ahnungslos, daß er ihm zum letztenmal gegenübersteht! Selbstverständlich kommt dabei die Rede auf die nur vier Tage zurückliegende Begegnung des Duce mit Hitler. »Der Duce ist aufs tiefste von den Ausführungen des Führers beeindruckt gewesen«, telegrafiert der Botschafter nach Berlin. Was er wenige Stunden später Hitlers Regierung wissen läßt, geht nicht minder an der Wahrheit vorbei: »Eine der wesentlichsten Forderungen der Gruppe um Farinacci hat Mussolini inzwischen dadurch erfüllt, daß er, wie ich aus bester Quelle höre, tatsächlich den Großfaschistischen Rat auf morgen, Sonnabend, einberufen hat.«

Zur Sitzung erscheinen 28 Parteiführer, Minister, Präsidenten in der schwarzen Uniform der Parteimiliz. In dem an Mussolinis Arbeitssaal anstoßenden Raum ist der hufeisenförmige Beratungstisch aufgebaut. Der Sessel des Duce steht in der Mitte der Schmalseite, auf einem Podest erhöht, mit rotem Samt ausgeschlagen. Nach dem herkömmlichen Zeremoniell ruft Parteisekretär Scorza, der neben Mussolini, aber etwas tiefer als dieser sitzt, die Anwesenden mit Namen auf, jeder antwortet stehend, die Hand zum römischen Gruß erhoben, den Blick auf Mussolini gerichtet: Presente! (Soviel wie im Deutschen: Hier!) Die meisten tragen Revolver am Gurt, verborgen unter den Uniformröcken. Grandi hat gebeichtet und kommuniziert. In seiner Aktentasche liegt eine Handgranate. Er fragt sich, ob er den Palazzo lebend verlassen wird. Auch im Fach von Mussolinis Tisch liegt eine Waffe.

Es wird kein Wortprotokoll von der Sitzung geführt, die bis zwei Uhr nachts dauert; von verschiedenen Teilnehmern liegen Gedächtnisaufzeichnungen vor, die sich in einzelnen Punkten widersprechen. Im großen und ganzen aber läßt sich der Verlauf dieser den Faschismus Italiens beendenden Zusammenkunft der höchsten faschistischen Führer rekonstruieren. Die folgende Wiedergabe kompiliert verschiedene Berichte.

Mussolini spricht als erster. Die Gerarchen haben einen bleichen, oft nach Worten suchenden Mann vor sich, der sie mit Gemeinplätzen abzuspeisen versucht. »Jetzt stehen wir vor dem Dilemma Krieg oder Frieden, sich ergeben oder Widerstand leisten um jeden Preis. Ich bin sicher, daß viele Leute, besonders in den höheren Gesellschaftsschichten, nicht begeistert sind vom Krieg, weniger jedenfalls als die Volksmassen. Gut, das mag sein. Welcher Krieg war schon jemals populär? Wenn das ein faschistischer Krieg ist, gar mein Krieg, dann war der Krieg von 1859 jener von Cavour. Immer ist es die Gruppe an der Macht, die den Krieg zu führen hat. England aber kämpft nicht gegen den Faschismus, sondern gegen Italien. Es möchte auch weiterhin seine fünf Mahlzeiten am Tag garantiert haben und Italien als besetztes Land halten.«

Das ist die Tonlage der zweistündigen Rede des Mannes, dessen Rhetorik zwanzig Jahre lang ein ganzes Volk fasziniert hatte. Die Gerarchen hören schweigend einem Volkshochschulvortrag zu; als der Duce geendet hat, brechen sich angesammelte Wut, tiefe Enttäuschung in schrillen Zurufen Bahn. Die seit Jahren auch in diesem innersten Parteizirkel Mussolini gegenüber geläufige Anrede »Ihr« (anstelle des bürgerlichen »Sie«) weicht wieder dem »Du« der Kampfzeit.

Grandi erhebt sich und liest voller Schwung und Pathos seinen Antrag vor. Er richtet den Zeigefinger auf den Duce und schreit: »Es reicht nicht, daß du die Verantwortung auf dich nehmen willst. Wir alle stecken mit drin, und du hast verhindert, daß wir die Verantwortung, die uns zukommt, übernehmen konnten. Seit 17 Jahren führst du die Streitkräfte, und was ist dabei herausgekommen? Du hast die Krone beiseite geschoben und ihre Rechte beschnitten, das ist alles. Unter all den lächerlichen Parolen, die du auf die Mauern Italiens hast schreiben lassen, gibt es auch die von 1924: Mögen alle Parteien untergehen, auch die unsere, wenn es dem Leben der Nation dient. Dieser Moment des Abtretens unserer Partei ist gekommen.« Mussolini sinkt unter diesen Pfeilen zusammen. Er wischt sich den Schweiß vom Schädel, knöpft den Kragen seiner Uniform auf. Mit leiser Stimme, als spräche er nur zu sich selbst, sagt er: »Das Schicksal hat mir endgültig den Rücken zugekehrt.«

Dann erhebt sich sein Schwiegersohn, Graf Ciano, und liefert in gestochenen Sätzen den sachlichsten Beitrag zur ganzen Diskussion: »Gewiß ist es notwendig, jetzt auszuhalten. Aber da du von Bündnistreue gegenüber den Deutschen gesprochen hast, so wollen wir einmal in die Geschichte dieses Bündnisses hineinleuchten. Deutschland hat uns zweimal darum gebeten, 1938, als Hitler die Schiffsparade in Neapel vorgeführt bekam, und 1939. Da haben wir den Stahlpakt akzeptiert in der Hoffnung, die kriegerischen Ambitionen der Deutschen dämpfen zu können. Hitler verpflichtete sich, die Konflikte nicht auf die Spitze zu treiben. Das war, als er das Datum für den Einmarsch in Polen schon festgesetzt hatte. Am 7. Mai 39, in Mailand, hat Ribbentrop uns versprochen, daß Deutschland niemals eine Entscheidung treffen werde, die zum Krieg führt, ohne uns zu konsultieren. Aber Italien wurde über alles im dunkeln gelassen. Wir haben vor dem Verbündeten nichts verborgen, aber Deutschland hat gegen jede Abmachung losgeschlagen. Ich saß in jener Nacht mit Mackensen zusammen, an deren Ende, um 4 Uhr früh, Hitler den Feldzug gegen Frankreich begann — aber erst am Morgen hat er mir gesagt, was gespielt wurde. Wer uns des Verrates an Deutschland bezichtigen wollte, der weiß nichts. Sollten wir aus dem Bündnis ausscheiden, so sind wir niemals die Verräter, sondern die Verratenen.«

In diesem Augenblick wird deutlich, daß Männer ganz verschiedener Denkweise und Haltung versammelt sind. Farinacci, ob seiner prodeutschen Gesinnung in Rom »Gauleiter« Farinacci genannt, springt auf und verteidigt die Deutschen. Er feiert sie als die nach wie vor große Macht im Norden. »Ich verlange noch engeren Zusammenschluß mit unserem

Bundesgenossen Deutschland in der Kriegführung[. . .] Ich fordere eine strenge Untersuchung der militärischen Führung, des unerhörten Zusammenbruchs in Sizilien, des Verhaltens von Ambrosio und anderer[. . .] Ich fordere den Rücktritt Ambrosios, eine zusätzliche Untersuchung des Generalkomplotts und ein echtes Zusammenwirken des Oberkommandos mit den Deutschen.« Farinacci ist nicht in Feltre dabeigewesen, er weiß nicht, daß die Deutschen kein »echtes Zusammenwirken« wollen, sondern die alleinige Befehlsgewalt in Italien.

Mussolini ergreift wieder das Wort: »Was soll dieser Bruderkampf unter Faschisten, während wir im Kampf mit drei Imperien liegen? Wozu den König wieder in seine Rechte einsetzen? Er hat nie das Oberkommando ausgeübt.«

Nach diesen wenigen Sätzen will Mussolini die Sitzung vertagen, aber Grandi schreit: »Wir gehen nicht hinaus, bis nicht über meinen Antrag abgestimmt wird!« Mussolini gibt sofort nach. In einer viertelstündigen Pause werden Limonade und Brötchen serviert. Mussolini verschwindet mit Farinacci und dem Parteisekretär in seinem Arbeitszimmer.

Als er wieder seinen Platz eingenommen hat, bemerkt die Versammlung, daß seine Stimmung verändert ist. Plötzlich, unterstützt von Parteisekretär Scorza, den die Gruppe um Grandi bisher für einen der ihren gehalten hat, macht der Duce einen Versuch zu kämpfen.

Mit deutlicher Hinwendung zu einigen Männern an den beiden parallel gestellten Tischen sagt er: »Wir haben von einer Sache überhaupt noch nicht gesprochen, von der märchenhaften Bereicherung einiger faschistischer Führer. Ich werde dieser Sache nachgehen.«

Die alten Kämpfer kennen den Duce zu gut, um nicht zu wissen, daß er gefährlich wird, wenn er droht. »Vorsicht, hier wird ein Komplott gegen unser Leben geschmiedet«, flüstert Buffarini, der ehemalige Innenminister, seinem Nachbarn zu. »Grandis Antrag berührt meine persönliche Würde«, fährt Mussolini fort. »Ich soll entmachtet werden. Sprechen wir Klartext. Ich bin sechzig, ich weiß, was die Dinge bedeuten. Ich weiß, was ihr vorhabt. Meine Herren, wenn mir der König morgen noch mal sein Vertrauen aussprechen wird, was ist dann? Wie ist dann eure Stellung gegenüber dem König, gegenüber dem ganzen Land, und vor allem, wie wäre eure Stellung mir gegenüber?« Alle verstehen, das ist ein Angriff, der sie einschüchtern soll. Will er, wie Hitler 1934, den Brudermord vorbereiten? Diese Frage stellen sich einige.

»Ich habe einen Schlüssel in der Hand, der die Kriegslage wendet, wenn ich ihn benütze, aber ich sage nicht, worum es sich handelt.« Bottai, neben Grandi die zweite intellektuelle Kraft in der Partei, macht laut die Bemerkung, »ob es sich wohl um einen ›chiave inglese‹ handelt?« (Auf Deutsch ein »englischer Schlüssel«, womit der »Dietrich« gemeint ist, den der Einbrecher benützt.)

Einige der Gerarchen haben später zugegeben, in dieser Phase der Sitzung hätten sie um ihr Leben gebangt. Es gab aus der Vergangenheit des Faschismus zu viele Beispiele dafür, daß der Duce, in die Enge getrieben, zu tückischer Gewaltanwendung fähig war. »Wenn ich meine Macht verliere«, ruft Mussolini ihnen jetzt zu, »verliere ich auch die Möglichkeit, den Krieg gut zu beenden. Ihr aber werdet den Krieg, mich und mit Sicherheit auch euer eigenes Leben verlieren.«

Es ist wieder Grandi, der sich ihm entgegenstellt: »Der Duce will uns erpressen, laßt es nicht zu!« Zwanzig Jahre lang hat es keiner dieser faschistischen Funktionäre, die im Luxus lebten, gewagt, Auge in Auge mit dem Selbstherrscher gegen ihn aufzubegehren. Für alle waren Mussolini und der Faschismus immer ein und dasselbe. Jetzt aber unterscheidet Grandi: »Der wirkliche Feind des Faschismus ist die Diktatur. Die Verantwortung für alles Unheil trifft nicht den Faschismus, sondern die Diktatur, sie ist es, die den Krieg verloren hat.«

Den Mut zum Aufstand produziert die Versammlung aus sich selbst heraus. Zum erstenmal ist Mussolini in einer Sitzung, an der er teilnimmt, nicht die zentrale Figur. Grandi ist es. Möglicherweise macht auf einige der Teilnehmer einen noch größeren Eindruck, daß Graf Ciano, des Duces Schwiegersohn und der Mann, der seine glänzende Stellung unter den Großen der Welt allein Mussolini verdankt, sich offen gegen diesen stellt.

Es kommt zur Abstimmung über Grandis Antrag. Darin heißt es: »Der Großrat des Faschismus erklärt, daß die unverzügliche Wiederherstellung aller staatlichen Funktionen notwendig ist, indem der Krone, dem Großrat, der Regierung, dem Parlament und den Korporationen die ihnen durch die Verfassung zugesprochenen Pflichten wiedergegeben werden.« Grandi überreicht den Text Mussolini, der das Papier mit gespielter Gleichgültigkeit vor sich hinlegt. Ohne ein kommentierendes Wort, ohne eine Bewegung, erschlafft und resigniert, fordert er den Parteisekretär auf, abstimmen zu lassen. Die halbe Stunde einer scheinbaren Regeneration seiner Energie ist schon wieder vorbei. Er ist in den Zustand der Apathie zurückgesunken, in dem er die Sitzung eröffnet hat. Grandi nimmt Ciano beiseite und flüstert ihm zu, er erwarte von ihm keine Stimmabgabe, damit nicht Familiäres und Politisches vermischt werde. Ciano aber glaubt, sich die große Geste schuldig zu sein und dokumentieren zu müssen, daß er eben nicht nur der Schwiegersohn und das Protektionskind Mussolinis ist. Er setzt seinen Namen auf die dem Text anhängende Liste mit Unterschriften, ohne zu ahnen, daß er damit sein Todesurteil unterschreibt.

Scorza erhebt sich zur Abstimmung, ruft, entsprechend dem Rang und der Sitzordnung, die einzelnen Namen auf. Das Ergebnis, von allen in tiefem Schweigen zur Kenntnis genommen, lautet: 19 Stimmen für den Antrag, sieben dagegen, eine Enthaltung; außerdem wird Farinaccis Stimme nicht gezählt, weil er einen eigenen Antrag eingebracht hat, von dem er nicht abweichen will. Dieser findet aber keine Berücksichtigung mehr, ebensowenig ein patriotischer Appell des Parteisekretärs. Alle drei Texte fordern die Einschränkung der Macht des Duce.

Mussolini rafft seine Papiere zusammen. In seinen Erinnerungen steht, er sei mit den Worten aufgestanden: »Ihr habt die Krise des Faschismus heraufbeschworen.« Dafür gibt es von anderen keine Bestätigung. Auch ist nicht sicher, ob die Gerarchen Mussolini von sich aus den römischen Gruß versagen oder ob Mussolini abwinkt, als Scorza zu der Zeremonie aufruft; angeblich soll Mussolini gesagt haben: »Nein, das ist euch erlassen!« Als er in sein Arbeitszimmer zurückkehrt, folgen ihm diejenigen, die gegen Grandis Antrag gestimmt haben. Sie bedrängen ihn, Maßnahmen gegen die »Verräter« zu ergreifen, und diskutieren über die Verhaftung Grandis, zu der sie Mussolini überreden wollen. Er geht nicht darauf ein. Ihm ist keine kritische Äußerung über den Sitzungsverlauf zu entlocken. Nach wenigen Minuten schickt er die Leute weg, die ihn lauthals und aufgeregt ihrer Treue versichern.

Nachdem er diese Gruppe von Dummköpfen losgeworden ist, die nicht einmal imstande ist, aus der Lage an der Front richtige Schlüsse für ihre politische Zukunft zu ziehen, führt Mussolini ein Telefongespräch. Würden es die Mitglieder des Großrats mithören können, so begriffen sie, daß die Gleichgültigkeit, mit der er das Ergebnis der Sitzung hingenommen hat, nicht damit erklärt werden kann, daß er sich über dessen Bedeutung nicht klar gewesen sei. Er ruft auf einer stets durchgeschalteten Leitung seine Geliebte an. Über Rom wird es schon hell.

Claretta: *Bist du's? Ich konnte nicht einschlafen und habe mit Sorge auf deinen Anruf gewartet.*

Mussolini: *Das verstehe ich.*

Claretta: *Wann seid ihr fertig geworden?*

Mussolini: *Vor kurzem.*

Claretta: *Wie ist es ausgegangen?*

Mussolini: *Nun, wie soll es schon ausgegangen sein ...*

Claretta: *Du beunruhigst mich.*

Mussolini: *Kein Grund zur Beunruhigung. Wir sind zum Epilog gekommen, zur größten Wende in unserer Geschichte.*

Claretta: *Aber, was hast du denn, Ben, ich verstehe dich nicht.*

Mussolini: *Der Stern hat sich verdunkelt.*

Claretta: *Quäle mich nicht, erkläre mir doch ...*

Mussolini: *Es ist alles vorbei, du mußt dich jetzt in Sicherheit bringen.*

Claretta: *Und du?*

Mussolini: *Denk nicht an mich, sondern beeile dich!*

Claretta: *Wenn ich aber doch gar nichts weiß ...*

Mussolini: *Du wirst es in wenigen Stunden erfahren ...*

Claretta: *Du bildest dir alles ein.*

Mussolini: *Unglücklicherweise nicht ...*

Claretta: *Also ...?*

Mussolini: *Tu, was ich dir gesagt habe, es könnte sonst noch schlimmer kommen.*[104]

Er hängt ein. Das Gespräch ist abgehört worden. Bis zu seinem Tod wird er kein Telefongespräch mehr führen, das nicht abgehört wird; noch einen halben Tag lang von seiner eigenen Geheimpolizei, fast zwei Jahre lang von den Deutschen. Ein Telefongespräch mit der Freundin, der er zu verstehen gibt, alles ist verloren, rette dich, statt eines mit dem Kommandeur der Division »M«: Hier spricht der Duce, alarmieren Sie die Truppe, rücken Sie in die Stadt ein, besetzen Sie das Regierungsviertel, und postieren Sie vier »Tiger« vor der Villa Torlonia — ja, die Krise wäre auch dann ausgebrochen, aber der letzte Tag der Regierung Mussolinis wäre noch nicht angebrochen gewesen. Warum gibt er diesen Befehl nicht? Er hat sich und seine Sache aufgegeben.

Begleitet von dem besorgten Scorza fährt er zur Villa Torlonia, es ist sein »Büroweg«, er hat ihn tausendmal zurückgelegt. Dem Wagen folgt das Sicherheitskommando. »Die Straßen waren verlassen. Aber in der morgendlichen Luft meinte man, jene Stimmung des Unvermeidlichen zu spüren, die vom rollenden Rad des Schicksals ausgeht, dessen unbewußte Werkzeuge die Menschen oftmals sind.[...] Sehr wahrscheinlich wäre die Krise auch ohne die Sitzung, die Debatte und die Entschließung ausgebrochen, doch die Geschichte kümmert sich nicht um unbestätigte Hypothesen.« So beschreibt er den Morgen aus der Erinnerung. Fühlt er auch an jenem Morgen die »Stimmung des Unvermeidlichen«? Die in den letzten Tagen verstärkte Wache präsentiert am Tor — wie immer. An der geschwungenen Auffahrt hinauf zur säulengeschmückten Fassade seines seit 21 Jahren bewohnten Hauses läßt er halten, steigt aus, macht einen Gang durch den Park. Die Luft ist noch kühl unter den alten Bäumen. Von dem Opernhaften seiner Auftritte in der Öffentlichkeit, von der Pose des Gewaltmenschen war hier im Park, hinter den Mauern der schloßartigen Villa* nie etwas geblieben.

Donna Rachele hat in dieser Nacht, von dunklen Ahnungen gequält, nicht geschlafen. Sie hat das Auto gehört, steht am Fenster und sieht, wie ihr Mann jener Ecke des Parks zustrebt, wo sie einen Gemüsegarten angelegt hat. Viele Tage, sommers wie winters, hatte er mit einem Ritt durch den Park begonnen, dem Stallmeister das Pferd übergeben, war zu den Beeten gegangen, um zu pflücken, was gerade reif war, Bohnen, Zwiebeln, Tomaten, um sie roh zu essen.

Die Torlonia ist ihm in all den Jahren nicht zum Heim geworden, und noch viel weniger Rachele. Von den fünfzig Zimmern hat die Familie kaum dreißig bewohnt. Die Wachen am Parktor haben einen Spießbürgerhaushalt abgeschirmt, in dem kaum Gastlichkeit entwickelt wurde. In Armut geboren, sparsam bis zum Geiz, hat er dennoch kein Vermögen angehäuft. Zum Geld hat er weniger Beziehung als seine Frau. Es stimmt durchaus nicht, daß sie, von der immer gesagt worden ist, sie sei jenes einfache Dorfkind geblieben, das er sich mit Drohungen erobert hatte, seine Stellung nicht genossen habe. Aber sie lebt nicht mit dem Duce und Staatsmann, sondern mit dem Kleinbürger aus Predappio, und wenn sie etwas von seinem politischen Handeln erfahren wollte, mußte sie die Zeitungen lesen.

Seitdem die Front in Rußland wankt, sich der Krieg vom Süden her dem Vaterland nähert, feindliche Bomberflotten auch italienische Städte heimsuchen (z. B. Neapel zwischen Oktober 1942 und Juli 1943 achtzigmal), ist die Torlonia zu einer Stätte des Schweigens und des Verschweigens geworden, zu einem Gehäuse für Schattenspiele. Nicht einmal darüber, daß der Hausherr und Familienvater krank ist, darf gesprochen werden.

In der Torlonia lebt die Familie wie die meisten Italiener seit 1940; sie

---

* Ein Fürst Torlonia, der als Bankier im Papststaat steinreich geworden war, hatte sie um die Mitte des 19. Jahrhunderts radikal und geschmacklos renoviert. Vom Nachkommen dieses Bankiers haben die Mussolinis im Jahr 1925 Haus, Nebengebäude, Stallungen und Park für den symbolischen Betrag von einer Lira pro Jahr gemietet.

schränkt sich ein. Mussolini hat verboten, von den Privilegien Gebrauch zu machen, die er Rachele ohne weiteres hätte verschaffen können. Für ihren Haushalt existierte der schwarze Markt nicht. Er kontrollierte Schränke und Küche. Die »Kleinen«, Anna Maria und Romano, beide gezeugt, um der Nation getreu der faschistischen Ideologie (»Das Imperium braucht Menschen!«) ein Beispiel zu geben, wußten sich hintenherum durch den Chauffeur Bonbons und Schokolade zu verschaffen; Romano versteckte Zuckerstückchen unter seiner Bettdecke.

Die Kinder schlafen und wissen nicht, daß sie ihre gewohnte Umgebung verlieren werden. Rachele zweifelt nicht daran und glaubt, ihr Mann kenne die Gefahr nicht, in der er schwebt. Als er das Haus betritt, stellt sie ihn auf der Treppe. Sie will erfahren, was sich im Großrat ereignet hat. Er sagt kein Wort von dem, was er die Freundin wissen ließ, sondern: Noch im Laufe des Tages werde er zum König gehen, alles komme in Ordnung. Er geht an ihr vorbei in sein Zimmer im ersten Stock, wo er allein schläft.

Drei Stunden später, es ist 7 Uhr, wird er wie immer geweckt. Irma, das treue Hausfaktotum, Frau des Verwalters, der einzige Mensch im Haus, der seine Unbefangenheit bewahrt hat und mit ihm sogar ganz offen über sein Kranksein sprechen kann, stellt ihm das triste Frühstück hin: den Milchkaffee, der immer lauwarm sein muß, damit er ihn sofort trinken kann, dazu zwei Scheiben Grahambrot. Die Morgenzeitungen liegen auf dem Stuhl, jene, in der er liest, ist hinter der Tasse gegen die Mineralwasserflasche gelehnt.

»Um 8 Uhr war ich im Palazzo Venezia. Regelmäßig, wie stets seit 21 Jahren, begann mein Arbeitstag — der letzte! Unter der Post war nichts von großer Bedeutung.« (Mussolini in seinen Erinnerungen). Merkwürdigerweise versucht er, Grandi ans Telefon zu bekommen. Er will wissen, warum er, Grandi, zwei Tage vor der Großratssitzung ihn dringend gebeten hatte, die Einladung dazu rückgängig zu machen; eine Maßnahme, die Grandi um die Möglichkeit gebracht hätte, über seinen Antrag abstimmen zu lassen und ihm damit politisches Gewicht zu verleihen. Dies ist Mussolinis eigene Begründung für die Suche seines Sekretariats nach Grandi, der nicht aufzufinden ist. Ob er ihn nicht doch verhaften lassen wollte, bleibt dunkel, wie alles im dunkeln bleibt, was Mussolinis Gedanken und Gefühlsregungen an diesem Sonntag, dem 25. Juli 1943, betrifft.

Er empfängt noch den japanischen Botschafter Hidaka. Der Japaner hat am nächsten Tag von seinem Besuch im Palazzo Venezia erzählt: »Der

Duce hat mich eingehend unterrichtet und während der halbstündigen Unterredung nicht im geringsten den Eindruck gemacht, als sei er seiner Sache nicht völlig sicher.« Was für ein Meister der Verstellung! Er hat sich eingemauert.

Buffarini, der ehemalige Innenminister, den Donna Rachele in die Villa Torlonia bestellt hat, um sich von ihm mehr Informationen über den Verlauf der Sitzung geben zu lassen, als sie von ihrem Mann bekommt, und sie selbst wollen Mussolini davon überzeugen, daß er Grandi verhaften lassen müsse. Er lehnt es nicht nur ab, er wehrt sich überhaupt gegen alle Aufforderungen, Miliz und Polizei zur Sicherung des Regimes, das heißt: seiner Herrschaft, einzusetzen. Rachele hört ihn sagen: Es ist doch gar nichts passiert.

Für ein paar Stunden entzieht sich Mussolini seiner gewohnten Umgebung. Er läßt sich gegen Mittag in die bombardierten Arbeiterviertel Tiburtina und S. Lorenzo fahren und freut sich darüber, wie herzlich die Ausgebombten ihm begegnen. Er verteilt Geld. Seit Feltre hat er oft davon gesprochen, wie leid es ihm tue, am Tag des ersten großen Bombenangriffs auf Rom nicht in der Stadt gewesen zu sein. Jetzt entschuldigt er seine Abwesenheit vor den ihn umdrängenden Arbeiterfamilien mit Regierungsgeschäften fernab von Rom. Sein Treffen mit Hitler erwähnt er nicht. Er hat sich seiner Rolle dabei derart geschämt, daß die Presse, die sonst jedem »Gipfeltreffen« hatte Schlagzeilen widmen müssen, nur zwei Zeilen bringen durfte: »Der Führer und der Duce haben sich in einer Stadt in Oberitalien getroffen. Es wurden militärische Fragen besprochen.«

Für eine halbe Stunde kehrt er noch einmal in die Villa Torlonia zurück und meldet sich von dort aus für 17 Uhr beim König an. Jetzt verliert Rachele völlig ihre Fassung: »Geh nicht hin, geh nicht!« beschwört sie ihren Mann. Ein Rückruf aus der Villa Savoia bestätigt den Termin, und Mussolini erfährt, der König wünsche, daß er in Zivil erscheine. Rachele begreift sofort, daß sich hinter dieser Anweisung Unheil verbirgt. »Sie wollen kein Aufsehen, wenn sie dich verhaften!« Unbeirrbar entgegnet ihr Mann: »Viktor Emanuel würde sich selber ruinieren, wenn er mich in eine solche Falle lockte.«

Die nächste Routineaudienz in der Villa Savoia hätte am Montagvormittag stattfinden sollen, und auf diesen Termin hin haben des Königs Mitverschworene die Verhaftung geplant. Daß sie ohne weiteres auf die von Mussolini veranlaßte Terminvorverlegung eingehen können, zeigt, wie perfekt ihre Vorbereitungen organisiert sind.

Herzog Acquarone hat Grandi schon tags zuvor wissen lassen, wie wichtig das Ergebnis der Sitzung für den König sei, und Grandi verliert keine Minute, den Souverän zu informieren. Unmittelbar nach der Abstimmung ruft er den Herzog an und trifft sich mit ihm zu einem dreistündigen Gespräch in der Wohnung eines Freundes.

Nach dem Gespräch bringt sich Grandi in Sicherheit; er fliegt nach Madrid und nimmt Verbindung mit den Engländern auf, mit alten Freunden aus seiner Londoner Botschafterzeit. Acquarone aber geht zu seinem vorsichtigen, ewig zaudernden Monarchen und ringt ihm jetzt, guter Nachrichten voll, die Zustimmung zur Aktion ab. Dabei wird auch endgültig entschieden, daß nicht dem Militär, sondern den Carabinieri die Durchführung übertragen werden soll. Eine letzte Schwierigkeit ergibt sich, als der König aus Stilgefühl darauf besteht, der Duce solle außerhalb des Parks der Villa Savoya festgenommen werden, während die wenigen in den Plan eingeweihten Offiziere der Carabinieri befürchten, es könne auf der Straße, wo Mussolinis Sicherheitskommando gewöhnlich auf dessen Rückkehr von der Audienz warte, zum Kampf kommen. Schließlich willigt der König ein, daß der Schöpfer seines Imperiums, des inzwischen verlorenen, unter seinen Fenstern, wenn auch nicht vor seinen Augen, verhaftet werde.

Es gibt mindestens drei oder vier Personen, die bezeugen, Mussolini habe im Laufe des Tages bis zur Audienz bei Viktor Emanuel gesagt: Ich vertraue dem König, der sich 21 Jahre lang mir gegenüber loyal verhalten hat und mit dem ich auch Privatangelegenheiten besprach.

Auf die Minute pünktlich erreicht er die Villa Savoia, von seinem Sekretär De Cesare begleitet. Drei Wagen mit Detektiven und Leibwächtern, nicht mehr als üblich, bleiben vor der Parkeinfahrt stehen. Mit Talfurchen und Erhebungen, Gruppen edler, exotischer Bäume, mit Gehölzen, Strauchwerk, künstlichen Bächen, herrlich gepflegten Rasenflächen und sorgfältig gefaßten Kieswegen, aus denen kein Hälmchen Unkraut sprießt, läßt der Park die Stadt und den ganzen Krieg vergessen. Ein idyllisches Paradies! Daß die Baumgruppen einzelnen Carabinieri als Versteck dienen, daß andere, hinter Büschen geduckt, dem Wagen nachblicken, bis er vor dem Hauptportal hält, ahnt Mussolini nicht.

Im Haupteingang des Schlosses erscheint der König, begleitet von einem Adjutanten. Majestät trägt die Uniform eines Marschalls von Italien, in der Mussolini seinen Herrn bei fast 2000 Audienzen in all den Jahren noch kaum je gesehen hat. Die Inszenierung ist hervorragend — auf so etwas versteht man sich an einem Königshof: der große Mussolini im

Straßenanzug, eine Aufmachung, die ausdrücklich verlangt worden war; der kleine König mit den roten Doppelstreifen an den Kniehosen, die Brust mit Orden bepflastert. Und auch das ist gegen alle Regel: daß der König seinem Ministerpräsidenten bis an den Eingang entgegenkommt, ihm die Hand hinstreckt und ihn lächelnd begrüßt.

Als aber der Adjutant weisungsgemäß zurückbleibt und die beiden sich allein in dem kleinen Salon im Parterre des Schlosses gegenüberstehen, ist des Königs Lächeln wie weggewischt, und auch seine Sicherheit ist fürs erste dahin. Er ist sichtlich verlegen. Hinter der nur angelehnten Tür zum nächsten Zimmer steht ein General mit gezogener Pistole. Der König hat zu ihm gesagt: »Ich möchte Sie bitten, sich an die Tür zu stellen, da ich nicht weiß, wie der Duce reagieren wird. Sie können dann nötigenfalls eingreifen.« Majestät wissen nicht, in welcher seelischen Verfassung sich der Ministerpräsident befindet.

Draußen bekommt Mussolinis Chauffeur den Befehl, den Wagen zu verlassen. Der Mann wird vorübergehend in der Telefonzentrale festgesetzt. Ein Carabiniere in Zivil fährt den Wagen auf einen Seitenweg, vom Schloß aus ist er nicht mehr zu sehen.

Mussolini will vom Verlauf der Großratssitzung berichten und führt Papiere mit sich, mit denen er beweisen möchte, daß der Großrat nur eine beratende Funktion hat, keine legale Institution des Staates ist. Viktor Emanuel läßt ihn nicht zu Wort kommen. »Ich bin unterrichtet«, sagt er. Schon entsteht eine Pause. Der König sucht nach Worten. Er faßt alles, was er eigentlich sagen müßte, in einem Satz zusammen: »Duce, die Sache geht so nicht weiter.«

Es ist die Sprache eines Bankdirektors, der einen Abteilungsleiter bei Unregelmäßigkeiten ertappt hat und ihm kündigen will. Das ganze Gespräch, das nur eine knappe halbe Stunde dauert, geht über diesen Ton nicht hinaus. Kein Satz wird gesprochen, der dem Augenblick gerecht würde, in dem eine bis 1941 äußerlich glänzende Epoche des Königreiches Italien endet. »Italien kann nicht mehr«, sagt der König. »Sie, Duce, sind der meistgehaßte Mann im ganzen Land. Die Alpini singen bereits defätistische Lieder.«

Der König kokettiert gern damit, in den piemontesischen Dialekt seiner Heimat zu verfallen. Jetzt zitiert er in dieser Mundart einen Vers: »Nieder mit Mussolini, dem Mörder der Alpini!« — Er zitiert ihn nicht nur im Sprechton, er deutet sogar mit seiner Ziegenbockstimme die Melodie des Spottliedes der Soldaten an. Es ist tückischer Hohn; auf die kleinlichste Weise rächt sich dieser König dafür, daß er zwanzig Jahre lang im Schatten stehen mußte. Dafür, daß Mussolini ihn immer hat fühlen lassen: Der Erste in Italien bin ich. Er rächt sich für das politische Wirken dieses Mannes, den er dulden mußte, von dem er aber auch profitiert und der ihm den Kaisertitel eingetragen hat.

»Das Ergebnis im Großrat ist vernichtend«, sagt der König. »19 Stimmen gegen Sie. So denkt das ganze Land. Ich bitte Sie, um Ihre Entlassung einzukommen«, fährt der König fort, und um klarzumachen, daß es sich nicht um eine Bitte, vielmehr um einen Beschluß, um eine bereits getroffene Entscheidung handelt, sagt er: »Ich habe Marschall Badoglio zu Ihrem Nachfolger bestimmt.«

»Diese brüske Wendung hat mich verstört«, hat Mussolini rückblickend geschrieben. Er macht dennoch einen schwachen Versuch, politisch zu argumentieren. »Stalin wird jubeln, zwanzig Jahre antibolschewistischer Kampf des Faschismus sind zu Ende, wenn ich abtrete«, sagt er. General Puntoni, hinter der Tür lauschend, will gehört haben, wie Mussolini mit weinerlicher Stimme sagt: »Was wird aus mir und den Meinen?«

Es muß dem König eine Lust gewesen sein, mit dem Diktator Katz und Maus spielen zu können. In den vorangegangenen Monaten war bei den Vorbereitungen, deren Zweck und Ziel nun endlich erreicht ist, immer nur von Politik und Krieg gesprochen worden und davon, daß man Italien nicht an der Seite der Deutschen untergehen lassen dürfe. Jetzt, in diesem eleganten Salon mit seinen goldenen Möbeln, mit dem Ausblick durch hohe, schmale Fenster auf eine gepflegte Parklandschaft, Fenster, die nun geschlossen sind, denn draußen brütet die Hitze eines Julitages in Rom — jetzt schlachtet ein Mann einen anderen ab, ohne daß sich dieser wehren könnte. An diesem König hat in 43 Regierungsjahren niemals jemand eine Gemütsbewegung wahrnehmen können. Auch jetzt, nachdem er seine Sicherheit zurückgewonnen hat, läßt er nicht erkennen, mit welchem Triumphgefühl er den Augenblick genießt. Und doch geht ihm der Gaul durch, und er kann sich einen zynischen Satz wie diesen nicht verkneifen: »Sie haben nur noch einen einzigen Freund, das bin ich!« (Ich, der Sie in zehn Minuten gefangennehmen lassen wird!)

Der König begleitet Mussolini wieder bis zum Portal des Schlosses, wobei er murmelt: »Es tut mir leid, es tut mir wirklich leid.« Er ist darüber informiert, daß Mussolini in einem Ambulanzwagen abtransportiert werden soll, aber er tut so, als sei er überrascht, das Auto des Duce nicht auf der Auffahrt stehen zu sehen. »Wo ist der Wagen des Präsidenten?« fragt er. Der Carabinieri-Offizier Frignani antwortet mit entsprechender Geste: »Da unten, Majestät.« Der König gibt Mussolini die

Hand, wendet sich um und verschwindet rasch im Schloß. Sie werden sich nicht wiedersehen. Mussolini will die Richtung einschlagen, in der er seinen Wagen vermutet, aber Frignani tritt ihm in den Weg: »Seine Majestät hat mir befohlen, Sie zu begleiten, es geschieht zu Ihrem persönlichen Schutz.« Mussolini sieht jetzt den Ambulanzwagen stehen. »Wir nehmen diesen Wagen, nicht den Ihren«, sagt der Offizier. Er faßt Mussolini am Arm, als wolle er ihn stützen, drängt ihn aber zum Ambulanzwagen hin, der von mehreren Carabinieri umstellt ist. Die rückwärtigen Türen sind geöffnet. Mussolini leistet keinen Widerstand, dennoch gibt ihm ein nervös gewordener Polizist einen Stoß. Mussolini landet auf der Liege, die für Krankentransporte vorgesehen ist. Sein Sekretär wird ebenfalls in den Wagen geschoben. Zwei Carabinieri steigen zu, die Türen werden von außen verschlossen. Der Wagen macht eine Kehrtwendung, fährt auf dem gewundenen Parkweg so rasch, daß der Kies spritzt, durchs Tor auf die Straße und hinein nach Rom. Es ist ein ganz gewöhnlicher Ambulanzwagen mit dem aufgemalten großen Roten Kreuz.

Führerhauptquartier, 25. Juli, »Mittagslage«.

Hitler: *Haben Sie etwas bekommen, Hewel?*

Hewel (Ribbentrops Mann in Hitlers Stab): *Es ist noch nichts Konkretes. Mackensen [Botschafter in Rom] hat nur ein Telegramm geschickt, hat gesagt, man möchte sagen, daß die Reise des Reichsmarschalls [Göring sollte zum 60. Geburtstag Mussolinis am 29. Juli nach Italien fliegen] unter Umständen in Frage gestellt wäre durch die Ereignisse. Aber Näheres muß noch kommen. Bisher weiß er, daß durch die Gruppe Farinacci der Duce endlich dazu gebracht worden ist, den Großrat einzuberufen. Das war für gestern vorgesehen, ist aber verschoben worden auf 22 Uhr, weil über das Programm noch keine Einigkeit erreicht worden sei. Wie er von verschiedenen Seiten erfahren hat, soll die Sitzung außerordentlich stürmisch verlaufen sein.[. . .] Eines der hartnäckigsten Gerüchte, die er gehört hat, sei, daß man den Duce veranlassen will, einen Regierungschef einzusetzen, und zwar einen Ministerpräsidenten in Form eines Politikers [. . .] und der Duce soll dann Präsident des Großfaschistischen Rats werden [. . .] Dann wäre gesagt worden, daß heute morgen um 10 Uhr der Duce mit einer Reihe von Generalen zum König gegangen sei und dort noch immer sei und am laufenden Band Persönlichkeiten empfinge [. . .]*

Zur selben Zeit stieg Mussolini im bombardierten Arbeiterviertel aus dem Auto und genoß die freundliche Aufnahme seitens der Bewohner, die aus den Häusern strömten.

Führerhauptquartier, 25. Juli, »Abendlage« (inzwischen hat Hitler gehört, Mussolini sei zurückgetreten):

Hitler: *Sie wissen schon über die Entwicklung in Italien Bescheid?*

Keitel: *Ich habe nur die letzten Worte gehört.*

Hitler: *Der Duce ist zurückgetreten. Es ist noch nicht authentisch: Badoglio hat die Regierung übernommen, der Duce ist zurückgetreten.*

Keitel: *Von sich aus, mein Führer?*

Hitler: *Wahrscheinlich auf Wunsch des Königs, durch den Druck des Hofes. Ich habe gestern schon gesagt, wie der König eingestellt ist.*

Jodl: *Badoglio hat die Regierung übernommen.*

Hitler: *Badoglio hat die Führung übernommen, also unser grimmigster Feind. Wir müssen uns sofort klarwerden, irgendein Verfahren finden, daß wir die Leute hier zurückbringen auf das Festland [aus Sizilien].*

Jodl: *Das Entscheidende ist die Frage: Kämpfen sie, oder kämpfen sie nicht?*

Hitler: *Die erklären, sie kämpfen, aber das ist Verrat! Da müssen wir uns klar sein: Das ist nackter Verrat! Ich erwarte nur die Nachrichten, was der Duce sagt. Der Dings [Botschafter Mackensen?] will jetzt mit dem Duce sprechen. Hoffentlich erwischt er ihn. Ich möchte, daß der Duce sofort herkommt, wenn er ihn erwischt — daß der Duce sofort herkommt nach Deutschland.*

Jodl: *Wenn diese Dinge zweifelhaft sind, gibt es also nur ein Verfahren.*

Hitler: *Ich dachte mir schon — mein Gedanke wäre, daß die 3. Panzergrenadierdivision sofort Rom besetzt, die ganze Regierung sofort aushebt. [...] Das Entscheidende ist zunächst, daß wir jetzt sofort die Alpenübergänge sichern. [...]*[105]

Der Wunsch des Führers, daß der Duce sofort herkommen soll, läßt sich nicht erfüllen. Bis zum 12. September bleibt der während 21 Jahren meistfotografierte Politiker und Staatsmann verschwunden.

Szenenwechsel

Der zweite italienische »Verrat«

Als am Abend des 25. Juli 1943 über den Rundfunk die Nachricht verbreitet wird, Mussolini sei abgesetzt, Badoglio neuer Regierungschef (Botschaftsrat Bismarck erfährt sie in einem römischen Restaurant und sagt zu dem Überbringer: »Keine Bierwitze, bitte!«), ist es, als bräche ein Vulkan aus: »Wie ein Funkenregen sprang die Neuigkeit von Straße zu Straße, verbreitete sich über alle sieben Hügel der Stadt. [. . .] Viele taumelten auf die Straße, so, wie sie eben waren — im Nachthemd oder Pyjama, nur mit Pantoffeln an den Füßen. [. . .] Hektisch, fast hysterisch umarmten sie einander und lachten und weinten. Dies war die Nacht, in der alles erlaubt war, was man sich zwanzig Jahre nie getraut hatte zu tun.«[1] Büsten und Bilder Mussolinis werden aus den Fenstern der Ministerien geworfen, mit Stricken hinter Autos hergeschleppt, umtanzt von einer schreienden, singenden Menge. In einer Metallfabrik schieben die Arbeiter einen Bronzekopf des Gestürzten in eine hydraulische Presse, platt wie ein Pfannkuchen kommt er wieder heraus. Wochenschauoperateure nehmen die Szene auf, sie wird in der folgenden Woche in den Kinos gezeigt, das Publikum springt von den Sitzen und amüsiert sich. Der Villa Torlonia gegenüber wohnt seit langem ein Trompeter des römischen Sinfonieorchesters, dem es von den Mussolinis verboten worden war, abends bei offenem Fenster zu üben. Gegen Mitternacht reißt er die Fenster auf, setzt sein Instrument an, bläst und bläst — sozusagen der Torlonia ins Gesicht, wo Rachele verzweifelt versucht herauszufinden, wohin ihr Mann gebracht worden ist.

Ein Volk in seiner Existenzkrise, ein Volk, das hungert, ein Volk, das im Krieg steht gegen einen übermächtigen Feind, der bereits den Süden des Landes unmittelbar bedroht, feiert das Ende der Diktatur, den Sturz des so lange vergötterten Diktators, feiert die Freiheit, feiert sich selbst, lachend, während vom Norden her bereits die Divisionen und Panzer des Verbündeten zur Sicherung seiner Herrschaft eindringen.

Daß in der Proklamation der neuen Regierung gesagt wird, der Krieg gehe weiter, es müsse gekämpft werden wie zuvor, wird überhört oder nicht geglaubt. Darin sind sich die Römer mit dem deutschen Hauptquartier ganz einig! Viva il Re, viva il Papa! — es lebe der König, es lebe der Papst! wird geschrien und auf die Mauern gepinselt, aber auch: Pace!! Frieden!! Noch aber haben nicht einmal die Verhandlungen mit den Alliierten begonnen. Wie die Dinge liegen, brauchen die von der

Abhalfterung des Duce überraschten Deutschen dem Schauspiel des Defätismus und der Friedensliebe nicht mit Gewalt ein Ende zu bereiten, denn Marschall Badoglio verhängt schon am 26. Juli den Belagerungszustand, Beginn 13 Uhr. Er muß Ruhe und Ordnung wiederherstellen und überdies den Deutschen zeigen, daß er über Autorität im eigenen Volk verfügt. Es versteht die Maßnahme als Signal, der Krieg werde tatsächlich fortgeführt. Dem euphorischen Zustand der Frei-Nacht folgt jäh der Absturz in tiefe Resignation und ist die Ursache dafür, daß die drakonischen Einschränkungen allgemein befolgt werden, von denen es unter der Diktatur verschont geblieben war. Das öffentliche Leben erstirbt. Mehr als drei Personen dürfen nicht zusammenstehen, alle Lokale, die Theater, die Kinos müssen schließen. Die Elitedivision »Piave« marschiert ein, besetzt alle wichtigen öffentlichen Gebäude und Verkehrsknotenpunkte, schlägt im Park der Villa Borghese ein Feldlager auf. Die Angehörigen der deutschen Botschaft werden mit Ausweisen versehen, die ihnen erlauben, sich auch nach 21 Uhr auf den Straßen zu bewegen. So erleben sie ein Rom, das den Eindruck macht, als habe die Bevölkerung die Stadt verlassen, und nur Militärposten seien zurückgeblieben, um leere Paläste, Häuser und den Bahnhof zu bewachen.

Unmittelbar nach der Großratssitzung in den frühen Morgenstunden des 26. Juli, also lange vor der Verhaftung des Duce, hatten sich ahnungsvolle Bonzen des untergehenden Regimes, vorneweg der fanatische Farinacci, schon in die Villa Wolkonsky geflüchtet und befanden sich bereits Stunden später auf dem Luftweg ins Reich, verkleidet in deutschen Uniformen, die Kesselring zur Verfügung gestellt hatte. Unter ihnen auch Mussolinis Sohn Vittorio. Farinacci wird von Dollmann in einer Sondermaschine bis München begleitet, wo die beiden Herren im Hotel »Vier Jahreszeiten« Logis nehmen, ein Altfaschist in deutscher Fliegeruniform und ein snobistischer Dandy und Himmler-Agent im Kostüm eines SS-Offiziers. Zu diesem Zeitpunkt sind die Deutschen noch das Opfer falscher Informationen aus der deutschen Botschaft und halten Farinacci bzw. »die Gruppe Farinacci« für die treibende Kraft des Aufstands der Gerarchen. Hitler sagt in der ersten Lagebesprechung des 25. Juli: »Der gute Farinacci hat ein großes Glück, daß er das in Italien gemacht hat, nicht bei mir. Wenn er es bei mir gemacht hätte, würde ich ihn sofort von Himmler abholen lassen, augenblicklich.«[2] Dennoch sieht man in diesem Fanatiker nicht den Totengräber des faschistischen Regimes, sondern nur einen Tolpatsch, der voll guten Willens an der falschen Schraube gedreht hat.

Mackensen, der sich bei den ersten Anrufen Badoglios verleugnen ließ, findet sich erst am nächsten Vormittag — es ist der 26. Juli — im Innenministerium ein, wo der Marschall interimistisch seine Amtsgeschäfte aufgenommen hat. An Mussolinis Schreibtisch im Palazzo Venezia Platz zu nehmen, konnte ihm selbstverständlich nicht in den Sinn kommen. Nach Mackensen empfängt Badoglio deutsche Militärs, den Oberkommandierenden der Heeresgruppe (Kesselring) und den Militärattaché (Rintelen).

Alle drei Herren werden mit betonter Höflichkeit behandelt — die nur Rintelen erwidert — und bekommen Kenntnis von einem erstaunlichen, ja, von einem ganz unglaublichen Brief:

»1. Es drängt mich, dem Marschall Badoglio für die Sorge um meine Person zu danken.

2. Der einzige Ort, über den ich für meinen künftigen Aufenthalt verfügen kann, ist La Rocca delle Caminate. Ich bin jederzeit bereit, mich dorthin zu begeben.

3. Ich versichere dem Marschall Badoglio, in Erinnerung an die gemeinsame Tätigkeit in vergangenen Zeiten, daß ihm von meiner Seite nicht nur keine Schwierigkeiten erwachsen werden, sondern daß ich zu jeder Zusammenarbeit bereit sein werde.

4. Ich begrüße die getroffene Entscheidung, daß der Krieg an der Seite der Verbündeten weitergeführt wird, wie es die Interessen und die Ehre des Vaterlandes in diesem Zeitpunkt erfordern. [...] Es lebe Italien! Benito Mussolini«[3]

Badoglio benützt diese Kapitulationsurkunde des Diktators, am Abend des 25. Juli geschrieben, um seinen deutschen Besuchern zu sagen: Sehen Sie, meine Herren, sogar Ihr großer Duce bestätigt mir, daß ich sein legitimer Nachfolger bin.

Das Dokument entlarvt den Diktator, den »letzten Römer«, den »größten Staatsmann« (Hitler über den Duce); der Machtverlust hat ihn zu einem Jammerlappen werden lassen, und so wird er uns während des kurzen Restes seines Lebens noch einige Male begegnen.

Im Führerhauptquartier wird am vorgeprägten Duce-Bild noch festgehalten. Es wird auch nicht erkannt, daß das ganze faschistische Regime verschwunden ist. Nur in einem Punkt urteilen Hitler und seine Umgebung realistisch: Sie glauben nicht daran, daß Italien weiter an ihrer Seite kämpfen werde. Den ganzen August 1943 über vergeht im Führerhauptquartier kein Tag, an dem nicht besprochen würde, wie dem »Verrat« zu begegnen sei, was bei Anwendung einer Spur von Logik verboten hätte, den Begriff »Verrat« weiter zu benützen. Die Vorbereitungen darauf gehen von der Annahme aus, es werde in Italien eine bürgerkriegsähnliche Situation entstehen, wenn der König, der Adel, die Freimaurer, die Juden kapitulierten, denn, das ist Hitlers Überzeugung, dagegen stünde ein unbedingt achsentreuer Kern faschistischer Verbände. Es werde dann nur ein paar deutscher Divisionen — die Hitler aus dem Osten abziehen will — bedürfen, um mit diesen faschistischen Kräften zusammen die Absichten der »Verräter« zunichte zu machen. Hitler denkt, wie schon erwähnt, an politisch geschulte SS-Divisonen, und benützt für sie einmal das Bild vom Magneten, der die gesunden faschistischen Teile aus dem kranken italienischen Volkskörper herausziehe.

Hitlers Kriegsbuchhalter Keitel entwickelt aus den in die Diskussion eingebrachten Vorschlägen die Entwürfe zu zwei Krisenplanungen: unter dem Decknamen »Alarich« für Italien und den italienisch besetzten Küstenstreifen in Frankreich; unter »Konstantin« für den Balkan, soweit dort italienische Truppen stehen. Die Tarnbezeichnung »Alarich« muß ein subversiver Witzbold im Führerhauptquartier vorgeschlagen haben, denn so hieß jener westgotische König, der vor 1500 Jahren aus dem Norden nach Rom gekommen war und es in ein paar Tagen in einen unbewohnten Schuttplatz rauchender Trümmer verwandelt hatte. Unter allen militärischen Geheimplänen sind »Alarich« und »Konstantin« 1943 die geheimsten; für die Übermittlung einschlägiger Befehle werden bis zur Kapitulation Offiziere auf Kurierreisen geschickt, der Gebrauch von Funk, Telefon oder Fernschreiber ist dafür verboten. (Nach einigen Wochen werden beide Tarnworte durch ein neues ersetzt: »Achse«.)

Der fundamentale Irrtum, ein italienischer »Verrat« werde nur von Teilen der Oberschicht und einer Minderheit der Bevölkerung mitgetragen werden, setzt sich in den Krisenplänen sogar so weit durch, daß Mussolini darin noch als Befehlsinstanz vorgesehen ist, als derjenige, der die deutschen Befehle an seine Armee weiterzugeben habe, als seien sie seine eigenen. Demgegenüber fehlt es schon im Frühjahr 1943 nicht an Warnungen, die besagen, Mussolini sei nicht mehr fähig, diese Rolle zu spielen; zum einen, weil er selbst die Kraft nicht mehr habe (»ein alter, müder Mann, der zwar hier und da noch eine politische oder militärische Erleuchtung habe, bei dem aber die Konsequenz einer klaren politischen und militärischen Befehlsgebung fehle«[4]), zum anderen, weil er im Volk keine Vertrauensbasis mehr besitze. Solche Bedenken will der Führer nicht wahrhaben. Er geht nach wie vor davon aus, er könne mit Mussolini den Staatsstreich und die zu erwartende Kapitulation rückgängig machen: »Ich möchte annehmen, daß er [Mussolini] mit mir sprechen will. Wenn der Duce herkommt, ist es ja gut; wenn er nicht kommt, dann weiß ich nicht. Kommt der Duce nach Deutschland und spricht mit mir, ist die Sache gut an sich. Kommt er nicht her oder kann er nicht weg oder resigniert überhaupt mit Rücksicht darauf, daß er sich unwohl fühlt, was nicht verwunderlich wäre bei einem so verräterischen Pack, dann weiß man nicht. Der Dings [gemeint ist Badoglio, Anm. d. Verf.] hat allerdings sofort erklärt: Der Krieg wird weitergeführt [. . .] Das müssen die Leute machen, denn das ist eine Verräterei. Aber von uns wird auch dieses gleiche Spiel weitergespielt, alles vorbereitet, um sich blitzartig in den Besitz dieser ganzen Bagage zu setzen, das ganze Gelichter auszugeben.«[5]

Die Bagage und das Gelichter sind: der König, seine Familie, Badoglio und die anderen Verräter, die mit ihm arbeiten, die Mitglieder des Großrats, die gegen Mussolini gestimmt haben, die höchsten Offiziere im Comando supremo, der Papst und sein Hofstaat. Die Planung, die für diese Verhaftungsaktion rasch improvisiert wird, um Hitlers Tobsuchtsausbrüchen zu begegnen, läuft unter dem Tarnwort »Schwarz«.

Hitler (am Kartentisch): *[. . .] nach Rom hineinfahren mit Sturmgeschützen [. . .] und die Regierung, den König, die ganze Gesellschaft zu verhaften. [. . .] Vor allem den Kronprinzen muß ich kriegen.*

Keitel: *Der ist wichtiger als der Alte.*

Bodenschatz (General der Flieger, Anm. d. Verf.): *Das muß man organisieren, daß die sofort ins Flugzeug eingepackt und weggebracht werden.*

Hitler: *Ins Flugzeug, gleich weg, augenblicklich weg! [. . .] Wir müssen gleich eine Liste aufstellen. Dazu gehört selbstverständlich dieser Ciano, dazu gehört Badoglio und viele andere, in erster Linie überhaupt das ganze Gesindel, Badoglio selbstverständlich, tot oder lebend!«*

In der noch nicht ausgeräumten Annahme, die Kapitulation stehe unmittelbar bevor, befiehlt Hitler, daß der Befehlsstand des Feldmarschalls Kesselring und dieser selbst durch eine »Leibwache« in Kompaniestärke geschützt werden müßten, daß er sein Quartier nicht verlassen dürfe (Kesselring sucht anderntags den König und Badoglio auf) und italienische Besucher, wer es auch sei, von ihm ferngehalten werden müßten. Zur Sprache kommen auch die 150 000 italienischen Arbeiter, die sich im Juli 1943 im Reich befinden, keiner von ihnen dürfe nach Italien zurück. (Speer: »Die arbeiten fleißig, die können wir für die OT [= Organisation Todt] gut brauchen.«

Je deutlicher sich vor Hitler entrollt, was in Rom geschehen ist, desto mehr steigert er sich in seine Wut hinein, desto verbissener sinnt er auf Rache. Die dramatischen Sitzungen werden fortgesetzt, gegen halb eins ist die Führerrunde wieder im Lagerraum versammelt.

Jodl: *Das muß auf jeden Fall mündlich übermittelt werden: der Fall Rom.*

Hitler: *Das muß unter allen Umständen kommen, das ist ganz klar. Darum kommen wir nicht herum hier, es muß zurückgeschlagen werden, und zwar müssen wir sehen, daß wir die ganze Regierung erwischen. [. . .] Kein Mensch darf Rom verlassen, und dann muß die 3. Pz. Gren. Div. herein. [. . .]*

Hewel: *Sollen wir nicht sagen, daß die Vatikanausgänge besetzt werden?*

Hitler: *Das ist ganz egal, ich gehe in den Vatikan sofort hinein. Glauben Sie, daß mich der Vatikan geniert? Der wird sofort gepackt. Da ist vor allen Dingen das ganze diplomatische Korps drin. Das ist mir Wurscht. Das Pack ist da, das ganze Schweinepack holen wir heraus [...] Was ist schon [. . .] Dann entschuldigen wir uns hinterher, das kann uns egal sein. Wir führen dort einen Krieg [. . .]*

Bodenschatz: *Da sitzen die meisten [. . .] denken, sie sind sicher.*

Hewel: *Da werden wir Dokumente bekommen!*

Hitler: *Da? — Ja, da werden wir Dokumente kriegen, da holen wir was heraus an Verrat!*[6]

Zur Durchführung der Verhaftungsaktion wird Fliegergeneral Student am 26. Juli aus Frankreich ins Führerhauptquartier befohlen, wo ihn Hitler selbst in seine neue Aufgabe einweist. Neben der 3. Panzergrenadierdivision, die sich schon bei Rom befindet, wird ihm die 2. Fallschirmjägerdivision unterstellt, die, aus Südfrankreich abgezogen, über dem Flugplatz Pratica di Mare nahe Rom in Wellen abspringt und dort in Alarmbereitschaft bleibt. An die Kompanien werden Stadtpläne von Rom und der Vatikanstadt ausgegeben.

Außerdem engagieren sich für »Schwarz« auch zwei hohe Mitarbeiter Hitlers, die das rein militärische Unternehmen eigentlich nichts angeht: Ribbentrop und Himmler. Sie bedrängen die römische Botschaft mit Telefongesprächen und Fernschreiben des Inhalts: »Drahtzieher festnehmen!«[7]

Mit Behagen erzählt der Gesandte Moellhausen in seinen Memoiren, dieser Befehl habe auch den einen der beiden Handlanger Himmlers in Rom erreicht, den Polizeiattaché und SS-Offizier Kappler — der andere ist Dollmann —, der daraufhin, begleitet von einem »sarkastischen Heiterkeitsausbruch« des ganzen Personals, die Polizeistreitkräfte habe antreten lassen, mit Sekretärin und Chauffeur sieben Personen, und den

Botschafter gebeten habe, bei Ribbentrop rückzufragen, wie er damit Badoglio und seine Divisionen festnehmen solle.

Mit »Schwarz« stößt Hitler sowohl in Rastenburg wie in Rom bei wichtigen Mitarbeitern auf schwere Bedenken, die auch von Kesselring und Admiral Ruge vorgetragen werden. Dieser verbale Widerstand allein könnte Hitler nicht bremsen, aber die faktischen Vorbereitungen, von General Student absichtlich verzögert, ziehen sich bis zum 6. August 1943 hin; die Regierung Badoglio hat sich inzwischen eingerichtet, an einen Überraschungscoup ist nicht mehr zu denken. Das Comando supremo, das sich seine Gedanken macht, wozu eigentlich die Fallschirmjägerdivision Gewehr bei Fuß vor Rom steht, hat inzwischen rings um die Stadt sechs eigene Divisionen plaziert. Derart ist die Hauptstadt von zwei Ringen, einem deutschen und einem italienischen, umgeben, die sich gegenseitig kontrollieren. Hätte Hitler jetzt noch die Durchführung von »Schwarz« befohlen, ganz Italien wäre explodiert, die noch für einen Monat Verbündeten wären übereinander hergefallen, die Alliierten hätten ihre große Chance gesehen, in Rom einzubrechen, den Süden abzuriegeln. Die Ewige Stadt wäre verwüstet worden, der Krieg in Italien 1943 zu Ende gegangen . . . Solche Perspektiven hat man schließlich auch in der »Wolfsschanze« vor sich gesehen. Doch »Schwarz« wird nicht abgeblasen, es verschwindet stillschweigend aus der Diskussion. Vom Führer zu verlangen, einen Befehl zurückzunehmen, wagt im Hauptquartier niemand.

An den nächsten Besprechungen in der »Wolfsschanze« nehmen Himmler, Göring und Rommel teil, vorwiegend als schweigende Zuhörer; aus dem Protokoll tritt Göring dem Leser als die schwächste Figur entgegen. Rommel war tags zuvor zur Übernahme eines Kommandos auf dem Balkan nach Saloniki geflogen, wo ihn wenige Stunden nach seiner Ankunft der Befehl erreichte, sofort zurückzukehren, um nun doch gemäß ursprünglicher Absicht in Italien verwendet zu werden. Zu diesem Zeitpunkt ist Hitler entschlossen, Rommel in Ansehung seines zum Mythos gesteigerten Prestiges den Oberbefehl über ganz Italien zu übertragen, ohne jedoch bereits jetzt eine Regelung zu treffen, die verlangt hätte, Kesselring von seinem Kommando über die Südfront zu entbinden. Rommel wird in Erwartung des »Verrats« Oberfehlshaber einer neuzuschaffenden Heeresgruppe B mit Sitz in München und seine Zuständigkeit zunächst auf Norditalien begrenzt, bis hinab zu einer Linie, die etwa in der Höhe von Elba quer durch den Stiefel bis Ancona verläuft.

Es kommt ferner zu dem verhängnisvollen Beschluß, Elitedivisionen von der Ostfront abzuziehen und nach Italien zu verlegen. Dem von der Ostfront eingeflogenen Feldmarschall Kluge erklärt Hitler, warum er »den sehr, sehr schweren Entschluß« fassen muß: *Ich kann dort unten [in Italien] nur durch ganz erstklassige Verbände, die vor allen Dingen auch politisch dem Faschismus nahestehen, etwas machen. Sonst könnte ich auch ein paar Heerespanzerdivisionen hinziehen; aber ohne die sammelt sich das Zeug nicht, denn ich will das faschistische Metall nicht wegnehmen [soll heißen: nicht verlieren, Anm. d. Verf.], und wir bauen doch in kurzer Zeit so viele Dinge wieder auf. Da ist mir nicht bange; wenn wir Norditalien halten, gar nicht. [. . .] Ich muß Verbände unten haben, die mit einer politischen Fahne kommen. [. . 3.] Die Faschisten müssen mitlaufen.*
Kluge: Mein Führer! Ich mache aber darauf aufmerksam: Augenblicklich ist nichts herauszuziehen [aus der Ostfront, Anm. d. Verf.]. Das ist völlig ausgeschlossen im gegenwärtigen Moment!
Hitler: *Aber trotzdem muß es möglich sein [. . .].*[8]
Die zunehmend realistischeren Meldungen aus Rom korrigieren die Meinung über den Regierungswechsel nicht. Hitler sagt zu Kluge: »[. . .] das neue Regime hat an sich natürlich außer Juden und Pöbel, die sich in Rom bemerkbar machen, niemand hinter sich, das ist ganz klar.«[9]
Im selben Gespräch zeigt er sich erstmals über die Gefangenschaft Mussolinis informiert. Sechs SS-Offiziere werden ins Führerhauptquartier befohlen: Noch am Abend des 26. Juli bestimmt Hitler einen von ihnen, er heißt Skorzeny, der die Auffindung und Befreiung Mussolinis in die Wege leiten soll. Das Unternehmen bekommt das Tarnwort »Eiche«.
Wenn Hitler wenigstens die Berichte seines eigenen Geheimdienstchefs Canaris gelesen hätte, so wüßte er, wie sehr er sich irrt, wenn er hinter Badoglio nur »Juden und Pöbel« herlaufen sieht. Schon am 27. Juli hat Canaris von einem italienischen Kollegen einen Situationsbericht erhalten, in dem es heißt: »Der eingetretene Regimewechsel hat in allen Kreisen Italiens um so mehr volle Zustimmung gefunden, als es sich sowohl bei Marschall Badoglio als auch bei den neuernannten Ministern im Gegensatz zur abgetretenen Regierung durchwegs um Persönlichkeiten handelt, die Sachkenntnisse mit persönlicher Ehrenhaftigkeit verbinden. Den besten Beweis, in welchem Maße die alte Regierung abgewirtschaftet hatte, liefert die Ruhe und Disziplin, mit der sich der Systemwechsel vollzogen hat.«[10]
In dieser Beleuchtung gewinnt der Staatsstreich das politische Profil eines ganz normalen Vorgangs; in einer Monarchie hat der König dem

von ihm bestellten Ministerpräsidenten das Vertrauen aus triftigsten Gründen entzogen und einen Nachfolger ernannt. Daß die Auswechslung der Regierung durch den Staatschef zugleich ein Regime und damit eine ganze Epoche italienischer Geschichte beendet, ändert nichts daran, daß die Entlassung Mussolinis ein legaler Vorgang gewesen ist. Eine Revolution von oben hat in Italien nicht stattgefunden, so wenig wie im September der »Verrat«.

Eingekapselt in die fixe Idee, der Faschismus könne und müsse wieder aufgerichtet werden, bewertet die deutsche Führung auch das Protokoll eines Gesprächs zwischen einem V-Mann des SD und Bottai, einem der wenigen in Rom verbliebenen höchsten Funktionäre des Faschismus, nicht genügend. SD-Chef Kaltenbrunner schickt einen »Durchdruck« an das Büro Ribbentrop »mit der Bitte um Vorlage bei dem Herrn RAM«. Das erhaltene Exemplar zeigt den Stempel »Hat dem Führer vorgelegen, 17.8.« — was nicht heißt, daß er es gelesen haben muß. Bottai sagt darin u. a.: »Daß wir dem Feind gegenüber ›brutta figura‹ machen, ist schließlich unsere Sache. Daß wir es Deutschland gegenüber tun, schmerzt mich mehr. Die deutsch-italienischen Beziehungen sind im wesentlichen auf dem Papier geblieben, Bluff. [...]

Man hat auch in Deutschland die Wirklichkeit des Faschismus nicht richtig gesehen. Man sah Mussolini und vielleicht noch Farinacci, aber das ist nicht der ganze Faschismus. [...]

Begehen Sie nicht den Irrtum zu glauben, daß man den Faschismus so, wie er war, wiederbeleben könnte. Daß etwas faul war, hat am besten sein rascher Zusammenbruch bewiesen. Und ich sage Ihnen [...], daß ich, einer der Mitbegründer des Faschismus und Teilnehmer des Marsches auf Rom, mich nicht mehr in die Partei einschreiben werde, wenn der Faschismus in der gleichen Form wiedererstehen soll wie früher. [...]«

Außer durch solche Analysen hätte sich die deutsche Führung durch die italienische Tagespresse während der 45 Badoglio-Tage belehren lassen können, daß sie besser beraten wäre, sich nicht in zwei einander vollständig ausschließenden Vorstellungen zu verrennen: tief beunruhigt den Zusammenbruch des Faschismus zu registrieren und zugleich an der Theorie von den »Drahtziehern« festzuhalten, die nur unschädlich gemacht zu werden brauchten, damit alles wieder so werde wie vor dem 25. Juli. In den Zeitungen wird geradezu lustvoll und mit Zustimmung der Bevölkerung der gestürzte Diktator nun auch als Person moralisch demontiert. Für die oberen Schichten war es schon lange kein Geheimnis mehr, daß er außer seinen vielen flüchtigen Frauenaffären, die ihm kaum ein italienischer Mann hätte verübeln können, noch eine Art Ehe zur linken Hand mit einem gewissen Fräulein Clara oder Claretta Petacci geführt hat, Tochter eines angesehenen Arztes und einer bigotten Mutter. Jetzt wird vor dem ganzen Volk das intime Leben des Duce aufgeblättert, vor allem in einer zwölfteiligen Artikelserie, die ein gewisser Ferruccio Lanfranchi im *Corriere della Sera* veröffentlicht. Haben die Römer bis dahin, wenn sie spät abends über die Piazza Venezia gingen, voller Ehrfurcht zu den Fenstern des berühmten Balkonzimmers aufgeschaut, hinter denen oft bis Mitternacht das Licht nicht erlosch und zu verkünden schien, der große Mann sitze noch an der Arbeit, fürsorglich wachend über sein Volk, so belebt sich jetzt in der Phantasie der Zeitungsleser der Palast mit einer leichtsinnigen, habgierigen Person, die in rosafarbenen seidenen Morgenröcken den Sechzigjährigen umgarnte. Hinter ihr werden Eltern sichtbar, die sich ihre luxuriöse Villa 1939 von Mussolini haben bezahlen lassen — eine durchaus zutreffende Feststellung, sie kostete zwei Millionen —, dazu ein Bruder namens Marcello, der sich mit Goldschiebungen bereichert hat. Auch er ist keine Erfindung, so wenig wie eine Schwester, die es mit höchster Protektion zur Hauptrolle in einem miserablen Film gebracht hat, obschon gänzlich talentlos. Liebesbriefe werden in Faksimilie veröffentlicht. Mussolinis vertraut-vertrauliche Unterschrift »Ben« wird bösartig als »Bibbi« gelesen. Wenn Badoglio wollte, könnte er die Veröffentlichung der Serie, die in anderen Zeitungen anonym nachgedruckt wird, unterdrücken. Indem er sie verbreiten läßt, wird er zum Komplizen einer schäbigen Kampagne, die er politisch nicht führen kann, weil ihm dazu intellektuell alle Voraussetzungen fehlen. Zum aktiven Verfolger faschistischer Führer wird er auf einem anderen Gebiet: Eine seiner ersten Regierungshandlungen ist die Einsetzung einer Kontrollkommission, der er die Aufgabe stellt, der Herkunft des Vermögens und des Immobilienbesitzes von Personen nachzugehen, deren Namen jedes Kind in Italien seit Jahren kennt. Zu den Betroffenen gehört auch Ciano, auf den es die Prüfer besonders abgesehen haben. Vor der Bevölkerung entrollt sich — keineswegs zur Verwunderung vor irgend jemandem — das Panorama der Korruption in der faschistischen Hierarchie, doch gelingt es immerhin, mit der Veröffentlichung von Details über die Bereicherung auf Staatskosten eine Stimmung zu erzeugen, die beispielsweise dazu führt, daß in Genua das Standbild von Cianos Vater umgestürzt wird, der bis dahin als großer patriotischer Held in den Schulbüchern figurierte. Badoglio ist eine gewisse Kaltblütigkeit bei dieser antifaschistischen Hexenjagd nicht abzusprechen, denn er selbst steht in der italienischen Zeitgeschichte als der geldgierigste, profitsüchtigste, zudem geizigste aller italienischen Feldherren seit Beginn des 19. Jahrhunderts — was immerhin etwas heißen will.

Fünfundvierzig Tage regiert Badoglio mit einem Kabinett, in dem außer ihm drei Generäle und ein Admiral, im übrigen nur Beamte, sitzen, die niemand kennt und niemand zur Kenntnis nehmen wird. Zu sagen, er habe Italien regiert, wäre eine Übertreibung; der politische und organisatorische Zustand des Landes und die Unverfrorenheit, mit der die Deutschen sich von Tag zu Tag mehr als Besatzungsmacht aufführen, macht eine zentral gesteuerte italienische Verwaltung nicht mehr möglich. Die Bombenangriffe auf die Städte — auch auf Rom —, auf die Eisenbahnen und Bahnhöfe tun ein übriges, den Staatsapparat, den Verkehr und die Versorgung zu lähmen. Im Rahmen unserer Thematik braucht die Episode Badoglio, soweit sie ihn selbst und sein politisches Handeln betrifft, nur unter dem Gesichtspunkt gestreift zu werden, daß sie der Vorbereitung des »Verrats« dient, der sie beendet.

Der König, der Marschall und alle anderen »Drahtzieher« des Staatsstreichs beabsichtigen gewiß von vornherein, Italien aus dem Bündnis zu lösen, aus dem Krieg auszuscheiden, aber am Tag, als der Duce verhaftet wird, besteht noch kein Terminplan dafür, sind Kontakte mit den Alliierten noch nicht aufgenommen. Die Erklärung vom Abend des 25. Juli, daß der Krieg fortgeführt werde, stellt eine Verschleierung des Ziels dar, aber noch nicht die Ableugnung von Handlungen, die mit dem Wortlaut nicht zu vereinbaren wären. Die Situation hat sich auch am 27. Juli noch nicht grundsätzlich verändert, als Badoglio in einem Telegramm an Hitler erneut seine Entschlossenheit bekräftigt zu kämpfen.

Deutscherseits sind die Vorbereitungen auf den »Verrat« erheblich umfangreicher und effizienter als jene Badoglios. Schon in der Nacht vom 25. auf den 26. Juli hat das OKW befohlen, keine weiteren Truppen in den Süden zu verbringen; Sizilien wird abgeschrieben. Zugleich werden gemäß Plan »Alarich« über den Brenner und über die Grenze in Kärnten neue Divisionen bis Oberitalien geschleust. Diese nicht abgesprochenen Truppenbewegungen und die dringlichen Fragen sowohl an Badoglio wie an den König, wo sich Mussolini aufhalte — beide verweigern die Auskunft –, lassen das neue Regime glauben, ein profaschistischer Putsch mit deutscher Hilfe stehe unmittelbar bevor. Kein Zweifel, wäre Mussolini in diesen ersten Tagen nach seinem Sturz den Deutschen in die Hände gefallen, dann hätten sie »Schwarz« durchgezogen. Erst vom 28. Juli an werden die Beteuerungen des Königs, Badoglios und der wenigen in die Vorbereitung des »Verrats« eingeweihten höchsten Offiziere und Diplomaten, das neue Regime setze den Krieg fort, unwahr, denn die Furcht vor deutschen Maßnahmen, die dann doch nicht erfolgen, löst bei der italienischen Führung eine Krise aus, die sich zum einen darin äußert, daß Hof und Regierung erste Fluchtvorbereitungen treffen, zum anderen, daß der König am Abend seine Zustimmung zu Verhandlungen mit den westlichen Alliierten gibt. 48 Stunden später nimmt der neue Außenminister Guariglia im Vatikan Verbindung mit dem dortigen Vertreter der Londoner Regierung auf, und wieder drei Tage später, am 2. August, fliegt ein hoher Beamter aus dem Außenministerium, D'Ajeta, der einmal Kabinettschef Cianos gewesen ist, nach Lissabon, um dort persönlich die Verhandlungen mit dem Feind zu beginnen. Die Hoffnung, auf politischer Ebene einen Friedensvorvertrag abschließen zu können, erweist sich als Illusion. Bedingungslose Kapitulation, von Eisenhower diktiert — nur dafür ist der separate Waffenstillstand zu haben. Vielleicht hätte es die deutsche Führung zu diesem Zeitpunkt noch in der Hand gehabt, mit Badoglio zu einer Absprache zu kommen, wie der Krieg gemeinsam fortgesetzt werden könne, wenn sie sich dazu durchgerungen hätten, den Italienern noch einen gewissen Vertrauenskredit einzuräumen. Das hätte freilich erfordert, in den Erklärungen des Comando supremo, Italien sei einfach physisch und materiell nicht mehr in der Lage, den Krieg fortzusetzen, nicht, wie es geschieht, Vorbereitung des »Verrats« zu sehen, sondern sie so zu nehmen, wie sie gemeint sind: als Offenbarungseid. Unter dieser Voraussetzung hätte man zu einer neuen Regelung der militärischen Zusammenarbeit gelangen, wirklich die Spreu vom Weizen trennen und mit Verbänden italienischer Freiwilliger den Kampf fortsetzen können. Kurz, aus der alliierten Forderung nach bedingungsloser Kapitulation hätte eine politisch noch handlungsfähige deutsche Regierung möglicherweise ein bescheidenes italienisches Kapital schlagen können, immer noch größer als jenes, das sie mit Mussolini vier Wochen später gewinnen wird.

Nichts in dieser Richtung wird auch nur versucht, statt dessen wird mit den italienischen Generälen in den drei Konferenzen, die den militärisch-politischen Epilog zur Achse bilden, gesprochen, als seien sie die Vertreter einer soeben von den Deutschen geschlagenen Armee. So böse, so verachtungsvoll sind nicht einmal die deutschen Offiziere von den Alliierten behandelt worden, die am 7. Mai 1945 in Reims und am 9. Mai in Karlshorst die bedingungslose Kapitulation unterschrieben haben.

Die erste dieser Besprechungen zwischen dem Chef des Comando supremo, General Ambrosio, und dem Oberbefehlshaber der Heeresgruppe Süd (bzw. Südwest), Feldmarschall Kesselring (in Rom am 31. Juli 1943), artet nur deshalb noch nicht in offene Beleidigungen aus, weil sie ohne Resultat abgebrochen wird, was in Wahrheit heißt, daß sich der Italiener dem Deutschen unterwirft, damit es nicht zum Bruch kommt. Es geht um die Divisionen, die ohne italienische Erlaubnis über den Brenner nach Italien einfließen, und um die Fallschirmeinheiten, die gleichfalls ohne Erlaubnis, ja, ohne Voranmeldung bei Rom abgesprungen sind.

Ambrosios letztes Wort zu Kesselring: »Jedenfalls, um für heute abend abzuschließen: Ich wünsche nicht, daß diese Division [die 44., Anm. d. Verf.] den Brenner überschreitet« ist in den Wind gesprochen. Kesselrings Argument: »Entweder muß man den Krieg beenden oder weitere Divisionen hinbringen«, kann Ambrosio nur mit Hohn quittieren, denn diese »weiteren Divisionen« kämpfen eben nicht gegen die Alliierten, sondern stehen bereit zum Kampf gegen Italien. »Das ist die Art, die ich nicht mag«: Es ist die einzige aufrichtige Bemerkung — von Ambrosio gemacht —, die in dem verbalen Schlagabtausch der beiden Heerführer fällt.[11]

Das vorletzte Treffen auf hoher Ebene findet am 6. August in Tarvisio statt: Keitel mit Ambrosio, Ribbentrop mit Guariglia verhandeln von 10 bis 13 Uhr, dann von 15.30 bis 18 Uhr und noch einmal kurz eine Stunde später.[12] Geht es am Vormittag noch leidlich zivilisiert zu, so bringt der Nachmittag Beleidigungen und offenen Streit. Ribbentrop spricht den »Verrat« direkt an und fragt, ob mit den Amerikanern oder Engländern Gespräche aufgenommen worden seien. Der italienische Außenminister verneint.

Der Panzerzug, mit dem der deutsche Außenminister und die Generalität ins gefährliche Land der »Verräter« gefahren sind, steht am Abend schon zur Abfahrt bereit, als Ribbentrop zu Botschafter Mackensen — der den italienischen Herren das Ehrengeleit gegeben hat — sagt: Steigen Sie ein, und kommen Sie mit. So endet seine diplomatische Karriere jäh und formlos. Er sieht Rom und die Villa Wolkonsky, die prachtvollste Residenz unter allen Botschaften des Reiches, nicht wieder, in der er sich mit dem Zeremoniell eines regierenden Fürsten sogar gegen seine nächsten Mitarbeiter abgeschirmt hatte. Die Eindrücke, die die Italiener von dieser Begegnung mitnehmen, läßt sie aufs neue befürchten, die Deutschen stünden kurz davor, die Regierung zu kassieren, und ihnen bleibe keine Zeit mehr, sich durch die Kapitulation, sogar durch die bedingungslose, einen besseren Startplatz für Italiens Zukunft nach dem Krieg zu schaffen. Erst jetzt, am 12. August, entsendet Badoglio einen der jüngsten Generäle der italienischen Wehrmacht, Castellano, der Ambrosios besonderes Vertrauen besitzt, zu Verhandlungen nach Lissabon.

Dennoch halten beide Seiten den Schein, den Krieg gemeinsam weiterführen zu wollen, aufrecht, und so kommt es am 15. August in Bologna zu einer dritten, zur letzten Generalstabsbesprechung über das Problem der Abstimmung deutscher und italienischer Befehlsgebung. Der Chef des Wehrmachtführungsstabs, General Jodl, und Marschall Rommel treffen sich mit General Roatta und General Rossi. Anwesend ist auch wieder der deutsche Militärattaché Rintelen. »Der äußere Rahmen wird auf Weisung von Hitler noch feindlicher und rüder gestaltet. [. . .] Starke SS-Formationen legten einen Gürtel um die italienischen Sicherungen [. . .] Sogar ein Doppelposten der SS wurde unmittelbar vor das Besprechungszimmer gestellt. Ein deutscher Offizier mit umgeschnallter Pistole wurde zur persönlichen Bewachung von Rommel und Jodl an den Mittagstisch gesetzt. Dafür mußte ein italienischer Oberst den für ihn vorgesehenen Platz hergeben. [. . .]

Jodl führte [. . .] eine schneidend scharfe Sprache mit den Italienern. Als die Rückführung der italienischen Armee aus Südfrankreich besprochen wurde, erkundigte er sich, ob diese Truppen auch am Brenner eingesetzt werden sollten. Roatta erklärte dazu, er sei nicht geneigt, tendenziöse Fragen zu beantworten.«[13] Roatta hätte provozierender antworten können: Das wäre Ihnen vermutlich unangenehm, wir sollen nicht sehen, was am Brenner geschieht. Daß dort die Grenze zwischen zwei Staaten verläuft, nehmen die Deutschen nicht mehr zur Kenntnis. Ein Gespräch zwischen Rommel und einem General Feurstein, der zwischen Innsbruck und Bozen für den reibungslosen Ablauf der deutschen Invasion nach Norditalien zu sorgen hat, vermittelt ein Bild von den Verhältnissen am Grenzübergang.

Feurstein: *Einmarsch vollzieht sich reibungslos. Zusammenarbeit mit dem ital. Präfekten von Bozen in Ordnung. Voll und ganz kann man Italien nicht vertrauen, deshalb Brenner weiterhin besetzen.*

Rommel: *Wird ital. Stimmung so bleiben?*

Feurstein: *Kann jederzeit auf Befehl von Rom umschlagen.*

Rommel: *Dagegen muß Schutz vorbereitet werden.*

Feurstein: *Deutsche [in Südtirol, Anm. d. Verf.] haben Volksdienst aufgezogen, die Bewegung der Italiener nach Norden kontrollieren. Alpini-Div. z. Z. auf dem Wege nach Mailand, sollen nur mit 10 Patronen pro Mann ausgerüstet sein wegen Munitionsmangel.*

Rommel: *Gut möglich, ihre Industrie ist nie in Ordnung gewesen.*
[. . .] Wie war der Übergang über den Brenner?

Feurstein: *Wir haben Schranken aufgemacht und nicht wieder zu.[. . .]*
Einen ›Tiger‹ habe ich zu Demonstrationsgründen mit nach Bozen genommen. [. . .]

Das OKW konzentriert sich immer mehr auf die Sicherungsmaßnahmen in Nord- und Mittelitalien, vernachlässigt darüber die eigentliche Kriegführung. Dazu ein Beispiel: Am 1. August wird im Protokoll des OKW die »Lage in Sizilien« mit drei Zeilen behandelt, die Vorbereitung für den Fall »Achse« auf rund acht Druckseiten.[14] Diese Orientierung hat auch zur Folge, daß der Heeresgruppe B unter Rommel mehr Aufmerksamkeit geschenkt wird als der kämpfenden Heeresgruppe Süd unter Kesselring, so daß in einer neuen Ausgabe des Grundsatzbefehls zur »Achse« Kesselring von dem Satz überrascht wird: »Im Falle ›Achse‹ übernimmt Heeresgruppe B den Oberbefehl in Italien.« Diesem Tiefschlag begegnet der Feldmarschall mit der Rückfrage, wofür er vorgesehen sei, ob er die von ihm eingeleiteten Verteidigungsmaßnahmen an der Front noch in eigener Verantwortung fortführen dürfe und zu welchem Zeitpunkt er sein Kommando an Rommel abzugeben habe. Er bekommt zur Antwort, er werde schon hören, wenn es soweit sei. Wörtlich: »Befehl über die dann zu treffende Befehlsregelung wird zeitgerecht erfolgen.«[15] Der Vorgang wirft ein Schlaglicht auf die chaotische Befehlsstruktur der großdeutschen Wehrmacht.

Im Laufe des Monats August vermehren sich in gleichem Maße, in dem sich das Comando supremo immer dringlicher fragen muß, was die Deutschen eigentlich vorhaben — und selbstverständlich auch parallel zu ihren nicht minder geheimgehaltenen Bemühungen um den Waffenstillstand —, auf den unteren Ebenen der beiden Armeen Zwischenfälle, bei denen deutsche Offiziere immer häufiger den Revolver ziehen. Die Reibungen werden so massiv, daß sich der Wehrmachtführungsstab am 22. August veranlaßt sieht, als geheime »Chefsache, nur durch Offizier« den Oberkommandierenden der von »Achse« gegebenenfalls betroffenen Heeresgruppen mitzuteilen: »Es muß aus politischen Gründen vermieden werden, schriftliche Feststellung über später beabsichtigte Maßnahmen in Italien und auf dem Balkan im Hinblick auf die Haltung Italiens zu treffen. Vor allem dürfen keinerlei nachgeordnete Dienststellen mit diesen Fragen befaßt werden. Lediglich wenn hierdurch schwerwiegende Folgen für die Kampfführung zu entstehen drohen, sind mit Genehmigung der Oberbefehlshaber Ausnahmen (Chefsache) zugelassen [. . .] Schwierigkeiten, die sich aus nicht rechtzeitiger Unterrichtung öffentlicher Dienststellen ergeben können, müssen aus Geheimhaltungsgründen in Kauf genommen werden.   I. A. gez. Jodl«

In diesen Wochen, in denen sich die deutsche Führung auf ein Ausscheiden Italiens aus dem Krieg vorbereitet, fliegen zwischen dem 25. Juli und 3. August alliierte Bomberverbände sieben Angriffe auf Hamburg. 3000 feindliche Maschinen vernichten 35 000 Wohnungen total, über 30 000 Tote werden geborgen, wie viele für immer verschwunden bleiben, ist nicht einmal zu schätzen.

Das Zusammentreffen dieser Ereignisse mit dem Zusammenbruch des Faschismus bewirkt in der Bevölkerung des Reiches einen vorübergehenden Einbruch von Defätismus und Schwarzseherei. Er spiegelt sich in den »SD-Berichten zu Inlandsfragen« wider, die vom Chef der Sicherheitspolizei und des SD (Berlin, Prinz-Albrecht-Straße) mittels eines Heers von Agenten für die Reichsführung zusammengestellt werden. Sie dienen vor allem als Basismaterial für Goebbels' Propaganda.

Auf diese Stimmungseinbrüche geht auch Reichsführer Himmler in einer Rede ein, die er nach der Kapitulation am 14. Oktober 1943 auf einer Befehlshabertagung in Bad Schachen (am Bodensee) hält. Die einschlägige Passage lautet: »Eine andere Frage ist die des Defaitismus, gerade in den gebildeten und wohlhabenden Schichten. Ich erinnere hier an die Zeit, wo zweifellos eine große Welle des Defaitismus durch Deutschland ging. Das war die Zeit, als die Nachricht kam: Der Duce ist abgesetzt, der Faschismus ist erledigt, Italien ist ausgefallen oder fällt demnächst aus. Das war die Zeit, als die Nachrichten kamen, daß an der Ostfront schwere Kämpfe sind. Da gab es in Deutschland Leute, die sagten: Ach, wie interessant, das ist ja hochinteressant, also einen Duce kann man verhaften, der Faschismus ist erledigt, ist im Nu einfach weg. Damals sagte ich mir folgendes: Hier muß selbstverständlich von Anfang an mit schlechten Beispielen aufgeräumt werden. [. . .]«[16]

Die Leistung der Rüstungsindustrie wird durch Stimmungen in der Bevölkerung nicht beeinflußt. Der private Deutsche in seinen vier Wänden und der Deutsche in der Fabrik, im Büro, in der Kaserne, an der

Front, in der Gaskammer, Massengräber füllend — das sind zwei verschiedene Wesen in einem Körper. Im vierten Kriegsjahr, die Niederlage ist abzusehen, beginnt die deutsche Kriegsproduktion, ihrer höchsten Leistungskraft entgegenzugehen, die sie Anfang 1944 erreichen wird.

Der Italiener kennt diese Aufspaltung nicht, sein Realismus macht ihn unteilbar. Er glaubt nicht, daß ein verlorener Krieg doch noch zu gewinnen sei. Dementsprechend verhält er sich überall gleich, in der Fabrik, im Büro, in der Kaserne, an der Front und zu Hause, womit gesagt ist, daß die italienische Kriegsmaschine bereits Wochen vor der Kapitulation nach und nach zum Stehen kommt. Die sich häufenden Bombenangriffe auf die großen Städte tragen viel dazu bei. Genua, Turin, Mailand sind bevorzugte Ziele. In Genua wird ein Teil der Altstadt in Trümmer gelegt, in Turin und Mailand vor allem Arbeiterviertel. Desgleichen in Rom, das am 13. August zwischen 11 und 12.30 Uhr von über 400 Jagdbombern zum zweitenmal seit dem 19. Juli angegriffen wird.

Auch diesmal besuchte der Papst die betroffenen Viertel; ein Foto, das auf seinem schneeweißen Gewand Blutflecken zeigt, verursacht von einem um Segen flehenden Verwundeten, wird in ganz Italien verbreitet. Die Antwort der Regierung Badoglio auf den Angriff besteht darin, Rom am 14. August zur Offenen Stadt zu erklären. Daran wird sich bis zur Besetzung durch die Alliierten im Juni 1944 nichts ändern.

Die Alarmeinrichtungen, von unausgebildeten Leuten bedient, funktionieren schlecht und würden noch schlechter funktionieren, wenn sich nicht der improvisierte Luftschutz das geschärfte Gehör von Blinden zunutze machte. Sie werden im Warndienst beschäftigt. Um der besseren Versorgung willen sind schon seit Mitte 1942 viele Familien aus den Städten zu Verwandten aufs Land gezogen. Dort sind sie auch vor Bomben sicher. Doch gerade jetzt, als der Luftkrieg sich steigert, ihm bereits Tausende zum Opfer fallen — wenn auch längst nicht so viele wie im Reich! —, entsteht eine Gegenbewegung vom Land in die Stadt. Die Leute wollen bei ihrer Habe sein, in ihren Häusern, in ihren Wohnungen, um notfalls aus Flammen und Trümmern zu retten, was noch zu retten ist.

Diese zweifellos etwas übertriebene Anhänglichkeit an die Möbel, die Betten und die Madonna unter dem Glassturz auf der Kommode vermehrt nicht nur die Lebensgefahr der Heimkehrer, sondern auch den Hunger aller; die Versorgung der Städte bricht zusammen. Die Regierung muß die Rationen, die es auf Lebensmittelkarten gibt, drastisch herabsetzen, im August werden noch hundert Gramm Fleisch pro Woche und Person an Normalverbraucher ausgegeben, an Kinder unter sechs Jahren 200 Gramm Milch pro Tag.

Jetzt beginnt der Schwarzmarkt zu blühen. Es ist kein Zufall, daß sich parallel zur Entwicklung einer illegalen Ökonomie auch die ersten illegalen Widerstandsgruppen formieren — noch im August — und mit Sabotageakten in den Fabriken, mit Überfällen auf deutsche Dienststellen sich erstmals bemerkbar machen. So treibt alles einem Ende entgegen, das jeder erwartet und keiner sich vorstellen kann. Die zensierte Presse trägt das Ihre zur Verwirrung bei, denn die Regierung benützt sie dazu, um den Deutschen vorzumachen, was die Generäle so pathetisch nicht mehr über die Lippen bringen: »Der Krieg geht jedoch auch für Italien weiter. Diese von der neuen Regierung [. . .] getroffene Entscheidung hat einen absoluten Wert. Der Krieg wird fortgesetzt, und in diesem konzentriert Italien alle seine Kräfte, alle seine Hilfsmittel, allen seinen Willen. Auf dem Spiele steht nicht nur die Rettung der Nation, sondern auch ihre Ehre [. . .]«[17]

Am 17. August muß Sizilien endgültig geräumt werden. Damit tritt der Krieg in eine neue Phase: Es kann nur noch eine Frage von Wochen sein, bis die westlichen Alliierten auf dem europäischen Festland Fuß fassen. (Das geschieht am 3. September.) Aber die italienische Führung fürchtet nicht mehr den Feind, mit dem sie verhandelt, sondern sie fürchtet die Deutschen und sieht durchaus nicht, wie der nachfolgend wiedergegebene Befehl es ausdrückt, in jedem nach Italien transportierten deutschen Soldaten ein Geschenk für Italien, sondern eine Bedrohung:

»Über Wehrmachtsnachrichtenoffizier [im Original sind die Dienstbezeichnungen abgekürzt, hier z. B. WNOF, Anm. d. Verf.]

An Oberbefehlshaber West/Ob. Süd [. . .]

Geheime Kommandosache - Chefsache — nur durch Offizier

[. . .] Inzwischen wächst stündlich die Gefahr neuer feindlicher Großlandungen irgendwo auf dem feindlichen Festland. Feindliche Fallschirmjäger [eine Zeile unleserlich, Anm. d. Verf.] abgesetzt werden. Sie werden die Unterstützung des kommunistischen Pöbels finden, der in vielen italienischen Städten sein Haupt erhoben hat. [. . .] Das Oberkommando der Wehrmacht ist nicht gewillt, der Gefahr untätig zuzusehen. [. . .] Jeder deutsche Soldat, der nach Italien marschiert oder transportiert wird, ist ein Geschenk für Italien, ist eine zusätzliche Sicherung für einen Raum, der z. Zt. überall von innen und außen bedroht ist [. . .]

OKW/WFST, gez. Keitel/Generalfeldmarschall«

Fast noch mehr als die Deutschen allein fürchtet die Regierung Badoglio, sie könnten sich mit jenen faschistischen Führern zusammentun, die nicht geflohen sind, sondern sich nur versteckt haben, um mit ihrer Hilfe doch einige italienische Formationen auf die Beine zu bringen und mit ihnen zusammen den 25. Juli ungeschehen zu machen. Infolgedessen schreitet sie zur Verhaftung aller Gerarchen, die sie aufspüren kann. Bei diesen Aktionen, die am 22. August beginnen, wird der frühere Parteisekretär Muti unter ungeklärten Umständen erschossen. Damit haben die Faschisten einen Märtyrer, dessen Name in der »Republik von Salò« propagandistisch verwertet wird (später wird eine »Brigata Muti« formiert). Auch Mussolinis letzter Privatsekretär, der ihn vom Großrat in den Morgenstunden des 25. Juli bis in die Villa Torlonia und später auch zum König begleitet hatte, De Cesare, befindet sich unter den Verhafteten. Die Familie Ciano flüchtet in diesen Tagen nach Deutschland.

Am 28. August kann General Castellano, der Unterhändler bei den Alliierten, dem König den Entwurf der Kapitulationsbedingungen mit der Bemerkung auf den Schreibtisch legen: Daran ist nichts mehr zu ändern, Majestät können nur annehmen oder ablehnen. Der König entschließt sich anzunehmen; es geht um Tage. Die Deutschen zernieren bereits den Kriegshafen La Spezia, um sich in den Besitz der italienischen Flotte zu setzen. Am 3. September unterzeichnet Castellano auf Sizilien das Dokument.

Am 29. August hat Badoglio den deutschen Militärattaché zu sich rufen lassen und ihm erklärt: »Von deutscher Seite wird meiner Regierung ein großes Mißtrauen entgegengebracht. [. . .] Dies hat mich schwer verletzt, denn ich habe als alter Soldat nie mein Wort gebrochen und bin vom König dazu berufen worden, den Krieg fortzusetzen. Wäre es anders gewesen, hätte der König nicht einen Marschall zum Regierungschef gemacht. Wenn Italien nicht an der Seite seines Bundesgenossen bleiben wollte, wäre es sinnlos, seine Städte vernichten zu lassen. Mailand und Turin sind zu 60% zerstört.«[18]

Tags darauf ergeht, mit Keitels Unterschrift, folgender Befehl an alle in Italien und in italienischbesetzten Gebieten Frankreichs und des Balkans kommandierenden Oberbefehlshaber:

»In Anpassung an die Entwicklung der Lage im Mittelmeer und in Italien werden für den Fall ›Achse‹ nunmehr folgende Richtlinien gegeben:
A) Allgemeines:
Wichtigste Aufgabe ist es, die ital. Wehrmacht so schnell wie möglich zu entwaffnen [. . .]
Die Auflösung [der italienischen Wehrmacht, Anm. d. Verf.] ist zu

erleichtern durch die Parole, daß der Krieg für die Italiener zu Ende ist und jeder entweder nach Ablieferung der Waffen in sein Zivilverhältnis zurück- oder auch als Helfer in die deutsche Wehrmacht übertreten kann. [Im Urtext des Befehls steht statt ›Helfer‹ ›Arbeitssoldat‹ — die entsprechende Korrektur ist mit Bleistift auf der vorliegenden (6.) Ausfertigung vorgenommen worden, Anm. d. Verf.] Die Entwaffnung hat sich zunächst mit größter Beschleunigung auf die schnell erreichbaren ital. Einheiten, späterhin planmäßig nach und nach auf alle Verbände zu erstrecken. Hierbei ist Zugriff auf alle Waffen, Fahrzeuge, Pferde, Tragtiere, Betriebsstoff und sonstiges Kriegsmaterial sicherzustellen. Besonders wichtig ist, daß das wertvolle Material der Pz. Div. ›Centauro‹ unter Heranziehung des deutschen Ausbildungskommandos sichergestellt oder äußersten Falls unbrauchbar gemacht wird. [›Centauro‹ ist der neue Name für jene mit 36 Panzern ausgestattete Division ›M‹, die Himmler auf der Konferenz von Kleßheim Mussolini zu seinem persönlichen Schutz angeboten hatte.] [. . .] Bei beiden Bewegungen Durchführung von Zerstörungen wie in Feindgebieten.

B) Transportwesen

[. . .]

In den zu räumenden Gebieten sind durch H. Gr. B und Ob. Süd alle Bahnanlagen nachhaltig zu zerstören. Italienische Wirtschafts- und Versorgungstransporte sind, soweit sie sich in greifbarer Nähe der Truppe befinden, zu beschlagnahmen.

[. . .]

Die im Verteiler genannten Stellen sind dafür verantwortlich, daß über Armee hinaus kein schriftlicher Befehl über den Fall ›Achse‹ erlassen wird und daß die im italienischen Raum befindlichen Befehle unter keinen Umständen in die Hände der Italiener fallen können.«

Am 3. September wiederholt Marschall Badoglio sein Treuebekenntnis zum Achsenpartner. Am 4. September begibt sich der Chef des Comando supremo, General Ambrosio, in die Villa Wolkonsky, wo Dr. Rudolf Rahn mit dem vorläufigen Titel eines Gesandten soeben die Botschaft als Nachfolger von Mackensen übernommen hat. Er schließt seine Berichterstattung an Ribbentrop mit dem Satz: »Gesamteindruck, daß [Ambrosio] Wert darauf legt, uns davon zu überzeugen, daß er zur gemeinsamen Fortsetzung des Kampfes entschlossen sei und sich bemüht, bei uns gut Wetter zu machen.«[19]

Unter dem 4. September verzeichnet das Tagebuch des OKW auch die Abberufung des Generals Rintelen aus seiner Doppelposition des deutschen Generals beim Hauptquartier der italienischen Wehrmacht und des Militärattachés im Stab der Botschaft. Dank seiner Einfühlungsgabe in die italienischen Verhältnisse waren seine Berichte jahrelang die mit Abstand klügsten gewesen, die der deutschen Führung aus Italien zugegangen sind. Er muß jetzt verschwinden, weil es gegenüber dem »Verräter« nicht auf Verständnis, sondern auf Härte ankommt. Rintelen wird durch General Toussaint ersetzt, der bisher der Bevollmächtigte der großdeutschen Wehrmacht im Protektorat Böhmen und Mähren gewesen ist und dort gelernt hat, wie man mit einem unterworfenen Volk umzugehen hat. Am 6. September meldet die deutsche Seekriegsleitung dem OKW, daß die im Fall »Achse« vorgesehene Aufgabe, »die italienischen Kriegsschiffe wegzunehmen«, von den schwachen Seestreitkräften im Mittelmeer nicht ausgeführt werden könne. »Hierfür sind Verbände des Heeres und Mitwirkung der Luftwaffe erforderlich.«[20]

Am 7. September haben »die deutsch-italienische Spannung und der Verdacht, daß Italien plant, die Waffen zu strecken, [...] nunmehr einen Grad erreicht, daß die Überreichung einer *ultimativen Note* [im Original hervorgehoben, Anm. d. Verf.] vorgesehen wird. Es ist beabsichtigt, die Italiener durch diese Note [...] kurzfristig zu zwingen, die der Kriegslage entsprechenden Maßnahmen zu ergreifen. Sollte sich das Comando supremo hierzu nicht bereit erklären, muß dann die deutsche Führung ihre Entschlüsse ohne Rücksicht auf die politische Wendung ausschließlich nach militärischen Gesichtspunkten fassen.«

Unter demselben Datum wird, außer dem Entwurf der Note, ein Fragebogen betreffend der »Entscheidungen und Maßnahmen beim Abfall Italiens« verfaßt. Darin heißt es: »Soll gemäß den ›Achse‹-Befehlen, die den Versuch vorsehen, kampf- oder arbeitswillige Teile auf die deutsche Seite zu ziehen, verfahren werden oder soll der italienische Soldat als Feind behandelt werden?«[21]

Am 7. September — es ist der Tag vor der Verkündung des Waffenstillstands — befiehlt das OKW erneut, die italienischen Verbände zu entwaffnen.

Am Mittag des 8. September ist der Gesandte Rahn beim König, der ihm versichert, Italien werde den Kampf an der Seite Deutschlands mit Entschlossenheit bis zum Ende fortsetzen und sei mit ihm auf Leben und Tod verbunden.

Ein paar Stunden später empfängt Außenminister Guariglia Rahn und eröffnet ihm, was dieser bereits aus einer Rundfunkmeldung erfahren hat und was ihn ohnehin nicht im geringsten überrascht — weder ihn noch Kesselring, noch Rommel, noch irgend jemanden in der obersten Führung im Hauptquartier, selbstverständlich auch Hitler nicht, denn wovon haben alle seit Mai gesprochen, worauf sich vorbereitet?

»Telegramm/Rom, den 8. September 1943, 20.30 Uhr
Nr. 4400 vom 8. 9. Citissime!
Für Außenminister persönlich
Außenminister Guariglia bat mich heute nachmittag kurz nach 19 Uhr zu sich und teilte mir in Gegenwart von Botschafter Rosso mit: ›Ich habe Ihnen zu eröffnen, daß Marschall Badoglio sich angesichts der aussichtslosen militärischen Lage gezwungen gesehen hat, um einen Waffenstillstand zu bitten. Der Marschall hat ein diesbezügliches Telegramm an den Führer gerichtet.‹ Ich erwiderte: ›Das ist Verrat am gegebenen Worte.‹ Guariglia: ›Ich protestierte gegen das Wort Verrat. Das italienische Volk hat sein Äußerstes hergegeben und unendlich gelitten.‹
Ich: ›Ich klage nicht das italienische Volk an, sondern diejenigen, die seine Ehre verraten haben, und ich sage Ihnen, daß dieser Verrat noch als schwere Last auf der Geschichte Italiens liegen wird. Seine Majestät der König hat mir heute noch gesagt, daß Italien dem gegebenen Worte treu den Kampf an der Seite Deutschlands fortsetze. Marschall Badoglio hat mir dasselbe versichert. Ich sehe, daß es ein Fehler war, diesem Wort [zu] vertrauen. Anschließend verließ ich ohne Gruß das Außenministerium.‹

Völkerrechtliche Untersuchungen, ob Italiens Kapitulation als schuldhafter Vertragsbruch anzusehen sei oder nicht, sind vielfach angestellt worden. Einige Juristen argumentieren, Italien habe sich in einem »Notstand« befunden, weshalb eine juristisch faßbare »Schuld« nicht vorliege. »Abwegig war auch die Kennzeichnung der italienischen Kapitulation als ›Verrat‹. Man wußte auf deutscher Seite seit langem, daß Italien am Ende der Kräfte und Möglichkeiten war. [. . .] Eine realistische Überprüfung der Lage hätte in Deutschland zu der Einsicht führen können, daß es richtiger gewesen wäre, gemeinsam, mit Mussolini oder Badoglio, den Krieg zu beenden.«[22]
Am 8. September 1943, 19.45 Uhr, hören die Italiener über alle Sender, was sie schon im Juli zu hören gehofft hatten: »Da die italienische Regierung erkannt hat, daß der ungleiche Kampf gegen die überlegene Feindesmacht unmöglich fortgeführt werden kann, und da sie bestrebt ist, der Nation weiteres und noch schwereres Unglück zu ersparen, ist General Eisenhower um Waffenstillstand ersucht worden [. . .] Der Bitte ist entsprochen worden.«[23]

SCHWUNDMERKMALE: Der Arbeitssaal im
Palazzo Venezia (oben) umfaßte mehr Raum als der
ganze Regierungssitz in Gargnano am Gardasee

Zu Tausenden strömen die Römer an jedem Jahrestag der Geiselmorde zu den Fosse Ardeatine, wo die 335 Opfer unter einem gewaltigen Betonblock beigesetzt sind

Für Italiens skrupellose Ausbeutung ehrt Hitler seinen Statthalter Rudolf Rahn

OPFER UND TÄTER

Ehrengast Himmler in Rom zwischen Botschafter v. Hassell und Polizeichef Bocchini, hinter ihm »Wölffchen«, später Mussolinis Vormund, General Karl Wolff

TÜCKISCHE KOMPLIZEN

Gerade war am 20. Juli 1944
Stauffenbergs Bombe explo-
diert, als Mussolini in der
»Wolfsschanze« eintraf. Das
Attentat freute die Italiener

»Kamerad Wolff« nannte
Mussolini den Sonnyboy der SS,
der ihn zuletzt im Stich ließ

Am 28. Oktober 1940 eilen Hitler und
Ribbentrop zum Duce nach Florenz,
beunruhigt durch dessen Überfall auf
Griechenland hinter ihrem Rücken

ETAPPENZAUBER: Mit Hitlers Erlaubnis durfte Mussolini vier italienische Divisionen im Reich aufstellen und besuchen; kämpfen lassen durfte er sie nicht

KRIEGSINFERNO: Im verbissenen Kampf um den Klosterberg Cassino verbluteten deutsche Regimenter sinnlos

GESPRÄCHSRUNDEN:
Rahn und Rommel beim Duce (1);
der Duce, noch mächtig, bei
Mailands Kardinal Schuster (2);
General Wolff mit Bormann bei
Hitler (3); Ribbentrop beim Duce,
der ihn einen »lächerlichen
Schafskopf« nannte (4)

DER ENTMACHTETE DUCE, vom Gran Sasso heruntergeholt, wurde von SS-Sturmbannführer Skorzeny bei Hitler abgeliefert

KEINE POMPADOUR: Arzttochter Claretta Petacci folgt dem Geliebten an den Gardasee und geht mit ihm in den Tod

Es kommt nicht zu einer zweiten Frei-Nacht wie am 25./26. Juli, in den Straßen entsteht nicht wie damals eine Art Karnevalstreiben; statt dessen erklingen in allen Städten und Dörfern die Glocken von den Kirchtürmen, und auf den Kämmen der Albaner Berge werden Freudenfeuer angezündet. Die Menschen wissen, daß Waffenstillstand nicht Frieden bedeutet, der sorgende Blick in die Zukunft dämpft ihr Glücksgefühl. Was werden die Deutschen tun? — fragt sich Italien.

In dem Telegramm, das Badoglio gegen halb elf abends an Hitler abgehen läßt, heißt es: »Man kann von einem Volke nicht verlangen, den Krieg weiterzuführen, wenn jede legitime Hoffnung, ich sage nicht auf Sieg, aber auf erfolgreiche Verteidigung, geschwunden ist. Italien ist, um seinen vollständigen Ruin zu vermeiden, gezwungen, an den Gegner ein Gesuch um Waffenstillstand zu richten.«[24]

Bevor Rahn das Fernschreiben absendet, in dem er der aufgestörten »Wolfsschanze« vor Augen führt, wie hervorragend er der Situation gewachsen war, gibt er die Erklärung des italienischen Außenministers telefonisch durch. »Auf Anweisung des Führers [läßt] der Chef des WFSt um 20 Uhr durch seinen Adjutanten das Stichwort ›Achse‹ fernmündlich den beteiligten Kommandostellen durchgeben, das anschließend ab 20.40 Uhr fernschriftlich bestätigt wird.

Weitere Maßnahmen brauchen im Augenblick nicht ergriffen zu werden, da durch die seit Monaten vorbereiteten, jeweils gemäß der Entwicklung der Lage abgeänderten [. . .] Befehle die im Falle des Verrats erforderlichen Maßnahmen bereits durchgeführt, eingeleitet oder vorbereitet sind.«[25] So geht der moralisierende Begriff »Verrat« sogar in die ihn ausschließende, kühle Feststellung ein, die Vorbereitung auf die Kapitulation sei so perfekt, daß »weitere Maßnahmen im Augenblick nicht ergriffen zu werden brauchen«.

Unter dem Datum vom 8. September werden später im Kriegstagebuch die bis dahin gewonnenen Erkenntnisse über die italienischen Verhandlungen mit den Alliierten nachgetragen. Sie zogen sich über Wochen hin, während die militärischen Vorbereitungen des Generalstabs auf die Stunde der Kapitulation unzureichend und verantwortungslos gegenüber der eigenen Truppe sind. Das Comando supremo hat gegen Mitte und Ende August Richtlinien (»Ordine III.C.T.« und »Memoria 44«) erlassen, wie sich die italienische Armee gegenüber den deutschen Militärkräften zu verhalten habe, wenn es zur Kapitulation komme; sie gehen davon aus, daß der italienische Befehlsapparat möglicherweise zusammenbrechen könne und die einzelnen Truppenteile dann selbständig handeln müßten. Diese hätten sich vor Überraschungsangriffen der Deutschen zu sichern, Widerstand zu leisten, falls sie angegriffen würden, das Verkehrsnetz außer Betrieb zu setzen und alle Elemente, die etwa zur Kooperation mit den Deutschen bereit seien, auszuschalten. Diese Befehle wären nach Auslösung des Achsenalarms allerdings kaum noch ausführbar gewesen; in aller Regel wird aber von italienischen Divisions- und Regimentskommandeuren gar nicht erst der Versuch unternommen, denn sie sind von diesen Grundsatzbefehlen überhaupt nicht erreicht worden. Im August ist die innere Organisation der italienischen Armee schon brüchig geworden — ausgenommen jene der Kriegsmarine. Bei ihr ist die Disziplin unbeschädigt, sie handelt nach den Bestimmungen des Kapitulationsabkommens und setzt sich, soweit nicht von deutschen Bomben versenkt, zum Feind nach Malta ab. Ihre Flucht zu verhindern, reichen die geringen deutschen Seestreitkräfte im Mittelmeer nicht aus, wie vorausgesehen wurde.

Die erste Sorge der deutschen Wehmacht in Italien gilt der Freihaltung der Nachschubwege zur kämpfenden Südfront, und hierfür ist entscheidend, Rom als Verkehrszentrum unter Kontrolle zu behalten. Marschall Kesselring gibt zwischen 20.30 und 21 Uhr den Achsenalarm an alle ihm unterstellten Einheiten weiter, was deshalb äußerst schwierig ist, weil die Northwest African Air Force an diesem Tag sein Hauptquartier Frascati und mit ihm die ganze Stadt mit Bomben zerschlagen hat (hundert Tote in seinem Stab, tausend bei der Zivilbevölkerung). Nur eine Fernsprechhauptleitung ist intakt geblieben. Es kommt für 24 Stunden zu einem »Kampf um Rom«, den zwei deutsche Divisionen gegen sechs italienische führen, die rings um die Hauptstadt und im Zentrum dem Korpsgeneral Carboni als *difesa di Roma*, Verteidigung Roms, unterstellt sind. Wie groß auch die numerische Überlegenheit der Italiener sein mag, nach bisherigen Erfahrungen schätzt Kesselring ihre Kampfkraft und -freudigkeit nicht hoch ein und zweifelt nicht daran, daß mit der Ausführung der Achsenbefehle alles Notwendige geschieht, um die Hauptstadt fest in deutsche Hand zu bekommen.

Seine Lage wird aber bedrohlich, als die Amerikaner und Engländer am Morgen des 9. September in Abstimmung zum Kapitulationstermin mit einer starken Invasionsflotte im Golf von Salerno südlich von Neapel erscheinen und an Land gehen. Von diesem Augenblick an befürchtet Kesselring auch eine Luftlandeaktion der Alliierten bei Rom, die ohne weiteres geglückt wäre, weil sich die Italiener in diesem Fall auf die Seite derer geschlagen hätten, vor denen sie soeben die Waffen niedergelegt haben. Die Lage bei Salerno erfordert rasches Heranziehen der deutschen Verbände aus Kalabrien, wo sie nach der Zurücknahme von Sizilien stehengeblieben waren. Schon jetzt ist klar, daß sie nicht ausreichen werden, um die gelandeten Truppen auf ihre Schiffe zurückzutreiben. So befindet sich der Oberbefehlshaber Süd, Kesselring, in der doppelten Gefahr, in Salerno das Vordringen des Landungskorps nicht aufhalten zu können und in Rom in einen Häuserkampf verwickelt zu werden, als ihn ein Funkspruch Rommels erreicht, der sich darin als sein Vorgesetzter aufspielt und ihm befiehlt, die italienischen Truppen zu entwaffnen, zu verladen und in Richtung Reich abzutransportieren. Um das nackte Leben seiner Soldaten kämpfend, wütend über die Anmaßung seines Kollegen — der inzwischen, von keinem Feind behelligt, genau das tut, wozu er Kesselring auffordert —, denkt dieser gar nicht daran, den Befehl zu befolgen und empfindet es überdies als Glücksfall, daß Hitler ihm dank des zerbombten Telefonnetzes vorübergehend nicht in seine Maßnahmen hineinpfuschen kann.[26] Er versucht die Lage in und um Rom zu verbessern, indem er die Italiener im Laufe des 9. September ultimativ auffordert zu kapitulieren. Wenn sie entwaffnet sind, können sie wenigstens englischen und amerikanischen Fallschirmjägern nicht mehr helfen, falls diese noch kommen sollten. (Sie kommen nicht.) General Graf Calvi di Bergolo gehorcht, ohne Schwierigkeiten zu machen. Mit wenigen Ausnahmen stellen die Italiener ihren Widerstand ein. Bei den Übergabeverhandlungen spielt neben Calvi wieder jener Oberst Montezemolo eine Rolle, der schon in der Gipfelkonferenz von Feltre mit am Tisch saß und nach Mussolinis Sturz Kabinettschef Badoglios wurde. Anläßlich der Kapitulation am 9. September erleben ihn die Deutschen zum letztenmal als einen Star des italienischen Offizierskorps. Danach wird er, wie schon erwähnt, im Untergrund der Hauptstadt verschwinden und dort zum führenden Kopf des kämpfenden Widerstands werden. Sein Schicksal wird uns noch beschäftigen.

Zu dieser im wesentlichen glatt verlaufenden Kapitulation von sechs italienischen vor zwei deutschen Divisionen wäre es mit hoher Wahrscheinlichkeit nicht gekommen, wenn nicht die gesamte politische und militärische Führung des Badoglio-Regimes — Oberst Montezemolo also ausgenommen! — samt König und Hofstaat noch in der Nacht nach der Kapitulation die Flucht ergriffen hätte. Die Kolonnen ihrer prächtigen Automobile durchqueren den Stiefel bis zur adriatischen Küste bei Ortona, wo sich die Flüchtenden an Bord der Korvette »Baionetta« begeben, die sie nach Brindisi in die Obhut der Alliierten bringt. Unterwegs sitzt der König in Gesellschaft einiger hoher Offiziere auf einem Klappstühlchen neben dem Ankerspill und hegt offensichtlich ähnliche Gedanken wie Ludwig XIV: ...nach mir die Sintflut. Mag man *sein* Verhalten noch verstehen, weil er seit nunmehr 43 Jahren eigentlich nicht der König Italiens, sondern der Chef seiner Familienfirma ist – für die Generalität, die mitten in einem Krieg eine kämpfende Armee im Stich läßt, gibt es keine Entschuldigung. Wenn sich ein paar Tage später der Generalstabschef Cavallero, der in Rom zurückgeblieben ist, erschießt, nachdem er sich genausowenig um seine Armee gekümmert hat wie die Flüchtenden, ist man geneigt zu sagen: wenigstens einer. Ist den Herrschaften auf der »Baionetta« auch positiv anzurechnen, daß sie sich nicht weiter am Krieg der Deutschen beteiligen wollen, so kann damit doch keineswegs ihre Flucht gerechtfertigt werden.

Es gibt eine Parallele: Am selben Tag flieht der Stab der deutschen Botschaft aus Rom, angeführt von dem Gesandten Rahn. Das Botschaftspersonal besteigt einen vom Außenministerium zur Verfügung gestellten Sonderzug, der bei seiner Abfahrt Richtung Verona den Eindruck erweckt, als sei er von Auswanderern besetzt, die all ihr Hab und Gut mitgenommen haben, weil sie nie wieder zurückkehren werden. Die Gänge in den Waggons sind mit Koffern, Kisten und Taschen bis zu den Fenstern vollgestellt; der dem Zug angehängte Gepäckwagen reicht nicht aus, um all das aufzunehmen, womit die Diplomaten und ihre Frauen in den zu Rom herrlich und in Freuden verbrachten Kriegsjahren nach und nach die sechzig Zimmer der Villa Wolkonsky gefüllt haben. Kesselring nennt diese Flucht einen »Akt der Feigheit«. Bei Rahn liest sich die beschämende Episode folgendermaßen: »Als wir auf mühsamen Umwegen schließlich am dritten Tag in Verona eintrafen, war die Stadt bereits von deutschen Truppen besetzt. Meine Anwesenheit in dem Zug, der nach Deutschland weiterfahren sollte, war nicht mehr nötig, so daß ich nach Rom zurückkehren konnte.« Das heißt, der Botschafter ist ein bißchen durch Italien spazierengefahren, hat unterwegs bemerkt, daß es ihm doch übel vermerkt werden könnte, wenn er in Rom, das fest in deutscher Hand ist, nicht mehr residiert, und kehrt um. »Vorher sandte ich noch einen kleinen Stab, den ich behalten wollte, an den Gardasee, um dort ein Ausweichquartier vorzubereiten.«[27] Ordnet man diesen Satz in den zeitlichen Zusammenhang ein — der Zug muß danach am 11. oder 12. September in Verona angekommen sein —, so bedeutet er den ersten Hinweis darauf, daß Pläne bestehen, Regierungsstellen von Rom an den Gardasee zu verlegen.

Nach dem Auszug der Diplomaten und des Personals aus der Villa Wolkonsky quartiert sich vorübergehend ein Zug Fallschirmjäger in dem schloßartigen Gebäude ein. Die weißen Pfauen, die bisher auf den gepflegten Rasenflächen ihre gefiederten Räder schlugen, werden im Freien am Spieß gebraten, die vergoldeten Barockmöbel ums Feuer gestellt und in den Drahtkäfigen der Tennisplätze verdächtige Römer inhaftiert. Am Rand des umfriedeten Schwimmbeckens werden Zelte aufgeschlagen.*

Die Entwaffnung italienischer Einheiten rings um Rom dauert bis zum 15. September: »Rom war in deutscher Hand, der Nachschub zu Vietinghoff wie auch die Verbindung zu Rommel [d. h. zur kämpfenden Truppe im Süden und nach Norditalien, Anm. d. Verf.] wurden wieder frei. Besonders erfreulich war, daß man sich im Guten von dem Bundesgenossen trennen konnte, mit dem eine mehr als zweijährige Schicksalsgemeinschaft bestanden hatte.«

»Im Guten« erweist sich als Euphemismus angesichts der sofort beginnenden Abtransporte von Wirtschaftsgütern und Maschinenanlagen bzw. ihrer Zerstörung, soweit sie nicht zu verladen sind. Richtig ist, daß die italienischen Soldaten im Herrschaftsgebiet Kesselrings zwar entwaffnet, nicht aber nach Norden abtransportiert, sondern einfach nach Hause geschickt werden. Der Oberkommandierende kann sich dabei zunutze machen, daß in der Tat in den mehrfachen Abänderungen des Befehls »Achse« auch unterschiedliche Behandlungsarten für die italienische Armee vorgesehen sind.

Da Hitler sich immer noch nicht entschließen kann zu entscheiden, wer dem OKW in Italien verantwortlich sein soll, Rommel oder Kesselring, bleibt auch nach der Kapitulation die Zweiteilung Italiens erhalten, die Heeresgruppe Süd (zur Vermeidung von Verwechslung mit dem Kommando auf dem Balkan in Südwest umbenannt) für den Süden, die Heeresgruppe B für den Norden zuständig. Die letztere darf endlich nach der Kapitulation aus ihrer geisterhaften Existenz in München heraustreten. Rommel sucht sich am Gardasee, nahe Sirmione, einen schönen Platz für sein Hauptquartier aus. Mit dieser Wahl wird eine weitere Vorentscheidung für den künftigen Regierungssitz Mussolinis getroffen. Vorerst siedelt sich nur das Hauptquartier der Heeresgruppe B in

*Heute ist die Wolkonsky die Residenz des englischen Botschafters. Es wäre für die BRD unmöglich gewesen, ihren Vertreter wieder in einem Gebäude unterzubringen, dessen Name bei älteren Römern noch immer fürchterliche Erinnerungen weckt.

Norditalien — auch in Belluno — an und macht ihre Existenz den Italienern erschreckend bewußt: »Zu gleicher Zeit hatte Rommel die italienische Wehrmacht in Norditalien entwaffnet [...] Sämtliche in Norditalien, in Frankreich und auf dem Balkan gefangengenommenen italienischen Soldaten kamen als ›Militärinternierte‹ in deutsche Lager, ein trauriges Ende.«[28)]

Noch am Abend des 8. September beginnen im Bereich der Heeresgruppe B die Güterzüge mit den gefangenen und entwaffneten Italienern quer durch Europa über die Alpen zu rollen. Sie kommen aus dem italienischen Mutterland, aus Südfrankreich, aus Jugoslawien, aus Griechenland. Soweit sie über den Brenner ins Reich geleitet werden, können die Insassen durch die Luftklappen der Waggons ihre Alpinikameraden beobachten, wie sie in langen Kolonnen mit ihren Mulis nach Norden marschieren, von deutschen Landwehrsoldaten vorgerückten Alters bewacht. Auch dieser Elite des italienischen Heers ist politisch das Kreuz gebrochen, führungslos und verwirrt, wie sie ist. Bei der Entwaffnung haben ihnen die Deutschen gesagt, daß für sie der Krieg zu Ende sei — eine zweifellos freudige Botschaft. Aber warum werden sie als Gefangene behandelt, sie haben den Deutschen doch nichts getan? Noch vor den Märschen aus ihren Einsatzorten zur Brennerstraße oder zu Verladebahnhöfen sind sie von ihren Vorgesetzten getrennt worden: »Arrangiatevi!« (Seht zu, wie ihr klarkommt!) war das letzte, was sie von ihnen gehört haben. Sie wissen nicht, was die spürbar feindselig gewordenen Deutschen mit ihnen vorhaben, und bekommen keine Antworten auf ihre Fragen nach dem Wohin. Die Zugtransporte sind fünf bis sechs Tage unterwegs. Verpflegung gibt es nicht, auch liegt kein Stroh in den Waggons, es fehlt an Platz, damit sich alle ausstrecken können. Am zweiten Tag gleichen die Züge Kloaken.

Ankunft irgendwo — wo? Das ist nicht Deutschland. Was sprechen diese verhungerten, verängstigten Zivilisten? Polnisch? Wieso sind wir in Polen? Soll es noch einmal gegen Rußland gehen? fragen sich die Soldaten. Raus, raus . . . antreten, abzählen, antreten, abzählen, marschieren, fünf, zehn oder auch fünfzig Kilometer, ein Tor im dreifachen Stacheldrahtzaun, Wachttürme mit Maschinengewehren, im Scheinwerferlicht bei nächtlicher Ankunft — sie findet immer nachts statt! —, die Baracken, der Ansturm auf die Holzpritschen, je eine für drei Mann. Das ist der Anfang nach dem Ende für ein paar hunderttausend Soldaten aus den Militärdistrikten Mailand, Verona, Bozen, Florenz, Turin, Padua, Genua. Bei der Entwaffnung wurde ihnen gesagt, daß sie nach Hause gebracht würden. Die betrügerische Vorgabe, sie könnten »vereinigt mit ihren Familien« wieder ihren bürgerlichen Beschäftigungen nachgehen, wird europaweit im deutschen Herrschaftsgebiet zur Methode, durch die Gefangennahme und Entwaffnung der Bundesgenossen ohne Kampf ablaufen. Doch nicht alle, die sich kampflos ergeben, überleben, und nicht alle ergeben sich kampflos. Soweit Divisionen, Regimenter oder auch nur Kompanien Widerstand gegen die Gefangennahme leisten, ist das ausschließlich auf die Initiative einzelner Truppenoffiziere zurückzuführen. Wo Widerstand geleistet wird, reagieren die Deutschen mit Terror. Am 19. September wird in der Nähe der Stadt Cuneo eine SS-Truppe unter Major Peiper beschossen. Er läßt daraufhin das Dorf Boves in Brand stecken, nachdem der Pfarrer und der Bürgermeister in der Kirche eingeschlossen worden sind, in der sie verbrennen. Auch waffenlose Dorfbewohner werden erschossen. Die Morde von Boves werden in den italienischen Darstellungen der Folgen der Kapitulation deshalb besonders hervorgehoben, weil sie die Reihe der Massaker an unbewaffneten Zivilisten eröffnet haben. In der Chronologie des Terrors und der Resistenza folgt am 24. September 1943 auf Boves die Ermordung von 8400 Angehörigen der Division »Acqui« in Kefalonia, die sich ihrer Gefangennahme widersetzten. Erinnerung daran wühlt Trauer und Schmerz auf. Der 27., 28., 29. und 30. September 1943 hingegen sind in der Chronik deutscher Verbrechen Tage, an die sich Italien mit Stolz erinnert: an den Volksaufstand von Neapel. In Neapel erhebt sich das Volk spontan gegen seine deutschen Unterdrücker.

Am Tag der Kapitulation hat Neapel 105 Bombardements hinter sich, 100 000 Wohnungen sind vollständig zerstört, 22 000 Tote beklagt die Zivilbevölkerung. Das Leben, soweit davon noch gesprochen werden kann, pulsiert unterirdisch — in schlechten Luftschutzkellern, in natürlichen Höhlen am Stadtrand, die untereinander durch künstliche Gänge verbunden sind. Sie stammen noch aus der Bourbonenzeit, sind in der Not ausgeschaufelt und in ein System von Bunkern verwandelt worden. In den Monaten der Bombardements (Anfang Dezember 1942 bis zum 7. September 1943) ist der Vesuv in voller Tätigkeit, der Lichtschein seiner Eruptionen erhellt die Nächte, hilft den Bomberflotten, sich zu orientieren. Die in Jahrhunderten ihrer Existenznot nicht ledig gewordene, nach Hunderttausenden zählende Schicht der armen Neapolitaner zeigt jetzt, aus welchem Holz sie geschnitzt ist. Viermal täglich müssen sie in die Keller gehen, die Nächte dort verbringen, ohne Licht, ohne Hausrat, aber sie verlassen die Stadt nicht.

Die gepeinigte Bevölkerung findet keinen Rückhalt, weder bei ihren Zivilbehörden noch bei den höchsten Kommandostellen. Als aber am 10. und 11. September der Befehl ergeht, die Waffen abzuliefern, nehmen italienische Soldaten in mehreren Stützpunkten den Kampf gegen die Deutschen auf — auch im offenen Widerstand gegen ihre Vorgesetzten.

Zweifellos wird sowohl in der Bevölkerung als auch bei diesen Soldaten der Widerstandswille von der Hoffnung gestärkt, daß die amerikanischen und englischen Streitkräfte, die am Tag der Kapitulation in der Bucht von Salerno gelandet sind und ihren ersten Brückenkopf auf dem italienischen Festland errichtet haben, in kurzer Zeit bis Neapel vorstoßen werden.

Die Erwartung baldiger Befreiung beflügelt besonders die Bewohner der Armenviertel, die deutschen Terrormaßnahmen zu sabotieren, und als die Deutschen auch in Neapel wie in ganz Italien anfangen, Geschäfte und reiche Häuser auszuplündern, verschaffen sich erste Gruppen von Untergrundkämpfern Handwaffen und greifen in spontanen, nicht aufeinander abgestimmten Einsätzen die Plünderer und die Militärstreifen — nie weniger als vier Mann — an. Ein erster größerer Kampf entbrennt in dem am Meer gelegenen Stadtteil Mergellina, in dem die italienische Kriegsmarine in einem zweckentfremdeten Kino ein Waffendepot angelegt hat, dessen sich der Untergrund und ein deutsches Kommando gleichzeitig bemächtigen wollen. Als es vorfährt, wird aus den Fenstern umliegender Häuser das Feuer eröffnet, werden mehrere Lastwagen in Brand geschossen, wird mit ausgeschüttetem Benzin ein Sperrkreis aus Feuer gelegt. Die Deutschen müssen sich ergeben, werden entwaffnet und einem italienischen höheren Militärkommando zugeführt, das sie unter Entschuldigungsbeteuerungen sofort wieder in Freiheit setzt.

Diese als Verrat empfundene Maßnahme bringt die Stimmung im Volk auf den Siedepunkt. Schon bilden ein paar beherzte Männer eine Art Informationszentrale, die sich mit Parolen an die Bevölkerung wendet. Die Lieferwagen einer Molkerei werden durch die umliegenden Dörfer geschickt, und über Lautsprecher hört man: »Zu den Waffen! Seid bereit! Seht, was die Mörder getan haben!«*

---

* Am 12. September erliegen die von italienischen Truppen besetzten Widerstandsnester den Deutschen. Im Golf von Salerno erringen am 13. September die 16. Panzerdivision, die 29. Grenadierdivision und Teile der 26. Panzerdivision einen überraschenden Erfolg gegen die Landungstruppen der Alliierten, treiben sie fast bis an den Strand zurück. Nach so vielen Monaten der Mißerfolge und Rückschläge nimmt das OKW in Verbindung mit dem Wehrmachtsführungsstab diesen »Sieg« zum Anlaß

Der Stadtkommandant, Oberst Scholl, bekommt den Befehl, Neapel nicht zu verlassen, ohne es vorher in Schutt und Asche gelegt zu haben. Die Erschießungen von überführten Widerstandskämpfern oder willkürlich herausgegriffenen Zivilisten mehren sich. Scholl läßt Plakate anschlagen: Jeder verwundete oder getötete deutsche Soldat werde hundertfach gerächt. Er macht sich an die wörtliche Verwirklichung des Zerstörungsbefehls, eröffnet den Kampf gegen Straßen und Häuser, die nicht verteidigt werden. Bei der Universität angelangt, bleibt die Kolonne stehen und richtet die Geschütze auf die Seitengassen, die zu einem starkbevölkerten Viertel führen. Das Feuer wird auf die Häuser und menschenleeren Straßen gerichtet. Nach einigen Minuten beginnen die Vernichtungstrupps mit dem Auskämmen; sie dringen in die Gebäude ein, schlagen die Türen ein, schleppen die Bewohner heraus, bespritzen Böden und Möbel mit brennbaren Flüssigkeiten und legen Feuer.

Die Brände greifen auf die Universität über, Löschversuche werden unterbunden. Es sollen 7000 Menschen um das Areal der Universität herumgestanden haben, als die Deutschen mit Lastwagen abtransportierten, was ihnen brauchbar zu sein scheint: Schreibmaschinen, Mikroskope, die Laboreinrichtungen. Ein Archiv von 10 000 kostbaren frühen Drucken verbrennt mit dem Lehrmaterial in den Hörsälen. Deutsche Kriegsberichterstatter bauen ihre Kameras auf und filmen den Brand der Universität. Bei der Vorführung in den Wochenschauen lautet der Text: Alliierte Bomber hätten die Universität in Brand gesetzt, deutsches Militär habe zu retten versucht, was noch zu retten war.

Von Sabotageakten der Bevölkerung herausgefordert, üben der Oberst und seine Truppen 18 Tage lang ihre bestialische Herrschaft über Neapel aus. Sie lassen Lebensmittel, Maschinen, Waren aller Art, vor allem Textilien, abtransportieren. Die Alliierten sollen eine zwischen Ruinen vegetierende Bevölkerung (mehr als eine Million Menschen) vorfinden, die dem Hungertod nahe ist. Um Furcht zu verbreiten, werden in den verschiedenen Stadtteilen Erschießungen vor den Augen der Bewohner vorgenommen. Zuweilen denken Scholls Soldaten sich ganz besondere Methoden des Mordens aus: So werden fünf Bauern im Dorf S. Rocco,

eines Propagandasturms, der den Eindruck erweckt, daß die Zeit der Rückschläge nun ein für allemal vorbei sei. Daß sich schon nach wenigen Tagen das Blatt wendet, die Landungstruppen wieder Gelände gewinnen und somit die Siegesnachrichten widerlegt sind, nimmt Goebbels zum Anlaß, bei Hitler durchzusetzen, daß es nur eine einzige Propagandazentrale geben dürfe; jene, die er leitet.

die im Verdacht stehen, Deserteure versteckt zu haben, bis zum Hals eingegraben und erst dann mit einer Maschinengewehrsalve getötet.

Die Repressalien löschen den Widerstandswillen nicht aus, sie treiben ihn an. Eine Kampfgruppe »Giustizia e Libertà« formiert sich, der auch Intellektuelle angehören. In einem äußerst dürftigen Informationsnetz zwischen kleinen Widerstandsgruppen werden Jugendliche, fast noch Kinder, als Boten verwendet, von einer zentralen Leitung des Aufstands kann aber keine Rede sein. Als er am Sonntag, dem 26. September, losbricht, geschieht es nicht auf Befehl irgendeines Führers, sondern durch eine Spontanaktion. In einem der ältesten Viertel, auf der kleinen Piazza Giardinetto, haben die Deutschen eine Sammelstelle für all jene eingerichtet, die sie aus dem einen oder anderen Grunde, oder auch aus gar keinem, irgendwo in der Stadt eingefangen haben. Einmal, manchmal auch zweimal täglich, werden die Verhafteten auf diesem Platz verladen. Als sich die Lastkraftwagen am 26. September gegen Mittag mit ihrer Fracht von Männern und Halbwüchsigen in Bewegung setzen wollen, bricht plötzlich der Sturm los. Männer, Frauen und Kinder, die sich ringsum versteckt gehalten haben, nur mit Messern und Holzkeulen bewaffnet, stürzen sich auf die deutschen Posten und Fahrer. Zahlreiche Verwundete, keine Toten — die Deutschen fliehen, die Verhafteten verschwinden in den Straßen.

Das ist das erste Aufflackern einer Volkserhebung, der am nächsten Tag eine beinahe kuriose Episode folgt: Angestellte des Warenhauses »Rinascente«, unterstützt von zufällig vorübergehenden Passanten, verhindern, daß deutsche Soldaten die Kasse rauben. Ganz Neapel lacht und freut sich über den Streich. Die Freude wird zur Euphorie, als sich am Abend wie ein Lauffeuer die — unzutreffende — Nachricht verbreitet, die Landung der Engländer in der Bucht von Neapel stehe unmittelbar bevor. Nun zeigt sich, daß der Untergrund nicht untätig gewesen ist und bei zahlreichen Einbrüchen in Depots Waffen, vom Revolver bis zum Maschinengewehr, samt Munition in erheblichen Mengen erbeutet hat. Aus verlassenen Kasernen, aus den Luftschutzkellern sind sie herbeigeschafft oder dort wieder ausgegraben worden, wo man sie am 9. September versteckt hatte. Sogar die Klosterschwestern, die das Kinderheim »Vittorio Emanuele« in der Via Conte della Cerra führen, tragen aus irgendeinem geheimen Lager mit vier Kisten Handgranaten, sechs Kisten Munition und dreißig Gewehren zum Volkskampf bei. Die Oberin legt ein paar hundert dreifarbige Kokarden dazu, mit denen sich die Revolutionäre im Kampf erkennbar machen.

Oberst Scholls Kommandantur befindet sich in einem Hotel in der Via Vittorio Emanuele, einer Straße auf halber Höhe. In der Nachbarschaft sind andere deutsche Befehlsstäbe untergebracht, desgleichen beim Bahnhof und in Hafennähe. Panzerkräfte sind vor den beiden Stadttoren Capodimonte und Capodichino konzentriert. Soweit Faschisten noch zu den Deutschen halten, haben sie in zwei Schulen ihre Kommandostellen eingerichtet.

Gegen diese Zentren der Mörder, Plünderer und Brandstifter richten sich die ersten Aktionen, die am Morgen des 28. September den Charakter eines die ganze Stadt ergreifenden Kampfes annehmen. Tagsüber werden die ersten Barrikaden errichtet. Mit Beginn der Dämmerung bricht ein zweistündiger Platzregen los, der die Aufständischen in die Häuser und Keller zurücktreibt. Diese Pause benützt Scholl, um seine Panzer in die Stadt einfahren zu lassen, wo sie mühelos die Barrikaden niederwalzen. Sie feuern auf alles, was sich bewegt. Der Abteilung eines Majors Sakau (nach Aussagen anderer Kämpfer soll es ein Major Ratschel gewesen sein) gelingt es, 47 Zivilisten als Geiseln mitzuschleppen und auf dem Sportplatz des Vomero einzusperren — eine Maßnahme, die die Aufständischen anderntags davon abhält, die Stellung dieses Majors zu stürmen.

Mit Benzinflaschen und Handgranaten werden Panzer in Brand gesetzt, als sie versuchen, den inzwischen mit seinem ganzen Stab in der Kommandantur eingeschlossenen Oberst Scholl zu befreien. Das gelingt nicht, und während im Arbeiterviertel Ponticelli, wo sich unter der Führung von Antifaschisten — die von Mussolini eingesperrt und nach dem 26. Juli befreit worden waren — eine vom Geschehen in der Stadt mehr oder weniger isolierte, vorwiegend kommunistische Widerstandsgruppe gebildet hat und deutsche Kräfte ein Massaker veranstalten — das Schlimmste, das Neapel in diesen Tagen erlebt —, tritt der Oberst in Verhandlungen ein, mit dem Ergebnis, daß er Neapel mit seinen Mitarbeitern gegen Freilassung der Geiseln verlassen darf. An diesem Abkommen ist die Gruppe »Giustizia e Libertà« führend beteiligt. Zu einem gemeinsamen Beschluß aller Widerstandsgruppen kommt es nicht, denn noch immer gibt es keine zentrale Leitung. Das hat zur Folge, daß nach dem Sieg der Volksbewegung heftige innere Auseinandersetzungen darüber aufflammen, warum der Oberst mit dem Leben davonkommen durfte.

Am Morgen des 30. September, um 5 Uhr, werden Scholl und jener Major im Auto durch die Sperren der Aufständischen gebracht, zwei

Lastkraftwagen mit weißen Fahnen fahren hinterher. Auf dem verlassenen Sportplatz von Vomero werden die Toten der letzten Stunden zusammengetragen, von denen viele auf sadistische Weise hingemordet worden sind — in einem endlosen Trauerzug zieht das Volk von Neapel an den Leichen vorbei.

Am Morgen des 1. Oktober fahren die ersten englischen und amerikanischen Panzer, die aus der Richtung von Portici kommen, in Neapel ein. Englischsprechende Neapolitaner leiten sie auf dem kürzesten Weg quer durch die Stadt zu einer Ausfallstraße, über die sie die Verfolgung der abziehenden Deutschen aufnehmen können.

Der Mangel an politischer und militärischer Führung hat zu falschen Entscheidungen beigetragen wie der, das deutsche Terrorkommando laufen zu lassen, doch gibt gerade die Spontaneität des Volkskampfs dem Aufstand von Neapel seine großartige moralische Würde. Im *Corriere del Ticino*, einer in der Schweiz erscheinenden Zeitung, wird damals ein Artikel gedruckt, in dem es heißt: Dank der Zähigkeit seiner Bewohner »leuchten weithin die hohen sittlichen Werte Neapels, sein Opfermut, seine Festigkeit und sein Heldentum«. Auch die »vier Tage von Neapel« gehören in die Geschichte des zweiten italienischen »Verrats«.

Kidnapping eines Staatschefs

Um die Geschichte von der Auffindung und »Befreiung« des Duce von Anfang an zu berichten, müssen wir noch einmal zu dem Tag zurückkehren, an dem er aus den Augen der Öffentlichkeit entschwunden ist. Fliegergeneral Student, aus Frankreich herbeizitiert, meldet sich am 26. Juli bei Hitler in der »Wolfsschanze«. Er wird noch am selben Abend von ihm empfangen: »Ich habe Sie für eine sehr wichtige Aufgabe ausersehen. Der Duce ist heute vom König abgesetzt und in Haft genommen worden. Das bedeutet unweigerlich den dicht bevorstehenden Abfall Italiens und seinen Übergang ins feindliche Lager. Gehen Sie so schnell wie möglich mit allen verfügbaren Fallschirmtruppen nach Rom. [. . .] Eine Ihrer besonderen Aufgaben ist die Auffindung und Befreiung meines Freundes Mussolini. Er soll nämlich an die Amerikaner ausgeliefert werden.«[29]

Für die Auffindung glauben die Fallschirmjäger nicht über die geeignete

Ausbildung zu verfügen. Aus dem Stab Students kommt der Vorschlag, den SS-Offizier Skorzeny und den SD hierfür einzuschalten.* Hitler ist einverstanden. Student fliegt nach Rom, zieht, wie befohlen, Fallschirmjägereinheiten um die Stadt zusammen, denn er soll auch die Regierung Badoglio und den Vatikan ausheben. Skorzeny landet am 28. Juli mit einem Kommando von dreißig Mann der SS und des SD auf dem Flugplatz Pratica del Mare bei Ostia. (Im Amt VI des Reichssicherheitshauptamts ist er Leiter der Gruppe S [Sabotage].) Nach Rom nimmt er zunächst nur ein paar seiner Leute als Leibwache mit.

Statt für die »Befreiung« Mussolinis interessiert sich der SS-Offizier zunächst für die Gewohnheiten des Königs und Badoglios, weil er hofft, er werde auch an dem Coup gegen Viktor Emanuel und den Papst beteiligt sein. »Mit wahrem Vergnügen malt er sich und uns immer wieder die Szene aus, wie er den König, der um einen halben Meter kleiner war als er, mitten im Palast festnehmen werde.«[30)] Skorzeny brüstet sich mit seinem »Führerauftrag, von dem nur 5 Personen erfahren dürfen«, muß aber hören, daß schon Dutzende in das »Unternehmen Eiche« eingeweiht sind. Als er sich dem Projekt ernsthaft zuwendet, stellt sich heraus, daß ihm nicht weniger als den Fallschirmjägern gerade die für seine eigentliche Aufgabe — Mussolinis Aufenthaltsort ausfindig zu machen — wichtigste Voraussetzung fehlt: Er verfügt nicht über Verbindungen zu den Italienern.

Das ist die Stunde der deutschen Polizei und des SD in Rom, ihrer Chefs Kappler und Höttl. Sie schicken Unteragenten aus und locken mit Geld, das das Deutsche Reich nichts weiter gekostet hat als den Druck falscher, von echten nicht zu unterscheidender Pfundnoten. »Unternehmen Eiche« wird aus dem »Unternehmen Bernhard« finanziert, mit 50 000 Pfund Falschgeld.**

Der erste wirklich nützliche Informant ist ein Carabinieri-Feldwebel; er bekommt hundert Pfund dafür, daß er eine geheime Begegnung mit seinem Oberleutnant zustande bringt, der etwas wissen soll. Dieser gibt für tausend Pfund preis, daß Mussolini gleich nach seiner Verhaftung auf die Gefangeneninsel Ponza gebracht worden ist. Die Ankunft des verhafteten Duce auf der Insel war nicht unbemerkt geblieben: »An allen Fen-

* Eine andere Version lautet, Hitler habe von vornherein die Absicht gehabt, seiner SS die ehrenvolle Aufgabe der Befreiung des Duce zu übertragen, habe sich einige SS-Offiziere ins Hauptquartier bestellt und sich für Skorzeny entschieden. (Vgl. S. 226)

** Zur Falschgeldaktion der SS vgl. S. 283.

stern und auf allen Balkons drängten sich Männer und Frauen, die mit Ferngläsern beobachteten, wie sich das Boot langsam dem Land näherte. Die ganze Inselbevölkerung erfuhr mit einem Schlag von der Ankunft. [...] Die Insel war von jeher ein traditioneller Ort der Verbannung gewesen. [...] Während des Faschismus waren Torrigiani, der Großmeister der Freimaurer, die Kommunisten Bordiga, Amendola und Scoccimarro, der Sozialist Pertini[31] dort interniert gewesen, [...] sowie Pietro Nenni, den diese Verbannung nach seiner Verhaftung in Frankreich vor Schlimmerem bewahrt hatte – dank des Eingreifens von Mussolini selbst. [...] Als der Gefangene an Land gegangen war, drehte er sich um und betrachtete einen Augenblick lang das Meer in Richtung Ventotene, Santo Stefano und Ischia; dann gingen er und seine Begleiter auf das Haus zu. Er sagte: ›Ich bin müde, ich hätte gern ein Bett, um mich ein bißchen auszuruhen.‹ Aber im zweiten Stock des verwahrlosten Gebäudes, das notdürftig mit Kalk geweißt war, gab es nur ein nacktes Bettgestell, einen schmutzigen Wirtshaustisch und einen Stuhl, dessen Sitz aus zerschlissenem Strohgeflecht bestand. Nun übernahm Carabinieri die Bewachung [...] Der Duce verlor jetzt die Beherrschung: ›Mir reicht's‹, schrie er, setzte sich mitten im Zimmer auf den Fußboden und preßte beide Hände an seinen Kopf. Erst jetzt wurde ihm langsam seine tatsächliche Situation bewußt. Er stand auf und trat auf den Balkon.
Von weitem beobachtete ihn Nenni durch ein Fernglas. ›Launen des Schicksals‹, dachte der Sozialist. ›Vor dreißig Jahren saßen wir zusammen im Gefängnis, waren verbunden in Freundschaft, die die Zeit und die Wechselfälle des Lebens zu überdauern versprach, denn immerhin verband uns die gemeinsame Verachtung der bürgerlichen Gesellschaft und der Monarchie. Jetzt befinden wir uns beide als Verbannte auf ein und derselben Insel — ich auf seine Entscheidung hin, er auf Veranlassung des Königs und der Intriganten am Hofe, des Militärs und der Finanz, die sich seiner gegen das Volk und gegen uns bedient haben [...]‹ Sowohl Nenni als auch Zaniboni, die sicher waren, daß sie bald entlassen würden, hielten sich von Mussolinis Unterkunft fern. ›Ich werde nicht mehr nach S. Maria gehen‹, sagte Zaniboni, ›denn wenn ein Feind gefallen ist, will ich ihn nicht mehr bekämpfen. Ich beschränke mich darauf, ihn zu respektieren.‹ Im übrigen hatte der Duce, den Zaniboni einst umzubringen versucht hatte, sich später doch für ihn eingesetzt.«[32]
Eine Regierung, die Faschisten einschließlich ihres Capos einsperrt, Sozialisten laufen läßt und zugleich Partner der Achse ist, zumindest noch vorgibt, es zu sein — sie kann den Deutschen nicht gefallen!

Die englischen Pfunde haben zur richtigen Insel geführt – aber nur ein paar Tage lang bleibt Mussolini auf Ponza, dann wird er aufs neue eingeschifft; Höttl meldet es, im Führerhauptquartier traut man seinen Erkenntnissen nicht. Durch andere, anscheinend rein militärische Kanäle dringt bis zu Hitler der Name einer kleinen Nachbarinsel: S. Stefano. Dort soll Mussolini sein.

In der »Abendlage« des 11. August befiehlt der Führer, sich auf S. Stefano zu beschränken. »Erst wenn M. dort nicht aufgefunden und tatsächlicher Aufenthalt bekannt geworden, sofort neue Aktion mit Fallschirmjägern. [...] Ausfragung nach Einzelheiten über S. Stefano (Kabel, Funkstation, sonstige Beobachtungen, Gerüchte in der Bevölkerung).«

Wochenlang widmet die militärische Führung des Reiches, die sich eigentlich ganz andere Sorgen machen sollte, dem »Unternehmen Eiche« höchste Aufmerksamkeit. Einer Niederschrift über Besprechungen des Oberbefehlshabers der Kriegsmarine im Führerhauptquartier ist zu entnehmen, daß sich am 17. August die Beobachtung von S. Stefano ab- und »dem Raum zwischen Korsika und Sardinien« zuwendet. Damit wird eine richtige Spur verfolgt, wozu Offiziere der Hafenmiliz von Genua und Neapel dem SD Informationen gegen Falschgeld geliefert haben. Vom neuen Regime ihrer Posten enthoben, würden diese Herren Mussolini ganz gern wieder zurückhaben.

In Neapel erfahren Höttls V-Männer, Mussolini sei auf die Insel Maddalena gebracht worden. Dort hat ein für den SD arbeitender Italiener von einem Boot aus Mussolini am Fenster einer hochgelegenen Villa stehen sehen. Höttl ist seiner Sache nun absolut sicher und fliegt am 15. August ins Führerhauptquartier, muß aber von Hitler hören, auf die Auskunft eines Italieners sei nichts zu geben.

Auch Himmler mißtraut der Aufklärungsarbeit seines SD und hat bereits Anfang August, als Kappler und Höttl noch im dunkeln tappten, aus verschiedenen Konzentrationslagern ein paar Dutzend Hellseher und Astrologen im Gästehaus des Reichssicherheitshauptamtes am Wannsee zusammengezogen. (Alle auffindbaren Angehörigen dieser Zunft waren nach dem Englandflug von Rudolf Heß, dem »Stellvertreter« des Führers, verhaftet worden, weil er als ihr hoher Protektor galt.) Die Experten des Übersinnlichen sind hocherfreut, so unerwartet in behagliche Lebensumstände versetzt zu werden. Soweit sie es nicht mit den Sternen halten, sind ihnen Karten Italiens ausgehändigt worden, über die sie ihre Pendel schwingen lassen. So vertraut höhere SD-Funktionäre auch mit den eigentümlichsten Prozessen deutscher Willensbildung im Jahr '43 sind, die Geschichte von Himmlers »Okkultistenteam« will Höttl nicht glauben, bis er sich selbst an Ort und Stelle am Wannsee davon überzeugt, daß es dort tatsächlich an der Arbeit ist, woraufhin er gegen Geld, gute Worte und bessere Alkoholika einen der Pendler in seine Recherchen einspannt. Als Himmler am 18. August zum wiederholten Male zum Wannsee hinausfährt, nimmt dieser KZ-Häftling auf Urlaub (»ein Berliner mit dem für diese Stadt typischen hellen Kopf«) unter geheimnisvollen Andeutungen den Reichsführer der SS zur Seite und läßt vor dessen Augen sein Pendel zwischen Korsika und Sardinien erst heftig ausschlagen, dann in der Nähe von Maddalena stillstehen. Hierdurch gewinnen nunmehr in Rastenburg die konkreten Erkenntnisse des SD vermehrte Überzeugungskraft, die »Eroberung« der Insel wird auf Tag und Stunde genau vorbereitet. Sie wäre auch erfolgreich zur Ausführung gekommen, hätte nicht Skorzeny die Rolle des Entdeckers des schon entdeckten Mussolini an sich zu reißen versucht, indem er mit einer der schönsten Maschinen der deutschen Luftwaffe, einer Heinkel 111, einen Erkundungsflug über die Insel unternimmt. Er hat das Pech, daß die Maschine mit Motorschaden ins Meer stürzt und die Bewacher des Duce alarmiert werden. Als der aus dem Wasser gefischte Skorzeny am Nachmittag des 26. August mit fünf Schnellbooten und hundert Mann die Insel besetzt, ist Mussolini bereits auf den Gran Sasso ausgelagert worden. Weitere gezielte Verteilung von Pfundnoten ermöglicht in wenigen Tagen, den neuen Aufenthaltsort ausfindig zu machen.

Warum das Badoglio-Regime seinen kostbarsten Gefangenen nordwärts transportiert, den Deutschen entgegen; warum der König und seine militärische Begleitung Mussolini nicht einfach mit nach Brindisi genommen und den Amerikanern übergeben haben (eine Forderung, die der Kapitulationsvertrag in einem geheimen Zusatz nennt) — dafür gibt es keine bündige Erklärung. Doch könnte man vermuten, daß Nationalstolz verhindert hat, den Gründer des Imperiums dem bisherigen Feind zur Aburteilung auszuliefern.[33]

Nachdem sich Mussolini nun im Gebirge befindet, muß das »Unternehmen Eiche« mit Flugzeugen und Fallschirmjägern durchgeführt werden. Kurz nach der Kapitulation Italiens, am 12. September, gegen 14 Uhr, ist es soweit. Mit der Durchführung hat General Student Major Harald Mors aus seinem persönlichen Stab beauftragt, der Lastensegler einsetzt, um das Sporthotel »Campo Imperatore«, in dem sich Mussolini aufhält, auf halber Höhe des Gran Sasso, des höchsten Berges der Abruzzen, zu besetzen. Zugleich soll mit einer motorisierten Gruppe die Talstation der Drahtseilbahn erobert werden, die die einzige Verbindung zum Hotel darstellt. Diese im Tal operierende Truppe führt Mors, die auf die Gleitsegler verladene Kompanie führt ein Oberleutnant Berlepsch. Ursprünglich ist beabsichtigt, den befreiten Duce unter Panzerbedeckung auf dem Landweg nach Rom zu bringen, aber dieser Vorschlag, von General Student dem Führerhauptquartier vermittelt, trifft auf strikte Ablehnung. Die unverzügliche Verbringung Mussolinis ins Reich wird befohlen, woraufhin der General seinen persönlichen Piloten, Hauptmann Gerlach, anweist, fünfzehn Minuten nach der Landung der Gleitsegler vor dem Hotel mit einem Fieseler-Storch aufzusetzen und in dieser Maschine, die für zwei Personen konstruiert ist, Mussolini nach Pratica del Mare zu fliegen, wo eine Heinkelmaschine wartet.

Alle diese Vorbereitungen gelten der Befreiung eines Mannes, der nachträglich Zweifel äußern wird, ob es für ihn nicht ein Unglück war, »befreit« zu werden. Er ist in den Wochen der Gefangenschaft in eine tiefe Depression gefallen, die sich in tagebuchartigen Notizen widerspiegelt, zwischen dem 25. Juli und 19. August auf den Inseln Ponza und S. Maddalena geschrieben. Das Manuskript, das später den Titel »Pontinische und sardische Gedanken« bekommt, wird seinem Verfasser von den Befreiern, vermutlich von Skorzeny selbst, entwendet. Ein langer diplomatischer Schriftwechsel muß geführt werden, bis Mussolini das Heft auf seine dringende Bitte hin in Gargnano zurückbekommt. Staatsgeheimnisse enthält es nicht, politisch gesehen ist es belanglos, es sei denn, man sähe seine politische Bedeutung darin, daß es die Selbstpreisgabe des Duce unmißverständlich offenbart: »Das, was wir ›Leben‹ nennen, ist nur ein fast nicht wahrnehmbarer Punkt zwischen zwei Ewigkeiten: der früheren und der künftigen. Tröstlicher Gedanke!« — »Nach del Croix müßte mein Leben in siebenjährige Zyklen mit einschneidenden Ereignissen eingeteilt sein: 1908 Ausweisung aus Österreich; 1915 Intervention; 1922 Marsch auf Rom; 1929 Aussöhnung zwischen Staat und Kirche; 1936 Gründung des Imperiums; 1943 Sturz; 1950 — schon ... tot. Endlich!« — »Wenn ein Mann mit seinem System zusammenbricht, ist der Sturz endgültig, besonders, wenn der Mann über 60 Jahre alt ist.« — »Eine Stimme sagt mir: Wenn Du nun tot wärst, hättest Du dann nicht auch den Palazzo Venezia und die Villa Torlonia und die Rocca delle Caminate und die Verwandten und Freunde und alles, was Dir lieb war, verlassen? Die Stimme bedenkt nicht, daß ich all das lebend verlassen habe. Und dennoch ist es, als wäre ich tot.«

Mussolini war im Juli verhaftet worden, als es in Rom heiß gewesen ist. Ihm war nicht erlaubt worden, sich für die Gefangenschaft passend auszustatten. Badoglio ließ ihm zwar das Geburtstagstelegramm Görings und die von Hitler geschickte Kiste mit der Nietzsche-Ausgabe in Goldschnitt zustellen,* hat sich aber als oberster Kerkermeister des Gestürzten im übrigen von einer unglaublichen Schäbigkeit gezeigt.

Donna Rachele bekam aus der Gefangenschaft einen Brief von ihrem Mann, in dem er sie bat, Geld zu schicken, weil er sonst nicht ordentlich versorgt werden könne. Rachele reagierte entsprechend: Was, schrie sie, mein Mann hat zwanzig Jahre lang fast auf sein ganzes Gehalt verzichtet, alle Geschenke abgewiesen, die Häuser, die ihm angeboten worden sind, nicht einmal besichtigt, und jetzt wagt dieser Badoglio, der sich unterm Faschismus um Millionen bereichert hat, ihm das Brot zu verweigern. Das ist wirklich zuviel, das geht über jede Vorstellungskraft hinaus! Offiziere der Badoglio-Wache auf Rocca delle Caminate hörten diesen Ausbruch am 29. Juli, an Mussolinis Geburtstag, und stimmten ihr zu. Sie schickte ihm Bücher, später nach Maddalena auch den Hut, den Mantel und den blauen Anzug, in dem er »befreit« wird. Doch für Nachttemperaturen im September auf 2000 Meter Höhe ist er nicht ausgestattet. Das Hotel ist nicht geheizt. Er friert und ist in einem sehr schlechten gesundheitlichen Zustand. Er bewohnt im zweiten Stock das Appartement Nr. 201. Es besteht aus einem Vorraum, einem kleinen Salon, einem Badezimmer und zwei Schlafzimmern (das eine ist von den sich abwechselnden Wachen bewohnt). Jeder Raum hat nur ein Fenster.

Als er über Radio die Meldung von der Kapitulation seines Staates hört, ritzt er sich, auf dem Bettrand sitzend, mit einer Rasierklinge die Haut am linken Handgelenk auf, bis Blut herauskommt — ein ernstgemeinter Selbstmordversuch ist es nicht. Immerhin beeindruckt er damit einen seiner Bewacher, Leutnant Faiola, der ihm mit Handschlag verspricht, er werde ihm, dem Duce, einen Revolver geben, falls unmittelbare Gefahr bestünde, daß er noch einmal verschleppt und den Alliierten ausgeliefert würde. Antichi, ein anderer Offizier der Carabinieri-Wache, macht ihm Vorwürfe, als er die Blutflecken auf dem Pyjama entdeckt: »Sie haben nicht bedacht, was mit uns geschähe, wenn man Sie tot findet!« Musso-

---

* Allen Bemühungen zum Trotz, die bei den Vorbereitungen für diesen Bericht unternommen worden sind, ist es nicht gelungen, den Verbleib der Nietzsche-Ausgabe festzustellen. Auch Vittorio Mussolini konnte keinen hilfreichen Hinweis geben. Die Kiste kann aber nicht verschwunden sein.

lini murmelt vor sich hin: »Verzeiht mir, verzeiht mir!« Der Carabiniere wagt es, dem zerstörten Mann auf die Schulter zu klopfen, um ihm Mut zu machen — es ist das erste Mal in seinem sechzigjährigen Leben, daß ein Fremder sich eine solche Vertrautheit herausnimmt. »Wir wollten ihn ins Bett legen, damit er sich ausruhe, wir faßten ihn unter den Schultern, hoben ihn auf, bis er sich auf dem ungemachten Bett ausstreckte. Er schien uns kaum wahrzunehmen« (Antichi) und hat sich aufgegeben, gerade als die letzten Besprechungen über die Durchführung von »Unternehmen Eiche« zwischen General Student und Major Mors auf dem Gefechtsstand Madragone bei Rom stattfinden. Mors berichtet: »Unsere Besprechungen fanden unter vier Augen statt. Von einer Teilnahme Skorzenys an der Aktion war bis dahin überhaupt nicht die Rede [. . .] Ich erhielt wörtlich den Befehl, Mussolini tot oder lebendig herauszuholen [. . .] Skorzeny bat dann Student, persönlich an dem Unternehmen gegen den Gran Sasso teilnehmen zu dürfen [. . .] Der General sah keinen Grund, Skorzeny diesen Wunsch zu versagen. Er erklärte mir: ›Wir können ihn als Hauptmann nicht Oberleutnant v. Berlepsch, dem Führer der Lastenseglergruppe, unterstellen. Er wird Ihnen direkt unterstellt, sozusagen als politischer Beobachter oder Berater. Er hat keinerlei Befehlsbefugnisse.‹«

Nachdem der SS-Mann derart den kleinen Finger hat ergreifen können, faßt er nach der ganzen Hand und benennt 16 Männer aus seinem Kommando, die auch mitfliegen sollen. »Ich stimmte ohne Argwohn zu [. . .] und ließ die 16 SD-Leute unter die 78 Fallschirmjäger Berlepschs aufnehmen.«[*]

Diese 16 Mann mit Skorzeny werden dann von Hitler als Vorwand für die Propagandalegende benützt, Skorzeny und die SS hätten Mussolini befreit.

Am 12. September landen die Lastensegler nach Plan im Gleitflug. Nur

---

[*] Die Ausführungen des Majors liegen als Typoskript aus dem Archiv von Eugen Dollmann vor. Dollmann hatte 1958 einem Journalisten Unterlagen zum »Unternehmen Eiche« geliefert, durch deren Veröffentlichung sich Skorzeny in seiner Soldatenehre getroffen fühlte. Um den Journalisten und sich selbst gegen Skorzeny verteidigen zu können, führte Dollmann im März 1959 mit dem Generalfeldmarschall a. D. Kesselring als dem damaligen Vorgesetzten von General Student ein aufschlußreiches Gespräch und trat anschließend in Briefwechsel mit diesem. Student schickte Dollmann, wie aus dessen Dankschreiben vom 24. April 1959 hervorgeht, »hochinteressantes Material« zum Komplex »Eiche«, das über das hinausgeht, was Student in seinen Erinnerungen veröffentlicht hat. Dazu gehört auch die Aussage von Major Mors, aus der wir zitieren.

einer setzt zum Sturzflug an, jener, in dem Skorzeny sitzt. Er hat während des Anflugs den Piloten überredet, unmittelbar auf den zementierten Platz vor dem Hotel niederzustoßen. Damit bringt er die Ordnung der übrigen Segler durcheinander; einer muß ausscheren, um einen Zusammenstoß zu vermeiden, knallt auf einen Felsen auf, die Insassen werden verwundet. Andere Verwundete oder gar Tote gibt es nicht.

Daß es nicht zum Kampf kommt, ist indirekt Skorzenys Verdienst. Er hat in seinem Lastensegler einen General der Carabinieri mitgenommen, Fernando Soletti, der als erster aus der gelandeten Maschine springt, auf die Wächter zuläuft und auf italienisch ruft: »Nicht schießen, nicht schießen!« Der General ist in Uniform, die Verwirrung ist vollkommen, und zum Widerstand mit der Waffe sind die Carabinieri ohnehin kaum bereit.

Ein Fotograf aus einer Propagandakompanie ist mitgeschickt worden; er macht zahlreiche Fotos, auf denen man Mussolini — schon in Hut und Mantel — zwischen deutschen Soldaten stehen sieht. Weder ist der am Fenster seines Zimmers stehende Mussolini, der, aufgeschreckt vor Lärm, auf das Getümmel herabblickt, festgehalten, noch sieht man ihn, wie er das Zimmer verläßt. Nur eines der Bilder zeigt, daß ihm die fröhlichen Soldaten ein Lächeln entlockt haben, auf allen anderen wirkt er verwirrt und traurig. Ob er wirklich den in allen damaligen Berichten wiedergegebenen pathetischen Satz gesprochen hat: »Ich habe es geahnt und nie daran gezweifelt, daß der Führer alles tun wird und mich hier wieder heraushohlt«*, muß in Frage gestellt werden; er ist völlig unvereinbar mit der Grundstimmung, in der sich der »Befreite« befindet, und mit dem Gesichtsausdruck, den die Fotos zeigen. Hingegen bezeugt Mors — und seine Aussage verdient Glauben —, Mussolini habe ihn (der inzwischen über die Drahtseilbahn ebenfalls vor dem Hotel angekommen ist) gebeten, seine Wächter freizulassen, »sie waren gut zu mir«. Mors erfüllt die Bitte.

Der Fieseler-Storch landet. Mussolini klettert hinein und setzt sich hinter den Piloten Gerlach. Skorzeny tritt an das Flugzeug heran und verlangt, mitgenommen zu werden. »Ich bin für Mussolini verantwortlich«, erklärt er und spielt die Autorität seines »Führerauftrags« aus. Gerlach

* Der Titel des Leitartikels der *Deutschen Allgemeinen Zeitung* vom 14. September 1943 — diese Zeitung wurde im Krieg noch als halbwegs lesbar angesehen — lautet: »Heil Duce!« und beginnt: »Ein befreiendes, sieghaftes Lachen geht durch die Welt der Achsenmächte [. . .]«

gibt nach, obwohl Skorzeny über hundert Kilogramm wiegt. Die Maschine ist überladen, ihre Steigfähigkeit gemindert. »Sie ist viel zu schwer und muß mit Rückenwind starten. Der Atem stockt mir, als ich den ›Storch‹ dem Abgrund zurollen sehe, ohne daß er sich vom Boden hebt. Das linke Rad stößt gegen einen Felsbrocken. Im nächsten Moment verschwindet das Flugzeug mit torkelnden Bewegungen hinter dem Steilhang.« (Mors)

Auch nicht als Soldat im Ersten Weltkrieg an der Isonzofront ist Mussolini einem jähen Tod näher gewesen. Im letzten Augenblick gelingt es Gerlach, den Sturz abzufangen. Der Funker meldet vom Hotel aus an General Student: »Auftrag erfüllt. Duce abgeflogen.«

Als die Fallschirmjäger die Tatsachen verdrehende Darstellung Skorzenys* im Radio hören, erkrankt ihr Führer Berlepsch, »tief getroffen«, an Gelbsucht. Major Mors wird bei Student vorstellig und verlangt die Veröffentlichung eines der Wahrheit entsprechenden Berichts. Der General »wußte, daß es aussichtslos war, diese Lügen und Entstellungen rückgängig zu machen. Unter den Fallschirmjägern schwelte ein Feuer [. . .] Alle, die an dem Unternehmen teilgenommen hatten, erblickten in der Handlungsweise Skorzenys eine Schande für die Fallschirmjäger. Einzelne gingen soweit, öffentlich zu erklären, der Tag werde kommen, an dem sich die Fallschirmtruppe an der SS für diesen Betrug rächen werde [. . .] Diese Auseinandersetzung zog immer weitere Kreise bis hin zu Plakaten, die in Berlin angeschlagen werden: ›Fallschirmjäger befreiten Mussolini!‹« Noch 15 Jahre nach der Tat kämpfte Major a. D. Harald Mors für das Ansehen seiner Leute.

Mussolini wird am Abend des 12. September nach Wien ausgeflogen. Außer Skorzeny und anderen SS-Offizieren ist auch der deutsche Stabsarzt Rüther in der Maschine. Er bietet dem Mann, der den Hut nicht ablegt, den Mantel nicht auszieht, einem Herzanfall nahe zu sein scheint, unterwegs vergebens seine Hilfe an. Mussolini schläft oder stellt sich schlafend, in ein Gespräch läßt er sich nicht verwickeln. Durch einen Seiteneingang wird der »Befreite« ins Hotel »Imperial« gebracht, angebotene Speisen weist er ebenso wie Medikamente zurück. Gegen 22 Uhr ruft er Hitler an. Er sagt ihm, er fühle sich müde und krank, wolle erst ein-

---

* Skorzeny hat den Krieg überlebt, betrieb von Spanien aus Waffenhandel, verstand es mehrfach, sich in Schlagzeilen zu bringen, und zählt zu jener Sorte von tapferen, braven Soldaten, die, ob sie nun der SS angehört hat oder nicht, in der »Traditionspflege« der Bundeswehr den Stellenwert des Beispielhaften besitzt.

mal ausschlafen und seine Familie in München wiedersehen. Er hat inzwischen erfahren, daß sie ungefähr gleichzeitig mit ihm aus Rocca delle Caminate herausgeholt worden ist.

Vier deutsche Soldaten hatten ausgereicht, die kampfunlustigen Wächter vor der Burg zu entwaffnen. Rachele erschienen ihre Befreier so ausgehungert, daß sie ihnen erst einmal eine Mahlzeit vorsetzte.

Sie befindet sich am 12. September seit ein paar Stunden in München im Hotel »Vier Jahreszeiten«, zusammen mit den Kindern Anna Maria und Romano sowie zwei Enkeln aus der Ehe ihres toten Sohnes Bruno. Nach dem Abendessen nähert sich ein deutscher Offizier Racheles Tisch und sagt: »Ihr Ehemann ist unterwegs, morgen früh können Sie ihn umarmen.«

Es wird jedoch Nachmittag, bis Mussolini in München ankommt, »in dicken Skistiefeln und mit seinem Wintermantel«. Als er aus der Maschine klettert, macht er den Eindruck eines Mannes, der noch immer nicht ganz bei sich ist. Erst beim Wiedersehen mit der Familie lebt er auf. Die Begegnung findet auf dem Flugplatz Riem statt, Mussolini erklärt, er müsse sofort nach Rastenburg weiterfliegen. Das Wetter erlaubt den Weiterflug nicht, den Mussolinis ist eine Nachtpause geschenkt. Ihn mit irgendwelchen anderen Gästen im Hotel einzuquartieren, wäre unmöglich. Die ganze Familie wird im Prinz-Carl-Palais untergebracht (heute Dienstsitz des bayrischen Ministerpräsidenten), das von Mussolini schon auf seiner triumphalen Deutschlandreise bewohnt wurde. Er weigert sich, die aus Italien geflohenen Minister und Parteifunktionäre, die sich in den »Vier Jahreszeiten« eingenistet haben, zu empfangen.

Als die Zimmer im Palais bezogen sind und Rachele die Tür hinter ihrem Mann geschlossen hat, läßt er sich in einen Sessel fallen. Am Morgen des 26. Juli, als er die Villa Torlonia verließ, hatte sie ihn zuletzt gesehen. Er war ins Auto gestiegen und hatte ihr zugewinkt, während sie unter den Säulen des Eingangs zurückblieb, von bangen Ahnungen heimgesucht. So, wie sie ihn jetzt vor sich sieht, hat sie ihn noch nie gesehen — wohl schon krank und leidend, aber nicht wie leblos. Sie sagt: »Das erste, was du brauchst, ist ein heißes Bad.« Sie hilft ihm, sich zu entkleiden.

»Ich war ganz entsetzt, als ich seine Unterwäsche sah, für die offenbar niemand gesorgt hatte. Seine Strümpfe waren voller Löcher, sein Hemd völlig verschmutzt und verknittert, die Unterhosen, viel zu lang und zu groß, hatten als Verschluß einen eigenartigen dicken schwarzen Knopf«[34] — so schreibt Rachele und wundert sich über dieses Kleidungsstück. Er erzählt ihr, auf der Überfahrt nach Ponza am 28. Juli sei er von einigen Matrosen angesprochen worden. Einer habe ihm 400 Lire angeboten, die er genommen habe, ein anderer, der kein Geld in der Tasche hatte, habe ihm diese Unterhose geschenkt. Im Gebirge seien sie ihm nützlich gewesen.

Am Abend weigert sich Mussolini, in dem ihm zugewiesenen Prunkschlafzimmer ins Bett zu gehen. Er zieht zu Rachele, der ein viel einfacheres Gemach zugewiesen worden ist. So verbringt das Ehepaar die Nacht vom 13. auf den 14. September in einem Bett — das ist in der Villa Torlonia nur selten vorgekommen.

Er erkundigt sich, wie es ihr ergangen ist. Sie könnte viel erzählen, etwa vom Inspektor Saverio Polito, der sie am 1. September aus der Villa Torlonia, wo er sie zunächst für eine Haushälterin gehalten, herausgeholt und zur Internierung nach Rocca delle Caminate gebracht hat. Im Auto, in dem sich außer dem Fahrer noch ein Carabiniere befindet, duzt er sie, macht Witze über Mussolini, zieht seine Jacke aus, knöpft sich die Hose auf, »näherte sich mir, bedrängte mich und gab sich dabei noch herablassend« (Rachele). Wenn sie seine Geliebte würde, erginge es ihr besser als dem Duce selbst, sagte der Inspektor. Um das Äußerste zu verhindern, befriedigt sie ihn schließlich mit der Hand. Daraufhin gibt er ihr seine Visitenkarte und schreibt die Telefonnummer darauf.[35]

Mit solchen Erlebnissen verschont Rachele in dieser Nacht ihren Mann. Er erzählt, Stunde um Stunde. Kein Sachbericht — ein Bekenntnis. Das Bekenntnis eines Geschlagenen, daß er geschlagen ist. »Geh nicht zum König!« hatte Rachele ihn am 26. Juli beschworen, und er war doch gegangen. »Geh nicht zum Führer!« sagt sie jetzt. »Ich muß!« antwortet er.

Die Maschine, die Mussolini von Wien nach München gebracht hat, startet in Riem am 14. September angeblich zu einem kurzen Probeflug. Kaum in der Luft, zieht sie eine Schleife und macht auf dem Militärflugplatz Oberwiesenfeld eine Zwischenlandung, um Mussolini und wieder Skorzeny, andere SS-Offiziere sowie den Stabsarzt aufzunehmen. Der Flug führt über ganz Deutschland bis in jenen ostpreußischen Winkel, in den sich die Reichsführung verkrochen hat.

Nur ein Zivilist

Im Führerhauptquartier, dem Mussolini am 14. September 1943 entgegenfliegt, haben sich schon andere Italiener eingenistet. Von den faschistischen Führern, den Gerarchen, die sich bis zum 25. Juli, dem Krieg fern, dem römischen Wohlleben hingeben konnten, haben ein knappes Dutzend Zuflucht im Reich gefunden, zunächst in München. Als Italien kapituliert, werden die bekanntesten unter ihnen nach Ostpreußen geholt: Pavolini, der Intellektuelle, Ricci, der Milizhäuptling, Farinacci, der revolutionäre Fanatiker, Preziosi, der Streicher Italiens, eine der schändlichsten und schmutzigsten Erscheinungen des Faschismus, der dem »Frankenführer« und Herausgeber des *Stürmer* im Judenhaß nichts nachgibt. Zu diesem Quartett, das untereinander zerstritten ist, stößt Vittorio, Sohn des Duce. Seit Wochen treiben sie sich in Deutschland herum, von SS betreut und bewacht. Am treffendsten könnte man sie Erbschleicher nennen. Sie hoffen — hoffen jedenfalls bis zum Tag seiner Befreiung —, Mussolini irgendwie beerben zu können — als Restauratoren eines faschistischen Regimes von Hitlers Gnaden.

Nachdem er ein paarmal mit diesen Leuten gesprochen hat, ist Hitler zwar von ihrer Gesinnung beeindruckt, hält sie aber für gänzlich unfähig, eine neue faschistische Ordnung in Italien durchzusetzen. Von Preziosi hört er, Mussolini müsse man ankreiden, daß er viel zu milde mit den Juden umgegangen sei — eine Ansicht, mit der er bei Hitler offene Türen einrennt.*

Mit ihm und Preziosi sitzen zwei Experten der »Endlösung« zusammen, von denen der italienische den deutschen bestürmt, nun müsse damit endlich auch in Italien ernst gemacht werden. Pavolini fordert blutige

---

* Es muß daran erinnert werden, daß das Führerhauptquartier, dieses Männerkloster mit ordenbehängten »Mönchen« in maßgeschneiderten Uniformen, die Zentrale einer Europa überspannenden Mörderorganisation ist. Um nur ein Detail, das chronologisch hierher gehört, herauszugreifen, sei erwähnt, daß am Tage des italienischen »Verrats« in Auschwitz ein Transport von 5006 Juden aus Theresienstadt ankommt, denen zunächst ihr Gepäck belassen wird, auch werden die Familien nicht auseinandergerissen. Vielmehr werden sie im Familienlager einigermaßen ernährt und veranlaßt, an ihnen mit Namen bekannte, in Theresienstadt zurückgebliebene Häftlinge Postkarten des Inhalts zu schreiben, nichts sei weniger wahr, als daß in Auschwitz Juden getötet würden, es ginge ihnen allen nicht schlechter als in Theresienstadt. Nicht einer der Betrogenen war nach sechs Monaten noch am Leben.

Rache an den Verrätern vom 25. Juli — auch das ist Musik in den Ohren der Deutschen. Doch Farinacci — wegen der von ihm fanatisch propagierten Bündnistreue in seiner Heimatstadt Cremona als »Gauleiter von Italien« bespöttelt — wagt sich in seiner Kritik an Mussolini, als dessen Nachfolger er sich schon sieht, zu weit vor. Ich verbiete, so über den Duce zu sprechen, brüllt Hitler ihn an. Ricci legt in umfangreichen Schriftstücken den Plan für den Aufbau einer neuen Miliz vor, der er, wie er beteuert, die Qualität einer italienischen SS verleihen werde, wozu der Duce nicht in der Lage gewesen sei. Er überreicht Himmler ein neofaschistisches Programm, das die deutsche Regierung verpflichten will, eine moderne italienische Armee aufzustellen und zu erklären, daß »das unmittelbare Ziel des Kampfes der deutschen Streitkräfte in Italien die Wiederherstellung der territorialen Integrität unseres Landes und der nationalen Einheit und Hoheit ist«[36]). Dieses Schriftstück ist datiert: 10. September 1943, und das ist genau der Tag, an dem Hitler erkennen läßt, was ihm die territoriale Integrität Italiens wert ist, indem er die nördlichen Teile des Staatsgebiets als Operationszonen abtrennt und dort zwei seiner Gauleiter als Regenten einsetzt.

Am nützlichsten macht sich Vittorio Mussolini. Auch er ist in deutscher Uniform nach des Vaters Sturz aus Rom geflohen — wo er als Deserteur gesucht wird, denn er war Offizier! — und hat sich zunächst unter falschem Namen in München aufgehalten. Im Hauptquartier benimmt er sich weniger auffällig als seine Landsleute und weiß sich bei Hitler einzuschmeicheln. Eine kuriose Folge davon ist der einzige Satz, von dem man weiß, daß ihn Hitler in einer fremden Sprache gesprochen hat. Als er nämlich erfährt, daß die Aktion auf dem Gran Sasso gelungen ist, läßt er Vittorio zu sich kommen und sagt zu ihm: »Ho il piacere di comunicarvi che vostro padre è salvo.« (Ich freue mich, Ihnen mitteilen zu können, daß Ihr Vater gerettet ist.) Unbekannt ist, wer Hitler den Satz aufgeschrieben bzw. gelehrt hat, aber die Szene wird in italienischen Darstellungen erwähnt,[37]) und Vittorio Mussolini hat sie dem Verfasser bei ihren Gesprächen bestätigt.

Auf Vittorios Betreiben erteilt Hitler die Genehmigung, in einem Eisenbahnwaggon ein Rundfunkstudio einzurichten, von dem aus italienische Sendungen zunächst nach München, von dort über ganz Italien ausgestrahlt werden. (Der »Sender Monaco« wird unter dem Einfluß von Preziosi noch eine radikale profaschistische, antimussolinische Rolle in den Anfängen der »Republik von Salò« spielen.) Die Faschisten sind untereinander schon so zerstritten, daß Farinacci den Waggon nicht betreten darf. Hinter dem Verbot stehen auch die Deutschen, die befürchten, er könnte sich plötzlich selbst zum Nachfolger Mussolinis ausrufen. Hitler übergibt die gesamte Gruppe Himmler zur Betreuung, bei dem nun bald der eine, bald der andere vorstellig wird, um sich zu beklagen, Preziosi über Pavolini, Pavolini über Farinacci, und so weiter. Pavolini macht sich besonders beflissen an Vittorio heran, darauf spekulierend, vom Sohn beim Vater protegiert zu werden, falls dieser wieder auftauchen sollte. Diese Faschisten gebärden sich insgesamt, als müsse das deutsche Hauptquartier ihre Anwesenheit als einen glücklichen Umstand betrachten; sie machen sich nicht klar, daß der 25. Juli und der 8. September 1943 Hitlers Überzeugung, Faschisten seien etwas Besseres als Italiener, schwer erschüttert haben.

Goebbels gibt sich keinen Illusionen über die Kompetenz dieser Leute hin: »Die sogenannte provisorische faschistische Regierung im Führerhauptquartier ist fleißig an der Arbeit, wenn auch der eine oder andere etwas kalte Füße bekommt, weil er mit den allgemeinen politischen Tendenzen, die von uns vertreten werden, nicht einverstanden ist. Aber was bleibt den Herren anderes übrig, als für uns zu arbeiten! [. . .] Man wünscht so sehr, daß die neugebildete faschistische Regierung, die vorläufig im Führerhauptquartier im Zimmer vom Botschafter Hewel auf der Erde schläft, endlich mit Namen genannt wird. Wir können diese Namen allerdings nicht nennen, da sie zu unbedeutend sind.«[38]

Es gibt aber gar keine neue faschistische Regierung und nicht einmal konkrete Planungen dafür, als die Presse des Reiches am 10. September 1943 den Deutschen und Sender »Monaco« den Italienern verkündet:

»FASCHISTISCHE NATIONALREGIERUNG GEBILDET

Aufruf an das italienische Volk

Von der italienischen Grenze, 9. September

Die italienische faschistische Nationalregierung hat einen Aufruf an das italienische Volk erlassen, der durch Rundfunk verbreitet worden ist. In diesem Aufruf heißt es u. a.: ›Pietro Badoglio hat seinen Verrat vollendet. [Er. . .] ist jetzt dabei, sein Vaterland den Feinden auszuliefern. [. . .] Ein Vaterland ohne Sizilien, ohne Sardinien, ohne die überseeischen Besitzungen, voraussichtlich auch ohne Süditalien, das ist die düstere Aussicht, die sich dem Schicksal des Vaterlandes eröffnet.

Der Verrat wird nicht vollendet werden! Es hat sich eine italienische faschistische Nationalregierung gebildet, sie arbeitet im Namen Mussolinis. [. . .] Zu Ende ist es mit dem Wiedererscheinen der alten Männer in einem Italien, welches die Tore der soldatischen Jugend öffnen wird und welches die durch Opfer und kriegerische Leistungen erworbenen Ansprüche anerkennen wird. Um unser Banner reihen sich zusammen mit den Soldaten und der Jugend die Kräfte der Arbeit, deren auf dem sozialen Gebiet mit dem Faschismus angetretener Marsch unter dem Faschismus ans Ziel gelangen wird. [. . .]«[39] Das ist nicht die Sprache des Führerhauptquartiers, es ist jene der italienischen Wirrköpfe, die zu den »alten Männern« gehören, mit deren Wiedererscheinen es zu Ende sein soll.

Goebbels kann sich sein Urteil über sie aus erster Hand bilden, denn er fliegt am 9. September von Berlin zur »Wolfsschanze«, wo er seinen Führer in schlechter Stimmung vorfindet. Unter dem Eindruck der Ratschläge Rommels, von dessen Draufgängertum nach der Pleite in Afrika nichts übriggeblieben ist als die Überzeugung, kleckern helfe nichts, man müsse klotzen, und dies auch im negativen Sinn, gibt Hitler den ganzen italienischen Stiefel schon so gut wie verloren und rechnet mit der unmittelbar bevorstehenden Invasion der Alliierten in Norditalien, wenn nicht gar an der Kanalküste. Außerdem ist er besorgt, das italienische Beispiel könnte auch im Reich Schule machen. Seine alte Abneigung gegen traditionsreiche Eliten, vor allem gegen den Adel, läßt ihn befürchten, daß in diesem Kreis ein Komplott gegen ihn geschmiedet werden könnte. Er befiehlt, Prinzen aus ehemals regierenden Familien des Kaiserreiches hätten aus der Wehrmacht auszuscheiden. Der so oft als Sendbote zu Mussolini verwendete Prinz von Hessen, von Beruf Oberpräsident von Kassel, wird nur deshalb in ein Konzentrationslager eingeliefert, weil er der Schwiegersohn des Königs von Italien ist. Seine Frau, Prinzessin Mafalda, teilt sein Schicksal, wenn auch nicht das Lager; im KZ Buchenwald bei Weimar geht sie im August 1944 vor die Hunde. Goebbels ist vor allem deshalb nach Rastenburg gekommen, um Hitler zu veranlassen, zum Volk zu sprechen: Der Schicksalsschläge seien es nun doch fast zu viele gewesen, es sei unbedingt nötig, den Menschen wieder etwas Zuversicht einzuimpfen; und wer sei außer ihm dazu imstande?

Am Abend des Tages, an dem die Zeitungen die falsche Nachricht von der Errichtung einer neuen faschistischen Nationalregierung als Schlagzeile bringen, verbreiten die Reichssender eine Rede Hitlers. Er hangelt sich von einer Lüge zur anderen durch den Text und mutet seinem Volk u. a. zu, ihm zu glauben, »daß Mussolini am 1. September 1939 den festen Entschluß hatte, die sofortige Mobilisierung anzuordnen«; daß er, Hitler, weder damals noch später Italien auf die Einhaltung der Bündnisverpflichtungen gedrängt habe; daß Deutschland im Frühjahr 1941 aus purer Freundschaft Italien auf dem Balkan geholfen habe, obwohl es »unter der Furcht des fast stündlich zu erwartenden bolschewistischen Großangriffs gegen ganz Europa an eigenen Sorgen mehr als genug zu tragen hatte«; daß »das letzte auslösende Moment zu dem schon lange beschlossenen Staatsstreich [. . .] die Forderung des Duce nach erhöhten Vollmachten zur erfolgreicheren Führung des Krieges« war. Mit dem kürzesten Satz der ganzen Rede wird allerdings eine Wahrheit ausgesprochen, die, richtig bedacht, die deutsche Italienpolitik seit dem Stahlpakt als überflüssig und den deutschen Interessen abträglich entlarvte: »Der Ausfall Italiens bedeutet militärisch nur wenig.«[40]

Wahrscheinlich hätte es auch Goebbels nicht geschafft, Hitler ans Mikrophon zu holen, wenn nicht die Nachrichten vom Fortgang des »Unternehmens Eiche« an diesem 10. September bereits sehr günstig gelautet hätten, Mussolinis Verbringungsort festgestellt und der endgültige Befehl für die Befreiungsaktion erteilt gewesen wäre. In der Rede verbietet er sich dennoch, auf »Eiche« auch nur mit einem Wort hinzuweisen, denn er glaubt, die Befreiung des Duce werde »die Welt wie eine Bombe treffen — am meisten die Engländer«[41], und diese Wirkung will er durch eine Vorankündigung nicht in Frage stellen. Er selbst aber läßt sich jede Einzelheit der anlaufenden Aktion melden und bringt ihr mehr Interesse entgegen als der am 9. September in den frühen Morgenstunden erfolgten Landung der Alliierten im Golf von Salerno. (Nur für diesen ersten Tag der Invasion verlangt er »zweistündige Meldungen« über die Lage.[42]) Am 13. September befiehlt er, daß »die in Betracht kommenden Dienststellen [. . .] vom OKW angewiesen [werden], die Nachricht von der Befreiung des Duce überall zu verbreiten. [. . .]«[43]

Zwei Stunden, bevor Mussolini am darauffolgenden Tag in Rastenburg aus dem Flugzeug steigt, wird Hitler durch General Wolff ein anderer Italiener vorgestellt, Professor Dr. Tassinari, früherer Landwirtschaftsminister, von dem Wolff, Dollmann und Rahn meinen, er wäre ein geeigneter Nachfolger des Duce. Hitler hört sich die Pläne Tassinaris freundlich an, nach der Verabschiedung des Italieners sagt er zu Ribbentrop und Wolff: »Er ist zweifellos ein hochanständiger, gutwilliger Patriot, aber ein typischer Professor und Theoretiker.« Die gänzlich folgenlose Episode zeigt, mit welchem Dilettantismus Kreti und Pleti an dem zusammengebrochenen Bundesgenossen herumbasteln, um ihn wieder auf die Beine zu bringen. (Daß der SS-General den Professor noch aus Italien heraufgeschleppt hat, obwohl er schon wußte, daß Mussolini

wieder in deutscher Hand ist, würden wir nicht einmal den Akten geglaubt haben, besäßen wir nicht die Bestätigung durch Wolff selbst.)
Als der Führer Tassinari verabschiedet, steht schon die Kolonne der
schweren Mercedeswagen vor den Bunkern und Baracken bereit, um
den ganzen Hofstaat samt den italienischen Gästen zu der vierzig Kilometer entfernten, von Flugzeughallen umgebenen Piste zu fahren, die
für die Maschinen des Hauptquartiers angelegt worden ist. Der Befreite
soll mit einem »großen Bahnhof« begrüßt werden; auf ausdrücklichen
Führerbefehl hat der grippekranke Ribbentrop sein Bett verlassen müssen, um als Statist bei der Zeremonie mitzuwirken. Die Autos durchfahren eine wellige Landschaft, das Asphaltband, beiderseits von Posten im
Abstand von fünfzig Metern gesichert, durchschneidet schüttere
Gehölze, in denen das Buchenlaub sich bereits herbstlich gefärbt hat. Es
ist ein schöner sonniger Tag, von einem leichten Nordwind ausnehmend
kühl gehalten. Die höchsten Würdenträger durften Mäntel anziehen, das
Gefolge der SS-Offiziere und die Wachmannschaften selbstverständlich
nicht.
Um 14.30 Uhr schwebt die Maschine ein. Unter den wenigen, die Hitler
bis an die Ausstiegklappe begleiten dürfen, ist General Wolff: »Ich stand
mit Hitler an dem Flugzeug, das Mussolini brachte. Er stieg aus. Ein
Strahlen verklärte sein eingefallenes, leiderfülltes Gesicht. Mit ausge-
breiteten Armen schritt er auf Hitler zu und erfaßte, Tränen der Ergriffenheit in den Augen, seine Hand. ›Führer! Wie soll ich Ihnen danken für
alles, was Sie für mich getan haben?! Nicht nur mich haben Sie gerettet,
sondern auch meine Frau und meine Kinder!‹«
War es so? Die Wahrscheinlichkeit spricht dafür. Aber die ganze auf der
Piste versammelte Kamarilla wird von tiefer Betroffenheit erfaßt, als
statt des Heldendarstellers aus dem Palazzo Venezia, den sie bisher
erlebt haben oder wenigstens aus den Wochenschauen kennen, ein ver-
härmter alter Mann vor ihnen steht, neben einem gealterten Hitler, an
dessen Anblick aber seine Umgebung gewöhnt ist. Die noch Ende Juli
auf dem Flugplatz von Treviso von ihm vorgeführte Geste, mit seinen
beiden Händen die des Italieners zu umfassen, unterläßt er. Sein linker
Arm zittert an manchen Tagen schon so stark, daß er ihn an den Körper
pressen muß, um ihn ruhig zu halten. Wer Augen hat zu sehen, erkennt,
daß es sich nicht mehr um die Begegnung zweier Machthaber handelt.
Macht hat nur noch der Zitternde im einfachen, überlangen Soldaten-
mantel, die Schildmütze wie immer bis auf die Augen heruntergezogen.
(Der Schild ist aus Stahl.) Hinter ihm steht Ribbentrop, der einen viel

prächtigeren Mantel mit ausladenden weißen Umschlägen trägt. In einigem Abstand bilden hochgewachsene SS-Germanen einen Halbkreis; sie lassen um ihren Obersten Befehlshaber einen sakralen Leerraum entstehen.

Es ist der Augenblick, um dessentwillen SS-Sturmbannführer Otto Skorzeny Mussolini beinahe in den Tod statt nach Rastenburg entführt hat, nur damit ihm niemand seinen wertvollen Fang wegschnappt. Um seinen Presseruhm braucht er schon nicht mehr besorgt zu sein. Nun steht der falsche Held mit Mussolini vor seinem Führer. Der Italiener sieht neben dem riesigen SS-Offizier besonders klein und zerbrechlich aus. Am liebsten hätte Skorzeny seine so wenig imposante Beute am Halfter aus dem Flugzeug herausgeführt. Die Hacken seiner Schaftstiefel knallen, der rechte Arm schießt empor, die Linke legt sich über das Koppelschloß: Mein Führer, Sturmbannführer Skorzeny meldet, Befehl ausgeführt!

Händedruck und Dank! Offiziere klatschen im Dienst nicht Beifall; sie würden es aber gern tun. Abends wird im Kasino gefeiert, es gibt sonst so wenig zu feiern. Das fliegerische Bravourstück reißt die Stimmung hoch, und niemand stellt an den Befreier die naheliegende Frage, warum die Fallschirmjäger nicht einfach in italienischer Uniform mit der Seilbahn zum Hotel hinaufgefahren sind, deren Talstation ja in ihrer Gewalt gewesen war.

Pavolini verspürt einen Anflug von Mitleid mit dem bleichen, erschreckend abgemagerten Mann, der sich in der Gefangenschaft derart zivilistische Allüren angeeignet hat, daß er sich jetzt in der Mittagssonne den Mantel aufknöpft. Der zu weit gewordene Zweireiher und die ausgebeulten Knie der zu lange nicht gebügelten Hose werden sichtbar. Hitler könnte sich an 1934 erinnern, als er, der einzige Zivilist in Regenmantel und Velourhut, zwischen den militärisch herausgeputzten Faschisten in Venedig begriffen hatte, daß er falsch angezogen gewesen war. Eine unvergessene Belehrung! Schon vor dem Krieg duldete er in der Reichskanzlei nur noch Uniformen. Was für eine unmögliche Figur gibt Mussolini ab — jetzt kann jeder sehen, auch er ist nur ein Italiener!

Mussolini umarmt seinen Sohn und geht an dem Spalier seiner Gerarchen entlang, begrüßt sie mit Handschlag, was sie ihm verübeln, denn es ist gegen alles Herkommen — es ist so zivilistisch wie die ganze Erscheinung ihres Capo. Er aber fragt sich: Sind das noch meine Leute oder schon die ihren?

Der Adjutant öffnet die Wagentür, Hitler und Mussolini steigen ein. Die

Schar der Offiziere, der Chargen, der Leibwächter, der Fotografen, der militärisch kostümierten, ins Führerhauptquartier delegierten Beamten der Ministerien gehen über die Piste zu ihren grüngrauen Geländewagen hinüber.

Vor dem Hintergrund einer bereits verzweifelten Kriegslage, die ab Herbst 1943 ohne eine auch nur vorübergehende Wendung zum Besseren schrittweise auf den militärischen Zusammenbruch hinsteuert, vergißt man rückblickend leicht, mit welch ungeheurem organisatorischen und technischen Aufwand und mit welch gigantischem Luxus die militärischen und zivilen Führungsstäbe und Behörden noch bis ins Jahr 1945 hinein gearbeitet haben. Obwohl das Führerhauptquartier äußerlich im Stil eines stationären Feldlagers aufgezogen ist, das auf Fotografen puritanisch wirkt, verschlingt sein Betrieb ein Vielfaches der Summe, die das kaiserliche Hauptquartier im Ersten Weltkrieg verpraßte. Die Luftflotten an den Fronten bringen nur noch einen Bruchteil der Maschinen in die Luft, die sie nach ihrem Kriegsstärkesoll haben sollten, aber jeder Minister, General, Reichsleiter, Gauleiter und dazu die fliegenden Kuriere, die über dem Reich und den besetzten Ländern hin- und herkreuzen, verfügen über einen friedensmäßigen Flugzeugpark. Der Mann im blauen Anzug hat genug eigene Erfahrungen mit imperialem Pomp hinter sich und erlebt diesen Führungsapparat durchaus nicht mit dem Staunen eines Kindes vor dem Christbaum, aber sein eigenes Brimborium ist Vergangenheit; was er hier um sich sieht, ist Gegenwart, ist in vollem Betrieb. Diese nach Statur und Rasse ausgesuchten schneidigen Germanen, geschart um ihren zitternden, unter Blähungen leidenden, ohne Brille halbblinden Führer, halten noch neun Millionen Mann unter Waffen und Befehl, davon die gute Hälfte an den Fronten. Und dazu die geheimnisvollen Wunderwaffen in der Hinterhand! An den Fronten ist von Macht, gar von Übermacht nichts mehr zu merken. Aber hier im Dämmerlicht unter Tarnnetzen wird noch die Revue von des Großdeutschen Reiches Macht und Herrlichkeit en suite aufgeführt, womit sie selbst, Regisseure und Schauspieler in einem, sich belügen und sich einreden, sie seien noch Herr der Lage, und erst recht diesem Italiener imponieren und ihn glauben machen können, das Reich sei unbesiegbar.

Vom Flugplatz bis zur »Wolfsschanze« macht Hitler Konversation, läßt sich erzählen, wie Mussolini seine Befreiung erlebt hat. Die Tore der Sperrkreise öffnen sich, Führer und Duce sind die einzigen, die sich nicht ausweisen müssen, selbst Keitel und Ribbentrop werden kontrolliert. Mussolini bleibt gerade noch Zeit, sich die Hände zu waschen, dann erwartet ihn Hitler im Kreis weniger Berater in einem der Holzhäuschen, die zwischen den Betongebirgen der Bunker stehen. In dieser Reichszentrale gibt es am 14. September 1943 keinen Menschen, der nicht besser als Mussolini über die jüngsten Ereignisse in seinem Lande informiert wäre. Seine Ahnungslosigkeit hinsichtlich dessen, was die Deutschen an Gegenmaßnahmen in Gang gesetzt haben, ist nicht geringer als die der Soldaten seiner Armee, die gerade irgendwo zwischen Rhodos und Nizza entwaffnet, in ein Stacheldrahtgehege getrieben und vielleicht erschossen werden. Von alledem weiß er nichts.

Es mag sein, daß die Augenzeugen der Wiederbegegnung des gestürzten Duce mit Hitler den Eindruck gewonnen haben, »der zündende Funke sei sofort wieder übergesprungen« (Wolff); als nun aber Mussolini vom Adjutanten abgeholt wird und die Besprechungen in der imitierten Almhütte, die im Innern kahl ist wie eine Gefängniszelle, beginnen, da verwandelt sich der große Freund in den Ankläger und der Angeklagte in den Befehlsempfänger, dem nicht erspart bleibt zu hören: »Was ist das für ein Faschismus, der wie Schnee in der Sonne wegschmilzt?« Hitler, darin mit Pavolini einer Meinung, gibt zu bedenken, ohne Abrechnung mit den »Verrätern« könne er, der Duce, seine Autorität nicht zurückgewinnen. Als Mussolini flau reagiert, bekommt er gesagt: »Nun ja, Duce, ich verstehe Ihre Familiengefühle.« Es ist der Hohn eines Mannes, der nicht weiß, was eine Familie ist. Hitler soll auch gesagt haben: »Duce, Ihr seid zu gut, Ihr werdet nie ein richtiger Diktator werden.«

Es gibt zahlreiche Beschreibungen von den Zusammenkünften. Aus den einen geht hervor, Hitler sei freundlich und verständnisvoll gewesen, nach anderen soll er fürchterliche Drohungen ausgestoßen haben für den Fall, daß Mussolini sich weigere, wieder in die Rolle des Duce zu schlüpfen; er soll sogar mit kleinen metallenen Modellen der V2-Geschosse gespielt und gesagt haben: »Sie entscheiden, ob diese Waffe über London oder über Genua und Mailand ausprobiert wird.« Mussolini soll gesagt haben: »Ciano ist der Mann meiner geliebten Tochter Edda und der Vater meiner Enkelkinder«, womit er habe zum Ausdruck bringen wollen: Ich kann ihn nicht erschießen lassen. Sicher ist, daß schon in Rastenburg von Hitler die Frage der Abrechnung mit den »Verrätern« vom 25. Juli ins Zentrum der Diskussion gerückt worden ist und Mussolini von da an wußte, daß er um die Abrechnung nicht herumkommt! Er soll gesagt haben, der Faschismus sei nicht mehr zu erneuern, und für einen in Italien ausbrechenden Bürgerkrieg könne er die Verantwortung nicht tragen.

Doch ernstlichen Widerstand leistet Mussolini nicht. Schon nach Stunden weiß der Deutsche, daß sich der Italiener dem Verlangen, eine neue Regierung zu bilden, unterwerfen wird. Von Sohn Vittorio ist der Ausspruch überliefert: »Wir werden am Fenster stehen und zusehen, wie sie uns das Haus anzünden.« Mussolinis Willfährigkeit wird wie selbstverständlich hingenommen, als sei etwas anderes gar nicht möglich gewesen, aber sie trägt nicht dazu bei, ihn in den Augen der Deutschen wieder zu der geachteten Person zu machen, die er zuvor für sie war. Goebbels notiert: »Schon wenn der Führer erklärt, daß der Duce keine große politische Zukunft mehr habe, so bedeutet das bei seiner früheren Verehrung für ihn sehr viel. [. . .] Er kann als absolut ernüchtert seiner Person gegenüber angesehen werden. Das ist für die Führung unserer Kriegspolitik außerordentlich erwünscht. Der Führer ist in keiner Weise mehr entschlossen, unser Verhältnis zu Italien auf der Person des Duce aufzubauen. Er will jetzt territoriale Sicherungen, die uns vor jeder weiteren Krise bewahren.«[44] (Diese Analyse trifft nur die halbe Wahrheit. Es wird sich zeigen, daß Hitler unter keinen Umständen von der Wiedereinsetzung des Duce Abstand nehmen kann — und warum nicht.)

Bevor Mussolini am 17. September nach München zurückfliegt, erläßt er fünf kurze »Tagesbefehle«, die der Sender im Güterwagen unverzüglich ausstrahlt und die deutschen Zeitungen am 16. September veröffentlichen:

»DER DUCE ÜBERNIMMT DIE REGIERUNG UND DIE LEITUNG DER ›REPUBLIKANISCHEN FASCHISTISCHEN PARTEI‹ — ANORDNUNG ZUR FORTFÜHRUNG DES KAMPFES AN DEUTSCHLANDS SEITE

Benito Mussolini hat am heutigen Tage wieder die oberste Leitung des Faschismus in Italien übernommen.

Tagesbefehl der Regierung Nr. 1:
›An die treuen Kameraden in ganz Italien. Ab heute, dem 15.9.1943, übernehme ich wieder die oberste Leitung des Faschismus in Italien. Mussolini.‹

Tagesbefehl der Regierung Nr. 2:
›Ich ernenne Alessandro Pavolini zum vorläufigen Sekretär der Faschistischen Nationalen Partei, die ab heute Republikanische Faschistische Partei heißen wird. Mussolini.‹

Tagesbefehl der Regierung Nr. 3.:
›Ich befehle, daß alle militärischen, politischen Verwaltungs- und Schulbehörden sowie alle anderen, die von der Regierung der Kapitulation ihres Amtes enthoben werden, unverzüglich ihre Stellen und Ämter wieder einnehmen. Mussolini.‹

Tagesbefehl der Regierung Nr. 4:
›Ich befehle die sofortige Wiedererrichtung aller Parteidienststellen mit folgenden Aufgaben:
a) die deutsche Wehrmacht, die sich auf italienischem Boden mit dem gemeinsamen Gegner schlägt, täglich und kameradschaftlich zu unterstützen;
b) dem Volk sofort tatkräftigen und moralischen und materiellen Beistand zu leisten;
c) den Stand der Parteimitglieder in bezug auf ihr Verhalten angesichts des Staatsstreiches der Kapitulation und der Unehre zu überpüfen und die Feigen und Verräter exemplarisch zu bestrafen. Mussolini.‹
Tagesbefehl der Regierung Nr. 5:
›Ich befehle die Wiedererrichtung aller Verbände und Spezialabteilungen der Freiwilligen Miliz für die nationale Sicherheit. Mussolini.‹«
Die »Tagesbefehle« sind zwar auch nichts anderes als Propaganda, aber doch nicht nur das unverbindliche Gefasel eines Farinacci und Konsorten. Von der Reichsregierung abgedeckt — wenn nicht gar mitredigiert —, sind sie Willensäußerungen der »Regierung«. Welcher? Es gibt sie noch nicht, weder Namen von Ministern noch der Regierungssitz sind bestimmt. Und ebensowenig, wie es je zwischen den Achsenpartnern eine Vereinbarung über Kriegsziele und Kriegführung gegeben hat, wird es jetzt zu einer vertraglichen Abgrenzung der Kompetenzen zwischen der Regierung des Reiches und jener des neuen faschistischen Staates kommen. Er wird zum Spielball von Launen und Spekulationen der Besatzungsbehörden.
Mussolini erklärt, er werde nicht nach Italien zurückkehren, bevor die neue Regierung geschaffen sei und er sich über die Situation in seinem Lande informiert habe. Ein Zurück gibt es für ihn nicht mehr. Die Propaganda feiert die Wiederauferstehung des Duce — ganz gegen Goebbels' Überzeugung, daß sie den deutschen Interessen abträglich sei.
In München zurück, verbringt er den Tag mit seiner Familie im Prinz-Carl-Palais, schläft dort in der Nacht vom 17. auf den 18. September. In den vergangenen Tagen, ohne den Vater, mit ihm nur durch viele Telefongespräche verbunden, haben Rachele und die Kinder sich gut eingelebt. Auf allen Gängen durch die Stadt, bei Einkäufen und Museumsbesuchen werden sie von SS-Offizieren in Zivil begleitet. Am Telefon hat Rachele ihren Mann gefragt, ob es sich um ein Ehrengeleit oder um Bewachung handle — wohl wissend, daß das Gespräch wie alle anderen abgehört wird.

Mit Mussolinis Rückkehr finden die Münchner Tage ihr Ende. Bevor die Familie die Stadt verläßt, montiert der »Reichssender München« im Palais eine Aufnahmeanlage, um Mussolini Gelegenheit zu geben, sich wieder dem eigenen Volk ins Gedächtnis zu rufen.

Am Vormittag des 18. September 1943 wird seine Rede aufgenommen, am Abend desselben Tages in Italien ausgestrahlt und dort auch mehrfach wiederholt. Er spricht schwunglos, das stimulierende Publikum, die Evviva-il-Duce-Rufe fehlen. Der pathetische Klang ist aus seiner Stimme verschwunden, viele Italiener glauben, die Rede sei ein deutscher Propagandatrick, und der da spreche, sei gar nicht Mussolini. Mit dem zweiten Satz deutet er selbst Zweifel an, ob er sein Volk davon zu überzeugen vermag, daß er wiedergekehrt sei: »Schwarzhemden! Italiener! Italienerinnen! Nach langem Stillschweigen vernehmt ihr wiederum meine Stimme, die Euch so oft in schweren Zeiten zusammengerufen hat und mit Euch die schönsten Tage des Vaterlandes gefeiert hat.« Er kommt ohne Beschönigung auf seine Gefangennahme durch den König zu sprechen (»aber man hat noch nie gehört, daß man einen Mann wie mich [. . .] auf der Treppe des Privathauses des Königs verhaften ließ [. . .]«), erwähnt »die wunderbare Ausgabe der Werke Nietzsches«, die ihm der Führer geschickt habe und die ihm in der Gefangenschaft ausgehändigt worden sei, und wird vollends zum Lyriker, als er seine Befreiung beschreibt: »In der klaren Luft des Gebirges lag eine Stimmung der Erwartung.« Die Tat der Fallschirmjäger »werde mit der Zeit zur Legende werden«.

Er spricht fast eine Stunde. Am Ende ruft er zum Kampf für den Staat auf: »Er wird Euer Staat sein. [. . .] Unser Mut, unser Glaube und unser Wille werden Italien eine neue Zukunft geben, seine Lebensmöglichkeiten und seinen Platz an der Sonne. Macht diese Hoffnung zu einer felsenfesten Gewißheit!«

Es ist 10 Uhr, als er in München vor dem Mikrophon steht, um seine Rede abzulesen. Wüßte er, daß zur selben Zeit, in der die Tonbänder seine Phrasen aufspeichern, in der deutschen Botschaft in Rom ein Telegramm folgenden Inhalts an den Reichsaußenminister aufgesetzt wird — würde er auch dann von der neuen Zukunft Italiens tönen? In diesem Telegramm läßt Botschafter Rahn seinen Minister wissen: »Da militärische Stellen mangels ausreichender Machtmittel Verbringung Arbeiter nach Deutschland im Zwangswege noch nicht durchführen können, habe ich im Einvernehmen mit Generalfeldmarschall Kesselring Anwerbung italienischer Arbeiter für Deutschland zunächst auf Basis Freiwilligkeit veranlaßt. [...] Erbitte Weisung, ob auch Frauen angeworben werden sollen.«

Hätte die Kenntnis dieses Textes Mussolini verstummen lassen? Oder hätte sie ihn veranlaßt, seine Rede zu ändern: Schwarzhemden! Italiener! Italienerinnen! Die ausreichenden Machtmittel, Euch zwangsweise nach Deutschland zu verschleppen, werden in Kürze den Deutschen zur Verfügung stehen. Seht Euch vor, verkriecht Euch, macht Eure Häuser zu Festungen, flieht in den Wald, flieht, flieht . . .!?

Mit einem Satz aus seiner Rede erweist er sich am deutlichsten als gehorsamer Befehlsempfänger: »Beseitigung der Verräter, insbesondere derjenigen, die am 25. Juli sich zur neuen Regierung bekannt haben und damit in die Reihen des Feindes übergewechselt sind.«*

Ja, es ist Hitler, der so spricht, es ist Hitler, der einen Mussolini Rache predigen läßt, der sie gar nicht üben will: »Der Führer hatte nun geglaubt, der Duce würde als erstes ein großangelegtes Strafgericht an seinen Verrätern abhalten. Das ist aber in keiner Weise der Fall, und darin zeigt sich eigentlich seine Begrenztheit. Er ist kein Revolutionär etwa im Sinne des Führers oder im Sinne Stalins. Er ist doch *in seinem italienischen Volkstum* [Hervorh. v. Verf.] so gebunden, daß ihm der große Zug zum weltweiten Revolutionär und Umwälzer fehlt.«[45]

In den Besprechungen mit Hitler war es sofort zum Prinzipienstreit gekommen anläßlich der Frage, welchen Namen das neue Staatsgebilde haben soll, ob in ihn der Begriff »Faschismus« bzw. »faschistisch« eingehen soll oder nicht. Die Integrationsfigur des Faschismus seit 22 Jahren, Mussolini, ist überzeugt, daß für die italienischen Massen der Begriff »Faschismus« kein politisches Ideal, sondern nur Unheil bedeutet, und will ihn durch »sozial« ersetzt sehen, auch im Namen der Partei.

Was diesen angeht, so zieht Mussolini noch vor seinem Abflug nach München den kürzeren, es wird wieder eine faschistische Partei geben. Hinsichtlich des Namens des Staates wird noch keine endgültige Entscheidung getroffen, so daß Mussolini im Laufe der nächsten Wochen beide Bezeichnungen nebeneinander benützen, nach und nach der »Repubblica Sociale Italiana« in Akten und Briefen den Vorzug geben kann, bis schließlich die Abkürzung RSI ganz allgemein anerkannt wird. Der Staat, zu dessen Aushängeschild er sich machen läßt, hat damit einen

---

* So die offizielle Übersetzung von damals. Der italienische, von Mussolini gesprochene Text zu Punkt drei weicht davon ab: »Die Verräter müssen beseitigt werden, insbesondere solche, die bis zum 25. Juli um 21.30 Uhr der Partei angehörten, und zwar zum Teil seit vielen Jahren, und die danach zum Feinde übergelaufen sind.«

Namen, aber keine Verfassung und wird keine bekommen. Staatsrechtlich existiert er nicht, seine Basis ist ein Führerbefehl, der nirgendwo schriftlich niedergelegt ist.

Unter dem 13. September hätte Mussolini im Kriegstagebuch des Oberkommandos der Wehrmacht lesen können, wo der »Staat« liegt, den er angeblich regieren soll: »An den Oberbefehlshaber Süd ist am 12. 9. Weisung ergangen, daß die ihm unterstellten Gebiete in vollem Umfang als Operationsgebiete zu gelten haben. Diese Weisung wird für den Bereich des OB Süd weiterhin aufrecht erhalten, während in Oberitalien die Lösung gefunden wird, neben dem militärisch wichtigen Küsten- und Alpengebiet, das weiterhin Operationsgebiet bleibt, *die Po-Ebene als Verwaltungsgebiet der neuen faschistischen Regierung zuzuweisen* [Hervorh. v. Verf.].«[46)]

Rom in Oberbayern

Vom Mikrophon weg, über das die Italiener nach langem Stillschweigen ihren Duce, der nicht mehr der ihre, sondern der Hitlers ist, gehört haben, geht es hinunter zu den wartenden Wagen. Das Gepäck ist verladen. Wissen die Mussolinis, wohin die Fahrt gehen wird? Sind sie gefragt worden, wo sie die nächste Zeit verbringen wollen? Irgendwo im Voralpenland soll ein einsam gelegenes Schloß auf sie warten, alles sei aufs beste vorbereitet. Mehr ist ihnen nicht gesagt worden.

Die Wagen mit der SS-Rune auf den Nummernschildern durchqueren die Stadt und fahren auf der Olympiastraße, die nach Garmisch-Partenkirchen führt, südwärts. Es ist der 18. September 1943, vormittags.

In Oberbayern, auf dem Lande, gemahnt nichts an den Krieg. Starnberg wird passiert, Feldafing, wo sich eine der wichtigsten »Nationalpolitischen Erziehungsanstalten« (Napola) des Regimes befindet, bleibt links liegen. Zuweilen öffnet sich in den herbstlichen Uferwaldungen ein kurzer Durchblick auf den See. Rachele hat sich inzwischen mit der Umgebung Münchens vertraut gemacht. Da drüben wohnen die Cianos, sagt sie zu ihrem Mann, aufs jenseitige Ostufer deutend.

Dort, im Dorf Oberallmannshausen, lebt der Schwiegersohn mit Familie, Frau und drei Kindern, schon seit Wochen. Als Badoglio in der zweiten Septemberhälfte aus Furcht vor einem deutsch-faschistischen Putsch die in Rom verbliebenen Parteibonzen hat verhaften lassen, hat sich Edda Ciano durch Dollmanns Vermittlung um Fluchthilfe ins Reich bemüht, nachdem der Marschall ihrem Mann die Bitte um Pässe für Spanien abgeschlagen hatte.

Der Geheimdienst arbeitete in Rom einen Entführungsplan aus, zu dessen Ausführung zwei Kraftwagen eingesetzt wurden. Der eine nahm Edda und die Kinder während eines Spaziergangs auf; der andere, auf die verabredete Sekunde genau, hielt aus schneller Fahrt vor Cianos Haus, der Graf sprang aus der Tür und in den Wagen hinein; der Posten hatte keine Anweisung zu schießen und schoß auch nicht. Badoglios Polizei vermutete später, Ciano sei als Frau verkleidet gewesen. Er selbst bestritt den Vorgang, will ganz ohne Schwierigkeiten sein Haus verlassen haben.

In einem Lastwagen der Wehrmacht wurde die Familie am 27. August zum Flugplatz gebracht, wo eine Junkers-Transportmaschine mit einer breiten seitlichen Schiebetür bereitstand, so daß der Wagen bis unmittelbar an diese Öffnung herangefahren werden konnte; die Plane wurde ein wenig angehoben, die Cianos kletterten ungesehen ins Flugzeug. Im Inneren gab es keine Sitze; die Familie kauerte auf dem Blechboden und fror erbärmlich in ihrer Sommerkleidung, als der Pilot wegen des Wetters auf 5000 Meter steigen mußte.

Das Ehepaar und die Kinder setzten sich im rückwärtigen Teil der Maschine so zusammen, daß die deutsche Begleitmannschaft nicht beobachten konnte, wie der Graf eine erste Bestandsaufnahme der Preziosen, Tabatieren, Diamanten und Goldbarren machte, die sie in den Hosentaschen, in der Handtasche und im Büstenhalter Eddas sowie im Umhängetäschchen der kleinen Tochter mit sich trugen. Außerdem hatten sie sechs Millionen Lire in Banknoten bei sich, die noch eine fatale Rolle spielen werden. Ein Lederbeutel mit Schmuck war schon zuvor im Dienstgepäck eines deutschen Kuriers ins Reich geschafft worden. Die Organisation dieser Flucht lag in den Händen des SD-Agenten Dr. Wilhelm Höttl, der von seinem Chef Kaltenbrunner für besonders heikle Aktionen verwendet wird.*

*Höttl hat über seine wirkungsvollen Tätigkeiten im Dienst des nationalsozialistischen Regimes einige Bücher unter dem Pseudonym Walter Hagen geschrieben: *Die geheime Front; Das Unternehmen Bernhard; Hitlers papierene Waffe*. Im Rahmen der Recherchen für diesen Bericht sind mit ihm zusätzlich Gespräche geführt und auf Tonband festgehalten worden. Sie fanden 1979 in der Internatsschule Schloß Ramgut bei Bad Aussee statt, deren Leiter Höttl zu dieser Zeit war. Mehr noch als aus den Büchern ließ sich aus dem Gespräch ein plastisches Bild von der Existenz dieser römischen Familie am Starnberger See gewinnen.

Nach ihrer Ankunft in München wurde die Familie von Höttl nach Oberallmannshausen, einem Dorf über dem Ostufer des Starnberger Sees, gebracht, wo Hitlers »Reichsdramaturg« Hanns Johst sich einen noblen Landsitz erbaut hat (in dem er nach dem Krieg, dessen Ende er um Jahrzehnte überlebt, wohnen bleiben darf). Auf Johst ging der Vorschlag zurück, für die Cianos eine Villa in »seinem« Dorf freizumachen. »Das Haus, das in seinem Äußeren von dem in Oberbayern üblichen Baustil nicht abwich, gehörte zu dem Besitz des Freiherrn von Wittgenstein. Es stand damals unter staatlicher Verwaltung.

Im Garten, der von einer hohen immergrünen Hecke umschlossen war, befanden sich an der Vorderseite Blumen- und Gemüsebeete, während ein üppiger Baum- und Sträucherbestand das Grundstück nach hinten abschloß. Von der großen Veranda und dem Balkon hatte man einen herrlichen Ausblick auf den See und die Alpen.

Die Zimmer waren mit barocken Möbeln ausgestattet, wertvolle Teppiche und Bilder bedeutender Maler zeugten von der Wohlhabenheit des Besitzers. Die Cianos aber kamen aus einer anderen Welt. [...] Leider war die Sprachbarriere zwischen den 3 Kindern und uns Schutzdienstbeamten hinderlich, um das erforderliche vertrauliche und herzliche Verhältnis mit ihnen schaffen zu können. Nur der älteste, der intelligente Fabrizio sprach genügend deutsch, um mit uns sprechen zu können. [...] Über den Ablauf der täglichen Kriegsereignisse informierte ein im Verandazimmer aufgestelltes Radio. Bibliothek, Speise- und Verandazimmer bildeten die Tageräume der Familie, die Schlaf- und Kinderzimmer lagen oben. [...] Während der ausgedehnten Spaziergänge durch die herrliche Herbstlandschaft begleiteten ein oder zwei Schutzdienstbeamte das Paar möglichst unauffällig in gebührendem Abstand. [...] Der Graf sprach ein gutes Deutsch. In seinen Auslassungen war in bezug auf den Krieg der Achsenmächte mitunter wenig Zuversicht zu finden. [...] Von der Persönlichkeit des Grafen war ich tief beeindruckt. Die kurze Zeit, die ich in seiner Umgebung sein konnte, erfüllte mich mit großem Stolz.«*

Höttl hielt sich während der nächsten Tage ständig in Oberallmannshausen auf und führte halbe Nächte lang politische Gespräche mit dem Grafen und Edda. Höttl: »Ich hatte eine sehr schlechte Meinung von ihm

*Aus einem Gespräch mit dem ehemaligen Schutzdienstbeamten des Grafen Ciano – und später des Botschafters Rahn am Gardasee –, Ludwig Fenzl, am 9. November 1978. Das Haus ging in den fünfziger Jahren in andere Hände über und wurde durch einen modernen Bau ersetzt.

gehabt und gedacht, ein Playboy. Ich kam aber darauf, daß er ein hochintelligenter Mann war, eitel, oberflächlich, zynisch, aber kein Dummkopf. Edda imponierte mir durch ihren rabiaten Charakter. Während er sehr umgänglich und höflich war, machte sie uns vom ersten Tag an die größten Schwierigkeiten. Die Familie war ja ohne Gepäck gekommen, sie mußte sich neu einkleiden, das verstand ich, aber Edda schrie: Ich brauche einen Nerz, diese deutsche Kälte, ich brauche einen Nerz! Und so waren alle ihre Ansprüche. Zuerst wurden sie aus den ›Vier Jahreszeiten‹ versorgt, dann kam eine Köchin ins Haus und kochte dort, durchaus anständig, aber sie fanden das Essen einfach grauenhaft.«[47] Hatte der in Sachen Essen und Trinken puritanische Duce in der Villa Torlonia von der Familie verlangt, die kriegsbedingten Einschränkungen mit dem Volk zu teilen, so haben die Cianos für ihre persönlichen Lebensführungen die Privilegien ihrer Stellung voll in Anspruch genommen. Erst am Starnberger See drang der Krieg sozusagen bis in ihre Küche vor, von der freilich so, wie sie von der SS aus dem »Vier Jahreszeiten« versorgt wurde, die Deutschen 1943 nur noch träumen konnten. Versorgung und Kontrolle lagen bei der SS.

Höttl fährt in der Beschreibung der Situation in Oberallmannshausen fort: »Die ganze Befreiungsaktion, auch die von Mussolini, war ja mit falschen Pfundnoten finanziert worden,* und ich sagte einmal zum Grafen, sie habe uns 50 000 Pfund gekostet. Er antwortete: ›Ich hätte Ihnen 5 Millionen gegeben, wenn Sie den Duce da oben [auf dem Gran Sasso, Anm. d. Verf.] gelassen hätten.‹ Er machte kein Hehl aus seiner Abneigung gegen seinen Schwiegervater, versuchte aber seine eigene Rolle in dieser Sitzung des Faschistischen Großrates herunterzuspielen [. . .] Edda war aufrichtiger. Die Darstellung, die mir Ciano im übrigen vom Ende des faschistischen Regimes gegeben hat, ist inzwischen von der historischen Forschung bestätigt worden.«

Mit Höttls Italienisch ist es nicht weit her, zuweilen sprach er Französisch mit Ciano, meist aber bedienten die beiden sich einer hübschen blonden Dolmetscherin. Zusammen mit einem ebenfalls gut italienischsprechenden Unteroffizier war sie von Polizeichef Kappler im Einvernehmen mit Höttl von Rom nach Oberallmannshausen abgestellt worden, um sich in Cianos Vertrauen einzuschleichen. Sie hieß Hildegard Burckhardt (vielleicht ein Tarnname), wurde um die Zeit von Mussolinis Sturz durch Heirat Hildegard Beetz und bekam von SD-Chef Kalten-

---

* Die »falschen englischen Pfundnoten« vgl. »Unternehmen Bernhard«, S. 283

brunner, »der sonst nicht eben sehr geistreich war« (Höttl), den Tarnnamen »Felicitas«.

Ihre Beziehung zu Ciano ging bald über das hinaus, was Kaltenbrunner und sein Agent Höttl von ihr im Dienste des Vaterlandes erwarteten. Der Graf ließ keine hübsche Frau aus, aber für Felicitas empfindet er mehr; es ist so viel mehr, auch bald von ihrer Seite, daß er ihr vertraut wie seiner eigenen Frau.

Edda wird auf Felicitas nicht eifersüchtig. Ihre ziemlich anspruchsvollen erotisch-sexuellen Erfolge und Befriedigungen holen sich die Cianos längst unabhängig voneinander — was Edda nicht davon abhält, wie eine Furie für die Interessen und schließlich um das Leben ihres Mannes während seiner letzten Monate zu kämpfen. Als sie erkannte, daß auf Felicitas Verlaß ist, suchte sie die Freundschaft der Deutschen und wurde nicht enttäuscht.

In Oberallmannshausen stießen Rom und Oberbayern, Italianità und Germanentum unverhüllt aufeinander — es wäre ein guter Komödienstoff für jene Jahre gewesen. Der für die Dorfbewohner exotisch wirkende Italiener, der in weißen Anzügen mit einem elegant gefalteten Einstecktuch neben dem Revers herumlief und selbst in den feinen Geschäften Münchens, die er in Gesellschaft Höttls und seines Bewachers, des Polizisten Fenzl, besuchte, Furore machte, weil er mit jeder Verkäuferin flirtete, als sei sie die Entdeckung seines Lebens — er fand in seinem Nachbarn Hanns Johst einen neugierigen Partner für seine Spaziergänge und Gespräche. Es konnte Johst, der im Dritten Reich für einen bedeutenden Dichter und Stückeschreiber gehalten wurde, nicht gefallen, daß der Italiener in der ganzen deutschen Literatur eigentlich nur Heine gelten ließ, von dem er sogar auf deutsch Gedichte auswendig aufzusagen wußte. Johst hingegen, der sich gern als Salontiroler verkleidete, war in Cianos Augen eine lächerliche Figur. Dennoch kamen beide irgendwie auf ihre Kosten, wenn sie, sich auf Englisch unterhaltend, durch die herrliche Herbstlandschaft schlenderten, über dem blitzblauen See die blitzblauen Berge, wie aus Blech geschnitten, vor sich, unter dem blitzblauen Föhnhimmel. Es ist Krieg? Tatsächlich, irgendwo ist Krieg, die Ostfront bricht an mehreren Stellen zusammen. Das Tagebuch des OKW hält aus diesen Tagen fest:

»28.8.43   Im Osten größere Einbrüche bei der 6. Armee. 3–400 fdl. Flugzeuge führen schweren Angriff auf Nürnberg durch.

29.8.43   Gegner setzt bei der 6. Armee Umfassung des XXIX. Armeekorps fort; Überführung aller deutschen Truppen von Sardinien nach

Korsika; Rückführung der 10. Armee in den Raum von Rom *(bei beiden Bewegungen Zerstörungen wie in Feindesland)* [Hervorh. v. Verf.]. 31.8.43 Luftangriffe auf das rhein.-westfäl. Industriegebiet. Die Flucht des Ministers Ciano habe [in Rom] Unruhe ausgelöst.«[48]

Nach jedem Gespräch mit dem Italiener eilte der Dichter an seinen Schreibtisch, notierte selbst die unwichtigsten Äußerungen Cianos und verlangte, daß seine Aufzeichnungen jeweils unverzüglich per Fernschreiber dem Reichsführer-SS übermittelt wurden. Andere Reichsminister lasen mit: »Johst schildert die Zustände in der Villa Ciano als geradezu grotesk. Aber er hat den Kern der Sache erfaßt. Bei Ciano und auch bei seiner Frau handelt es sich um ganz unterwertige Figuren, die im normalen Leben ins Zuchthaus gesteckt würden. [. . .]«[49]

Der SD war nicht überzeugt, daß die Johstschen Stimmungsbilder mit der hohen Dringlichkeitsstufe durchgegeben werden mußten, die der Nationaldichter verlangte. »Er blockierte unsere Leitungen, aber er war ja ein hohes Tier, ich konnte es ihm nicht verbieten«, erinnerte sich Höttl.

Je länger sich die Cianos in Deutschland aufhielten, desto unbehaglicher fühlten sie sich, desto mehr kreisten ihre Gedanken wieder um ihre Flucht in ein neutrales Land. Die Gespräche mit Felicitas und Höttl wendeten sich ganz selbstverständlich stets aufs neue der Zeit zu, in der Ciano ein Konstrukteur der Achse gewesen war, und es blieb nicht aus, daß der Graf, seine ja tatsächlich enorm wichtige Rolle bei den deutschitalienischen Verhandlungen hervorkehrend, sich bei der Beschreibung von Einzelheiten auf seine damaligen Notizen stützte. Mit einem Wort: Des Grafen politische Tagebücher kamen zur Sprache.

Heute will Höttl der Initiator der Idee gewesen sein, den Cianos das Geschäft vorgeschlagen zu haben: die Tagebücher gegen Auslandspässe. Die schriftlichen und mündlichen Äußerungen des ehemaligen Geheimdienstmannes zu diesem Komplex sind indes in sich so widerspruchsvoll und in einigen Behauptungen schlechthin unvereinbar mit anderen absolut gesicherten Fakten, daß wir eher dazu neigen anzunehmen, der Vorschlag sei ursprünglich vom Grafen selbst vorsichtig in die abendlichen Unterhaltungen eingebracht worden.

Er hatte damit zunächst deshalb Erfolg, weil im Schoße des SD schon Mitte 1943 nicht mehr an den »Endsieg« geglaubt und über Kompromisse nachgedacht wurde. Ciano, vertraut mit den persönlichen Eifersüchteleien unter den Reichsministern und Parteibonzen, wußte, daß Ribbentrop unter ihnen mehr Feinde als Freunde hatte und daß insonderheit Höttls Chef Kaltenbrunner seit langem bemüht war, den Durchhaltefanatiker Ribbentrop mit allen Mitteln beim Führer anzuschwärzen. Höttl bestätigte, Ciano habe ihn überzeugen wollen, daß seine Tagebücher — kämen sie Hitler vor Augen — unfehlbar den Sturz des Außenministers zur Folge hätten.*

Derart also biederte sich Ciano bei Höttl an und verfügte zu dessen maßlosem Erstaunen auch über Kenntnisse von der ganz geheimen deutschen Mannschaft, genannt »Unternehmen Bernhard«. Aus Quellen, die auch Höttl nicht aufzudecken vermochte, hatte Ciano schon in Rom von dieser kriminellen Aktion der SS erfahren, die im Vergleich zu ihren sonstigen Handlungen harmloser Natur waren, dennoch ein bezeichnendes Licht auf ihre Moral wirft. Höttl nennt »Bernhard« die »größte Geldfälscheraktion aller Zeiten«[50].

Es besteht hier kein Anlaß, auf Entstehung und Entwicklung von »Bernhard« näher einzugehen; es genügt zu sagen, daß englische Pfundnoten in nicht genau bekannter Millionenhöhe im Reich mit solcher Perfektion hergestellt worden sind, daß sie später auch von der Bank von England nicht als Fälschungen identifiziert werden konnten. Die ursprüngliche Absicht, damit Englands Geldwirtschaft durcheinanderzubringen, ließ sich nicht verwirklichen; statt dessen wurden die Noten zur »Bezahlung« von SD-Aktionen benützt (auch für »Eiche«, d. h. zur Auffindung Mussolinis). Ein gewisser Friedrich Schwend war Schlüsselfigur für den Umtausch der Fälschungen und mit 33 1/3 Prozent am Umsatz beteiligt.

Davon hatte Ciano in seiner Außenministerzeit Wind bekommen. Jetzt, am Starnberger See, sagte er plötzlich zu Höttl: »Können Sie mir nicht Ihre Pfundvertretung für Südamerika geben?«

In den Augen des Agenten, der auf »Bernhard« noch heute stolz ist, wirkte dieser überraschende Vorschlag fast noch verführerischer als das Angebot, die Tagebücher auszuliefern.

Nun fühlte er sich in der Lage, seinem Chef Kaltenbrunner anzuvertrauen, was er in Oberallmannshausen mit Ciano ausheckte: »Kaltenbrunner beurteilte die Chance, Hitler dafür zu gewinnen [die Cianos ausfliegen zu lassen, Anm. d. Verf.], positiv.«[51]

---

*Nachdem die Tagebücher publiziert worden sind, kann man sagen, daß Ciano und der SD sich Illusionen hingegeben haben. Daß Ciano, den Hitler für einen verräterischen Gauner hält, Ribbentrop als borniertem Holzkopf beschreibt, hätte in der »Wolfsschanze« nicht den geringsten Eindruck gemacht. Auch Edda Cianos spätere Erpressungsversuche, unter Androhung der Veröffentlichung der Tagebücher, beruhen auf Überbewertung ihres Enthüllungscharakters.

Man beschließt, einen günstigen Augenblick abzuwarten, um dem Führer mit guten Argumenten (Schädigung Englands) das Einverständnis abzulisten, wobei auch Himmler, der Ribbentrop-Feind Nr. 1, mithelfen soll.

Obwohl Höttl Ciano schwören ließ, zu keinem Menschen über »das Geschäft« zu reden, weihte dieser seine streitbare Frau in alle Einzelheiten ein. Mit der besinnungslosen Energie, mit der Edda ihr eigenes Leben und das ihrer Familie gestaltet, wollte sie nun ihrerseits zur Realisierung der Flucht beitragen. Sie hatte Grund, sich noch in der Gunst des Führers zu glauben, und flog kurz entschlossen am 31. August ins Führerhauptquartier. Im Handkoffer führte sie die sechs Millionen Lire mit sich, die sie aus Italien mit dem Preziosenschatz herausgeschmuggelt hatte: das Betriebskapital der Familie für Südamerika. Davon redete sie in blinder Überschätzung ihrer Unwiderstehlichkeit am Teetisch Hitlers. Auch vom »Geschäft« und von den falschen Pfundnoten? Das denn doch nicht. Sie spielte vielmehr die angegriffene, erholungsbedürftige Mutter von drei kleinen Kindern, die das rauhe, oberbayrische Klima nicht länger ertrage. Es läßt sich nachweisen, daß sie mindestens mit zwei führenden Persönlichkeiten der Reichsspitze über die Ausreise verhandelt: mit Himmler und mit Hitler.

Ihr Brief vom 2. September 1943 an Himmler, der ihre Zusammenkunft mit ihm bezeugt, ist im Original italienisch geschrieben, wurde im Führerhauptquartier ins Deutsche übersetzt und mit den übergroßen Lettern der »Führer-Maschine« geschrieben; ein Beweis, daß er Hitler vorgelegt worden ist:

»Lieber Himmler!

Nach einer langen, aber glücklichen Reise im Flugzeug nach Hause zurückgekehrt, möchte ich Ihnen vor allem für die nunmehr unzähligen Aufmerksamkeiten, die Sie uns erwiesen haben, danken. In zweiter Linie möchte ich Ihnen sagen, daß ich viel über die Dinge, die Sie mir betreffend unserer Reise nach Spanien gesagt haben, nachgedacht habe. —

Sie sind sicherlich sehr richtig, aber nach aller Überlegung, wie ich Ihnen schon sagte, ziehe ich es vor, das politische Risiko der Iberischen Halbinsel in Kauf zu nehmen, als eine unaufhaltsame Verschlechterung meiner Gesundheit, die durch einen längeren Aufenthalt in einem kalten Klima sicherlich vernichtet würde. — Der Starnberger See ist schön und gefällt mir sehr, aber die Feuchtigkeit dieser Wälder ist für jemanden, der an die Sonne Capris gewöhnt ist, gefährlich. Außerdem ist es natürlich, daß ich nach all' den Schlägen, die ich in diesem letzten Monat habe ertragen müssen, mich nicht wohl befinde und mich in den gewohnten klimatischen Bedingungen kurieren möchte. Für die nächste Zukunft werden wir sehen. In einigen Tagen werden Sie *Galeazzo* sehen und können Sie mit ihm über dies und andere Dinge sprechen. Ich war sehr glücklich, Sie gestern zu sehen. Ich danke Ihnen nochmals und wünsche Ihnen, lieber Himmler, und Ihrer SS, der ich nunmehr angehöre, alles Glück.

Ihre Edda Ciano-Mussolini«

Worüber sie mit Hitler gesprochen hat, ist u. a. bei Höttl nachzulesen, authentischer noch bei Goebbels, der in einer langen Tagebucheintragung vom 23. September, die sich fast ausschließlich mit dem Problem Italien/Mussolini beschäftigt (an diesem Tag kehrt der »befreite« Duce bereits nach Italien zurück, um eine Regierung zu bilden), Eddas Besuch erwähnt, von dem ihm Hitler gerade berichtet hat. Wir werden auf den ganzen Text zurückkommen, geben hier nur die Zeilen wieder, die sich auf diesen Besuch beziehen. (Goebbels irrt sich hinsichtlich des Datums ihrer Reise).

»Edda war vor einigen Tagen [müßte heißen: vor einigen Wochen, Anm. d. Verf.] beim Führer. Sie hat sich von ihm nur erbeten, über Spanien nach Südamerika auswandern zu können, hat dabei die Devisenfragen zu regeln versucht; Ciano hat etwa 6 Millionen Lire* aus Italien mitgebracht, sie wollte sie in Peseten umtauschen und hat dabei dem Führer den Kursunterschied angeboten. [...] Taktlosigkeiten, die dem Führer schwer in die Nase gestiegen sind.«[52)]

Edda, die monatelang als Krankenschwester an der Ostfront tätig gewesen ist und dort erlebte, wie die Deutschen mit den Russen umgegangen sind, hat nicht begriffen, daß Völkermord eine Sache ist, Devisenspekulation eine ganz andere. Auschwitz ja, »Einsatzgruppen« ja — finanzielle Korruption nein: eine für Hitler und Himmler (vielleicht nicht für Typen wie Göring und Ley) gültige Formel seltsamer Moral. Auschwitz nein, Korruption ja: eine Formel für Eddas (und ihres Mannes) Vorstellungen von Recht und Unrecht, von dem, was man tun oder was man nicht tun darf.

Zurück in Oberallmannshausen, war sich Edda Ciano, wie ihr Brief an Himmler erkennen läßt, nicht darüber im klaren, daß sie im Führerhauptquartier verbrannte Erde zurückgelassen hatte, wohl aber darüber, daß sie mit einer höchsten Erlaubnis, das Reich in Richtung Spanien zu verlassen, nicht rechnen kann. Nach der Euphorie, in die es durch die

---

* Damals 600 000 RM, heutige Kaufkraft etwa gleich fünf Millionen DM.

Aussicht auf das »Geschäft« versetzt worden war, fing das Ehepaar jetzt an zu begreifen, daß es sich in deutscher Gefangenschaft befand, wenn auch nicht in einem deutschen Gefängnis. Höttl reiste ab, er hatte andere Aufgaben. Die Bewacher blieben, der Ton, in dem sie mit den Gästen der Reichsregierung verkehrten, verschärfte sich; sie waren allgegenwärtig. Wurden die Kinder zu Bett gebracht, war auch ein Uniformierter dabei. Johst merkte, daß der Wind aus Ostpreußen umgeschlagen hatte, und stellte die Spaziergänge ein — wenn auch nicht die Beobachtung der Gäste —, was der Graf noch am ehesten verschmerzen konnte. Gewiß, Felicitas ist ein kleiner Trost — einen vergleichbaren gab es für Edda nicht, was ihr schwer zu schaffen machte —, doch könnte keine Leidenschaft unter Bedingungen so recht zum Blühen kommen, die auch von Argwohn, penetranter Neugier und Neid der Dorfbewohner mitbestimmt wurden. Diese Itaker, denen auch im vierten Kriegsjahr nichts gut genug war, waren den Bayern verhaßt.

Die Cianos hatten eine der schönsten Landschaften Europas vor sich, nur leider eine ausgesprochen deutsche! Von Tag zu Tag fand Edda das deutsche Milieu unerträglicher und erklärte, lieber tot sein zu wollen, als so weiterzuleben. Sie bekam regelrechte Tobsuchtsanfälle und schlug Porzellan entzwei! Söhnchen Mowgli, 1940 geboren, nach Rudyard Kiplings Helden im *Dschungelbuch* mit diesem Kosenamen bedacht, des Vaters Liebling, terrorisierte die viel älteren Geschwister Fabrizio und Dindina, wurde nie zur Ordnung gerufen, hörte von seiner Mutter, alle Deutschen seien Schweine, und warf nicht mehr nur nach Dindina mit seinen Schuhen, sondern auch nach der deutschen Dienerschaft. Hausmädchen, Köchin und andere Zivilisten aus München wurden durch SS-Männer ersetzt, angeführt von einem Major Otto, dem Edda sadistische Neigungen nachsagte und der Mowglis Herausforderung annahm. Er quälte dessen Kätzchen und brachte es um.

Als Edda im Radio die Nachricht von der Befreiung Mussolinis hörte, fuhr sie nach München, um Näheres zu erfahren. Es ist der Morgen nach der Nacht, die ihr Vater vor seinem Flug zu Hitler im Prinz-Carl-Palais verbracht hatte. In verschiedenen historischen Darstellungen wird bezweifelt, daß Edda schon am 13. September mit ihrem Vater gesprochen hatte. Tatsächlich versäumte sie keine Stunde, um bei ihm ihren Kampf um den Mann und die Familie aufzunehmen, wie das folgende Dokument beweist:

» Geheim / Persönlich!
SS-Obergruppenführer u. General d. Polizei Dr. *Kaltenbrunner* —

[. . .] Als wir am Montag, den 13.9.43 vom Flughafen Riem kommend im Prinz-Karl-Palais München eintrafen, beauftragte mich SS-Ogruf. Frhr. v. *Eberstein* in Ihrem Beisein mit der Besorgung von Lebensmitteln, Getränken und Bedienung für unsere Gäste. Daraufhin fuhr ich sofort zum Hotel Vierjahreszeiten — Herrn Walterspiel — und veranlaßte das hier Notwendige. Als ich das Hotel verlassen wollte, wurde ich am Fernsprecher verlangt, wo sich meine Dienststelle mit folgenden Worten meldete: ›Frau Gräfin C. befindet sich mit SS-Stubaf. *Otto* hier in der Dienststelle und möchte ein Gespräch mit dem Herrn Gesandten *Dörnberg*, Führerhauptquartier, führen!‹

Da ich wußte, daß Ges. Dö. hier in München weilte, ließ ich das Gespräch sofort anmelden und setzte mich vom Hotel aus mit dem Prinz-Karl-Palais in Verbindung. Dort meldete sich SS-Ostubaf. Oberreg. Rat Dr. *Schäfer*. Ich unterrichtete ihn folgendermaßen: ›Auf meiner Dienststelle befindet sich Gräfin C. mit SS-Stubaf. Otto. Sie haben ein Gespräch nach dem Führerhauptquartier angemeldet und wollen den Gesandten Dörnberg sprechen. Klärung: Darf das geschehen?‹ Des weiteren bitte ich bei SS-Ogruf. Dr. Kaltenbrunner zu klären, ob man der Gräfin sagen darf, daß ihr Vater hier in München ist, und ob sie ihn besuchen kann.‹

Daraufhin Dr. Schäfer: ›Einen Augenblick, ich werde das gleich klären!‹ Als er zum Apparat zurückkam, erklärte er mir folgendes: ›Ja, Gräfin C. kann das mitgeteilt werden und kann sie herüberkommen!‹ Wann kommt die Gräfin?«

Daraufhin ich: ›Ich führe noch einige Telefonate, dann werde ich sie rüberbringen, es kann ca. 10 Minuten dauern!‹

Während ich telefonisch bemüht war, für SS-Stubaf. Skorzeny eine Uniform zu beschaffen, stellte die Gräfin die Frage, ob der Graf mitkommen könne.

Daraufhin führte ich sofort wieder ein Gespräch mit SS-Ostubaf. Dr. Schäfer, der mir nach kurzer Pause erklärte: ›Ich dachte, Sie würden jeden Augenblick hier vorfahren, wir erwarten Sie schon, aber der Graf soll *nicht kommen*!‹

Dies teilte ich der Gräfin mit, worauf sie in Begleitung von SS-Stubaf. *Otto*, Baronin von *Blank* und mir zum Prinz-Karl-Palais fuhr. [. . .]

Heil Hitler!

Gehorsamst   gez. Schnitzler/SS-Hauptsturmführer und Adjutant Reichsführer-SS.«

Bei diesem ersten Zusammentreffen, das der erschöpfte Vater schon nach einer halben Stunde abbrach, schlug Edda ein Treffen im Familienkreis vor. Bei ihm stieß sie auf eine gewisse Bereitwilligkeit, bei ihrer Mutter, die ihren Schwiegersohn verabscheute, auf Ablehnung.

Von all den Intrigen und krassen Fehlhandlungen ihrer Tochter wissen die Mussolinis nichts, als sie am 19. September 1943 am Starnberger See entlangfahren und Rachele sagt: Da drüben wohnen die Cianos.
Die Wagenkolonne der Mussolinis biegt nach fünfzig Kilometern in der Kreisstadt Weilheim von der Hauptstraße nach Osten ab, durchfährt die Dörfer Deutenhausen und Marnbach und erreicht auf einer Privatstraße, die durch Wald führt, das Ziel, Schloß Hirschberg.
Es gehört einer Familie desselben Namens, ist mit dem Geld der Frau des Erbauers, einer geborenen Faber-Castell, also mit Geld aus der bekannten Bleistiftfabrik, kurz vor dem Ersten Weltkrieg erbaut worden; ein Kasten ohne Charme und Stil, schön und einsam gelegen. Was völlig fehlt, sind Tradition und Würde — Mängel, die sich außer am Baustil auch an kuriosen Details ablesen lassen: In der stimmungslosen evangelischen Kirche zu Weilheim war eine der braunlackierten Holzbänke mit einer Kordel gegen das ordinäre Volk abgegrenzt und mit einem geblümten Sitzkissen ausgestattet; exklusiv und bequem konnten die Hirschbergs Gott danken, daß sie nicht sind wie die anderen. In ihrer eigenen Schloßkapelle gelang ihnen ein gewiß einzigartiger Kompromiß zwischen Glauben und Vernunft in einer stockkatholischen Gegend: einerseits ein Ewiges Licht in rotem Glas vor dem Altar, andererseits an der Tür ein Schild neben dem Drehknopf: »Schalter für das Ewige Licht«.
Das Schloß hat seltsame Gäste gesehen, seit die Familie keinen Wert mehr darauf legt, es zu bewohnen. Sie vermietete es in den zwanziger Jahren an den Bankier Kaiser Wilhelms II., Bleichröder, der seine exzessive Geliebte, die seinerzeit berühmte Filmschauspielerin Maria Orska, in diese Einsamkeit verbannte, um sie dem Filmen und überhaupt ihren diesbezüglichen Lebensgewohnheiten zu entfremden — was ihm nicht gelang. Und nun also werden hier die Mussolinis vor den Augen der Öffentlichkeit verborgen. Ihnen wird später ein anderer gestürzter, der Untreue verdächtigter Hitlerkomplize mit Familie folgen: der »Reichsverweser« von Ungarn, Admiral Horthy. Ein paar Wochen lang bewohnen die Angehörigen des Duce Hirschberg, er selbst bleibt nur sechs Tage. Herbst — schönste Jahreszeit in Oberbayern, wenn es nicht

regnet. Mussolini fühlt sich dennoch wie nach Sibirien verbannt. Erstaunlich, daß er, der als junger Mann jahrelang ein Vagabundenleben geführt hat, sich überhaupt nicht mehr in fremde Verhältnisse einfügen kann. Auch darin zeigt sich der Kleinbürger. Auf Hirschberg wird sein Unbehagen zusätzlich gesteigert, weil das Milieu so penetrant deutsch ist. Aus dem unterhalb des Schloßparks gelegenen Haarsee steigen in den Morgenstunden Nebel auf, die sich erst im Laufe des Vormittags auflösen.

Die Familie bewohnt das erste Stockwerk. Darüber haust ein SS-Kommando, das die Ehrenwache am Tor stellt, die Umgebung des Schlosses sowohl gegen Einbruch wie Ausbruch sichert und sich mangels anstrengenderer Beschäftigung über die Wein- und Spirituosenvorräte hermacht, die zusammen mit den Lebensmitteln aus München geliefert werden. Über dem mit ebenso teuren wie geschmacklosen Möbeln vollgestellten Schlafzimmer des Ehepaars randalieren die betrunkenen Bewacher die ganze Nacht. Rachele beschwert sich ohne nachhaltigen Erfolg. Hitler ruft zuweilen an, erkundigt sich nach dem Ergehen, läßt Blumensträuße in die Zimmer stellen. Was sich auf Schloß Hirschberg abspielt, was dort gesprochen, mit wem telefoniert wird, braucht er freilich nicht von Mussolini zu erfahren. Seine Anrufe sind reine Formsache. Wie die Cianos werden auch die Mussolinis telefonisch lückenlos überwacht.

Kasinoordonanzen, für repräsentative Aufgaben trainiert, wollen zeremonielle Tisch- und Bedienungssitten einführen; sie können nicht wissen, daß der große Duce auch in der Villa Torlonia die von Armut diktierte totale Formlosigkeit seiner Anfänge nicht durch die Konventionen der Reichen ersetzt hat. Er ißt ohnehin wenig; jetzt verschwindet er meist schon nach der Suppe, angewidert sowohl von der deutschen Küche wie von den militanten Sitten der als Diener verkleideten SS-Männer. Donna Rachele kann sich ihre Namen nicht merken und nennt alle »Pippo«. Damit statt der Enten mit Äpfeln und der Gänse mit Kartoffelknödeln und Blaukraut Speisen auf den Tisch kommen, die auch von ihrem Mann für eßbar gehalten werden, stellt sie sich vom dritten Tag an selbst in die Küche.

Im blauen Anzug wurde Mussolini befreit. Im blauen Anzug bewegte er sich im Führerhauptquartier zwischen dem Gewimmel von Generalsuniformen. Den blauen Anzug trägt er noch auf Hirschberg. Im Freien verdeckt er seine Augen mit einer riesengroßen, fast schwarzen Sonnenbrille. Man könnte ihn für einen pensionierten Bankdirektor halten. Im scharfen Licht der Herbstsonne werden im Park überbelichtete Familienfotos geknipst, Anna Maria und Romano zwischen den Eltern, ein ländliches Idyll.

Für Hirschberg ist ihm noch ein A-Telefon genehmigt worden, das ihn »mit allen Leitungen des Reiches, der besetzten und verbündeten Länder verband. Über dieses Telefon hatten ihm meine Kollegen, die er, auf deutschen Rat, angerufen hatte, geantwortet, daß sie nichts mehr von ihm wissen wollen.«[53]

Anfuso, Cianos ehemaliger Kabinettschef, einer der Faschisten, die sich am Treuekomplex ihres Herrn infiziert haben, residiert noch als Botschafter in Budapest, als er plötzlich Mussolinis Stimme am Telefon vernimmt. Der Duce hört ihn sagen: Mit Ihnen bis in den Tod! Mussolini läßt ihn mit einer deutschen Militärmaschine von Budapest nach München holen. Erst dort erfährt der Botschafter, daß er dem Duce, den er in Rastenburg vermutet hat, schon ganz nahe ist. Mit einem Taxi fährt er nach Weilheim und fragt sich von dort aus nach Schloß Hirschberg durch. Sein erster Eindruck vom großen Cäsar ist bedrückend: »Als ich vor ihm stand, erschien er mir so sehr ›ex‹, waren die Spuren seines bösen Schicksals seinem Antlitz so aufgeprägt, daß ich gar nicht sofort zwei Veränderungen bemerkte, die seinen Abstieg vom Demiurgen noch deutlicher enthüllten: er schüttelte mir lange die Hand und bot mir einen Stuhl an.«

Wer immer nach Hirschberg kommt, stellt fest, daß aus dem Gott im Palazzo Venezia ein Mann geworden ist, der sich zwar nach wie vor jeder Art von Zudringlichkeit und Kameraderie erwehrt, mit dem man aber jetzt unter Respektierung seines Gefühls für Würde reden kann wie mit jedem anderen Menschen.

In der Gefangenschaft hat er die Zeitungen nicht vermißt, von denen er früher täglich ein Dutzend las. Jetzt kehrt er zu dieser Gewohnheit zurück. Er läßt sich die wichtigsten italienischen Blätter vom Monat August beschaffen, informiert sich nachträglich über jene Zeit, die in seiner politischen Biographie ausgefallen ist. Danach wäre er vermutlich bereit, einem Urteil Goebbels' über die Italiener zuzustimmen, falls er es kennen würde: Sie »haben das schimpflichste politische Los erwählt, das es überhaupt in der Geschichte gibt. Sie haben ihr Gesicht verloren. Zweimal im Verlauf eines Vierteljahrhunderts kann man schließlich nicht sein Wort brechen, ohne für alle Zukunft in seiner politischen Ehre mit Schmach und Schande bedeckt zu sein.«[54]

Zu den Cianos fährt er nicht mit dem Wagen — obwohl er von Hirschberg bis Oberallmannshausen höchstens eine halbe Stunde brauchte. Sie kommen nach Hirschberg. Edda erzwingt ein Versöhnungsessen, das am zweiten von Mussolinis Hirschberger Tagen stattfindet, an dem Rachele aber noch nicht als Köchin wirkt. Es werden deutsche Speisen aufgetragen, die zu der depressiven Stimmung beitragen, in der sich die Familie befindet. Rachele ist nicht zu bewegen, Hausfrauenpflichten zu übernehmen; stumm und verbissen sitzt sie am Tisch und läßt Ciano spüren, daß sie ihn für den Urheber allen Unglücks hält. Edda springt für die Mutter ein und spielt die Gastgeberin.

In einem seiner ziemlich oberflächlichen Erinnerungsbücher verlegt Vittorio Mussolini das Familientreffen ins Prinz-Carl-Palais. Dort kann es nicht stattgefunden haben; im übrigen aber vermittelt er doch einen lebendigen Eindruck der dabei herrschenden Stimmung: »Mein Vater setzte sich auf einen kleinen Sessel, der an der Stirnseite des Tisches stand. Er trug einen dunklen Zivilanzug, den Knoten seiner Krawatte hatte er offenbar in Eile und ohne Sorgfalt gebunden. Die Lichtstrahlen, die durch das hinter ihm liegende Fenster einfielen, blendeten mich, doch ich bemerkte, daß seine Gesichtszüge durch Schmerz und Mühen verändert waren. Er war abgemagert, leidend, nur der Blick seiner Augen, tief und gebieterisch, strahlte noch etwas von seiner alten Kraft aus [...] Ich erinnere mich, daß die Blicke meiner Mutter und Eddas sich ab und zu kreuzten [...] Beide schwiegen und sprachen über unwichtige Dinge, denn in Gegenwart meines Vaters hatte niemand den Mut zu polemisieren; aber die Folgen des 25. Juli konnten die beiden Frauen nur noch weiter voneinander entfernt haben [...] Meine Mutter blieb dann allein im großen Speisezimmer zurück. Niemals werde ich ihren Gesichtsausdruck vergessen. Ihre Augen starrten ins Nichts, in die Ferne, tränenlos.«[55]

Nach dem Essen kommt es zu einer langen Aussprache zwischen Schwiegersohn und Schwiegervater. Cianos Biograph[56] meint, es sei dem Grafen gelungen, Mussolini davon zu überzeugen, daß es keineswegs seine Absicht gewesen sei, ihn zu entmachten. Ihm sei es lediglich darum gegangen, einen Teil der allzu großen Verantwortung für die Kriegführung auf die Schultern des Königs zu verlagern. Mussolini ist nur allzu bereit, auf dieser Brücke den Abgrund zu überschreiten, vor den ihn Hitler mit seiner Forderung nach Rache gestellt hat. Ciano, der so viele Jahre lang im Duce den allwissenden, immer richtig handelnden Chef gesehen hat, erliegt in dieser Stunde der Verblendung, Mussolini werde wieder imstande sein zu schützen, wen er schützen will. Vertrauen stellt sich wieder so weit her, daß Ciano vorschlagen kann, ihn als

Flieger in die Luftwaffe des neu aufzubauenden Staates einzugliedern. Beim Abschied am Fuß der Freitreppe, die an einem bronzenen Hirsch vorbei zum Schloßeingang hinaufführt, hat Edda den Eindruck, daß das Gespräch beide entspannt und freundschaftlich gestimmt habe.

An dieser Stelle sei nun auf die Eintragung eingegangen, mit der Goebbels am 23. September nach einem langen Gespräch mit Hitler unter vier Augen viele Seiten seines Tagebuchs mit dem Thema »Italien« füllt. Das relativ späte Datum erklärt sich daraus, daß der Propagandaminister seit 14 Tagen nicht mehr in Rastenburg war. Goebbels schreibt: »Der Führer ist entschlossen, die italienischen Städte gänzlich von Luftverteidigung zu entblößen. Die Italiener haben nichts anderes verdient, als daß man sie ihrem militärischen Schicksal überläßt [...] Seine Tochter Edda und über diese sein Schwiegersohn Ciano [üben] einen unheilvollen Einfluß auf ihn [Mussolini] aus. Ich erfahre aus dem Munde des Führers zum erstenmal, daß Edda Mussolini nicht die Tochter seiner Frau Rachele ist [...] Er glaubt vermuten zu müssen, daß sie aus einer Verbindung des Duce mit einer russischen Jüdin stammt. Das würde alles erklären [...] Ciano ist beim Duce wieder mitten in der neu beginnenden faschistisch-republikanischen Partei [...] Sein eigener Schwiegersohn hätte zuerst daran glauben müssen [...] Ein Strafgericht an den faschistischen Verrätern ist [...] die Voraussetzung eines Wiederaufbaues des Faschismus [...] Der Führer ist über die Haltung des Duce außerordentlich enttäuscht. Ich bin darüber mehr als beglückt [...] Italien hat als Volk und Nation abgedankt [...]

Wenn der Duce sich nach so üblen Erfahrungen wiederum in die Hände seiner Tochter Edda begibt, die in Wirklichkeit ein ganz gemeines und niederträchtiges Weib ist, dann ist ihm politisch nicht zu helfen. Er wird dann niemals mehr ein großes Comeback erleben. Auch daß Edda Mussolini so hemmungslos ihrem Triebleben nachgibt, würde darauf hindeuten, daß die These des Führers, sie sei Halbjüdin, richtig ist.«[57]

Kaum ein Monat ist vergangen, seitdem Hitler die Befreiung Edda Cianos und ihrer Kinder — nicht ihres Mannes! — für unbedingt erforderlich gehalten hat, »um das Blut Mussolinis für die Zukunft zu retten«. Jetzt ist dieses Blut zur Hälfte jüdisch! Das ist nicht eine Erfindung Goebbels', der von allen Ministern am wenigsten etwas von einem Duce in Italien wissen will. Hitler selbst greift plötzlich ein uraltes Gerücht auf und verleiht ihm damit absolute Autorität. Ebenso ist Goebbels mit den Verleumdungen und Beschimpfungen der Italiener wie immer nur der Bauchredner seines Führers.

Was hat dessen Sinneswandel bewirkt? Eddas zwar in der Tat geschmacklose, aber doch eigentlich nur lächerliche Zumutung, daß er, Hitler, sich an einer Devisenspekulation bereichern solle? Ihre Bitte, man möge sie mit ihrer Familie zur Erholung in das sonnige Spanien reisen lassen? Gewiß, beides hat dazu beigetragen, daß Mussolinis Tochter Hitlers bis dahin oft bezeugte, besondere Gunst verloren hat; aber von da bis zu dem »gemeinen und niederträchtigen Weib, das hemmungslos seinem Triebleben nachgeht« und als Tochter einer russischen Jüdin das Licht der Welt erblickt hat, ist ein weiter Weg. Hitler hat ihn mit einem Sprung hinter sich gebracht; Goebbels' einschlägige Aufzeichnungen geben einen Hinweis, was ihn veranlaßt und befähigt hat, diesen Sprung zu tun. Hitlers geifernde Reaktion auf Mussolinis Entmachtung hat nur in seiner Reaktion auf den Attentatsversuch vom 20. Juli 1944 eine Parallele. Im einen wie im anderen Fall ist an der Schrillheit seiner Wutausbrüche zu erkennen, daß er sich im Zentrum seiner Weltvorstellung getroffen gefühlt hat.

Daß ein Anschlag auf seine Person diese Wirkung hat, ist weiter nicht verwunderlich, ist doch der Führer-Staat auf dem moralischen Gesetz errichtet, Ehre und Treue seien identische Begriffe.

Was Mussolini ihm damit antut, daß er so offensichtlich nicht mehr der letzte Römer, die größte Gestalt des Jahrhunderts ist, liegt so klar nicht auf der Hand; die naheliegende Vermutung, er habe in dem Italiener sein zweites Ich gesehen, läßt außer acht, daß Hitlers Sendungsbewußtsein die Anerkennung eines anderen, der ihm gleichwertig sei, ausschloß. Es liegt anders: Hitler hat bereits in seiner Münchner Zeit eine eher ideologische als politische Lebensrechnung aufgemacht, in der er dem Duce und dem Faschismus einen weit überhöhten Wert zugemessen hat. Müßte er anerkennen, daß er sich darin geirrt hat, dann hätte seine ganze Rechnung nicht gestimmt; dann hätte es die Front der »jungen Völker« gegen die morbiden Demokratien in Wirklichkeit nie gegeben, deren Existenz zu behaupten und zu propagieren eines der Kernstücke des nationalsozialistischen Rassismus ist. Und wenn die Theorie von ihrer biologisch begründeten Überlegenheit ins Wanken kommt, dann zerbricht auch das Fundament, auf dem Hitlers Vision von einer leeren Welt ruht, die herzustellen er mit dem darin gleichgestimmten Volk aufgebrochen ist.

Es darf nicht sein, daß Mussolinis Macht und die seines Regimes durch sein eigenes Verschulden zusammengebrochen sind. Es muß Schuldige geben, um an Wahnideen festhalten zu können, auf denen das eigene

Lebenswerk beruht. Oder anders gesegt: Für Hitlers genialste Fähigkeit, die zum Hassen, muß es andere Adressen geben als den Palazzo Venezia: Ciano, Edda, den König, Badoglio, den Adel, den Vatikan ... Die Liste derer, die sich anbieten, um gehaßt zu werden, ist lang. Je länger, desto leichter ist Mussolini auszusparen. Würde Hitler seinem Instinkt und seinen Ratgebern (mit Goebbels an der Spitze) folgen und alle Italiener, den Duce eingeschlossen, für verräterische Schwächlinge halten, so müßte er einen Bankrott eingestehen, aus dem er sich selbst nicht mehr hinausstehlen könnte, wie er es im April 1945 tun wird, wenn er sagt, die Deutschen seien eben seiner nicht wert gewesen, und deshalb würden sie geschlagen. Da er sich noch nicht endgültig geschlagen wähnt, braucht er eine derart radikale Konsequenz bezüglich der Italiener nicht zu ziehen. Zwischen sich und die Wirklichkeit kann er noch eine quasipolitische Machination stellen: Mit der Wiedereinsetzung des Duce und mit der Erfindung eines neofaschistischen »Staates«, der von Dörfern aus verwaltet werden wird, hat er seinen Haß kanalisiert.

Die weitverbreitete Ansicht, für die Geburt der neofaschistischen Republik seien rationale Überlegungen maßgebend gewesen (z. B. sie sei gegründet worden, um eigene Kräfte zu sparen oder umgekehrt, um den Italienern »das Schlimmste« – was, bitte? – zu »ersparen«), gehört in jene Analysen Hitlerscher Herrschaftsausübung, die davon ausgehen, hier sei eine rational planende Führung und ein rational handelndes Volk am Werke gewesen. (Wer das Dritte Reich mit dieser Brille betrachtet, müßte logischerweise auch in der Lage sein, für die »Endlösung« eine rationale Erklärung zu finden, die ja nicht ein bedauerlicher Ausrutscher gewesen ist, sondern der Drehpunkt politischen Handelns.)

Für die Kriegführung in Italien ist die Erfindung eines Duce-Staates keine Hilfe – im Gegenteil, sie verursacht nur Scherereien und hat den Bürgerkrieg angeheizt. Wenn Mussolini jetzt in sein Land zurückkehrt, das nicht mehr das seine ist, und einen Regierungsapparat aufbaut, der nicht mehr der seine ist, dann wird er dadurch nicht zur Handpuppe des Politikers und Kriegsherrn namens Adolf Hitler, der sie benötigt, um die eigenen Siegesaussichten, soweit noch möglich, zu verbessern, nein, Mussolini dient dem Endsiegvisionär in einer therapeutischen Funktion. Er hilft mit, daß Hitler erst in dem Augenblick mit sich Schluß machen muß, in dem der Selbstmord durch sowjetische Soldaten vor dem Bunkereingang erzwungen wird, nicht aber die zwingende Konsequenz von Selbsterkenntnis ist, die Hitler viel mehr zu fürchten gehabt hätte (und gefürchtet hat!) als den Tod.

600 000 — verschleppt, geschunden

Die in Hirschberg nachgeholte Lektüre der italienischen Zeitungen aus der Ära Badoglio hat Mussolini kein vollständiges Bild von seinem Land vermitteln können, in das er jetzt zurückkehrt. Er überblickt noch nicht das ganze Bündel von einschneidenden Maßnahmen, mit denen die Deutschen sich künftig als Besatzungsmacht zu unumschränkten Herren Italiens machen werden — soweit es nicht von den Alliierten erobert ist. Nur vom Hörensagen hat er erfahren, daß seine Armee, die eigentlich immer die Armee des Königs gewesen ist, sich zum größten Teil nicht mehr auf italienischem Boden befindet; und er weiß noch nichts davon, daß sie in fernen, auf polnischem Gebiet errichteten Lagern hinter Stacheldraht unter erbärmlichen Verhältnissen dahinvegetiert. Das Schicksal dieser 600 000 Männer wird er, als er davon erfährt, bis April 1945, bis alles zu Ende ist, nie aus den Augen verlieren. Beschwerden, Klagen und Bitten, das Los dieser Unglücklichen zu erleichtern, wird ein Teil dessen sein, was man beschönigend seine Regierungstätigkeit nennen könnte.

Wir sehen uns an dieser Stelle veranlaßt, aus der bisher im großen und ganzen eingehaltenen chronologischen Folgerichtigkeit unseres Berichts herauszuspringen und das Schicksal der italienischen Armee vom Tage des »Verrats« an bis zum Kriegsende in einem Zuge zu beschreiben. Es wäre verwirrend, vom Gardasee aus jeweils einen Blick auf die fernen Lager zu werfen. (»Lager« ist ein italienisches Lehnwort geworden.)

Schon am 19. September 1943 kann Rommel, hauptverantwortlich für die Durchführung des Abtransports der italienischen Divisionen, den »Abschlußbericht der Entwaffnungsaktionen in Norditalien« vorlegen und darin auch ganz klar den Grund benennen, warum die Sache so erfolgreich abgelaufen ist: »1) Verlauf der Aktionen: Die mit der Kapitulation schlagartig einsetzenden eigenen Maßnahmen erzielten in den ersten 24 Stunden den entscheidenden Erfolg dadurch, daß sie durch scharfes Zupacken eine einheitliche organisierte italienische Führung [. . .] vereitelten. [. . .] 2) Ergebnis: Im Bereich der Heeresgruppe B wurden entwaffnet: 82 Generale, 13 000 Offiziere, 402 600 Offz. und Mannschaften. An wesentlichem Kriegsmaterial wurde sichergestellt: Geschütze versch. Kalibers 1138, Gewehre 386 900 [. . .] Pferde und Maultiere 4053, Kriegsschiffe 35, Handelstonnage 385 600 BRT (fahrbereit).«

Auf dem Balkan, wo die Italiener sich auf fremdem Boden befinden und deshalb von der Vorstellung unbelastet sind, ihr Widerstand könnte die Wohnstätten ihrer Landsleute zerstören, vollziehen sich Entwaffnung und Gefangennahme weniger glatt als im Mutterland. Auf Rhodos, Leros, Kreta, Kephalonia, Korfu und auf einigen kleineren griechischen Inseln sind Anfang September 1943 80 000 italienische Soldaten stationiert. Sie werden zum Teil in örtlichen Gefechten überwältigt, gefangengesetzt oder erschossen. Am 23. September 1943 wird die Besatzung von Kephalonia »vernichtet: 4000 Mann, die mit der Waffe in der Hand gefangengenommen worden sind, werden erschossen. 5000 Mann, die gerade noch übergelaufen waren, von Hitler ›begnadigt‹.«[58]

»Nach der am 9. 9. erfolgten Regelung sind die entwaffneten Italiener bisher als Kriegsgefangene betrachtet worden. [. . .] Wer nicht für uns ist, ist gegen uns, wird demgemäß Kriegsgefangener. [Eben nicht, sondern ›Militärinternierter‹, Anm. d. Verf.] Dementsprechend sind drei Gruppen ital. Soldaten (einschließlich Miliz) zu unterscheiden:

1. bündnistreue [. . .]

2. ital. Soldaten, die nicht weiter mitmachen wollen,

3. ital. Soldaten, die Widerstand leisten oder mit dem Feind oder Banden paktiert haben. [. . .]

Ital. Soldaten der dritten Gruppe: Offiziere sind zu erschießen, Offz. und Mannschaften nach dem Osten zum Arbeitseinsatz zu bringen. Den noch Widerstand leistenden Truppen ist ein Ultimatum zu stellen.«[59]

Für die Gefangenen in Griechenland werden am Ort provisorische Lager errichtet, von denen aus sie erst nach Wochen, in einigen Fällen erst nach Monaten auf Schiffe verladen werden. Die griechische Bevölkerung empfindet für ihre ehemaligen Feinde, die jetzt, vom deutschen Feind als Feinde behandelt, hinter Stacheldrahtzäunen hungern, Mitleid. Die Griechen werfen ihnen nachts von dem erbärmlich wenigen, was sie selbst haben, Brot, Feigen und Trauben über die Absperrung.

Da die Gefangenen bei ihrer Einlieferung in die Lager nicht registriert worden sind, läßt sich nur annähernd schätzen, was mit diesen 80 000 Soldaten geschehen ist. Sicher ist nur, daß die Hälfte irgendwann während des Kriegs oder unmittelbar danach wieder nach Hause zurückgekehrt ist. Von der anderen Hälfte, also 40 000 Mann, dürften über 20 000 in den kurzen Kampfhandlungen vor und durch Exekutionen während der Gefangenschaft in ganz Griechenland umgekommen sein. So bleiben 20 000, von denen jede Spur fehlt, wenn auch nicht jeder Hinweis darauf, wo sie geblieben sind — nämlich auf dem Meeresgrund.

Es liegen Angaben darüber vor, wieviel Mann an Bord der einzelnen Schiffe gebracht worden sind, um eine Reise anzutreten, die in deutschen Lagern enden sollte, dort aber nicht geendet hat: Auf der »Donizetti« befanden sich 1800, auf der »Orion« über 4000, auf der »Sinfra« 5000 und auf der »Petrella«, die erst am 8. Februar 1944 ausläuft, 6500. Von diesen rund 17 000 Soldaten, auf den Schiffen unter Deck zusammengepfercht, haben nur wenige überlebt.

Warum so wenige, zeigen die Vorgänge beim Untergang der »Petrella«: »In den frühen Morgenstunden des 8. Februar 1944 lichtete die ›Petrella‹ mit 6500 italienischen Gefangenen an Bord in Suda den Anker und nahm Kurs auf Piräus. Nach etwa 2 Stunden Fahrt wurde das Schiff zwischen 8 und 8.30 Uhr von einer heftigen Explosion erschüttert. In der Mitte brach ein Teil der Bordwand auf, ohne daß das Schiff versank. Panik ergriff die Gefangenen. Sie bemühten sich, das Oberdeck zu erklimmen in der Hoffnung auf Rettung [. . .] Den Soldaten, die auf den Leitern heraufkletterten und sich an den Kanten der Ladeluken festklammern wollten, wurden mit harten Schlägen die Finger gebrochen. [. . .] Weil aber allein dadurch nicht verhindert werden konnte, daß die Gefangenen doch das Deck erreichten, warfen die Schiffsoffiziere Handgranaten in die Laderäume, in der sich noch Tausende von Soldaten befanden.

Die Vernichtungskampagne dauerte so lange, bis die Schnellboote, die die ›Petrella‹ begleitet hatten, das gesamte deutsche Personal in Sicherheit gebracht hatten. Erst danach konnten die Überlebenden an Deck klettern und ins Wasser springen, doch dort wurden sie von den hin und her flitzenden Motorbooten aus mit Maschinengewehren beschossen. Nach dreistündigem Kampf, genau um 11 Uhr, explodierten auf der ›Petrella‹ die Heizkessel, und das Schiff zerbarst in zwei Teile. [. . .] Erst jetzt zogen sich die deutschen Boote zurück aus Angst, vom Sog des sinkenden Schiffes erfaßt zu werden, der jetzt noch viele der schwimmenden Gefangenen verschlang.

Ein paar griechische Motorsegler näherten sich der Unglücksstelle, und es gelang, ein paar hundert Ertrinkende zu retten, die meisten waren verletzt.«[60]

Als die »Petrella« dieses Ende findet, liegt die Kapitulation auf den Tag genau fünf Monate zurück; mit einem spontanen Wutausbruch angesichts des »Verrats« läßt sich das Verhalten der deutschen Bewacher und der Schiffsmannschaft ebensowenig erklären, wie es auf einen ausdrücklichen Befehl Hitlers zurückzuführen ist. Für jene Erschießungen, denen unmittelbar nach der Kapitulation entwaffnete, wehrlose Italiener zum

Opfer fallen, wird die Verantwortung in italienischen Publikationen dem Reichsleiter Martin Bormann angelastet, und wer seine Abhängigkeit vom Führer kennt, wird nicht davon ausgehen, daß er ohne dessen Wissen eine solche Anordnung erlassen habe. Doch kein Bormann hat befohlen, was u. a. auf der »Petrella« geschehen ist. Es sind einzelne, ganz gewöhnliche Deutsche in unteren Positionen, nicht besonders ausgesucht nach verbrecherischen Instinkten, bar jeden persönlichen Motivs, die eingeschlossene italienische Soldaten mit Handgranaten auf einem sinkenden Schiff umbringen.

Auf allen Feldzügen der großdeutschen Wehrmacht — wie in allen Armeen der Welt —, in allen Besatzungsgebieten hat es gegeben, was man beschönigend »Übergriffe« genannt hat, wogegen die Vorgesetzten, sofern sie davon erfuhren, eingeschritten sind. Mord an wehrlosen Gefangenen, die bis zum Augenblick ihrer Gefangennahme Kameraden an derselben Front gewesen sind, läßt sich kaum als »Übergriff« bezeichnen.

Auch läßt sich, was hier geschehen ist, nicht mit den Verbrechen von SS und anderen Spezialverbänden in der Sowjetunion vergleichen. Wir beschreiben hier die ungewöhnlichen Verbrechen gewöhnlicher Soldaten, Verbrechen einzelner und einzelner Gruppen, die sich auf italienischem Boden häuften und denen auch wehrlose Italiener in deutschen Lagern außerhalb Italiens zum Opfer fielen.

Was entfachte ab Herbst 1943 den unbändigen Haß auf die Italiener? Unterbewußte Rachsucht gegen ein Volk, von dem bereits zu erkennen war, daß es aus dem Krieg nicht derart beschmutzt und besudelt auftauchen würde wie die eigene Nation? Gegen ein Volk, das nicht gewillt war, den verbrecherischen Krieg länger mitzumachen, und deshalb als »Verräter« beschimpft wurde, ganz so wie die Mafia denjenigen »Verräter« nennt, verfolgt und tötet, der aus dem kollektiven Verbrechen aussteigen will? Was wurde wirksam — Verachtung oder Neid?

Wo sich Italiener auf dem Balkan in Gebieten aufhalten, die von deutschen Truppen im September 1943 noch nicht besetzt sind, Exekutionen sich also nicht durchführen lassen, wird die Rache mit Flugzeugen vollzogen. Auf dem Berg Marian am Stadtrand von Split, von dem aus die weite Hafenbucht beherrscht werden konnte, liegt ein italienischer Stützpunkt, der am 19. September um 11 Uhr vormittags von elf Sturzkampfbombern angegriffen wird. Neben mehr als hundert Toten birgt der städtische Sanitätsdienst mehrere hundert Verwundete, die auf die Krankenhäuser verteilt werden. Nach einem lokalen Erfolg gegen Tito-

Partisanen stoßen die Deutschen am 27. September bis Split vor. Sie massakrieren ärztliches Personal, das sich dem Abtransport Schwerverwundeter widersetzen will. Was aus diesen geworden ist, weiß niemand. Hingegen ist genau bekannt, was mit den gehfähigen Offizieren und Soldaten aus dem Gebiet um Split geschehen ist: Sie werden von motorisierten SS-Bewachern in Vierzig-Kilometer-Tage-Märschen, ohne Nahrung, ohne Wasser, bis an die ungarische Grenze getrieben. Wer dabei schlappmacht, wird unterwegs erschossen. Diesmal sind es Jugoslawen, die sich als Samariter nachts mit Wasser und Brot an den Elendszug heranschleichen.

Nicht alle Italiener werden 1943 aus Jugoslawien fortgeschafft. Das Lager Bor bei Nisch teilen 5000 Italiener mit 10 000 ungarischen Juden, 3000 jugoslawischen Widerstandskämpfern, die meisten aus Titos Partisaneneinheiten, und mit 2000 Griechen und Angehörigen anderer Nationen. Sie arbeiten in einem Kupferbergwerk. (Im Oktober 1944 werden die noch lebenden 3000 Italiener aus Bor nach Flossenbürck evakuiert.*)

1944 gibt es auf dem Reichsgebiet, im ehemaligen Polen und in anderen besetzten Ländern etwa 650 Vernichtungs-, Konzentrations- und Gefangenenlager. (Die zahlreichen Filialen der Stammlager sind nicht mitgezählt.) Nach den rassistischen Maßstäben ihrer Herren bilden deren Insassen eine negative Hierarchie, auf deren tiefster Stufe die

---

* Hier einige Angaben zu den Menschenverlusten Italiens *nach* der Kapitulation (d. h. unter Ausschluß der eigentlichen Kriegsopfer). Folgende Gruppen lassen sich unterscheiden: a) die Gefallenen bzw. Erschossenen in Zusammenhang mit der Aktion »Achse« in den Tagen nach der Kapitulation; b) die Gefallenen, Getöteten, Ertrunkenen außerhalb regulärer Lager (hierzu gehören also die Toten der Schiffstransporte, von Split usw.); c) die Gefallenen bzw. als Geiseln Erschossenen in den Kämpfen der Resistenza; d) die Gefallenen der auf seiten der Alliierten mitkämpfenden italienischen Verbände; e) die ermordeten Juden, Freimaurer, Kommunisten, streikenden Arbeiter usw.
Diese alle sind nicht mitgezählt, wenn von jenen Toten gesprochen wird, die in den Lagern selbst gestorben sind, infolge der ihnen dort zugemuteten Lebens- bzw. Arbeitsbedingungen, oder weil sie wegen Ungehorsams, Fluchtvorbereitung, Fluchtversuch erschossen wurden. Deren Zahl liegt zwischen 50 000 und 60 000. Eine genauere Angabe ist nicht möglich, da es keine alle Lager umfassende Statistik gibt. Die italienische Zeitgeschichtsschreibung geht von 22 000 Offizieren, 16 000 Unteroffizieren und Feldwebeln, 550 000 Soldaten aus, die in deutsche Lager verschleppt worden sind. In einem Bericht des Wehrmachtführungsstabs vom 7. November 1943 werden 547 531 Armeeangehörige genannt, von denen 24 744 Offiziere gewesen seien.

Juden rangieren. Ihnen folgen unmittelbar die sowjetischen Kriegsgefangenen — insgesamt 5,3 Millionen, von denen nur eine Million das
Kriegsende erlebt, nicht gezählt die Überläufer zur Wlassow-Armee. Im
Turm des Elends und der Vernichtung wohnen die italienischen Soldaten dicht über den sowjetischen Gefangenen im dritten Stock. Erst in
weitem Abstand folgen die Kriegsgefangenen der anderen Feindnatio-
nen unter Bedingungen, die sie wenigstens zu der Hoffnung berechti-
gen, die Heimat irgendwann wiederzusehen.

Aufgrund dieser Klassifizierung seitens der Herrenrasse entsteht in allen
Lagern, in denen Angehörige mehrerer Nationen eingeschlossen sind,
eine »Elendsskala«, an deren unterem Ende die Italiener vegetieren,
wenn keine Juden oder Russen im Lager sind. Die verschleppten Armeen
werden auf ungefähr achtzig Lager verteilt, meist getrennt nach Mannschaften und Offizieren. (Die letzteren werden nahezu ausschließlich in
Lager auf ehemals polnischem Staatsgebiet gebracht.)

Bisher haben wir die italienischen Gefangenen »Gefangene« genannt —
nichts anderes sind sie gewesen —, es wird ihnen jedoch die Bezeichnung
»Militärinternierte« angehängt. Damit wird ihnen der Status von Kriegsgefangenen aberkannt, die Schutzvorschriften der Genfer Konvention
finden auf sie keine Anwendung. Sie sind eine rechtlose Masse von Männern, die bis zur Stunde ihrer Gefangenschaft und des Abtransports jene
Versorgung genossen haben, wie sie Soldaten normalerweise zuteil
wird, angefangen von der Bekleidung über die Ernährung bis zur Bezahlung. Unter Zurücklassung der Waffen und ohne Privateigentum, ohne
Geld, ohne Verständigungsmöglichkeit mit ihren Bewachern finden sie
sich plötzlich in einer fremden Umgebung wieder, hinter Stacheldraht,
abgeschnitten selbst von den dünnen Informationssträngen, mit denen
sie vorher wenigstens noch mit ihrem Land, ihrer Heimat, ihren Familien
verbunden gewesen sind. Die Macht, die sie in Gewahrsam genommen
hat, weiß mit dieser Masse zunächst nichts anderes anzufangen, als sie
aufzuteilen und zu isolieren. Haben sie im politischen Sinn noch eine
Heimat? Der Staat, der sie zu Soldaten gemacht hat, der Faschismus,
dem sie dienten, existieren nicht mehr. »Sie [die italienischen Soldaten]
hatten auf einmal jegliche Diziplin verloren, die ja schon vorher durch
den Gang der Entwicklung stark gelockert war. Jetzt waren sie plötzlich
ohne formale — noch materielle — Unterstützung von seiten ihres Landes oder von seiten verbündeter Mächte, ja nicht einmal bei ihren eigenen vorgesetzten Offizieren konnten sie Rückhalt finden.

Es war so, als existiere hinter ihnen kein Vaterland mehr; von den Deutschen wurden sie so behandelt, als gehörten sie de jure und de facto zur Repubblica Sociale Italiana, was dazu führte, daß sie — als Verräter — jeglichem skrupellosen propagandistischen und materiellem Druck ausgesetzt waren. Was ihre notwendige Orientierung betraf, so waren sie einzig und allein auf ihre moralische Kraft und ihr Gewissen angewiesen.«[61]

Als erste greift die SS in diese Substanz ausgebildeter Soldaten, noch bevor sie in den Lagern verschwinden. Himmlers Absicht ist es, aus zuverlässigen Faschisten italienische SS-Formationen aufzubauen. Ein paar tausend Männer werden herausgezogen, viele davon später wieder abgestoßen.

Die Bemühungen des neofaschistischen Regimes, vor allem jene von Mussolini selbst und seinem Berliner Botschafter Anfuso, die Lage der Gefangenen zu erleichtern, reißen nicht ab und bleiben dennoch nahezu erfolglos. Auf der Konferenz von Schloß Kleßheim, vom 7. bis 10. April 1944, dem vorletzten Treffen mit Hitler, macht Mussolini, alarmiert durch Berichte über die höllischen Lebensbedingungen seiner Landsleute, einen neuen Vorstoß in dieser Frage und bittet um bessere Behandlung der Gefangenen: »Der Duce ergriff darauf das Wort zu einer allgemeinen Schilderung der Lage. [. . .] Zunächst müsse er in diesem Zusammenhang die Internierung der italienischen Soldaten erwähnen. Diese Maßnahme sei seinerzeit sehr klug und absolut notwendig gewesen; denn die Masse der italienischen Soldaten wäre nach der Katastrophe sicher der Verführung durch die Feindpropaganda erlegen. Er müsse aber feststellen, daß an dem Schicksal der italienischen Militärinternierten 6 oder 7 Millionen Italiener, nämlich die gesamten Verwandten und Angehörigen, interessiert seien und daß die Stimmung des italienischen Volkes wesentlich gehoben würde, wenn eine Verbesserung in der Lage der Militärinternierten eintreten könnte.«

Der Führer geht am zweiten Konferenztag auf die Lage der Internierten ein: »In dem von uns beherrschten Gebiet sei eine sehr schwere Frage entstanden, nämlich die, was mit der italienischen Armee geschehen solle. In der Armee steckten sporadische [sic!] Elemente von Leuten, die mit uns gehen wollten, und ebenso sporadische Elemente von erbitterten Feinden, zu denen auch die Alpinis gehörten. Zu dieser Einstellung [. . .] habe auch deren Einsatz im Osten beigetragen. [. . .] Die italienischen Soldaten hätten an der Front die Internationale gesungen und Schmährufe gegen den Duce und ihn ausgestoßen. [. . .] Wenn der Duce nun sage, dieses ganze System sei unbefriedigend, so empfänden wir das ebenso, denn einerseits würden von uns Italiener zu Soldaten ausgebildet, und

301

andererseits gäbe es Militärinternierte. Es ließe sich aber nicht ändern, die einen seien durch Verrat verseucht, die anderen wurden aus jungen, unverdorbenen Leuten zu Soldaten gemacht. [. . .] Um die richtige Auswahl zu treffen, bleibe daher nichts übrig, als die Frage der Militärinternierten individuell zu behandeln und diejenigen, die sich zum Faschismus bekennten, auszusondern.[. . .]«

Der Duce geht in seinen letzten Ausführungen nochmals auf die Militärinternierten ein: »Die Militärinternierten könne man in 3 Kategorien einteilen: 1. diejenigen, die sofort mit den Deutschen hätten kämpfen wollen [. . .] [Mussolini macht hier Ausführungen über die Alpini, die als Gebirgstruppen im Kaukasus hätten verwendet werden sollen, statt dessen jedoch in den ›Steppen am Don‹ eingesetzt worden seien, Anm. d. Verf.] 2. Diejenigen, die nichts mehr mit dem Krieg zu tun haben wollten und die sich auch möglichst vor der Arbeit drückten. 3. Solche, die sich für den Kampf an der Seite Deutschlands erklärt hätten, deren wahre Gesinnung aber noch zu überprüfen sei [. . .] Seine Bitte nach einer Besserstellung der Militärinternierten beziehe sich eigentlich auch gar nicht auf diese selbst, sondern sei nur dem Wunsche entsprungen, deren Angehörige in Italien — etwa 6 Millionen — in eine bessere Stimmung zu versetzen.«[62]

Zu einem letzten Versuch Mussolinis, das Problem der Militärinternierten bzw. der »freien Arbeiter« — nur eine andere Bezeichnung, nicht verbunden mit genereller Besserstellung — mit Hitler direkt zu besprechen, kommt es an jenem 20. Juli 1944, an dem Mussolini ein paar Stunden nach dem Attentat im Führerhauptquartier eintrifft. Zu diesem Treffen, bei dem Hitler von ganz anderen Sorgen in Anspruch genommen wird, bringt Mussolini eine vorbereitete »Note« mit, in der es heißt, das Arbeitspotential der Internierten solle voll für den deutschen Produktionsprozeß ausgenutzt werden. Hierzu sei es freilich notwendig, sie besser zu behandeln. Die Forderung, die Internierten nach Italien zurückzuführen, werde gar nicht erhoben, denn es sei schädlich, Männer in das Vaterland zurückzuführen, deren Geistesverfassung sie leicht ins feindliche Lager treiben könne.

Das ist das letzte italienische Wort zum Problem der verhafteten Armee. Als Anfuso noch einen schwächlichen Ansatz macht, die Lage seiner Landsleute zu verbessern und selbst zwei Lager (von 80!) besucht, benützt er die Gelegenheit, eine Namensliste aller Verhafteten anzufordern, um den Familien sagen zu können, welche Männer noch am Leben sind. Er bekommt eine Aufstellung, die derart unvollständig ist, daß darauf sogar ganze Lager mit Tausenden von Gefangenen fehlen. An ihrer Behandlung ändert Anfusos Initiative nichts.

Die Lager heißen: Dulag = Durchgangslager; Stalag = Stamm- oder Mannschaftslager; Oflag = Offizierslager; Dulu = Lager für Angehörige der Luftwaffe; Sond = Sonderlager. Für Straflager kennt der Aktenverkehr keine Abkürzung. Nach Wehrkreisen geordnet, sieht die Lagerlandschaft (ohne Konzentrations- und Vernichtungslager) wie folgt aus: Königsberg: 3; Stettin: 11; Berlin: 7; Dresden: 12; Stuttgart: 8; Münster: 18; München: 6; Breslau: 10; Kassel: 6; Hamburg: 8; Hannover: 4; Wiesbaden: 8; Nürnberg: 7; Wien: 3; Salzburg: 5; Danzig: 2; Posen: 7; in Polen: 14; in Jugoslawien (wenn man die vier Lager von Bor als eines zählt): 7. Weitere Lager in Ungarn, Griechenland, Frankreich; auf dem Gebiet der UdSSR: 16 (vielleicht mehr, nicht alle sind bekanntgeworden).

Dort also verschwindet die Armee des Achsenpartners, als er aufhört, diese Rolle zu spielen. Es sind Barackendörfer mit einer meist ums Dreifache überhöhten Belegung von 2000 bis 50 000 Gefangenen. Die ersten Eindrücke des Elends, das sie erwartet, bekommen die Italiener in jenen Lagern, in denen sie mit den ausgemergelten Gestalten der Russen, die ihnen durchaus freundlich entgegentreten, zusammentreffen. Wie eine Aristokratie bewegen sich dazwischen Franzosen, die Zigarette im Mundwinkel, die Hände in den Hosentaschen, die Kappen verwegen über dem Ohr, ein höhnisches Lächeln auf den Lippen, als die ersten italienischen Kolonnen einziehen.

Die Franzosen erhalten regelmäßig, wie die Angehörigen der anderen Westalliierten, Hilfssendungen vom Roten Kreuz. Mussolini versucht etwas Ähnliches in Gang zu bringen und leitet aus seinem »Staatsbudget« etwa eine Milliarde Lire einem Hilfswerk zu. Dieses Unternehmen beginnt Lebensmittelpakete abzuschicken, nachdem es Anfuso gelungen war, einige Lageradressen ausfindig zu machen. Die Sendungen werden unterwegs an Hilfsorganisationen für deutsche »Bombengeschädigte und Evakuierte« umgeleitet — mit einer Ausnahme: Die deutsche Botschaft — dort ein Legationssekretär Gumpert — organisiert unter Einschaltung des italienischen und des internationalen Roten Kreuzes, der Kirche und karitativer Organisationen eine einmalige Hilfsaktion, die in geschützten Transporten mehrere Lager erreicht. Insgesamt sollen es über 300 Eisenbahnwaggons mit Kleidung, Medikamenten, Lebensmitteln und Tabak gewesen sein.

In mehreren Offizierslagern, nicht in allen, werden »Erlaubnisscheine«

für den Empfang privater Paketsendungen — zwei pro Monat zu je fünf Kilogramm — ausgegeben. Die Gefangenen können diese Scheine an ihre Familien schicken, die den Inhalt für die Pakete auf dem Schwarzen Markt kaufen müssen. Von der Absendung des Scheins bis zum Empfang der Sendung vergehen dreißig bis vierzig Tage; dieses System funktioniert dort, wo es angewendet wird, zuverlässig bis Anfang Dezember 1944. Von da an hören sämtliche Verbindungen zwischen den Lagern und den Familien, auch die brieflichen, auf. »Wer keine Pakete bekommen hat, war so entkräftet, daß er Treppen bis zum zweiten Stock nicht mehr ersteigen konnte.«*

Die Konferenz von Kleßheim und Mussolinis Besuch bei den in Ausbildung befindlichen italienischen Divisionen im Reich, der ihn am 20. Juli 1944 ins Führerhauptquartier führt, haben zur Folge, daß die Militärinternierten in »freie Arbeiter« umgetauft werden, soweit sie die Bedingungen erfüllen, die ihnen mit dem Führerbefehl vom 3. August 1944 gestellt werden: »Der Führer hat entschieden, daß die italienischen Militärinternierten (Offiziere, Unteroffiziere, Mannschaften und Beamte) aus der Internierung zu entlassen und in das zivile Arbeitsleben zu überführen sind. Hierzu wird angeordnet:

1. Die Arbeitskommandos sind geschlossen zu überführen [...]

2. Jeder Internierte hat vor seiner Überführung eine Erklärung abzugeben, daß er bereit ist, in Deutschland zu den für die in Italien angeworbenen zivilen Arbeitskräfte geltenden Bedingungen bis zum Kriegsende zu arbeiten. [...] Weigert er sich, diese Erklärung abzugeben, bleibt er bis auf weiteres interniert.

Für die im Bereich der Wehrmacht sowie für alle außerhalb des Reichsgebietes eingesetzten Internierten findet dieser Befehl noch keine Anwendung [...] Der Chef des OKW gez. Keitel«

Der weitaus größte Teil der Militärinternierten befindet sich in den Lagern auf dem Gebiet des Generalgouvernements (Polen), das nicht Reichsgebiet ist. Am 20. August 1944 wird in zwei Lagern mit der Entfernung des Stacheldrahts eine Zeremonie mit Blasmusik propagandi-

* Mündliche Information von Professor M. Merlin, Universität Venezia, der als Hauptmann an der albanischen Grenze in Gefangenschaft geriet und die meiste Zeit seiner Gefangenschaft im Lager Deblin (Polen) verbringen mußte. Merlin wird auch erwähnt bei Piasenti, S. 253: »Von dort aus wurden wir zur Arbeitsfront gebracht, wo der Chef der Organisation [...] uns wie Schwerverbrecher behandelte, ja, er griff sogar zur Pistole und ohrfeigte den Merlin.«

stisch aufgezogen; auf die wirkliche Lage der Hunderttausende hat dieses Manöver, das Mussolini als Vorwand benutzt, um die Angehörigen zu beruhigen, keine Wirkung.

Am 11. November schickt Anfuso ans Auswärtige Amt eine lange Liste mit Beschwerden und Forderungen, die jedoch unberücksichtigt bleibt. Als Anfang Januar der Versuch unternommen wird, die Insassen aller Lager zur Arbeit in der Kriegsindustrie zu zwingen, spitzt sich die Lage zu. Jetzt werden »freie Arbeiter«, das heißt solche, die schon vor der Kapitulation im Reich gearbeitet haben, in die Lager geschickt, um ihren Landsleuten zu suggerieren, daß es ihnen wesentlich besser ginge, wenn sie sich bereit fänden, für die Deutschen zu arbeiten. Obwohl das OKW im Dezember 1943 jegliche Versorgungsaktionen für die Militärinternierten verboten hatte, die Rationen weiter herabgesetzt worden waren und der Grad der Unterernährung bedrohlich geworden war, bleiben die meisten Lagerinsassen bei ihrem passiven Widerstand. Und mit der sich anbahnenden Niederlage können auch die Befehle für die Zwangsarbeit nicht mehr konsequent durchgeführt werden.

Eine Folge der Absprachen zwischen Hitler und Mussolini über die Militärinternierten ist die Erlaubnis, bei der italienischen Botschaft in Berlin eine eigene Betreuungsstelle für die Militärinternierten einzurichten (Servizi assistenti internati = SAI). Nach Mussolinis Willen soll sie jedoch weniger der Fürsorge als der Anwerbung für seine über kleine Anfänge nicht hinausgelangende Armee dienen. Insgesamt können ihr aus den Lagern etwa 12 000 Mann, das sind zwei Prozent aller Militärinternierten, zugeführt werden; die übrigen weigern sich.

Ein Beispiel aus dem Lager Fallingbostel (Oflag XI/B, Wehrkreis Hannover): »Heute morgen, kurz nach 7 Uhr, ruft uns wie immer die Trillerpfeife zum üblichen, entnervenden Appell. Wir sind mehr als zweitausend. Eine lange Zeit vergeht, etwa eine Stunde, ohne daß man uns irgend etwas sagt. Die Kälte dringt bis in die Knochen, unsere Wangen sind vereist. Die unterschiedlichsten Überlegungen über den Grund dieses Appells werden angestellt: Baden? Desinfektion? Fotografieren? Barakkeninspektion? Niemand kommt darauf, es geht um etwas ganz anderes: Endlich erscheint ein Offizier in Begleitung eines Dolmetschers. Wir müssen Haltung annehmen, und der Offizier spricht kurz und bündig, mit drohendem Unterton. Der Dolmetscher übersetzt: ›Der deutsche Hauptmann fragt, ob Ihr schon wißt, daß der Duce befreit worden ist.‹ Niemand antwortet. Auf Weisung des Offiziers wiederholt der Dolmetscher: ›Der Hauptmann fragt Euch noch einmal, ob Ihr wißt, daß nach der Befreiung des Duce ein neues Italien auferstehen wird‹. Das Schweigen wird tödlich. Der Deutsche zieht die Brauen zusammen und sagt, während er uns mit seinen magnetischen Augen anstarrt: ›Wer von Euch Faschist ist, erhebe die Hand!‹

Wir standen immer noch stramm; nie zuvor war unsere Haltung so perfekt gewesen. Wir waren zweitausend Männer, wir hatten Hunger, [. . .] die Gewehre waren auf uns gerichtet, aber es gab nicht einen unter uns, der die Hand erhoben hätte. Da schreit der Deutsche mit schriller Stimme: ›Wer kein Faschist ist, erhebe die Hand!‹

Wir waren zweitausend, und wir wußten, daß uns ein leidvolles Schicksal, vielleicht sogar der Tod drohte, aber alle, ohne Ausnahme, erhoben wir die Hand: ein ganzer Wald von hochgestreckten Armen — in diesem Augenblick kamen wir uns sehr überlegen vor. Der Offizier fragte noch: ›Woher kommen Sie?‹ ›Von allen Fronten‹, war die Antwort.«[63]

Wer sich bereitfindet, in die Dienste des »Salò«-Faschismus zu treten, muß einen neuen Eid schwören. Die Formel lautet: »Ich schließe mich der republikanischen Idee des republikanisch-faschistischen Italiens an und erkläre mich freiwillig dazu bereit, mit den Waffen im neuen, sich im Aufbau befindlichen italienischen Heer des Duce ohne Vorbehalt zu kämpfen, auch unter deutschem Oberbefehl, gegen den gemeinsamen Feind des republikanisch-faschistischen Italien des Duce und des Großdeutschen Reiches.«[64]

Hinter der Verweigerung von 98 Prozent aller Militärinternierten, wieder Soldaten zu werden, läßt sich ein ganzes Bündel von Motiven ausmachen, von denen zwei die wichtigsten sind: Zum einen will man mit dem Faschismus nichts mehr zu schaffen haben. Die Begeisterungsausbrüche beim Sturz Mussolinis waren kein Strohfeuer — diese Männer haben Zeit gehabt nachzudenken. Zum anderen hassen sie die Deutschen. Werden sie gezwungen, für sie zu arbeiten, so ist das nicht zu ändern, aber sie bei ihrem Krieg noch freiwillig weiterzuunterstützen — das lehnen sie unter allen Umständen ab, auch wenn sie unter verheerenden Bedingungen leben müssen: Die Arbeitszeit schwankt zwischen 12 und 16 Stunden. »Am Abend, nach Arbeitsschluß, versammeln wir uns stumm und betreten; wir wagen nicht, uns gegenseitig anzublicken.

Einige sind ganz und gar mit weißem Staub bedeckt. Sie haben den ganzen Tag mit der Sauerstoffmaske gearbeitet, und ihre Haare schimmern bereits bläulich. Sie wissen, daß ihnen bald die Zähne aus dem Mund fallen und ihre Lungen ruiniert sein werden, wenn sie diese Arbeit weiterhin tun müssen. Andere sind völlig durchnäßt: Sie haben bei strömendem Regen

Metallkarren beladen; unter dem feindseligen Blick des Meisters, der sie schlägt und mit Schimpfworten und Drohungen zur Arbeit antreibt: ›Verfluchte Italiener‹.

Andere wiederum sind voller blauer Flecken und Brandwunden, von der Arbeit an den Öfen. Beim Rückmarsch versuchen wir unseren Schritt zu beschleunigen. Im Lager erwartet uns die einzige Mahlzeit des Tages: zu wenig zum Leben, zu viel zum Sterben: ein Liter Wasser mit etwas Margarine, oft ohne Salz, in dem einige Stückchen gelber Rüben oder Kohl, manchmal eine Kartoffel schwimmen, dazu ein zwei Finger dickes, bitteres Schwarzbrot und eine Kleinstportion Wurst, Margarine oder Marmelade. Mit Andacht schneiden wir das Brot in dünne Scheibchen und essen nur eine davon. Heldenmütig bewahren wir den Rest auf: Er wird am nächsten Morgen als Frühstück dienen.

Endlich, nach dem Abendappell, können wir unsere geschundenen Knochen auf den Strohsack werfen. Wir versuchen zu schlafen, um den leeren Magen zum Schweigen zu bringen, und in der Hoffnung, unser Tagwerk sei nun beendet.

Doch weit gefehlt. Mitten in der Nacht weckt uns brüsk eine zornige Stimme und läßt uns aus dem Schlaf auffahren: ›Aufstehen! Aufstehen!‹ ›Alle Heraustreten!‹ Weiß Gott warum. Wahrscheinlich werden wir es nie erfahren, irgend etwas scheint nicht in Ordnung zu sein. Vielleicht ist ein Eßnapf nach dem Essen nicht richtig abgespült und abgetrocknet worden, vielleicht ist der Schlafraum nicht völlig sauber oder im Ofen ist gar ein Rest Asche geblieben. Oder sie genießen es nur, uns zu quälen und zu bestrafen.«[65]

Besondere Anspannungen entstehen in den Offizierslagern dadurch, daß die Insassen wie gewöhnliche Soldaten arbeiten sollen und dagegen passiven Widerstand leisten. Das Problem, wie die Arbeitskraft von 18 000 Offizieren nutzbar zu machen ist, ist schon 1943 erstmals mit Mussolini besprochen worden; wie gewöhnlich überließ er die Entscheidung den Deutschen:

»Für Herrn Reichsaußenminister.

Anläßlich heutiger gesellschaftlicher Besprechung zwischen Duce und Feldmarschall Rommel in meinem Hause kam die Sprache auf die in Deutschland internierten italienischen Offiziere. Ich fragte den Duce, ob er Bedenken dagegen hätte, daß die einzelnen Offiziere, die sich nicht zum Kampf an der Seite Deutschlands bereitfänden, degradiert und zur Arbeit eingesetzt werden. Der Duce stimmte dem Vorschlag lebhaft zu. Erbitte Weisung, ob ich diesen Gedanken weiter verfolgen und etwa

Marschall Graziani zu einem Dekret über die formelle Degradierung dieser Offiziere veranlassen soll.   Rahn«

Im kleinen Lager Shokken bei Posen wird die italienische Generalität zusammengezogen. Gegen mehrere von ihnen leitet die Gestapo Untersuchungen ein, um zu prüfen, was sie unmittelbar nach der Kapitulation getan haben. Es werden Todesurteile mit der Begründung gefällt, daß der Betreffende in seinem Befehlsbereich den dortigen Widerstandskräften Informationen über die Stellungen und Absichten der Deutschen gegeben habe. Diese Generäle bringt man für die mit Folterungen verbundenen Vernehmungen in ein Gefängnis der Gestapo in Posen. »Aktionen gegen die Interessen des Reiches« lautet die Begründung der Urteile gegen die Generäle Voli, Giangreco, Grimaldi und Spinacci. Voli wird nach Berlin in die Gestapokeller gebracht und entgeht der Exekution dank eines Bombenangriffs, der das Gefängnis zerstört. Giangreco und Grimaldi werden von Shokken nach Berlin, von Berlin nach Flossenbrück überführt. Sie müssen im Frühjahr 1945 einen 220-Kilometer-Marsch bis nach Dachau machen. Als sie auch Dachau verlassen und weiter südwärts marschieren müssen, ist ihnen unklar, was die SS eigentlich mit ihnen vorhat. Bei dem oberbayrischen Dorf Heiligkreutz werden sie von einem amerikanischen Voraustrupp gerettet.

Der allgemeine Aufbruch aus Shokken findet erst im Laufe des Januar 1945 in drei Gruppen statt. Aus einer der Rückzugskolonnen entfliehen 17 Generäle bei Selchow, der sechsten Etappe des Marsches. Sie verstecken sich in einer Scheune, werden am 28. Januar von der SS aufgespürt und vor die Wand eines Stallgebäudes gestellt. Die Erschießung beginnt. Als fünf tot sind, zu denen auch der ehemalige Oberbefehlshaber auf dem Peleponnes, General Trionfi, gehört, springt General Peyrolo, der Deutsch spricht, aus der Reihe und hält dem Führer des SS-Kommandos vor, es sei verrückt, was er da tue. Die Exekution wird abgebrochen. Für die Überlebenden beginnt ein über 450 Kilometer langer Wintermarsch über Stettin nach Neubrandenburg. Unterwegs wird der sechste General dieser Gruppe erschossen, drei andere erfrieren. Die Überlebenden erfahren von einem Befehl, wonach kein italienischer General lebend in die Hände der Russen fallen dürfe.

Je hoffnungsloser die Kriegslage der Deutschen wird, desto schrecklicher entwickelt sich die Situation der Internierten.

Mit Ausnahme des Offizierslagers Shokken werden bis August 1944 alle im Osten befindlichen Lager geräumt. In kilometerlangen Marschkolonnen werden Hunderttausende nach Westen getrieben, was zu einer weiteren Überfüllung der zuvor schon überfüllten Lager im Reich führt. Je undurchsichtiger deren innere Struktur wird, weil die Massen nicht mehr geordnet werden können, desto mehr nimmt der Terror der Bewacher zu. Hinrichtungen gehören von Ende 1944 an zum normalen Tagesablauf.

Das Rote Kreuz in Genf erreichen derart alarmierende Berichte über Hungersnot und ausbrechende Seuchen unter den von niemandem unterstützten Italienern, daß es sich mit Hilfsangeboten sowohl an die »Regierung« der RSI wie an das Auswärtige Amt wendet. Mit dem Hinweis, daß es sich nicht um Kriegsgefangene handle, werden sie zurückgewiesen.

Um der Gefahr eines allgemeinen Lageraufstands der Italiener zu begegnen, veranstaltet die SS Massaker — beispielsweise in Treuenbrietzen bei Berlin, wo 150, in Döhren bei Hannover, wo 560 Italiener erschossen werden. In Treuenbrietzen müssen die ausgesuchten Opfer die Maschinengewehrmunition von der Lagerkommandantur zu dem Platz tragen, auf dem sie sofort umgelegt werden. Zwei werfen sich nieder, bevor die Salven die aufgestellten Reihen niedermähen — sie bleiben unter den Toten liegen und überleben!

Zur Begründung der Massenmorde wird bei Lagerappellen verkündet, daß die zum Tode »Verurteilten« Badoglianer seien.

Die Opfer eines Massakers in Hildesheim sind keine Badoglianer, sondern Käsediebe. Auf dem Bahnhof beschäftigt, dort von einem Bombenangriff überrascht, haben sie aus einem zerstörten Güterwagen, der Lebensmittel enthält, ein paar Schachteln Käse mitgenommen. 130 Italiener werden auf dem historischen Marktplatz der Stadt aufgehängt, die erste Gruppe am 27., die zweite am 28. März 1945.

Erschießen, Erhängen — es gibt noch eine dritte Methode, sich italienischer Militärinternierter, die inzwischen zu »freien Arbeitern« geworden sind, zu entledigen. Der Artikel, aus dem die folgenden Zitate stammen, bildet in mehrfacher Hinsicht einen Sonderfall. Er ist am 20. Februar 1945 in der Untergrundzeitung erschienen, die denselben Titel führt wie jene, bei der Mussolini vor dem Ersten Weltkrieg Chefredakteur gewesen ist: *Avanti*. Der Artikel ist überschrieben: »La morte nei Laber« (Der Tod in den Lagern) und hat die Verhältnisse in Südtirol zum Thema. Er schildert das Lager Gries bei Bozen: »Es handelt sich nicht um ein Straflager, von denen es so viele in Deutschland gibt, sondern um ein Sammel- bzw. Aussonderungslager. Daher befinden sich dort Gefangene von ganz unterschiedlicher Herkunft: Verurteilte aus Gefängnissen, Leute, die bei Razzien festgenommen worden sind, politisch Verdächtige, Männer und Frauen, Alte und Kinder. Gleich sind für alle nur die wahrhaft perfide Behandlung und der ihnen auferlegte Zwang (trotz Verbotes durch internationale Gesetze), in den Fabriken der Kriegsindustrie zu arbeiten. [...] Sie arbeiten 10 Stunden täglich und erhalten zu Mittag eine Tasse Gemüsebrühe ohne Fett und Salz.«

Weihnachten 1944 wird im Lager der hungernden und frierenden Italiener ein Christbaum mit Kerzen aufgestellt, »um zu zeigen, daß die Nazis nicht nur grausame, sondern auch groteske Verrückte sind«.

Bestätigt der Bericht im wesentlichen an Hand der lokalen Bedingungen zahllose andere Aufzeichnungen, die aus der Zeit vor Mai 1945 erhalten sind, so enthält er darüber hinaus eine Information, die nach unserer Kenntnis einzigartig ist und eigentlich in die Geschichte der »Endlösung« gehört: »Hier gibt es auch aus Deutschland Nachrichten über viele Grausamkeiten, von denen die Nazi selbst in Gasthäusern und Bordellen erzählen, wenn sie zuviel getrunken haben. Man weiß auch, daß im Lager Gries die zum Tode Verurteilten ausgesondert werden; [...] diese Armen werden nach Innsbruck gebracht, wo eine Gaskammer, wie man sie zur Tötung von Hunden benützt, in Betrieb ist, die extra für sie eingerichtet worden ist. Die Deutschen grinsen, wenn sie versichern, ein solcher Tod sei ganz sanft. Die Elenden!«

Die Erklärung des betreffenden Journalisten, wie die SS in Innsbruck auf die Idee gekommen sei, eine Gaskammer einzurichten, verrät, daß er noch nichts von Auschwitz gehört hat. Der Artikel im *Avanti* ist unseres Wissens *der einzige* im deutschen Herrschaftsgebiet *vor Mai 1945*, der eine in Betrieb befindliche Anlage erwähnt. Die gewiß nur wenig leistungsfähige Anlage in Innsbruck wäre in den Augen dieses Beobachters allerdings zum Instrument eines relativ bescheidenen Terrors zusammengeschrumpft, wenn er Gelegenheit gehabt hätte, seine Erkundungsfahrt von Treuenbrietzen über Döhren, Hildesheim und Gries am Brenner bis Lager Dora bei Nordhausen fortzusetzen, wo in einem verlassenen Bergwerk die »Wunderwaffen« V 1 und V 2 zusammengebaut werden. Dort wird Tag und Nacht gearbeitet, die Produktionsstätte ist für Rüstungsminister Speer ein Paradebeispiel für Effizienz. Aus allen Teilen des besetzten Europas werden die Arbeitskräfte, unter ihnen auch verurteilte Verbrecher, die man aus Gefängnissen herausgeholt hat, nach »Dora« transportiert. Wenn am Ziel die Schiebetüren der Güterwagen aufgestoßen werden, befinden sich darin mehr Tote als Lebende. 60 Mann in einem Waggon – das ist die Norm dieser Transporte.

Vierzigtausend Zwangsarbeiter arbeiten täglich in 15-Stunden-Schichten ohne Pause in den tropfnassen Stollen des Bergwerks, hundert Meter unter der Erde, zwei Kilometer lang, wobei sie oft bis zur Wade im eiskalten Wasser stehen. Russen wie Italiener erblicken 1944 neun Monate lang kein Tageslicht, sie werden sogar gezwungen, in den unterirdischen Fabriken zu nächtigen.

Der tägliche »Ausfall« durch Überanstrengung und Entkräftung liegt Mitte 1944 etwa bei 600 Personen. Sie werden so rasch ersetzt, wie sie wegsterben. Als die Todesrate noch höher ansteigt, wird pro Tag und Mann ein halber Liter Kohlsuppe mehr ausgegeben. Die Italiener sollen laut Befehl an dieser »Vergünstigung« nicht teilhaben und schicken deshalb eine Abordnung mit einer schriftlichen Beschwerde an das deutsche Kommando. Die Gruppe wird wegen Sabotage erschossen.

Die Disziplinierung dieser Masse von Sklaven erfolgt ausschließlich mit Maschinenpistolen oder mit Stricken. Die Erhängung von 72 Arbeitern innerhalb von 45 Minuten wird offenbar selbst im Milieu von »Dora« als Rekord gewertet und deshalb registriert. Bei der Exekution von sieben Kameraden müssen fünfzig Italiener zuschauen. Der kommandierende Mörder, ein SS-Major, hält ihnen eine Ansprache: »Als Söhne der Nation, die uns verraten hat, müßt ihr Augenzeugen sein, denn das deutsche Volk ist gezwungen, den Kampf allein weiterzuführen bis zum Endsieg.« So geschieht es am 13. Dezember 1944. Besagte fünfzig Italiener legen den Weg zum Hinrichtungsplatz barfuß im Schnee zurück, sie haben wie die meisten ihrer Landsleute keine Schuhe mehr, und es werden ihnen auch keine geliefert.

Danach ist »Dora«, das in enger Verbindung mit dem KZ Buchenwald arbeitet, noch über Monate als ein riesiges industrielles Massengrab in Betrieb, in das die Deutschen Hekatomben von Menschen wie in einen Vulkantrichter hineinwerfen. Soweit es eine »Wunderwaffe« überhaupt gibt, sind das ihre Produktionsbedingungen! Zu Hunderten sind deutsche Ingenieure, Wissenschaftler, Techniker dort beschäftigt, sie kehren abends in ihren Autos zu ihren Familien, die mit Sonderrationen versorgt werden, zurück, hochbezahlte, tüchtige Akademiker.

Als die Alliierten in Italien bis zur Po-Ebene vorrücken, der Krieg hinter der Front gegen Deutsche und Faschisten seinem Höhepunkt entgegengeht, verschwinden die Militärinternierten fast völlig aus dem öffentlichen Bewußtsein des italienischen Volkes, wie groß auch die Trauer über die Verschwundenen, von denen niemand weiß, ob sie überhaupt noch leben, innerhalb der eigenen vier Wände sein mag.

Weniger der »Verrat« liegt als schwere Last auf der italienischen Geschichte, wie Rahn gemeint hat, sondern die 600 000 Militärinternierten. Sie bieten nicht das Bild, mit dem sich ein nationales Heldenlied illustrieren ließe. Das junge, das neue, das eigentlich doch gar nicht so neue Italien geht denn auch seit über dreißig Jahren um 600 000 seiner Söhne herum wie die Katze um den heißen Brei. Erst im Dezember 1977 nimmt das italienische Parlament einen Gesetzesvorschlag an, mit dem die Militärinternierten ehrenhalber als »Volontari della libertà« anerkannt werden und damit den Resistenza-Kämpfern vor dem Gesetz gleichgestellt werden.

Der versteckte Staat

Das »Deutsche System«

Das »Deutsche System« für die Beherrschung und Ausplünderung Italiens verrät in seiner Personalpolitik eine gewisse Sensibilität sowohl für die im fremden Land herrschenden Sitten — gewiß nicht generell in den Praktiken deutscher Herrschaftsausübung nachzuweisen! —, wie auch für die seltsame, ja, einzigartige Aufgabe, wonach dieses System mit einer künstlich geschaffenen Staatsorganisation zusammenarbeiten muß, die nichts entscheiden darf und doch den Eindruck erwecken soll, als trüge sie Verantwortung.

Eine der wichtigsten Stellenbesetzungen erfolgt mit einer Anweisung des Führers über die Bestellung eines »Bevollmächtigten des Großdeutschen Reiches in Italien« vom 10. September 1943: »Um in dem gemeinsamen Kampf des Deutschen Reiches und des faschistischen Italien den Erfolg zu gewährleisten, bestimme ich folgendes: Zum Bevollmächtigten des Großdeutschen Reiches bei der Italienischen Faschistischen Nationalregierung bestelle ich den Gesandten Rahn. Er erhält seine Weisungen durch den Reichsminister des Auswärtigen.«

Daß es am 10. September 1943 noch keine Italienische Faschistische Nationalregierung gibt, tut nichts zur Sache, denn: »Die Anordnung wird nicht veröffentlicht werden. Nachgeordneten Dienststellen und Außenstehenden bitte ich, Inhalt und Wortlaut der Anordnung nur dann und nur soweit bekannt zu geben, wenn und als dies unerläßlich ist. Dabei kommt es darauf an, daß nicht etwa der Anschein entsteht, als ob durch die Anordnung die Souveränität der Italienischen Faschistischen Nationalregierung berührt würde [. . .].

gez. Dr. Lammers« (Chef der Reichskanzlei)

Der Karrierediplomat Dr. Rudolf Rahn ist am Tage seiner Bevollmächtigung bereits als Nachfolger des Botschafters Mackensen Geschäftsträger in der Villa Wolkonsky mit dem bescheidenen Titel »Gesandter«, der gewählt worden ist, um die Prozedur der Bestätigung durch die italienische Regierung, die bei einem Botschafter notwendig gewesen wäre, zu umgehen. Der hochgewachsene Mann von stattlicher Leibesfülle, auf Fotos vom breiten Silbergurt der straff sitzenden Diplomatenuniform zusammengehalten, »mit dichtem Gestrüpp über den Augen« (Anfuso), bringt seine Funktion als Reichsbevollmächtigter in seinen Memoiren auf die Kurzformel: »Meine Aufgabe ist es, Italien wie eine Zitrone auszuquetschen.«[1] Pini, der spätere Mitherausgeber der vierbändigen Mussolini-Biographie *L'uomo e l'opera*, Journalist und Staatssekretär in der Regierung der RSI, schreibt von ihm: »Nach einem Gespräch [. . .] hatte ich den Eindruck eines Mannes von großer Willenskraft, aber mangelnder Feinfühligkeit und ungenügender Achtung für Italien.«[2]

Rahn ist kein in der Wolle gefärbter Nationalsozialist. Er gehört nur zu den wie auf Kugellagern laufenden, tüchtigen Deutschen, die dem Nationalsozialismus rückhaltlos dienen, der ohne diesen Typ von fähigen Opportunisten nicht ein funktionierendes Herrschaftssystem hätte errichten können.

Mit derselben »Anordnung des Führers« wird am 10. September 1943 der militärische Vormund für Mussolini bestellt (der sich an diesem Tag noch auf dem Gran Sasso selbst bemitleidet): »Als Sonderberater für polizeiliche Angelegenheiten bei der Italienischen Faschistischen Nationalregierung bestelle ich den SS-Obergruppenführer und General der Waffen-SS Wolff.«

Sind ganz allgemein die Lebensstufen eines Generals seine Beförderungen von Dienstgrad zu Dienstgrad, so zeichnen sich jene Karl Wolffs besonders dadurch aus, daß sie allesamt im Schlagschatten Himmlers und dank dessen Huld und Vertrauen stattgefunden haben:

1. September 1933 zum Adjutanten Reichsführer SS ernannt;
4. April 1934 zum 1. Adjutanten Reichsführer SS ernannt;
9. November 1935 zum Chefadjutanten Reichsführer SS ernannt;
9. November 1936 zum Chef des persönlichen Stabes Reichsführer SS ernannt.

Die Ernennungsurkunden sind prachtvoll anzusehen! Links oben in plastischer Prägung der Reichsadler, der auf dem Hakenkreuz horstet, darunter in Versalien ADOLF HITLER. »Ich befördere den SS-Gruppenführer und Generalleutnant der Waffen-SS Karl Wolff, SS-Nr. 14235, zum SS-Obergruppenführer und General der Waffen-SS.

gez. Adolf Hitler«[3]

Mit der Versetzung aus dem Führerhauptquartier nach Italien kommt Wolff in eine wahrhaft fürstliche Stellung, die nach dem 20. Juli 1944 noch eine weitere Erhöhung erfahren wird. Hitler und Himmler sind weit weg, und an Ort und Stelle, am Gardasee, kann niemand gegen einen Mann, der mit dieser Vollmacht ausgestattet ist, aufmucken. Wie immer seine Verdienste als Chef des persönlichen Stabs von Himmler beschaffen gewesen sein mögen, es ist doch anzunehmen, daß sie eher bürokratischen und repräsentativen als militärischen Charakter hatten, wofür auch spricht, daß ihn sogar der Führer »Wölffchen« nennt. In Italien

wird aus Wölffchen der elegante, mit allen Wassern gewaschene Wolff.
»SS-Obergruppenführer Wolff hat in seiner Eigenschaft als höchster SS-
und Polizeiführer ganz besondere Verdienste beim Aufbau und bei der
Organisation der aktiven und passiven Bandenbekämpfung. Unter seiner Leitung ist der Kampf gegen Banden mit ganz besonderem Erfolg
aufgenommen worden. Seinem klaren Blick und seiner wendigen Führung ist es zu verdanken, daß die Sicherung des rückwärtigen Heeres-
gruppengebietes bisher gewährleistet war [. . .] Vorwiegend auf italienische, mit nur schwachen deutschen Rahmeneinheiten durchsetzte
Kräfte angewiesen, hat SS-Obergruppenführer Wolff größeren Unternehmungen in völlig bandenverseuchten Gebieten in den Räumen
Domodossola, Monte Grappa (südlich Feltre) und nordostwärts Udine
durch völlige Vernichtung der Banden zum durchschlagenden Erfolg
verholfen. [. . .] SS−Obergruppenführer Wolff hat sich sowohl um die
militärische Kriegführung als auch um die Aufrechterhaltung der
Kriegsproduktion im italienischen Raum hervorragende Verdienste
erworben [. . .].« So lautet die Begründung für die Verleihung des Deutschen Kreuzes in Gold, die »einem besonderen Wunsch des Herrn
Generalfeldmarschalls Kesselring« entspricht und am 30. November
1944 erfolgt ist.
Der nächste im Bunde mit Wolff und Rahn, und auch so wichtig wie
diese, ist der »Soldat bis zum letzten Tag«[4], Feldmarschall Kesselring.
Mit dem Titel seines Buches bekennt der nach dem Krieg vor Gericht
gestellte Feldmarschall sein Selbstverständnis: Was wollt ihr, ich war nur
ein Soldat und brav. Er teilte die Militärherrschaft über Italien auf Hitlers
Weisung hin zunächst mit Rommel. »War Albert Kesselring der vor-
nehme altfränkische Kavalier, der neben seinem Soldatenberuf ein tiefes
Verständnis gerade für Italien, seine Menschen und seine Kultur hatte
und darum für eine anständige Kriegführung in seinem Machtbereich
sorgte, *soweit das überhaupt möglich war* [Hervorh. v. Verf.], so stand
der andere weithin bekannte und inzwischen legendenumwobene Feldmarschall des Dritten Reiches, Erwin Rommel, an ganz anderer
Stelle.«[5]
Kesselring wird am 11. September 1943 bevollmächtigt, Süd- und
Mittelitalien (soweit noch möglich, weil nicht von den Alliierten besetzt)
zum Operationsgebiet zu erklären. Wie der Marschall seine Macht hinter der Front anwenden will, erfährt die italienische Bevölkerung am 12.
September aus den lokalen Zeitungen: Kesselrings »Machtübernahme«
wird auch den Italienern bekannt gemacht:

»1) Das mir unterstellte italienische Territorium wird zum Kriegsschauplatz erklärt, auf dem das deutsche Kriegsrecht gilt.

2) Alle gegen die deutschen Streitkräfte begangenen Straftaten werden nach deutschem Kriegsrecht abgeurteilt.

3) Jeder Streik ist verboten und wird vom Kriegsgericht geahndet.

4) Die Organisatoren von Streiks, Sabotagen sowie Heckenschützen werden standrechtlich verurteilt und erschossen.

5) Ich bin fest entschlossen, Ruhe und Disziplin zu bewahren und die zuständigen italienischen Behörden mit allen Mitteln zu unterstützen, um die Ernährung der Bevölkerung zu sichern.

6) Die italienischen Arbeitskräfte, die sich freiwillig den deutschen Stellen zur Verfügung stellen, werden nach deutschen Grundsätzen behandelt und nach deutscher Lohnstaffel bezahlt.

7) Die Verwaltungsämter und Justizbehörden setzen ihre Arbeit fort.

8) Eisenbahnen, Fernmeldeeinrichtungen und Post nehmen ab sofort ihren Betrieb wieder auf.

9) Bis auf weiteren Befehl ist der private Briefwechsel verboten. Telefongespräche, die auf ein Minimum zu beschränken sind, werden streng überwacht.

10) Die zivilen italienischen Autoritäten und Organisationen sind mir gegenüber direkt verantwortlich für die Aufrechterhaltung der öffentlichen Ordnung. Sie werden ihrer Aufgabe nur gerecht, wenn sie jegliche Sabotageakte oder Versuche passiven Widerstandes gegen die deutschen Maßnahmen verhindern und wenn sie in untadeliger Weise mit den deutschen Stellen zusammenarbeiten.«[6]

Es ist die unzuverlässige Feder des »Dolmetschers der Diktatoren«, Dr. Eugen Dollmann, die aus Kesselring den vornehmen altfränkischen Kavalier macht. Sich selbst frisiert Dollmann zum harmlosen, kulturbeflissenen Schöngeist und Schlachtenbummler in Italien. Daß er zufällig auch Standartenführer (Oberst) der SS gewesen ist, Himmler unmittelbar unterstellt, erfahren die Leser seines Buches nicht. In seinen glücklichen Kriegsjahren übertraf er Wolffs Eleganz noch beträchtlich, diesen »großen, gutaussehenden ›sonny boy der SS‹, wie er zuweilen neidisch genannt wurde, Frauenliebling und Frauenkenner« (Dollmann); außerdem Rahn und Wolff auch bei weitem durch seine Undurchsichtigkeit. Waren diese mit einer ihrer Tätigkeit angemessenen Stellung bekleidet, mit aktenkundigen Vollmachten ausgestattet und somit wenigstens in die deutsche Herrschaftsstruktur einzuordnen, so war Dollmann zwar ein höherer SS-Offizier — der niemals eine Kaserne von innen gesehen hat! —, aber worin nun eigentlich die Rechtfertigung für sein glänzendes Leben im besetzten Rom bestand, dafür gab es keine offizielle Erklärung — um so mehr Gerüchte. 1943/44 galt er als der mächtigste und deshalb gefürchtetste Deutsche in Rom. Er bewegte sich in der feinen Gesellschaft wie der Fisch im Wasser, war eine Partyhyäne, sprach italienisch wie D'Annunzio, hatte italienische Kultur mit Löffeln gefressen und wußte sich den Anschein zu geben, als trage er die SS-Uniform nur zum Spaß und sei wirklich nichts weiter als der Dolmetscher, dessen die Diktatoren sich zuweilen bei ihren Treffen bedienten.

Er stellte sich wie auch Wolff mit expressiv bezeigter Offenherzigkeit und Bonhomie für unsere Recherchen zur Verfügung. Seit vielen Jahren bewohnt er in einem kleinen Münchner Hotel unterm Dach ein Stübchen mit schrägen Wänden. Es fällt schwer, sich diesen gertenschlanken alten Herrn, der bei seinen bescheidenen Einkäufen in den umliegenden Lädchen ein Salontiroler Hütchen mit Spielhahnfeder spazieren trägt, in SS-Uniform, im großen Mercedes mit einem SS-Mann am Steuer in Rom vorzustellen, wo er seine glänzenden Verbindungen bis in den Palazzo Venezia hineinspielen ließ (von ihm erfuhr der deutsche Botschafter zuerst, daß Mussolini abgehalftert sei). Er wollte uns allen Ernstes glauben machen, er habe nie auf der Gehaltsliste der SS gestanden, vielmehr deren Personalabteilung teils verwirrt, teils erheitert, indem er, wenn er schlecht bei Kasse war, einen Spesenzettel nach Berlin geschickt habe: fünfzig Orchideen für den Empfang bei Donna Virginia Agnelli geb. Prinzessin Bourbon del Monte.

Zwischen den Orchideen für die adlige Frau des Großindustriellen Agnelli und den Folterkammern der Via Tasso in Rom, deren Besuch uns noch bevorsteht, liegt das weite Feld, auf dem die zeitgeschichtliche Forschung und das öffentliche Bewußtsein sich etwas zu nahe bei den Orchideen niedergelassen haben.

Es kann nicht angenommen werden, der Zufall habe dieses Panoptikum von Feinspinnern zusammengebracht, zu dem auch die linke und rechte Hand Rahns gehört, Konsul Moellhausen, der sich als ein Ausbund von Fairneß und Italienliebe darzustellen wußte, den Italienern aber gleichfalls in seiner Doppelbödigkeit erkennbar geworden ist: Als politischer Berater Rahns hat er erheblichen Einfluß im »Deutschen System« und wird wie alle darin Tätigen gefürchtet.

Mit einer weiteren Anordnung des Führers wird dieses System nach der wirtschaftlichen Seite hin ausgebaut. Sie ist vom 13. September 1943 datiert, dem Tag, an dem sich Mussolini noch zu vertraulichen Gesprächen mit dem Führer im Hauptquartier befindet (wobei er davon so wenig erfährt wie von allen sonstigen Vorkehrungen, die dazu dienen, Italien im Griff zu halten. Nämlich nichts!): »Zur Sicherung der Kriegswirtschaft in Italien bevollmächtige ich den Reichsminister für Rüstung und Kriegsproduktion Albert Speer, alle hierzu notwendigen Maßnahmen zu treffen.

Er kann insbesondere aus luftgefährdeten Gebieten Werkzeugmaschinen und andere Einrichtungen auf die Dauer des Krieges zur Ausnutzung in andere Betriebe, auch des Reiches überführen.

Er hat den Auftrag, die in Oberitalien ausnutzbaren kriegswirtschaftlichen wichtigen Fertigungen einschließlich der Stahlerzeugung, der Zulieferungsindustrie und der Energiewirtschaft für die Kriegswirtschaft nach seinem Ermessen sicherzustellen und für die gemeinsame Rüstung auszuwerten.

Er kann Beauftragte ernennen, die in seinem Auftrag die notwendigen Maßnahmen durchführen.

Der Wehrmachtstransportchef hat den zur Rückführung wertvoller Werkzeugmaschinen notwendigen Transportraum im Rahmen des möglichen vordringlich zu stellen.   gez. Adolf Hitler«

Am selben Tag gibt der Chef des OKW eine Ergänzung zur Speer-Vollmacht heraus, weil dieser noch keinen eigenen Ausplünderungsapparat in Italien aufgebaut hat und die entsprechenden technischen Maßnahmen von Militärbefehlsstellen und Truppen sofort durchzuführen sind: »Der Führer hat mit beiliegendem Befehl vom 13. September 1943 bestimmt, daß Beauftragte von Reichsminister Speer im italienischen Raum die Erzeugung sicherzustellen und die Verlagerung von Werkzeugmaschinen aus luftgefährdeten Gebieten durchzuführen haben. Hierzu bestimme ich:

1) Die Beauftragten werden im norditalienischen Raum diejenigen Objekte bezeichnen, die zur Durchführung einer späteren Erzeugung von Zulieferungen für die gemeinsame Rüstungsindustrie, auf dem Gebiet der Energiewirtschaft, der Eisenerzeugung, der Feinmechanik, der Optik und der Chemie usw. wichtig sind. Es ist nach Möglichkeit diesen Objekten bereits jetzt ein Schutz zu gewähren.

2) Aus der Fertigverarbeitungsindustrie des norditalienischen Raumes werden wichtige Werkzeugmaschinen nach Deutschland transportiert werden. Soweit Leerzüge zur Verfügung stehen, sind diese für derartige Transporte auszunutzen.

3) Im Raum südlich der Linie Spezia-Ankona sind mit Nachdruck alle Maßnahmen zu treffen, um wertvolle Werkzeugmaschinen und dergleichen zum Abtransport zu bringen. Es soll jede nur irgend mögliche Hilfe gegeben werden. Insbesondere soll dafür gesorgt werden, daß die notwendigen italienischen Hilfskräfte, auch unter Zwangsmaßnahmen, zum Abbau der Werkzeugmaschinen bereitgestellt werden.

4) Die Beauftragten von Reichsminister Speer werden gleichzeitig diejenigen Objekte angeben, die im Raum südlich der Linie Spezia-Ankona aus wehrwirtschaftlichen Gründen zerstört werden müssen, soweit deren Abbau nicht rechtzeitig gelingt.   gez. Jodl«

Aus dieser Anordnung geht hervor, daß der Wehrmachtführungsstab in diesen Tagen noch fest mit einer Landung der Alliierten nördlich von Rom rechnet, so daß die Räumung und Zerstörung wichtiger »Objekte« in diesem Raum mit besonderem Vorrang behandelt wird. Dazu ergeht noch ein weiterer Befehl an den Chef des Wehrmachttransportwesens: »Beiliegender Befehl des Führers vom 13. September 1943 gibt Reichsminister Speer den Auftrag, durch Beauftragte die Industrie Italiens für deutsche Zwecke auszunutzen.

Durch diese Aktion werden zunächst Werkzeugmaschinen und andere Geräte aus dem Raum südlich der Linie Spezia-Ankona abzutransportieren sein.

Da es sich um für die gemeinsame Rüstung außerordentlich wichtige Werkzeugmaschinen handelt, ist mit allen Mitteln dafür zu sorgen, daß die Rücktransporte rechtzeitig durchgeführt werden. Gleichzeitig damit soll wegen der gesteigerten Luftgefährdung aber auch aus dem norditalienischen Raum freier Transportraum, soweit dieser zur Verfügung steht, zum Abtransport von Werkzeugmaschinen ausgenutzt werden. Die ins Reich überführten Mengen sind mir nach Waggonraum wöchentlich zu melden.   gez. Jodl«

Der italienischen Bevölkerung wird vorgemacht, die Ausplünderung ihrer Industriebetriebe und ihrer landwirtschaftlichen Lagerhäuser erfolge zu ihren Gunsten: »Das OKW erläßt Richtlinien für die wirtschaftliche Räumung in Italien. Sie ist im Bereich der H.Gr.B. [Norditalien, Anm. v. Verf.] vorerst nicht durchzuführen, da dieser für die Kriegswirtschaft ausgenutzt werden soll, dagegen in möglichst großem Umfange im Bereich des OB Süd, und zwar ›im Auftrage der neuen faschistischen Regierung, um sie an gesicherter Stelle lagern und verwenden zu können‹. Entscheidungen über den endgültigen Verbleib erfolgt noch. Falls keine Rückführung möglich ist, müßten die betreffenden

Objekte zerstört werden.«[7] (Als es tatsächlich so etwas gibt wie eine neue faschistische Regierung, wird in den deutschen Befehlen von ihr weniger Wesens gemacht als in den Wochen, in denen sie nur eine Erfindung der Propaganda ist.)

Zur Ausbeutung der Wirtschaftsgüter gesellt sich jene der Menschenkraft: »Der GenStdLw [Generalstab der Luftwaffe] teilt die Absichten für die Verwendung italienischen Personals in der Luftwaffe mit und beantragt die Zuweisung des gesamten Personals der italienischen Fliegertruppe, der Flakart. und des Lw-Nachrichtenwesens sowie des vom OKW am 9. 9. vorgesehenen Personals. Als Bedarf wurde vorläufig errechnet: Fliegertruppe 40 000, Flakart. 135 000, Luftnachrichtentruppe 48 000, Lw-Bautruppe 120 000 Mann.«[8]

Gelingt es wenigstens ein paar Wochen lang, vor den Italienern die volle Bedeutung des »Deutschen Systems« zu verschleiern, gemäß dem schon bei der Ernennung Rahns den Reichsbehörden vom Chef der Reichskanzlei übermittelten Grundsatz, es dürfe »nicht etwa der Anschein [entstehen], als ob durch die Anordnung die Souveränität der Italienischen Faschistischen Nationalregierung berührt würde«, so kann ihnen doch nicht verborgen bleiben, daß von ihrem Vaterland gerade die Teile abgeschnitten und dem Reich zugeschlagen werden, für deren Erwerb sie in den Ersten Weltkrieg gezogen waren: Südtirol und die adriatischen Küstengebiete. Mit anderen Worten: Das alte Deutsch-Österreich, jetzt ein Teil des Reiches, soll geographisch und organisatorisch wiederhergestellt werden.

Um zu verstehen, daß die deutsche Rache an dem »verräterischen« Italien auch eine Kehrtwendung in der nationalsozialistischen Südtirolpolitik bedeutet, müssen wir uns erinnern, daß Hitler von 1920 an mit seiner propagandistisch ausgewerteten Zurückweisung auch nur des Gedankens an eine Rückgewinnung der deutschbesiedelten Gebiete in Norditalien den Nationalisten jeder Färbung ins Gesicht geschlagen hatte. Als dann die beiden Staaten zur Achse zusammenrückten und das Bündnis schlossen, kam es zu Abmachungen über die Aussiedlung der Deutschen aus Südtirol ins Reich. Die »Richtlinien für die Rückwanderung der Reichsdeutschen und Abwanderung der Volksdeutschen aus dem Alto Adige (Ober-Etsch = Südtirol) in das Deutsche Reich« wurden im Oktober 1939 — der Krieg hatte schon begonnen! — in Rom in deutscher und italienischer Sprache unterzeichnet. Sie enthalten 42 Punkte und regeln jede Kleinigkeit einschließlich solcher wie: »Stoffe und Zubehör für die Herstellung von Trachten können mitgenommen werden.

Ladeneinrichtungen und Lieferwagen sind zurückzulassen.«[9] Betroffen sind die Provinzen Bozen, Belluno, Udine mit über hundert Ortschaften. Von rund 220 000 deutschsprachigen Bewohnern entschieden sich fast 200 000 für die Preisgabe ihrer Heimat, der Rest, die sogenannten »Bleiber«, optierten für Italien und wurden von ihren deutschen Nachbarn als Verräter angesehen. Die Umsiedlungsaktion, deren zögerndes Tempo zu ständigen Protesten der Italiener Anlaß gab, versandete Mitte 1942 unter den Kriegsumständen. Bis dahin waren etwa 70 000 Menschen ausgesiedelt und vorwiegend in Provinzen der »Ostmark« zwischen Vorarlberg und Kärnten untergebracht worden.

Auch unter denen, die für eine Aussiedlung gestimmt hatten, schwand die Bereitschaft, ihre Täler und Berge zu verlassen, unter dem Einfluß der Kriegsentwicklung rapid dahin. »Die allgemeine Stimmung im Lande ist [...] so, daß kein Mensch an die endgültige Abwanderungsnotwendigkeit glaubt. [...] Wie ich schon früher zum Ausdruck gebracht habe, glaube ich, daß ein Wort des Führers später genügen wird, um die Umsiedlungsfreudigkeit wieder zu heben.«[10]

Das Wort des Führers vom September 1943 in der Form einer Führeranordnung beendet die Umsiedlungsfreudigkeit gänzlich, weil es die Verhältnisse zwischen den Volksgruppen umkehrt. Ab sofort steht nicht mehr eine deutsche Minderheit unter italienischer, sondern eine italienische Mehrheit unter deutscher Herrschaft. Die Provinzen werden unter der Tarnbezeichnung »Operationszonen« vom italienischen Staatsgebiet nicht de jure, aber de facto abgetrennt. Der Begriff soll vortäuschen, daß es sich bei dem Landraub um eine für die Kriegführung unumgängliche Maßnahme ohne politische Relevanz handle. Das kommt auch im Text der Führeranordnung vom 10. September 1943 zum Ausdruck.

»[...] Das von den deutschen Truppen besetzte italienische Gebiet gliedert sich in:

1) Operationszonen

2) das übrige besetzte Gebiet (im folgenden ›besetztes Gebiet‹ genannt).

[...] Die Grenzen der Operationszonen werden nach militärischen Gesichtspunkten bestimmt. Die Gebiete des Apennin sowie *die italienischen Küsten und Alpengebiete* [Hervorh. v. Verf.] sind hiernach Operationszonen.

[...] Die Obersten Kommissare in der Operationszone ›Adriatisches Küstenland‹, bestehend aus den Provinzen Friaul, Görtz, Triest, Istrien, Fiume, Quarnero, Laibach, und in der Operationszone ›Alpenvorland‹, bestehend aus den Provinzen Bozen, Trient und Belluno, erhalten die grundsätzlichen Weisungen für ihre Tätigkeit von mir.

gez. Adolf Hitler / Keitel / Lammers«

Noch am selben Tag verständigt Lammers, der Chef der Reichskanzlei, Himmler von diesen Maßnahmen und macht ihn ausdrücklich darauf aufmerksam, daß die Italiener davon nichts erfahren dürfen. Eine »Ergänzungsordnung des Führers« ernennt den Gauleiter von Tirol, Franz Hofer, zum Obersten Kommissar der Operationszone »Alpenvorland« (mit Südtirol als dem wirtschaftlich wichtigsten Kerngebiet), den Gauleiter von Kärnten, Dr. Friedrich Rainer, zum Obersten Kommissar in der Operationszone »Adriatisches Küstenland«.

Die Obersten Kommissare regieren ihre Provinzen bis Kriegsende, und alle ihre Maßnahmen sind mit Zustimmung der Reichsregierung, nicht aber in jedem Fall mit Zustimmung des Reichsbevollmächtigten Rahn darauf gerichtet, »ihre« Länder gegen das »Duce-Italien« abzuschotten und zu germanisieren, was nicht heißt, daß sie nicht zugleich darauf bedacht wären, einen Sonderstatus auch dem übrigen Reichsgebiet gegenüber aufrecht zu erhalten. Sie erweisen sich als erstaunlich geschickt — Hofer noch mehr als Rainer —, aus dem Umstand, daß der Anschluß an das Reich noch nicht offiziel verkündet wird, für die eigene Macht und Herrlichkeit Nutzen zu ziehen.

Die Grenzen nach Süden werden dichtgemacht und Ein- und Ausreisende sorgfältig kontrolliert. Den Italienern wird die Aushebung von Rekruten in den Operationszonen und jede zentrale Leitung quasistaatlicher Einrichtungen wie Post, Bahn, Fernmeldewesen untersagt. Die Zeitungen des faschistischen Italien werden an der neuen Grenze zensiert und oft nicht hereingelassen, die in den Operationszonen erscheinenden Presseerzeugnisse in italienischer Sprache sind praktisch übersetzte deutsche Produkte. Italienische Straßenschilder verschwinden. Das faschistische deutschsprachige *Bozener Tageblatt* läßt Hofer einstellen und durch eine Lokalausgabe der *Innsbrucker Nachrichten* ersetzen, mit dem Namen *Alpenzeitung*.

In der Operationszone »Adriatisches Küstenland« ergeben sich spezielle Probleme aus der Bevölkerungsstruktur. Dort leben Deutsche, Italiener sowie Slowenen bzw. Kroaten, vor allem in jenen Teilen, die heute zu Jugoslawien gehören und auch nach 1945 noch heftig zwischen Rom und Belgrad umstritten waren. Nationale Italiener, ob Faschisten oder nicht, sehen sich zwischen zwei Mühlsteinen, dem deutschen und dem slawischen, und verdächtigen das Regime des Obersten Kommissars proslawischer Sympathien, weil es sie hindert, ihre antislawische Propaganda weiterzubetreiben. Doch Rainer kann in seiner Provinz keinen Volksgruppenstreit brauchen.

Die seit Jahrhunderten waffenfreudigen Südtiroler, unter Franz Hofer des Andreas Hofer inbrünstiger gedenkend als seit 1810 — dem Jahr, in dem er »zu Mantua in Banden« erschossen wurde —, gehen an die Aufstellung eines militärisch gedrillten Heimatschutzes. Hofer hätte am liebsten seine eigene Privatarmee, scheiterte aber am Widerspruch der SS; mit der Unterstützung Himmlers läßt General Wolff in Südtirol ein SS-Regiment aufstellen.

Die Obersten Kommissare gewöhnen sich an, ihre Anliegen unter Umgehung Rahns unmittelbar entweder Bormann oder Himmler zuzuleiten und schicken nicht einmal in allen Fällen Kopien ihrer Eingaben an den Reichsbevollmächtigten. Da Rahn dafür zu sorgen hat, den Schein aufrechtzuerhalten, er sei nicht Mussolinis Vorgesetzter, sondern nur Botschafter bei der neofaschistischen Regierung, versucht er, die Obersten Kommissare zu einem etwas diplomatischeren Verhalten zu veranlassen. Am 9. Oktober berichtet er seinem Minister: »[. . .] Hofer hat zugesagt, politische und organisatorische Maßnahmen in Südtirol in einer Form zu treffen, die das Prestige des Duce und seiner Regierung möglichst wenig berührt. Er wird in dieser Richtung ständig Fühlung mit mir halten und einen Verbindungsmann zu meiner Dienststelle abstellen. Für die vor der italienischen Seite geheimzuhaltende Finanzierung seiner Dienststelle in italienischer Währung werde ich Sorge tragen.« Auf den Inhalt des letzten Satzes wird später noch genauer einzugehen sein. (Tatsächlich besteht der letzte Zusammenhang zwischen dem Italien des Duce und den Italien geraubten Operationszonen darin, daß die italienische Regierung deren Verwaltungsapparat bezahlen muß, während die in diesen Gebieten aufkommenden Steuern nicht mehr an sie abgeführt werden.)

Die Hoffnung, Gauleiter Hofer werde sich nun künftig mit seinen Maßnahmen über Rahn an den Duce und dessen Regierung wenden, trügt. Elf Tage später muß der Reichsbevollmächtigte sich wieder mit der leidigen Unbotmäßigkeit der Gauleiter beschäftigen: »Ich habe die Gauleiter Hofer und Rainer zur Besprechung hierher gebeten. Bei sämtlichen Verordnungen der Gauleiter steht grundsätzliche Frage zur Diskussion, ob mehr oder weniger verhüllt die Annexion dieser Provinzen zum Ausdruck gebracht werden soll. Meines Erachtens sollte dies der Zeit nach dem Sieg vorbehalten bleiben. Ich werde den Gauleitern vorschlagen, daß sie sich auf Verordnungen beschränken, die eindeutig deutsche kriegswichtige Entscheidungen betreffen und alle anderen Verordnungen durch meine Vermittlung von der italienischen Regierung zeichnen lassen. In der sachlichen Auswirkung tritt dadurch keine Änderung ein, aber es wird wenigstens nach außen das Gesicht gewahrt und feindlicher Propaganda der Wind aus den Segeln genommen. [. . .] Ich werde mich um eine freundschaftliche Regelung bemühen und bitte, bei den Besprechungen in Berlin in derselben Richtung zu wirken.   Rahn.«

Die Gauleiter aber sorgen dafür, daß ihre Gebiete eben nicht mehr italienischer Boden sind. Nach einem Siegfrieden hätten also zum Deutschen Reich, einmal abgesehen von seiner Vorherrschaft zwischen Atlantik und Ural, Triest, Venedig und die Inseln des Quarnero gehört, die Grenze zwischen Deutschem Reich und Italien wäre vom Brenner nach Trient verlegt worden.

Für alle diesbezüglichen Pläne bedeutet die Wiedereinsetzung Mussolinis doch ein gewisses Hemmnis mindestens hinsichtlich der Formen, in denen sich der kalte Landraub vollzieht. Goebbels hat das richtig erkannt: »So sehr ich von der Befreiung des Duce menschlich berührt bin, so skeptisch beurteile ich die Frage politisch. Solange der Duce nicht da war, war für uns die Chance gegeben, in Italien tabula rasa zu machen. Wir konnten ohne jede Rücksicht und fußend auf dem grandiosen Verrat des Badoglio-Regimes die Fragen zur Lösung bringen, die bezüglich Italiens anstehen. Ich hatte mir gedacht, daß, ganz abgesehen von Südtirol, unsere Grenze eventuell noch bis Venetien vorverlegt würde. [. . .] Wir werden [mit Mussolini, Anm. d. Verf.] schon die größten Schwierigkeiten haben, überhaupt Anspruch auf Südtirol zu erheben.«[11]

Es regelt sich einfacher — es werden keine Ansprüche erhoben, es werden Fakten geschaffen.

Minister und Residenz gesucht

Als wir Mussolini verlassen haben, um die italienische Armee auf ihrem Leidensweg durch die deutschen Lager in Polen zu begleiten, war er erst ein paar Tage zuvor vom Gran Sasso heruntergeholt worden und befindet sich nach kurzem Aufenthalt im Führerhauptquartier im oberbayrischen Domizil des Baron Hirschberg.

Der Apparat auf dem kleinen Mahagonischreibtisch der Baronin ist, wie erwähnt, an das A-Telefonnetz der Reichsführung angeschlossen worden — es ist die einzige und letzte Konzession, an der Mussolini erkennen kann, daß man ihn regieren lassen will. Er kann sich mit allen Dienststellen im Herrschaftsgebiet der Deutschen verbinden lassen, auch mit der Botschaft in Rom. Das Telefon erlaubt ihm, sich noch als »Duce« zu fühlen, es macht das Schloß im Tannenwald zu einer Miniaturausgabe des Palazzo Venezia. Von hier aus beginnt der Duce, von Anfuso unterstützt, eine neue Regierung für das ihm versprochene, in seinen Grenzen noch nicht festgelegte Restitalien zusammenzusuchen, in Konkurrenz zur königlichen, die unter der mißtrauischen Überwachung englischer und amerikanischer Generäle in Brindisi auch nur eine Scheinexistenz führt.

Anfuso würde gern Außenminister werden, aber Mussolini bestimmt ihn zum Botschafter beim Großdeutschen Reich, in kluger Erkenntnis, daß er in Berlin den besten Diplomaten braucht, über den er noch verfügt. Damit übernimmt Anfuso die einzige von der RSI noch zu vergebende politisch-diplomatische Mission, die nicht nur mit rein repräsentativen Aufgaben beschäftigt wird.

Mussolini sieht ein, daß er seinen Vorsatz, erst mit einer kompletten Regierungsmannschaft nach Italien zurückzukehren, nicht durchführen kann. Nun stellt sich die Frage: Wohin mit ihm? Und da seine künftigen Bewacher sich noch nicht für einen »Regierungssitz« entschieden haben, wird ihm nahegelegt, nach Rocca delle Caminate zu gehen, wohin es ihn doch schon am Tage seiner Absetzung gezogen habe.

Rachele leiht sich reihum Geld und kann ihm 15 000 Lire mitgeben. Wolff erwartet ihn in München und steigt mit ihm in die Maschine, die Mussolini selbst über die Alpen steuert. Gegen Mittag landet er auf der vertrauten Piste von Forlì.[12]

Die SS hat Wagen bereitgestellt. In ihnen geht es das anfänglich breite, flache Tal hinauf, wo zur Linken, damals noch ganz vereinsamt, die Villa Carpena liegt, Donna Racheles privater Besitz, den sie als Witwe bis zu ihrem Tod im Jahr 1980 bewohnen wird. In weit ausschwingender Kurve führt die Straße zu dem bewaldeten Gipfel hinauf, auf dem die Burg mit Mauern und Turm über die Baumkronen hinausragt, ein Wahrzeichen in der bergigen Landschaft weitum.

Vor dem Tor präsentieren nicht Bersaglieri oder Milizsoldaten das Gewehr, sondern SS-Männer mit weißem Koppelzeug. Wolff deutet auf sie mit einer Bewegung, als stelle ein Conferencier dem Publikum die nächste Nummer vor, und erklärt dem Duce, sie stünden hier auf besonderen Befehl des Führers, der ihn, seinen Freund, auf diese Weise zu ehren wünsche. Diese derart verzuckerte Pille schluckt Mussolini, nimmt die Bewachung ohne Protest hin, tut so, als fühle er sich wirklich geschmeichelt.

Mussolini betritt sein verödetes Haus; seit dem 25. Juli hat er sich danach gesehnt, sich als Privatmann in dieses Refugium zurückziehen zu dürfen. Jetzt wird Rocca für ein paar Tage Residenz, hier findet sich in den nächsten Tagen seine Regierung zusammen. Kaum in seinem Zimmer, telefoniert Mussolini mit Sohn Vittorio in Rom und hört: Papa, hier klappt überhaupt nichts. Ricci hat einen Aufruf erlassen, es sollen sich Freiwillige für die Miliz melden. Weißt du, wie viele sich gemeldet haben von ungefähr einer Million? Fünfzehn Mann!

Mussolini bittet Wolff zu sich: Was sollen wir tun? Wolff könnte antworten: Exzellenz, machen Sie sich keine Sorgen, das läuft schon alles; aber er behält sein Wissen für sich. Ich fliege jetzt sofort nach Rom weiter, Duce, sagt er und braust nach Forlì zurück. Zwei Stunden später ist er in der Villa Wolkonsky, wo Rahn, von Ribbentrop hart bedrängt, gerade einen Gewaltstreich durchgeführt hat. Schon am Abend zuvor, Mussolinis letztem in Hirschberg, hat er um 18.25 Uhr in einer »Geheimen Reichssache« »für Herrn Reichsaußenminister persönlich« berichtet: »Bedauerliche Schwäche und Zerfahrenheit des faschistischen Elements in Rom und die Tatsache, daß mehrere für Ministerposten vorgesehene Anhänger des Duce wieder schwankend werden, es Ricci bisher auch nicht gelungen ist, Mitglieder für die Miliz zu werben, halte ich es für notwendig, die neue faschistisch-republikanische Regierung sofort zu proklamieren und habe daher folgendes veranlaßt:

Morgen, 23. September, 11 Uhr 45, wird sich der deutsche Stadtkommandant in Rom, General Stahel, zu dem römischen Stadtkommandanten General Calvi di Bergoli ins Kriegsministerium begeben, wohin auch führende Offiziere der Division Piave bestellt werden. Es wird diesen Herren mitgeteilt, daß der Duce eine neue Regierung gebildet habe, und ihnen die Frage vorgelegt, ob sie bereit seien, sich dieser Regierung anzuschließen. Diese Frage wird verneint werden. General Stahel wird ihnen dann in höflicher Form mitteilen, daß sie damit ihrer Funktionen entkleidet seien und unter deutschem Schutz mit ihren Familien nach Norden transportiert würden, wo ein angenehmer Aufenthalt für sie vorbereitet sei. Zur gleichen Zeit, 11 Uhr 45, werden der Polizeipräsident

Senise und der Polizeigeneral Lemnaffa von einem SS-Kommando in Haft genommen und ebenfalls nach Norden abtransportiert. Um 12 Uhr erfolgt die Veröffentlichung der Regierungsproklamation durch Rundfunk. Ebenfalls um 12 Uhr werden die von mir bei den einzelnen Ministerien eingesetzten Kommissare in der Botschaft versammelt. Ich werde ihnen mitteilen, daß eine neue Regierung gebildet worden sei, die ihren Sitz in Norditalien nehme. Der römische Raum liege im Kriegsgebiet. Sie hätten ihre Funktionen weiterhin auszuüben, wer den Dienst verweigere, müsse in Haft genommen werden. Über die Zusammenarbeit zwischen ihnen und der neuen Regierung würden weitere Beschlüsse bekanntgegeben. [...] Mit den deutschen militärischen Stellen, Obergruppenführer Wolff und Herrn Pavolini besteht Einvernehmen über diesen Plan.

Es ist notwendig, daß die neue Regierung, die sich im Augenblick hier noch keine Autorität wird verschaffen können, so bald als möglich nach Nord-Italien übersiedelt, da vermieden werden muß, daß Polizei und Beamtenschaft in passive Resistenz treten.«

So sind es die Deutschen, die Mussolinis Regierung formieren; die Deutschen, die auch seinen Verteidigungsminister aussuchen, Marschall Graziani: Er »war eben von einem Landaufenthalt gekommen und weilte in Rom in seiner Wohnung. Er empfing den Besuch von Barracu, Mezzasoma und Pellegrini, die im Namen der faschistischen Parteiführung den ersten Versuch machten, ihn zu überreden, das Ministerium der nationalen Verteidigung zu übernehmen. Graziani sagte zunächst nein, ließ sich dann aber dazu bringen, in die Botschaft zu kommen, wo ihn von deutscher Seite Rahn und Obergruppenführer Karl Wolff [...] und von italienischer Seite Buffarini und Pavolini erwarteten.

Graziani wurde sofort hereingeführt. Es war an Rahn, die Unterhaltung zu führen, als Dolmetscher fungierte SS-Sturmbannführer Wenner. [...] [Rahn:] Er sei sich klar darüber, daß die Mehrheit das Verhalten der Badoglio-Regierung mißbillige. Es sei aber nötig, Hitler das klar vor Augen zu führen, denn sein Zorn und seine Verstimmung seien noch nicht besänftigt. Wenn ihm nicht der Beweis geliefert würde, daß die italienische Kapitulation nur einer kleinen Camarilla zuzuschreiben sei, sei er entschlossen, Italien wie ein erobertes Land, genauso wie Polen, zu behandeln. Das müsse auch im Interesse des italienischen Volkes unter allen Umständen verhindert werden. Um die neue Regierung zu bilden war Mussolini da, gewiß, aber das genügte nicht, es war nötig, daß auch andere prominente Italiener sich neben den Duce stellten. Die Persönlichkeit und der Name von Marschall Graziani würde viel dazu beitragen, die feindliche Stimmung Deutschlands gegen Italien zu beseitigen. Graziani antwortete: Als Italiener beklage ich die Kapitulation und verurteile sie, als Soldat bin ich durch sie erniedrigt und verletzt. Trotzdem glaube ich, für die Mission, die man mir anvertrauen will, nicht geeignet zu sein. Ich bin kein Politiker, und ich fühle mich an den Eid gebunden, den ich dem König geleistet habe. Der Botschafter [...] erwiderte, daß der Hinweis auf das dem König gegebene Wort ihm nicht sehr überzeugend erscheine, denn seiner Auffassung nach war es gerade der König, der sein Wort gebrochen hatte, indem er Offiziere und Truppen im Stich ließ. [...] Badoglio habe [...] durch die Art der Kapitulation Italien in einen moralischen und materiellen Abgrund gestürzt. Es liege an Graziani, Italien von den anglo-amerikanischen Eindringlingen zu befreien und die Ehre des Landes wiederherzustellen. Während Graziani noch immer unschlüssig blieb, kam ein Sekretär in das Amtszimmer des Botschafters und erinnerte daran, daß keine Zeit mehr zu verlieren war, wenn man, wie vorgesehen, die Kabinettsliste der neuen Regierung im Rundfunk veröffentlichen wollte.

Rahn wandte sich nun abermals an Graziani und sagte ihm, daß der Moment gekommen sei, eine Entscheidung zu treffen. Er wiederholte ihm, seine Zustimmung bedeute, für Italien alles zu retten, was noch zu retten war. Daraufhin entschloß sich Graziani endlich, ja zu sagen, und so wurde die erste Regierung der Sozialen Republik Italien endgültig konstituiert.«[13]

Mussolinis Privatsekretär Dolfin sieht in Graziani die Symbolfigur für das Regime von Salò, wichtig für die Rückgewinnung eines gewissen Selbstgefühls bei seinen Ministern und Staatssekretären und für die Erneuerung jenes faschistischen Innenklimas, bestimmt von aufgesetzter Schneidigkeit und natürlich wirkendem Pathos, den Gerarchen wohl vertraut. Dolfin schreibt: »Vor allem in der ersten Phase der Republik gilt Marschall Graziani als Verkörperung des Mussolinischen Konzepts. Die Grundideen Mussolinis besaßen in der Sozialen Republik Symbolcharakter: Unabhängig von persönlicher Mißgunst kam darin eine antibadoglianische Tendenz zum Ausdruck, die [...] der Sehnsucht der einflußreicheren Italiener nach einer militärischen Sicherung des Vaterlandes und nach Wiedererlangung der verlorenen Ehre mehr gerecht wurde; man konnte nicht nur im Namen des Faschismus handeln, sondern im Namen des Gesamtstaates Italien, vereint im gemeinsamen Stolz auf seinen ehemaligen Ruhm, seine gegenwärtigen Rechte, seine zukünf-

tigen Ziele. Deswegen galt Graziani [. . .] nach Mussolini als der einfluß-
reichste und repräsentativste Politiker der Republik.«[14] Grazianis
Deutschfreundlichkeit ist man beim SD nicht ganz sicher.

Ist er als Verantwortlicher für den Aufbau einer neuen faschistischen
Armee für das Ansehen der RSI wichtig, so wird es der Innenminister für
deren Existenz. Jedermann ist klar, daß das faschistische Regime unter
deutscher Aufsicht nur mit einer minimalen Unterstützung in der Bevölkerung rechnen kann, eben deshalb, weil es erstens faschistisch und
zweitens eine deutsche Agentur ist. So muß der Innenminister eine Persönlichkeit sein, an deren prodeutscher Haltung kein Zweifel erlaubt ist.
Er muß aber auch in der Lage sein und — was mehr wiegt — die praktische
Erfahrung besitzen, eine schlagkräftige Polizei aufzubauen, die mit dem
passiven Widerstand der kriegsmüden Italiener fertig wird und sie, wenn
schon nicht zum Kämpfen, so wenigstens zum Arbeiten anzuhalten vermag. Auf wen Mussolinis Wahl gefallen wäre, läßt sich nicht sagen, denn
er wird nicht gefragt. Auch dieser Posten wird in Rom besetzt.

Neben Rahn geht Pavolini, der sich als Mussolinis Stellvertreter gebärdet, auf Ministersuche. Der Dritte in diesem ungleichen Bund ist Dollmann. Wie wenig es auch zutrifft, wenn er sich (in Gesprächen mit dem
Verfasser) als der eigentliche Macher der »Regierung von Salò« hingestellt hat, so kommt ihm doch zweifellos eine entscheidende Rolle bei
der Auswahl des künftigen Innenministers zu. Er sorgt dafür, daß sein
alter Kumpel Buffarini-Guidi berufen wird, womit der dicke, durchtrie-
bene Pisaner, ehemaliger Staatssekretär im Innenministerium, wieder in
eine Position kommt, die ihm erlaubt, seine Patschhände lässig in die
Staatskasse zu tauchen, die mit Hilfe einer Banknotendruckerei in Verona immer wieder gefüllt werden wird. Über diesen letzten »Renaissan-
cemenschen« (Anfuso) berichtet Kaltenbrunner seinem Führer: »Der
heutige Innenminister Guidi Bufarini [offenbar hält Kaltenbrunner
Guidi für den Vornamen — der Guido lautet, Anm. v. Verf.] ist leiden-
schaftlicher Kartenspieler [. . .] Es war üblich, daß die italienischen Ban-
kierskreise mit Bufarini und seiner Geliebten hoch gepokert haben, um
auf diesem Wege Geschäfte zu machen und ihm Geld zuzuführen. Bufarini ist überzeugter Faschist. Auch an seiner Deutschfreundlichkeit wird
nicht gezweifelt.«

Kaltenbrunner schreibt den Namen falsch mit einem »f« und scheint
nicht einmal zu wissen, daß Dollmann ein enger Vertrauter dieses »Bufarini« ist, denn sonst hätte er vielleicht bei seinem SS-Kameraden über ihn
Erkundigungen eingezogen. Aber es gibt auch unter den noch für Mus-

solini arbeitenden Faschisten in Rom keinen, der dem SD nicht zutreffendere und gewichtigere Informationen hätte liefern können.

Mit Graziani und Buffarini-Guidi ist die Regierung im wesentlichen komplett. Die ausgewählten Herren setzen sich nach Norditalien in Bewegung, von nur wenigen Mitarbeitern begleitet. Am 27. September 1943 kommen sie auf Rocca unter Mussolinis Vorsitz zur ersten Kabinettssitzung zusammen. Aus der Runde sei noch Fernando Mezzasoma erwähnt, weil er eine gewisse Rolle bei der geistigen Erneuerung des Faschismus spielt; sie ist bedeutender als die des Parteisekretärs Pavolini, der nur die alten Texte herbeten kann, wohingegen Mezzasoma Verständnis und eine ganze Menge Verstand für die Sozialisierungsideen des späten Mussolini aufbringt. Über nichts weiß er wortreicher zu sprechen als über die Wiedergeburt der Partei.

Hat die Presse des Reiches Mussolinis Rückkehr schon unmittelbar nach seiner Münchner Rede gefeiert (datiert: Berlin, 19.9.; die *Deutsche Allgemeine Zeitung* hat am 20. September die Schlagzeile gebracht: »Die Zügel wieder in der Hand«), so lautet jetzt die für alle Blätter verbindliche Formel: »Mussolini regiert.« Die Artikel und Kommentare geben vor, in Rom abgefaßt zu sein, um den Eindruck zu erwecken, der Duce befinde sich wieder in seiner Hauptstadt. Der Ort, an dem die Kabinettssitzung stattfindet, wird verheimlicht. Es seien, heißt es, »mehrere Beschlüsse sozialer Art gefaßt [worden], aus denen, wie Mussolini bei den Besprechungen betonte, die Verbundenheit der faschistischen republikanischen Regierung mit den arbeitenden Massen klar hervorgehe«.

So vorsichtig werden Mussolinis Sozialisierungsideen angesprochen. Bei Dolfin heißt es deutlicher: »Die jetzige Regierung hat als wichtigste der vor ihr liegenden Aufgaben die Vorbereitung der verfassunggebenden Versammlung vor sich, die dem Parteiprogramm durch die Konstituierung einer faschistischen Republik die richtige Würde verleihen wird. Noch ist es verfrüht, Einzelheiten verlauten zu lassen in einer so schwerwiegenden und delikaten Angelegenheit, aber es lassen sich doch bereits zwei grundlegende Prinzipien bei dieser ersten Zusammenkunft festlegen: Die Republik soll, politsch gesehen, eine Einheit bilden, während ihre administrative Struktur dezentralisiert sein soll, und sie wird einen ganz besonders ausgeprägten sozialen Charakter haben, derart, daß sie die soziale Frage zumindest in ihren krassesten Aspekten lösen kann. Sie soll also dazu in der Lage sein, die Stellung, die Funktion und die Verantwortlichkeit der Arbeit in einer wahrhaft modernen Gesellschaft festzulegen.«[15]

Hitler »anerkennt« die von ihm befohlene Regierung: »An den Chef der Faschistischen Republikanischen Regierung Italiens, Herrn Benito Mussolini, Rom.

Duce!

Mit Freude und Genugtuung habe ich Ihre Mitteilung von der Gründung der Faschistischen Republikanischen Regierung Italiens erhalten. Ich beehre mich, Ihnen, Duce, mitzuteilen, daß die Regierung des Großdeutschen Reiches die von Ihnen gebildete neue Faschistische Republikanische Regierung Italiens anerkannt hat und entschlossen ist, in treuer Bundesgenossenschaft Seite an Seite mit ihr den Krieg bis zum siegreichen Ende zu führen.   Adolf Hitler«[16)]

Hitlers Telegramm wird dem Adressaten am 26. September auf Rocca durch Rahn überreicht, der sich dort zu einem Gespräch unter vier Augen eingefunden hat, alarmiert von zunehmend kritischeren Anrufen Mussolinis, der gerade in der Sitzung mit seinen »Ministern« deprimierende Eindrücke von der Situation in Rom gewonnen hat.

Rahn berichtet noch am selben Abend in schriftlicher Form dem Auswärtigen Amt über das lange Gespräch und nennt Gardone am Gardasee als den Ort, an dem er schreibt. Dieser Angabe kommt weitreichende Bedeutung zu; aus ihr ist zu schließen, daß Rahn am Vormittag des 26. September vermutlich von Verona aus nach Forlì geflogen ist, Mussolini auf seiner Burg besucht hat, wieder über Forlì nach Verona zurückgekehrt ist und sich von dort aus mit dem Wagen an den Gardasee hat bringen lassen. Die Ortsangabe »Gardone« liefert den schlüssigen Hinweis darauf, daß die Entscheidung für den Gardasee als »Regierungslandschaft« — Regierungsort wäre zuviel gesagt — schon gefallen ist, nachdem Rahn ja bereits am 11. oder 12. September einen kleinen Stab seiner Botschaft dorthin vorausgeschickt hat.

Rahn sitzt stundenlang mit Mussolini zusammen — sagt er ihm, was beabsichtigt ist? Kein Wort — der deutsche Vormund hält sich an Hitlers Gebot, niemand dürfe irgend etwas erfahren, was er nicht unbedingt erfahren müsse bzw. bevor er es unbedingt erfahren müsse.

Zeitungslektüre und Gespräche vermitteln Mussolini noch während seines Aufenthalts auf der Burg endlich ein realistischeres Bild von dem Italien, von dem er glaubt, es mit deutscher Generalvollmacht leiten zu dürfen. Ein realistisches Bild davon, was die Deutschen eigentlich mit ihm vorhaben, gewinnt er noch nicht. Das Programm, das er vor Rahn entwickelt, ist utopisch. Belehrung darüber wird ihm erst nach und nach zuteil, in dem Maße, in dem er versuchen wird, es zu verwirklichen. Das ist von Rocca aus unmöglich, er muß in eine Stadt umziehen, in der auch die einzelnen Ministerien untergebracht werden können. In welche? Nein, eine Stadt darf es nicht sein, sagen die Deutschen und begründen es damit, jede Stadt, die zum Regierungssitz erhoben würde, zöge die feindlichen Bomberflotten vermehrt auf sich. Mussolini entgegnet, es würde ohnehin jede Stadt bombardiert, und er müsse doch im Kontakt mit dem Volk die Republik aufbauen.

Er denkt noch in den Kategorien der Diktatur, glaubt, auf ihr quaside-mokratisches Element nicht verzichten zu können: die Mobilisierung der Massen durch einen Führer und seine Propaganda. Für die Deut-schen hat diese Vorstellung etwas Alptraumartiges, denn eine wie immer zustande gekommene plebiszitäre Legitimation würde der neuen Mus-solini-Regierung vielleicht soviel Autorität verleihen, daß sie sich in einem sachlichen Konflikt mit der Besatzung einfallen lassen könnte, den Gehorsam zu verweigern.

Eine tiefe Verunsicherung erfaßt Mussolini, als er auf klare Fragen keine oder nur ausweichende Antworten bekommt. Am 27. September ent-wirft er — nach seiner Gewohnheit eigenhändig — einen langen Brief an den Führer, in dem er vorschlägt, die deutsch-italienischen Beziehungen in Zukunft zu verbessern, jetzt, wo es eine neue italienische Regierung gibt. Doch seine Ausführungen sind fast ein Monolog mit sich selbst, in dem er darüber meditiert, ob »eine verbohrte geistige Voreingenom-menheit den Verbündeten daran hindern würde, die gegenseitigen Beziehungen auf eine Basis des Vertrauens und des Respektes gegenüber der staatlichen Hoheit der Republik zu stellen«[17]. Er schreibt ins Leere. Wochen vergehen, bis Hitler sich seinerseits zu einem Brief aufschwingt. Nicht grundlos befürchtet Rahn, Mussolini sei nahe daran, mit seiner ganzen Regierung zurückzutreten, und zieht alle Register seiner beacht-lichen Beredsamkeit, um einen solchen Schritt zu verhindern. Auch kann nun nicht länger die Entscheidung darüber aufgeschoben werden, wohin die Regierung gebracht werden soll. Nach und nach bringen Rahn und Wolff ihrem Schützling bei, daß er irgendwo in Norditalien regieren soll. Offenbar wird vorübergehend nicht nur an den Gardasee gedacht. Wer auf das Städtchen Belluno nördlich von Venedig kommt, läßt sich nicht mehr nachweisen, wohl aber, daß es in Erwägung gezogen wird; von Rom aus meldet Rahn am 30. September: »Übersiedlung italienischer Regierung nach neuem Regierungssitz, voraussichtlich Belluno, erfolgt in etwa 1 Woche. Technischer Apparat wird erst nachgezogen, wenn Unterkünfte durch Häuserbeschlagnahme und Barackenbau sichergestellt. Unterbringung diplomatischen Korps in Belluno unmöglich. Erbitte Weisung, ob diplomatisches Korps zunächst in Venedig Sitz nehmen kann, in welchem Fall ich Verbindungsmann dorthin abstellen würde.«

Während die deutsche Botschaft noch an Belluno festhält und Moellhausen erst am 7. Oktober dem Auswärtigen Amt meldet, der Ort komme nicht in Frage, »da Unterbringung von Dienststellen, Personal und Familien durch dortigen deutschen General abgelehnt«, hat sich das Ministerbüro Ribbentrop zusammen mit Rommel, dem ganz Oberitalien noch militärisch untersteht, schon längst für den Gardasee entschieden. Das Tarnwort für dieses Projekt lautet »Gisela«.

Das SS-Idyll am Gardasee

Das Himmelbett

Am Freitag, dem 8. Oktober 1943*, gegen Mittag, verläßt Mussolini, begleitet von Ricci und seinem Neffen Vito, die Burg, die er nur für kurze Besuche wiedersehen wird. Sein Privatsekretär Dolfin bleibt zurück, um das Aktenmaterial, das sich in den Wochen seit Hirschberg angesammelt hat, zu ordnen und den Kontaktleuten der verschiedenen Ministerien, für die noch keine Standorte bestimmt sind, auszuhändigen. Dolfin soll in ein paar Tagen nachkommen und fragt den Chef: Wohin? Mussolini zuckt die Achseln: Man sagt es mir nicht, irgendwo am Gardasee, fragen Sie sich durch. Dolfin reist am 11. Oktober ab, unterwegs wird er beinahe verhaftet, als er sich erkundigt, wo sich Mussolini aufhält; alle Straßenposten und -streifen haben Befehl, niemandem gegenüber den Aufenthaltsort des Duce zu erwähnen; und die meisten wissen auch gar nicht, wo er ist.

Die Fahrt geht über Forlì und Bologna nach Verona, wo SS-Obergrup-

* In den verschiedenen Darstellungen variiert dieses Datum um mehrere Tage. Vor dem Verfasser liegt Rahns Telegramm Nr. 30 vom 9. Oktober 1943, 14.15 Uhr, in Fotokopie: »Citissime! Für Herrn Reichsaußenminister, Duce gestern abend an seinem neuen Wohnsitz in Gargnano eingetroffen.« Wenn nach so vielem Hin und Her ein Mensch über Mussolinis Verbringung an den Gardasee Bescheid wissen mußte, dann Rahn.

penführer Wolff den Duce erwartet. Adjutanten und Leibwächter, alles in allem etwa ein Dutzend Männer, verteilen sich auf vier schwere Wagen, die beiden deutschen — in einem sitzen Mussolini und Wolff hinter dem Fahrer — haben die Kennzeichen der SS. Das Faltdach ist geschlossen, Mussolini soll nicht erkannt werden. Er wird für sein Volk ein Gespenst ohne Adresse.

Die Straße umrundet in weitem Bogen das bauchige Südende des Sees, stößt bei Desenzano an sein westliches Ufer — Millionen Touristen, vor allem Deutschen, wohlbekannt. Sie entfernt sich noch einmal für ein paar Kilometer vom Ufer, erreicht es aufs Neue bei der schmalen Bucht, die vom Städtchen Salò umrahmt ist, um es dann nicht mehr zu verlassen. Militärposten auf Motorrädern, stahlhelmbewehrt, mit den metallenen Schilden auf der Brust, die an Halsketten hängen und ihnen den Namen Kettenhund eingebracht haben, fahren voraus und winken entgegenkommende Fahrzeuge zur Seite. Mussolini beobachtet mit Erstaunen, daß es sich vorwiegend um Kranken- und Verwundetentransporte handelt. Außer den mit dem roten Kreuz gekennzeichneten Sanitätskraftwagen, deren Menschenfracht durch die Milchglasscheiben nicht zu sehen ist, begegnen ihnen offene Kleinlaster und andere Behelfsfahrzeuge, auf denen Männer mit Verbänden und ohne solche unter Decken liegen, die schlampig über die niedrigen Bordwände herabzipfeln und den Eindruck erwecken, daß ein eiliger Aufbruch stattfindet. Sind das Soldaten? fragt Mussolini. Teils, teils, antwortet Wolff, ohne sich auf nähere Erklärungen einzulassen. Es dauert Tage, bis Mussolini erfährt, daß die meisten Hotels am See als Notlazarette, einige auch als Kliniken für Tbc-Kranke eingerichtet gewesen waren und nun überstürzt geräumt werden, um für die Unterbringung seiner Regierung und ihres Anhangs Platz zu schaffen.

Durch rotgoldenes Herbstlaub schimmert die Wasserfläche. Auf dem jenseitigen Ufer steigt der Gebirgszug bis über 2000 Meter an. Seine blauen Hänge sind zuoberst bereits schneebestäubt. Schon in der Blütezeit des klassischen Imperiums besaßen Römer Sommervillen am Gardasee, angelockt vom Klima und der üppigen Schönheit der Landschaft. An beidem hat sich in zwei Jahrtausenden nichts geändert. Der Romagnole Mussolini hingegen empfindet den See als einen traurigen Tümpel und seine steilen Ufer als Gefängnismauern: »Seen haben in mir immer das ekelhafte Gefühl der Unausweichlichkeit hervorgerufen, sie führen nirgendwohin, sind nicht Meer, nicht Fluß.«

In einer Viertelstunde wird Gardone erreicht, zwischen Straße und Ufer

ERNIEDRIGT zu Hitlers politischem Spielzeug,
ist Mussolini auch im Duce-Kostüm nur noch ein
gebrochener alter Mann

DIESE LEIDENDE KREATUR
war immer noch heimgesucht
von den Bildern der Glanzzeiten,
besorgt um den Nachruhm

Nummer 40   7. Oktober 1937

46. Jahrgang
Copyright 1937 by Ullstein A.G., Berlin

Berliner
Jlluſtrirte Zeitung

Die welthiſtoriſche Begegnung zwiſchen Adolf Hitler und Benito Muſſolini:
Der Duce und der Führer nehmen auf dem Königlichen Platz in der
Hauptſtadt der Bewegung den Vorbeimarſch der Parteiformationen ab.
Preſſe-Photo

DER SS-STAAT AM GARDASEE

Mussolinis »Außenministerium«, für das
es nichts mehr zu tun gab, lag in Salò, daher
der Name »Republik von Salò«

Die Kriegführung in seinem
Land mußte der Duce
Kesselring überlassen
(ganz rechts:
»Dolmetscher« Dollmann,
Himmlers Agent)

Dorfbewohner beobachten Mussolinis
Aufbruch zum »Regierungssitz« ...

... oder zu Claretta,
die ein paar Kilometer
weiter ihre Tage in
dieser düsteren Villa am
Seeufer verwartet

GRÄFIN EDDA CIANO
geb. Mussolini versuchte ihren Mann zu retten.
Sie hatte dabei eine Verbündete . . .

... DIE AGENTIN DES SD
»Felicitas« (Frau Beetz),
die ihren Gefühlen für den
Grafen mehr gehorchte
als ihrem Spionageauftrag

HITLER ZU GEFALLEN

läßt Mussolini in Verona ein Tribunal der Rache gegen
sechs seiner engsten Gefolgsleute tätig werden, unter
ihnen als Hauptfigur sein Schwiegersohn Graf Ciano (Mitte)

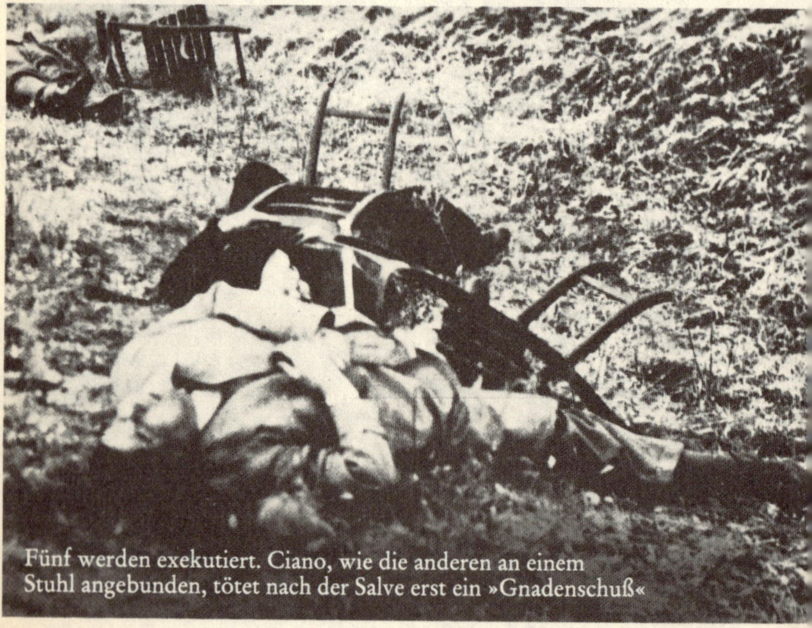

Fünf werden exekutiert. Ciano, wie die anderen an einem
Stuhl angebunden, tötet nach der Salve erst ein »Gnadenschuß«

liegt das riesige, von einem Turm überragte »Grand Hotel«, ein Bau aus dem Jahr 1885. Hier war ich zuletzt 1938 bei der Beerdigung D'Annunzios, sagt Mussolini. Unweit des Ortes liegt hoch über dem See in einer über künstliche Terrassen ansteigenden Parklandschaft »Il Vittoriale degli Italiani«, das Siegesdenkmal der Italiener. Ursprünglich Wohnsitz eines Schwiegersohns von Richard Wagner, hat der Dichter und Nationalheld D'Annunzio daraus zwischen 1921 und 1938 ein alle Stil- und Geschmacksgrenzen sprengendes Freilichtmuseum gemacht, eine Mixtur italienischer Kriegsgeschichte von 1914/18 und eigener Biographie; Bauten und Park sind nach 1945 zur Touristenattraktion geworden. Die Besucher können sich aussuchen, worüber sie mehr staunen wollen, über das kleine Badezimmer, in dem mehr als 300 kunsthandwerkliche Objekte an den gekachelten Wänden hängen, oder über das Vorderteil eines Kriegsschiffes, der »Puglia«, die im Ersten Weltkrieg in der Adria operierte. Um seine eigenen Stücke aufführen zu können, hat D'Annunzio das »Vittoriale« auch mit einem Amphitheater ausgestattet. Das alles war nicht billig. Mussolini hat seinem Kampf- und Gesinnungsgenossen der frühen Jahre Millionen zukommen lassen, getarnt als Subventionen für die Gesamtausgabe seiner Werke. Dergestalt also fährt Mussolini in einem deutschen Militärkraftwagen an einer Stätte vielfacher Beziehungen und uritalienischer Erinnerungen vorbei. Die Totenfeier liegt erst fünfeinhalb Jahre zurück, der Duce befand sich damals auf dem Gipfel von Macht und Ansehen.

In Maderno, wieder ein paar Kilometer weiter, werden Stacheldrahtrollen neben der Straße aufgehäuft, dort, wo eine Straßensperre mit Schlagbaum und kuppelförmig überdachten Schilderhäuschen entstehen soll. Die deutsche Regie macht mit ihren Statisten erste Stellproben, Rommel hat die 750 Mann starke Flakabteilung der Division »Reichsführer SS« an diesen Uferstreifen des Gardasees in Marsch setzen lassen — militärisch gesehen gewiß keine Elitetruppe, politisch absolut zuverlässig. Sie wird bis Frühjahr 1945 das Rückgrat der deutschen Überwachung des Regierungssitzes bilden und die in Kürze gleichfalls hierhin beorderten italienischen Kameraden der neu aufgestellten Miliz, der »Schwarzen Brigaden«, wie Luft behandeln.

Wir sind gleich da, sagt Wolff, nachdem sie einen großzügig angelegten Schloßbau vom Anfang des 18. Jahrhunderts, die Villa Bettoni, passiert haben. Am damaligen, heute von neuen Häusern überwucherten Ortsrand von Gargnano biegen die Wagen von der großen Straße ab, durchfahren auf enger Gasse das romantische Fischerdorf, berühren den klei-

nen Hafen, wo deutsche Soldaten gerade dabei sind, ein Maschinengewehr zwischen Landungssteg und Café in Stellung zu bringen. Nach den
letzten Häusern des Ortskerns steigt der gepflasterte Weg an, beiderseits
von Mauern eingeengt, hinter denen die Traubenernte in vollem Gange
ist. Je tiefer es rechts zum See hinuntergeht, desto steiler und felsiger wird
der Hang. Die Mauern enden, die Weinstöcke auch. Die Wagen tauchen
in den Schatten uralter riesiger Bäume ein. Ein offenes Tor wird von
einem deutschen und einem italienischen Posten bewacht. Der Italiener,
blutjung, trägt zu einer bis dahin im italienischen Heer unbekannten
Phantasieuniform eine schwarze Zipfelmütze, deren Quaste auf seinem
Rücken baumelt. Während der Flaksoldat sein Gewehr am Riemen über
der Schulter trägt, hat der italienische das seine wie ein Baby im Arm.
Unsichere Ansätze zu einem Präsentiergriff bleiben stecken, denn ohne
Halt rollt die Kolonne vorbei.
Der Weg schwingt in einer Haarnadelkurve zwischen dichtem Unter-
holz steil hinab und endet auf einem riesigen Platz, über den die schon
tiefstehende Sonne helle Streifen wirft. Er ist einerseits von der bewaldeten Berglehne, andererseits von der Rückfront eines breit hingelagerten
Gebäudes begrenzt, das über einem hoch aus dem Boden ragenden Souterrain und zwei vollausgebauten Stockwerken sein Dach hinter beton-
gegossenem Zinnenwerk versteckt, das einer mittelalterlichen Ritter-
burg gut anstünde. Über rotgetönten Mauern und französischen Fenstern, hoch und schmal, konnte es ursprünglich nur den Zweck haben,
nagelneuem Reichtum ein traditionelles Gepräge zu geben. Zum säulengeschmückten Eingang im Hochparterre führen ein paar steinerne Stufen hinauf. Mussolini steht vor seiner künftigen Residenz.
Wem gehört das Ding? fragt er und erfährt, es sei Eigentum der Familie
Feltrinelli, die das Haus aber schon seit Jahren kaum benützt habe; sie
verfüge noch über andere Besitzungen dieses Zuschnitts.
Sagt Mussolini der Name etwas? Zu den Stützen seines Regimes hat der
reiche Unternehmer Feltrinelli nicht gehört, der über ein Sammelsurium
von mittleren Betrieben der Holz- und Mühlenindustrie, über enormen
Grundbesitz, Waldungen und Handelsfirmen gebietet. Der Vater des
Mannes, bei dem die Mussolinis zwangseinquartiert werden, war der
Gründer der Firma. Er hat das 34-Zimmer-Haus gebaut und seiner
Schwiegertochter zur Hochzeit geschenkt. Sein Enkel wird nach dem
Krieg den fortschrittlichsten Verlag Italiens aufbauen und schließlich
ein nie ganz aufgeklärtes Ende durch eine Bombenexplosion neben
einem Hochspannungsmast finden: Giangiacomo Feltrinelli. Unter dem

Faschismus stehen die konservativen Eltern dieses kämpferischen linken Intellektuellen dem König näher als dem Duce. Daß er ihren Namen noch nie gehört hat, ist gleichwohl kaum anzunehmen. Er wird jedoch von der Familie, zu deren Zwangsmieter er auf Geheiß von Feldmarschall Rommel werden wird, niemanden zu Gesicht bekommen.

Bei den Säulen des Eingangs, auf der obersten Treppenstufe, steht der nächste deutsch-italienische Doppelposten. Jetzt klappt der Gewehrgriff. Auch über den herrlichen Park, der sich zwischen dem Fuß der steilen bewaldeten Bergwand und dem Seeufer hinzieht, sind bereits Posten mit Maschinenpistolen verteilt. Einer der deutschen Aufpasser an Mussolinis Hof, Fürst Urach, hat berichtet, er habe auf Spaziergängen zwischen Blumenrabatten und gutfrisierten Hecken gepfiffen oder gesungen, um nicht für einen bösartigen Eindringling gehalten und erschossen zu werden.

Stumm betritt der Duce das ungemütliche Haus. Er befindet sich zunächst in einer Vorhalle, von der aus rechts eine Treppe ins obere Stockwerk führt, indes sich links ein Spielzimmer anschließt, in dem ein paar Telefontechniker das Billard mißbraucht und darauf einen von Hand betriebenen »Klappenschrank« gestellt haben, eine interne Schaltanlage; die Leitungen aller Apparate im Haus laufen hier zusammen und können untereinander verbunden werden. Hier werden auch die geheimen Doppelleitungen angeschlossen, die unter Benützung des zivilen Fernsprechnetzes von Gargnano (dessen private Anschlüsse kassiert sind) zur Abhörstelle führen. Das Mobiliar in allen Zimmern ist aus dunklem Holz, schwer und so häßlich wie in den meisten großbürgerlichen Häusern, die in den letzten Jahrzehnten des 19. Jahrhunderts eingerichtet worden sind. Mussolini wird Befehl geben, es dürfe nichts an der Einrichtung verändert und keinerlei Investitionen im Haus gemacht werden.

Im Salon, von der Vorhalle durch Glastüren getrennt, steht ein Flügel. Das Klavier wird Romano freuen, sagt Mussolini. Es ist das erste freundliche Wort, das er auf diesem Inspektionsgang hören läßt. Sein musikbeflissener Sohn, der sich nach dem Krieg redlich als Barmusiker durchbringen und eine Schwester Sophia Lorens heiraten wird, ist 1943 knapp 18 Jahre alt.* Mit Hilfe verschiedener Instrumente, des Flügels, einer

---

* Um 1980 hat Romano Mussolini begonnen, selbstgefertigte Ölbilder vertreiben zu lassen, deren Verkäuflichkeit zu bescheidenen Preisen vorwiegend auf dem deutlich lesbaren Namen des Herstellers beruhen dürfte.

Ziehharmonika, eines Saxophons, wird er das Haus eher mit Lärm als mit Wohlklängen erfüllen, wann immer es ihm einfällt. Stört Sie das nicht? fragt Wolff, den das stört, eines Tages den Hausherren. Das verstehen Sie nicht als Deutscher, bekommt er zur Antwort, in Italien dürfen Kinder alles tun, was sie wollen.

Im oberen Stock bestimmt er einen erkerartig ausgebauten Eckraum mit freiem Blick auf den See zu seinem Arbeitszimmer. Über eine Art Loggia, durch deren Flügeltüren er auf eine Terrasse hinaustreten kann, erreicht er sein künftiges Schlafzimmer, über das er sich beim ersten Anblick in ordinären Dialektausdrücken aus seinem Heimatdorf Luft macht, um späterhin stumm darunter zu leiden. An den Ecken des mit Schnitzereien verzierten Paradebetts erheben sich vier schwarze Säulen, die einen Baldachin aus dunklem Samt tragen. Wolff möchte den Eindruck dieses Monstrums ins Komische ziehen, aber das verfängt bei Mussolini nicht. Darunter soll ich schlafen? sagt er, der wie Napoleon ein Feldbett vorzieht. Es ist nicht nur eine rhetorische Frage. Je mehr sich die Verschickung an den Gardasee als endgültiger Dauerzustand erweist, der nahezu zeitgleich mit dem ihm noch zugemessenen Lebensrest wird, desto häufiger wird er nicht in der Villa zu Bett gehen. Doch das gehört schon in eine Alltagsordnung, die sich erst im November entwickelt.

Auf der Feltrinellischen Besitzung kommt es dann doch durch Mussolinis Einzug zu zwei Umgestaltungen: Am Ende des Parks wird für ihn ein Tennisplatz angelegt, und gegenüber dem Haupteingang bohrt die Baufirma Federici-Galluppi einen Luftschutzbunker in die Felswand, an dem in zwei Schichten gearbeitet wird, so daß für die Arbeiter Passierscheine auch für die Zeit der Sperrstunde beantragt werden müssen.*

Mussolini hat den Luftschutzbunker nie aufgesucht. Die über den Gardasee mit Regelmäßigkeit ins Reich einfliegenden Bomberflotten bieten dazu keinen Anlaß. Die höhnische Mißachtung, die ein Churchill dem Regime der RSI entgegenbringt, findet auch darin Ausdruck, daß das Ufer nicht bombardiert wird.

Dieses deutsch-italienische SS-Regime am Gardasee lernt den Bomben-

---

* Dieser Antrag der Baufirma vom 20. Dezember lieferte uns den ersten Hinweis darauf, daß schon ab Ende 1943 ein milder Ausnahmezustand mit Sperrstunden in der Nacht über das Gebiet verhängt worden ist. Überraschenderweise wird in den zahlreichen Erinnerungsbüchern und -aufsätzen von Beteiligten diese erhebliche Einschränkung der Bewegungsfreiheit nicht erwähnt. Die Deutschen sind von ihr ohnehin nicht betroffen gewesen.

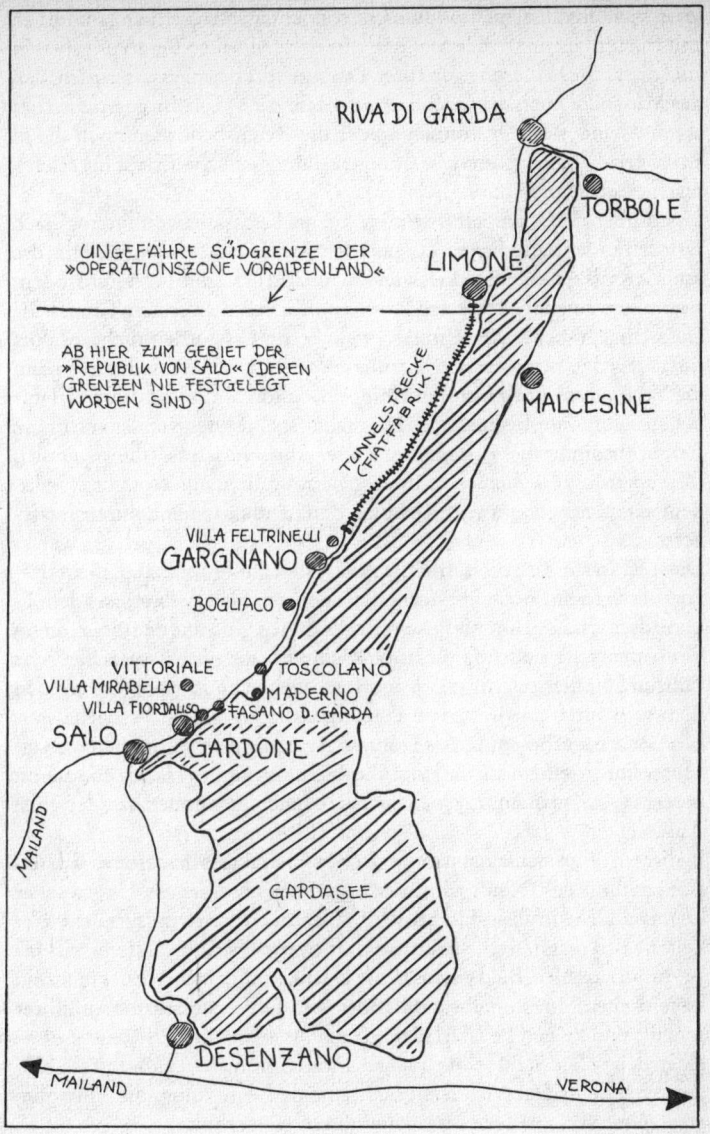

RIVA DI GARDA

TORBOLE

UNGEFÄHRE SÜDGRENZE DER
»OPERATIONSZONE VORALPENLAND«

LIMONE

AB HIER ZUM GEBIET DER
»REPUBLIK VON SALÒ« (DEREN
GRENZEN NIE FESTGELEGT
WORDEN SIND)

MALCESINE

TUNNELSTRECKE
(FIATFABRIK)

VILLA FELTRINELLI
GARGNANO

BOGLIACO

VITTORIALE   TOSCOLANO
VILLA MIRABELLA   MADERNO
VILLA FIORDALISO FASANO D. GARDA
SALÒ   GARDONE

MAILAND

GARDASEE

DESENZANO

MAILAND   VERONA

341

krieg nicht kennen, nicht Not, nicht Ruinen, nichts von dem Jammer, in den Europa versinkt. Alle Maßnahmen der deutschen Besatzungsmacht sind auf totale Isolierung gerichtet. Dazu gehört beispielsweise auch, daß das Mussolini noch in Hirschberg zugebilligte A-Telefon gestrichen ist; er und seine Minister können weder die Reichsbehörden noch die in Rom verbliebenen Restverwaltungen ohne deutsche Erlaubnis telefonisch erreichen.

Hoch über der Villa verschwindet die große Straßenverbindung nach Norden in den zahlreichen Tunnels der Gardesana, d. h. jenes Ufers, das zum See mit senkrechten Felswänden hinabstürzt, die nur durchstoßen, aber nicht umgangen werden konnten. Ein vor dem ersten Tunneleingang eingegrabenes Maschinengewehr — deren wurden mehrere dort postiert, dazu noch mittlere Artilleriewaffen der Flakabteilung — kann die Verbindung nach Norden abriegeln. Schon hinter dem achten Tunnel, bei Limone, beginnt das Herrschaftsgebiet des Gauleiters Franz Hofer, beginnt die »Operationszone Alpenvorland« (die eigentlich Okkupationszone heißen müßte), beginnt mit einem Wort das Großdeutsche Reich, wenn auch nicht auf den Landkarten und durch Staatsvertrag.

Diese Regierung ist vortrefflich plaziert, sie könnte überhaupt nicht besser plaziert sein: noch auf quasi italienischem Staatsgebiet, aus dem es ohne deutsche Zustimmung kein Entkommen gibt, aus dem aber, wenn es die deutsche Führung für nötig hielte, die gesamte neofaschistische Führung binnen zwei Stunden auf Reichsgebiet abtransportiert werden könnte — durch eine Kette von Tunnels, also sogar gesichert gegen Bomben und Fliegerbeschuß! Als Dolfin in Gargnano angekommen ist, sagt Mussolini in einem der ersten Gespräche zu ihm: Haben Sie schon bemerkt, daß man uns in einen Schlauch hineingeschoben hat, der ohne Ausgang ist?

In diesem Stück Schlauch paradiesischen Charakters machten es sich das Bonzentum des Neufaschismus und dasjenige seiner Überwacher bequem. Dezentralisiert in Hotels, Villen und Fischerdörfern, entwickelt die RSI magnetische Kräfte, die einerseits bis Rom, andererseits bis Berlin ausstrahlen. Bald gibt es keine Dachkammer mehr, in der nicht ein italienischer Ministerialbeamter oder ein deutscher Sturmbannführer schläft, und keinen Fensterladen, den ein Italiener öffnen könnte, ohne einen deutschen Stahlhelm zu sehen. Finden Sie nicht, es kommt ein bißchen viel deutsches Militär hierher, ist eine Bemerkung, die Mussolini gegenüber verschiedenen Besuchern gern wiederholt.

In der Villa entwickelt sich vor der Ankunft der Familie eine legere Männerwirtschaft, die das verheiratete Hausfaktotum Irma nicht steuern kann und wohl auch nicht steuern will. In ihrer alles umfassenden, gleichwohl problemlosen Beziehung zum Hausherrn verbindet sich absolute Treue mit einer eher lässigen Haushaltsführung.

Irma verfügt über Personal, das aus der Gegend stammt. Der Koch Leonida Mussel, die Kammerdiener Mario Vanni und Giuseppe Barca und fünf andere, die laut Haushaltsliste »tutto fare«, das heißt alles machen, sind ihre ersten Gehilfen. Sekretär Dolfin ist verpflichtet, für jeden ein polizeiliches und politisches Gutachten einzuholen. Einschlägige Anträge und ihre Beantwortung füllen in wenigen Monaten einen Aktenordner. Kopien dieser Auskünfte gehen an die SD-Außenstelle in Gargnano, wo die Betroffenen mit entsprechenden Vermerken in Karteien erfaßt werden. Es dürfte in der Geschichte kein zweites Beispiel dafür geben, daß Diener und Gärtner, die zum Haushalt eines Staatschefs gehören, von der Geheimpolizei eines anderen Staates offen überwacht werden.

Zuweilen irrt sich der Haushofmeister beträchtlich bei der Auswahl neuer Angestellter für die Villa: Iole Bertolotti, am 27. Oktober in Dienst genommen, wird am 30. November wieder entlassen, »denn sie ist moralisch untragbar, da sie der Prostitution nachgeht; politisch war sie immer gegen das Regime eingestellt, vor allem nach dem 25. Juli, sie hat nach dem Waffenstillstand umherirrenden Soldaten Hilfe geleistet«.

In krassen Fällen politischer Unzuverlässigkeit greift »Der Befehlshaber der Sicherheitspolizei u. des SD in Italien, Kommando Gargnano«, ein, verhaftet die Verdächtigen und verschickt sie in Konzentrationslager. Der SD kontrolliert auch die Firmen und jeden einzelnen ihrer Angestellten und Arbeiter, die für Reparaturarbeiten in die Villa kommen. Die Firmen selbst werden im Auftrag der »Organisation Todt« tätig, die anderswo mit größeren Arbeiten beschäftigt ist, im Apennin Bunker und in Frankreich den Atlantikwall baut. Vom November 1943 an verlangt der SD die rassische Überprüfung der Zimmermädchen, Gärtner, Reparaturhandwerker. Die Personenkontrolle erstreckt sich auch auf die Bewohner der Villa Feltrinelli, sowohl auf jene, die ständig zum Haushalt gehören, wie auf Gäste. (Als Edda Ciano im Dezember einige Male ihren Vater aufsucht, in Sorge um ihren verhafteten Mann, läßt der SD Mussolini wissen, diese Besuche seien unerwünscht. Er reagiert mit einem seiner seltenen Wutanfälle.)

Diese Observierung genügt der deutschen Führung noch nicht. Die

Gestapo etabliert in der Villa einen Spitzel namens Horn, von Beruf Psychotherapeut und Masseur. Die Vorgabe, der Gesundheitszustand des Duce erfordere tägliche Massage, soll die Hausgenossenschaft des Spitzels Horn plausibel machen, der fast jede Woche einmal nach Berlin fliegt, ohne Auskunft zu geben, welchen Anlaß er für seine Reisen hat. Dolfin ist davon überzeugt, daß Horn ein V-Mann Kaltenbrunners ist.

Horn hat sein Zimmer unterm Dach der Villa. Bis zu Racheles Ankunft mit ihrem ganzen Anhang ist Sohn Vittorio, zum politischen Sekretär seines Vaters ernannt, einer der Zimmernachbarn des V-Mannes, der andere ist Leutnant Dyckerhoff. Dessen Wohnrecht im Hause wird damit begründet, daß er die deutsche Leibwache des Duce kommandiert. Das trifft ebenso zu wie Horns Massagen und ist wie diese Tarnung intensiver Spionage. Dyckerhoff steht nicht im Dienst der Gestapo, sondern gehört zum Stab des Oberstleutnants im Generalstab Jandl, des Chefs des Verbindungsstabs der Wehrmacht zur Regierung der RSI mit einem direkten Draht zum Wehrmachtsführungsstab. Derart haben es die beiden revalisierenden Militärorganisationen des Großdeutschen Reiches, SS und Wehrmacht, verstanden, sich unmittelbar bei Mussolini einzunisten.

Jandl fertigt in Monatsabständen umfangreiche Berichte an, die dem Führer vorgelegt werden. Seine offizielle Funktion bei Mussolini besteht darin — soll angeblich darin bestehen —, ihm jeden Vormittag einen kurzen Vortrag über die Entwicklung des Kriegs an den verschiedenen Fronten aus der Sicht des Führerhauptquartiers zu geben. Wo er diese Tätigkeit beschreibt, sagt Jandl, daß er die schriftlichen Unterlagen, die ihm für diesen Zweck zugehen, »grundsätzlich nicht dem Duce zeige, sondern nur mündlich vortrage« (Jandl spricht italienisch). Warum? Bei Mussolini sollen sich nicht deutsche Informationen ansammeln, die ihm erlaubten, nach einiger Zeit selbst Analysen der militärischen Lage und ihrer tendenziellen Entwicklung zu erarbeiten. Wiederum haben wir es bei diesen Vorträgen nur mit einer Nebenbeschäftigung zu tun, funktionell vergleichbar den Massagen und dem Kommando über die Leibwache. Vor allem benützt Jandl die Zusammenkünfte mit Mussolini, um ihn auszuhorchen und interne Informationen über die einzelnen Ministerien der RSI zu bekommen. Seine Glanzleistung aber besteht darin — und ihrer rühmt er sich —, Dyckerhoff in die Villa eingeschleust zu haben, »wodurch ich die beste Möglichkeit habe, mich über Vorgänge innerhalb des Hauses, Ankunft von Besuchern und Auffassungen in der unmittelbaren Umgebung des Duce ständig auf dem laufenden zu halten und im Bedarfsfalle der jeweils interessierten deutschen Dienststelle davon unmittelbar Kenntnis zu geben«*.

Formal ist Mussolini nach wie vor der Diktator, der er vor dem 25. Juli 1943 gewesen ist; es gibt keine Verfassung, die seine Machtbefugnisse beschränkte, es gibt nur die äußeren Umstände, die ihn der Macht beraubt haben. Wenn der deutsche Generalstabsoffizier in seinen Berichten an den Wehrmachtsführungsstab in Ostpreußen den Hof dieses Diktators beschriebe, so würden Hitler, Keitel, Jodl, Ribbentrop, Himmler, Goebbels folgendes Bild gewinnen: Ferienlandschaft im Spätherbst am Gardasee; ein sich verfärbender Park, darin ein stattliches Haus zwischen einem sanften Ufer und einer schroffen Bergwand; am oberen Parktor ein SS-Mann und ein Italiener mit der Zipfelmütze; vor dem Haupteingang ein SS-Mann und ein Italiener mit der Zipfelmütze; im Park, am Ufer unter den Bäumen, in den Alleen herumschleichend, SS-Wachen, vermischt mit Italienern, die der SS aus dem Wege gehen; im »Spielzimmer« links beim Haupteingang ein deutscher Soldat aus der Nachrichtenstaffel des Oberstleutnants Jandl, beschäftigt mit der Herstellung von abzuhörenden Fernsprechverbindungen. Im Souterrain der Koch, zwei Kammerdiener und noch ein paar Leute zur beliebigen Verwendung; im Salon, zwischen den Glastüren, die ihn nach der Vorhalle hin abschließen, und jenen, die sich zum See hin öffnen, sitzt tagsüber eine ständig wechselnde Gesellschaft von Ministern, Parteigrößen, Offizieren herum; unter ihnen Ricci, der Mussolini in den Ohren liegt, für den Aufbau seiner Miliz müsse alles getan werden, und Graziani, der ihm sagt, es dürfe nur eine Armee geben, die seine, die normale, die von der Partei unabhängige. Zwischen ihnen allen treibt sich der Gschaftlhuber Vittorio Mussolini herum, der eifersüchtig den persönlichen Sekretär Dolfin kontrolliert, der sich vor Mussolinis Arbeitszimmer im ersten Stock meistens in dem großen Raum aufhält, von dem aus es ins Schlafzimmer und auf die große Terrasse geht. Haushälterin Irma hat sich ihr privates Reich auch im ersten Stock hinter den Badezimmern geschaffen. Leutnant Dyckerhoff sitzt im Salon herum, wenn er glaubt, es lohne sich, den Gesprächen dort zuzuhören. Horn ist mal da, mal dort, am Vormit-

* Aus Jandls Bericht vom 19. November 1943. Als er den zweiten Bericht am 16. Dezember anfertigt, hat sich die Situation grundlegend verändert, weil Mussolini im Dorf einen Amtssitz bezogen hat, so daß sich das Türenhorchen Leutnant Dyckerhoffs in der Villa den Tag über auf den familiären Anhang beschränkt und weniger ertragreich wird.

tag massiert er den Hausherrn. Dessen Leibarzt ist ein anderer Deutscher in Uniform.

Als der »befreite« Duce im Führerhauptquartier angekommen war, hatte Hitler den Widerstrebenden genötigt, sich von seinem Arzt untersuchen zu lassen. Dieser Dr. Morell ist in die Literatur über das Dritte Reich als der Arzt eingegangen, der durch Überdosierung von falsch verordneten Medikamenten Hitlers Gesundheit nach und nach untergraben habe — unabsichtlich. Vermutlich war aber der Patient und nicht der Arzt daran schuld, daß jener stets eine Pillenschachtel vor sich stehen hatte, aus der er sich bediente, als enthielte sie Lutschbonbons. Morell empfiehlt seinen des Italienischen mächtigen Kollegen Dr. Zachariae. In Gargnano entwickelt sich zwischen ihm und Mussolini ein Vertrauensverhältnis, das über die normale Beziehung zwischen Patient und Arzt weit hinausgeht und sich in zahlreichen Abendgesprächen am Fenster über dem See oder auf der Terrasse festigt. Zachariae ermuntert Mussolini, ein Fahrrad anzuschaffen und jeden Tag ein paar Runden durch den Park zu drehen, er dringt auch auf die Anlage des Tennisplatzes. Beinahe selbstverständlich, daß hernach auch er zu der kaum überschaubaren Schreiberschar zählt, die aus ihrer Duce-Zeit ein Buch[18] werden lassen. Zachariae hat sich zweifellos um Mussolinis Gesundheit verdient gemacht. Sie bleibt schwankend, aber im ganzen geht es ihm besser, als in dem Jahr vor seinem Sturz, und wenn er 1944 mit Sohn Romano im Park kurzbehost Tennis spielen wird, macht er auf seine Frau den Eindruck, als sei er wieder jung geworden. Das ist eine liebenswürdige Übertreibung. Als Rachele Mitte November mit Kindern, Enkeln, Schwiegertöchtern, Kindermädchen und Hauslehrer in Gargnano ankommt, alles in allem an die zwanzig Personen, entsteht in der Villa drangvolle fürchterliche Enge. Vittorio bezieht mit seiner Familie ein Haus in der Nachbarschaft. Auch Horn muß ausziehen, bleibt aber tagsüber Hausgenosse. Dyckerhoff bekommt ein anderes Zimmer, ins Dachgeschoß ziehen Anna Maria und Romano mit ihren Bediensteten. Rachele ergreift mit gewohnter Energie das Zepter und wechselt das halbe Personal aus. Diese Leute haben jetzt italienische Namen, die sie sich merken kann, aber im Vergleich zu ihren in Jahren erprobten Bediensteten in der Villa Torlonia lassen sie viel zu wünschen übrig. Oft greift sie selber zu. Eines Tages sieht Wolff sie auf einer Leiter stehen und die Fenster putzen. Ach, General, sagt sie, was man nicht selber tut, wird nicht richtig. In Brescia findet sie einen Schneider, der Mussolinis Anzüge enger macht. In der Öffentlichkeit und im Büro trägt er eine schmucklose Uniform.

Es kann nicht ausbleiben, daß es sich trotz aller Geheimnistuerei in Italien herumspricht, wo die »Regierung« angesiedelt worden ist. Den Panzerkolonnen, die Rommel am Gardasee hat auffahren lassen, folgen aus Rom, Florenz, Genua und Bologna die eleganten Autos der Gerarchen und Ministerialen, die sich Hoffnung auf eine gutbezahlte, mit wenig oder gar keiner Arbeit verbundene Anstellung bei der RSI machen. Von der alten Beamtenschaft sind es keine zehn Prozent, die sich dem neuen faschistischen Regime zur Verfügung stellen, aber auch dieser Bruchteil führt zur Überfüllung der Orte am Westufer des Sees.

In den Restaurants und Cafés hört man neben dem Deutsch der Besatzung mehr und mehr Italienisch mit römischem oder florentinischem Akzent. Einige, die im Abessinienkrieg dabei gewesen waren, hatten sich von dort dunkelhäutige Diener mitgebracht, von denen sie sich auch am Gardasee nicht trennen. Unter diesen leisen, herrlich gewachsenen Amharen ist der bekannteste Marschall Grazianis Leibsklave, der seine Gewohnheit nicht ablegt, nachts vor der Tür seines Herrn auf einem grüngelb gemusterten Teppich zu schlafen, bis zum Haaransatz verkrochen unter einem weißen Cape aus Schafwolle.

Die Uferbewohner sind ausländische Touristen gewohnt, aber diese Invasion von Landsleuten, die offenbar von den Deutschen hierhergelockt worden sind, aber man weiß nicht recht wie und wozu, erschreckt sie. Die Eindringlinge stellen einen Luxus zur Schau, der den Eindruck erweckt, als wüßten sie gar nicht, daß Krieg ist.

Die Bürokratie richtet sich ein; bis auf einige Elementarschulen werden alle anderen geschlossen, die Klassenzimmer von ihr besetzt. Eine Stempelfabrik in Verona legt Nachtschichten ein. Die Möbelfabriken zwischen Verona und Mailand wissen nicht, wie sie den Regierungsaufträgen nachkommen sollen. Die Parfümerien und Friseure von Salò holen zusätzliche Hilfskräfte bis aus Florenz und Bologna heran, um dem Ansturm dieser neuen Kunden gewachsen zu sein, deren Ansprüche ihren offenbar unbeschränkten Mitteln entsprechen. Autobusse bringen Schwärme weißbehoster Polizisten in die Dörfer, und Riccis Miliz vermehrt sich nun auch. In ein paar Tagen steigt der Preis für den Liter Olivenöl um das Doppelte, der für Feuerholz um das Dreifache, und binnen einer Woche sind eisene Öfen ausverkauft. Diese Fremden, die keine Touristen sind, richten die von ihnen beschlagnahmten Sommerhäuser für den Winter ein.

Außer den Besuchern des Duce, die sich ihm mit dienstlichen Anliegen nähern, kommen Bittsteller in Scharen. Viele berufen sich darauf, mit ihm irgendwie verwandt zu sein. In den dreißiger Jahren hatte irgendeine faschistische Behörde eine Liste aller lebenden Verwandten Mussolinis aufgestellt und war bis zu 2400 gekommen. Nach dem 25. Juli waren nahezu alle wie vom Erdboden verschluckt. Nun kriechen sie wieder hervor und machen die bösen Erfahrungen, daß es nicht mehr genügt, irgendeinen italienischen Vorzimmersekretär zu beschwätzen oder zu bestechen, um bei Mussolini vorgelassen zu werden. Sie haben jetzt auch deutsche Kontrollen zu passieren, die einen unabsehbaren Papierkrieg entwickeln, der alles in den Schatten stellt, was diese Schmarotzer zuvor im Umkreis des Palazzo Venezia erlebt haben. Das abweisend Majestätische des Regierungssitzes in der Ewigen Stadt hat sich inmitten einer idyllischen Landschaft ins Bösartig-Triviale von Stacheldrahtverhauen und SS-bewachten Schlagbäumen gewandelt.

Die Feltrinellis, denen ohnehin der halbe Ort gehört, besitzen am winzigen Dorfplatz mit dem tönenden Namen Piazza della Vittoria einen zweiten Renommierbau, die Villa Orsoline. (Heute eine Außenstelle der Universität Mailand für Lehrgänge.) Dort im ersten Stock, mit Blick auf den See, wird das größte Zimmer mit ein paar Möbeln so ausstaffiert, daß es ein wenig an den Weltkartensaal erinnert, wenn auch im Maßstab 1:20. Um von hier aus seine Funktion als Regierungschef wirklich aufnehmen zu können, bedürfte Mussolini mindestens des ständigen Kontakts mit den Ministerien. Sie aber werden nicht nur am Seeufer entlang verstreut, sondern auch über die Po-Ebene zwischen Venedig und Mailand: Das Außenministerium zieht ins Städtchen Salò, dort lassen sich auch die meisten Journalisten nieder, die ihre Artikel datieren: »Salò, den . . .« So kommt die RSI zu ihrem Übernamen »Republik von Salò«.

Die Geschäftsstelle des Ministerrats wird in die Villa Bettoni nahe Gargnano (in Bogliaco) gelegt, dorthin auch das Sekretariat der Partei. Der Generalstab zieht in die Villa Amodei bei Desenzano; Kriegsminister Graziani nach Asolo und Monza; die Marineleitung nach Vicenza; das Oberkommando der Luftwaffe (ohne Flugzeuge) nach Iseo und Mailand; das Wirtschaftsministerium, erst in Verona, siedelt nach Bergamo um; das Erziehungsministerium setzt sich nach Padua ab; der Verkehr wird von Verona aus dirigiert; die Justiz, zunächst in Cremona, geht später nach Brescia, wo sich auch das Finanzministerium befindet — das einzige von allen Ministerien, in dem — zum Schutz der Lire-Währung und im Dienst der Versorgung der Bevölkerung — nützliche, solide Arbeit geleistet wird. Das Arbeitsministerium hat sich den schönsten Platz ausgesucht: Venedig.

Die Lagunenstadt wird noch auf andere Weise eine Filiale der »Republik von Salò«. Rahn, Karrierediplomat, damit einem Berufsstand angehörend, der ähnlich wie jener der Generale in Jahrhunderten ein überstaatliches, anationales Zusammengehörigkeitsgefühl entwickelt hat, sorgt sich, wo und wie die Handvoll seiner Kollegen, die deutsche Satellitenstaaten bei der RSI vertreten (einzige selbständige Macht: Japan!), angenehm untergebracht werden könnte. In einem Diensttelegramm von ungewöhnlicher Länge bezeichnet er den Gardasee, Verona, Mailand, die oberitalienischen Kurorte als hierfür gänzlich ungeeignet; »bleibt als einzig brauchbare Ausweichmöglichkeit Venedig. [...] Falls [...] abweichende Wünsche vorliegen, erbitte umgehende Drahtanweisung.« Ribbentrop erhebt keine Einwände, und so sehen sich die ausländischen Diplomaten plötzlich von Rom nach Venedig transferiert, um »dort keine allzu intensive politische Betätigung zu betreiben« (Rahn) — sie liege nicht im deutschen Interesse. Einige dieser Missionen lassen sich dennoch zur Aufrechterhaltung engerer Kontakte mit dem Außenminister – es ist Mussolini selbst! – ständig mit einem ihrer Beamten am Gardasee vertreten; die gründlichen Japaner schicken deren zwei, die sich in Gardone in einer Villa einmieten. Als sie einziehen, sind sie noch ohne Ahnung, mit wem sie bald unter einem Dach hausen werden. Im November zieht Claretta Petacci ein.

Vom Führer genehmigt: Claretta

Signorina Clara Petacci ist als Claretta in die Geschichte eingegangen, weil sie ein Jahrzehnt die Nebenfrau, in mancher Hinsicht die Hauptfrau des Duce gewesen und mit ihm freiwillig in den Tod gegangen ist.
Eine zufällige Straßenbekanntschaft hat die angesehene Familie Petacci der damals zwanzigjährigen Claretta aus den bürgerlichen Angeln gehoben und zu einem Leben voller Intrigen und Durchstechereien verführt, hat die Familie des Diktators in Konflikte gestürzt, hat Donna Racheles Rolle als Ehefrau und Mutter verkleinert und die katholisch-italienische Familienmoral ad absurdum geführt, indem sie Ursache wurde, daß deren »Sei getreu bis in den Tod« sich in einer Liebe verwirklichte, die ihren Raum nur im Ehebruch fand.
Am 24. April 1932 waren sie einander zum erstenmal begegnet, auf der Straße von Rom nach Ostia, die Petaccis in einem Auto, Benito Mussolini mit ein paar Offizieren — alle in weißen Sommeruniformen — in einem anderen. Der fast Fünfzigjährige lächelte ihr zu, die Autos hielten

am Straßenrand, man stieg aus. Clarettas Vater, Francesco Saverio Petacci, spielte schon im ersten Augenblick dieses Dramas die Rolle, die er bis zum bitteren Ende beibehalten wird – nämlich keine. Es wäre an ihm gewesen, die Seinen dem Regierungschef vorzustellen, aber Claretta nahm die Sache in die Hand. »Vielleicht erinnern Sie sich meines Namens«, sagte sie und erwähnte, daß sie dem Duce vor kurzem eigene Gedichte geschickt hatte: »Mögen sie schlecht sein, sie sind aus dem Herzen einer Italienerin geschrieben.«

Sie traf den Ton, Mussolini spielte mit; auch er hatte den richtigen Text parat. »Signorina«, sagte er, »es war ein kühner Sinn in Ihren Versen.« Er hatte den Namen Petacci vorher noch nie gehört, ließ ihn sich zweimal wiederholen, ein paar Tage später rief er an. Das Telefon wurde dieser Liebe wichtigste Aushilfe.

Claretta tanzt gut, fährt Auto (für eine Italienerin vor dem Krieg eine Seltenheit), spielt Tennis und fährt ohne Bravour Ski. Sie ist hübsch, ihr Temperament geht leicht mit ihr durch, ihre Eifersuchtsszenen haben etwas Hysterisches.

Nach der Begegnung mit Mussolini heiratete sie den Offizier Frederici, der bald nach Japan versetzt wurde; dann wurde die Ehe aufgelöst. Heirat wie Trennung waren bereits im Palazzo Venezia veranlaßt worden. Erst nach vier Jahren vertrauter Freundschaft wurde Claretta Mussolinis Geliebte — man könnte von langer Verlobungszeit sprechen, die keine Parallele in den Amouren des Draufgängers hat. Von 1936 an bog mit zunehmender Regelmäßigkeit und bald an jedem Arbeitstag, den Mussolini am Schreibtisch im Weltkartensaal verbrachte, ein vom Chauffeur Gasparini gesteuertes Auto in den Innenhof des Palastes ein. Es brachte Claretta, für die im Regierungspalast eine Wohnung eingerichtet worden war, zu der ein eigener Lift emporführte. Dort verwartete die junge Frau die Nachmittage, zuweilen kam ihr Ben nur auf Minuten oder auch gar nicht. Abends kehrten beide zu ihren Familien zurück.

Verglichen mit Eva Braun, Hitlers sanftmütigem Schattengewächs, ist Clara Petacci eine Dame von Welt, doch darin sind sich beide Frauen ähnlich, daß sie mit dem ihnen aufgezwungenen Verzicht auf ein gesellschaftliches Leben auch die Möglichkeit zur Entfaltung ihrer Persönlichkeit verloren haben und ihre quasi historische Existenz schließlich mit einem gewaltsamen Tod bezahlen mußten.

Clarettas Mutter Giuseppina, die alle und alles um sich herum zu beherrschen trachtete, sah man zu Hause kaum anders als mit dem Rosenkranz in den Händen. War sie beunruhigt über irgend etwas, und das war sie fast immer, so ging ihr Jammern und Klagen in Beten über, laut, durch die Wände dringend, und ruhelos rannte sie von Zimmer zu Zimmer, die Treppen hinauf und hinunter, indes die Perlen der frommen Kette durch ihre Finger glitten. Ihre berechneten Anfälle bekamen die Gewalt von Naturereignissen, als Rom die ersten Bombenangriffe erlebte. Zu dieser Zeit hatten die Petaccis schon die neue Villa Camilluccia in einem vornehmen Außenviertel Roms auf einem steilen Hügel bezogen. Mit ihren gegossenen Betonmauern, geländerlosen Treppen, überdimensionierten Fenstern wirkte sie wie eine Parodie auf den deutschen Bauhausstil. In der Eingangshalle plätscherte ein Springbrunnen. Der Bau, kurz vor dem Krieg beendet und bezogen, kostete Millionen. Für Schäden, die entstanden, als die Camilluccia nach dem 25. Juli und der Flucht der Familie als Kinderhort verwendet wurde, schlug Tochter Miriam — mit einem Aristokraten verheiratet noch heute (1982) in Rom lebend —, Schadenersatz aus öffentlichen Mitteln heraus.

Durch dieses Haus dröhnte bei Fliegeralarm das Wehgeschrei Giuseppinas. Das Luftschutzgepäck, zentnerschwer, wurde von Chauffeur und Mädchen in den Keller und wieder hinaufgeschleppt, darunter als wertvollstes eine Kassette mit Mussolinis Briefen und Notizblättchen.

Mit Mussolini verband die Freundin eine eigene, stets durchgeschaltete Telefonleitung. Hob ein Dienstmädchen ab, so meldete sich Mussolini mit Riccardo. Das war der Vorname des Leutnants Frederici gewesen. Filmträume der Schwester Miriam, bei Kriegsausbruch 16 Jahre alt, konnten trotz Mussolinis versteckter Protektion nicht reifen; ein erster und einziger Film, in dem ihr die Hauptrolle anvertraut worden war, fiel durch, dank gänzlichen Mangels an schauspielerischem Talent. Als um so begabter erwies sich Bruder Marcello für dunkle Geldgeschäfte. Er wurde zu einer ernsten Gefahr für die innere Stabilität des faschistischen Systems, indem er mit einer Skrupellosigkeit ohnegleichen die Beziehung zu seinem »Schwager« für Gold- und Devisenschmuggel über Spanien ausspielte, bis eines Tages der Finanzminister und Ciano dahinterkamen und Mussolini aufklärten. Von einem Offizier der römischen Polizei, der hinter die Kulissen blicken konnte, ist der Ausspruch überliefert, Marcello Petaccis Treiben habe dem Duce mehr geschadet als fünfzehn verlorene Schlachten.

Ergänzen wir diese Vorgeschichte noch durch den Hinweis, daß Claretta in den Sommerwochen mit zwanzig Koffern und zehn Hutschachteln in eine Villa an der Adria umzog, unweit Mussolinis Feriensitz; daß ein dazwischenliegendes Stück Strand von der Polizei abgesperrt wurde, auf dem sich das Paar stundenweise Badefreuden hingeben konnte, so haben wir die ganze Tristesse einer weltberühmten Beziehung vor uns, die ihrerseits von Liebe, seinerseits von Sehnsucht nach menschlicher Wärme, in ihrer äußeren Form aber vom Spießbürgertum des Diktators bestimmt worden ist, der sich genauso benommen hat, wie irgendein Fabrikdirektor, der sich eine Sekretärin zur linken Hand hält und Angst vor seiner Frau hat. Niemals schliefen sie zusammen ein, nie wachten sie zusammen auf. Bereiche normalen Zusammenlebens hat es nicht gegeben. Die einzige gemeinsam verbrachte Nacht wird die vor ihrem gemeinsamen Tode sein.

Nach Mussolinis Sturz ließ Badoglio die Familie verhaften. Nach der Kapitulation wurde sie von den Deutschen befreit, Claretta und ihre Eltern aus einem Gefängnis in Novara von einem Kommando der »Leibstandarte Adolf Hitler« herausgeholt, ihr Kommandeur war der Bayer Sepp Dietrich. Seine Leute brachten alle Petaccis nach Meran, wo Marcello einen schloßartigen Besitz hatte. Auf der Fahrt von Novara nach Meran hatte der Wagen in der Nähe des Flugplatzes Ghedi eine Panne, die von deutschen Mechanikern des Flugplatzes behoben werden konnte. Die Familie hielt sich währenddessen in der Baracke des diensthabenden Luftwaffenoffiziers auf, wo ein Radio lief. Es dämmerte schon. Das Musikprogramm brach plötzlich ab. Eine Stimme hallte aus dem Lautsprecher: Schwarzhemden! Italiener! Italienerinnen! Nach einem langen Stillschweigen vernehmt ihr wiederum meine Stimme . . .

Es war die erste Übertragung der Rede, aufgenommen am Morgen desselben Tages in München im Prinz-Carl-Palais. Claretta fiel in Ohnmacht. In die Ehre, Schutzengel der Petaccis wie auch des Liebespaars Claretta und Ben geworden zu sein, teilen sich Sepp Dietrich und der SS-Obergruppenführer Wolff. Dietrich erbietet sich, dem Duce persönlich einen Brief Clarettas zu überbringen. Bei der Ausführung dieses Auftrags läßt sich der General von Offizieren seines Stabs begleiten, die Mussolini gern kennenlernen möchten. Ferner nimmt er einen ihm vertrauenswürdig erscheinenden Journalisten, Günther Langes aus Bozen, mit, der italienisch spricht. Langes wird der erste deutsche Betreuer der Duce-Freundin und schreibt seine Erinnerungen an diese Tätigkeit unter einem Titel, dem zu entnehmen ist, daß Claretta den jungen Mann tief beeindruckt hat: *Weiße Chrysanthemen für Claretta, Liebe und Opfertod einer großen Geliebten.*[19] Die Offiziere, mit denen er zu Mussolini in die Villa Feltrinelli fährt, nennt Langes »Prachtexemplare von Ritterkreuzträgern«. Sie sind als Postillons d'amour unterwegs.

Die Petaccis verstehen es, sich wieder mit dem Luxus zu umgeben, den sie, dank ihrer fabelhaften Beziehung zu einem absoluten Herrscher, gewohnt sind. Was ihm an Macht und Einfluß jetzt fehlt, nämlich alles, wissen sie mit bewunderungswürdiger Geschicklichkeit durch Macht und Einfluß der Besatzungsbehörden und -dienststellen zu ersetzen, die sie umbuhlen.

Am 8. Oktober stellen ihnen der Höhere SS- und Polizeiführer der Heeresgruppe B und der Befehlshaber der Sicherheitspolizei und des SD, Außenstelle Meran, eine Bescheinigung für den italienischen Staatsangehörigen Bruno Vianello aus, »wohnhaft in Meran, Via Beatrice Savoia Nr. 24«, wonach derselbe zwischen dem 9. und 20. Oktober per Bahn nach Rom reisen darf, um dortselbst den »Lancia Aprilia«, im Besitz der Frau Clara Petacci, abzuholen sowie aus der Pelzhandlung Balzani, Rom, Corso Umberto, die Pelzmäntel der besagten Frau Petacci im Auto nach Meran zu bringen: ein großes Astrachancape, aus 35 Fellen zusammengesetzt, einen Nerz, einen Bibermantel, einen grauen Astrachanmantel, eine Kappe aus Hermelin, eine Silberfuchsjacke, einen Blaufuchsmantel, eine Decke aus Lamafellen.

Dieser Vianello soll auch bei verschiedenen Banken vorstellig werden und tausend Aktien im Werte von sieben Millionen Lire mitbringen, weitere 900 Aktien aus einem Schließfach, ferner den Verkauf eines Grundstücks von 96 000 Quadratmeter zum Handelswert von hundert Lire pro Quadratmeter veranlassen.[20]

Die uns vorliegenden Briefe, die Clarettas Mutter dem Boten nach Rom mitgibt, sind Dokumente für die Korruption im faschistischen Regime, das sich darin dem nationalsozialistischen als ebenbürtig erweist.

Claretta in Meran, der Duce am Gardasee — das Liebespaar drängt auf eine Beendigung der Trennung. Da Mussolini Claretta in Meran nicht gut aufsuchen kann, soll sie an den Gardasee umziehen. Für die Zusammenführung des Liebespaars sorgt SS-General Wolff, nicht ohne zuvor in Rastenburg vorstellig zu werden und Hitler zu fragen, ob dieser die Fortsetzung der Beziehung erlaube, aus der sich ja leicht wieder ein Politikum entwickeln könne, das sie schon in Rom gewesen sei. Hitler habe gesagt: »Ja, machen Sie es nett und ritterlich, Wölffchen, haben Sie keine Sorgen, nehmen Sie alles Notwendige aus dem Dispositionsfonds. Denn einem Mann, der im sechzigsten Lebensjahr steht und der einen so tiefen Fall getan hat, muß man etwas Lebensfreude schenken. Nicht zuviel — wir wollen ihn in eine möglichst gute Durchschnittsform bringen.«

Ein Politikum brauchte sich aus der Zusammenführung des Duce mit

Claretta nicht erst zu entwickeln, die Zusammenführung ist bereits das Politikum. Das Mädchen, das keine Pompadour gewesen ist, einen eigentlich politischen Ehrgeiz nie entwickelt hat, deren Ratschläge und Warnungen vor seinen Feinden nur der Sorge um den Mann entsprangen — es wird jetzt zum Werkzeug in den Händen der Deutschen, ohne sich dessen bewußt zu sein. Was Claretta Petacci in dieser Aufbauphase der RSI für Hitler interessant macht, ist ihre nie geleugnete Feindschaft gegenüber den Cianos, die ihrerseits alles versucht hatten, wenn auch vergeblich, zwischen Mussolini und die Petaccis einen Keil zu treiben.

Das »Deutsche System« erwartet von Claretta, daß sie mit ihrem ganz unpolitischen, egozentrischen Haß auf die Cianos — auf Edda noch mehr als auf deren Mann — Mussolinis inneren Widerstand gegen das von Hitler geforderte Strafgericht über den Schwiegersohn abbauen hilft. Dazu muß sie in seine Nähe gebracht werden. Zunächst werden die Eltern und Claretta an das Ostufer des Gardasees gebracht, in eine Villa bei dem Ort Garda. Claretta hat zuvor die Villa Greta Garbos in Malcesine als die für sie einzig in Frage kommende bezeichnet, aber darin haust ein deutscher General, der sich weigert auszuziehen.

Das Haus in Garda nennt die Mutter voller Empörung ein Rattenloch. Es wird weiter auf Wohnungssuche gegangen und schließlich in Gardone nahe dem »Grand Hotel« die Villa Fiordaliso zum Wohnsitz für Claretta und die Eltern bestimmt, die sich aber meist bei Marcello in Meran aufhalten. Er und Miriam sind bereits in Garda nicht mehr dabeigewesen.

Eingeklemmt zwischen Seeufer und Straße, gegen sie von einem hohen Gitter abgegrenzt, im Schatten eines nicht zum Grundstück gehörenden, turmartigen Mauerwerks und hoher Bäume gelegen, ist das Haus nicht gerade ein Rattenloch, aber auch alles andere als ein Liebesnest. Die Zimmer sind klein, der Grundriß der Etagen verwinkelt, das steile Treppenhaus dunkel. Ein Raum im ersten Stock mit Terrasse und Blick auf den See, mit einer vergoldeten Kassettendecke und eingelegten Möbeln, ist besser ausgestattet als die übrigen. Groß ist auch er nicht, ein erheblicher Teil seiner Grundfläche wird von einem breiten Bett eingenommen, das zwar keinen Baldachin über sich hat wie das Mussolinis, aber prunkvoll genug ist, um den passenden Rahmen für Clarettas wallende Nachtgewänder abzugeben. In dieses Bett zieht sie Anfang November ein, in einer Jahreszeit, die auch am Gardasee nicht gerade zur Steigerung der Lebenslust beiträgt. Sind die Eltern zu Besuch, wohnen sie im Parterre. Am unbegreiflichsten ist, daß die Petaccis nicht unter sich bleiben dürfen. Im zweiten Stock hausen die erwähnten Japaner.

Politik nicht erwünscht

Mit der Verlegung seiner Schreibtischarbeit in die Villa Orsoline kehrt Mussolini zu einer Tageseinteilung zurück, die sich von der in Rom kaum unterscheidet. Die Villa Feltrinelli bleibt nur Familiensitz, dort trinkt er seinen lauwarmen Milchkaffee und liest die Zeitungen, die aus Verona und Mailand meist verspätet ankommen. Dann sieht er seinen Arzt. Die Massage, die er immer häufiger ausfallen läßt, liegt noch vor dem Frühstück. Gegen halb zehn steht der Fiat vor dem Haus, der ihn unter Bewachung in drei Minuten auf die Piazza della Vittoria bringt. Unterwegs sieht er mehr deutsche als italienische Soldaten.

In den ersten Wochen steht noch eine deutsch-italienische Ehrenwache vor dem Eingang des Dienstgebäudes, sie wird aber dann auf Verlangen Mussolinis abgezogen. Er will nicht, daß diese Männer rund um die Uhr aus rein dekorativen Gründen sturen Dienst tun müssen. Zu seiner Sicherheit tragen sie ohnehin nichts bei — für sie sorgen die Streifen der deutschen Militärpolizei, die sogar auf dem abfallenden Gelände zwischen Haus und Ufer, einer bescheidenen Gartenanlage, ihre Runden drehen. Mit Dolfin bespricht er den Tagesablauf. Der Sekretär hat die Liste der vorgesehenen Audienzen bei sich. Sie ist mit der Schreibmaschine geschrieben, erfährt aber in aller Regel handschriftliche Veränderungen durch Mussolini, unvorhergesehene Besucher werden von ihm nachgetragen. An jedem Abend stellt das Sekretariat eine Reinschrift für die Akten her. Diese endgültige Liste spiegelt demnach den tatsächlichen Ablauf des Tagesprogramms wider und läßt erkennen, was alle Mitarbeiter des Duce längst (seit 1922!) aus eigener Erfahrung wissen: daß er das Gespräch braucht wie Atemluft, das Gespräch mit Partnern, die mehr zu bieten haben als devote Zustimmung. Monologe vor einer lemurenhaften Zuhörerschaft, mit denen sich Hitler seine Nächte vertreibt, sind Mussolinis Sache nicht. In Gargnano vermitteln ihm die pausenlosen Audienzen von 10 bis 13 und von 16 bis 20 Uhr das Gefühl, er regiere noch.

Auf den Audienzlisten kehren einige Namen immer wieder: Eccellenza Ricci, Ministro Pavolini, Generale Wolff, Ten. Col. Jandl (fast täglich), Eccellenza Von Rahn (der Adelstitel ist eine Erfindung des Protokolls der Villa Orsoline). Treten Wolff oder Rahn unerwartet auf, fügt Mussolini ihre Namen nachträglich ein, schreibt »Von Rahn« und »Wolf« mit einem »f«.

Mit diesen Audienzen verlangt er sich eine Leistung ab, die fast zu groß für seine geschwächten Kräfte ist. Dolfin und andere versuchen zuweilen, ihn zu einer gemächlicheren Gangart zu überreden. Er sagt: Warum seid Ihr erstaunt über das Leben, das ich führe? Es war früher auch nicht anders, und was man jetzt über mich geschrieben hat, wenig Schmeichelhaftes, Romane, erfundene Romane, trifft die Wahrheit nicht. Seit zwanzig Jahren betrachte ich mich als den großen Zugochsen der Nation. Er braucht den Besucherrummel. Daneben schafft er sich einen zweiten Notausgang aus der Malaise der Machtlosigkeit: Mit Feuereifer betreibt er wieder den Beruf, mit dem er sich in seinem Volk bekannt gemacht hat, den des Journalisten. Noch in Rocca, am 28. September, hat er den ersten jener zahlreichen Artikel verfaßt, die er anonym stets unter demselben Rubrikentitel »Sprechen wir offen« erscheinen läßt: in der *Corrispondenza Repubblicana*, die er zu seinem ideologischen Sprachrohr macht. Im Laufe der Monate werden viele seiner Beiträge ungezeichnet auch in anderen Blättern und Blättchen erscheinen. Die RSI wird gerade deshalb, weil es allen ihren Instanzen an Entscheidungsmacht fehlt, ein Presseparadies. Über hundert Blätter und Blättchen erscheinen. Es vollzieht sich hier etwas Ähnliches wie bei Mussolini selbst: eine Verlagerung des Handelns auf das Wort. Aus vielen seiner Beiträge ließe sich der Schluß ziehen, sie seien von jemandem geschrieben, der an einer Volkshochschule Philosophiekurse abhält.

Nicht selten ist es Mitternacht, wenn er den Schreibtisch verläßt. Mit einem Chauffeur aus der Leibgarde fährt er durch den schlafenden Ort und hofft, daß auch in der Villa alle schlafen und er zu seinem Prunkbett gelangen kann, ohne jemandem im Treppenhaus zu begegnen. Der »Zugochse der Nation«, dem zu ziehen nichts mehr geblieben ist, hat wieder einen randvollen Tag damit verbracht, bis zur Erschöpfung nach dem Wind zu haschen. Wie es seine Gewohnheit ist, hat er eine Unzahl von Zetteln mit Notizen bedeckt, mit allem, was ihm gerade so durch den Kopf gegangen ist. Auch neben dem Bett liegt ein Block. Er steht oft um 5 Uhr früh schon wieder auf, liest, schreibt eine Stunde, schläft noch einmal ein, dann beginnt der Tag, ab 8.45 Uhr steht das Auto bereit.

An manchen Tagen kommt Dolfin zwischen zwei Audienzen herein und sagt: Duce, die Leute! Muß es sein? fragt er zurück. Sie wissen doch, es wird sie freuen, und sie rufen schon, sagt der Sekretär. Mussolini verläßt sein Zimmer, geht durch den Flur und tritt auf die Terrasse hinaus. Er überblickt den kleinen Platz, auf dem sich zwanzig oder fünfzig, manchmal auch hundert Leute drängen. Sie klatschen und rufen, als er erscheint.

Er steht an der Brüstung. So können sich doch hin und wieder ein paar Italiener davon überzeugen, daß er als Person noch vorhanden ist. Neugierde, den berühmten Mann einmal persönlich zu sehen, hat sie auf die Piazza della Vittoria getrieben, nicht vaterländische Begeisterung. (Nicht einmal mehr aus Zeitungsfotos tritt er ihnen entgegen. In Erinnerung an den Bildersturm in Rom in der Nacht nach seiner Entlassung, als seine Büsten durch die Straßen geschleift wurden, hat er verboten, Fotos von ihm zu drucken, Briefmarken mit seinem Kopf auszugeben, in den Dienststellen sein Porträt aufzuhängen. Für die Millionenbevölkerung der RSI wird er zum Mythos.)

Auf dem Balkon der Orsoline wirkt er wie ein Gespenst. Kein Wort kommt bei diesen Schaustellungen über seine Lippen. Allenfalls lächelt er und hebt die Hand, bevor er sich nach ein paar Minuten umwendet und wieder im Haus verschwindet, als werde er wie der Schwan im Lohengrin auf Rollen in die Kulisse gezogen. Er nimmt wieder hinter seinem Schreibtisch Platz, um einen Staat zu regieren, der nie auf einer politischen Karte eingezeichnet werden kann, teils, weil seine Grenzen nicht bestimmt sind — das gilt für den Süden —, teils, weil sie nicht benannt werden dürfen — das gilt für die Alpenregion. »Die Hauptaufgaben meiner Regierung [sind] folgende: Wiederingangsetzung des Zivillebens des Landes, *damit hinter der Front alles ruhig ist und den deutschen Kommandostellen jeder erdenkliche Beistand geleistet wird* [Hervorh. v. Verf.]; und Aufstellung der neuen republikanischen Armee [. . .]«[21] schreibt er an Hitler.

Damit das Zivilleben wieder eine gewisse Ordnung erfährt, ist eine Verwaltung nötig; um eine Verwaltung unterhalten zu können, bedarf es eines Staatshaushalts. Da es der Haushalt eines besetzten Landes ist, machen darin die Besatzungskosten den größten Posten aus. Außerdem ließe sich ein Plan für die öffentlichen Finanzen überhaupt nicht aufstellen, wenn es nicht zu einem Abkommen mit der Besatzungsmacht darüber käme, in welcher Größenordnung sie Geld in ihrer eigenen Währung in den besetzten Raum einfließen lassen wird.

Schon in dem ersten Gespräch, das Rahn mit Mussolini auf Rocca geführt hatte, war dieser ausführlich auf die finanziellen Probleme eingegangen, die sich aus dem Nebeneinander der deutschen und der italienischen Organisation ergaben. Rahn hat darüber berichtet: »Er [Mussolini] bitte dringend, dafür Sorge zu tragen, daß in Italien nur eine Währung ausgegeben werde und die von den deutschen Truppen hereingetragenen Reichskassen-Scheine und andere Zahlungsmittel sofort zurückgezogen würden. Außerdem bitte er, daß die deutschen Geldanforderungen durch eine Hand liefen, da augenblicklich durch Geldbeschlagnahmungen bei Filialen der ›Banca d'Italia‹ und anderen Banken, die für die Aufrechterhaltung der Industrie notwendigen Zahlungsmittel der italienischen Industrie entzogen würden. Ein praktisches Beispiel habe er hier in Forlì festgestellt, wo ein deutscher General zehn Millionen Lire beschlagnahmt habe und bereits rüstungswichtige Betriebe nicht mehr in der Lage seien, ihre Arbeiter auszuzahlen. [...] Ich unterrichtete den Duce über die von uns in Rom getroffenen Maßnahmen, wie die Verwaltung der Ministerien durch Kommissare, langsame Überführung der Kommissariate in faschistische Hand, Überführung des Goldes, der hohen [Noten-]Bestände und der Druckstöcke nach Norditalien usw. Der Duce billigte diese Maßnahmen und wiederholte nur seine Bitte um möglichst rasche Klärung der Geldanforderung und Ausgabe für die deutsche Truppe, um die für Deutschland wie Italien äußerst gefährliche Inflation zu vermeiden. Ich erwiderte, daß Italien nunmehr durch die Auflösung der Armee einen großen Teil seiner bisherigen Kriegslasten einspare und daß ich deshalb vorschlage, daß Deutschland von Italien einen Kriegslastenbeitrag etwa in Höhe des deutschen Truppenbedarfs an Lire in Italien erhalte. [...]«

Für die Lösung der Probleme gewinnt Mussolini in dem Neapolitaner Giampietro Pellegrini einen hervorragenden Fachmann, der sich als sein Finanzminister mit Verve für die italienischen Interessen schlägt. »Rahn sah in Pellegrini eine Geißel Gottes; er wurde bleich, wenn der Neapolitaner auftauchte, der die paar Soldi der Republik in allen Dialekten Süditaliens verteidigte.«[22]

Am 21. Oktober sitzt er mit Rahn erstmals zusammen, um ein Abkommen über die Kontributionszahlungen auszuhandeln. Pellegrini kämpft mit Zähnen und Klauen und bringt es fertig, den Deutschen davon zu überzeugen, daß das Besatzungsgeld (Kreditkassenscheine) zurückgezogen werden muß und auch alle deutschen Zahlungen nur in Lire erfolgen dürfen. Man einigt sich an diesem Tag auf eine monatliche Zahlung der RSI an die Besatzungsmacht in Höhe von sieben Milliarden Lire bei einem Umrechnungskurs von zehn Lire für eine Reichsmark, deren Kaufkraft im Schnitt bei allen bewirtschafteten Waren — also ohne Berücksichtigung des Schwarzen Marktes — etwa dreimal so hoch war wie die der DM in den achtziger Jahren. Von dieser Regelung zeigt sich Mussolini so angetan, daß er Pellegrini zum Mittagessen in die Villa Feltrinelli einlädt — eine Ehre, der sich nur wenige rühmen können.

Schon am 17. Dezember wird die Monatsrate auf zehn Milliarden Lire erhöht, weil die deutschen Truppen die ganze Last der Verteidigung Italiens allein zu tragen hätten. Diese Begründung ist perfid, denn, wie wir sehen werden, verbietet die deutsche Wehrmachtsführung den Einsatz neuformierter faschistischer Kontingente an der Front. Auch bei den zehn Milliarden Lire bleibt es nicht, der Betrag steigt schrittweise auf 17 Milliarden. Bei diesem Stand legt die deutsche Militärverwaltung Monatsabrechnungen mit einem Fehlbetrag zwischen 450 und 500 Millionen Lire vor, die aus der Staatskasse der RSI nachgeschossen werden müssen.

In Rahns Erinnerungen ist dieser Sachverhalt mit leichten Lasuren eingegangen: »Eingesparte Beiträge würde ich ihm [Pellegrini] auch ohne Erwähnung im Abkommen zurückgeben. Dies geschah dann später in einer Höhe von über vier Milliarden Lire, bis das unvermeidbare Steigen der Lebenshaltungskosten uns zwang, auch diesen Kriegslastenfonds um zwanzig Prozent zu steigern und die Hoffnung auf weitere Ersparnisse aufzugeben.«[23]

Die Zahlungen werden verwendet: 1. für den Unterhalt und die Ausstattung der deutschen Truppen in Italien; 2. für den Ausbau von Bunkern und anderen Verteidigungsanlagen sowie für die Ausbesserung der Flugplätze; 3. zur Bezahlung der in italienischen Betrieben in deutschem Auftrag und unter deutscher Kontrolle hergestellten Kriegsmaterialien; 4. für die Bezahlung der Requisitionen deutscher Stäbe der Truppe bzw. der Militärverwaltung. Das besagt, daß die Zahlungen für die Posten 3 und 4 in einen ökonomischen Kreislauf eingeschleust werden: Ein Teil des Geldes aus der italienischen Kasse läuft in die italienische Wirtschaft zurück, die Disposition über seine Verwendung liegt aber in deutschen Händen, und diese selbst kommt nur der deutschen Kriegführung bzw. den deutschen Wirtschaftsinteressen in Italien zugute.

Wenn Rahn in seinen Memoiren dort, wo er sich als finanzieller Wohltäter der RSI hinstellt, weiter schreibt, daß »die Wirtschaft Oberitaliens zweifellos vor der katastrophalen Entwicklung bewahrt [wurde], die andere besetzte Gebiete erlebt haben«[24], so ist ihm darin beizupflichten; es grenzt tatsächlich an ein Wunder, daß die Alliierten im Mai 1945 die italienische Wirtschaft in einem Zustand vorfinden, der sich fast mit dem des Reiches selbst vergleichen läßt, wo die Basisversorgung der Bevölkerung bis zuletzt mit dem Geldumlauf in leidlicher Balance gehalten werden konnte. Vielleicht ist die Leistung der italienischen Finanzexperten unter Pellegrini sogar noch erstaunlicher als die der deutschen, denn es gelang ihnen, einen wildblühenden Schwarzmarkt ökonomisch so zu isolieren, daß dessen inflationäres Preisgefüge – soweit er nicht überhaupt nur einen Rückfall in bargeldlose Tauschwirtschaft darstellte – nicht epidemischen Charakter annehmen und die rationierte Versorgung aus den Angeln heben konnte (während es im Reich bis Mai 1945 einen schwarzen Markt so gut wie nicht gegeben hat). Ferner herrschten in mehreren Provinzen bürgerkriegsähnliche Zustände, ernährten sich das deutsche Heer und der gigantische deutsche Verwaltungsapparat aus dem Lande. Nicht zuletzt verdient als erschwerender Faktor auch Erwähnung, daß die Staatskasse des Nichtstaates, aus dem die Milliarden für die Kontributionszahlungen stammten, nur zum geringsten Teil aus Steuern gefüllt werden konnte, zum weitaus größten mit der Notenpresse, die aus Rom nach Verona verlagert worden war und dort auf Hochtouren lief. Der Goldbestand der italienischen Staatsbank im Wert von zwei Milliarden Lire ist aus Rom abtransportiert und in den Kasematten von Franzensfeste (im Etschtal) eingelagert worden. Der Staatsschatz bleibt dort, bis ihn die Amerikaner, von Wolff informiert, 1945 sicherstellen.

Pellegrini hätte trotz seiner Geschicklichkeit auf verlorenem Posten gestanden, wenn es nicht auch im deutschen Interesse gelegen hätte, einen Zusammenbruch der italienischen Wirtschaft zu verhindern.

Aus alledem geht hervor, daß die Besatzungsmacht wenigstens auf finanzpolitischem Gebiet zum Vorteil beider Seiten eine gewisse Bereitschaft zeigt, Vernunft walten zu lassen. Anders verhält es sich jedoch beim Aufbau einer eigenen Armee der RSI, der zweiten »Hauptaufgabe« Mussolinis.

Bereits in der ersten noch auf die Burg einberufenen Ministerratssitzung hat er sich in langen Ausführungen darüber ergangen, daß sein Staat nur durch eine neue Armee, die an der Seite der Deutschen für den »Endsieg« kämpfe, zu Ansehen gelangen könne. Er hat Rastenburg mit dem Eindruck verlassen, daß Hitler und seine Papageien zwei Maßnahmen von ihm erwarten, wenn er die Schande des »Verrats« von Italien abwaschen wolle: die blutige Abrechnung mit den »Verrätern« vom 25. Juli und die Aufstellung einer neuen Armee, von der er natürlich annimmt, es sei auch der Wille der Deutschen, daß sie an der Front eingesetzt werde. Die Abrechnung versucht er hinauszuschieben. Was aber die Armee betrifft, so kann er es gar nicht erwarten, wieder über Soldaten zu gebieten. Zum ersten und einzigen Male werden es »seine« Soldaten sein im Unterschied zur königlichen Armee, die auf Viktor Emanuel vereidigt gewesen ist (was nicht wenige Offiziere davon abhält, in die Armee der Republik einzutreten). Wenn das faschistische Regime daneben eine Armee der Partei, die Miliz, geschaffen hatte, so war das Motiv das Bestreben gewesen, es mit eigenen Truppen abzusichern.*

Nachdem es keinen König mehr gibt, Mussolini Staats- und Regierungschef in einer Person ist und die Soldaten der RSI, welcher Formation sie auch angehören mögen, auf jeden Fall auf Mussolini zu vereidigen sind (eine Annahme, die nur bedingt richtig ist, wie sich erweisen wird), ist der eigentliche Grund für zwei Armeen entfallen. Nicht so für überzeugte Altfaschisten! Daß sich zwei Auffassungen gegenüberstehen, erweist sich bereits in der ersten Ministerratssitzung, in der Marschall Graziani als Verteidigungsminister und Generalstabschef (in den deutschen Akten meist Kriegsminister genannt) am Tisch sitzt.

In der Sitzung bezieht Graziani sofort eine kämpferische Position gegen die Parteibonzen. Es dürfe, fordert er kategorisch, keine Miliz mehr geben, eine Armee neben der Armee sei so überflüssig wie schädlich, nur eine nationale Armee werde vom Volk akzeptiert, von ihm im Auftrag des Duce geführt.

Im Prozeß, der Graziani nach dem Krieg gemacht wird, sagt er aus, anfänglich seien die Deutschen durchaus bereit gewesen, Mussolinis schon in den ersten Besprechungen im Führerhauptquartier vorgebrachte Forderung nach Neuaufstellung einer Armee in bescheidenem Umfang zu erfüllen: »Es wurde vereinbart, etappenweise vorzugehen, erst vier Divisionen, dann acht und dann zwölf. [. . .] Für die ersten vier Divisionen gedachten wir Freiwillige aus den Lagern in Deutschland zu nehmen, in denen nach dem 8. September 6—700 000 Unglückliche als Kriegsgefangene zusammengepfercht worden waren. Ich bat deshalb, die Männer aus Freiwilligen dieser Konzentrationslager auszuwählen, und ersuchte sofort um die Erlaubnis, mich selber dorthin begeben zu dürfen. [. . .] Hitler widersetzte sich dem mit größter Schärfe.«[25]

Wenn Graziani aus dem Reservoir der Militärinternierten schöpfen will, so aus zwei Gründen: Er geht einmal davon aus, daß viele das deutsche KZ gern gegen eine Kaserne des neuen Faschismus eintauschen würden (darin irrt er sich!); darüber hinaus will er eine unpolitische Armee aufbauen, und er kann nur dann sicher sein, daß ihm dabei die fanatischen

---

* Im Reich sind Staat und Partei zu einer Einheit verschmolzen, in Italien nicht; das Nebeneinander von Wehrmacht, der Hitler 1934 die SA opfert, und SS kann nicht ohne weiteres mit dem Nebeneinander der königlichen Armee und der Miliz verglichen werden.

Parteifaschisten nicht in die Quere kommen, wenn er selbst in Deutschland die Rekrutierung vornimmt.

Daß sein Plan, aus Militärinternierten wieder Soldaten zu machen, nicht zur Ausführung kommt, liegt jedoch nicht an den radikalen Faschisten, sondern an der deutschen Führung, die keinem der Verhafteten mehr über den Weg traut und in ihnen grundsätzlich potentielle Verräter sieht, nachdem die Werbung um Freiwillige in den Lagern sich als Fehlschlag erwiesen hat. Zeitweise wird sie in den Lagern ganz verboten, erstmals schon im November 1943. Mussolini aber hält an seiner Forderung fest, eine neue italienische Armee in den Lagern zu rekrutieren. Am 29. November schreibt er an Hitler: »Geben Sie, o Führer, diesen Männern [. . .] die Ehre des Kampfes!« Wenige Tage später wiederholt er gegenüber Botschafter Rahn, es sei ein äußerst demütigender Gedanke, daß sich unter etwa 600 000 Internierten nicht 50 000 finden lassen sollten, die zum Kämpfen bereit seien. Aus den »besten Elementen« müßten die vier Divisionen zusammengestellt und von Deutschen ausgebildet werden! Wie lange ist es her, daß sein Comando supremo erbittert alle deutschen Versuche zurückgewiesen hat, unmittelbare Befehlsgewalt über die Armee des Faschismus auszuüben? Fünf Monate, sechs Monate? Jetzt wird hingenommen, ja, verlangt, daß deutsche Unteroffiziere Italiener über deutsche Kasernenhöfe robben lassen.

Das OKW sagt zögernd ja zu den vier Divisionen und könnte nicht schneidender nein zur Abwerbung von Internierten sagen, als es in einer Konferenz an Mussolinis »Regierungssitz« Gargnano am 4. Dezember 1943 geschieht: Die Männer für diese vier Divisionen sollen aus Italien kommen, entweder aus dort noch vorhandenen Stammannschaften oder als neueingezogene junge Rekruten.

Zum Ergebnis der Zusammenkunft, die von SS-Obergruppenführer Wolff und von Mussolini geleitet wird, bemerkt Hitler einige Tage später, »daß seiner Ansicht nach hieraus [aus einer italienischen Wehrmacht, Anm. d. Verf.] nichts werden würde. Deutschland habe auf lange Sicht kein Interesse an dieser Aufstellung, weil die politischen Verhältnisse Italien gegenüber nach den Ereignissen des September zu schwierig und auch in Zukunft belastet sind. Es sei bei allen Aufstellungen größte Vorsicht und Wachsamkeit notwendig.«[26]

Die selbstverständliche Annahme, daß die vier Divisionen nach ihrer Ausbildung zum Fronteinsatz kommen, erweist sich als illusorisch. Vor dem Hintergrund einer Kriegsentwicklung, die das Oberkommando zwingt, jeweils ein Loch damit zu stopfen, daß sie ein anderes aufreißt,

und in der sich ab Juni 1944 die feindlichen Heere von Westen und Osten den Reichsgrenzen nähern, bleibt das Infanteriepotential des Duce-Italiens bis Herbst 1944 unverwendet. In einer abschließenden Besprechung wird bestimmt, daß die vier Divisionen aus schon vorhandenen Stammannschaften in Italien wie aus Jahrgängen neu einzuziehender Rekruten gebildet werde. Gleichzeitig werden auf dem Papier Teile derselben Jahrgänge als Hilfskräfte auf deutsche, in Italien stehende Armeen verteilt. Schon Anfang Dezember 1943 liegen folgende Anforderungen deutscher Wehrmachtsteile vor: 12 000 Mann für die 10. Armee, 18 000 Mann für die 18. Armee, 43 000 Mann für das Luftflottenkommando 2. Durch das hungernde, von feindlichen Bomberflotten heimgesuchte deutsche Herrschaftsgebiet Italiens, dessen Süden abgetrennt ist, in dem eine langsam nach Norden vorrückende Front verbrannte Erde hinter sich läßt, streifen deutsche Menschenfänger in den verschiedensten Uniformen; und sie bekommen auch noch italienische Konkurrenz: »Als Mussolini Ende November Ricci erlaubte, eine neue Nationalmiliz aufzustellen [soll heißen: Parteimiliz, Anm. d. Verf.], wurden die Konfusion und das gegenseitige Mißtrauen noch größer und die Rekrutierungsbüros noch zahlreicher. Die meisten Zwanzig- bis Vierzigjährigen waren entweder in Deutschland im Lager, saßen auf dem Balkan in der Falle oder trieben sich in Nord- und Süditalien herum [wo sie dann bei den Partisanen landeten, Anm. d. Verf.]. In vielen Fällen waren die Milizrekruten erst fünfzehn bis siebzehn Jahre alt. Jeder Kommandeur wetteiferte mit dem anderen, seinen Mannschaftsstand zu erhöhen. Und auf das gesamte Menschenreservoir prasselten die Lockungen und Drohungen der deutschen Stellen nieder, die Leute für Arbeitseinheiten in Italien und Fabriken in Deutschland anwarben. [...]«[27)]
In der Praxis sieht das so aus: Ein Dorf wird umstellt; die Männer werden zusammengetrieben und ins Reich abtransportiert, wo sie in den Fabriken für den deutschen Krieg arbeiten müssen, Schulter an Schulter mit denen, die seit September 1943 für diesen Zweck hinter Stacheldraht gefangen sind. Insgesamt befinden sich schließlich 800 000 Italiener zwangsweise im Reich – das größte Sklavenheer der Neuzeit.
Willkür und Gewalt werden, soweit es sich eben machen läßt, hinter Verträgen und Abkommen versteckt, die Mussolini abgepreßt werden: »Duce hat sich bei heutiger ausführlicher und grundlegender Besprechung [1. Dezember 1943] damit einverstanden erklärt, daß
1.) die für die Aufstellung der 4 italienischen Divisionen notwendigen

Rekruten der neu eingezogenen Jahrgänge entsprechend dem deutschen Wunsch in der zweiten Hälfte des Januar zur Ausbildung nach Deutschland gebracht werden; 2.) für Anfang und Mitte Januar mehrere Jahresklassen Miliz eingezogen und zur Arbeitsleistung im Rahmen der Organisation Sauckel nach Deutschland geschickt werden; 3.) das im Rahmen des Kriegsministeriums errichtete Arbeitsinspektorat seine Tätigkeit auf Fragen der militärischen Arbeits-Organisation und auf die militärischen Einberufungen für den Arbeitseinsatz in Deutschland beschränkt. [...] Rahn«

Mit diesen Regelungen ist das Konzept Grazianis, eine nationale Armee in Italien aufzubauen, zunichte gemacht. Mussolini muß einsehen, daß ihm keine Gelegenheit gegeben werden wird, den Deutschen zu beweisen, daß die Italiener keine verräterischen Feiglinge sind. »Ich gewinne allmählich den Eindruck, daß der Duce die Schwere der Situation und das Unglückliche seiner persönlichen Lage voll empfindet [...] Im Innern ist sein Hauptgedanke nach wie vor die Aufstellung eines wenn auch kleinen ital. Heeres. Er hat sich darüber geäußert, daß diese Wiederaufstellung eines ital. Heeres, die Verratsschuld mit Blut sühnen soll, vielleicht seine letzte Aufgabe wäre. [...]«[28]

Mit solchen Wendungen, von denen es in Mussolinis Reden, amtlichen Schriftstücken und Briefen an Hitler und Rahn wimmelt, macht er unmißverständlich deutlich, daß es ihm bei der Neuaufstellung einer neofaschistischen Armee nur vordergründig um Soldatenspielerei zu tun ist — die er nach wie vor, soweit sich Gelegenheit dazu bietet, genießt —, sondern um Politik. Er sieht darin ein Mittel, ja, recht eigentlich *das* Mittel, sein Land sozusagen wieder satisfaktionsfähig zu machen, nicht nur gegenüber den Deutschen, deren Herrschaft ersichtlich zu Ende geht; wichtiger ist ihm der Blick in die Zukunft nach dem Krieg.

Der Gründer des Imperiums sieht seine »letzte Aufgabe« darin, Staat und Volk wieder an seine Geschichte anzubinden und den »Verrat« als eine Art Betriebsunfall auszutilgen. Daß er nicht mehr der Mann ist, dem das gelingen könnte, erkennt er nicht. Er sieht nicht, daß kein ehrlich um die Zukunft seines Landes besorgter Italiener noch ein Stück Brot von ihm nimmt. Was ihm statt dessen um so deutlicher vor Augen steht und worauf er mindestens mit subjektiver Berechtigung seinen totalen politischen Mißerfolg zurückführen kann, ist, daß das »Deutsche System« für Italien nicht einmal eine autonome Regeneration des Faschismus erlaubt, geschweige denn eine über das Kriegsende hinauszielende nationale italienische Politik. Aus den Gründen, die ausschließlich in der Person Hitlers zu suchen sind — wir haben sie darzulegen versucht —, muß es zwar einen Mussolini in Italien geben, der noch für die Propaganda verwertbar ist, nicht aber darf ein Mussolini toleriert werden, der in Italien und für Italien eine eigene Politik treiben will. Da die wahre Begründung hierfür nicht geliefert werden kann, weil sie der politischen Demontage des Führers gleichkäme, wird die angebliche Feigheit der Italiener vorgeschoben; sie verbiete die Aufstellung eines neuen faschistischen Heeres. Mussolini und vor allem auch Graziani müssen alle die Beleidigungen einstecken, die mit dem deutschen »Nein« gegen die italienische Wiederaufrüstung verbunden sind, und werden behandelt, als seien sie es, die den »Verrat« begangen haben.

Notgedrungen biegt Mussolini auf einen anderen Weg ein, in der Hoffnung, er werde ihn wieder seinem Volk näher bringen und seiner Regierung zu einer Autorität verhelfen, die nicht abgeleitet ist von der ausschließlich auf ihrer militärischen Macht beruhenden Autorität der Deutschen — einen innenpolitischen Weg. Von ihm wird gemeinhin gesagt, Mussolini sei damit zu den revolutionären Idealen des Faschismus aus den frühen zwanziger Jahren zurückgekehrt, wenn nicht gar zu den verworrenen Vorstellungen seiner Jugend, als er ein radikaler Sozialist, fast ein Anarchist gewesen war.

Von ihm soll Lenin einmal gesagt haben, er sei der einzige ernsthafte Sozialist in Italien. Das ist von Nicola Bombacci bezeugt, einem der Gründungsmitglieder der Kommunistischen Partei Italiens 1921, einem immer streitbaren Geist, dem Duce schon aus Jugendzeit bekannt. Er taucht jetzt in Gargnano auf, bekommt einen Schreibtisch im Innenministerium, nimmt den Namen Sozialistische Republik ernst und will ihn ernstgenommen sehen. In wilden Diskussionen versucht er, Mussolini nach links zu treiben — nicht ganz erfolglos.

Schon mit seiner Weigerung, den Begriff »faschistisch« in den Namen der Republik aufzunehmen, hatte Mussolini zu erkennen gegeben, wie tief der Schock in ihm sitzt, den der lautlose Zusammenbruch seiner Partei am 25. Juli in ihm ausgelöst hat. Mit seinen nächsten Mitarbeitern berät er sich, wie der rein auf dem Faktischen beruhenden Existenz der Republik ein politisch-programmatischer Mantel umgehängt werden könnte — soweit von Eigenexistenz überhaupt gesprochen werden kann. Er selbst denkt an eine verfassunggebende Versammlung aller noch vorhandenen oder wieder vorhandenen Repräsentanten einer quasistaatlichen Ordnung. Sowie er sich aber der Frage ihrer praktischen Durchführbarkeit nähert, muß er die Absicht aufgeben, weil nur ein

Bruchteil des italienischen Staatsgebiets in einer solchen Versammlung vertreten und nur allzu deutlich geworden wäre, daß tatsächlich nur die Po-Ebene das Duce-Italien ist, während Rom bereits ein fernes Eigenleben unter einem deutschen Stadtkommandanten führt. Überdies hätte das brennende Problem der abgetrennten »Operationszonen« nicht ausgespart werden können, der frontale Zusammenstoß mit der Besatzungsmacht wäre unvermeidlich geworden.

Um die Republik trotzdem politisch aufzuwerten, bietet es sich nur an, einen Parteikongreß einzuberufen. Für ihn muß ein Programm ausgearbeitet werden. Wenn es auf die Parteiführer selbst und im weiteren auf die Bevölkerung Wirkung ausstrahlen, ihre Willensbildung lenken soll, dann muß es deutlich erkennen lassen, daß aus den schlimmen Erfahrungen Lehren gezogen worden sind und etwas Neues angeboten wird. Das ist die Stunde, in der die verschwommenen sozialistischen Ideen, die in Mussolini lebendig geworden sind (ihm auch von einer ganzen Reihe lokaler Parteiführer zugetragen werden), am Schreibtisch in der Villa Orsoline die Gestalt eines nicht minder verschwommenen niedergeschriebenen Manifests annehmen — wenigstens das. Es versucht gar nicht ungeschickt die Quadratur des Kreises: Es will den Arbeitern sagen, auf ihnen ruhe die neue Republik, den Unternehmern, sie brauchten Enteignung nicht zu befürchten; der Besatzungsmacht will er schließlich klarmachen, dieser neue Faschismus sei nicht wirklich eine Spielart des Sozialismus.

Da aber ein Manifest etwas anderes ist als ein Gesetzestext und nicht einfach eine trockene Aufzählung von Rechten und Pflichten sein darf, so bekommen im Mussolinischen Text die sozialistischen Tendenzen allein durch die Wortwahl eine in der Praxis gar nicht beabsichtigte Stringenz. Außerdem kann es Mussolini nicht lassen, gegen den deutschen Stachel zu löcken und vernehmlich die territoriale Integrität Italiens zu preisen und zu fordern, d. h. in Sachen »Operationszonen« der Katze die Schelle umzuhängen.

In beiden Punkten schießt er bereits wieder über das Zulässige hinaus. Rahn, dem das Manifest zur Vorzensur vorgelegt werden muß, mäßigt, schränkt ein, streicht weg und berichtet seinem Führer, das Parteimanifest sei in Zusammenarbeit mit ihm verfaßt worden.

Davon erfahren die Delegierten nichts. Mussolini feiert am 13. November 1943 in einer Presseerklärung sein Werk: »Die im Gang befindliche Sozialreform [. . .] wird die höchste Errungenschaft des Faschismus sein; sie ist zutiefst human und durch und durch italienisch [. . .] und erfüllt restlos und endgültig das Verlangen und das Streben der arbeitenden Klassen.«[29]

Einen Tag später tritt der Kongreß an historischer Stätte, im Castelvecchio in Verona, zusammen, ein buntzusammengewürfelter Haufen von etwa zweihundert bekannten und auch ganz unbekannten Funktionären der Partei, die zu diesem Zeitpunkt etwa 250 000 Mitglieder in ihren Karteien führt.

Der große Platz vor dem alten Schloß der Scaliger wird von Männern eines Ordnungsdiensts abgeriegelt, die in blaue Monteuranzüge, die eine Uniform darstellen sollen, gekleidet sind. Schwarze Pullover, Skistiefel, Pistolen, auch einige Maschinengewehre verleihen ihnen ein bedrohliches Aussehen. An der Zugbrücke, über die das Tor zur gesamten Anlage erreicht wird, finden Ausweiskontrollen statt. Nur wenige der Teilnehmer tragen das Schwarzhemd, und soweit sie noch in den alten Uniformen gekommen sind, werden sie aufgefordert, den Adler, das Symbol einer vergangenen Epoche, zu entfernen. Am schwarz verhängten Vorstandstisch sitzt Parteisekretär Pavolini, der Scharfmacher. Er eröffnet die Sitzung und verliest eine Grußbotschaft Mussolinis, der der Versammlung fernbleibt, wie auch fast alle seine Minister. Er läßt jedes Wort mitstenographieren, um sich ein Bild von der Stimmung in der Partei aus erster Hand machen zu können, und was er dabei erfährt, erfüllt ihn mit Abscheu vor dem ganzen Unternehmen.

In diesem mit den Insignien des Faschismus drapierten Saal kocht der primitivste Faschismus über. Nach langer Pause sind diese Parteifaschisten wieder unter sich, sind nicht in der politischen Diaspora der Städte und Gemeinden, von wo sie nach Verona gekommen sind, sind nicht mit anmaßenden Funktionären oder Offizieren der Besatzung konfrontiert. Sie können ungehemmt ihrer Wut über den Machtverlust Luft machen, die von der Einsicht, in welchem Maße sie ihn selbst verschuldet haben, angestachelt wird. Weit davon entfernt, Selbstkritik betreiben zu können, wendet sich ihre Wut nach außen, lassen sie den Schrei nach Rache an den Verrätern ertönen. Es zeigt sich, daß die radikal-faschistische Hetze, die der »Sender Monaco« (München) allabendlich betreibt, nicht ohne Wirkung geblieben ist. Seine Parole: An die Mauer! An die Mauer! findet im Saal ihr Echo, und wer als erster an die Mauer gestellt werden soll, bleibt nicht zweifelhaft: Ciano! Er ist die Symbolfigur für den »Verrat«, darin sind sich Parteikongreß und Führerhauptquartier ganz einig. Doch gemeint sind alle, die dem Faschismus abgeschworen haben und gerade beginnen, sich gegen ihn zu erheben.

Wie bestellt, stürmen auf dem Höhepunkt einer brüllend geführten Diskussion drei Männer in den Saal und berichten, in Ferrara sei der Kamerad Giselini, der Kommissarische Parteisekretär, von Antifaschisten umgebracht worden. Ein Mordkommando wird aus Padua und Verona in Marsch gesetzt und erschießt im Hof des Gefängnisses von Ferrara siebzehn Antifaschisten.

Die Behandlung des Manifests durch die Versammlung, dessen Diskussion als das eigentliche Anliegen des Kongresses gedacht war, kennzeichnet seinen Verlauf. Seine 18 Punkte werden von Pavolini erst kurz vor dem Ende der Tagung heruntergeleiert, von den meisten gar nicht im einzelnen zur Kenntnis genommen, im ganzen durch Handzeichen bestätigt. Das Votum macht eine Auszählung überflüssig; sie hätte auch dem Klima im Saal nicht entsprochen.

Im Programm des Manifests ist die klare Absage an das monarchische System das eigentlich neue. Da es keinen König mehr geben wird, der den Regierungschef berufen und abberufen kann, soll die Stellung, die Mussolini jetzt einnimmt, im Abstand von fünf Jahren in allgemeinen Wahlen besetzt werden. Auch Bürgerrechte sind kodifiziert, so soll niemand ohne richterliche Anordnung länger als sieben Tage in Haft genommen werden, und die Parteimitgliedschaft in der Arbeitswelt dürfe keine Privilegien schaffen. Es wird jedoch die Stellung der Partei als der Alleinverantwortlichen für die politische Erziehung des Volkes herausgestellt. Die offizielle Religion sei die römisch-katholische, doch seien alle anderen Bekenntnisse zu tolerieren. Die Juden werden nicht als Religionsgemeinschaft, sondern als Rasse eingestuft, seien Fremde und »für die Dauer des Krieges« wie Angehörige einer Feindnation zu behandeln. In diesem Punkt kann der Judenfeind Preziosi, von den Deutschen voll gedeckt, einen Erfolg verbuchen, doch bleibt dieser mehr oder weniger formaler Natur. Auch nach dem Kongreß von Verona bringen nicht Italiener, sondern Deutsche italienische Juden um.

Die Radikalen setzen sich durch, und statt mit einem sozialistischen Programm die Massen zu gewinnen, statt der deutschen Spottgeburt der Republik ohne Ethos wirklich »zutiefst humane und durch und durch italienische« Ziele zu setzen, anknüpfend »in ihrem geistigen Wesen an die jahrhundertealten Traditionen unseres Humanismus« (Mussolini in seiner Manifestproklamation vom 13. November), kehrt der Kongreß nur darin zu den Anfängen des Faschismus zurück, daß er den Terror der Strafexpeditionen aus den Jahren 1920/21 als das Mittel empfiehlt, um das Gewissen des Volkes aufzurütteln. »Die Kampfscharen sind der

Frühling unseres Lebens. Wer einmal Squadrist war, bleibt es sein Leben lang«, brüllt der Parteisekretär in den Saal. Die Parteigerichtsbarkeit soll wieder aktiv werden, Verräter sind von Sondertribunalen zu bestrafen. Was sich hier zusammenbraut, ist der Entschluß zum Bürgerkrieg, und was stimmungsmäßig vorbereitet wird, ist der Prozeß gegen die »Verräter« vom 25. Juli. (Er wird ein paar Wochen später im selben Saal stattfinden.)

Aufs neue sitzt Mussolini zwischen allen Stühlen. Seine eigene Partei geht auf seine linken Ideen nicht ein; zwar fallen ihre radikalen Vertreter tatsächlich in die Frühzeit des Faschismus zurück, aber nur, um sich damaliger Gewalttaten lustvoll zu erinnern und um sie in der Gegenwart wieder als das Mittel anzuwenden, politisch Statur und Einfluß zu gewinnen. Mussolini liest die Sitzungsprotokolle mit tiefer Enttäuschung. Zu seinem Sekretär sagt er: »Es war ein vollkommenes Durcheinander. Eine Menge wirres Geschwätz, wenige präzise und klare Gedanken.«[30] Hat er selbst klare Gedanken, oder schwebt ihm nicht doch nur ganz nebelhaft eine Wiederherstellung des faschistischen Regimes vor, wie es in den Anfangsjahren konstruiert war, bevor er sich zum Diktator gemacht hatte?

Sein Programm: »Was ich in Italien tun will, ist nicht nur die Aufstellung einer antibürgerlichen Gegenthese, sondern die Verstärkung der tragenden Kräfte des noch immer lebendigen Faschismus. Alles dies, ich weiß, beunruhigt die Deutschen. Aber ich glaube, es ist der europäischen Wirklichkeit näher, als sie ahnen.«[31]

Eine Proklamation, die Mussolini im Nachgang zum Kongreß von Verona »über die grundlegende Voraussetzung für die Schaffung der neuen Struktur der italienischen Wirtschaft« erläßt, muß die Deutschen noch mehr beunruhigen als das Manifest selbst, denn darin heißt es: »Der Staat übernimmt [...] die unmittelbare Leitung der Betriebe, die für die wirtschaftliche und politische Unabhängigkeit des Landes wesentliche Sektoren verpflichten, ebenso von Lieferungen von Rohmaterialien, Energie und anderen für die ordnungsgemäße Abwicklung des wirtschaftlichen Lebens des Landes unerläßlichen Dienst. Das Kapital der Unternehmen [...] wird vom Staat verwaltet. [...]«

Die deutsche Führung lebt in steter Furcht, das faschistische Italien könnte ihr noch einmal aus dem Zügel laufen, diesmal mit und sogar durch Mussolini; deshalb nimmt sie solche Sätze ernster als die Faschisten. Rahn führt nach dem Kongreß besorgte Gespräche mit ihm und einigen seiner Minister: »Sofort bei Bekanntwerden wurde die Proklamation mit dem Parteisekretär Pavolini, dem Korporationsminister Tarchi und dem Arbeitskommissar Marchiandi besprochen und dabei die Bedenken geltend gemacht, die für die Kriegswirtschaft daraus entstehen können. Pavolini wies darauf hin, daß es sich ja nicht um Gesetze mit materieller Wirkung handele, sondern zunächst nur um die Niederlegung eines Grundsatzes. [. . .] Minister Tarchi [. . .] unterstrich besonders, daß nicht daran gedacht sei, überstürzte Maßnahmen einzuführen. [. . .] Im übrigen habe ich erneut mit ihm abgesprochen, daß Gesetze, die die Rüstung und Kriegsproduktion berühren könnten, vorher mit uns abgestimmt werden. [. . .] Der Duce selbst, den ich dringend bat, die Vereinbarung vorheriger Unterrichtung über weitgehende Maßnahmen einzuhalten, sieht das Ganze mehr von weltanschaulichem Primat aus. [. . .] Selbstverständlich werde er mit größter Behutsamkeit vorgehen. [. . .] Die Börse reagierte am ersten Tage [auf die Proklamation, Anm. d. Verf.] heftig mit Kursverlusten bis zu 30%, zog aber dann rasch wieder an, als sich in Mailänder Kreisen herumsprach, daß man deutscherseits auf diese Entwicklung zumindest bremsend Einfluß nehmen würde. [. . .] Die Arbeiter sind eher skeptisch und glauben, daß es sich dabei um eines der faschistischen Versprechen handelt, wie sie sie seit vielen Jahren kannten. [. . .]« (1. Februar 1944)

Mißt man diese Diplomatensprache nicht an den konkreten Maßnahmen, so könnte man den Eindruck gewinnen, zwischen dem Reichsbevollmächtigten und dem Duce seien die Probleme in herrenhafter Manier diskutiert worden. Wenn dort aber steht: Der Duce . . ., den ich dringend bat . . ., so heißt das: . . . dem ich gesagt habe, was er zu tun hat. Mussolini blickt mit Schrecken auf die Folgen des deutschen Radikalismus: »Jeder neue deutsche Befehl vergrößert die Zahl [der Terroraktionen, Anm. d. Verf.]. Die Grausamkeiten vervielfachen sich, die Attentate auf die Faschisten nehmen zu [noch mehr die Attentate gegen Antifaschisten!], [. . .] es gibt auf diesem Stückchen Boden, das jeden Tag mehr zusammenschrumpft, zu viele Herren, und je mehr wir sind, um so mehr nehmen unsere Feinde zu. Das einzige, was mir bliebe, wäre ein Rücktritt zum Zeichen des Protestes. Ich frage mich, ob eine solche Geste zu irgend etwas gut wäre.« (Anfuso)

Und ob sie zu etwas gut wäre — alles hinzuwerfen und sich irgendwo internieren zu lassen (Schloß Hirschberg böte sich dafür an), würde ihm vielleicht sogar den gewaltsamen Tod erspart haben, aber mit Gewißheit die Demütigungen, die noch auf ihn warten — kurz nach dem Kongreß von Verona die nächste in demselben Saal.

Nach dem Kongreß von Verona der Prozeß von Verona — gegen die »Verräter« vom 25. Juli. Als Mussolini begriffen hatte, daß er Ciano Hitler opfern muß, sagte er zu Anfuso: »Was die Prozesse gegen die Verräter angeht, so können Sie in Berlin sagen, daß getan wird, was notwendig ist, daß dies aber nicht der Prüfstein für unsere Regierungstätigkeit ist.« Anfuso kommentiert: »Dabei war gerade dies der einzige Punkt, in dem sie von den Deutschen erwartet wurde.« Mord als »Regierungstätigkeit« ist der deutschen Führung wohlvertraut. Dafür gibt sie auch der RSI die nötige Handlungsfreiheit.

Das Opfer ist fällig: Ciano

Als Edda Ciano bei der Zusammenkunft auf Schloß Hirschberg zu ihrem Entsetzen einsehen muß, daß ihr gebrochener Vater nicht mehr die Macht haben wird, gegen den Willen Hitlers die Flucht der ganzen Familie in neutrales Ausland zu bewerkstelligen, beginnt sie diese auf eigene Faust zu planen. Dazu gehören bereits die abenteuerlichen Gespräche, die sie und der Graf noch am Starnberger See mit dem Kaltenbrunner-Agenten Höttl und seiner Gehilfin Frau Beetz alias Felicitas über das Tauschgeschäft Pässe gegen die Tagebücher führen — auch sie zunächst ergebnislos.

Daraufhin fährt Edda allein nach Italien, wo sie über Verbindungen verfügt. Die Reise in einem Militärzug ist lang und unbequem; erschöpft, aber wild entschlossen, ihren Vater doch für eine Rettungsaktion zu mobilisieren, kommt sie in Gargnano an. Mussolini ist nicht mehr der Privatmann im blauen Anzug, als der er an der Hirschberger Mittagstafel gesessen hat, er verfügt über einen kleinen Hofstaat, genießt die Ehren eines Regierungschefs — Edda traut ihm irrtümlicherweise zu, daß er wieder über Macht und Einfluß verfügt, wenn nicht auf Hitler, so doch in Italien. Ihm erscheint ihre panische Angst übertrieben, er hält Edda für hysterisch. »Reg dich nicht zu sehr auf«, sagt er.[32]

Sekretär Dolfin erlebt die Lieblingstochter zum erstenmal und ist von ihrem herrischen Wesen beeindruckt. Er schreibt, sie sei unverwechselbar eine Mussolini. Bei ihrem Vater rennt sie gegen eine Mauer, an deren Aufrichtung der Innenminister Buffarini-Guidi erheblichen Anteil hat. Von allen Faschisten in der Regierung von Salò, die den Deutschen die

Stiefel lecken, ist er der korrupteste, Dollmanns Intimus am Gardasee wie zuvor in Rom. Er weiß nur zu gut, daß die Deutschen es für eine unverzeihliche Schwäche des Regimes ansehen würden, wenn es den Cianos gelänge, sich dem Racheakt zu entziehen — unerwünschte Schwäche eines Regimes, das den Deutschen im Rahmen ihrer eigenen Zwecke gar nicht schwach und unterwürfig genug sein kann!

Gehorsame Ärzte stellen bei Edda Ciano einen Nervenzusammenbruch fest, und der Innenminister veranlaßt ihre Einweisung in ein Sanatorium bei Parma. Der Ort heißt Ramiola, dort wird sie unter dem Namen Elsa Santos geführt, so daß das »E« in ihren Wäschestücken gerechtfertigt ist. Ob der Vater glaubt, ihr einen Dienst zu erweisen, indem er sie ärztlicher Fürsorge überantwortet, läßt sich nur vermuten.

Als ihrem Mann Gerüchte zu Ohren kommen, Edda gehe es schlecht, ruft er bei Botschafter Anfuso in Berlin an: »Der 1. Botschaftssekretär Nichetti hat [...] mitgeteilt, daß Graf Ciano Botschafter Anfuso angerufen habe, um sich nach dem Gesundheitszustand der Gräfin Ciano zu erkundigen.« Daraufhin fragt Anfuso bei Mussolini in Gargnano an. »Der Duce habe geantwortet, daß es ihr nicht gut gehe, da sie einen Nervenzusammenbruch gehabt habe. [...] Hiermit dem Büro RAM mit dem Anheimstellen, den Herrn Reichsaußenminister von Vorstehendem zu unterrichten./Berlin, den 15. Oktober 1943/gez. Frhr. v. Dörnberg/P. S. Wie mir Botschafter Anfuso heute mitteilt, hat ihn Graf Ciano heute gebeten, dem Duce zu sagen, daß er nach Italien zurückkehren möchte. Botschafter Anfuso will dem Duce sagen, daß er es nicht für zweckmäßig hielte, wenn Graf Ciano nach Italien zurückkehren würde.«

Im Führerhauptquartier denkt man darüber anders. Ciano im Reich irgendwie zu beseitigen, würde seinem Tod den Effekt nehmen, der beabsichtigt ist: das Regime mit Mussolini an der Spitze mit dem Prozeß zu belasten und es damit nur noch fester an sich zu binden. Ciano am Starnberger See ist nur lästig, Ciano als Gefangener der RSI aber könnte vor ein faschistisches Gericht gestellt werden. Daß er selbst den Wunsch hat, nach Italien zurückzukehren, macht vieles leichter — allein schon eine gewaltsame Verbringung dorthin hätte allzu deutlich erkennen lassen, wer eigentlich seinen Tod will.

Es bedarf der Absprache zwischen Kaltenbrunner bzw. seinem tüchtigen Mitarbeiter Höttl und dem für die italienische Polizei zuständigen Minister Buffarini über die Modalitäten der Zulieferung. Sie werden in letzter Instanz von SD-Chef Harster in Verona mit dem dortigen Quä-

stor vereinbart. An einem schönen Oktobertag bricht Ciano in Oberallmannshausen auf.

Der SD-Mann Ludwig Fenzl erinnert sich: »Plötzlich kam dann von
Obergruppenführer Wolff ein Anruf bei dem Sturmbannführer vom SD.
Es hieß, wir müßten Graf Ciano nach Verona bringen. Von Riem aus
sind wir mit einer zweimotorigen Maschine über die Alpen geflogen,
mindestens in 4000 Meter Höhe. Der Graf sagte zu mir: ›Sie werden ja
ganz blaß, haben Sie keine Sauerstoff-Flasche?‹ Ich habe eine von der
Wand abgemacht, und mir wurde besser. Er ist nicht gleich auf dem
Flugplatz verhaftet worden; wir hatten Weisung, ihn ins Gefängnis zu
bringen. Wie die italienische Kriminalpolizei aufgetreten ist und wie sie
ihn behandelt hat, das hat uns abgestoßen. Wir sind mit reingegangen
und haben uns mit Handschlag verabschiedet. Ehrlich gesagt, mit Tränen in den Augen. Ich habe ihn immer noch mit ›Exzellenz‹ angesprochen, aber für die war er ein Verbrecher.«

In Fenzls Erinnerung hat sich ein kleiner Irrtum eingeschlichen. Das
Begleitkommando aus München hat Ciano nicht vom Flugplatz aus
direkt in das Gefängnis gebracht, sondern in die Quästur (Polizeipräsi-
dium). Auch umstellen nicht nur italienische Polizisten das Flugzeug,
aus dem Ciano steigt, sondern auch ein bereits nach Verona dirigiertes
SD-Kommando unter Hauptsturmführer Franz Schwinghammer, das
von da an bis zum Vollzug des Todesurteils den Grafen nicht mehr eine
Minute aus den Augen lassen darf — so groß ist die Befürchtung, ob Mussolini nicht vielleicht doch noch etwas unternimmt, um seinen Schwiegersohn zu retten. Auch mit Schwinghammer konnte für diesen Bericht
gesprochen werden: »Ich kann mich noch erinnern, daß der Quästor den
Grafen sofort mit ein paar Ohrfeigen empfangen hat. Ich habe gesagt:
Moment mal, in unserer Gegenwart wird er nicht geschlagen, das mag
bei euch Sitte sein, bei uns nicht.«

Ciano wird einer Leibesvisitation unterzogen, darf Familienfotos und
ein kleines Madonnenbild behalten, bekommt die Gefangenennummer
11 902 und im verwahrlosten, ehemaligen Kloster der Barfüßermönche,
in dem Teile zum Kerker umgewandelt sind, die Zelle 27. (Der Bau wird
1944/45 von Bomben schwer beschädigt.) Die Zelle hat eine Grundfläche von drei mal vier Meter, ist mit zwei Stühlen, einem kleinen Tisch,
einem Nachttisch mit Leselampe, einem Waschgeschirr und mit einem
eisernen Bettgestell, auf dem eine Baumwollmatratze liegt, ausgestattet.
Zur Erledigung elementarer Bedürfnisse wird der Graf im Flur zu einem
nachträglich eingebauten Örtchen ohne Wasserspülung geführt.

Am 19. Oktober 1943 bezieht er diese Zelle. Es wird bald kalt. Ein kleiner eiserner Ofen, den er bezahlen muß und dessen Rohr durch das vergitterte Fenster ins Freie führt, wird aufgestellt. Ebenso darf er sich für sein Geld das Essen aus guten Restaurants der Stadt kommen lassen.

Für den großen Prozeß gegen die »Verräter« vom 25. Juli war schon am 11. November durch ein Dekret Mussolinis das »Tribunale Speciale Straordinario« (Außerordentliches Sondergericht) eingerichtet worden, juristische Vorarbeiten gingen bis auf den 13. Oktober zurück. Mussolini händigt seinem Justizminister Pisenti alle Akten aus, die mit den Vorgängen vor, während und nach der Großratssitzung zu tun haben, mit dem »Verrat« von 19 seiner Mitglieder; darin findet der Jurist keinen Beweis dafür, daß vor der Sitzung Absprachen zwischen dem König und seinen Mitverschworenen einerseits, Grandi oder anderen Gerarchen andererseits stattgefunden hätten, und es lassen sich auch keinerlei Hinweise finden, daß Ciano in ein Komplott gegen den Duce verstrickt gewesen sei. Mussolini läßt sich auf diese juristischen Argumente nicht ein: »Ich habe die Dinge aus der politischen Ecke zu betrachten. Die Staatsraison ist jeder ihr entgegenstehenden Betrachtungsweise überlegen.«[33] Die »Staatsraison« der RSI gebietet zu tun, was die Deutschen wollen. Ein Satz, den Ciano im Gefängnis spricht: »Wie kann er [Mussolini] nicht wollen, was Hitler will« trifft ins Schwarze.

Untersuchungsrichter Gerosimo begibt sich am 14. Dezember nach Verona, wo er die Gefangenen zur Sache vernimmt. Es bedarf eines Befehls von SD-Chef Harster, daß er seine Arbeit aufnehmen kann. Von den neunzehn, die angeklagt sind, weil sie von den insgesamt 27 seinerzeit anwesenden Mitgliedern des Großrats für den Antrag Grandis und damit indirekt gegen Mussolini gestimmt hatten, hat die italienische Polizei nur sechs erwischt. Es sind außer Ciano der 78jährige Marschall und Quadrumvir des »Marsches auf Rom«, Emilio De Bono; der ehemalige Minister für Korporationen, Tullio Cianetti; der ehemalige Minister für Landwirtschaft, Carlo Pareschi; das Mitglied des Großrats ohne Amt, Giovanni Marinelli — er als einziger zeigt Schwäche und bricht bei der Urteilsverkündung zusammen —, und Luciano Gottardi, ehemaliger Präsident des Industriearbeiterverbandes. Grandi ist nach Portugal entkommen, die anderen haben sich versteckt. Außer De Bono befinden sich alle in den Zellen des zweckentfremdeten Klosters, unter einem Dach mit vielen anderen Verhafteten, die harmloseren Verfahren entgegensehen. Der Marschall darf bis zur Verhandlung wegen Gebrechlichkeit auf seinem Landsitz 120 Kilometer von Verona entfernt bleiben. Die

Anklageerhebung ist ihm mitgeteilt, aber er nimmt sie nicht ernst. Von da an nimmt die Vorbereitung auf den Prozeß, für den unter dem Druck von Pavolini und anderen radikalen Faschisten der Präsident, Aldo Vecchini, und neun Richter nach ihrer Gesinnung ausgesucht werden, jenen Verlauf, der aus der Sicht der deutschen Führung ein weiteres Eingreifen erübrigt. Was in den folgenden Wochen aus Rastenburg zu dem Verfahren zu hören ist — wo man bis ganz zuletzt annimmt, es werde ausschließlich gegen Ciano durchgeführt, während in Wirklichkeit der Fall Ciano in die Abrechnung mit allen Großrat-»Verrätern« eingepackt ist —, läßt sich auf die Formel bringen: Was in Verona vor sich geht, ist Sache der Italiener; wir halten uns zurück. An Ort und Stelle sieht es ganz anders aus, selbst im Gefängnis sind die italienischen Wachen und Hilfskräfte nicht unter sich; sie wie die Gefangenen werden von einem SS-Kommando Tag und Nacht überwacht, das sich von den Italienern sagen lassen muß: Was fürchtet ihr eigentlich, daß wir die Leute laufen lassen oder daß wir sie umbringen?

Es liefe alles glatt seinem vorbestimmten Ende zu, wäre nicht einer von den sechsen der Graf Ciano, Ehemann Eddas, geb. Mussolini, Schwiegersohn des Duce, und wäre nicht mit ihm im selben Flugzeug die SD-Agentin Felicitas Beetz nach Verona mitgekommen, die im bürgerlichen Leben weder Felicitas noch Beetz heißt. Sie ist die Urheberin all der Komplikationen, die sich in den letzten vierzehn Tagen vor Urteil und Vollstreckung um den Grafen Ciano entwickeln.

Sie muß eine ganz ungewöhnlich energische Frau gewesen sein, die ihre Auftraggeber, eine Clique ausgepichter Geheimdienstler, um den Finger gewickelt hat. In der Frau des Stars im Prozeß von Verona, in der rabiaten Edda, findet sie ihre Helfershelferin. Beide Frauen wollen dasselbe: den Grafen Ciano lebendig aus dem Gefängnis herausholen. Da die eine die Mutter seiner drei Kinder, die andere gewissermaßen nur im Nebenberuf seine Freundin, im Hauptberuf Spitzel für den SD Kaltenbrunners ist, läge es nahe zu sagen, Felicitas Beetz sei die Helfershelferin der Gräfin Edda Ciano gewesen; aber so war es eben nicht. Wenn die Rettungsaktion gelungen wäre, so hätte die Ehefrau deshalb keinen Anteil daran gehabt, weil sie weder bei ihrem Mann ein- und ausgehen konnte wie die Deutsche noch über Verbindungen verfügte, die ins Innere jener machtvollen und gefürchteten Institution deutscher Herrschaft hineinreichten, in den SD, dem Frau Beetz angehörte und für den sie arbeitete.

Die Nachricht von der Verhaftung ihres Mannes wirkt auf die hagere, vom Arzt inzwischen gefürchtete Insassin des Sanatoriums von

Ramiola, deren unverkennbare Duce-Augen den Namen Elsa Santos Lügen strafen, wie eine aufputschende Droge. Sie läßt ihren Bruder Vittorio zu sich kommen und bittet ihn, nein, befiehlt ihm, ihre Kinder von Hirschberg nach Italien zu bringen. Das gelingt ihm im zweiten Anlauf. Die Wiederbegegnung mit den Kindern findet in der Villa Feltrinelli statt, aber einen stürmischen Ausbruch von Mutterliebe erlebt Vittorio nicht. Nun erkennt er ihr Motiv, warum sie die Kinder unbedingt aus Deutschland heraushaben wollte. Falls es ihr und ihrem Mann gelingen sollte, ein neutrales Land zu erreichen, dürfen die Kinder den Deutschen nicht mehr die Handhabe bieten, das Ehepaar durch die Drohung, die Kinder umzubringen, zur Rückkehr zu zwingen. Sie müssen zuerst weg, auch aus Italien!

Dreimal darf sie ihren Mann besuchen, am 22., 23. und 27. Oktober. Sie schreibt darüber an den Vater: »Duce, ich habe in Gegenwart eines Repräsentanten des Reiches, der faschistischen Partei und des Gefängniskommandanten nur die Möglichkeit eines Gespräches über 3 m Abstand gehabt, das überhaupt keine Kontinuität möglich machte. [. . .] Hier fordert eine Ehefrau, daß dem eigenen Mann die Rechte eingeräumt werden, die für jeden Gefangenen heilig sind.«[34]

Weitere Besuche der Frau werden angeblich durch einen Befehl des SD-Chefs Harster verboten. Die ausgeschlossene Ehefrau schreibt an ihren Mann: »Mein lieber Gallo, obgleich ich weiß, daß ich Dich nicht sehen kann, bin ich doch bis hier ans Gefängnis gekommen, um Dir — wenn auch durch so viele Mauern — nahe zu sein. Letztlich können mich weder Mauern noch die Menschen daran hindern, immer bei Dir zu sein. Und man braucht auch nicht zu weinen. Nicht wahr, Gallo, man darf vor allem nicht zeigen, daß man weint. Ich umarme Dich mit unendlicher Liebe, zusammen mit den Kindern.

Verzeih dieses Sammelsurium von Mitbringseln, ich wollte Dir einen Pullover oder ähnliches beschaffen, aber so etwas gibt es hier nicht. Küsse   Deine Edda.«[35]

Edda Ciano läuft im Dezember 1943 in Verona vergeblich nach einem Pullover von Geschäft zu Geschäft. Die Freundin ist mit Wichtigerem beschäftigt, mit dem »Plan«, der die Chiffre »Aktion Conte« bekommt. Ursprünglich, noch in Oberallmannshausen, ging er auf die verzweifelte Rettungsidee Cianos zurück: seine Tagebücher den Deutschen auszuliefern und dafür mit seiner Familie in ein neutrales Land ausfliegen zu dürfen — damals hatte man an Spanien gedacht. Vermutlich wäre jetzt nicht auf diese Idee zurückgegriffen worden, wenn sich nicht die Beziehung zwischen dem Grafen und Felicitas in den Gefängniswochen zu einer leidenschaftlichen Liebe ihrerseits entwickelt hätte.

Soweit wir wissen, hat sie sich nach dem Krieg nur einmal darüber ausgesprochen, mit der Diskretion einer Frau von Stil: »Mein erster Eindruck von ihm war eigentlich negativ. Er schien mir ein eitler, frivoler, völlig von sich überzeugter Mann zu sein, auch wenn er physisch sehr attraktiv und sympathisch war. Er war ein sehr ehrenhafter Mensch [im Original: una brava persona], ein guter Familienvater, und ich mußte bald meinen ersten Eindruck korrigieren. Sehr schnell wurde unsere Beziehung herzlich, ja vertraulich, bis zu dem Punkt, daß ich ihm sogar Mut einzuflößen vermochte und ihn aus seinem Zustand der Verzweiflung, der Resignation herausbringen konnte, in dem er sich seit langem befand. Er war ein ganz einsamer Mann, der begann, meine Sympathie zu erwidern.«[36]

Harster setzt durch, daß seine Agentin ohne Körperkontrolle und zeitlich uneingeschränkt den Gefangenen in Zelle 27 besuchen kann. Da sitzt das Paar am eisernen Öfchen, das oft Rauch entwickelt, zusammen. Er kocht darauf Tee und macht seine Milch warm. Sie versorgt ihn mit Ohrentropfen, ein Wattebausch schaut aus einer Ohrmuschel heraus, eine verschleppte Mittelohrentzündung hat in den kalten Nächten, in denen der Ofen nicht brennt, wieder begonnen, ihn zu plagen. Dieser Winter ist hart. Ciano verhält sich musterhaft und macht im Gefängnisbetrieb keine Scherereien.

Daß Frau Beetz für ihren deutschen Auftraggeber, den SD, arbeitet, kann nicht bezweifelt werden. Daß ihr Gefühle schließlich wichtiger werden als der Auftrag, bleibt auch ihrem Vorgesetzten nicht verborgen, aber er braucht keinen Anstoß daran zu nehmen, denn darunter leidet der Auftrag nicht, im Gegenteil, sie arbeitet mit einem Engagement, das ihr von Pflichtgefühl allein nicht diktiert würde. Der Auftrag — wie sehr hat er sich gewandelt! Ursprünglich hat er darin bestanden, den Grafen über die Zeit auszuhorchen, in der er neben Mussolini, nicht immer nur in dessen Sinne, die italienische Außenpolitik geleitet hat. Dann war in Oberbayern an dem Tauschgeschäft unter vergleichsweise noch lockeren Umständen gebastelt worden. Dem Grafen drohte noch nicht der Tod, er befand sich nicht in einer Gefängniszelle — nur irgendwo im Hintergrund, noch weit weg, tauchten solche Schreckensbilder auf und ließen in beiden Cianos den dringlichen Wunsch entstehen, den Staub der Achsenländer von den Füßen zu schütteln. Schon damals befanden sich die deutschen Partner, der SD, durch Höttl vertreten, nicht mehr in voller Übereinstimmung mit der Reichsführung, sie wollten ihr eigenes

Süppchen kochen. Inzwischen hat Kaltenbrunner Zeit gehabt, sich mit dem Gedanken anzufreunden, daß des Grafen Aufzeichnungen tatsächlich dazu dienen könnten, seinem Feind Ribbentrop das Wasser beim Führer endgültig abzugraben, zumal geradezu automatisch mit der rückläufigen Kriegsentwicklung die Stellung des Reichsaußenministers sich verschlechtert, dessen Prognosen vom mutmaßlichen Kriegsverlauf sich immer wieder als total falsch erwiesen haben. Daß der SD-Chef in dem so fähigen wie gewissenlosen Harster am neuen Tatort einen Mann hat, der seine innenpolitischen und innerparteilichen Spekulationen voll zu seinen eigenen macht, bietet Frau Beetz die Chance, das Tauschgeschäft neu anzukurbeln. Kommt es dazu, hat sie zwei Fliegen mit einer Klappe geschlagen: ihren Auftraggebern die begehrte Munition verschafft und den Freund gerettet. Sie gerät in keinen Konflikt zwischen Gefühl und Pflicht. (Später ist der Verdacht aufgekommen, sie habe sich auf ganz andere Weise doch in einer Konfliktsituation befunden, indem sie außer für den SD auch für die Alliierten gearbeitet habe. Ein Beweis dafür fand sich nicht.)

Für den Befreiungsplan, den man jetzt ein Komplott des SD nennen muß, werden zwischen dem 28. Dezember 1943 und dem 5. Januar 1944 die endgültigen Vorbereitungen getroffen. Komplott deshalb, weil Kaltenbrunner, Harster, Höttl und Frau Beetz die »Aktion Conte« ohne Befehl und Einverständnis Hitlers in Angriff nehmen.

Von den äußerst komplizierten Vorgängen, die bis zu dem Punkt führen, daß es nur noch der Auslösung der vorbereiteten Maßnahmen durch ein Stichwort bedurft hätte, gibt Höttl eine allzu vereinfachte Darstellung: »Durch ihre [Frau Beetz'] Vermittlung wurde Ciano jetzt vorgeschlagen, er solle nicht nach Spanien, sondern nach Ungarn gehen. Kaltenbrunner glaubte, daß Hitlers Mißtrauen dadurch besänftigt werden könne, weil Ciano in Ungarn gewissermaßen im deutschen Machtbereich bliebe. [. . .] Ciano zeigte sich einverstanden, und ein ungarischer Hocharistokrat wurde gefunden, der sich bereit erklärte, Ciano auf seinem Gut in Siebenbürgen aufzunehmen. Es wurde nunmehr sogar ein schriftlicher Vertrag ausgefertigt und sowohl von Ciano als auch von Kaltenbrunner unterzeichnet.«[37]

Dessen Text liegt in einer Abschrift, nicht in einer zeitgenössischen Fotokopie, vor. Im Gespräch, das mit Höttl für diesen Bericht geführt worden ist, hat er bestätigt, es habe tatsächlich einen solchen Vertrag gegeben, den wir mit der Einschränkung abdrucken, die Echtheit nicht beweisen zu können. (Wir erhielten den Wortlaut von Karl Wolff, der ihn ebenfalls für echt erklärt hat und ihn seinerzeit schon gekannt haben will.) »Hiermit bestätige ich die dem Grafen Galeazzo CIANO mündlich gegebene Zusicherung, derzufolge ihm nach der vereinbarten Auslieferung seiner politischen Tagebücher, umfassend die Jahre 1933 bis 1943, die Flucht aus dem Gefängnis deutscherseits ermöglicht wird. Darüber hinaus wird in diesem Falle Graf Ciano garantiert, daß er gemeinsam mit seiner Frau und seinen Kindern nach seiner Flucht unter anderem Namen bis zum Kriegsende unter dem Schutz der deutschen Sicherheitspolizei in einem standesgemäßen Asyl in Ungarn leben und anschließend mit deutscher Hilfe nach Argentinien auswandern kann.« Dazu Höttl weiter: Der Vertrag »bestimmte, daß Ciano als Gegenleistung für seine Befreiung [. . .] dem deutschen Geheimdienst seine Tagebücher übergeben werde. Ciano wollte, darüber hinausgehend, sozusagen eine Angabe [sic! Anzahlung?] leisten und einen Teil seiner Dokumentensammlung und seiner Tagebuchaufzeichnungen bereits im voraus in deutsche Hand legen. Er gab der ›Dolmetscherin‹, die sein ganzes Vertrauen gewonnen hatte, das Versteck dieser Papiere in Rom bekannt und forderte sie auf, diese unverzüglich zu holen.«[38]

Diese summarische Darstellung spart zwei Personen aus, die in der Herbeischaffung der Dokumente aus Rom die Hauptrolle spielen und von den Folgen des schließlich doch unausführbaren Komplotts unmittelbar in ihrem Handeln bestimmt werden: Edda Ciano und ihren Freund, den Marchese Emilio Pucci, der nachmals ein berühmter römischer Modeschöpfer geworden ist.

Frau Beetz und der Marchese reisen zweimal nach Rom und beschaffen zunächst »die Dokumente« und dann die eigentlichen Tagebücher, die sie Edda Ciano aushändigen. Dabei werden sie zu ihrer Sicherheit, und damit alles nach den deutschen Wünschen abläuft, von einem Dr. Walter Segna begleitet, einem Südtiroler Juristen, der im niederen Rang eines Untersturmführers der SS (Leutnant) Harsters Adjutant ist. Frau Beetz läßt von einem Teil der kostbaren Papiere unerlaubterweise Kopien herstellen — von jenem, den Edda Ciano bei ihrer Flucht in die Schweiz nicht mit sich führt. Als alle Unterlagen des SD, darunter auch die Originale der in Verona kopierten Ciano-Akten, bei Kriegsende in Berlin im Reichssicherheitshauptamt verbrannt werden, bleiben die Kopien unversehrt, weil Frau Beetz sie insgeheim an sich genommen und im Garten ihres Thüringer Hauses vergraben hat. Als der Ort von sowjetischen Truppen schon besetzt ist, hat sie sie wieder ausgegraben und in den Westen gebracht. So sind sie der Nachwelt erhalten geblieben.

Mit dem Marchese und mit dem katholischen Priester Pater Pancino, einem Vertrauensmann hoher vatikanischer Stellen und der Familie Mussolini, bereitet Edda Ciano ihre Flucht vor. Als Junge, um 1920, hatte Giusto Pancino, Sohn eines Mailänder Bahnhofsvorstehers, Mussolinis Blatt *Popolo d' Italia* auf der Straße verkauft und war vor seiner Priesterweihe ein Spielkamerad Eddas gewesen. Jetzt wird er dazu ausersehen, die drei Kinder in die Schweiz zu bringen, was ihm Anfang Dezember 1943 mit Wissen des SD gelingt. »Der Pancino und der SD haben mit offenen Karten gespielt, und wir haben ihm gesagt, wenn die Gräfin schweigt, hat sie von uns nichts zu befürchten. Als der Krieg zu Ende ging, wir hatten ja reichlich Reisespesen, und man wußte nicht, was dem Pater passieren könnte, haben wir ihm auch für alle Fälle etliche Goldstücke mitgegeben.«[39]

Die Gräfin ist voller Skepsis gegenüber dem Plan mit Ungarn, sie glaubt weder, daß er durchführbar ist, noch, könnte er durchgeführt werden, daß ihr Mann in einem Satellitenstaat der Deutschen in Sicherheit sei. Sie ist nicht gebrochen, aber entmutigt. Verschiedene Briefe an Innenminister Buffarini sind unbeantwortet geblieben, vom Gardasee her erwartet sie sich nichts mehr. Vielleicht ist es möglich, in die Schweiz zu fliehen? Darauf richten sich jetzt ihre Bemühungen, dafür sucht sie Hilfe bei ihren italienischen Freunden. Aber die Befreiung des Grafen aus dem Gefängnis und der sichere Transport an die Schweizer Grenze kann, wenn überhaupt, nur von den Deutschen, das heißt vom SD Verona, ins Werk gesetzt werden. Auf Harster ist sie so oder so angewiesen, und was für ein Glück, daß es Frau Beetz gibt!

Daß er und seine Mitarbeiter das hohe Risiko, das mit einer Flucht des Grafen für sie verbunden wäre, auf sich zu nehmen bereit sind, muß jedem unglaubhaft erscheinen, der das Machtgebäude des Dritten Reiches auf einem granitenen Fundament errichtet sieht — wofür in der Tat der äußere Anschein spricht. Doch spätestens vom Beginn des Krieges gegen die UdSSR bildeten sich innerhalb des Heers, zwischen Heer und SS, zwischen SS und Außenpolitik, zwischen dem Geheimdienst Canaris' und seinen Auftraggebern, zwischen Goebbels und Ribbentrop, zwischen Ribbentrop einerseits, Himmler und Goebbels andererseits und zwischen den meisten Reichsministern einerseits, Göring andererseits, Sprünge und Risse, die im Herbst 1943 nur dank des Krieges und der Bedrohung durch den Feind nicht zu einer tatsächlichen Gefahr für den ganzen Bau werden — also dank der gleichen Umstände, die sie hervorgerufen haben.

Ein Klima von Konspiration und Intrige aller gegen alle entsteht unterirdisch, das den Eifersuchtskrieg zwischen mächtigen Exponenten der Reichsführung aufzeigt, zu dem sich der zwischen höchsten Armeeführern wie Rommel und Kesselring gesellt. Furcht breitet sich aus, die bisher gänzlich unbekannte Sorge für eine Zeit »nachher« läßt nach Sündenböcken suchen.

In der SD-Prominenz wird früher als in anderen NS-Organisationen am »Endsieg« gezweifelt und der Einfluß des Durchhaltebrüllers Ribbentrop auf die Führung für ganz besonders schädlich gehalten. Das Risiko des Komplotts nehmen die damit befaßten Geheimdienstler hin, weil sie meinen, die Aufzeichnungen des Grafen könnten tatsächlich die Kaltstellung des Außenministers bewirken.

Außerdem gehören Komplotte, die in einem Kommandounternehmen enden — wie es hier geplant ist —, zum Handwerk des Geheimdiensts, und es muß bei den Beteiligten ein angenehmes Kribbeln erzeugt haben, in einer solchen Szene auf eine Sache hinzuarbeiten, von der der oberste Chef nichts wissen soll: eine schöne, frontferne, ausländische Stadt, verängstigte Bürger, Militär jeder Art, ein Gefängnis in einem uralten Klosterbau, die eigene Agentin eingeschleust beim Objekt, dazu die Liebesgeschichte, Akten von höchster politischer Brisanz, falsche, selbsthergestellte Banknoten, die spielend in Landeswährung umgetauscht werden können, die verzweifelte Ehefrau, ihr Vater, der Duce, ein Pater, der zwischen dem Vater und seiner Tochter, zwischen ihr und Schweizer Behörden den Boten macht, und irgendwo drei Kinder, die in die Schweiz entführt werden — ein ideales Milieu für Geheimdienstler!

Das Objekt selbst, der Graf, der sich über Jahre aus erster Hand hat unterrichten können, wie dieser Führerstaat funktioniert, scheint nicht davon überzeugt gewesen zu sein, daß er im Schutze eines SS-Kommandos die Schweizer oder die ungarische Grenze hinter sich bringen werde, während seine Frau unter dem Einfluß der optimistischen Frau Beetz schließlich doch darauf hofft.

Er schreibt Selbstrechtfertigungen, ist um seinen Nachruf besorgt, wie aus vielen Briefen hervorgeht, darunter an den König und an Churchill. Mit seinem Zellennachbarn Zenone Benini führt er lange Gespräche.*

* Schulkamerad Benini (vor Mussolinis »Wachablösung« vom 5. Februar 1943 Unterstaatssekretär für Albanien, dann Minister für Öffentliche Arbeiten) gehört zu den anderen Ex-Faschisten, die in Verona einsitzen. Er verschafft sich die Erlaubnis, mit Ciano zu sprechen. Darüber hat er in einem Buch berichtet: *Vigilia a Verona*. Milano 1949.

Was Ciano in diesen Wochen zu Papier bringt, ist auf einen pessimistischen Grundton der Hoffnungslosigkeit gestimmt. Die Anwesenheit deutscher SS-Wachen verstärkt seine Überzeugung, er sei unausweichlich Hitlers Rache ausgeliefert. Der Anblick zweier SS-Offiziere — darunter Hauptsturmführer Schwinghammer —, die an seiner offenen Zellentür vorbeigehen, veranlaßt ihn zu dem Ausruf: Ich rieche schon den Tod.

Aber die Freundin erzählt ihm – damals 23 Jahre alt, in vier Sprachen zu Hause –, alles laufe vortrefflich. Als der Termin für den Prozeßbeginn den Gefangenen schon bekanntgegeben worden ist (8. Januar) und die Uhr abläuft, kann sie vermelden, aus Holland seien zwei Karatespezialisten* eingetroffen, wohl erfahren in solchen Unternehmungen. Sie würden in Wachuniformen ins Gefängnis eindringen, die Posten mit ihrer unfehlbaren Technik außer Gefecht setzen, ohne daß ein Schuß falle, draußen warte ein von Harster zur Verfügung gestellter geschlossener Wagen, requiriert bei einer Veroneser Firma mit italienischer Nummer und Firmenaufschrift, aber gesteuert von SS-Männern, die ebenfalls als italienische Milizsoldaten verkleidet seien. Er selbst werde eine italienische Uniform anziehen, die sie ihm bringen. Das ist des Plans Kern: die Befreiung als italienische Aktion aufzuziehen! Wir wissen nicht, wie Ciano diese frohe Botschaft aufnimmt. Glaubt er wirklich, so werde es ablaufen?

Läßt sich die Entwicklung bis dahin nachzeichnen, so ist bezüglich des Scheiterns der »Aktion Conte« nur festzustellen, wer zurückpfeift und wann es geschieht, aber nicht, wie es dazu gekommen ist. Daß Kaltenbrunner Angst vor der eigenen Courage bekommen hat, als die Befreiung des Grafen nun wirklich, am 7. Januar, dem Tag vor dem Prozeßbeginn, durchgeführt werden soll und daß er deshalb Himmler informiert, allerdings ohne diesem zu sagen, wie weit die Vorbereitungen gediehen sind, ist überlebenden SD-Angehörigen nicht zweifelhaft. Und dann? In jenem Interview, das Susmel 1968 mit Frau Beetz geführt hat, hat sie gesagt: »Ein Anruf aus Berlin hatte in einem Augenblick das Luftschloß unserer Illusionen zusammenbrechen lassen. Es war wirklich der Höhepunkt der Tragödie. Das Veto des Führers kam wenige Stunden nachdem es mir endlich gelungen war, den Grafen Ciano endgültig über den Ausgang des Unternehmens zu beruhigen. Ich erinnere mich genau an

---

* Einer dieser Schlagetots namens Johannssen wird später in Holland von einem Freiheitskämpfer erschossen.

die äußerst lange, lebhafte Unterredung. Es dämmerte schon, und draußen regnete es. Ciano war traurig und stand gedankenverloren am Fenster seiner Zelle. Nun ist alles in Ordnung, rief ich beim Eintreten, alle Schwierigkeiten sind aus dem Wege geräumt! Zum erstenmal hatte ich den Gefangenen strahlen sehen. Heute bin ich sicher, daß die Entscheidung Hitlers nicht so sehr auf das Eingreifen von Ribbentrop, sondern auf eine Kehrtwendung von Himmler zurückzuführen ist, der alles seinem Führer ausposaunte.« Ob wirklich Himmler Hitler informiert hat — wir haben triftige Gründe, daran zu zweifeln, aber es besteht keine Notwendigkeit, sie hier ausführlich darzulegen. Sicher ist, daß Kaltenbrunner Harster verständigt, Hitler habe ihn persönlich angerufen und ihm gesagt, er, Kaltenbrunner, hafte mit seinem Kopf dafür, daß der Prozeß in der erwarteten Weise zu Ende geführt werde. (Der SD verfügt über Informationen, daß die Erschießung unmittelbar auf das Urteil folgen solle.) Die beiden Karatehelden werden nach Holland zurückgeflogen, nichts ist gewesen.

Es ist der 6. Januar. Für den 7. Januar, 21 Uhr, ist das Treffen des Ehepaars Ciano bei Kilometerstein 10 an der Straße Verona—Brescia vereinbart. Edda findet sich, aus dem Sanatorium kommend, dort ein. Emilio Pucci fährt sie, sie wartet, wartet, sucht Frau Beetz in der Stadt auf und hört erst jetzt, was sich ereignet hat. Aus! Flucht!

Schon zuvor hat die Agentin Ciano die niederschmetternde Botschaft übermittelt. Daraufhin läßt er durch sie seiner Frau eine schriftliche Nachricht zukommen, mit der er sie auffordert, an Hitler und an ihren Vater erpresserische Briefe zu schreiben — ein letzter Rettungsversuch. Dann solle sie unverzüglich unter Mitnahme der Tagebücher in die Schweiz fliehen. Mein Todeskampf hat schon begonnen, schreibt er. Ferner verfaßt er sein Testament, in dem er Frau und Kinder als Erben einsetzt. In der Urkunde sind eine Villa auf Capri aufgeführt — von der Witwe noch heute bewohnt —, fünf Häuser in Rom, dort zwei weitere Wohnungen und ein Baugrundstück am Stadtrand. Ferner ein Mehrheitsanteil an der Zeitung *Il Telegrafo*. Kein armer Mann, aber auch nicht das Milliardenvermögen, das ihm von Badoglios Untersuchungsausschuß angedichtet worden ist.

Edda Ciano gelingt die Flucht: »An den Herrn Reichsaußenminister, Sonderzug ›Westfalen‹ / Die sicherheitspolizeilichen Nachforschungen haben nun folgendes ergeben: Am Samstag, den 8. 1. 1944, 22 Uhr 30, erschien im Wirtshaus Madonnina in Cantello-Ligurno (Besitzer Rustini) 2 bis 4 km ostwärts Varese, eine Frau mit zwei Männern, die nach Lichtbildern als Frau R. [ein Irrtum, Anm. d. Verf.] eindeutig erkannt wurde. Die Drei übernachteten dort. Am Sonntag, den 9. 1. 1944, um etwa 1 Uhr 30, begaben sich einer der beiden Männer und die Frau Richtung Grenze. Um 17 Uhr 30 ist der Mann allein wieder zurückgekehrt. Kurze Zeit darauf sind beide Männer wieder weggefahren. Die Frau hat sich als Emilie [der zweite Irrtum, Anm. d. Verf.] Santos aus Rom ausgegeben. In der gleichen Ortschaft sind an einem Sonntag Anfang Dezember durch einen Pfarrer, der zurzeit ermittelt wird [Pater Pancino, Anm. d. Verf.], die Kinder der Frau R. [!] über die Grenze gebracht worden.[. . .] [Es] wird versucht werden, mit Hilfe der Polizei des Kantons Tessin eine formlose Rücküberstellung der Flüchtlinge zu erreichen. [. . .] Weitere Meldungen folgen.

Der Chef der Sicherheitspolizei und d. SD/
Dr. Kaltenbrunner/SS-Obergruppenführer«*

Der Tag, an dem Edda Ciano sich in Sicherheit bringen kann — die Schweiz liefert sie nicht aus, sperrt sie aber ein —, ist der zweite des Prozesses gegen die sechs »Verräter«.

Am Sonnabend, dem 8. Januar 1944, hat er um 9 Uhr begonnen. Der Saal im Castelvecchio zeigt 1943 nicht den heutigen kahlen Anblick, der auf spätere Bombenschäden zurückzuführen ist. Die alte Scaligerburg (1354 erbaut) ist im Stil des 16. und 17. Jahrhunderts unter Mussolini restauriert worden, die Wände sind mit großartigen Fresken bedeckt, in den Nischen stehen Statuen aus der Renaissance. Vor dieses historische Dekor ist das faschistische gehängt, Standarten, übergroße Liktorenbündel aus Papiermaché, ein schwarzes Fahnentuch, darauf in grellem Rot noch ein Fascio und darüber ein kleines Kruzifix. Kaum hundert Zuhörer, streng ausgesiebt, dürfen der Verhandlung beiwohnen, unter ihnen ein paar SS-Offiziere und Beamte der Militärverwaltung. Eine freie Berichterstattung ist verboten, die Regierung von Salò hat die deutsche Botschaft aufgefordert, die offiziellen Verlautbarungen der Agentur Stefani auch für die deutsche Presse zu übernehmen und jede Publizierung im üblichen Propagandastil zu unterlassen.

Der Friseur ist durch die Zellen geschickt, Gürtel, Krawatten und Schnürsenkel sind den Angeklagten ausgehändigt worden. Seit 7 Uhr sitzen die sechs Männer im Saal, der nur schlecht zu heizen ist. Acht Uni-

---

* Die beiden Männer sind Emilio Pucci und Gerardo Gerardi, genannt Onkel Pietro, ein genauer Kenner der lokalen Verhältnisse an dieser Grenze. Er lebt heute in Brasilien.

formierte umstehen sie. Der alte Marschall De Bono (78) war nach Verona gebracht und ist jetzt aus einem Krankenhaus geholt worden. Er soll gesagt haben, in meinem Alter verkürzt es das Leben nur wenig, wenn man erschossen wird.

Gegen halb neun hat das Publikum, pro forma Öffentlichkeit herstellend, Platz genommen. Frau Beetz erscheint in einem Pelzmantel, den sie nicht ablegt, es ist der einzige im Saal, sie ist eine auffallende Erscheinung. Nahe bei den Angeklagten ist für sie ein Stuhl reserviert worden. Zwei SS-Offiziere und Zivilbeamte der deutschen Militärverwaltung sind anwesend. Mussolini hat keine Stenographen in den Saal beordert (wie auf den Kongreß), aber Sekretär Dolfin wird in Gargnano von einem seiner nach Verona geschickten Mitarbeiter auf dem laufenden gehalten. War vor ein paar Wochen der hohe Raum vom Geschrei der Delegierten erfüllt gewesen, die immer nahe daran waren, sich zu schlagen, so herrscht jetzt Grabesstille. Der lange Tisch für den zehnköpfigen Gerichtshof steht auf einer Estrade, auf der sonst in dem für Konzerte benützten Saal das Orchester sitzt.

Je drei und drei sind die Angeklagten hintereinander auf einem kleinen Podium postiert. Ciano hat seinen Platz in der ersten Reihe zwischen den beiden anderen. Er trägt den hellen verfleckten Regenmantel, der, von seinem Blut durchnäßt, auch noch die Leiche umhüllen wird. Seinen Hut hängt er lässig über die Stuhllehne. Im Laufe der Verhandlung schiebt er in Augenblicken besonderer Aufmerksamkeit seine Hände mit der Innenfläche nach unten flach unter die Oberschenkel, als wolle er sich vom Sitz hochstützen, und zuweilen macht er wirklich mit dem ganzen Körper wippende Bewegungen. Wäre ein Taubstummer unter den Zuhörern, wüßte auch er nach zehn Minuten, wer hier die Person ist, um die sich alles dreht.

Als der Präsident und die neun Richter eintreten, erheben sich die Gefangenen und erweisen den römischen Gruß, der sich vom Hitler-Gruß dadurch unterscheidet, daß man die linke Hand nicht auf den Bauch legen muß.

Irgend jemand macht den Präsidenten Aldo Vecchini flüsternd darauf aufmerksam, daß die Gefangenen in bequemen Sesseln säßen. Die erste Handlung dieses Gerichtshofs besteht darin, die Sessel hinaustragen und durch Holzstühle ersetzen zu lassen.

Das Gericht paukt die ganze Sitzung des Großrats vom 25./26. Juli noch einmal durch. An Ciano werden unsinnige Fragen gestellt, wie z. B. die, warum er seinem Schwiegervater nicht davon abgeraten habe, die Sitzung überhaupt einzuberufen, als wäre er dazu als Botschafter beim Vatikan befugt gewesen.

Die Angeklagten haben Zeugen benannt (De Bono z. B. Mussolini!), aber das Gericht lehnt ab, sie zu hören. Das Recht, je einen Verteidiger auszuwählen, ist ihnen verblieben. Der Anwalt Luigi Parego, für den sich Ciano entschieden hat, erkrankt zwei Tage vor Prozeßbeginn oder behauptet, krank zu sein. Zwei andere, bei denen er ersatzweise anfragt, übernehmen das Mandat nicht, das schließlich einem Rechtsanwalt Rommasini zufällt, dessen Plädoyer Ciano mit den Worten kommentiert, er sei sicher, nicht sterben zu müssen, wenn er nach einer solchen Verteidigung nicht erschossen werde. Der schwarze Humor verläßt ihn bald.

Nur am ersten Tag zeigt er sich noch gelassen, fast heiter, bekundet an den Fragen der Richter und den Antworten der Schicksalsgenossen ein Interesse, als sei er Presseberichterstatter. Sich oft umwendend, sucht er den Blick der Freundin, die nicht durch die geringste Geste erkennen läßt, daß sie an diesem Angeklagten besonderes Interesse nimmt. Wie es sich damit verhält, davon wissen das Gericht und die Mitangeklagten nichts; sie sehen die Deutsche nur in der Rolle einer Aufpasserin und Ausforscherin des Geheimdienstes.

Am Sonnabend hoffen die Angeklagten noch darauf, daß Mussolini eingreifen und ihr Schicksal wenden werde. Ciano scheint sich dessen sicher gewesen zu sein — er, der Schwiegersohn, der seine Frau angewiesen hat, an den Duce und den Führer zu schreiben und nicht daran zweifelt, daß sie es getan hat; mindestens der Brief an Mussolini muß, so denkt Ciano, den Adressaten erreicht haben. Am Sonntag erleidet er einen inneren Zusammenbruch, den er gegenüber der Umwelt zu verbergen sucht. Die Feindschaft, die ihm vom Richtertisch her und aus dem Saal entgegenschlägt, sagt ihm, daß seine Sache verloren sei, und es gibt keine Anzeichen dafür, daß Mussolini beabsichtige einzugreifen.

Am Abend schreibt er an einige Freunde, deren er lang nicht mehr gedacht hat, Abschiedsbriefe, datiert: »[...] am Vorabend der großen Abreise.«[40]

Am Montag, dem 10. Januar, kommen die Verteidiger kurz zu Wort. Die Angeklagten werden, jeder einzeln, gefragt, ob sie noch etwas vorzubringen hätten. Sich erhebend, verneinen sie diese Frage. Dann zieht sich das Gericht in einen nahezu ungeheizten Raum zurück, um über das Urteil zu beraten, dessen Begründung — und damit zugleich das Strafmaß — der Präsident bereits schriftlich vorbereitet hat, der natürlich weiß, wer unter den neun sicher mitziehen wird. Alle sind es nicht. Der Milizgeneral Montagna hätte seinem Kameraden De Bono gern die Erschießung erspart, weil er doch immer ein tadelloser Soldat gewesen sei. Am Fall des Marschalls entzündet sich die gespenstische Diskussion, ob nicht zwischen ehrenhaften und ganz gewöhnlichen »Verrätern« unterschieden werden solle, jene von vorne, diese von hinten zu erschießen seien. Der Vorschlag wird nicht angenommen.

Die Abstimmung über Cianetti rettet ihm als einzigem das Leben; er wird zu dreißig Jahren Gefängnis verurteilt. Es sieht auch optisch besser aus, wenn nicht alle zum Tode verurteilt werden. Bei anderen ist das Votum für die Todesstrafe knapp, und nur einer könnte es sich zur Ehre rechnen — wüßte er davon —, einstimmig, oder richtiger: zehnstimmig, zum Tode verurteilt worden zu sein: Ciano.

Nach viereinhalb Stunden Beratung kehrt das Gericht in den Saal zurück. Präsident Vecchini verliest mit monotoner Stimme eine Urteilsbegründung, von der schwer zu sagen ist, unter welchem Gesichtspunkt sie minderwertiger erscheint: unter dem juristischen oder dem sprachlichen. Die beiden Schwerhörigen, De Bono und Marinelli, können nicht folgen. Ciano ruft ihnen das Todesurteil zu, Marinelli wird ohnmächtig und fällt vom Stuhl. Nicht wegen Schwerhörigkeit, sondern mangels Sprachkenntnissen versteht einer der SS-Offiziere nicht, was der Präsident gesagt hat. Er nähert sich Frau Beetz, mit der er normales Deutsch sprechen könnte; aber verwirrt von der ihm unverständlichen Erregung, die von der Urteilsverkündung im Saal hervorgerufen worden ist, wirft er ihr nur fragend das Wort zu: Kaputt?, das durch das europäische Wirken der deutschen Kaputtmacher ein international verstandener Schlüsselbegriff geworden ist. Sie nickt und wiederholt: Kaputt!

In der Villa Orsoline sitzt Mussolini am Schreibtisch. Am Sonnabend und Sonntag hat er sich von Dolfin alle paar Stunden berichten lassen, was im Saal des Castelvecchio vor sich geht.

Über seine Seelenregungen in diesen Tagen sind in der italienischen Memoirenliteratur ganze Kapitel geschrieben worden, aus denen uns der Duce in seiner aufgefaserten Moralität, seiner erschreckend unzuverlässigen Menschlichkeit, in seiner ganzen Schwäche entgegentritt; kein Monstrum, aber ein verschlagener Charakter, der auch in dieser Situation die Überlegung anstellt: Was wird die Nachwelt von dem großen Mussolini sagen? und ihr dafür Sätze liefert wie: Die Gerechtigkeit muß ihren Lauf nehmen, und ähnlich faule Ausreden, warum er sich in dieses schandbare Verfahren nicht männlich einmischt, wo es ihm doch sonst so darum zu tun ist, seine formal in keiner Weise eingeschränkte absolute Gewalt immer dann herauszustellen, wenn es keine Schwierigkeiten mit sich bringt. Es adelt ihn nicht, daß wir lesen, er sei am Freitag und Sonnabend gebrochen am Familientisch in der Villa Feltrinelli gesessen, und noch weniger, daß er am Sonntag, nachdem er das Urteil erfahren hat, im Büro bleibt und dort dann auch schläft — einfach deshalb, um sich der Diskussion mit seinen Söhnen, seiner Frau und all den anderen, die in der Villa herumlungern, zu entziehen.

In der Nacht vor der Erschießung geschieht etwas, das sich ein Autor, der über Mussolini einen Roman mit der Absicht geschrieben hätte, diesen Mann in Grund und Boden zu verdammen, nicht hätte ausdenken dürfen, weil die Leser gesagt hätten: Das geht denn doch zu weit, ein so erbärmlicher Wicht kann er nicht gewesen sein. Aber er war es schon, als er an Badoglio in der Nacht seiner Verhaftung den von uns zitierten Brief geschrieben hat (vgl. S. 221), und er ist es jetzt wieder in der Nacht nach der Urteilsverkündung.

Eddas Brief an den Vater, den zu schreiben ihr Mann sie aufgefordert hat, nachdem die Entführungsaktion zusammengebrochen war, erreicht Mussolini über Harster und Wolff mit tagelanger Verspätung, für die es keine vernünftige Erklärung gibt. Wolff berichtet darüber: »Um 0 Uhr 10 Minuten des 11.1.1944 rief mich der Befehlshaber der Sicherheits-Polizei in Italien, Generalmajor der Polizei Dr. Harster, in Gardone an.« (Wolff und Rahn sind gerade aus München wieder in ihren Villen am Gardasee angekommen.) »Es sei soeben ein äußerst wichtiges und eiliges, unverschlossenes Schreiben von der Gräfin Edda Ciano an ihren Vater zur Weiterleitung abgegeben worden.« Ohne weitere Verzögerung, mitten in der Nacht, schickt Wolff den Brief durch einen Boten in die Villa Feltrinelli. Der Vater liest in der Handschrift seiner Tochter: »Duce!

Ich habe bis heute gewartet, daß Du mir das geringste Zeichen von Menschlichkeit und Freundlichkeit zeigtest. Jetzt ist es genug. Wenn Galeazzo nicht innerhalb von drei Tagen in der Schweiz ist, nach den Bedingungen, die ich den Deutschen bekanntgegeben habe, wird alles das, wofür ich die Beweise in der Hand habe, in mitleidloser Form benutzt werden. Im gegenteiligen Falle und wenn wir alle in Frieden und Sicherheit gelassen werden [...], werdet Ihr nichts mehr von uns hören.   Edda Ciano.«

Mit der Wendung »Bedingungen, die ich den Deutschen bekanntgegeben habe« bezieht sie sich auf den Brief an General Harster: »Zum zweitenmal habe ich dem Wort der Deutschen vertraut mit dem Resultat, das Sie kennen. Jetzt ist es genug. Falls das, was man mir einst versprochen hat, jetzt nicht durchgeführt wird, dann werde ich die furchtbarste Kampagne gegen die Achse entfesseln unter Benutzung all dessen, was sich in meinem Besitz befindet und von dem ich weiß. Meine Bedingungen: Innerhalb von 3 Tagen nach Übergabe dieser Briefe durch Frau B. [Frau Beetz, Anm. d. Verf.] muß mein Ehemann in alleiniger Begleitung von Frau B. sich vor der Militärstation in Bern einfinden zwischen 10 Uhr vormittags und 5 Uhr nachmittags. Wenn das loyal und ehrlich ausgeführt wird, so werden wir uns ins Privatleben zurückziehen, und man wird nichts mehr von uns hören.

Die Tagebücher werden von meinem Mann am selben Tage an Frau B. ausgeliefert. Ich lege 2 Briefe gleichen Inhalts an den Führer und an den Duce bei. Befördern Sie sie sofort mit einer Kopie dieses Schreibens weiter.   Edda Ciano«

Der Brief an Hitler lautet: »Führer! Zum 2. mal habe ich mich auf Ihr Wort verlassen und bin abermals betrogen worden. Allein die Tatsache, daß unsere Soldaten Seite an Seite auf den Schlachtfeldern gefallen sind, hat mich bisher davon abgehalten, zum Feind überzugehen. Wenn mein Ehemann nicht zu den gegenüber Ihrem General genannten Bedingungen befreit werden sollte, so wird mich keine weitere Überlegung zurückhalten. Die Dokumente sind seit einiger Zeit in den Händen von Personen, die allein ermächtigt sind, sich ihrer zu bedienen, falls meinem Mann oder mir, meinen Kindern und der Familie irgend etwas zustoßen sollte. Aber im Falle, daß, wie ich hoffe, meine Bedingungen erfüllt werden und man uns zukünftig in Frieden läßt, werden Sie nie wieder etwas von uns hören. Es schmerzt mich, diesen Schritt tun zu müssen, aber Sie werden verstehen.   Edda Ciano«

Nur Eddas Brief liegt vor Mussolini. In ihrer großzügigen, leicht lesbaren Schrift ist die erste Seite voll beschrieben von Rand zu Rand, auf der zweiten stehen noch sechs Zeilen, und so beginnt er: »Duce, ho atteso fino a oggi . . .« Es ist totenstill im großen Haus. Unten beim Ausgang döst die Wache in einem Feldstuhl, und draußen hört er von Zeit zu Zeit die Schritte der SS-Streife oder der eigenen Milizionäre. Die Schreibtischlampe erhellt nur ihre nächste Umgebung. Hinter den großen Fenstern liegt der winterliche See, der ihm verhaßte, im letzten Licht des Vollmonds, der sich gerade anschickt, hinter den Hügeln von Gargnano zu verschwinden. Die helle Wasserfläche wird bleigrau. Bis zur Morgendämmerung vergehen noch Stunden.

Nicht länger kann sich Mussolini vormachen, er trage nicht die Verantwortung für die Durchführung der angedrohten Exekution. Er
brauchte nur in Verona anzurufen und den Befehl zu geben, die Erschießung aufzuschieben. Das Gericht würde ihm gehorchen. Die Tochter
fordert es. Im bürgerlichen Sinne ein guter Familienvater, der seine
Kinder liebt (der über den Tod seines Sohnes Bruno ein ernstes Buch
geschrieben hat) und diese Tochter, die ihn mit »Duce« anredet, ganz
besonders ins Herz geschlossen hat, ist er nahe daran, seinem ihm von
Edda abgesprochenen Gefühl von Menschlichkeit nachzugeben.
Seit der Urteilsverkündung hat ihn keine weitere Information aus Verona erreicht. Mehrfach hört er von Dolfin: Es liegt nichts vor. Wartet er
darauf, daß irgend etwas geschieht, was ihm erlaubte, diese Zwiesprache
mit dem eigenen Gewissen zu beenden? Es geschieht etwas, aber ohne
sein Wissen. Vier der Verurteilten haben sofort Gnadengesuche gestellt,
Ciano hat sich zunächst geweigert. Nur das Argument, er schade damit
allen, hat ihm nach langem Zögern seine Unterschrift abgerungen.
Durch Manipulationen, die glatten Rechtsbruch bedeuten, bringen es
Pavolini und Buffarini fertig, daß diese Gesuche abgelehnt werden, ohne
daß Mussolini etwas davon erfährt. Wie hätte Mussolini gehandelt, wenn
ihm die Gnadengesuche vorgelegt worden wären? Ist ein bekümmerter
Ausruf bekannt geworden: Mein Gott, ich hätte sie selbstverständlich
begnadigt, wenn ich ihre Gesuche gekannt hätte? Nichts dergleichen! So
wenig wie Eddas Brief hätten sie vermocht, Mussolini zu einem anderen
Verhalten zu veranlassen als jenem, zu dem er sich in den frühen Morgenstunden des 11. Januar durchringt. Wir haben es uns zu vergegenwärtigen als ein Paradebeispiel, ein erbärmliches Paradebeispiel dafür,
bis zu welchem Tiefpunkt der Selbstentwürdigung Mussolini sich in der
Auseinandersetzung mit Hitler erniedrigen konnte, worin freilich auch
die Allgewalt deutscher Herrschaftsausübung über den faschistischen
Wechselbalg RSI drastischen Ausdruck gefunden hat. Es ist 5 Uhr früh,
nach den bisherigen Dispositionen des Gerichts muß Mussolini annehmen,
um 6 Uhr würden die Todesurteile vollzogen. Er hält die innere
Spannung nicht mehr aus. Er greift nach dem Telefon und läßt sich mit
General Wolff verbinden, der durch diesen Anruf zum zweitenmal in
dieser Nacht geweckt wird:*

* Das Gespräch muß auf Deutsch geführt worden sein, Wolff versteht kein Italienisch.
Mussolinis Fragen und Antworten können nicht fehlerlos formuliert gewesen sein,
sein Deutsch ist nicht perfekt. Die mitschreibende, mindestens zwei Sprachen —
deutsch und italienisch — beherrschende Stenographin wird bei der sofort erfolgten

Mussolini: *Hallo? Spreche ich mit General Wolff?*

Wolff: *Ja, Duce.*

Mussolini: *Verzeihen Sie die ungewöhnliche Stunde, aber nach dem Brief meiner Tochter bin ich ratlos.*

(Hier muß ein Satz fehlen, mit dem Mussolini auf die deutschen Erwartungen anspielt, die ja das Motiv für diesen Anruf sind.)

Wolff: *Nach Ansicht des Führers ist der Fall Ciano als eine rein innenpolitische und ausschließlich italienische Angelegenheit zu betrachten. Die deutschen Behörden in Italien dürfen sich da nicht einmischen. Als Kommandant der SS in Italien kann ich mich dazu nicht äußern.*

Mussolini: *Ja, ja, ich weiß. Aber ich bitte Sie um eine persönliche und vertrauliche Stellungnahme.*

Wolff: *. . . Nun gut, Duce, ich komme Ihrem Wunsche nach, aber nur als Parteigenosse und als Mensch, den deutschen Standpunkt vertretend.*

Mussolini: *Ja — also . . . ?*

Wolff: *Die Frage besteht meiner Ansicht nach darin: Sollen Sie sich erpressen lassen und folglich den Schwiegersohn begnadigen?*

Mussolini: *Was würden Sie tun?*

Wolff: *Ich würde an Ihrer Stelle fest bleiben.*

Mussolini: *Was meint der Führer dazu?*

Wolff: *Der Führer glaubt nicht, daß das Urteil ausgeführt wird.*

Mussolini: *Eine Nichtvollstreckung des Urteils könnte also meinem Ansehen beim Führer schaden?*

Wolff: *Ja, sogar sehr.*

Mussolini: *Und Himmler?*

Wolff: *Himmler hält die Vollstreckung des Urteils für wahrscheinlich.*

Mussolini: *Ich danke Ihnen, General. Ich werde die verschiedenen Lösungen in Betracht ziehen und Sie gegebenenfalls noch einmal anrufen.*

Wolff: *Ich stehe zu Ihrer Verfügung, Duce.*

In dieser Nacht vom 10. auf den 11. Januar herrscht im Gefängnis zu Verona Unruhe auf dem Zellenflur. Den Verurteilten ist erlaubt, sich zu treffen und miteinander zu reden. Ciano beteiligt sich kaum daran.

Übertragung in Kurrentschrift (auf einem Block mit quadrierter Lineatur) etwaige Unebenheiten in Mussolinis Diktion von sich aus geglättet haben. (Diese Annahme läßt sich mit vielen anderen Gesprächen beweisen.) Der hier wiedergegebene Wortlaut ist eine Rückübersetzung der im Archiv Susmels vorhandenen italienischen Fassung. Wir halten ihn gleichwohl für authentischer als deutsche Wiedergaben, die auf die verschiedenen deutschgeschriebenen Fassungen Wolffs zurückgehen, in denen nachträgliche Ausschmückungen unverkennbar sind.

Andere Gefangene finden sich ein. Zu diesen gehört auch ein so prominenter Gerarch des Faschismus wie Starace, Parteisekretär von 1934 bis 1939. (Daß die Neofaschisten ihn unter Anklage stellen, bewahrt ihn nicht davor, im April 1945, beim großen Aufwaschen, von den Partisanen erschossen zu werden.)

De Bono erzählt, es sei sechzig Jahre her, daß er als kleiner Unterleutnant der Bersaglieri in Verona seine militärische Laufbahn begonnen habe, von daher kenne er alle Befestigungswerke um die Stadt, und er sei gespannt, in welchem sie erschossen würden.

Die Abschiedsbriefe Cianos an Frau und Kinder und an die Mutter sind Dokumente einer würdigen Haltung und von sprachlicher Schönheit. Er glaubt, sich Gift beschafft zu haben, und trinkt das Fläschchen aus, dessen Inhalt sich dann als so wenig schädlich erweist wie Zuckerwasser. Jemand muß es vertauscht haben, natürlich denkt man dabei an Felicitas. Vom Selbstmordversuch erfahren die deutschen Wachen nichts, aber Harster hat diese Möglichkeit bedacht und Befehl gegeben, Ciano dürfe nicht mehr allein gelassen werden. Der in die Zelle beorderte SS-Offizier erklärt dem Grafen, er bedaure, ihn nicht allein lassen zu dürfen, aber er könne ihm ehrenwörtlich versichern, daß er kein Wort Italienisch verstehe und er sich deshalb mit Benini, der viele Stunden dieser letzten Nacht beim Freund verbringt, ganz frei unterhalten könne. Dem Gefängnisgeistlichen, Kaplan Chiot, wollen die SS-Wachen verbieten, die heiligen Handlungen, die für solchen Anlaß vorgesehen sind, zu vollziehen, so daß Felicitas ein letztes Mal eingeschaltet werden muß. Sie setzt bei Harster durch, daß Chiot seines Amtes walten darf. Ciano nimmt das Abendmahl. Die Gefängnisverwaltung geht noch davon aus, daß die Exekution um 6 Uhr morgens stattfinden soll. Es ist tiefe Nacht, als die Gefangenen, die nicht geweckt zu werden brauchen, sich bereitmachen. Der alte Marschall ruft durch den Flur: Beten wir! Von einem nahen Kirchturm hörten sie schon immer die Glockenschläge. 6 Uhr schlägt es, nichts geschieht. Nichts um 7 Uhr, nichts um 8 Uhr. Hoffnung keimt auf, die Begnadigung sei unterwegs, während die Verzögerung gerade darauf zurückzuführen ist, daß die Gnadengesuche bei faschistischen Funktionären herumgeboten werden, um sie wenigstens mit dem Anschein legalen Vorgehens verwerfen zu lassen. Der Wärter, mit dem sich ein so freundliches Verhältnis entwickelt hat, gibt Ciano zu verstehen, er möge sich nicht vom Gedanken an den Tod durch falsche Hoffnungen abbringen lassen; er hat in einer Kammer fünf Särge aus rohem Holz stehen sehen.

Mit dreistündiger Verspätung erscheint eine mehrköpfige Delegation, angeführt vom höchsten Beamten der Provinz Verona, der von einigen Richtern, von Polizisten und auch von einigen Zivilisten, die den Gefangenen unbekannt bleiben, begleitet ist. Ihnen wird mitgeteilt, daß die Gnadengesuche verworfen sind.

Im selben Augenblick, in dem Ciano aus dem Gefängnis hinausgeführt wird und er im Transportwagen der Polizei Platz genommen hat, marschieren die SS-Posten ostentativ ab; ihre Aufgabe hatte nur in der Bewachung des Grafen bestanden.

Dem Wagen mit den Opfern folgt das Erschießungskommando unter Major Furlotti, ihm — auf einem deutschen Militärfahrzeug — eine Gruppe von SS-Männern unter dem Kommando von Hauptsturmführer Schwinghammer. Säße Ciano nicht in einem geschlossenen Wagen, so könnte er unterwegs eine Mauerschrift lesen: Mussolini Mörder! Das ist ein erstes Anzeichen dafür, daß die öffentliche Meinung, die schon lange vor Mussolinis Sturz gegen den eitlen Pfau Ciano eingestellt gewesen war, umzuschlagen beginnt. Der hingerichtete Graf wird mehr Sympathie genießen, als dem strahlenden Götterliebling des Faschismus entgegengebracht worden ist.

Es geht zur Schießstätte des Schießsportklubs von Verona, der größten Anlage dieser Art in Italien. Die riesige Halle, deren eine Längswand im unteren Teil aus verglasten, aufschiebbaren Fenstern besteht, stammt etwa aus dem Anfang des Jahrhunderts und müßte heute unter Denkmalschutz gestellt werden, denn sie ist formal und technisch eine Glanzleistung damaliger Ingenieurkunst. Noch ist sie unverändert, liegt aber nicht mehr wie noch 1943 am Stadtrand, sondern an einer bebauten ärmlichen Straße, grenzt aber nach wie vor an ein weites, übergrüntes Feld, über das hinweg die Schützen von der Halle aus auf Scheiben geschossen haben, die von einem nicht mehr in Ordnung gehaltenen Unterstand von den Schießwarten in die Höhe geschoben wurden.

Parallel zur verglasten Wand durchzieht eine niedrige Bodenwelle das Gelände. Vor sie werden fünf Klappstühle ins dürre Gras gestellt. Von dem SS-Kommando, das den Transport begleiten mußte, weil die Möglichkeit eines Befreiungsversuchs im letzten Augenblick einkalkuliert worden ist, geht nur Schwinghammer bis zum Tatort mit und wird damit zum einzigen deutschen Augenzeugen der Hinrichtung. Furlottis Männer nehmen in Doppelreihe unmittelbar vor der verglasten Wand Aufstellung und sind etwa dreißig Meter von den zu Tötenden entfernt, die mit dem Rücken zu ihnen auf den Stühlen festgebunden werden. De

Bono und Ciano lehnen die Augenbinde ab, die ohnehin wenig Sinn hat, denn die »Verräter« blicken nicht in die Gewehrläufe, sondern auf das Wiesengelände.

Ciano hat noch soviel Selbstbeherrschung, daß er einige Male den Kopf wendet, als wolle er, interessiert wie immer, ganz genau wissen, wie die Szene seines letzten Auftritts aussieht. Bei der Hallenwand stehen auch ein paar autorisierte Schlachten-, besser gesagt Mordbummler; einer macht miserable Fotos, die im Laufe der Jahrzehnte immer wieder irgendwo abgedruckt worden sind.

Durch die Salven werden nicht alle sofort getötet. Frage an Schwinghammer: »Hat jeder einen Gnadenschuß bekommen?« Antwort: »Ob jeder, kann ich nicht sagen. Aber ich weiß, daß bei denen, die nicht vom Stuhl gekippt sind, nachgeschossen worden ist.«[41] Ciano ist nach den Salven noch am Leben. Furlotti springt zu ihm hin, hält ihm seine Pistole an die Schläfe, drückt ab. Es ist ein Höhepunkt im Leben dieses Fanatikers.

Die fünf Leichen werden in die Holzsärge gelegt, dabei hat sich schon eine größere Menschenmenge eingefunden. Als die Toten abgefahren worden sind, füllt sich die Halle mehr und mehr; Hunderte wollen die Stelle sehen, an der das Blut der Hingerichteten die Erde gerötet hat. Im Hauptfriedhof hält Kaplan Chiot eine Totenmesse. Nachmittags muß der Präfekt von Verona anordnen, daß die Särge unter Verschluß verborgen werden, denn sie sind das Ziel einer Wallfahrt von Bewunderern und Neugierigen. In diesem Kriegswinter sind Blumen in Verona rar, aber an der Hinrichtungsstätte liegen wochenlang immer wieder erneuerte Sträuße. Kaplan Chiot erhält den Auftrag, die hölzernen Leichenkisten in Zinnbehältnisse einlöten zu lassen. Im April erreicht Cianos Mutter, Gräfin Carolina, daß ihr Sohn, seinem Verlangen gemäß, neben dem Vater in Bologna beigesetzt wird.

Am 11. Januar hat Mussolini eine halbe Stunde, nachdem die Salven ein Kapitel italienischer Geschichte beendet haben, das auch in die deutsche Geschichte gehört, die Meldung auf dem Schreibtisch, daß alles vorbei sei. Zwanzig Minuten später beginnt er seinen Arbeitstag. Die Reinschrift der Audienzliste vom 11. Januar umfaßt die Zeit von 9.50 bis 19.40 Uhr, führt 14 Einzelgespräche auf und die Sitzung des Ministerrats, die von 10.40 bis 14.20 Uhr dauert. Mussolini, müde, bleich, aber gefaßt, widmet den Ereignissen der Nacht und des Morgens nur einen Satz, den er zur Begrüßung des Kollegiums spricht: »Giustizia è fatta.«[42] Der Gerechtigkeit ist Genüge getan.

Rahn gehört zu jenen, die am 11. Januar nach der Ministerratssitzung empfangen werden (als vorletzter vor Buffarini von 18.40 bis 19.35 Uhr). Er meldet seinem Minister am 12. Januar: »Ciano hat sich in der Nacht vor seinem Tode noch sehr sachlich und ruhig über Deutschland, dagegen mit Ausdrücken wildesten Hasses gegen den Duce geäußert. Die Veröffentlichung seines in der Schweiz deponierten Tagebuches werde den Duce als den größten Verräter entlarven. Er soll im übrigen würdig und in guter Haltung gestorben sein. Den Duce selbst traf ich am Tage der Hinrichtung völlig ruhig, sicher und gelassen an. [. . .]«

Am 13. Januar veröffentlicht der *Völkische Beobachter* einen dreispaltigen Bericht mit der sachlichen Überschrift »Der Verlauf des Prozesses von Verona« und enthält sich auch im Inhalt jeder Polemik.

Mussolini legt in den nächsten Wochen ein Aktenstück an, in dem er Belege dafür sammelt, daß Ciano ein Verräter gewesen sei und den Tod verdient habe. Sie sollen der Nachwelt beweisen, daß er, Mussolini, ein gerechter Mann und kein Mörder gewesen ist. Durch den unermüdlichen Grenzgänger Pater Pancino versucht er mit Tochter Edda wieder in Verbindung zu treten. Sie reagiert darauf zwei Monate später, am 23. März, und läßt ihn wissen, daß er in ihren Augen nur zwei Möglichkeiten besitze, um sich zu rehabilitieren, indem er entweder wie sie aus dem deutschen Herrschaftsbereich fliehe oder sich umbringe. In einem anderen Brief schreibt sie: »Ich trage den blutbesudelten Namen meines Mannes mit Stolz, damit Deine Sklaven und Untergebenen und Deine Herren es nur wissen.«

Rom in deutscher Hand

Die anläßlich der Kapitulation auftretende Sorge, daß Rom rasch verlorengehen könnte, verringerte sich mit jedem Monat, der nach dem Übersetzen der alliierten Truppen über die Straße von Messina nach Kalabrien, am 3. September 1943, und nach ihren Landungen in Tarent und in der Bucht von Salerno, am 9. September 1943, verging, ohne daß ihnen in unmittelbarer Nähe der Hauptstadt eine weitere folgte. Erst am 22. Januar 1944 um 2 Uhr früh starteten die Alliierten die Landungsoperation »Shingle« und hatten bis Mitternacht 30 000 Mann und 8 000 Fahrzeuge ans Ufer gebracht. Deutsche Gegenangriffe, am 16. und 29. Februar, blieben liegen. Jetzt ist der Feind rund fünfzig Kilometer

von Rom entfernt, und noch immer kommt es nicht zu einem unmittelbaren Vorstoß auf die Stadt.*

In der Befürchtung, Rom bald zu verlieren, werden organisatorische
Maßnahmen getroffen, die die Stadt praktisch zur Etappe im Hinterland
der Front degradieren und sie jeglicher hauptstädtischer Funktionen
berauben. Allerdings hält dieser Zustand viel länger an als ursprünglich
angenommen — nämlich bis Juni 1944. In dieser Situation und dank des
Status der »Offenen Stadt«, der auf eine schon von Badoglio erlassene
Erklärung zurückgeht, die von den Deutschen übernommen wurde,
entwickelt Rom ein seltsames Eigenleben, so, als gehöre es gar nicht
mehr zu Italien und schon gar nicht zur RSI. Mussolini kommt in Rom,
obwohl eine Stadt im deutschen Besatzungsgebiet, sozusagen nicht
mehr vor. Die Villa Torlonia und der Palazzo Venezia sind leere Gebäu-
dehülsen. Von der Beamtenschaft sind zwar höchstens zehn Prozent
dem Ruf der neuen »Regierung« gefolgt und nach Norden gegangen,
doch von den übrigen neunzig Prozent sind nur einige selten, die meisten
nie in den Büros der Ministerien und sonstigen Zentralbehörden anzu-
treffen. Sie sind vollauf damit beschäftigt, sich und ihre Familien irgendwie durchzubringen, was sich weniger als ein finanzielles, eher als ein
organisatorisches Problem erweist: stundenlanges Anstehen, endlose
Laufereien durch die ganze Stadt, Beschaffung geheimer Informationen
über plötzlich auftauchende Bezugsquellen, die ebenso rasch wieder
verschwinden. »Es gab drei verschiedene Einrichtungen, die sich damit
beschäftigten, Lebensmittel nach Rom zu bringen. Die erste war die
deutsche Militärverwaltung, die einzelnen Fuhrunternehmern die
Erlaubnis dazu gab oder selbst mit eigenen und beschlagnahmten Lastwagen Transporte durchführte. An zweiter Stelle stand eine halbstaatli-
che Transportorganisation. Schließlich gab es die verschiedenen Transporteinrichtungen, die vom Vatikan geleitet wurden. [...]
Der Vatikan opferte [...] seine letzten Lastzüge, die äußerste Reserve
[...], aber die feindliche Luftwaffe machte auch sie bald unbrauchbar.
[...]
Die Situation wurde noch erschwert durch den ständigen Zustrom von

---

* Untereinander uneins in der Strategie, wie der Krieg zu Ende gebracht werden soll,
gibt schließlich Roosevelt den Ausschlag dafür, daß die »Zweite Front« in Frankreich
vorgeht, Italien Nebenkriegsschauplatz werden soll, von dem acht Divisionen — die
besten — nach Frankreich bzw. England für die spätere Landung an der normanni-
schen Küste verlegt werden. Das entspricht im übrigen den Vereinbarungen mit Stalin.

Flüchtlingen, die vom Süden aus dem Kampfgebiet kamen. [. . .] Die
Bevölkerung [. . .] stieg bis auf 2 Millionen an.«[43]
Die Eleganz im römischen Straßenbild, die noch Anfang 1943 aus dem
Reich kommende Besucher überraschte, hat einer Trübseligkeit Platz
gemacht, die sich nur noch dadurch von jener der Städte im Reich unterscheidet, daß Rom seine Schönheit behalten hat. Es sieht nicht aus wie
Nürnberg oder Berlin, wo heile Häuserblöcke Inseln im Meer der Verwüstung bilden; hier sind die verwüsteten Teile in Bahnhofsnähe Trüm-
merinseln in der überdauernden Pracht. Auch erlischt ein friedensmäßi-
ges Leben nicht völlig, es verbirgt sich nur.
Dollmann, auf dessen Erinnerungen wir dann nicht setzen, wenn er sich
über konkrete Ereignisse unkonkret äußert, halten wir für einen guten,
vermutlich auch für den einzigen Augenzeugen in SS-Uniform, der sich
nach Badoglio noch in gesellschaftlichen Kreisen bewegte, die hinter den
Mauern ihrer Paläste ihren feudalen Lebensstil aufrechterhielten, während im Reich nur noch das neureiche Gesindel in den hohen Rängen der
NSDAP mit Prassereien und Saufgelagen den Krieg genießt. Was Dollmann schildert, ist das Rom von 1944, bevor die Alliierten kommen:
»Schneiderinnenbesuche und nachmittägliche Rendezvous in den galan-
ten Cafés der Via Veneto lohnten sich für Roms elegante Damenwelt
nicht mehr; denn nach Mussolinis totalem Mobilisierungsbefehl hatte
sich die männliche Jeunesse dorée Roms in Dachkammern, Klöster,
Wälder und Landgüter, nicht jedoch in die Kasernen begeben. Und nur
unter waghalsigen Abenteuern war es möglich, daß sich Freund und
Freundin, Geliebter und Geliebte sporadisch in die Arme sinken konnten.
Was blieb zur allgemeinen Unterhaltung? Was blieb, die öden Stunden
bis zum Einmarsch der alliierten Befreier zu vertreiben? [. . .] Das Telefon!«
Der von Mussolini schon 1922 eingerichtete Telefonabhördienst (der
auch seine Gespräche mitgeschrieben und zu Zeiten 700 Stenographen
beschäftigt hat) wird in den Monaten unumschränkter deutscher Herrschaft weitergeführt. Die von Dollmann wiedergegebenen Gesprächs-
fetzen wurden beim SD zum Amüsement herumgereicht: »›Ma, cara
mia, sei doch vorsichtig, sprich doch italienisch! Man weiß in diesen Zeiten doch nie . . . Wie geht es dir, Liebster?‹
›Ich habe gestern sehr beruhigt geschlafen. Hast du nicht gestern abend
auch Winston gehört? Wir haben das Radio ganz leise angedreht. Denk
dir, James, meinem Butler aus York sind die hellen Tränen über die Wan-

gen gelaufen, als er den großen Mann hörte. Es war großartig. Wann kommst du wieder zu mir, darling?‹

›Aber Liebster, du weißt doch — ich kann nicht unbeobachtet fort. Seit Nina diese unmögliche Liaison mit dem Chauffeur dieses gräßlichen deutschen Generals hat, muß ich vorsichtig sein. Aber entlassen kann ich sie auch nicht. Wegen der Benzinscheine für meinen Wagen und der Zigaretten und wegen der sicheren Postverbindung mit Gianna in Piemont.‹

›Ich bin es, meine Liebe. Sie müssen mir unbedingt helfen. Ich weiß nicht mehr, wohin mit allen Anfragen wegen englischer Stunden. Das Telefon steht nicht still. Ganz Rom will auf einmal seine Sprachkenntnisse erweitern und möglichst american accent dazulernen.‹«[44]

Wie viele sind es, die so leben? Vielleicht fünftausend — von zwei Millionen! Junge Herren aus guten Familien verstecken sich, um nicht zum Arbeitsdienst eingezogen zu werden, das heißt zur Anlage von Verteidigungswerken an der Küste, wo sich deutsche Einheiten auf eine mögliche Invasion den ganzen Winter hindurch vorbereiten. Andere verstecken sich, um ihr Leben zu retten, um der Verhaftung durch den SD und die deutsche Polizei zu entgehen, der Menschenfängerei des neuen Stadtkommandanten General Maeltzer. Zehntausende gehen in Rom in den Untergrund. Die Verfolgungen, Inhaftierungen, Folterungen haben am Tage der Kapitulation begonnen.

In der Provinz Lazio, in der Rom liegt, werden in der Zeit der deutschen Besetzung der Hauptstadt 20 824 Widerstandskämpfer namentlich »erfaßt«, davon 1959 umgebracht. Es wird gefoltert, um Geständnisse zu erzwingen oder auch nur aus Rache für den »Verrat«.

Unter den untertauchenden Offizieren befindet sich Oberst Montezemolo, die Heldengestalt des römischen Widerstands (vgl. S. 194 f.). Nach Mussolinis Sturz machte ihn dessen Nachfolger Badoglio vorübergehend zu seinem Sekretär. Mitte August kehrte er zu seinem Truppenkommando zurück. Am Morgen des 10. September, nach der Verkündung des Waffenstillstands, bildete General Graf Calvi, Schwiegersohn des (geflohenen) Königs, zusammen mit Montezemolo auf deutschen Befehl hin eine Kommission, die für Ruhe und Ordnung in der Stadt sorgen sollte. Am 23. September blockierten die Deutschen das Kriegsministerium; Graf Calvi wurden zwei Stunden gegeben, um sich für den Abtransport als Gefangener ins Reich fertigzumachen. Montezemolo entkam in Zivil.

Es ist, als habe der diensteifrige, korrekte, an der Front bewährte Offizier erst in diesem Augenblick seine wahre Berufung entdeckt; er wird zum listenreichen Organisator eines bis zu seiner Verhaftung und Ermordung glänzend funktionierenden Informationsdienstes, der von Norditalien bis Brindisi reicht, durch die Front hindurch, über die Front hinweg, der die getrennten Teile Italiens wenigstens mit geheimen Fäden wieder zusammenbindet. Einer dieser »Fäden« ist ein Sender, der seine chiffrierten Informationen neun Monate lang über ganz Italien verbreitet, ohne entdeckt zu werden. Montezemolos Netz umfaßt auch Kesselrings Hauptquartier dank eines österreichischen Offiziers, der ihn über geplante Truppenbewegungen der Deutschen auf dem laufenden hält. Im Kreis der Eingeweihten, in den schriftlichen und mündlichen Botschaften wird die Organisation schlicht als »banda«, die Bande, bezeichnet. Als sie perfekt ausgebaut ist, laufen zwei Formationen nebeneinander her, die aus Sicherheitsgründen voneinander möglichst wenig wissen sollen: »le bande interne« (Rom) und »le bande esterne« (das übrige Italien).

Die geheimen Nachrichtenträger zwischen den »Banden« sind nahezu ausnahmslos Ehefrauen, Verlobte, Freundinnen. Der deutsche Abhördienst stellt nicht ohne Ironie fest, daß es in Rom keine Männer mehr gibt, denn es sind immer die Frauen, die die Gespräche führen, und sie verwenden nur weibliche Vornamen, mit denen sich die Männer tarnen. In Einzelfällen hilft der Vatikan; er versteckt höhere Offiziere hinter seinen Mauern. Allgemeinere und wertvollere Dienste leisten der niedere Klerus und einige römische Klöster.

Um den Fängen der SS zu entgehen, findet in Rom ein allnächtlicher Wohnungswechsel statt, ohne daß auch nur ein Koffer oder ein Stuhl von einem Haus ins andere getragen würde. Tausende — in der Mehrzahl ehemalige Offiziere — schlafen reihum bei Freunden und Bekannten. Die »morbo di Kesselring« bricht aus, die Kesselringsche Krankheit, ein vorgeschützter Zustand, mit dem sich Majore und Oberste in Militärhospitäler zurückziehen, unter falschem Namen falsche Kranke spielend. Ein besonders beliebtes Refugium für die Prominenz der Flüchtenden ist die Klinik »Principe di Piemonte« des Malteserordens. Eine chemigrafisch hervorragend ausgestattete Werkstatt stellt Tausende oft lebensrettende falsche Ausweise jeglicher Art her.

In diesem römischen Milieu wird der Obersturmbannführer der SS und Polizeichef von Rom, Herbert Kappler, zu einer Person der Zeitgeschichte, durch seine in dieser Funktion begangenen Verbrechen wie durch die Rolle, in die er ohne sein Zutun in den Jahrzehnten nach dem

Krieg geraten ist, als die Öffentlichkeit der Bundesrepublik Deutschland all die Teilnahme, all das Verständnis, ja, all das Mitleid ihm zuwendete, womit sie abgeurteilte Nationalsozialisten bedacht hat und im Fall Rudolf Heß' bis heute bedenkt. Kappler gehörte bis zu seinem Tod dazu, weil ihn ein italienisches Gericht zu lebenslänglichem Zuchthaus verurteilt hatte, aus dem er 1977 durch nicht ganz aufgedeckte Machenschaften unter Mithilfe ansehnlicher Organisationen befreit und in sein Vaterland geschmuggelt worden ist. Es hätte nicht viel gefehlt und sein Heimatort hätte für den heimgekehrten, so lange verlorenen Sohn geflaggt, während in Italien die Autos harmloser, an der Verschleppung Kapplers gänzlich unbeteiligter Touristen umgestürzt und angezündet wurden.Es war einer der seltenen Augenblicke, in dem die Erinnerung des italienischen Volkes an seine Leiden unter deutscher Herrschaft demonstrativen Ausdruck gefunden hat.

Der Einsatz der zahlenmäßig schwachen Polizeitruppe Kapplers in Rom war so lange vorbereitet worden wie die militärischen Planungen »Alarich« bzw. »Achse«. Dank Kapplers Spitzel, die bereits eingeschleust worden sind, als Mussolini noch am Ruder war, verfügte die oberste Führung im fernen Ostpreußen bei der Kapitulation über Namenslisten der sofort zu Verhaftenden.

Zum Zweck der Unterbringung und Folterung seiner Gefangenen richtet Kappler in der Via Tasso sein Privatgefängnis ein. Diese kurze, bergan steigende Straße liegt in einem kleinbürgerlichen Viertel Roms, beiderseits gesäumt von einfachen vier- bis fünfstöckigen Mietshäusern mit zwei oder drei Wohnungen auf jeder Etage. Auf halber Höhe gelangt man auf der rechten Straßenseite an ein Haus, das sich auf den ersten Blick durch nichts von den anderen Gebäuden zu unterscheiden scheint. Erst wenn man direkt davor steht, bemerkt man, daß die Fenster zugemauert sind.

Durch eine dunkelrotgestrichene Eingangstür, deren Farbe abblättert, erreicht man über ein paar Stufen das Hochparterre, wo gewöhnlich zwei alte Männer Zeitung lesen und sich über jeden Besucher freuen, denn sie werden nur selten in ihrer unerwünschten Ruhe gestört. Kein Tourist verläuft sich hierher.

Die alten Männer, Veteranen des Widerstands, sind zu Auskünften bereit, sie verkaufen auch ein kleines Buch: Guido Stendardo, *Via Tasso. Museo storico della Liberazione di Roma*, mit einem Vorwort von General Raffaele Cadorna, Comandante Generale del Corpo Volontario della Libertà. Doch vielleicht sollte man nicht reden, nicht lesen, einfach nur die Treppen hinaufgehen, von Stockwerk zu Stockwerk, und in die einzelnen Zimmer hineinschauen, die im Durchschnitt etwa 15 Quadratmeter Bodenfläche haben. Auf den Türrahmen steht: Cella 1, Cella 2, Cella 3 ... bis Cella 14. Die Zellen konnten zehn bis zwölf Gefangene aufnehmen. Die zugemauerten Fenster, außen verputzt, zeigen innen das rohe Ziegelwerk. Eine Zelle befindet sich nicht mehr im Zustand aus der Zeit zwischen September 1943 und der Flucht der Deutschen aus Rom am 4. Juni 1944. Sie wird als Ausstellungsraum benützt: In Sammelrahmen hängen die Fotografien der prominentesten Zwangsbewohner dieses Hauses, die es nicht lebend verlassen haben: etwa drei Dutzend Bilder.

Die Zellen in den oberen Stockwerken sind leer. Die alten Männer kehren von Zeit zu Zeit den Staub von den Dielen. Die Verwendung dieser kleinen Räume lassen Inschriften ahnen, teils in den Verputz der Wände eingeritzt, teils mit irgendeiner verblassenden Flüssigkeit ungelenk daraufgeschrieben: »Der Tod ist furchtbar für den, der ihn fürchtet. Es lebe Italien. Salve! Wenn Dein Körper nicht mehr existiert, so wird Dein Geist noch lebendig sein in der Erinnerung der Zurückgebliebenen; sorge dafür, daß er immer als Beispiel wirkt!«(Das Testament des Generals Castaldi an der Wand von Zelle 2) »Liebe Italien mehr als Dich selbst, mehr als die Welt Deiner Gefühle, mehr als Dein Leben und das Deiner Lieben, ohne jede Einschränkung — mit unerschütterlichem Glauben an sein Schicksal, nur so kannst Du besonnen und ohne Reue sterben wie die Märtyrer, die Dir vorausgegangen sind.«

Hinter dem mißbrauchten Wohnhaus, von ihm durch eine Mauer und einen Garten getrennt, haben SD und Polizei 1943/44 ihr Hauptquartier in einem ansehnlicheren Gebäude. Darin wohnen die Untergebenen Kapplers. Er verfügt nicht über Gaskammern, entwickelt dafür in der Erfindung grausamer Schikanen bemerkenswertes Talent. So werden beispielsweise die blutdurchtränkten Hemden der Gefolterten ihren Angehörigen zum Waschen ausgehändigt. Die Bewohner der gegenüberliegenden Häuser dürfen die Haupteingänge nicht benutzen, müssen ihre Häuser von der Parallelstraße aus über die Hinterhöfe durch die Kellereingänge betreten. Die Fensterläden zur Via Tasso sind ständig geschlossen zu halten. Dennoch weiß ganz Rom, was sich dort abspielt, und noch leben genug Römer, die diesen Straßennamen nicht über die Lippen bringen.

Die SS hat beim Abzug Anfang Juni 1944 ihre Buchführung verbrannt. Von den getöteten Häftlingen kennt man heute nur noch die Namen derer, die auf irgendeine Weise im Untergrund hervorgetreten und einem größeren Kreis von Mitkämpfern bekannt waren, d. h. also die von Prominenten des römischen Widerstands, sofern Briefe von ihnen erhalten blieben. Unter diesen Ermordeten befinden sich mehrere, die von der Via Tasso aus in das große römische Gefängnis »Regina Coeli« (= Himmelskönigin) zum Prozeß und zu ihrer Hinrichtung überführt worden sind, dort verfügt Kappler über einen »deutschen Flügel«.

Im »Regina Coeli« ist der folgende Abschiedsbrief von Pietro (Nachname unbekannt) geschrieben, dem, wie vielen anderen zu Haftstrafen Verurteilten, in den letzten Wochen der deutschen Herrschaft ein zweiter Scheinprozeß gemacht worden ist, der auf Todesurteil erkannte. (Die SS will den Alliierten keine Zeugen hinterlassen, zuletzt werden die Gefangenen ohne Verfahren aus den Zellen geholt und umgebracht.)

»Aus dem Gefängnis Regina Coeli, Rom, 12. April 1944

Meine liebe Enrichetta,

[. . .]

Das Protokoll des ersten Prozesses wird verlesen, ganz auf Deutsch, am Ende fragt mich der Dolmetscher, ob ich etwas hinzuzufügen hätte, ich verneine. Daraufhin bringt der Staatsanwalt seine Anklage vor, die mit der Forderung nach Todesstrafe endet, wie mir der Dolmetscher mitteilt. Für einige Minuten werde ich aus dem Saal geführt, dann wieder hineingerufen, und man verliest das Urteil, das dem Antrag des Staatsanwaltes nachkommt.

Ich fragte, ob ich ein Gnadengesuch einreichen dürfe, man bejahte. Ich hätte mich nie zu dieser Unterwerfung und Demütigung vor den Fremden gebeugt, die mit einer solchen Unbeschwertheit das Recht des Stärkeren ausnutzen und mit unseren Köpfen spielen — wie gesagt, ich hätte es nicht getan, wenn ich nicht in jenem Moment Dich vor mir gesehen hätte, meine geliebte und unglückliche Gefährtin, und meine Kinder, meinen Vater, Deine Eltern, meine Brüder und die Deinen, und ich war Euch doch etwas schuldig, solange ich noch konnte. [. . .]

Und auch jetzt — gegenüber der Schändung unseres Vaterlandes, unserer Häuser und Familien, empfand ich es als feige, untätig und passiv zu bleiben. Aber habe ich dadurch nicht meine Pflichten der Familie gegenüber verletzt?

Nein, denn die Sache, für die ich mich einsetzte, war keine andere als die unserer Kinder und Familien. Wir kennen unsere Zukunft nicht, die ich mir auf jeden Fall besser und schöner erhofft als diese traurige Gegenwart, diese entsetzliche Beleidigung und Schändung der Menschheit.

Wie immer es kommen mag, auch wenn ich von diesem furchtbaren Abgrund verschlungen werden sollte, der Menschen und Dinge vernichtet, so ziehe ich es doch vor, im Urteil meiner Kinder der Vater gewesen zu sein, der sich ihr entzogen hat. [. . .] Ich werde, wie Du weißt, nicht der einzige Gefallene sein; die Großmütigen, die in diesem Kampf der Völker um ein lichtvolles Morgen ihr Leben hingaben, sind ohne Zahl. [. . .] Könnte ich doch der letzte sein. Ich würde leichter sterben in dem Bewußtsein, daß mein Blut den Durst des wilden Tieres löschen wird. Doch ich bin zu gering.

Ich küsse und umarme Dich in alle Ewigkeit   Dein Pietro«[45)]

Angelo Joppi war ein Vicebrigadiere der Carabinieri und gehört zu den wenigen, die die Via Tasso überlebt haben und darüber berichten konnten: »Vor Beginn der Folterungen ließen meine Schergen es sich nicht nehmen, mir die einzelnen Folterinstrumente zu zeigen, um mir Angst einzujagen: ›Damit wirst Du reden!‹ Es handelte sich meistens um scharfe Schlegel sowie um Metallarmbänder, die mit spitzen Nägeln besetzt waren. Sie wurden gewöhnlich an den Armen und den Handgelenken befestigt, deren Fleisch sie auseinanderrissen. Dann gab es Peitschen, Ruten aus Eisen, Gaslampen und Stühle, die mit schneidenden Stahlklingen bedeckt waren, auf die die Unglücklichen sich setzen mußten, nachdem man sie mit Lederriemen gefesselt hatte. [. . .] Bei einem der unzähligen Verhöre wurde ich ausgestreckt auf einen Tisch gelegt, und während zwei mich an den Haaren, zwei andere an den Beinen festhielten, schlug ein anderer mit einem Eisenhammer auf meine linke Kniescheibe, bis sie brach. Dann mußte ich aufstehen und lehnte mich an eine Wand, da ich nicht mehr in der Lage war, gerade zu stehen; sie zwangen mich, das Gleichgewicht zu halten, indem sie mir starke Schläge auf die Fußspitzen versetzten. Bei anderen Gelegenheiten erhielt ich Peitschenhiebe auf die Fußsohlen, oder sie wurden mit der Gaslampe angesengt.«[46)]

Sie alle sind Italiener, die auch nach deutschen Vorstellungen der arischen Rasse angehören. Es gibt auch italienische Juden in Rom, die bisher nicht um ihr Leben haben fürchten müssen. »Antisemitismus existiert nicht in Italien. [. . .] Die jüdischen Italiener haben sich als Bürger stets bewährt und als Soldaten tapfer geschlagen. [. . .]«[47)] Diese Sätze hat Mussolini gesprochen. Hat es für ihn keine Judenfrage gegeben? Doch, es gab sie, aber nicht als Rassenproblem, er polemisierte gegen das internationale jüdische Kapital. Die Juden als Rasse hat das faschistische Regime erst unter dem Einfluß der Deutschen entdeckt (ab 1938) und dann auch eine entsprechende Gesetzgebung entwickelt.[48] Das italienische Volk unterstützte nicht einmal den Vollzug der in deutschen Augen gänzlich unzureichenden Rassendekrete des Faschismus und wurde nach der Kapitulation, als die Besatzungsmacht auch in Italien das Judenproblem seiner »Endlösung« zuführen will, zum »Haupthindernis der Judenausrottung in ganz Europa«.[49]*

Im September 1943 entsteht sofort ein »Einsatzkommando Italien«, das sich mit organisatorischen Plänen für die Ausrottung der Italiener jüdischer Abstammung befaßt. Mussolini, zu schwach, um sich in irgendeinem Punkt den Deutschen zu widersetzen, kann sich am allerwenigsten zum Beschützer der Juden aufwerfen.

Der erste praktische Schritt auf die italienische »Endlösung« hin ist die Einrichtung des Konzentrationslagers Fossoli, günstig an der Bahnstrecke gelegen, die Rom mit dem Reich über den Brenner verbindet. Es besteht bis 1. August 1944. Für Tausende von Juden ist es die letzte Station, bevor sie in Viehwagen quer durchs Reich nach Auschwitz-Birkenau gefahren werden. Ein Gelände von zwei Kilometern Länge und einem Kilometer Breite wird mit Stacheldrahtzäunen umschlossen, die elektrisch geladen werden können — eine Vorrichtung, die schlecht funktioniert und nachlässig gehandhabt wird. Ein abgeteiltes Rechteck, das »neue Lager« genannt, ist für die »politischen« Häftlinge reserviert, für Generäle und hohe Marineoffiziere, die sich weigern, der RSI zu dienen, für antifaschistische Intellektuelle, hohe Verwaltungsbeamte, Richter, Rechtsanwälte, von denen viele später nach Mauthausen, Gusen und Ebensee gebracht und dort erschossen werden. Für die Juden gibt es aus Fossoli nur einen Ausgang, in die Gaskammern. Der erste Transport, 650 Menschen, viele Kinder darunter, geht Anfang Februar ab, 23 von ihnen sehen Italien wieder.

Unter den Einzelaktionen gegen jüdische Gruppen verdient das Massaker am Lago Maggiore hervorgehoben zu werden, bei dem gefesselte Juden lebend in den See geworfen werden. Ferner die Judenrazzia in Triest, am 9. Oktober 1943 beginnend, und in Florenz, am 27. November 1943. Aus allem — sogar aus dem meisten, was mit den Juden in anderen Ländern geschehen ist — ragt die Vernichtung des römischen Ghet-

---

* Nicht nur im Mutterland, auch gerade in den besetzten Ländern und sogar in der Sowjetunion durch die dort kämpfenden italienischen Divisionen wurden italienische Stützpunkte, Lager, Truppenverbände zur Zuflucht der Juden vor deutscher Verfolgung.

tos heraus durch die Perfidie, mit der dabei vorgegangen wird. Der Regisseur am Ort ist Herbert Kappler. Den Terminplan liefert Eichmann aus Berlin. Für die Judenverfolgung in Italien hat er sich den »Sabbatschlag« ausgedacht; die Juden sollen an ihrem Feiertag überrascht werden. Ein Sonnabend ist auch der 16. Oktober.

Im Ghetto wohnen kleine Leute, Handwerker, Angestellte, Besitzer von Kramlädchen, Mazenbäckereien, koscheren Fleischereien. Ein paar Cafébars und Weinpinten gibt es auch. Papst Paul IV. hat es 1555 für die aus Spanien gekommenen Juden, die am Ende des 15. Jahrhunderts von König Ferdinand und Königin Isabella vertrieben wurden, gegründet. Das Ghetto ist kein Gefängnis, aber nachts dürfen die Juden jahrhundertelang seine Ausgänge nicht verlassen. Von 1810 bis 1814 erlaubt ihnen die napoleonische Herrschaft, die Tore immer offenzuhalten. Pius VII. macht dieses liberale Zugeständnis rückgängig. Erst Pius IX. hebt 1848 alle Ausgehverbote auf. Den Auftakt zum 16. Oktober bildet ein Telegramm aus Berlin vom 25. September 1943, das in den Memoiren des Botschaftsrats Moellhausen erwähnt wird: »Für den 1. Oktober wurde die Festnahme aller Juden in der von den Deutschen besetzten Zone [gemeint: Italien, soweit es die Alliierten noch nicht erobert haben, Anm. d. Verf.], ohne Rücksicht auf Alter oder Nationalität, und ihre Verschickung nach Deutschland zur Liquidation angeordnet.«[50)]

Ob wirklich das Wort »Liquidation« in dem Befehl gestanden hat, ist zu bezweifeln. Botschaftsrat Moellhausen verwendet es aber am 6. Oktober 1943 in einem Diensttelegramm an Ribbentrop, wohlwissend, was er mit dem unüblichen Klartext riskiert: »Obersturmbannführer Kappler hat von Berlin den Auftrag erhalten, die achttausend in Rom wohnenden Juden festzunehmen und nach Oberitalien zu bringen, wo sie liquidiert werden sollen. Stadtkommandant von Rom [...] mitteilt mir, daß er diese Aktion nur zulassen wird, wenn sie im Sinne des Herrn Reichsaußenministers liegt. Ich persönlich bin Ansicht, daß es besseres Geschäft wäre, Juden, wie in Tunis, zu Befestigungsarbeiten heranzuziehen und werde dies gemeinsam mit Kappler Generalfeldmarschall Kesselring vortragen. Erbitte Weisung.   Moellhausen«

Vielleicht ist es Taktik, deren Sinn heute nicht mehr nachzuvollziehen ist, wenn Moellhausen das Gespräch mit Kesselring im Telegramm in die Zukunft verlegt, während es nach seinem eigenen Zeugnis stattfand, bevor er telegraphierte. Richtig ist nur, daß er zusammen mit Kappler Kesselring in seinem Hauptquartier wegen der Judendeportation aufsucht. »Dabei hütete ich mich wohl, im Namen der Menschlichkeit zu sprechen.« Kesselring zieht sich aus der Affäre, indem er eine »unmittelbar bevorstehende Landung der Alliierten« vorschützt — für die keinerlei Anzeichen vorliegen — und erklärt, unter diesen Umständen könne er für die Judenaktion keinen Mann zur Verfügung stellen. Auf der Rückfahrt in die Stadt soll Kappler zu Moellhausen gesagt haben: »Sie sind hoffentlich davon überzeugt, daß ich persönlich wirklich nicht die Verfolgung nur um der Verfolgung willen wünsche. Meinetwegen können die Juden bleiben, wo sie sind.«

Moellhausen wird wegen des Telegramms von seinem Minister gerüffelt: »Der Herr Außenminister ersucht Sie dringend, sich aus allen Angelegenheiten, die die Juden betreffen, herauszuhalten. Diese Fragen fallen nach einer Abmachung zwischen dem Auswärtigen Amt und dem Reichssicherheits-Hauptamt ausschließlich in die Zuständigkeit der SS. Einmischungen in diese Angelegenheiten können für das Auswärtige Amt ernstliche Schwierigkeiten zur Folge haben.«[51]

Das ist nicht die einzige Rückäußerung Ribbentrops. Im offensichtlichen Bestreben, aktenkundig zu machen, daß er von einer geplanten Liquidierung der römischen Juden nichts weiß, gibt er aus seinem Hauptquartier, dem in der Nähe der »Wolfsschanze« abgestellten Sonderzug »Westfalen«, eine Dienstanweisung an sein Berliner Büro heraus:

»Fernschreiben aus ›Westfalen‹ Nr. 1645 vom 8.10.1943

Nur für Ministerbüro

Der Herr RAM bittet, Gesandten Rahn und Konsul Moellhausen mitzuteilen, daß auf Grund einer Führeranweisung die 8000 in Rom wohnenden Juden nach Mauthausen (Oberdonau) als Geiseln gebracht werden sollen.

Der Herr RAM bittet, Rahn und Moellhausen anzuweisen, sich auf keinen Fall in diese Angelegenheiten einzumischen, sie vielmehr der SS zu überlassen.   gez. Sonnleithner«

Es gibt keinen zweiten Beleg dafür, daß der Befehl für die Judendeportation aus Rom den Rang einer speziellen »Führeranweisung« gehabt hat. Das ist eine Ad-hoc-Erfindung Ribbentrops, um klarzustellen: Hier hat es keine Möglichkeit des Widerspruchs gegeben. Zweitens ist nirgendwo sonst die Rede davon, daß die Juden nach Mauthausen zu verbringen seien — kein Ghettobewohner hat dieses Lager je gesehen! —, und erst recht nicht ist in dem betreffenden Befehl von Geiseln die Rede. Geiseln wofür? Die Deportation aus Rom gehört in die »Endlösung« — in ihr kommen keine Geiseln vor.

Das Kapitel über die Judendeportation ist bei Moellhausen überschrieben: Kesselring versucht die Juden zu retten. Nichts dergleichen hat er versucht. Der Satz müßte lauten: Kesselring will sich an der Judenaktion die Hände nicht schmutzig machen. Wie Moellhausen die Tatsache verdreht, läßt sich aus seinen Datenangaben erkennen: »Am 20. September erfuhr ich, daß Kappler der israelitischen Gemeinde von Rom bekanntgegeben hatte, sie hätte 48 Stunden Zeit, um eine von der Reichsregierung festgesetzte Auflage von fünfzig Kilogramm Gold zu zahlen.«[52] In diesem Satz stimmt außer der Gewichtsangabe nichts. Kappler in seinem Prozeß vor dem italienischen Gericht: »Niemand hat mir befohlen, den Juden Roms 50 Kilogramm Gold abzuverlangen. [. . .] Ich erinnere mich, daß dies tatsächlich mein letzter Versuch war, den ich in Bewegung setzte [am 26. September, Anm. d. Verf.], als die Ankunft Dannekkers in Rom mir bewies, daß die Razzia in einer ganz kurzen Zeit zur Ausführung gelangen würde.«[53]

Hier fällt der Name Dannecker. Dieser enge Mitarbeiter Eichmanns wird nach Rom eingeflogen, weil man sich im Reichssicherheitshauptamt fragt, ob die SS-Besetzung in Rom für eine glatte Abwicklung einer so großen Aktion ausreiche. Nach der Ankunft dieses prominenten Judenmörders muß Kappler, der die Hierarchie seiner Organisation bis ins kleinste kennt, davon ausgehen, daß die Deportation unter allen Umständen durchgeführt werden wird. Wozu dann zusätzlich die Goldforderung? Kappler: »Ich habe das Gold an Kaltenbrunner geschickt, denn zu jener Zeit waren unsere Spionagedienste mittellos, und es war dringend notwendig, ihnen neue Geldmittel zuzuführen, damit sie ihre Aufgabe erfüllen können, auch weiterhin.«[54]

Ein erfrischend aufrichtiges Bekenntnis! Genauso ist es gewesen: erst das Gold, dann die Deportation! Nur deshalb trifft zu, was Moellhausen schreibt: »Während am 1. Oktober gegen die Juden eine wilde Menschenjagd losging, wurden sie in Rom in Ruhe gelassen.«[55] Das wurden sie, die Goldaktion und andere Beraubungen waren immerhin so wichtig und einträglich, daß dafür der Termin der Razzia um ein paar Tage hinausgeschoben werden dürfte.

Und so ist die Aktion tatsächlich in drei Phasen abgelaufen: 26. bis 28. September: die Goldforderung und ihre Erfüllung. Der Vorstand der israelitischen Gemeinde in Rom, Italo Zolli, hat Lunte gerochen und ist geflohen. Seine Ersatzmänner Foà und Almansi bestellt Kappler am 26. September in seine Befehlsstelle hinter dem Gefängnis in der Via Tasso. Er eröffnet seinen Besuchern, für die Deutschen seien italienische

Juden keine Italiener, sondern Feinde, aber er trachte nicht nach ihrem Leben, wenn seine Forderungen erfüllt würden. Fünfzig Kilogramm Gold müßten binnen 36 Stunden übergeben werden, andernfalls würden zweihundert Juden als Geiseln verhaftet. Die fassungslosen Italiener kehren an der Tür noch einmal um und fragen, ob der Goldwert unter Umständen wenigstens teilweise durch Geld ausgeglichen werden dürfe, denn es würde schwer halten, in 36 Stunden eine derartige Menge Gold aufzutreiben. Lachend sagt Kappler: Dollars oder englische Pfunde gern, keine Lire, die sind das Papier nicht wert, auf dem sie gedruckt sind. Kappler setzt noch hinzu, daß bei der Auswahl der Geiseln kein Unterschied zwischen Juden, Halbjuden oder getauften Juden gemacht würde; wer auch nur einen Tropfen jüdischen Bluts in den Adern habe, sei für ihn ein Feind.

Es ist wichtig zu betonen, daß mit Kapplers Erpressung: fünfzig Kilogramm Gold oder zweihundert Juden das Problem für die jüdische Gemeinde auf die Rettung von zweihundert der Ihren zusammenschrumpft; der Gedanke, alle seien in Todesgefahr, ist damit gebannt. Die beiden Unterhändler kehren ins Ghetto zurück und rufen die angesehendsten Gemeindemitglieder zusammen. Erste vage Schätzungen führen zu dem Ergebnis, daß es völlig ausgeschlossen sei, diese Goldmenge in der Gemeinde aufzutreiben. Die Juden wenden sich an den Vatikan. Aus welchen Gründen der Heilige Stuhl sich die Schäbigkeit zuschulden kommen läßt, nur fünfzehn Kilogramm anzubieten, und wer diese Entscheidung zu verantworten hat, mögen die vatikanischen Akten vielleicht in 400 Jahren erkennen lassen, heute weiß es niemand. Aber auch diese fünfzehn Kilogramm werden nicht gebraucht.

Noch bevor das päpstliche Gold an die jüdische Gemeinde auf den Weg gebracht ist, weiß die ganze Stadt, was der deutsche Polizeichef in der Villa Tasso ausgebrütet hat. Es kommt zu einer Hilfsaktion, an der sich Hunderte von Römern, keineswegs nur Juden, beteiligen, so daß die Erpreßten kurz vor Ablauf der 36-Stunden-Frist den Vatikan wissen lassen können, daß sie seiner Hilfe nicht mehr bedürfen. Überdies erreicht Foà am Vormittag des 28. September eine Verlängerung der Frist bis 18 Uhr. Bis dahin überschreitet die angesammelte die verlangte Goldmenge um dreißig Kilogramm, also fast um das Doppelte. Außerdem sind zwei Millionen Lire eingegangen, mit denen zunächst Gold auf dem Schwarzen Markt eingekauft werden sollte, was ein leichtes wäre, denn ein Dutzend Schwarzhändler Roms haben sich auf das Gerücht von der Kappler-Erpressung hin mit Goldbarren bei der Synagoge eingefunden.

Für den Transport des Goldes in die Via Tasso werden zuverlässige Taxifahrer gefunden. Ein hoher Polizist aus dem Kommissariat Campitelli, Dr. Cappa, zieht einen Zivilanzug an und begleitet die Juden in die Via Tasso, als sei er einer der ihren. Zwei seiner Streifenpolizisten fahren als Eskorte neben den Taxen her. Das Gold ist in zehn Schachteln verpackt; es sind dreihundert Gramm zuviel, damit beim Auswiegen keine Schwierigkeiten entstehen. Die Übergabe findet unter Kapplers Beisein in dem Raum statt, in dem heute die Betreuer des »Museums Via Tasso« Zeitung lesen, weil sich so wenige Besucher einfinden. Die SS hat eine Küchenwaage beschafft, auf der maximal fünf Kilogramm gewogen werden können, Kappler behauptet nach dem Auswiegen der letzten Goldportionen, es seien fünf Kilogramm zu wenig. Irrtum, pure Schikane oder ein besonders erbärmlicher Betrugsversuch? Dem Begehren der Juden, es müsse alles noch einmal nachgewogen werden, sie hätten sich nicht geirrt, begegnet der SS-Offizier mit jenem Gebrüll, von dem er erfahrungsgemäß annimmt, daß es jeden Widerspruch erstickt. Diesmal kommt es anders. Nicht zuletzt die Anwesenheit Dr. Cappas gibt den Juden den Mut, nun ebenfalls laut zu werden. Sie setzen sich durch mit dem Ergebnis: Es sind fünfzig Kilogramm.

Nach diesem Erfolg wagt Foà auch noch eine Quittung zu verlangen. Mit dieser »echt jüdischen Frechheit« (Kappler) kommt er natürlich nicht durch. Ohne Quittung, aber voll tiefer Erleichterung, besteigen Foà und seine Begleiter die Taxen, die inzwischen vom SS-Posten vor dem Haus verscheucht wurden und am unteren Straßenausgang warten. 24 Stunden dürfen sich die Ghettobewohner dem Wahn hingeben, zweihundert Menschen gerettet zu haben und nicht weiter verfolgt zu werden.

Der 29. September ist der erste Tag der zweiten Phase, die bis zum 14. Oktober dauert. Am Morgen des 29. September dringen vierzig SS-Männer in das Ghetto ein, umstellen die Synagoge und die Gemeindeverwaltung. In Gesellschaft von Kappler und anderen SS-Offizieren treten zwei deutsche Zivilisten auf, die, wie sich in den nächsten Tagen ergibt, Spezialisten für hebräische Literatur sind. Sie kennen sich in den Jahrtausenden der jüdischen Geschichte aus. Unter dem Vorwand, nach Beweisen für geheime Zusammenarbeit der römischen Juden mit den Alliierten zu suchen, gehen sie auf Raub aus. Aus einer der wertvollsten jüdischen Bibliotheken Europas nehmen sie mit, was ihnen interessant und auf dem internationalen Markt verkäuflich zu sein scheint, alles übrige werfen sie durch die Fenster auf die Straße. Sie fanden im Safe der Gemeindeverwaltung die zwei Millionen Lire, die ursprünglich für zusätzlichen Goldankauf gespendet worden sind, und nehmen insgesamt 2 021 545 Lire mit. Für gänzlich wertlos, wie Kappler behauptet, scheinen sie die italienische Währung doch nicht zu halten. Die »Gewalt gegen Sachen« wird dann auf Privatwohnungen ausgedehnt, die räuberische Herrenrasse ist in ihrem Element. Wie ein Geisterspuk verschwinden ihre herumbrüllenden Sendboten mit ihrer Beute am Nachmittag des 14. Oktober. Am 15. Oktober legen sie listig eine Pause ein, um ihre Opfer in Sicherheit zu wiegen. Wieder atmen die Juden auf. Traurig kommen sie in der Synagoge zusammen, deren Inneres ein Trümmerhaufen ist. Die SS hat zuwege gebracht, was auch Mussolini bis dahin noch nicht gelungen ist: Sie fühlen sich jetzt mehr als Juden denn als Italiener, obschon die Stadt ihnen mit der Spendenaktion bewiesen hat, daß sie keine Außenseiter sind.

Dann, den 16. Oktober, beginnt die dritte Phase.

Ich, der Verfasser dieses Berichts, sehe mich außerstande, mit der bisher geübten Zurückhaltung auch zu beschreiben, was im Ghetto von Rom, in anderen Stadtteilen vom frühen Morgen dieses Tages an und an den nächsten mit den Juden geschieht, die nun zusammengetrieben und in Viehwagen nach Auschwitz gebracht werden. Das Grauen, die Schmach und die Schande, denen man als Zeitgenosse und Deutscher ausgeliefert ist, macht verstummen.

Kappler hat einen dienstlichen Bericht erstattet: »[...] Judenaktion heute nach büromäßig bestmöglichst ausgearbeitetem Plan gestartet und abgeschlossen. Einsatz sämtlicher verfügbarer Kräfte der Sicherheits- und Ordnungspolizei. Beteiligung der italienischen Polizei war in Anbetracht der Unzuverlässigkeit in dieser Richtung unmöglich. Dadurch Einzelfestnahmen innerhalb 26 Aktionsbezirken nur in rascher Folge möglich. Abriegelung ganzer Straßenzüge sowie in Anbetracht Charakters der offenen Stadt als auch der unzulänglichen Gesamtzahl von 365 deutschen Polizisten nicht durchführbar. Trotzdem wurden im Verlauf der Aktion, die von 05,30 Uhr bis 14,00 Uhr dauerte, 1259 Personen in Judenwohnungen festgenommen und in Sammellager in hiesiger Militärschule gebracht. Nach Entlassung der Mischlinge, der Ausländer einschl. eines Vatikanbürgers, der Familien in Mischehen einschl. jüdischen Partners, der arischen Hausangestellten und Untermietern verbleiben an fest zuhaltenden Juden 1007. Abtransport Montag, 18.10, 09,00 Uhr. Begleitung durch 30 Mann Ordnungspolizei. Verhalten der italienischen Bevölkerung eindeutig passiver Widerstand, der sich in großer Reihe von Einzelfällen zur aktiven Hilfeleistung steigerte. In einem Fall z. B.

wurden die Polizisten an der Wohnungstür von einem Faschisten mit Ausweis und Schwarzhemd empfangen, der eindeutig die Judenwohnung erst eine Stunde zuvor als seine angeblich eigene übernommen hatte. Verschiebungsversuche der Juden bei Eindringen deutscher Polizisten in das Haus in Nachbarwohnungen waren eindeutig zu beobachten und dürften verständlicherweise in zahlreichen Fällen vorgekommen sein. Antisemitischer Teil der Bevölkerung trat während der Aktion nicht in Erscheinung, sondern ausschließlich die breite Masse, die in Einzelfällen sogar versuchte, die Polizisten von den Juden abzudrängen. Von der Schußwaffe wurde in keinem Falle Gebrauch gemacht.

gez. Kappler/SS-Obersturmbannführer.«

Kappler ist ein deutscher Offizier, treu und ehrlich, was er tut, ist zu alltäglich, um davon viel Aufhebens zu machen. Auch Herr von Bismarck, zweiter Mann in der römischen Botschaft, der am 21. Oktober 1943 mit einem Major Friedrich um 11.45 Uhr über die Judendeportation telefoniert, kann sich darüber nicht weiter erregen:

Bismarck: *Auf Befehl des Führers sind die 8000 römischen Juden dagegen ins KZ Mauthausen geschickt worden, als Geiselreserve.*

Friedrich: *Aber hätte man sie nicht auch als Geiseln betrachten können, wenn sie bei Befestigungsarbeiten verwendet worden wären?*

Bismarck: *Schon . . .*

Friedrich: *Ja, also . . .?*

Bismarck: *Die haben da oben wohl andere Gründe.*

Friedrich: *Welche?*

Bismarck: *Ich kenne sie nicht. Dies waren die Befehle.*

Friedrich: *Ich habe verstanden.*[56]

Der deutsche Botschafter beim Vatikan, Weizsäcker, kann am 15. Dezember auf eine entsprechende Anfrage hin, die nicht römische Juden betrifft, befriedigt dem RAM melden: »Von Protest des Papstes bei mir wegen Judenverhaftungen in Norditalien ist keine Rede.«

Die Tötung der römischen Juden in Auschwitz-Birkenau beginnt am 23. Oktober. Insgesamt werden aus Rom bis zum Ende der deutschen Herrschaft, am 4. Juni 1944, 2091 Juden ins Reich deportiert, von denen 73 Männer und 48 Frauen überleben. Aus Verona kommen 3110 in Vernichtungslager, 2224 von ihnen werden ermordet. Das sind nur die Zahlen für die ersten Transporte. Ihnen folgen aus demselben Raum: 4056 zwischen Februar und Dezember 1944, 2425 werden ermordet. (Ab Juli ist das italienische Eisenbahnnetz so schwer beschädigt, daß die Transporte der Verhafteten ins Reich in Lastwagen und Bussen durchgeführt werden, über den Po werden sie in Boote verladen.) Von 837 Juden aus dem Triestiner Raum überleben 77; aus einem Lager auf Rhodos werden 1800 abtransportiert, 178 überleben.

Eine schreckliche Statistik? Keineswegs — es ist die günstigste, die von europäischen Juden vorgelegt werden kann. Das italienische Volk erlahmt bis Kriegsende in der Bereitschaft, den Juden zu helfen, nicht. Vier Fünftel der Juden Italiens — nicht berücksichtigt sind dabei die nach Italien geflohenen ausländischen Juden (die meisten Deutsche) — überleben deshalb die »Endlösung«.

Obwohl die Aktion gegen das Ghetto nur einen kleinen Stadtbezirk am Tiber und nur die Bewohner des Ghettos unmittelbar betroffen hat, radikalisiert sie in ganz Rom die Haltung der Bevölkerung gegen die Deutschen. Entsprechend verschärfte sich im Gegenzug deren Terror. In dieser Entwicklung spielt auch eine Rolle, daß der nicht zu den Scharfmachern gehörende Stadtkommandant General Stahel gegen General Maeltzer, einen hysterischen Schurken, ausgetauscht wird. Er benützt die Vollmachten seiner Stellung, sich einen ganzen Hofstaat zu schaffen, den er bis in die römische Oberschicht hinein wuchern läßt, wo er einige Familien durch Fahrlizenzen, Lieferung von Benzin und Reifen soweit korrumpiert, daß sie auf seinen Festen erscheinen. In Rom Herr über Leben und Tod zu sein, ist ihm zu Kopf gestiegen. Er feiert Orgien, wird sogar von Kesselring wegen seiner Paschaallüren getadelt und verbietet den Römern außer dem Atmen eigentlich alles: Fahrrad zu fahren (Fahrräder sind das Transportmittel der Resistenza), bestimmte Straßen und Bürgersteige zu benützen oder zu überqueren, Lebensmittel in die Stadt zu bringen, zu telegraphieren, außerhalb der Stadtgrenze (d. h. außerhalb der Abhöreinrichtungen) zu telefonieren, außerhalb der eigenen Wohnung zu übernachten, sich mit einem Paket unter dem Arm im Zentrum zu bewegen, rasch zu laufen, einen langen Bart zu tragen oder Sonnenbrillen mit dunklen Gläsern aufzusetzen.

Sauckel kommt nach Rom und gewinnt den Eindruck, daß noch viele tausend Italiener beschäftigungslos umherlaufen. Er verlangt, sie einzufangen und nützlicher Arbeit im Reich zuzuführen. Es kommt zu Durchkämmungsaktionen, italienisch *rastrellamenti* genannt. Die Feindseligkeit unter der Millionenbevölkerung nimmt infolgedessen derart zu, daß Kesselring um die Sicherheit seiner Truppen zu fürchten beginnt und Maeltzer seine »Menschenjagd« verbietet, ein Ausdruck, den Konsul Moellhausen gegenüber Maeltzer benützt, der daraufhin eine dienstliche Meldung bei Kesselring erstattet, der sich vor Moellhausen stellt.

In diesen Wintermonaten 1943/44 hört Rom auf, »Offene Stadt« zu sein, das heißt eine Stadt ohne Soldaten, ohne Waffen, ohne Verteidigungsanlagen. Es kommt zwar nicht zu einer einseitigen Aufhebung des Status durch eine entsprechende deutsche Erklärung, aber in der Praxis werden die hierfür geltenden Vorschriften nicht mehr eingehalten, wozu eine gewisse Berechtigung besteht, weil die Alliierten keine Erklärung abgegeben haben, daß sie diesen Status in ihren Kriegshandlungen berücksichtigen wollen. Auch seitens Kesselring gibt es keine Erklärung, daß er gegebenenfalls die Stadt kampflos räumen werde.

Energische Vorstöße des Vatikans, vorsorglich zu entscheiden, daß Rom nicht verteidigt werde, führen zu nichts, weil das OKW sich darauf versteift, daß die Front in Süditalien unter allen Umständen gehalten werden soll, so daß Gedanken, was mit der Stadt zu geschehen habe, wenn der Feind in den Vororten stehe, von vornherein defätistischen Charakter trügen. So entsteht formal ein ungeklärter Zustand, der zur Folge hat, daß die Stadt von deutschen Soldaten überschwemmt wird, die sich hier ein paar Tage vom Fronteinsatz erholen wollen und sich wie im Feindesland benehmen. Viele Geschäftsinhaber ziehen es vor, die Rolläden vor den Schaufenstern herunterzulassen.

Die ärmsten Bewohner von Trastevere beginnen die Bäume rings um das Garibaldidenkmal abzuholzen, und wo ein Ofen mit den feuchten Scheiten geheizt werden kann, drängen sich auch Familien aus anderen Wohnungen um die spärliche Wärmequelle. Die Gasversorgung bricht zusammen. Theateraufführungen beginnen am hellen Nachmittag. Die Menschen auf der Straße reden nicht mehr miteinander und verlassen ihre Wohnungen nur noch, wenn es unvermeidlich ist. Überall geraten sie in deutsche Kontrollen. Wer sich nicht mit seinem Personalausweis, seiner Arbeitsbescheinigung, seiner Lebensmittelkarte ausweisen kann, wird mitgenommen. Rom wird in Zonen aufgeteilt. Die Kontrolle wird häufig zur Farce, denn Posten, die auch nur zwanzig Worte Italienisch verstehen, sind rar. Diesem Übelstand wird mit einer neuen Methode begegnet: Hauptstraßen im Zentrum werden plötzlich abgesperrt, die Autobusse müssen halten, die Passagiere aussteigen. Frauen und Kinder werden in einen Kordon von SS-Männern getrieben, die Männer auf Lastwagen verladen und zur Sichtung ihrer Papiere in eine Kaserne am Stadtrand gebracht. Wie sie von dort zurückkommen, um ihre Familien am Ort der Sistierung abzuholen — Stunden sind inzwischen vergangen —, ist ihre Sache.

Am 22. Januar, 2 Uhr früh, landen die Alliierten in der Bucht von Anzio und Nettuno und befinden sich damit hundert Kilometer hinter der deutschen Front. Bis Mitternacht bringen sie 30 000 Mann und 8 000 Fahrzeuge, Geschütze und Panzer an den Strand. Deutsche Versuche, den Brückenkopf wieder zu beseitigen, im Februar bereits zweimal mit einem Aufwand an Artillerie versucht, der nur noch im Kampf um die Festung Sewastopol ein Gegenstück hat, scheitern.

Rom, fünfzig Kilometer entfernt, ist unmittelbar bedroht. In den ersten vierundzwanzig Stunden sind die Alliierten ebenso wie die Italiener und selbst die Deutschen davon überzeugt, daß der Vorstoß bis Rom nur noch eine Frage von Tagen sei. Am 22. Januar erreicht den Führer des kämpfenden Untergrunds, Oberst Montezemolo, vom Alliierten Oberkommando eine erste Botschaft: »Für M stop dringlichst stop Alliiertes Kommando fragt ob Bande in Aktion tritt. [. . .]« Ihm folgt am 23. Januar: »Vom Alliierten Kommando stop die Stunde ist gekommen für Rom und für alle Italiener mit allen Mitteln und mit aller Kraft zu kämpfen stop [. . .] Sofortige Bestätigung des Erhaltes dieser Botschaft notwendig, sowie Versicherung der erfolgten Weiterleitung an alle Banden und Parteien stop.«[57]

Die eigene Erwartung auf Befreiung wie die Forderung der Alliierten machen einerseits die »Bande« unvorsichtig; die Befürchtung, der Angriff auf Rom stehe unmittelbar bevor, läßt andererseits die Deutschen vorübergehend eine Aktivität entwickeln, zu der sie dann im April und Mai zurückkehren werden. Wo nur der Schatten eines Verdachts besteht, eine Familie, ein Mann, eine Frau könnte Verbindung zu den »Banden« haben, finden sofort Hausdurchsuchungen und Verhaftungen statt.

Die Alliierten kommen noch lange nicht nach Rom: Statt einer Wildkatze haben wir einen gestrandeten Wal ans Land gesetzt, kommentiert Churchill das lahme Unternehmen von Nettuno. Die nachlassende Vorsicht in Erwartung der Befreiung rächt sich bitter für die »Bande«. Denunziert von einem Spion, wird Montezemolo am 25. Februar beim Verlassen einer Sitzung der »Fronte militare«, seiner Organisation, von der italienischen Geheimpolizei verhaftet und in die »Pensione Jaccarino« gebracht, in der der Polizeichef Pietro Koch das italienische Gegenstück zur Via Tasso eingerichtet hat.

Dieser Folterkollege Kapplers, Sohn eines deutschen Vaters und einer italienischen Mutter, handelt nicht aus pervertierter Pflichtauffassung, sondern lebt seine sadistischen Triebe aus und übertrifft deshalb den SS-Offizier in seinen Methoden. Kappler läßt foltern, hat aber selbst kein

Vergnügen an den Qualen seiner Opfer; Koch bereiten sie Lust, er weidet sich daran. Als er in den Tagen der Befreiung zum Tode verurteilt wird, sagt er zu einem Journalisten: »Nun, das hing alles von meiner Natur und den Umständen ab, auf mich hat immer ein Abenteurergeist gewirkt, ein unerklärbarer Polizeiinstinkt, der [. . .] die Bedingungen gefunden hat, um sich zu konkretisieren.«[58]

Mit Hunderten von Verhaftungen, die Kesselring veranlaßt, zahlen es die Deutschen Rom heim, daß die Menschen auf den Straßen zu jubeln begonnen haben und sich in die Arme gefallen sind, als sie den Kampflärm von Nettuno vernommen haben — fast wie in den Stunden nach Mussolinis Sturz. Die Situation verschärft eine »Führerweisung« vom 28. Januar 1944: »In den nächsten Tagen wird der ›Kampf um Rom‹ entbrennen. Er entscheidet über die Verteidigung Mittelitaliens und über das Schicksal der 10. Armee.

Die Bedeutung dieses Kampfes geht aber darüber noch hinaus, denn mit der Landung bei Nettuno hat die für das Jahr 1944 geplante Invasion in Europa begonnen. [. . .]

Der Kampf muß ein harter und erbarmungsloser sein, nicht nur gegen den Feind, sondern auch gegen jeden Führer und jede Truppe, die in dieser entscheidenden Stunde versagen sollten. [. . .] muß der Feind erkennen, daß die deutsche Kampfkraft ungebrochen ist und daß die Großinvasion des Jahres 1944 ein Unterfangen ist, das im Blute der angelsächsischen Soldaten ersticken wird.«[59]

Die Enttäuschung darüber, daß die Alliierten sich im Brückenkopf einigeln und die Stadt den Deutschen ausgeliefert bleibt, ist fürchterlich. Eine verhaltene, drohende, unheimliche Stimmung steigt von Tag zu Tag. Es ist zu fühlen, daß diese Spannung nach einer Entladung drängt, wenn die Amerikaner nicht doch bald kommen. Eine kommunistische Organisation faßt den Entschluß zu einer antiterroristischen Aktion. Sie wird für denselben Tag geplant, an dem die Faschisten auf Initiative des für Rom zuständigen Vizesekretärs der Partei, Giuseppe Pizzirani, unter freiem Himmel eine große Demonstration aus Anlaß der 25. Wiederkehr des Gründungstags des faschistischen Kampfbunds abhalten wollen: 23. März 1944. Stadtkommandant General Maeltzer und Polizeichef Kappler verbieten die Veranstaltung in diesem großen Rahmen, sie sind sich der Rückwirkungen auf die hauptstädtische Bevölkerung nicht sicher. Pizzirani bedrängt Innenminister Buffarini, der sich in Rom aufhält, den Duce dafür einzuschalten, um die Erlaubnis für seine Feier durchzudrücken. Am 16. März telefoniert Pizzirani selbst mit Gar-

gnano (alle aus diesem Anlaß geführten Gespräche liegen in den Mit-
schriften des Abhördienstes vor), und Mussolini verspricht, sich an
Rahn, an Wolff und notfalls an Hitler persönlich zu wenden. Bis zu Hitler gelangt die Sache nicht, Rahn und Wolff schließen sich der Ansicht
Maeltzers und Kapplers an; die Feier, erheblich verkleinert, wird in
einem Saal abgehalten.

»Ein beträchtlicher Überwachungsapparat mit einer sehr strengen Kontrolle und persönlicher Durchsuchung war eingerichtet worden. Man
hatte zuviel von Attentaten und Gegenkundgebungen gesprochen, und
die ganze Atmosphäre war mit Elektrizität geladen«, schreibt Moellhausen in Erinnerung an diese Feier am Nachmittag des 23. März. Neben
Buffarini und Himmlers Agenten Dollmann stehend, hört Moellhausen dem Kriegsblinden Borsani zu: »Er sprach eine dreiviertel Stunde,
mitreißend und mit ehrlicher Empfindung.« Nach der Veranstaltung
»ging ich mit meinem Begleiter auf den Balkon, um etwas frische Luft
zu schöpfen. [...] In diesem Augenblick hörte man in großer Nähe
unmittelbar nacheinander drei oder vier heftige Explosionen.«[60]

Was Moellhausen hört, ist das Attentat in der Via Rasella. Auf Befehl der
Militärjunta des kommunistischen Befreiungskomitees und in Verantwortung Giorgio Amendolas — der im neuen Italien eine führende Rolle
in der PCI spielen und für einen Repräsentanten dessen gelten wird, was
dann Eurokommunismus genannt worden ist — war die Aktion sorgsam
vorbereitet worden und wird ausgeführt, als eine Kompanie älterer Südtiroler, die als polizeilicher Hilfsdienst der SS angegliedert ist, durch die
Straße marschiert. Diese Männer, erst wenige Tage zuvor aus Bozen
nach Rom verlegt, um dort den innerstädtischen Kontrolldienst zu verstärken, sind zufällige Opfer eines gegen die deutsche Herrschaft allgemein gerichteten blutigen Anschlags. 32 sind sofort tot, zehn verwundet,
zwei weitere Tote sind zivile Passanten. Das Attentat ist später vielfach
kritisiert worden, denn es hat spontan nicht jene Wirkung gezeigt, die
sich die Urheber davon versprochen hatten: den Terror derart auf die
Spitze zu treiben, daß es zu einem allgemeinen, vom kommunistischen
Untergrund gesteuerten Massenaufstand gegen die Deutschen
komme. Er blieb aus. Hingegen ist die Frage offen, ob nicht die Gegenmaßnahme der Deutschen doch eine psychologische Wirkung auf
die gesamte kämpfende Resistenza gehabt hat, ohne die sie vielleicht
nicht die Kraft zu ihren großen Einsätzen im Sommer und Herbst des
Jahres 1944 gefunden hätte.

Die Toten bedecken die Straße, die Verwundeten kriechen schreiend durch die Blutlachen. Milizsoldaten schießen in offene Fenster, was Buffarini damit beendet, daß er sich in die Mitte der Via Vittorio Veneto stellt und die Miliz zur Ruhe mahnt. Polizei und deutsche Soldaten sperren die Via Rasella ab. Stadtkommandant General Maeltzer tritt auf, betrunken wie meist.

Auf seinen Befehl dringen Soldaten und Polizisten verschiedener Formationen in die Häuser der Via Rasella ein und treiben die Bewohner mit Kolbenstößen hinaus. Sie werden an eine Mauer gestellt und müssen die Arme heben. Maeltzer will diese völlig unbeteiligten Leute auf der Stelle erschießen lassen. Als er — so berichtet Moellhausen — deshalb von ihm zur Rede gestellt wird, sagt der General: »Ich werde auch den ganzen Häuserblock in die Luft sprengen lassen.«[61]

Es kommt zu einer Auseinandersetzung zwischen dem General und dem Diplomaten. Dem Stadtkommandanten wird die Entscheidung über die Vergeltungsmaßnahmen aus der Hand genommen. Sie fällt in Rastenburg, d. h. durch Hitler selbst, der anordnet, daß der SS deren Durchführung zu übertragen ist, denn SS-Männer seien auch die Opfer (was nur bedingt zutrifft).

Die erste telefonische Nachricht von dem Attentat erreicht Mussolini durch den Provinzchef von Salerno. Dann meldet sich Buffarini:

Buffarini: *Duce, ich komme gerade vom Ort des Attentats, ein grausamer Anblick. Auch Maeltzer war da, betrunken und aufgebracht wie immer. Er wollte gleich einen ganzen Häuserblock in die Luft sprengen. Nur mit Mühe konnte ich ihn davon abhalten. Dann hat er ein paar Zivilisten aus ihren Wohnungen gezerrt und sie durchgeprügelt. Geschrien hat er dabei wie ein Verrückter.*

Mussolini: *Haben Sie irgend etwas von einer Gegenmaßnahme gehört?*

Buffarini: *Noch nichts Genaues, aber Maeltzer hat angedeutet, sie werde schrecklich sein und umgehend ausgeführt.*

Mussolini: *Halten Sie mich auf dem laufenden!*

Das geschieht eine halbe Stunde später, und jetzt ist Buffarini bereits über die Entscheidung Hitlers informiert.

Buffarini: *Ich habe von Caruso [römischer Polizeichef] erfahren, daß die Rache furchtbar sein wird: zehn Italiener für jeden erschossenen deutschen Soldaten. Ich nehme an, daß es sich dabei um einen direkten Befehl aus dem Führerhauptquartier handelt.*

Mussolini: *Solche Maßnahmen verschlimmern die Situation nur noch und nützen gar nichts. Ich habe schon bei Rahn und Wolff Protest eingelegt und sie beschworen, blutige Reaktionen zu vermeiden.*

417

Buffarini: *Haben Sie etwas erreicht?*

Mussolini: *Rahn teilt meine Ansicht, aber ich glaube nicht, daß er viel ausrichten kann. Wolff war sehr verärgert. Jedenfalls hat er mir versichert, daß er Kappler befohlen habe, nichts zu unternehmen, solange er nicht in Rom eingetroffen ist, was ohne Zweifel morgen der Fall sein wird.*[62]

Wolff findet sich schon im Verlauf der Nacht in der für ihn im Hotel »Excelsior« in der Via Veneto ständig reservierten Suite ein, konferiert dort mit Maeltzer und Dollmann und veranlaßt diesen, bei Himmler anzurufen. Was Dollmann ohne weiteres gelingt, erreicht Mussolini nicht, der im Laufe der Nacht mehrmals versucht, über das Militärnetz zunächst mit Hitler, dann mit Himmler in Verbindung zu kommen.

Dollmann erinnert sich, daß Himmler gesagt habe: »›Das ist ja eine Riesenschweinerei. Mindestens zwei Stadtteile müssen evakuiert werden, und die Bewohner müssen zur Sühne nach Norden transportiert werden.‹ [Für die ganze Kriegszeit gilt, daß eine Verbringung von Italienern ins Reich aus deutscher Sicht den härtesten Strafmaßnahmen gleichkommt, woraus geschlossen werden kann, was das Reich im Bewußtsein seiner Führung eigentlich gewesen ist: ein Total-KZ mit zivilistischen Einsprengseln. Anm. d. Verf.] Ich sagte: ›Jawohl, Reichsführer, ganz klar. Aber eine solche Anordnung kann ohne Kesselring bzw. Mackensen nicht getroffen werden.‹ ›Ja‹, sagte Himmler, ›das müssen Sie selbstverständlich machen, aber in der Sache sind wir uns doch einig?‹«

Am Vormittag des 24. März findet die Beerdigung der Opfer statt. »Dabei hat Wolff eine schreckliche Rede gehalten, ›Meine armen Kameraden, Rache, Rache, Rache!‹, eine törichte Rede von A bis Z.« (Dollmann)Anschließend gehen Wolff und er zum Befehlsstand des Generaloberst Mackensen, treffen dort auf seinen Stabschef, General Hauser, und teilen ihm mit, was Himmler angeordnet hat. »Hauser: ›Der täuscht sich gewaltig, nicht einen Mann stellen wir dafür ab. Das ist nicht unsere Aufgabe. Wenn der Reichsführer das mit seinen Polizeikräften machen will, dann soll er es tun. Dagegen können wir nichts unternehmen.‹« (Dollmann)

Himmler hört, daß die Wehrmacht die Sache an sich gezogen habe. Er kommt nicht auf die Anordnung zurück, zwei Stadtteile zu räumen. Doch die SS will das Attentat zu ihrem eigenen Ansehen in Rom noch weiter ausschlachten: Kappler und Wolff planen, alle Witwen und Waisenkinder der Opfer aus Südtirol nach Rom zu holen und mit ihnen einen großen Demonstrationszug durch die ganze Stadt zu veranstalten. Kesselring verweigert seine Zustimmung. So bleibt es bei dem Befehl: Zehn

Italiener für jeden deutschen Toten füsilieren! Kappler erklärt, er habe insbesondere aus den Verhaftungsaktionen nach der Landung von Nettuno die erforderliche Anzahl bereits zum Tode verurteilter Häftlinge aus dem kommunistischen Untergrund in der Via Tasso auf Lager, außerdem im Gefängnis »Regina Coeli« und in der Foltervilla seines Kollegen Koch. Kappler wendet sich an den faschistischen Quästor Caruso, er solle ihm Listen geeigneter Gefangener beschaffen. Caruso sagt, er verfüge über keine, die zum Tode verurteilt seien, worauf Kappler ihm droht, er werde sich bei Maeltzer über ihn beschweren. In seiner Not telefoniert Caruso mit Buffarini und sagt ihm auch, er habe sich an den Vatikan gewandt. Das kann er nicht deshalb getan haben, um vom Papst Todeskandidaten geliefert zu bekommen, sondern nur in der Erwartung, daß Pius XII. sich irgendwie für die Rettung der Geiseln verwenden werde. Das ist nicht geschehen. (In einem Prozeß gegen einen Journalisten, der behauptet hatte, der Papst sei informiert gewesen, habe aber keinen Finger gerührt, wurde der Journalist verurteilt. Es gibt ein in Gargnano abgehörtes Telefongespräch zwischen Buffarini und Mussolini, in dem der Innenminister erwähnt, der Quästor habe sich an den Vatikan gewandt, und Mussolini habe verärgert reagiert, wie Caruso dazu komme?)

Später wird die Behauptung, es habe sich bei den Erschossenen um bereits zum Tode verurteilte Häftlinge gehandelt, durch Identifizierung der Leichen weitgehend widerlegt; aber im Grunde ist es ohne Belang für den Hergang des Massenmords. Vor der Ankunft des Befehls, in dem das Verhältnis 1:10 festgelegt wird, stirbt noch einer der Verwundeten, woraus sich die Rechnung 33×10 = 330 ergibt. Statt dessen werden 335 an die Stätte ihrer Ermordung gebracht. Die Vollstreckung liegt in Kapplers Händen; er wäre nach dem Krieg zwar vor Gericht gestellt, nicht aber zu lebenslanger Haft verurteilt worden, dank jener subtilen Unterscheidung zwischen Mord und Tötung im Krieg, auf die sich alle Staaten geeinigt haben, um guten Gewissens Massenmord als Krieg betreiben zu können. Mit ein paar Jahren wäre der Chef der Via Tasso davongekommen, sich auf Befehlsnotstand berufend, hätten nicht fünf zuviel dran glauben müssen (keiner der für das Attentat in der Via Rasella Verantwortlichen befindet sich unter den 335). Nach Kappler habe es sich nur um einen Irrtum gehandelt, um ein kleines Versehen. Unter den »zusätzlichen« Gefangenen befindet sich auch Oberst Montezemolo.

Die Fosse Ardeatine, Höhlengänge in einem Steilhang aus Tuffstein, liegen zwanzig Autominuten vom Zentrum entfernt. Es ist immer noch

Freitag, der 24. März. Gegen 15 Uhr erscheint an der Kreuzung der Via Ardeatine und der Via Sette Chiese ein Kommando deutscher Soldaten. Sie sperren das Gelände zu den Eingängen der Höhlen ab und verjagen die wenigen Zivilisten, die sich in dieser unbewohnten Gegend herumtreiben. Dann fahren fünf Pkw mit SS-Nummern auf; ihnen entsteigen SS-Offiziere und ein Kommando von SS-Männern, bewaffnet mit Karabinern, Maschinenpistolen, Handgranaten, einem Maschinengewehr und Sprengsätzen. Sie nehmen Aufstellung, um die Entladung von vier großen Lastwagen und einem geschlossenen Transporter zu überwachen, auf dessen Wände das rote Kreuz aufgemalt ist. In diesem befinden sich die unmittelbar aus den Folterkellern herausgeschleppten, blutüberströmten, nicht mehr gehfähigen Gefangenen.

Kapplers deutsche Verteidiger haben seine Humanität gerühmt; sie habe sich u. a. darin gezeigt, daß er in den Fosse vorwiegend »Menschenschrott« habe vernichten lassen. »Alle, die zur Hinrichtung bestimmt sind, sind schon zum Tode verurteilt oder derartig belastet, daß sie als sichere Todeskandidaten anzusehen sind. Ich werde die Nacht damit zubringen, um gewissenhaft jeden einzelnen Fall zu prüfen. Es wird keine Ungerechtigkeit vorkommen«, hatte Kappler zu Moellhausen gesagt, der ihn aufsuchte und ihn bei der Zusammenstellung der Mordlisten antraf.[63] Die Halbtoten, die aus dem »Sankra«, Sanitätskraftwagen, herausgeschleppt wurden, hatten in der Tat nur noch geringe Überlebenschancen, auch bevor sie auf »die Liste« gesetzt wurden.

Die Masse der Gefangenen wird in die höhlenartigen Gänge hineingetrieben und dort umgebracht. Kappler ist zur Hinrichtung mit hinausgefahren und erschießt eigenhändig zwei Italiener: »Und im tiefsten und schrecklichsten Schmerz darüber brachte er noch den Entschluß auf, sich selbst zu überwinden, selbst die Waffe in die Hand nehmen zu wollen, nur deshalb, weil er sich dessen bewußt war, was er von seinen Untergebenen verlangen mußte, und weil er in seinem furchtbaren seelischen Leid doch auch noch an die dachte, denen er durch den ihm auferlegten Befehl wahrscheinlich Gewissenskonflikte nicht ersparen konnte«.*

---

* Kriminalrat Carl Schütz, Leiter IV (Staatspolizei) und Leiter V (Kriminalpolizei) in Rom vom September 1943 bis 4. Juni 1944, in einer Eidesstattlichen (Ehren-)Erklärung für Kappler, für den er gearbeitet hat, vom 11. Mai 1953. Mit den zitierten Sätzen windet sich dieser »Zeuge« um die simple Aussage herum: Kappler selbst hat wehrlose Italiener erschossen.

Die Höhlengänge bilden heute einen Teil des Nationaldenkmals, zu dem die Fosse Ardeatine geworden sind. Wenn man sie durchschreitet, ihren Biegungen folgt und sich vorstellt, daß darin über dreihundert Menschen in ein paar Stunden ermordet worden sind, hält man es für ausgeschlossen, daß sie nur mit Gewehren oder Maschinenpistolen getötet worden sind. So ist es auch nicht geschehen. Über die Köpfe der zusammengedrängten Italiener werden Handgranaten geworfen, die einige völlig zerreißen, andere durchlöchern. Wie viele werden nur verwundet? Davon überzeugen sich die Mörder nicht. Sie hören mit der Vernichtungsaktion gegen 20 Uhr auf und zünden um diese Zeit die erste Sprengladung, um die Höhleneingänge zum Einsturz zu bringen. Eine Stunde später wird eine zweite Sprengung vorgenommen. Man möchte hoffen, daß allein die Druckwellen der Explosion auch noch alle jene töten, die noch lebend zwischen und unter den Toten liegen.

Am Sonnabend, dem 25. März, ist der Leichengeruch schon so stark, daß sich das Mordkommando veranlaßt sieht, das Massengrab mit Dynamit noch dichter zu verschließen. Zwei Sprengungen bringen weitere Teile der Böschung über den Eingängen zum Einsturz, die letzte um 14.30 Uhr. Bis dahin sind SS-Wachen über die Wiesenfläche vor dem Steilhang verteilt; sie werden nach der letzten Sprengung abgezogen. (Aufgefundene Kabelstücke lassen später erkennen, daß einige der Sprengungen mit Fernzündung fachmännisch vorgenommen worden sind.)

In der Mittagsstunde des Sonnabend steht der Priester Cammarota Nicola vor dem verwüsteten Hang und erteilt den Toten die Absolution. Der Leichengeruch ist in unmittelbarer Nähe der Mordstätte unerträglich geworden.

Italien hat schon am Abend des 24. März über die Radiosender von dem Strafgericht erfahren, aber nichts über die Örtlichkeit seines Vollzugs. Es ist allein der Gestank, der in der jeweiligen Windrichtung am Dienstag, dem 28. März, über Kilometer sich verbreitet, der die Italiener darauf aufmerksam macht, daß in den Fosse etwas Schreckliches geschehen sein muß. Am 30. März versammeln sich 13 Geistliche vor dem Massengrab, noch immer in Unkenntnis darüber, wie viele Leichen es birgt, aber schon sicher, daß hinter den Trümmern, die die Eingänge verschließen, viele Tote liegen müssen. Die ersten Leichen werden am 31. März ausgegraben und zwei bereits identifiziert, so daß gegen 17 Uhr Freunde dieser Opfer an den Ort des Verbrechens kommen und vor den zerfetzten Körpern beten. Zuvor schon hat sich einer der Priester in den Vatikan aufgemacht und Monsignore Montini (dem späteren Papst) berichtet, was er gesehen hat. (Aus dem Vatikan liegt bis Kriegsende keine öffentliche Stellungnahme zu den Geiselmorden vor.)

Auf dem heute mit Mauern und eisernen Toren umfriedeten, mit Statuen geschmückten Platz — zu dem an jedem Wochenende Scharen von Römern und einmal im Jahr, am 24. März, viele Tausend pilgern — liegt die Begräbnisstätte: Auf zimmerhohen Stützen ruht ein tennisplatzgroßer flacher Betonblock. Unter diesem gigantischen Sargdeckel liegen, in Reihen geordnet, die Gräber; sie tragen in Bronze gegossene Namen und Altersangaben. Auf elf Platten steht »unbekannt«.

Am Tag der Geiselmorde gibt Feldmarschall Kesselring einen Befehl heraus, in dem es u. a. heißt: »Zu Betreuungszwecken nach Rom geführte Truppenabordnungen sind mit Handgranaten und Handfeuerwaffen auszustatten. Auf mindestens zehn Mann ist eine Maschinenpistole mit zwei vollen Munitionstaschen mitzuführen. [...] Besonders wichtig ist, daß gerade während der Führungen und Besichtigungen Beobachtung und Sicherung nach allen Seiten gewährleistet bleibt. [...] Zaghaftes Verhalten Einzelner oder ganzer Kommandos werde ich ohne Ansehen der Person scharf ahnden. [...] Es kommt mir darauf an [...] jedem Unruhestifter oder Attentäter sofort unschädlich zu machen. [...]«

Die zahlenmäßig wenig eindrucksvolle deutsche Besatzung Roms muß noch ein paar Monate, bis Anfang Juni 1944, mit Attentaten und Sabotageakten leben, ohne in der Lage zu sein, mit ihren Agenten und Spitzeln — italienischen! — bis an die Organisationszentren des kämpfenden Untergrunds heranzukommen. Er ist längst keine lokale Erscheinung mehr, sondern in ein unsichtbares militärisch-politisches Geflecht eingebunden, das ganz Italien hinter der Front überzieht.

Um so überraschender, daß die Front noch hält. Die Kämpfe, die der Besetzung Roms vorausgehen, sind die schwersten, die auf dem Kriegsschauplatz Italien ausgetragen worden sind. Sie sind mit dem Namen Cassino verbunden, wurden über Wochen um die Eroberung des Bergs geführt, auf dessen Kamm das weltberühmte Kloster liegt, das damals durch sinnlose Bombardierung in eine Ruine verwandelt wird (inzwischen in alter Pracht neu erstanden). Die deutschen Wochenschauen werden dramatische Illustrationen zu dem Heldenlied der 1. Fallschirmjägerdivision, die den Berg verteidigt.

Das Trommelfeuer, das am 15. März 1944 den ersten (gescheiterten) Angriff der Alliierten (unter ihnen das hervorragende französische

Expeditionskorps [F.E.C.]) einleitet, begleitet von einem Luftangriff, der 450 Tonnen Bomben auf die Klosteranlagen herabregnen läßt, wühlt den felsigen Grund derart auf, daß die britischen Panzer zwei Tage lang nicht eingesetzt werden können. Der englische Oberbefehlshaber Alexander meldet Churchill: »Ich bezweifle, ob es auf der Welt eine zweite Truppe gibt [wie die dort kämpfende deutsche, Anm. d. Verf.], die das überstehen und nachher mit der gleichen Verbissenheit weiterkämpfen würde wie diese Leute.«[64]

Die auch im Rückblick unbegreifliche Verbissenheit, mit der die Alliierten daran festhalten, sich durch den ganzen Stiefel hinaufzukämpfen, statt ihn oben abzuschneiden,* schenkt der »Republik von Salò« noch ein Jahr Lebenszeit. Dort benimmt man sich im Frühjahr und Sommer 1944, als fände der Krieg gar nicht statt.

---

* Zur Begründung dafür, warum die Engländer und Amerikaner unter schweren Verlusten die Armeen Kesselrings langsam nach Norden treiben, statt nach der Besetzung Siziliens in Ligurien zu landen und den ganzen Italienkrieg handstreichartig ein Ende zu machen, gibt es in der Militärliteratur der Sieger des Zweiten Weltkriegs Erklärungen, die das Papier nicht wert sind, auf dem sie gedruckt wurden. Darunter findet sich neben dem Hinweis auf mangelnden Schiffsraum auch die, daß die Alliierten über die den Deutschen noch zur Verfügung stehenden Kräfte nicht im Bilde gewesen seien und sie überschätzt hätten. Das ist Unsinn, denn die Akten beweisen, daß ihre Feindaufklärung ausgezeichnet war und jede größere Truppenbewegung registriert hatte. Die Wahrheit ist, daß es eine internationale Sprachregelung der hohen Militärs und ihrer politischen Vorgesetzten gibt, durch die der Weltöffentlichkeit vorgemacht wird, in Generalstäben säße stets eine Elite von höchster Intelligenz. Tatsächlich war die alliierte Kriegführung in Italien um kein Jota weniger idiotisch als die Hitlers, aber nur gegenüber ihm hat man sich herausgenommen, den Nachweis zu führen, daß er militärisch ein Versager gewesen ist. Auch das geschah nur, um an seiner Generalität eine Mohrenwäsche vorzunehmen. Ein gutes Beispiel hierfür bietet die Untersuchung von Hitlers Kriegführung durch Gert Buchheit, *Hitler der Feldherr* (Rastatt 1958), deren Untertitel lautet: »Die Zerstörung einer Legende«. Darin wird die Legende vom Feldherrn Hitler durch die Legende von den fabelhaften Fähigkeiten seiner militärischen Komplizen ersetzt. Kriegführung ist die einzige öffentliche Beschäftigung, bei der der totale Mißerfolg nicht von jenen verantwortet zu werden braucht, die ihn herbeigeführt haben.

Bedrohtes Glück

Auch am Gardasee werden die deutschen Dienststellen mit Zeitungen aus dem Reich versorgt wie die italienischen mit der neofaschistischen Presse. In den beschlagnahmten Kinos zwischen Verona und Brescia, Salò und Riva treiben Zarah Leander, Willy Birgel, Theo Lingen und Hans Albers ihre heiteren Leinwandspiele, die den Völkermord tarnen; die Vorprogramme aber zeigen Krieg, Krieg, Krieg. Es bestehen Briefbrücken zu den Familien im Reich, von Essen ausgelagert ins Allgäu, von Berlin nach Oberbayern, von Königsberg in den Schwarzwald, und der tägliche Wehrmachtsbericht kann bei allem Bemühen, die Lage zu verharmlosen, doch nicht unterschlagen, daß es rückwärts geht — an der Ostfront und in Italien.

Hätte nicht all das Bedrückung und Besorgnisse auch zwischen Verona und Gargnano verbreiten müssen? Und wenn schon der Kampflärm nicht gehört worden ist, hätten nicht wenigstens die Schreie der Not des gequälten Landes die obersten Behörden und Kommandostellen der Besatzungsmacht zu einem Verhalten bewegen müssen, das erkennen ließ, daß sie sich mitverantwortlich für das Elend fühlten, dessen Urheber in Person sie nicht waren, wohl aber seine Organisatoren, die Erfüllungsgehilfen der Reichsregierung, die Italien der Verlängerung des verlorenen Kriegs opferte? Wußten sie nicht, was vorging, oder wollten sie es nicht wissen?

Im Sommer 1944 schreibt ein leitender Angestellter der Montecatini (einer der großen Industriekonzerne Italiens) an seinen Chef in Mailand über den Zustand in der Toskana: »Die Toskana erleidet momentan eine der schwersten Erschütterungen ihrer Geschichte, denn der langsame Vormarsch der Alliierten und der hartnäckige deutsche Widerstand haben unser gesamtes Land in eine ungeheure Schuttwüste verwandelt. Alles ist zerstört, aber diese Zerstörung ist nicht nur eine Folge des Kampfes, sondern sie beruht auf dem systematischen, wissenschaftlich ausgeklügelten Werk des gnadenlosen Heeres, das sich jetzt auf dem Rückzug befindet. In unserem Gebiet bestand leider die Notwendigkeit — und sie besteht immer noch —, Dinge wieder instand zu setzen: Aquädukte, Mühlen, alle festen Einrichtungen sind außer Kraft gesetzt und zerstört worden. Das besondere Augenmerk galt dabei dem Elektrizitätssystem. Unser Elektrizitätswerk südlich von Florenz existiert nicht mehr. Die Gebäude sind gesprengt worden, die wichtigsten elektrischen

Leitungen sind niedergerissen worden, indem man einfach einen Mast nach dem anderen mit Dynamit in die Luft jagte. Unter diesen Voraussetzungen bleibt Florenz — wer weiß, für welchen Zeitraum — ohne Elektrizität und infolgedessen ohne Wasser und ohne Möglichkeit, Getreide zu mahlen. Diese düstere Vorstellung haben wir verzweifelt der Obrigkeit vorgetragen, der unser Schicksal anvertraut ist — ohne jedoch auch nur den geringsten Ansatz menschlichen Verständnisses erkennen zu können. Auch die sogenannte italienische Obrigkeit, deren Vertreter bis zu jenem Tag bei uns gelebt haben, ist ständig auf dem laufenden gehalten worden über das ganze Ausmaß dieses unvorstellbaren Leids, das über unser Volk hereingebrochen ist, und wir haben sie beschworen, Härte zu zeigen, da die deutsche Führung zugestanden hatte, *wenigstens die Zentrale von Castelnuovo bei Sabbioni von der Sprengung auszuschließen,* um weiterhin Brot und Wasser garantieren zu können. Aber die Italiener sind demgegenüber genauso taub gewesen wie die Fremden: Castelnuovo gibt es nicht mehr.

Diese Notsituation, die binnen kurzem zu einer wahren Katastrophe führen wird, wenn uns nämlich auch die Energiezufuhr aus dem Norden fehlt, wird verschärft durch ständige Massenverhaftungen von Männern, die gegen ihren Willen ins Ausland geschickt werden, wo sie zu niederer Arbeit gezwungen werden. Hinzu kommt die gänzliche Ausplünderung der Ländereien, die Vernichtung der Ernten. In den Landstrichen, in denen es eine Widerstandsbewegung gab, ist es zu entsetzlichen Vorfällen gekommen: Unschuldige sind getötet, ganze Ortschaften in Brand gesteckt worden. Über diese Einzelheiten, die ich hier nicht übertreibe, werden die Historiker zu gegebener Zeit ein langes Kapitel verfassen, das den Leser mit Schrecken erfüllen wird. Das, wovon ich hier berichte, ist kein Hirngespinst, sondern entsetzliche Realität.«[65)]

Zur Bevorratung der Einschließungsfront rings um den Brückenkopf von Nettuno mit Munition und Waffen verfügt das OKW Anfang März: »Allgemein wurde befohlen, den Schwerpunkt der Versorgung auf die Bevorratung mit Munition zu legen und den gesamten Eisenbahn- und LKW-Transportraum bis zur äußersten Grenze vordringlich hier auszunutzen. *Vor dieser Forderung müsse die Versorgung mit Verpflegung, vor allem die der Zivilbevölkerung in Rom, zurücktreten.* [Hervorh. v. Verf.]«[66)]

Die amerikanischen Bomberverbände aus den jetzt so nahe in Süditalien gelegenen Flugbasen überziehen ganz Italien mit ihren Angriffen auf die Städte, »und unablässig war der leise oder ferne Donner der schweren

Bombenexplosionen zu hören, die die Brennerstraße allmählich in ein wüstes Trümmerfeld verwandelten. Wir hatten uns schließlich an die Anwesenheit der bedrohlichen Raubvögel gewöhnt [...]«, schreibt der Reichsbevollmächtigte Rahn in seiner blumigen Sprache. Die Stelle gehört in das Kapitel »Isola isolata« seiner Memoiren, in dem er auch schreibt, es sei für alle Teile das beste gewesen, »für den Rest des Krieges hier zu überwintern«, und er meint mit »hier« nicht etwa nur das Garda-seeufer, sondern ganz Norditalien, auch das hungernde Mailand, wo die Rasenflächen vor dem Hauptbahnhof gerade umgepflügt werden, um Korn darauf auszusäen und nächstens von Widerstandsgruppen Plakate an die Mauern geklebt werden, die zum Kampf aufrufen: »Jetzt, Mitbürger, ist die deutsche Aggression in vollem Gange. Unsere Städte sind besetzt, Rom ist bombardiert [...] eine faschistische Pseudoregierung, die sich auf ausländische Bajonette stützt, bezichtigt die Staatsregierung des Verrats und ruft die Soldaten zur Desertierung und zur Rebellion auf.«[67]

Das Seeufer, in dem ein paar tausend deutsche und neofaschistische Soldaten und die höchsten Instanzen der RSI und der Besatzungsmacht konzentriert sind, wird zum Lazarettgebiet erklärt, und tatsächlich werden einige wenige der Hotels noch für verwundete und kranke Soldaten aus der Kampfzone verwendet, um der Form Genüge zu tun. Damit ihr Anblick aber nicht stört, werden sie im Dunkeln ausgeladen, und den Genesenden wird untersagt, mit ihren Armschlingen und Krücken die Cafés, Bars und Restaurants aufzusuchen. (Es kommt zu einer Demonstration der Beinamputierten auf der Uferstraße.) Die Autos dürfen nicht hupen. »Die Wagen glitten lautlos dahin, schöne Wagen, gesteuert von Fahrern oder Offizieren in tadelloser Aufmachung. [...] Man ruderte, segelte und ging in Shorts umher. Das alles trug dazu bei, der Gegend den Anblick sorgloser Ruhe zu geben. Man hatte den Eindruck einer Riviera im kleinen.« Die feindlichen Bomberflotten fliegen in einer Höhe von weniger als tausend Meter in Richtung Süddeutschland vorbei, »es schien, als ob die Amerikaner über ihre heimischen Seen flögen. [...] Die Deutschen und Italiener zogen daraus keine realistischen Folgerungen. Sie dachten nicht daran, ihre endlosen Konferenzen und nutzlosen Diskussionen über theoretische Pläne für den Krieg der Zukunft abzubrechen.« Deutsche und Italiener hören nicht auf, »sich Illusionen zu machen und ihre Intrigen, Verdächtigungen und ehrgeizigen Wünsche gegeneinander auszuspielen. Dabei hätte oben ein Druck auf den Knopf der Abwurfvorrichtungen genügt, um sie alle zu Staub zu zermal-

men. Die einzige deutsche Reaktion bestand in dem Bau von Luftschutzbunkern [. . . sie wurden] in äußerster Vollendung und mit einem gewaltigen Materialaufwand gebaut, so daß sie geradezu prächtig aussahen,
[. . .] Die fortschreitende Einengung der besetzten Gebiete [. . .] hatte so
gut wie gar keinen Einfluß. Ob es gut oder schlecht stand, die Dienststellen existierten und arbeiteten weiter. Nach wie vor gingen die Funksprüche, die Ferngespräche und die Briefe ein [. . .] jeder war bestrebt, sich
seine Aufgaben, seinen Anteil an der Führung und damit an der Macht
möglichst lange zu erhalten.« [68]
Die amerikanischen Luftflotten ließen ihre Bombenlasten außer im
Reich auch in Italien fallen. Eine »Übersicht über feindliche Luftangriffe«, die für den »Bevollmächtigten General« aufgestellt wird, benennt zwischen dem 16. März und dem 15. April 1944 über siebzig und
vermerkt zusammenfassend: »Fliegerangriffe etwa verdoppelt, vor-
nehmlich gegen Eisenbahnanlagen und Industriewerke, hauptsächlich
Raum Florenz und südlich.« Die Liste wird gelesen, als nenne sie Orte
fern in der Türkei.
Ein Menschenalter später wurden wir auf der Suche nach dem verlorenen Kriegsparadies von zwei Augenzeugen begleitet, von denen der eine
eben jener Mann war, für den damals die Liste der Luftangriffe gegen italienische Städte angelegt worden ist und der sie am 1. Mai 1944 auf den
Schreibtisch bekommen hat: von Ex-General und SS-Obergruppenführer Karl Wolff, jetzt ein liebenswürdiger alter Herr. Der andere stand in
der SS-Hierarchie, die um die RSI aufgebaut worden war, ziemlich weit
unten, hatte sich aber dank seiner Funktionen an einem zentralen Platz
befunden, so dicht bei Mussolini wie überhaupt möglich: der »Sonderführer« Franz Spögler, damals 28 Jahre alt, in Südtirol geboren, heute in
seiner Heimat ein Hotelbesitzer von beträchtlichem Wohlstand. Als
dreijähriges Kind 1918 Italiener geworden, hatte er im Rahmen der
Umsiedlungsaktion für die deutsche Staatsangehörigkeit optiert, sich
aber nicht ins Reich abschieben lassen. Seit 1948 ist er wieder Italiener —
die typische Abfolge von Staatsangehörigkeiten im Leben von Südtirolern. 1943 kann der SD intelligente Männer, die in zwei Sprachen zu
Hause sind und die richtige reichsnationale NS-Gesinnung mitbringen,
gut gebrauchen. Spögler hört für Harsters SD-Zentrale in Verona die in
italienischer Sprache ausgestrahlten Rundfunksendungen der Alliierten
ab. Als im Oktober 1943 die deutsche Botschaft mit Rahn eine feudale
Villa bei Fasano bezieht, wird Spögler, der sich bewährt hat, von Harster
dorthin delegiert.

Als er mit uns und seinem damaligen höchsten Chef, dem wiederzubegegnen ihm sichtlich schmeichelt, seine Kriegswirkungsstätte abfährt, ist er natürlicherweise nicht mehr der flotte SS-Kavalier von 1943, dafür ein respektabler Mann, der ein erfolgreiches Leben führt und ganz mit ihm zufrieden zu sein scheint. Nichts wäre weniger verwunderlich, als wenn er mit einem gewissen Befremden an den Villen und Hotels entlangführe, die Dörfer passierte, in denen er ein Jahr lang eine elitäre Existenz führen durfte, unbeschadet seines belanglosen militärischen Status. Und wie nun gar, dachten wir, mußte einem Mann wie Karl Wolff zumute sein angesichts dieser Landschaft, die, als wir uns mit ihrer damaligen Mißbrauchtheit vertraut zu machen suchen, das ihr zugehörige touristische Gepräge zeigt, ihm aber doch mit Panzern, Sperren und sonstiger militärischer Ausstaffierung vor Augen stehen muß, in jenem Zustand, dank dessen er Herr über Leben (der SS) und Tod (der Freiheitskämpfer) gewesen war. Wir hören von ihm Sätze, die an landesherrliche Befugnisse denken lassen: »Ja, ich hatte das alleinige Recht, Visen für Ein- und Ausreise [z.B. in die Schweiz, Anm. d. Verf.] zu erteilen. Alles andere hat nicht gegolten. Die Wehrmacht konnte sich auf den Kopf stellen — und der Kesselring auch —, ich habe entschieden, wer reingelassen wird oder nicht, und zwar auch schon deswegen, damit gleichmäßige Gerechtigkeit herrschte.«

Es könnte auch Napoleon auf St. Helena sein, mit dem wir sprechen. Wäre nicht ein wenig Betroffenheit verständlich gewesen, ein leichtes Erschrecken unter der glatten, nicht nur zur Schau getragenen, nein, durchaus überzeugend vorgezeigten Bonhomie, ganz zu schweigen, daß vielleicht sogar eine Spur von Verlegenheit uns gegenüber hätte entstehen können, da der Ex-General weiß, daß wir dem damaligen Treiben der deutschen Autoritäten an diesem paradiesischen Platz kritisch gegenüberstehen, um das wenigste zu sagen?

Nun gehört in das achtzigjährige Leben dieses Mannes auch die Erinnerung an das Risiko, das er auf sich genommen hat, als er hinter dem Rükken der Reichsführung eine um Tage vorgezogene Kapitulation und Beendigung der Kampfhandlungen in Italien herbeigeführt hat — wodurch er die einzige (ich wiederhole: die einzige) führende Persönlichkeit aus dem Dritten Reich ist, deren als Widerstand gegen Hitler zu wertende Handlungsweise mit dem Feind abgesprochen war und einen nachweisbaren, meßbaren, sich in Herabsetzung von Blutopfern und Zerstörungen ausdrückenden Erfolg gezeitigt hat (vgl. S. 506) (wovon bei den Männern vom 20. Juli, denen eine Alibifunktion zugeschoben

wurde, nicht die Rede sein kann). Daß er dennoch mit einer Zuchthaus-
strafe für seine Verstrickung in die »Endlösung« bestraft worden ist, für
ein schuldhaftes Handeln, das an Schwere weit hinter dem von Ausch-
witz- und Treblinka-Mördern zurücksteht, die man entweder ganz
ungeschoren oder mit Minimalstrafen hat davonkommen lassen — das
ist in die moralisch-politische Lebensrechnung Karl Wolffs sicher auch
eingegangen. Dennoch! Dennoch bleibt uns auf dieser Fahrt unbegreiflich, daß seine gleichmäßig freundliche Zuvorkommenheit durch keine
ihm aus dem lokalen Milieu überreich zuströmende Erinnerung eine
Trübung erfährt. Staunend erleben wir an seiner Person exemplarisch
gleichsam unser ganzes Volk, wie es sich mittels Verdrängung und
Selbstbelügung in den Tiefschlaf politischer Unzurechnungsfähigkeiten
gerettet hat — erleben es, wie mit Händen zu greifen, ohne daß weniger
geheimnisvoll würde, aus welchen Dunkelräumen der Geschichte sich
die Fähigkeit herleitet, eine Epoche kollektiven Verbrechens abzuschütteln wie einen Regentropfen von einer Ölhaut. Wir haben Mühe,
die zeitgeschichtliche Recherche in vorgespiegelter Sachlichkeit zu
absolvieren und über die fürchterliche Gefährlichkeit dieser Bonhomie
kein Wort zu verlieren.
Der Hotelier tut das Seine dazu. Er wird unterwegs immer lebhafter, findet sich vom Wiedersehen mit wohlvertrauter Vergangenheit aufs ange-
nehmste stimuliert, trifft sogar einen alten Mann, den er kennt, der ihn
kennt und den er schulterklopfend begrüßt, erinnert sich an hundert
Einzelheiten (soweit er sie preisgeben will, vorsichtig, wie er ist) und hat
auf unsere Frage, die uns sein Verhalten abnötigt, ob es denn schön
gewesen sei, die Antwort: Es war die schönste Zeit meines Lebens.
Er wird im Dezember 1943 von Verona an den Gardasee versetzt. Die
Wintermonate sind auch dort eine trübe Zeit, aber viel Besseres kann
einem deutschen Soldaten im fünften Kriegswinter nicht passieren, als an
den Stab des »Höchsten SS- und Polizeiführers in Italien« angehängt zu
werden. Im März, als Rom von dem Massaker an den Fosse Ardeatine
erschüttert wird, ist der Frühling am See schon eingekehrt. Strahlendes
Licht liegt auch über der Landschaft, als wir in Salò das Ufer erreichen
und in dem betriebsamen Städtchen nach der von Kappler bewohnten
Villa suchen, die Spögler aber nicht finden kann, sie scheint inzwischen
einem Neubau gewichen zu sein. Sonst aber, meint er, habe sich im ganzen nicht viel verändert, nur ein paar Häuser mehr, und ein paar Restaurants trügen andere Namen. In wenigen Minuten sind wir in Gardone,
die Straße führt am Riesenbau des »Grand Hotel« vorbei.

»Jetzt langsam«, sagt unser Begleiter, »da links habe ich gewohnt, das heißt, wenn ich da gewohnt habe. Im Hotel waren nur Deutsche drin, ein Haufen Sekretärinnen und Chargen von der SS. War schon ganz lustig. Die weiblichen Hilfskräfte von unseren Dienststellen, das waren sicher so hundertfünfzig, wenn's reicht.«

Ihr Transportmittel ist das Fahrrad. Mit kurzen Röckchen fahren sie dauergewellt zwischen ihren Quartieren und Dienststellen hin und her. Sie stehen in schwerer Konkurrenz mit bildhübschen Römerinnen von leichter Sinnesart, die sich an den Gardasee aufgemacht haben in richtiger Einschätzung der Bedürfnisse einer faulenzenden Männerwelt, die ihre Familien irgendwo in Italien oder in Deutschland zurückgelassen hat. Die gerissensten unter ihnen beteiligen sich am Schwarzmarkt.

Nur ein paar hundert Meter vom Hotel entfernt läßt Spögler halten! »Ja«, sagt er, »da sind wir, das ist die Fiordaliso.« Die düstere Villa hinter dem hohen Eisengitter, zwischen Straße und See eingeklemmt, ist von hohen Bäumen überschattet. Hier hat Spögler den zweiten seiner Berufe als Sonderführer der SS ausgeübt. (Ende 1944 wird er zum SS-Offizier im Leutnantsrang gemacht.) Sein erster besteht darin – dafür ist er von Verona in das deutsche Kontrollsystem über die RSI berufen worden –, den Abhördienst zu überwachen, der unter einem Hauptsturmführer Goebel mit Mussolinis Einzug in die Villa Feltrinelli eingerichtet worden ist, um alle Gespräche abzuhören und mitzuschreiben, die von der Villa Feltrinelli oder der Villa Orsoline ausgehenden bzw. dort ankommenden, darunter selbstverständlich die von oder mit Mussolini geführten.

Bei Spöglers direkten Vorgesetzten (außer Goebel ist es der SS-Standartenführer Kranebitter, der Adjutant General Harsters) entsteht der Eindruck, daß der tüchtige Sonderführer mit dem Abhördienst nicht ausgelastet ist. Als Claretta Petacci die Villa Fiordaliso bezieht, bekommt er Anfang Dezember 1943 den Auftrag, der Dame als Beschützer und Betreuer zur Verfügung zu stehen. Um dieser reizvollen Aufgabe ganz gerecht zu werden, nistet sich Spögler bei Frau Petacci ein, behält aber außerdem seine bisherige Unterkunft in Gardone bei, nur wenige Minuten von der Fiordaliso entfernt. Dort wird er von Zeit zu Zeit von seiner Frau besucht, die sich in Salò mit all dem eindecken kann, was es auch in Meran und Bozen nicht mehr gibt. Claretta macht Spögler wenige Tage nach seinem Dienstantritt mit Mussolini bekannt. »Dieser Mann gefällt mir, Hauptsache, daß er dir nicht gefällt«*, sagt der Freund.

* Soweit nicht ausdrücklich eine andere Quelle angegeben ist, gehen Zitate auf Mitteilungen Spöglers zurück.

In einem deutschen Auto, das Wolff Mussolini von Fall zu Fall leiht, kommt er aus Gargnano ungefähr zweimal in der Woche zur Freundin, anfangs in Uniform, bis ihm Spögler sagt, es mache zuviel Aufsehen. Dem Rat widerwillig folgend, zieht er sich künftig Zivil an, was deshalb lästig ist, weil er sich dann in einem Badezimmer der Orsoline umziehen muß; denn es wäre Rachele aufgefallen, wenn er schon am Morgen aus der Villa Feltrinelli zum Dienst in Zivil aufgebrochen wäre. Kommt er aus der Fiordaliso zurück, muß er sich in der Orsoline wieder in den Regierungschef verwandeln.

Für den Augenblick versagen wir uns eine Lokalbesichtigung und fahren auf der Uferstraße weiter, von der aus alsbald, links abzweigend, die Straße zu D'Annunzios Vittoriale hinaufkurvt. Spögler meint, wir sollten auf Clarettas Spuren hinauffahren, später habe sie ja auf dem Gelände des Vittoriale in der Villa Mirabella gewohnt; aber auch diesen Besuch verschieben wir und kommen, weiterfahrend, an Fasano vorbei, wo die ehemalige Residenz des Reichsbevollmächtigten Rahn durch einen Neubau in dem herrlichen Park ersetzt worden ist.

In einem Restaurant kurz vor Maderno, so erfahren wir, habe der Buffarini immer mit dem Kappler gesessen, und der Dollmann sei auch oft dabeigewesen. »Der Buffarini und der Dollmann waren ja dick befreundet. Dort im Hotel ›San Marco‹ war das Kommando der Brigata Nera einquartiert, von der italienischen Wache des Duce, und auch ein paar vom Innenministerium. Hier, die Schule links, das war dem Buffarini sein Ministerium.«

Toscolano, Cecina, Mornaga — Villenansammlungen in palmenumsäumten Gärten —, »da war jedes Haus voll bis unters Dach«, sagt Spögler. Wir passieren das pompöse Schloß Bogliaco, »wo sich der Barracu einquartiert hat, der mit der Augenklappe wie der Mosche Dajan, die hat ihm ein Aussehen gegeben, direkt unheimlich. Er kam jeden zweiten Tag zum Duce, weil er Staatssekretär beim Ministerrat war. Da oben war die Flakstellung und auch der Golfplatz, auf dem stand immer ein Fieseler-Storch, mit dem sind der Botschafter oder die andern großen Herren, wenn's pressiert hat, auf den Flugplatz in Verona gebracht worden. Hier, wo es hinunter geht zum Hafen von Gargnano, war eine Sperre mit Schlagbaum, wir fahren jetzt hinunter, und am Hafen war wieder eine, immer besetzt von SS und Brigata Nera, das war ein gespanntes Verhältnis. Die SS waren Flaksoldaten von der Flakabteilung der Division ›Reichsführer SS‹, die 700 Mann stammten meistens aus Siebenbürgen. Und das ist jetzt die Orsoline — da bin ich ein- und ausgegangen. Ich stehe gar nicht auf den Audienzlisten, ich hab' mich nicht anmelden müssen, und wenn 20 Leute gewartet haben, hat mir der Duce sagen lassen: Kommen Sie, wir machen das schnell, denn er wollte immer wissen, was bei der Claretta gerade los war, das hat ihn mehr interessiert als die ganze Politik. Jetzt fahren wir noch zur Villa Feltrinelli. Wenn ich da hinunter bin durch den Park, habe ich immer ein bissel Angst gehabt vor der Alten, der Rachele, denn ich war ja bei der Konkurrenz.«

Abwechslungsreich ist Clarettas Leben nicht. Die Besuche Mussolinis, Zettelchen und Briefe hin und her, unzählige Telefongespräche — im übrigen Sonderführer Spögler und das Motorboot, das am Steg vor der Villa liegt. Damit machen sie kleine Ausflüge auf dem See. Fahren wir zum alten Herrn? schlägt Claretta vor, nachdem sie sich versichert hat, daß Mussolini in der Villa Feltrinelli ist und im Laufe der nächsten Stunden dort im Park auf dem Tennisplatz sein wird. Der alte Herr — so nennen Freundin und Betreuer unter sich den Sechzigjährigen. Häufig verwendet Claretta die Wortchiffre: Numero uno. So verlangt sie ihn auch bei der Schaltzentrale, wenn sie ihn anruft. Zwischen den Parkbäumen hindurch kann sie den Freund hinter den Bällen herlaufen sehen, sein Partner ist der bekannte Fußballstar Monzeglio oder Sohn Romano. Auf der Treppe, die vom Salon zur ausgemauerten Anlegestelle der Feltrinellis führt, sitzt Rachele unter einem Sonnenschirm und strickt. Um von ihr nicht erkannt zu werden, bindet sich Claretta ein Kopftuch um, aber Rachele hat die ganze Dienerschaft in den Spionagedienst gegen ihre Widersacherin eingespannt, seitdem sie durch ein Kammermädchen erfahren hat, daß sie am See sei. Es ist unwahrscheinlich, daß sie nicht gewußt hat, wer in dem langsam vorbeigleitenden Boot sitzt. Sie kennt auch Spögler und weiß, bei wem er Dienst tut. Sie legt es darauf an, bei ihrem Mann den Verdacht zu nähren, der Deutsche sorge für mehr als nur für die Sicherheit dieser Person. Spögler selbst ist späterhin nicht bereit, dazu ein klares Ja oder Nein zu sagen, und genießt es, für den Liebhaber gehalten zu werden. Das Motorboot dient auch zum Fischen. Spögler fährt hundert Meter auf den See hinaus und wirft einen eisernen Ring ins Wasser. Den Ring verbindet ein isoliertes Kabel mit dem Ufer, wo Claretta steht und auf ein Zeichen den Strom einschaltet. Im Umkreis sind alle Fische tot, die großen, die kleinen und die Brut. Zuweilen füllt die Beute den Kühlschrank.

Spöglers Chef Goebel bewohnt die Villa Dalla Rosa in Fasano, von Rahns Residenz durch ein kleines Lazarett und zwei andere Villen getrennt. Seine Sekretärin und Freundin Emmy spielt dort die Hausfrau und hat in dieser Eigenschaft fast mehr zu tun als im Abhördienst. Sie hat uns erzählt: »Bei uns sind ja die Gäste ein- und ausgegangen. Es waren immer Konferenzen in Fasano, der Harster hat sie einberufen und ist mit seiner Sekretärin und Freundin Erika aus Verona herübergekommen. Und oft ist die Claretta von der Fiordaliso herübergerudert, das war ja nicht weit, weit war hier gar nichts, und eigentlich war das ganze Ufer ein Bienenkorb mit einer Wabe an der andern. Die Claretta hat einen wundernetten Kopf gehabt und schönes schwarzes Haar, aber die Figur hat nicht mehr hingehauen, und die winzigen Füße haben überhaupt nicht dazu gepaßt. Wir haben Tischtennis zusammen gespielt, und sie hat erzählt. Ihr Vater, der Arzt, war ein richtig netter, vornehmer Italiener, aber die Mutter hat eher ausgeschaut wie eine böhmische Köchin, und der Bruder, der Marcello, war ein Gauner, sonst gar nichts. Die Claretta war hysterisch, und wenn sie einen Schlafrock haben wollte, der noch oben in Meran war, im Haus vom Marcello, das hat auch der Mussolini bezahlt, wie er noch in Rom der große Mann war, dann hat ein Kurier hinauffahren müssen und den Schlafrock holen, mit einem großen Benziner, und das Benzin war doch auch hier knapp. Aber sonst war nichts knapp. Wir sind zum Essen immer hinüber ins Hotel Bella Vista, da konnte man wunderbar speisen, den ganzen Krieg hindurch exquisit, Vorspeise, Hauptgang, Zuspeise, Nachspeise, Flaschenwein. Alles war rationiert, aber nur für die andern.«

Wir fragen Frau Emmy O., ob sie Mussolini zuweilen begegnet sei. »Ich ihm nie. Ich wäre ja mit meinem Ausweis ohne weiteres durch alle Sperren gekommen, aber das hat mich nicht interessiert. Wir haben hier unser Leben gehabt, und der Mussolini — naja, sie haben ihn halt in irgendeiner Form gebraucht, den guten Mussolini.«

Mussolini hat in diesem Frühjahr eine Menge Ärger, und für kurze Zeit ist der Frieden am Ufer beeinträchtigt. Speers Beauftragter für die Ausbeutung der italienischen Industrie, General Leyers, fängt an, einen erheblichen Teil der Fiat-Produktion in die Tunnels zu verlegen, die oberhalb der Villa Feltrinelli beginnen. Die Maschinen werden so aufgestellt, daß daneben eine Fahrspur für Personen- und Lastkraftwagen frei bleibt. Die Ein- und Ausgänge der in kurzen Abständen aufeinander folgenden und ganz verschieden langen Tunnels werden mit eisernen Toren verschlossen. Die Gewölbe sind feucht und kalt, die Arbeiter stehen Tag und Nacht — im 24-Stunden-Schicht-Dienst — in künstlichem Licht. Aus Turin transferiert, von ihren Familien getrennt, sind sie in Barackenlager untergebracht. Wenn auch die Tunnels selbst absolut bombensicher sind, so ist doch die Befürchtung gerechtfertigt, die Lager könnten den Gardasee für amerikanische Bomber interessanter machen, als er es bisher für sie war. Mussolini nennt in einem seiner abgehörten Telefongespräche mit Graziani Leyers einen Hanswurst und rabiaten Italienerfeind, der die ganze Industrie und die Arbeiterschaft gegen ihn aufhetze und am liebsten sämtliche Industriebetriebe der Lombardei abtransportieren möchte.

Die Ernte der Abhörmädchen Spöglers wird im April 1944 noch reicher. Dank ihnen kommt der SD einem phantastischen Plan auf die Spur, der zwischen dem Polizeichef Tamburini und Innenminister Buffarini ausgeheckt wird. Danach soll auf der Werft von Monfalcone (nahe Triest) ein Unterseeboot gebaut werden, das Patagonien, Grönland oder Südafrika erreichen könne und Mussolini und andere hochgestellte Kollaborateure der Deutschen, im Falle der endgültigen Niederlage, retten soll. Am 13. April befindet sich unter den abgehörten Gesprächen das folgende zwischen Buffarini und Mussolini:

Buffarini: *Duce, heute morgen habe ich noch mal mit Tamburini über dieses Projekt gesprochen, und ich bitte Sie, mir Gehör zu schenken. Tamburini schlägt einige Änderungen vor und besteht darauf, weil [. . .]*

Mussolini (unterbricht ihn): *Ich habe Ihnen doch schon gesagt, daß ich davon nichts mehr hören will.*

Buffarini: *Duce, aber es ist eine gute Idee, und man könnte . . .*

Mussolini (unterbricht ihn noch mal): *Buffarini, Schluß jetzt, es ist verlorene Zeit!*

Buffarini: *Auch die Signora [Petacci] ist von dem Plan begeistert.*

Mussolini (ärgerlich): *Wer hat sie informiert?*

Buffarini: *Ich weiß nicht, vielleicht Tamburini.*

Mussolini: *Die ganze Sache geht die Signora nichts an, und wer sie informiert hat, hat einen Fehler gemacht. Jetzt mischt sie sich auch noch ein!*

Buffarini: *Duce, Tamburini wartet auf eine Antwort. Was soll ich ihm sagen?*

Mussolini (gebieterisch): *Daß ich Ihnen und ihm befohlen habe, sich nie wieder mit der Sache zu beschäftigen.*[69]

Obwohl Mussolini das Gefühl haben darf, die Deutschen verdächtigten ihn persönlich nicht solcher Fluchtabsichten, machen ihn das Verlangen Harsters, Tamburini und Buffarini zu entlassen, ein in dieselbe Zeit fallender Einbruch einer SS-Gruppe in ein Vorratsmagazin des Innenministeriums (der keine Sühne findet) und zweifellos auch die Erfolge der Alliierten an der Südfront nervös. Er hat das Bedürfnis, sich von Hitler versichern zu lassen, er, Mussolini, sei nach wie vor der Garant deutsch-italienischer Zusammenarbeit, seine immer wieder zum Ausdruck gebrachte Siegeszuversicht sei nicht pure Illusion, und überdies will er bei dieser Begegnung mit einem umfangreichen Beschwerdebuch anrücken. Nachdem Hitler seine Bereitschaft erklärt hat, sich mit dem Duce im wohlvertrauten Schloß Kleßheim bei Salzburg zu treffen, bricht Mussolini zur Reise über den Brenner auf. Weit ist es ja nicht, allerdings kann der Sonderzug wegen der Bedrohung aus der Luft nur nachts fahren. Die Chefaufpasser Wolff, Rahn und Dollmann sind mit von der Partie; Mussolini läßt sich von Graziani und ein paar anderen Mitgliedern des Kabinetts begleiten, auch findet sich aus Berlin Botschafter Anfuso ein. Zum letztenmal läuft das Prunkzeremoniell einer Führer-Duce-Begegnung am 22. und 23. April 1944 ab. Die italienische Delegation fragt sich — ähnlich wie die deutsche beim Treffen von Feltre —, ob die Gastgeber nicht Übles im Schilde führen, und schickt zwei Geheimpolizisten in die Küche hinunter, um zu verhindern, daß ihr Capo vergiftet wird.

Der äußere Ablauf der Besprechung gibt solchem Verdacht keine Nahrung; zum allgemeinen Erstaunen läßt Hitler den Gast erstmals ausreden, ohne ihn zu unterbrechen. Der ungebrochene Optimismus, den die Begleitung Hitlers ausstrahlt, hat sofort auf den Italiener abgefärbt; er verschafft sich mit seinen ersten Sätzen am Konferenztisch Sympathie, indem er seinem festen Glauben an den deutschen Endsieg Ausdruck gibt. Dann aber bringt er mutiger als bei früheren Treffen und wohl vorbereitet mit Zahlen und Fakten seine Beschwerden vor, die sich zum einen gegen die Abtrennung und Verwaltung der Operationszonen richten, zum anderen gegen die Behandlung seiner Armee hinter dem Stacheldraht deutscher Konzentrationslager (wofür ihm Anfuso umfassendes Material geliefert hat).

Hitler, umgeben von Ribbentrop, Keitel, Jodl — während für Himmler und Göring Mussolini eine Reise nach Salzburg nicht mehr wert ist —, erspart ihm in seiner Antwort nichts und läßt sich auf keine konkreten Zugeständnisse ein: Die Internierten seien Kommunisten und faul, seine Divisionen hätten an der russischen Front die Internationale gesungen; er, Mussolini, verfüge allenfalls noch mit ein paar kleinen faschistischen Einheiten über eine gewisse Kampfkraft, die außerdem bei antideutschen Elementen — Hitler meint: bei den Partisanen — zu finden sei. Des Endsiegs sei er sich aus zwei Gründen, die mit Italien nichts zu tun hätten, gewiß: Erstens komme es bald zum Einsatz der Geheimwaffen, und zweitens habe in der Geschichte eine Koalition wie die zwischen den

Westmächten und der Sowjetunion noch nie länger als fünf Jahre gehalten. Wichtig sei für ihn, daß der Duce bei guter Gesundheit bleibe und weiter sein Amt ausüben könne.

Mussolini hat den Arzt Zachariae (Chefarzt des Siemenskrankenhauses in Berlin und ihm schon in Rastenburg von Hitler zugewiesen) mitgebracht, der in Salzburg auf seinen Lehrmeister Morell stößt; gemeinsam machen sie sich über Mussolini her. Morell kann dem Führer stolz berichten, daß die von ihm verordnete, von Zachariae durchgeführte Behandlung bei dem Patienten ausgezeichnet angeschlagen habe und er sich in viel besserem Zustand als im Herbst befinde. Der Ruhe bedürfe er allerdings.

Von Salzburg aus reist Mussolini mit Gefolge weiter zum bayrischen Truppenübungsplatz Grafenwöhr, auf dem er die Parade seiner Division »San Marco« abnimmt, eine Fahne weiht und eine Rede hält: »Die Schande des Verrats läßt sich nur dadurch aufheben, daß man den Kampf gegen die Invasoren, die den heiligen Boden des Vaterlandes entweihen, wieder aufnimmt. Jenseits des Garigliano biwakiert nicht nur der grausame zynische Engländer, sondern auch der Amerikaner, der Franzose, der Pole, der Inder, der Südafrikaner, der Kanadier, der Australier, der Neuseeländer, der Marokkaner, der Senegalese, der Neger und der Bolschewik. Euch wird also die Freude zuteil, auf dieses Rassengemisch von Bastarden und Söldnern das Feuer eröffnen zu können, auf die Eindringlinge, die niemanden und nichts in Italien respektieren.«[70]

Die 12 000 Mann der Division, in Karrees aufgestellt, führen Mussolinis deutscher Begleitung einen Begeisterungsausbruch vor, der nicht nur alle ihre Vorstellungen, wie sich eine zur Parade aufgestellte Truppe zu benehmen hat, über den Haufen wirft — schreiend und jubelnd umringen die Männer die Tribüne, auf der Mussolini steht —, sie hat etwas Derartiges auch politisch nicht mehr für möglich gehalten und ist außerstande zu erkennen, daß hier nicht der Faschist Mussolini gefeiert wird, sondern der prominente Sendbote aus dem Heimatland, nach dem sich alle sehnen. »Unter den Soldaten der San Marco fand er wieder zu sich selbst zurück, und er sagte es uns auch. Er vergaß darüber die aufreibenden Sitzungen in Kleßheim, von denen wir wenig Konkretes mitnahmen. [...]«[71]

Reportagen über seinen Auftritt in Grafenwöhr werden vom italienischen Rundfunk propagandistisch ausgeschlachtet. Er selbst, stolzgeschwellt, durchbricht die anonyme Existenz hinter deutschen Schlagbäumen, als er auf der Rückfahrt am Südende des Gardasees angekommen ist. In Desenzano steigt er in einen offenen Wagen um. Der Bevölkerung ist Tag und Stunde seiner Fahrt nach Gargnano bekanntgegeben worden. Jung und Alt säumen in den Dörfern die Straße und winken ihm zu.

Er schreibt ein paar polemische Artikel, die sich sehen lassen können, und ist in einer so gehobenen Stimmung, daß er Pater Pancino jenen versöhnlichen Brief in die Schweiz mitgibt, mit dem er die Beziehung zu Tochter Edda wieder zu knüpfen hofft. Wie so oft in seiner Laufbahn scheint er im seelischen Aufschwung noch einmal imstande zu sein, das Gewesene zu vergessen und sich eine Welt zu malen, in der sich alles zum Guten fügt. Ciano ist erschossen worden, und die anderen? Ja, gewiß, aber das ist doch vorbei . . .! Für Edda nicht! Ihre Antwort atmet ungebrochenen Haß. Glücklicherweise werden Wochen vergehen, bis sie eintrifft.

Der Audienzentrott in der Orsoline gibt ihm wieder die Überzeugung, daß er etwas zu sagen habe. Außerdem fühlt er sich wie befreit, weil Rachele sich mit einem Teil der Familie nach Rocca delle Caminate aufgemacht hat, müde der täglichen Auseinandersetzungen über die Fortdauer des Verkehrs mit der Freundin. Mussolini hat freies Feld in der Villa Feltrinelli und in der Villa Fiordaliso; diese Kombination von Freiheiten bringt ihm von Claretta Eifersuchtsszenen ein, die ihre bisherigen beachtlichen Leistungen auf diesem Gebiet übersteigen. Sie verdächtigt ihn schließlich der Untreue mit einer alten Bekannten, die zu Besuch nach Gargnano gekommen ist — was sie über Spögler sofort erfährt —, und läßt sich nach einem Tobsuchtsanfall von ihrem Chauffeur Gasparini nach Meran zu den Eltern fahren. Am Telefon ist sie nicht zurückzulocken, sie will ihre Macht spüren und geholt werden. Der Staats- und Regierungschef der RSI ist für eine außerdienstliche, von SS-General Wolff nicht genehmigte Fahrt durch sein Land vom Gardasee nach Meran darauf angewiesen, sich vom SS-Sonderführer Spögler begleiten zu lassen, weil er andernfalls in den Militärsperren hängenbliebe, die zwischen der Nordgrenze der RSI und der Südgrenze der Operationszone »Voralpenland« errichtet worden sind. Während Spögler in Meran mit den Eltern zusammensitzt, spielt Claretta eine Stunde lang die Beleidigte, bis sie schließlich den Treueschwüren Bens nachgibt und mit ihm nach Gargnano zurückkehrt, Fahrer und Spögler vorn, Mussolini und Claretta Petacci auf den Rücksitzen. Er trägt Zivil.

Eingebunden in eine Lebensführung, die der Nachsicht und der Diskretion seiner Umgebung so sehr bedarf, um nicht zum Skandal zu werden, ist er selbst voller Nachsicht gegenüber dem Treiben in den Stäben und

Dienststellen. Vieles erfährt er gar nicht, isoliert, wie er ist. Spögler erzählte anschaulich, wie der Duce in seiner offiziellen Existenz — abgeschirmt gegen Bens zusammengestücktes Privatleben als Freund und Geliebter Clarettas — keinen unvorbereiteten Schritt habe tun, wie er nirgendwo ohne Begleitung oder Bewachung habe hingehen können, wie immer alles vom Sekretariat oder von den Ministern vorbereitet gewesen sei und es gar nicht in Frage gekommen wäre, daß er in eines der Lädchen Gargnanos eingetreten wäre, um sich ein Paar Strümpfe zu kaufen. Er leistete weder große noch kleine Zahlungen selbst, trug kein Geld bei sich, und als die neuen Tausendlirescheine herausgekommen waren und er zufällig bei Spögler einen solchen Schein sah, sagte er: Oh, lassen Sie sehen, ich habe nur einmal die Entwürfe vorgelegt bekommen. Der Druck von einem so großen Schein, der, wie das ganze RSI-Geld in Harsters Dienststelle in Verona vor sich ging, bildet ein Warnsignal dafür, daß der Schwarze Markt doch auf den gesteuerten Konsum durchzuschlagen beginnt, und in den privilegierten Zirkeln wird es Mode zu sagen: Dieses Fahrrad kostete 12, dieser Pelz kostete 42, womit die beiden Artikel genannt sind, die den Büromädchen die willkommensten Geschenke waren. »42« waren immerhin nach dem offiziellen Umrechnungskurs 4200 Reichsmark und hatten eine größere Kaufkraft als dieselbe Summe im Reich.

Unter den Sonnenschirmen der Cafés sitzen die Damen der hohen italienischen Chargen, die sich eine Aufenthaltserlaubnis ertrotzt oder erschlichen haben, vormittags und nachmittags beim Bridge und spielen um hohe Beträge. In den Soldatenunterkünften tun es ihnen die dienstfreien Flaksoldaten mit »17 und 4« nach, einem Spiel, in dem, als es dem Ende zugeht, an allen Fronten Vermögen in Minuten von einem Spieler zum anderen wandern.

Mussolinis strenge Schwester Edvige kann sich freier als der Bruder bewegen, gewinnt einen realistischen Eindruck von dem Luxus und dem verantwortungslosen In-den-Tag-Hineinleben dieser korrupten Gesellschaft. Sie klagt ihrem Bruder, daß die Zeit in Gargnano stillzustehen scheine und die rasende Entwicklung des Kriegs zum Zusammenbruch hin, in den alles, was sie um sich herum sieht, hineingerissen werden wird, nicht zur Kenntnis genommen werde. Der Bruder reagiert ironisch, fern moralischer Entrüstung: Weißt du, sagt er, die Pflichten einer herrschenden Klasse, auch ihrer weiblichen Hälfte, werden zwangsläufig in einer solchen Zeit abstrakt. Deine Bridgespielerinnen haben sich eine fiktive Welt aufgebaut, und wenn sie im Spiel die Stunden absitzen, können sie

sie wenigstens von denen unterscheiden, in denen sie das nicht tun. Es ist doch schwierig, sich den Zeitablauf bewußt zu machen, wenn, wie hier, alles, Gedanken und Verhaltensweisen, alles das, woran die Menschen sonst die Zeit erfahren, durchtränkt ist von völliger Nutz- und Sinnlosigkeit. [72]

Nicht das Luxus- und Faulenzerleben, jedoch die Atmosphäre einer »Isola isolata« beendet ein Ereignis, dessen Eintritt mit Gewißheit erwartet werden konnte, das aber dennoch die Wirkung eines Blitzes aus heiterem Himmel hat: Die Besatzungsmacht muß Rom aufgeben!

Der Räumung gehen endlose Besprechungen im Führerhauptquartier, im Stab Kesselrings und in der deutschen Botschaft voraus, wie und ob überhaupt die Stadt verteidigt werden kann bzw. soll.

In einem Rom, in dem es weder eine königliche noch eine neofaschistische Regierung gibt, ein General Maeltzer und ein Polizeichef Kappler in Schlüsselstellungen sitzen, kann sich, ja, muß sich der Vatikan als eine Art Treuhänder für die ganze Stadt fühlen, ungeachtet dessen, daß sein Territorium nur ein winziges Stückchen des Stadtgebiets ausmacht. Insofern sind seine diplomatischen Bemühungen, Rom zu retten, die er über den deutschen Botschafter leitet, ohne weiteres einleuchtend. Und man müßte auch nicht erstaunt sein, wenn es zu einer direkten Demarche beim Oberbefehlshaber gekommen wäre, denn selbstverständlich ist Kesselring für die Operationen seiner Heeresgruppe verantwortlich. Eine Begegnung zwischen ihm und Pius XII. findet jedoch nicht statt — eine verständliche Zurückhaltung, wenn der Papst jeglichen persönlichen Kontakt mit hohen deutschen Offizieren vermieden hätte. Das aber ist nicht der Fall. Am 10. Mai 1944 empfängt Papst Pius XII. SS-Obergruppenführer Karl Wolff zu einer einstündigen Unterredung, an deren Ende der Deutsche, sich verabschiedend, unter der Tür der Bibliothek den »Deutschen Gruß« erweist, den Arm hoch, die Hacken zusammen, Heil Hitler, Herr Papst! Über den Inhalt des Gesprächs hat sich weder Wolff je ganz klar ausgesprochen — Klarheit zu schaffen, war und ist all dieser Herren, von Speer bis Rahn, Sache nicht! —, noch gibt es — selbstverständlich — darüber eine offizielle Verlautbarung des Vatikans. Die Tatsache, daß es stattgefunden hat, und zwar durch Vermittlung der Signora Agnelli, der Mutter des heutigen Fiat-Chefs, und des deutschen Paters Pfeiffer, ist unbestreitbar. Um die Audienz ranken sich phantastische Märchenerzählungen, in denen beispielsweise der Satz vorkommt: »Lächelnd sagte der Papst auf deutsch: Wieviel Unglück hätte vermieden werden können, wenn Gott Sie früher zu mir geführt hätte.« [73]

Es ist nichts dabei herausgekommen, es konnte dabei nichts herauskommen, und dennoch ist zu überlegen, warum Wolff, der ohne Kompetenz für die Truppenführung an der Front ist, dem aber Kappler und der SD unterstehen, die Ehre dieser Einladung zuteil geworden ist, nicht dem Oberbefehlshaber. Wir wären in Verlegenheit, hierauf eine Antwort zu finden, lägen nicht tausendundein Beweise dafür vor, daß der Vatikan ein kommunistisches Europa immer mehr gefürchtet hat als ein faschistisches oder nationalsozialistisches. Als die Rote Armee zu ihrem Siegeszug nach Westen aufgebrochen ist, haben Pius XII. und seine Kardinäle nicht gerade in Bittgottesdiensten Gott angefleht, er möge bei den Deutschen sein, aber weit hat es nicht gefehlt. Was den Vatikan und jene mit ihm kungelnde Gesellschaftsschicht, zu der Signora Agnelli und der römische Adel gehören, im Frühjahr 1944 mit schierem Entsetzen erfüllen, ist die Vorstellung, daß zwischen dem Rückzug der Deutschen und dem Einzug der Alliierten ein Machtvakuum entstehen werde, das der kommunistische Untergrund benützen könnte, um die Herrschaft in der Stadt an sich zu reißen. Für ihn und seine Bekämpfung ist Wolff der zuständige Experte. Möglicherweise sind dem Papst sogar Gerüchte zu Ohren gedrungen, daß im Führerhauptquartier darüber nachgedacht worden ist, den Kommunisten unmittelbar vor dem Abzug freie Hand für einen Aufstand im Stil der Pariser Kommune 1871 zu geben, der den einrückenden Alliierten schwer zu schaffen gemacht hätte.

Einen Tag nach dem Papstgespräch des SS-Generals bricht am 11. Mai die alliierte Offensive an der Südfront los. Um 23 Uhr beginnt das Trommelfeuer, dann treten die 5. amerikanische, die 8. britische Armee und das französische Korps zum Angriff an, mit Schwerpunkt zwischen Cassino und der Küste. An eine Verteidigung Roms kann Kesselring nicht mehr denken, dazu sind seine Truppen nicht mehr imstande.

Systematische Vorbereitungen auf die Räumung der Stadt hatten Kommandant Maeltzer, der SD, die Polizei und alle anderen deutschen Autoritäten unterlassen, »aus Angst jedes einzelnen, als Defaitist angesehen zu werden. [. . .] Es war daher nicht leicht, allen deutschen Dienststellen und ihren italienischen Mitarbeitern zur rechten Zeit das Signal zu geben.« [74]

Es kommt nicht aus dem Führerhauptquartier oder vom Oberbefehlshaber, sondern aus den amerikanischen Propagandasendern, mit denen die Bevölkerung Roms auf die nahe bevorstehende Besetzung der Stadt aufmerksam gemacht wird. Auch die schlimmsten Verbrecherorganisationen können sich rechtzeitig davonmachen, die Koch-Bande verlegt ihren Folterbetrieb nach Mailand, und die Via Tasso, Kapplers Domäne, wird liquidiert, indem die Akten verbrannt und die letzten Gefangenen umgebracht werden. Von den neofaschistischen Helfershelfern in den Rumpfministerien fliehen nicht alle an den Gardasee. Insbesondere bereitet die Beamtenschaft des Außenministeriums, die im Palazzo Chigi verblieben war, in dem sie seit Jahrzehnten die Geschäfte lautlos führt, der deutschen Diplomatie eine schwere Enttäuschung, indem sie in Rom bleibt. Der Gedanke, in ein paar Tagen wieder einer Monarchie zu dienen, erschien ihnen bei weitem weniger schrecklich als die Vorstellung, am Gardasee die Stiefelputzer der Deutschen zu sein, denen sie dort nicht einmal die prächtigen Paläste und die eingefrorenen Zeremonien des römischen Dienstbetriebs hätten entgegenstellen können.

Als sich die Deutschen davonmachen und ihre Panzer plötzlich verschwunden sind, ist den zurückbleibenden Staatsdieners noch nicht klar, daß die Befreiung Roms zugleich das traurige Ende der 44jährigen Herrschaft ihres kleinen Königs bedeutet; das königliche Italien liegt in den letzten Zügen, die Republik kündigt sich an. Viktor Emanuel hatte sich in Salerno unter dem Druck seiner eigenen Minister (mit Badoglio an der Spitze), der Widerstandsorganisationen, der Parteien und nicht zuletzt der Alliierten nach zähem Widerstand bereit erklärt, den Kronprinzen zum Generalstatthalter des Königreiches Italien zu ernennen. Er will ein entsprechendes Dokument erst in Rom unterzeichnen, aber das alliierte Oberkommando nötigt ihn, es sofort zu tun. Es geschieht unter den äußeren Bedingungen eines Feldlagers in dem Städtchen Ravello. Durch Übertragung seiner Vollmachten auf Umberto am 9. Juni 1944 leitet Viktor Emanuel III., dessen Familie auf ein Jahrtausend wechselnder Herrscherwürden zurückblickt, seine Abdankung ein.

Sie erfolgt zwei Jahre später; der König geht ins Exil nach Ägypten, von wo er nicht mehr nach Italien zurückkehren darf. Vier Tage vor Silvester 1947 stirbt er in Alexandria, reich und verbittert.

Als er den Akt von Ravello vollzieht, hat General Wolff gerade in einem der königlichen Schlösser in fünfzig Schränken Viktor Emanuels kostbare Münzsammlung entdeckt; er wird sie wie die Milliardenwerte in Gold der Nationalbank nicht ins Reich verbringen lassen und bei seinen Verhandlungen in der Schweiz mit den Amerikanern zu Protokoll geben, wo sie nach der deutschen Kapitulation den einen und den anderen Schatz finden werden.

Was in und mit Rom nach der Räumung geschieht, interessiert niemanden von den Hunderten, die sich davonmachen, weil sie wissen, daß sie für ihre Verbrechen zur Rechenschaft gezogen würden, wenn sie blieben (unter ihnen der »König von Rom«, General Maeltzer, von dem man erst wieder etwas hören wird, wenn er nach dem Krieg vor seinen Richtern steht), interessiert niemanden von den Abertausenden, die nichts zu befürchten hätten, aber mit vernebelten Gehirnen die Unbilden weiterer Kriegsverwendung der Sicherheit der Gefangenschaft vorziehen. Es setzt eine Fluchtbewegung ein, die sich über dieselben Straßen wälzen muß, die von den Truppen überfüllt sind, mit denen Kesselring versucht, nördlich von Rom eine neue Front zu improvisieren. Die sich absetzenden Kolonnen liegen unter dem Feuer der feindlichen Jäger.

Unangenehmer als die feindlichen Flugzeuge aber wird für die Söhne der Wölfin »die systematische Beschlagnahmung aller Autos durch die deutschen Soldaten. Sobald sie ein Auto mit Italienern sahen, nahmen sie es weg, ohne auf die faschistischen Mitgliederausweise und die Dokumente der Zusammenarbeit zu achten, die ihnen vorgezeigt wurden. So ging es einem verwundeten faschistischen General, dem man seinen Wagen wegnahm und der auf seinen Protest hin auch noch verprügelt wurde.«[75]

Der Kanzler der japanischen Botschaft, der seinen Wagen ein paar Minuten vor einem Gasthaus stehengelassen hat, kommt hinzu, als eine Gruppe deutscher Soldaten ihn in Besitz nimmt; der Diplomat wendet sich voll Zorn an den Offizier, der die Gruppe befehligt, und erntet ein paar Ohrfeigen. Seinen Wagen büßt er ein.

Der Verlust Roms, dessen Termin im Zeitplan einer umfassenden Kriegsstrategie der westlichen Alliierten liegt (auf den 5. Juni ist auch die Landung in der Normandie festgesetzt worden, die nur des schlechten Wetters wegen auf den 6. Juni verschoben wird), ist das Ereignis, das den Italienern wie den Italien-Deutschen vor Augen führt, daß die Endphase des Kriegs begonnen hat. (Für die Bevölkerung im Reich hat die Errichtung der »2. Front« in Frankreich diese Wirkung, wenn sich auch die Gebetsmühlen vom »Endsieg« noch weiterdrehen.)

Als Mussolini die Nachricht vom Verlust der Stadt erreicht, ist er, ganz anders als nach den Hinrichtungen in Verona, tagelang nicht ansprechbar und ordnet Staatstrauer an. Kurz zuvor hatte er geäußert: »Wenn wir Rom verlieren, ist die Hälfte der Sache verloren. Aber selbst der schwere Fehler, den sie [die Deutschen] mit der Verweigerung meiner Rückkehr dorthin begingen, hat sein Gutes, denn wäre ich heute unter dem Druck der Alliierten gezwungen, Rom zu verlassen, so würden sie gesagt haben, meine Regierung sei endgültig erledigt, weil sie aus der Hauptstadt verjagt wurde. Ein bescheidener, aber immerhin doch ein Vorteil.«[76]

Am Gardasee enden nicht das Luxusleben und das Faulenzertum, nicht

442

die Intrigen, Eifersüchteleien, nicht die ständigen Konferenzen über nichts und gar nichts, aber von Juni 1944 an konnte Edvige Mussolini nicht mehr den Eindruck gewinnen, die Zeit stehe dort still. Von jetzt an lebt diese Enklave in dem Bewußtsein, daß sie sich eben nicht auf einer Insel befindet. Der Krieg wird zum Hauptthema, weniger unter den Angehörigen der Besatzungsmacht, wohl aber unter den Faschisten, den Beamten der Ministerien, ihren Familien, ihrem sonstigen Anhang und unter den Angehörigen der paramilitärischen Organisationen.

Nach den Friseuren, den Fahrradhändlern, den Kürschnern machen nun die Kartenleger und Wahrsager das große Geschäft, und wo man sich bisher um die Bridgekarten zusammengesetzt hat, tut man es jetzt zur Geisterbeschwörung. Séancen werden die Unterhaltung der italienischen Damenwelt. Mussolini, selbst nicht frei vom Aberglauben, reagiert darauf empfindlicher als auf die Bridgepartien, denn er versteht, daß in diesem Unfug die Angst vor der Zukunft zum Ausdruck kommt.

Der aufkommenden Angst hat auch der Reichsbevollmächtigte in seinen Memoiren lyrischen Ausdruck gegeben: »Unser ganzes Leben in Fasano war eine einzige Kette von Erregungen, überraschenden Aufgaben und unberechenbaren Ereignissen. Dabei war der äußere Rahmen dieses lieblichen Ortes in eine fast unwirkliche friedvolle Harmonie gehüllt, als sei dieser Krieg nur ein nächtlicher Alpdruck, der mit dem ersten Licht des Tages als böser Spuk verfliege. Meine Tätigkeit kam mir oft vor wie die Überquerung eines Gletscherabbruchs, zu der ich als junger Mensch einmal in den Savoyer Bergen durch Unwetter und Steinschlag gezwungen war: ein normales Gehen auf den schmalen, rechts und links von tiefen gurgelnden Spalten flankierten Eiskanten war unmöglich. Man konnte nur im Sprung von einer Kreuzungsstelle zur andern gleiten und mußte sich letztlich in der allgemeinen Richtung auf seinen Instinkt verlassen. So ähnlich war unsere politische Arbeit jetzt: nichts als eine Reihe von raschen Improvisationen, die wir ›im Sprung‹ begannen und von denen wir oft selbst nicht genau wußten, wohin sie uns führen würden.«[77]

Ostfront, Invasionsfront, Südfront, die verschiedenen Zusammenbrüche und antideutschen Regierungsbildungen auf dem Balkan: in Albanien im Mai, in Rumänien im August, in Griechenland im September, in Bulgarien im Oktober, Titos immer weiter ausgreifender Kampf in Jugoslawien ... dazu die Partisanenaktionen in allen besetzten Ländern: Dieses Europa hat Rahn, hat die ganze Reichsführung vor sich, wenn sie sich im »Lageraum« vor der »Wolfsschanze« zwei- oder dreimal am Tag um den Führer versammelt. Erst im Januar 1945 wird die »Wolfsschanze« aufgegeben. Was Italien für die Alliierten von vornherein war: Nebenkriegs-schauplatz, für die Deutschen allzu lange war und nur vorübergehend nach dem Verlust Siziliens aufgehört hatte zu sein, wird es jetzt auch wieder für das OKW. Konnte man von Rom sagen, es habe von September 1943 bis Juni 1944 unter deutscher Herrschaft ein Eigenleben entwickelt, so läßt sich das in einem gewissen Sinne nach dem Fall von Rom von ganz Rest-Italien sagen.

Für die fünfzig dort stationierten Divisionen, die bis Jahresende auf etwa die Hälfte zusammenschmelzen (von insgesamt 260, über die das OKW im Januar 1945 noch verfügt), gibt es nichts anderes zu tun, als den mit verblüffender Einfallslosigkeit vorrückenden Feind defensiv zu einem möglichst verlangsamten Vorrücken nach Norden bis zur Po-Ebene zu nötigen. Damit Kesselring diesem Auftrag, so gut es eben noch geht, gerecht werden kann, muß er den Rücken frei haben, müssen die Versorgungslinien über die Alpen und durch die Schweiz intakt gehalten, mindestens immer wieder repariert werden — gegenüber der Schweiz eine politische, am Brenner und an anderen Pässen eine technische Aufgabe —, muß aber vor allem der Partisanenkrieg auf begrenzte Bereiche zurückgedrängt werden, da die Mittel, um ihn ganz auszutreten, nicht vorhanden sind. Sie reichen noch dazu, das totwunde Italien für die deutsche Kriegswirtschaft auszubeuten. Während Kesselrings Armeen den Vormarsch des Feindes weiterhin verzögern, können Rahn und Wolff Mussolini zwingen, der Ausbeutung zuzuschauen, ja, ihr sogar zuweilen mit Erlassen Vorschub zu leisten, machen sich Speer, Sauckel und Co. über die Menschen, die Industrie und die landwirtschaftliche Produktion Norditaliens her, und man kann nur staunen, wie groß ihre Beute doch noch immer ist.

Das Ende des Schreckens

Der Arbeiterkampf gegen Speer & Co.

Für die materielle Ausbeutung Italiens und die seiner Menschenkraft richtet das »Deutsche System« eine Militärverwaltung ein. Sie überzieht Norditalien mit einem Geflecht von sechzehn örtlichen Militärkommandanturen in allen größeren Städten und von sechs »Wirtschaftskommandos« mit Sitz in Turin, Mailand, Genua, Verona, Bologna und Florenz. Mit anderen Worten, die Militärverwaltung, geführt von dem »Bevollmächtigten General für Italien«, Rudolph Toussaint, überlagert bis in alle Verzweigungen die italienische Verwaltung der Regierung von Salò. (Nach dem Attentat vom 20. Juli 1944 werden die Vollmachten Toussaints auf General Wolff übertragen, Toussaint wird nach Prag versetzt.)

Im Februar 1944 umfaßt die deutsche Organisation 475 Beamte, fünfzig Offiziere, 201 Sonderführer, acht Zivilreferenten und rund 200 Landwirtschaftsführer. Sie ist in vier Hauptabteilungen gegliedert, zwischen denen es zu heftigen Auseinandersetzungen kommt, wer wofür zuständig ist. Der Streit, der sich in langatmigen Memoranden der Betroffenen niederschlägt, gewinnt zusätzliche Schärfe, als Speer nicht daran denkt, die Weisungen, die er der Hauptabteilung »Rüstung und Kriegsproduktion« (RuK) unter seinem Vertreter, General Leyers, zukommen lassen will, über den Bevollmächtigten General zu leiten und diesem ein Mitspracherecht einzuräumen. Am 17. März 1944 endet die Auseinandersetzung mit dem Sieg Speers, der nun unmittelbar für die Lenkung und Ausbeutung der italienischen Industrie verantwortlich wird.

Zwischen der materiellen Ausbeutung Italiens und seiner Menschenkraft einerseits, dem Volkskrieg gegen die Besatzungsmacht und die kämpfenden faschistischen Organisationen andererseits besteht ein für die Deutschen höchst unerwünschter Zusammenhang, an dem sie aber nichts ändern können: Die Ausbeutung heizt den Volkskrieg an und verschafft den Partisanenverbänden einen immer stärkeren Rückhalt in der Bevölkerung. In einem »Lagebericht über Stimmung und Haltung der Bevölkerung« vom 5. August 1944 heißt es u. a.: »Daß es nicht gelungen ist, die Einberufung der für den Arbeitseinsatz nach Deutschland vorgesehenen Jahrgänge durchzusetzen und des Bandenunwesens Herr zu werden, schadet dem Ansehen nicht nur der italienischen, sondern auch der deutschen Autorität in gleichem Maße. Hinzu kommen sich mehrende Eigenmächtigkeiten deutscher Truppeneinheiten. [. . .]

Den sich gleichfalls häufenden Sabotageakten gelingt es durch Festnahme verdächtiger Elemente und Erschießungen kommunistischer Häftlinge mit einem gewissen Erfolg zu begegnen. [. . .]

In Zusammenarbeit mit einem Sonderstab wird zur Zeit ein 30 km breiter Streifen im Apennin von der Bevölkerung (etwa 50 000 Personen) evakuiert.

Wegen starker Truppenbelegung mußten die Schulen früher geschlossen werden und ist mit einer Wiederaufnahme eines geregelten Unterrichts in dem südlich des Po gelegenen Gebietes vorerst nicht zu rechnen.

Auf Veranlassung des Reichsbevollmächtigten (Rahn) hat der Justizminister eine Verordnung veröffentlicht, die die Kriegsgefangenenbegünstigung und ähnliche Straftaten den zu einem erheblichen Teil unzuverlässigen ital. Militärgerichten entzieht und dem Volksgerichtshof überträgt.

Abgesehen von der Entrichtung des Kriegslastenbeitrages und den erheblichen Ausgaben für die italienische Wehrmacht, Polizei usw. sind die Finanzen des ital. Staates durch die Bezahlung der Kriegsschäden sehr stark belastet (in der Provinz Turin z. B. allein 2 198 651 474 24 Lire).

Während die ital. Regierung die Notenpresse in immer stärkerem Umfange in Anspruch nimmt, verhält sie sich gegenwärtig hinsichtlich der Steuergesetzgebung durchaus abwartend und hat nur neu eine besondere Gebühr für Rundfunkempfang und Teilnahme im Telefonverkehr eingeführt. [. . .] Vorgesehen ist die Steigerung der Leistungen der drei vorhandenen Notendruckereien sowie mögliche Inbetriebnahme einer vierten. Von der Wiedereinführung der offiziellen Zahlungsbeschränkung wurde auf Grund ihrer ungünstigen psychologischen Auswirkungen bisher abgesehen. [. . .]«

Die wirtschaftliche Ausbeutung wirkt sich zuerst und am fühlbarsten auf das Verhalten der Arbeiterschaft in den industriellen Großbetrieben aus, die unter der Kontrolle uniformierter Funktionäre des Ministeriums Speer (RuK) für die Rüstung des Reiches produzieren müssen. Von Anfang an nicht nur für bessere Löhne und Versorgung geführt, sogleich auch politisch motiviert, entwickeln die Streiks sich zu gesteuerten Aktionen der Freiheitsbewegung. Die Arbeiter, von SD und deutscher Polizei bedroht, ohnmächtig gegen die Verschleppung von Genossen ins Reich, suchen Hilfe bei den Partisanenorganisationen. Die Zusammenarbeit erstreckt sich auf: Schutz der Familien, Verstecken namentlich Gesuchter, Sabotageaktionen in den Fabriken wie gegen die Transporte ihrer Produkte und auch Lieferung von Waffen, Ausspähung beabsichtigter Verhaftungswellen.

Diese Entwicklung macht es bald unmöglich, noch zu unterscheiden, ob sich die Arbeitermassen gegen die Unterdrücker und Ausbeuter oder klassenkämpferisch für ein neues antifaschistisches Italien engagieren. Das eine geht in das andere über.

Im Fiat-Werk Mirafiori (das bis zum heutigen Tage eine führende Rolle im Arbeiterkampf spielt) erreichen die kommunistischen Führer im »Comitato di Liberazione Nazionale« (CLN), daß 50 000 Turiner Arbeiter streiken. Die Streikbewegung greift auf Mailand und Genua über. Mit Plakaten wird zum Widerstand aufgerufen:

»Mit Ausnahme der Griechen, die vor Hunger sterben, wird kein Volk Europas, werden *nicht einmal die besiegten Länder,* so totalitär von Deutschland ausgebeutet wie das italienische.

Zum Vergleich:

Brot: Der *Deutsche* hat 286 g pro Tag, der Franzose 275 g, der Norweger 260 g, der Belgier 224 g, der Kroate 214 g, der *Italiener* 150 g

Fleisch: Der *Deutsche* hat 286 g pro Woche, der Kroate 300 g, der Belgier 245 g, der Franzose 180 g, der Norweger 100 g, der *Italiener* 100 g

Zucker: Der *Deutsche* hat 225 g pro Woche, der Belgier 230 g, der Norweger 200 g, der Franzose 125 g, der Kroate 125 g, der *Italiener* 125 g

Fett: Der *Deutsche* hat 206 g pro Woche, der Norweger 210 g, der Kroate 125 g, der Franzose 110 g, der Belgier 105 g, der *Italiener* 100 g

Das ist der Platz, den die neue deutsche Führung Italien zugewiesen hat. Deshalb müßt Ihr rufen: HEIL HITLER!«

Am 15. Dezember geht bei der deutschen Botschaft am Gardasee ein Telegramm Ribbentrops ein, in dem es heißt: »Ich bin damit einverstanden, daß Sie die streikenden Arbeiter unter Kriegsrecht stellen, gegebenenfalls als Exempel einige tausend da und dort verhaften und als Militärinternierte nach Deutschland schaffen. Der Führer ermächtigt Sie weiterhin, ausgesprochene Rädelsführer verhaften und als Kommunisten kurzerhand erschießen zu lassen.«[1]

Die Ermordung streikender Arbeiter durch deutsche »Säuberungskommandos«, die Drohung, sie zur Zwangsarbeit ins Reich zu deportieren, sowie die durch schwere Bombenangriffe verschärfte Notlage machen nur die Arbeiterschaft der Industriestädte Norditaliens zu einer Reservearmee der Partisanen. Im übrigen Italien gibt es dergleichen nicht. Die zunehmende Politisierung der Arbeiter verhilft dem Mailänder Zentrum der CLN innerhalb der gesamten Widerstandsorganisation zu überragender Autorität. Das CLN-Mailand übernimmt stellvertretend für ganz Italien eine führende Rolle. Dabei spielt auch der Umstand eine Rolle, daß sich im antifaschistischen Lager in Mittelitalien eine gewisse abwartende Zurückhaltung bemerkbar macht, die auf der Hoffnung beruht, ein schneller Vormarsch der Alliierten werde die Probleme lösen, werde die Faschisten mit den Deutschen hinwegfegen. Hinzu kommt, daß die Verfolgung der Partisanen durch Polizei- und Milizkräfte der RSI in der Lombardei eine bescheidene Effizienz gewinnt, die ihr in weiter entfernt liegenden Gebieten fehlt. Faschistische Gruppen unternehmen gegen Partisaneneinheiten und -führer »Strafexpeditionen«, die an die Jahre 1921/22 erinnern, als die Schwarzhemden vor dem »Marsch auf Rom« die Kommunisten und Sozialisten auf dem flachen Land mit Mord und Brandstiftungen verfolgten. Entsprechend heftig ist die Reaktion der Freiheitskämpfer. Ende November und Anfang Dezember werden fast vierzig faschistische Funktionäre ermordet. In Einzelaktionen dringen Stoßtrupps der Partisanen bis in die gerade im Aufbau befindlichen Polizei- und Verwaltungszentralen der RSI vor. In Piemont und in der Lombardei bis hinunter zur ligurischen Küste — in diesen Gebieten vor allem in den Gebirgs- und Hügellandschaften — entwickeln die ersten größeren Partisaneneinheiten ihre Kampftaktik und gewinnen im Kampf selbst die Kraft zu ihrer Untergrundexistenz, die unvorstellbare Entbehrungen mit sich bringt.

Im Januar 1944 spitzt sich die Lage in den norditalienischen Industriestädten weiter zu. In einem Telegramm an das Reichsaußenministerium berichtet Botschafter Rahn am 14. Januar aus Genua: »In Genua streiken im Augenblick 50 000 Arbeiter großer Betriebe, während kleinere Fabriken und Häfen arbeiten. Gestern abend wurden in Genua zwei deutsche Offiziere angeschossen, von denen einer inzwischen seinen Verletzungen erlag. Von zehn daraufhin verhafteten Oppositionellen wurden heute nachmittag durch italienisches Schnellgericht acht zum Tode und zwei zu zwanzig Jahre Zuchthaus verurteilt. Lage, die zuerst etwas ins Schwimmen gekommen war, wird nach Mitteilung des höchsten SS- und Polizeiführers Wolff durch schnell hingeworfene deutsche Polizeistreitkräfte beherrscht. Obergruppenführer Wolff hofft, Streikbewegung bis morgen niederringen zu können.«

Ende Februar kündigen Parolen und Maueranschläge den Generalstreik an. Das Streikkomitee der Provinz Piemont, weitgehend identisch mit der lokalen Partisanenführung, verbreitet ein Flugblatt folgenden Inhalts: »Werktätige von Turin! Unsere Lebens- und Arbeitsbedingungen verschlechtern sich von Tag zu Tag, die Schwarzmarktpreise steigen, und die Lebensmittelrationen werden uns nicht mehr geliefert. Die Deutschen essen unser Brot, unseren Reis und unser Fett, während unsere Kinder hungern und frieren. Die Magnaten der Industrie verraten ihr Volk, indem sie ihre Werke für die nazistischen Unterdrücker arbeiten lassen. Sie [...] werden zu Komplizen der Gestapo [...] Die Nazifaschisten [...] erschießen unschuldige Patrioten. [...] Den bereits im November vorgetragenen Forderungen fügen wir weitere hinzu: Freilassung aller festgenommenen Arbeiter und Patrioten, die Garantie, daß kein Arbeiter mehr als Geisel erfaßt werden darf und daß die Menschenjagd [...] ein Ende hat.«

Diesem Flugblatt am 25. Februar folgt ein zweites am 29. desselben Monats: »Arbeiter, Arbeiterinnen, Techniker und Angestellte! Die Stunde der Aktion ist da, ab morgen Generalstreik in allen Fabriken. Stoppt die Maschinen, schließt die Bücher, und bleibt an Euren Arbeitsplätzen. Haltet zusammen, und wartet auf die Anweisungen Eurer geheimen Agitationskomitees. [...] Noch eine neue Losung: Kein Mann, keine Maschine nach Deutschland!«

Außerstande, den Ausbruch des Generalstreiks mit Gewalt zu verhindern, läßt der faschistische Präfekt die Zeitungen Turins im März 1944 eine Bekanntmachung veröffentlichen, mit der die Belegschaft aller Werke für eine Woche in Urlaub geschickt werden soll.

Begründung: Es fehle an elektrischer Energie. Aus dem »Urlaub« machen die Streikkomitees das, um was es sich tatsächlich handelt: Aussperrung!

Bei Fiat-Mirafiori, Fiat-Lingotto, Fiat materiale ferroviario wird am 1. März gestreikt — nur dreihundert Arbeiter finden sich zur Arbeit ein —, während in allen anderen Großbetrieben die normalen Schichten gefahren werden — ein Erfolg, der die Behörden dazu ermutigt, am 2. März die Schließung aller bestreikten Fabriken und die Entlassung ihrer Belegschaft anzuordnen. In einigen Werken werden bereits Plakate angeschlagen, die die Festnahme streikender Arbeiter und ihre Verschickung nach Deutschland androhen.

In dieser Situation greift die Besatzungmacht ein. Botschafter Rahn schickt in der Nacht vom 4. auf den 5. März ein Telegramm an den

Reichsaußenminister, in dem es u. a. heißt: »Im Einvernehmen mit General Toussaint und Obergruppenführer Wolff habe ich folgende Maßnahme angeordnet:

1.) Die Arbeiter werden etwa eine Woche ausgesperrt. Die wichtigen Betriebe werden von italienischen Einheiten besetzt. (Aussperrung bedeutet kaum Produktionsausfall, da wegen Wassermangels und dadurch bedingten Ausfall elektrische Kraft ohnehin zeitweilig Stillegung der Betriebe vorgesehen war.)

2.) Lohnzahlungen sind auch für die zurückliegende Woche und auf den Urlaub angerechnet.

3.) Die ausgesperrte Arbeiterschaft wird öffentlich aufgefordert, sich am achten März wieder zur Arbeit einzufinden. Arbeitsunwilligen wird Verschickung in Zwangsarbeitslager angedroht.

4.) Ein erster Schub mehrerer hundert Streikhetzer wird am vierten März ohne Angabe ihres Schicksals nach Deutschland abtransportiert, um Schockwirkungen bei übrigen Arbeitern und Familienangehörigen über Verschwinden dieser Arbeiter auszulösen.«

Hitler greift die Idee der Deportation am nächsten Tag auf: »Der Führer hat befohlen, daß 20% der streikenden Arbeiter aus Oberitalien *sofort* zwangsweise nach Deutschland abtransportiert und dem Reichsführer SS zum Arbeitseinsatz zur Verfügung gestellt werden sollen. Bevollmächtigter General der Deutschen Wehrmacht in Italien hat im unmittelbaren Einvernehmen mit Höchstem SS- und Polizeiführer in Italien und den Transportdienststellen die erforderlichen Maßnahmen hierzu zu treffen.   gez. Keitel«

Der Oberbefehlshaber der Heeresgruppe Süd, Kesselring, informiert OKW/WFST mit Fernschreiben vom 6. März: »Die wichtigsten Fabriken werden polizeilich besetzt. Hierbei 22 Rädelsführer durch die SS verhaftet und mit unbekanntem Marschziel abbefördert. [. . .]

O. B. Südwest wird zur Unterstützung des Bev. Generals [Toussaint, Anm. d. Verf.] die z. Zt. bei 10. Armee eingesetzte Pz. Sich. Kp. Schweinfurt und eine Feldgend. Abt. wieder nach Norditalien verlegen.«

Der Aufmarsch zusätzlicher deutscher Einheiten im Industriegebiet erweist sich als wirkungslos. Die Partisanen legen das gesamte Autobusnetz zwischen den Vororten, wo die Arbeiter wohnen, und den Fabriken still. Sie gehen dazu über, die Züge zwischen Mailand und Turin auf offener Strecke anzuhalten, die Passagiere aussteigen zu lassen und die Flugblätter der Streikkomitees zu verteilen. Hier wird die unmittelbare Zusammenarbeit zwischen der Arbeiterschaft und den Partisanen ganz bewußt um der propagandistischen Wirkung willen vor den Augen der Zivilbevölkerung demonstriert.

Im April sinken die Lebensmittelzuteilungen auf 600 Gramm Fleisch, zwei Kilogramm Reis oder Nudeln, 300 Gramm Fett oder Öl oder Käse pro Monat.

Die Zusammenarbeit der Großindustriellen mit den Partisanen spielt sich mehr und mehr ein. Die Führung liegt beim Fiat-Konzern. Der Spiritus rector einer Strategie, der es gelingt, mit den Deutschen enge Kontakte zu Mussolini zu halten, mit deutschen Machthabern zu soupieren, bei den Alliierten mit eigenen Botschaftern vertreten zu sein, die Regierung Badoglios im Süden zu tolerieren und zugleich in enormem Umfang den Partisanen zu helfen, ist der Firmeninhaber Agnelli sen., der durch seinen langjährigen Generaldirektor Valetta die entsprechenden organisatorischen und finanziellen Maßnahmen durchführen läßt. Fiat-Gelder in Höhe von Hunderten von Millionen Lire fließen dem CLNAI zu. Andere Industrielle schließen sich Fiat an. Vom Pirelli-Konzern ist schon im Dezember 1943 Winterbekleidung für ganze Regimenter geliefert worden. »Es gibt keinen Anhaltspunkt dafür, daß die wichtigsten Chefs des FIAT-Konzerns nach dem 8. September 1943 noch auf einen Sieg der Republik von Salò oder des Hitler-Reiches gesetzt hätten.« [2] Die Industriebosse weigern sich auch vielfach, gegen streikende Arbeiter Strafmaßnahmen durchzuführen, die von den Deutschen für unerläßlich gehalten werden.

Mussolini wird von Rahn in die Zwangsmaßnahmen gegen die Arbeiter eingespannt. Am 22. April 1944 kann der Reichsbevollmächtigte seinem Minister melden, Mussolini habe dem Präfekten folgende Weisung zugehen lassen: »Bezugnehmend auf mein vorhergehendes Telegramm muß der Aufruf der Arbeiter für Arbeiten in Deutschland auf Grund der Weisungen, die Ihnen vom nationalen Arbeitskommissar erteilt werden, beschleunigt werden. Dieser Aufruf wird auch auf alle Arbeiterklassen und alle für eine Arbeit Tauglichen ausgedehnt. Auf Grund der Erfordernisse des Krieges, der an einem Höhepunkt angelangt ist, ist es auch in unserem Interesse absolut notwendig und dringend, die Forderungen des deutschen Verbündeten zu befriedigen. Um jeden Preis müssen eventuelle Schwierigkeiten und Widerstände überwunden werden. Zur Lösung dieser Probleme, deren äußerste Wichtigkeit Sie kennen, rechne ich persönlich auf jede [Unterstützung] von Ihnen.   gez. Mussolini.« Trotz aller Schwierigkeiten in der laufenden Produktion ist das besetzte Italien eine Art Bergwerk, aus dem Speers Generalbevollmächtigter

Leyers alles herausholt, was sich auf Güterwagen verladen läßt. Über
die ins Reich abgefahrenen Mengen, die nicht etwa in Tonnen, sondern
der Einfachheit halber in Waggons angegeben werden, orientiert er seinen Minister mit einem Erfolgsbericht, der die Zeit vom 16. April bis
15. Mai umfaßt:

»2. Dekade April 2012 Waggons

3. Dekade April 2758 Waggons

1. Dekade Mai 2270 Waggons

[Davon etwa die Hälfte im Transit durch die Schweiz!]

Abtransport rüstungswirtschaftlicher Güter:

A. Nach dem Reich

Materialien, Rohstoffe, Halb- und Fertigfabrikate, sowie Betriebs- und
Fertigungseinrichtungen 6056 Waggons mit 92 231 t«

Diese Angaben werden ergänzt durch Zahlen, die den davor liegenden
Zeitraum von der Kapitulation Mitte September 1943 bis Ende April
1944 erfassen: »Abtransportiert wurden zwischen 15. 9. 1943 und 30. 4.
1944 22 209 t in 3371 Waggons im Wert von 2 645 055 440 Lire (Einzel-
posten im April z. B. 32 t Knöpfe, 156 t Möbel, 328 t Drogen und Heil-
kräuter, 586 t Besenbürsten und Reisstroh, 9 t Tabakpfeifen.) Schwer-
metalle, ins Reich abtransportiert: 772 t Blei, 1203 t Kupfer, 85 t Queck-
silber, 3 t Zink. Gesamtabtransporte und Verlagerungen aus dem Raum
südlich des Apennin: 274 730 t Rohstoffe, 103 766 t Maschinen und
Werksanlagen.«

Bis Oktober 1944 sind italienische Wirtschaftsgüter im Gewicht von insgesamt 1 150 000 Tonnen ins Reich abtransportiert. (Davon wird eine
halbe Million Tonnen durch die Schweiz befördert, deren Regierung aus
Furcht, die Deutschen könnten einmarschieren, bei der Ausraubung Italiens — und im Gegenverkehr Reich-Italien bei der Versorgung der deutschen Truppen — bereitwillig hilft, während sie geflüchtete Juden
zurückweist und damit in die Gaskammer schickt.)

Der Wehrmachtsführungsstab schätzt Anfang November 1944, daß
außer den Entnahmen aus der laufenden Produktion — gleichbedeutend
mit ihrer Beschlagnahmung im ganzen — noch 600 000 Tonnen zur Ver-
ladung kommen werden. Diese Mengenangaben betreffen nur industrielle Produkte.

Aus der landwirtschaftlichen Produktion sind in das Reich abzuzwei-
gen und werden in dem betreffenden Befehl des Wehrmachtsführungsstabs »Überschüsse« genannt:

160 000 t Reis

40 000 t Mais
130 000 t Obst und Gemüse
200 000 hl Wein
100 000 hl Sprit
15—20 000 Stück Vieh
200 000 t Weizen

Zur Ausbeutung der Menschenkraft liegt u. a. aus dem Stab Wolffs ein zusammenfassender Bericht vom 1. Mai über die Deportation von Rekruten (Göring-Programm für die Flak) und von Arbeitskräften (Sauckel-Programm) vor:

»Göring-Programm: Einberufung der Jahrgänge 1916—17 beantragt und erfolgt. Je nach der Stärke dieser Jahrgänge stehen für dieses Programm noch Jahrgang 15, 18 und 19 zur Verfügung.
Einberufungstermin: 20. 4. 44.
Zur Einkleidung sind deutsche Flak-Uniformen mit ital. Hoheitsabzeichen bereitgestellt. Vereidigung auf ital. soz. Republik wird vor Abtransport in das Reich durchgeführt.
Sauckel-Programm: Durchführung erfolgt durch Bevollm. General — Militärverwaltung in Zusammenarbeit mit Kommandostab/Ia/Org. nach vom Bevollm. General festgelegten Richtlinien. Zur personellen Erfüllung sind die Jahrgänge 1900 — 14 vorgesehen. Einberufung des Jahrgangs 1914 findet zum 5. V. 44 statt, Einziehung weiterer Jahrgänge erfolgt anschließend laufend. Für Bekleidung ist die Ausstattung mit Arbeitsanzügen vorgesehen, soweit die Beschaffung durch Ankauf in Italien durchgeführt werden kann. Vor Grenzübertritt in das Reich und nach Rückkehr nach Italien unterstehen die Arbeiter dem Militärgesetz. Die Auswahl des Arbeiter-Personals nach Spezialisten-Zweigen wird durch Militärverwaltung in Auffanglagern vorgenommen, *die reinrassigen Transporte* [Hervorh. v. Verf.] werden dann den betreffenden Arbeits-Zentren zugeführt.
Die vom OKW angeordnete gleichmäßige Beschickung der beiden Programme mit Personal der einschlägigen Jahrgänge erfolgt durch geplanten Abtransport von je 20 000 Mann je 10 Tage, die Erhöhung der Raten auf 30 — 40 000 Mann ist geplant und in den Transportplänen vorgesehen. Nach Ablauf des Göring-Programms wird das Sauckel-Programm transportmäßig verdoppelt, die freiwerdenden Lager der Luftwaffe für die vermehrte Unterbringung herangezogen. [. . .]«
Dazu treten Personalanforderungen, die weder in das Göring- noch in das Sauckel-Programm fallen; es werden »zugewiesen«: dem

11 Bau-Btl. Eisb. Inst. (aus Pers. Art. Abt. f. Div.)	10 000 M.
5 Bau-Btl. (aus Neueinberufungen)	4 500 M.
1 Techn. Bau-Btl. (Hochspannung)	900 M.
1 Brück. Bau-Btl.	700 M.

Bev. Gen. Hö. Na. Fü. [Höherer Nachrichtenführer]

2 Fspr. Kp.	500 M.
2 Hilfs-Na. Kp.	300 M.

OKM [Oberkommando der Marine]

Nebel Abt. für Italien	18 000 M.

Dt. Mar. Kdo. Italien

Flak- u. Nebel-Abt. für Italien	15 200 M.

OKW/WFST

10 Art. Abt. zur Ausbildung im Reich	10 000 M.
4 gemischte Ers. Btl. für ital. Div.	10 000 M.
	70 100 M.
Für Göring-Programm	150 000 M.
Für Sauckel-Programm	100 000 M.
Summe der Anforderungen	1 220 000 M.«

Zu diesem Sklavenmarkt äußert sich im Juni 1944 Marshall Graziani:
»Die Verschickung von Männern nach Deutschland ist der unpopulärste
Aspekt des Lebens im heutigen Italien. Die Folge ist, daß Einberufungen
zur Armee praktisch wirkungslos sind. Die Masse der jungen Männer
geht lieber in den Maquis [...] als nach Deutschland.
Es war ein schwerer Fehler, daß in einer solchen Zeit versucht worden
ist, Italien das Göring-Sauckel-Programm aufzuzwingen. Die Deutschen haben keinen Begriff von der italienischen Psychologie, wie ihre
Behandlung der Militärinternierten schlagend beweist.« [3)]
Graziani wird bei Mussolini vorstellig und erklärt ihm, daß es unter solchen Umständen ausgeschlossen sei, noch einen einzigen Italiener zu
finden, der bereit sei, sich freiwillig am Kampf gegen die Partisanen zu
beteiligen. Es sei unerläßlich, daß er, der Duce, Hitler in einer persönlichen Begegnung veranlasse, die Verschleppung ganzer Bevölkerungs-
teile ins Reich einzustellen. Mussolini ist überzeugt, daß er bei Hitler
nichts mehr ausrichten wird, nachdem auch alle Versuche, über Botschafter Anfuso die Lage der Militärinternierten zu verbessern, ohne
Erfolg geblieben sind. Daß er sich dann doch Mitte 1944 entschließt,

noch einmal ins Führerhauptquartier zu fahren, hat seinen Grund darin, daß die Deutschen angesichts ihrer Niederlagen an allen Fronten zu erkennen geben, sie ließen jetzt über eine Verwendung der vier in Deutschland zur Ausbildung stationierten italienischen Divisionen in Italien mit sich reden. Bis dahin hat das OKW, das sich Hitlers Urteil über die feigen, unbrauchbaren Italiener angeschlossen hat, daran festgehalten, daß diese Divisionen nicht mehr als eine unumgängliche Konzession an Mussolinis fixe Vorstellung seien, die Achse könne nur militärisch repariert werden. Ende Juni klingen Kesselrings Berichte von der Südfront immer pessimistischer, verzweifelt verlangt er nach Ersatz für seine angeschlagenen Divisionen. Er meldet dem OKW, die allerletzten ihm noch möglichen Maßnahmen zur Verstärkung seiner Kampfkraft hätten darin bestanden, zwei Divisionen durch je »ein Marsch-Kampf-Bataillon« zu ergänzen und eine Panzerdivision herauszulösen, um mit ihr an anderer Stelle ein Loch zu stopfen. Sätze wie: »Mit letzten Reserven konnte der Feind aufgefangen werden« oder: »Erst wenn alle Mittel erschöpft seien und ein feindlicher Durchbruch nicht mehr aufzuhalten sei« finden sich gehäuft in seinen Meldungen. Langsam, aber unaufhaltsam fallen seine zwei Armeen auf die Gebirgsstellung im Apennin (»Grüne Linie«) zurück. Dieses Wörtchen »langsam« bedeutet Abertausende von Toten mehr, Kämpfe mit letzter Kraft in der glühenden Hochsommerhitze der Hügel und Täler der Toskana, Zerstörung der Dörfer, Flucht und Tod ihrer Bewohner.

In dieser Lage erinnert man sich im Führerhauptquartier der vier italienischen Divisionen, die man inzwischen durch deutsches Stammpersonal mehr schlecht als recht aufgepäppelt hat: »Zwischen dem Botschafter Rahn und dem Chef OKW fand eine Besprechung über den Einsatz der [. . .] italienischen Div. statt, die noch im Laufe des Monats [Juli] nach Italien verlegt, aber vorher noch durch den Duce oder den Marschall Graziani besucht werden sollten.« [4]

Das sind die Voraussetzungen, unter denen Mussolini für seine letzte Reise ins Reich und zum Führer ein Programm entwickelt: 1. Besuch der Divisionen; 2. mit Hitler und dem Wehrmachtführungsstab über den Einsatz der Divisionen in Italien verhandeln, zu welchem Zweck Marschall Graziani die Reise mitmachen muß; 3. noch einmal mit allem Nachdruck verlangen, daß den Militärinternierten wenigstens die Behandlung von Kriegsgefangenen zuteil wird.

Kein Trost mehr aus der »Wolfsschanze«

Die Vorbereitungen auf Mussolinis letzte Reise ins zerstörte Reich nehmen nur wenige Tage in Anspruch. Am 15. Juli fährt der Sonderzug auf dem Bahnhöfchen Martarello bei Trient ab. Mussolini und Graziani werden von einem Gefolge von hohen Offizieren, dazu Botschafter Anfuso aus Berlin, begleitet: Vom deutschen Protokoll ist Freiherr von Dörnberg mit neun Gehilfen im Zug verantwortlich für den pünktlichen Ablauf des Programms wie für die Sicherheit der Reisenden. Sie passieren zertrümmerte Stadtlandschaften und müssen zum Ärger Mussolinis mehrfach aussteigen und in Luftschutzbunkern Alarme und Angriffe abwarten.

Alle Teilnehmer an der Expedition durch das zusammenbrechende Reich, deren Stationen Münsingen, Heidelberg, Grafenwöhr und Sennelager sind und die dann quer durch den Norden Deutschlands bis Rastenburg führt, sind sich darin einig, daß der italienische Capo sich ihnen ganz anders präsentiert, als sie ihn bisher erlebt haben. Eine plastische Schilderung davon gibt Dollmann: »Dieses Mal hatte Mussolini die strenge Geisteshaltung eines römischen Stoikers angenommen, er schien den Kaiser und Philosophen Marc Aurel als Vorbild zu nehmen. Die Wahl Marc Aurels war zu diesem kritischen Zeitpunkt in der Tat bewundernswert — konnte man doch seine Unruhe beim Einfall der Barbarenhorden durchaus gleichsetzen mit der Furcht der beiden Diktatoren vor einer drohenden, kriegsentscheidenden Invasion der Russen und der Westalliierten in das Dritte Reich sowie in den Teil Italiens, der noch Mussolinis Oberaufsicht unterstand.

Der große Mann war ruhig und schweigsam und stellte eine menschliche Würde zur Schau, die die Erinnerung an sein früheres prahlerisches Gehabe auslöschte. Die erste Frage, die er nach der Begrüßung im Sonderzug an mich richtete, lautete, ob ich Platon kenne. Ich sah mich gezwungen zu verneinen [. . .]. Er lächelte mich bedauernd an, zeigte mir die Werke Platons, die zu seiner Reisebibliothek gehörten, und begann dann, mich in eine interessante, aber wenig aktuelle Lektüre seines neuen Lieblingsautors einzuweisen.« [5]

Die Reden, die er am 16. Juli vor der Division »Monterosa«, am 17. Juli vor der »Italia«, am 18. Juli vor der »San Marco« (die er bereits im April besucht hatte) und am 19. Juli vor der »Littorio« hält, sind nicht gerade philosophische Vorlesungen, wie behauptet worden ist, entsprechen aber auch nicht im mindesten dem chauvinistischen Gebell, mit dem er die Römer vom Balkon des Palazzo Venezia aus in Begeisterung versetzt hatte, solange es gut um Italien stand. Daß es gut um seine Divisionen steht, deren Männer wissen, daß sie jetzt einem gefährlicheren Leben zugeführt werden sollen, als sie es seit Monaten in den kahlen Baracken ihrer Ausbildungslager und -kasernen haben hinnehmen müssen, läßt sich nicht sagen, und doch erleben Mussolini und seine italienische wie deutsche Begleitung viermal das gleiche: Begeisterung, Freude, Jubel dieser heimwehkranken Soldaten. Die Aussicht, aus der deutschen Verbannung wieder ins eigene Land zurückkehren zu dürfen, bedeutet ihnen mehr als der Umstand, daß die Rückkehr in die Heimat mit Einkehr in den Krieg an der Front verbunden ist.

Mussolini spricht ohne Manuskript und wiederholt nicht viermal denselben Text. Nur in einem Punkt stimmen seine Reden überein: in der beinahe traumatischen Beschwörung, daß der »Verrat« vom September nur durch den Einsatz, durch das Blutopfer der Söhne des Vaterlandes von den Schultern des Volkes genommen werden könne. *La Repubblica Fascista*, gewissermaßen das Zentralorgan der RSI, in Mailand im Format des *Völkischen Beobachter* erscheinend, widmet in verschiedenen Ausgaben viele Seiten der Inspektionsreise. Am 25. Juli (mit einer Woche Verspätung) beschreibt das Blatt den Besuch des Duce bei der Division »Monterosa«: »Mussolinis zweites Vaterland ist Deutschland; er wohnt im Herzen der Kinder, der Frauen, der Alten, einfach *aller* Menschen; er ist der Freund des Führers, er ist der Freund des deutschen Volkes, sowohl in seinen fröhlichen als auch in seinen traurigen Momenten.

Am Spätnachmittag des 16. sind die Alpini der »Monterosa« in Reih und Glied angetreten. Nach heftigen Regengüssen am Vormittag hat sich der graue Himmel aufgeklärt. Strahlender Sonnenschein — als wollte die Natur sich der Freude anschließen, die die Herzen und Gesichter von Zigtausenden erfüllt.

Vor den Bataillonen ist ein Podium aufgebaut, mit italienischen und deutschen Fahnen behängt, von dem aus der Duce zur Truppe sprechen wird.

Um Punkt 16 Uhr trifft Marschall Graziani ein. Gemeinsam mit dem Divisionskommandeur schreitet er die Fronten ab, und die einzelnen Befehlshaber der Abteilungen werden ihm vorgestellt.

Ein Fichten- und Eichenwald erstreckt sich hinter dieser beeindruckenden Truppenparade. Plötzlich hört man von der Straße, die durch das Lager zum Truppenplatz führt, den Ruf: ›Der Duce kommt!‹ Unzählige

Soldaten, die die Wagenkolonne flankieren, stürmen herbei und heben den Arm zum römischen Gruß. Es ist 16.45 Uhr. [...]

Die Kapelle der Division stimmt die Melodie der ›Giovinezza‹ an, während General Carloni dem Duce seine Truppe vorstellt. Voller Stolz äußert er sich über die Ehre, die seinen Männern zuteil wird, wenn sie Seite an Seite mit den deutschen Kameraden in den Kampf zurückkehren dürfen.

Mussolini beginnt, die Truppe abzuschreiten. Während er langsam durch die einzelnen Abteilungen geht, blickt er jedem dieser kräftigen Gebirgssöhne in die Augen. Die ganze Tradition der Gebirgsjäger mit ihren schwarzen Federn und beschlagenen Stiefeln lebt in diesem Moment der Nostalgie wieder in ihm auf.

Nach Beendigung der Parade besteigt der Duce das Podium und spricht [...]«[6]

Er ist unterwegs blendender Laune. Die Reiseroute führt am Kloster Beuron vorbei; er läßt halten, macht dem Abt seine Aufwartung, dessen Ring er, das Knie beugend, küßt, ein Generalissimus in Uniform. Was er, der unkirchlichste Ministerpräsident Italiens seit Staatsgründung, der konsternierten nationalsozialistischen Begleitung vorführt, die in jedem Mönch einen homosexuellen Kinderschänder sieht, ist nicht Demonstration von Gläubigkeit, sondern von Italianità; er gibt ihr zu verstehen, auch eure Katholiken gehören der römisch-katholischen Kirche an, in meinem Land ist ihr Zentrum.

Im Reich kann kein Zug mehr vorgeschriebene Fahrzeiten einhalten, dieser aber die seinen auf die Minute pünktlich, unterwegs häufig durch Anrufe aus der »Wolfsschanze« kontrolliert, ob auch alles in Ordnung sei. In Ostpreußen, am sechsten Tag, eine Stunde vor dem Ziel, verlangsamt er plötzlich sein Tempo. Eine seltsam verstörte Dienerschaft eilt von Wagen zu Wagen und läßt die Stoffblenden an den Fenstern herab, obwohl draußen heller Tag ist. Um einen Luftalarm kann es sich nicht handeln, sonst hätten die Delegationen den Zug verlassen müssen. Dörnberg gibt auf Fragen keine Antwort, möglicherweise weiß auch er noch nicht, was vorgefallen ist.

Als der Zug, auf dessen ersten Waggon hinter der Lokomotive ein Vierlingsmaschinengewehr zur Fliegerabwehr montiert ist, im Bahnhof Görlitz des Führerhauptquartiers einrollt, stürzen an alle Ausgänge SS-Männer mit Maschinenpistolen; keiner der Ankommenden, Mussolini ausgenommen, darf den Bahnsteig betreten, bevor er einer Ausweis- und Körperkontrolle unterzogen ist. Der Tag ist windig und kühl. Doch das ist nicht der Grund, warum Hitler, der mit dem üblichen Gefolge zum Empfang erschienen ist, ein über die Schäfte seiner Stiefel herabreichendes schwarzes Cape trägt, das ihn um so mehr wie einen Todesengel erscheinen läßt, als seine Gesichtsfarbe sich nicht zwischen grün und weiß entscheiden kann. Das Cape verbirgt, daß er den rechten Arm in einer Schlinge trägt, nur der linke kommt zur Begrüßung hervor. »Duce«, sagt Hitler, »man hat soeben eine Höllenmaschine auf mich losgelassen.« Es ist der 20. Juli.

Bei dem Wort »Höllenmaschine« denkt Mussolini nicht sogleich an eine explodierende Bombe, er hält es für eine Metapher, wird aber sogleich eines anderen belehrt und mit ihm alle, die ahnungslos aus dem Zug gestiegen sind. Von dem Programm, das für das Treffen vorgesehen gewesen ist, bleibt kaum etwas übrig. Hitler überläßt seinen Gast sofort Göring und fährt mit Himmler voraus. Erst am Ort des Attentats übernimmt er wieder die Rolle des Gastgebers und schildert, was sich zugetragen hat. Von dem etwa zehn Meter langen, vier bis fünf Meter breiten Backsteinbau, der an die riesige Wand eines der Betonbunker angehängt ist, sind nur noch Trümmer übrig. Das leicht gebaute Dach ist weggerissen. Der große Kartentisch, über den sich Hitler gerade weit vorgebeugt hatte, als die Bombe in Stauffenbergs Mappe explodierte, liegt umgestürzt in einer Ecke, weit weg von der Stelle, an der er gestanden hatte. Hitler nennt die Toten und Verletzten. Wäre die Lagebesprechung wie üblich in einem Bunkerraum abgehalten worden, so wären alle tot.

Solche Einzelheiten sind heute gesicherte Erkenntnisse der Geschichte, nachvollziehbar im zeitlichen Ablauf. Was die Italiener in den kurzen Nachmittagsstunden am 20. Juli als Zaungäste miterleben, bevor sie zur Erleichterung aller wieder abfahren, ist gewissermaßen die Stellprobe eines noch nicht geschriebenen Stückes, das die Schauspieler improvisieren, unter ihnen als Hauptdarsteller der Führer, der stets am Telefon hängt und jene berühmten Gespräche mit Goebbels und Major Rehmer führt. Vor ihm entrollt sich nach und nach das Bild der Verschwörung. Er gewinnt den Eindruck, daß es wirklich um die Sicherheit seiner Herrschaft geht, und alles wäre jetzt wichtiger als Besprechungen mit den Italienern, aber er kann nicht so tun, als seien sie nicht da. Sie werden in dem in freundlichen Farben gehaltenen Speiseraum der Führerrunde zum Tee gebeten, wo Mussolini neben dem Hausherrn sitzt; Ribbentrop, Anfuso und Mazzolini, Unterstaatssekretär der »Republik von Salò« für Auswärtige Angelegenheiten, bilden eine Gruppe, Keitel mit Graziani und anderen Generälen eine zweite.

Über eine Stunde scheint Hitler sich beherrscht zu haben. Er spricht fast kein Wort, so daß sich der Gast nicht sicher ist, ob ihm Hitler eigentlich zuhört, als er nun doch versucht, die vorbereiteten Punkte darzulegen, vor allem den, daß nun weitere italienische Divisionen aufgestellt werden müßten; die Kriegslage in Italien, die er in den dunkelsten Farben schildert, verlange es. Wieder, zum wievielten Male?, bringt er die Forderung vor, daß seine Armee hinter Stacheldraht einem normalen Leben zurückgegeben werden müsse. Diesmal läßt Hitler erkennen, er sei geneigt, die Militärinternierten in Schüben nach Italien zu entlassen.

Bis auf ein paar Transporte, die aus Kranken oder ob ihrer allgemeinen Schwäche arbeitsunfähigen Gefangenen zusammengestellt und nach Italien geleitet werden, kommt es zu der zugesagten Befreiung vor Kriegsende nicht. Man traut seinen Augen nicht, in den Erinnerungen Rahns folgende Stelle zu finden: »Unterwegs [von den Truppenübungsplätzen zum Führerhauptquartier, Anm. d. Verf.] sprach ich mit Mussolini, mit dem Grafen Mazzolini, dem Staatssekretär des Äußeren, und mit dem italienischen Botschafter in Berlin, Anfuso, über die Möglichkeiten eines neuen Vorstoßes zur Verbesserung der Lebensbedingungen der unglückseligen italienischen Internierten in Deutschland. Mussolini lehnte zunächst resigniert ab — er habe das so oft vergeblich versucht. Von einem unserer deutschen Begleiter, dem Admiral Bürkner, in meinem Vorsatz bestärkt, entwarf ich schließlich einen Brief Mussolinis an Hitler, der mir behutsam auf die Mentalität des letzteren abgestimmt schien und in seiner Schlußfolgerung die Umwandlung der Internierten in freie und bezahlte Arbeiter forderte. Mazzolini und Anfuso bestürmten Mussolini, den Brief wörtlich zu übernehmen, und ich riet ihm, bei der Übergabe des Manuskriptes zu Hitler zu sagen, er möge es gelegentlich lesen, wenn er Zeit habe, und in den Papierkorb werfen, wenn es ihm nicht zusage. Dieser würde es dann schon aus Widerspruch sofort lesen und in der seiner eigenen Denkart angepaßten Form wahrscheinlich genehmigen. Mussolini möge ihn dann bitten, sofort am Rande die Zustimmung und einen Termin von vier bis sechs Wochen für die Durchführung zu vermerken. Mussolini befolgte diesen Rat, und wenige Wochen später waren 700 000 Internierte frei und 700 000 italienische Familien glücklich über die Nachricht — wie wir selbst.«[7] Das ist eine Erfindung, und niemand hatte Anlaß, glücklich zu sein.

Um den Teetisch, an dem angeblich dieser menschenfreundliche Beschluß gefaßt worden ist, versammeln sich immer mehr Minister und Parteiführer, die herbeigeflogen sind, um Hitler in dieser schweren

Stunde ihrer unwandelbaren Treue zu versichern. Die Italiener gewinnen allerdings eher den Eindruck, Angst habe sie hergetrieben, die Angst, der Verwicklung in den Putsch bezichtigt zu werden.

Was nun die Krise bei Hitler auslöst, die lautstarken Beteuerungen seiner eigenen Leute, nicht zu ruhen, bis das Geschwür des Verrats ausgebrannt sei, oder Mussolinis Beschwerden über das Benehmen der Besatzungsbehörden in Italien, die er zu keiner ungeeigneteren Zeit hätte vorbringen können, oder beides zusammen: Hitler erleidet (oder spielt?) einen jener Tobsuchtsanfälle, von denen die Mär geht, er habe sich oft in sie hineingesteigert, während Personen aus seiner Umgebung, die eine gewisse Glaubwürdigkeit besitzen, bezeugen, sie hätten sich selten ereignet, auch und gerade in der allerletzten Zeit. Wie dem auch sei: Am Nachmittag des 20. Juli verstummen am Teetisch alle Gespräche, breitet sich Entsetzen aus, als Hitler ohne Übergang aus seiner gewöhnlichen Tonlage, von einer Sekunde auf die andere, zu brüllen beginnt und mit verglasten Augen einen Rache- und Vernichtungsfeldzug ankündigt, dem keiner, keiner, keiner entgehen werde, der in das Attentat verwickelt sei. Das ist auch der Augenblick, in dem sich Hitler bewußt wird, daß ihn nur ein Wunder gerettet haben könne, ein unmittelbares Wirken der Vorsehung, die es nicht dulde, daß ihm etwas geschehe, bevor er seine Mission zu Ende geführt habe. Alle Deutschen springen auf und versichern ihm, auch sie erkennten in seiner wunderbaren Erhaltung ein Zeichen seiner Auserwähltheit.

An eine Fortsetzung sachlicher Besprechung ist danach nicht mehr zu denken. Nur Keitel geht mit Graziani und anderen hohen Militärs noch in einen anderen Raum und hört sich die Vorschläge des Marschalls für die Verwendung der italienischen Divisionen und für ihre Eingliederung in die Befehlsstruktur des OKW an.

Im Zug, der während der verflossenen Stunden unter Dampf gewartet hat, kommt es auf der Fahrt durch die ostpreußischen Wälder, über die sich die Nacht herabsenkt, zwischen der italienischen Delegation und ihren deutschen Betreuern, die durch ein zusätzliches Kontingent von SS-Bewachern verstärkt worden sind, zu einer unerquicklichen Szene, weil die Italiener in eine geradezu euphorische Stimmung geraten — hat doch der große Bundesgenosse endlich seinen eigenen Verrat erlebt. Mussolini bleibt in seinem Abteil und nimmt an dem allgemeinen Freudentanz keinen Anteil. In dem stählernen Regime der Germanen auch ein Wurm? Es ist fast zu schön, um wahr zu sein. In Vittorio Mussolinis zumeist etwas mürrischem Blick blitzte ein Strahlen auf — fast vierzig

Jahre später! —, als ihn der Verfasser nach seinen Erinnerungen an den 20. Juli fragte, den er, Vittorio, als Begleiter seines Vaters miterlebt hatte. Er sagte: »Es war ein ganz herrlicher, glücklicher Tag für uns!«

Das Glücksgefühl, oder richtiger gesagt, die Schadenfreude überdauert die Rückkehr an den Gardasee nicht. Mussolini hat einen Führer erlebt, dessen Beteuerungen, alles werde noch gutgehen, und der Endsieg sei gewiß, ihn nicht mehr mit der Zuversicht erfüllt haben wie so oft zuvor. Auch der Hinweis auf die Wunderwaffen hat an Überzeugungskraft verloren, denn die Wunderwaffe V 1 ist im Einsatz, das erste Geschoß ist schon am 12. Juni über den Kanal nach England geflogen, und doch überrennen die Amerikaner und Engländer in Frankreich eine deutsche Stellung nach der anderen. Es hat sich gezeigt, daß die V-Waffe nicht zur Vernichtung der Landeköpfe brauchbar gewesen ist, weil es ihr an der dafür notwendigen Zielgenauigkeit mangelt.

Die Fahrt durch das Reich, immer wieder von Aufenthalten unterbrochen, die von Luftangriffen erzwungen werden, der Anblick der zerstörten Städte tun das Ihre, daß das Hochgefühl, das Mussolini bei den Truppenbesuchen überkommen ist, rasch verfliegt. Als er wieder am Schreibtisch in der Orsoline sitzt und die auf den Audienzlisten vorgemerkten Besucher sich die Klinke in die Hand geben, spürt er, wie sich in den Tagen, in denen er abwesend war, die Stimmung in seiner italienischen Umgebung erschreckend verdüstert hat.

In einem langen Bericht, den Kaltenbrunner im August an Martin Bormann, den Leiter der Parteikanzlei, den mächtigsten Mann der Spätzeit des Dritten Reiches nach Hitler, richtet, spiegelt sich wider, was Mussolini nach seiner Rückkehr aus dem Reich an deprimierenden Erlebnissen verarbeiten muß: »Nach einer mir vorliegenden Meldung sieht der Duce gegenwärtig die innerpolitische Lage in Italien sehr ungünstig und hält eine Aufwärtsentwicklung nicht mehr für möglich. [. . .] Seit der Aufgabe der Stadt Rom ist in Kreisen der italienischen Regierung der Glaube an einen deutschen Sieg immer mehr geschwunden. [. . .] So habe sich zum Beispiel Kulturminister Mezzasoma geäußert: Der Krieg ist nunmehr rettungslos verloren, Deutschland könne nichts mehr machen, die Deutschen haben Italien ein sehr trauriges Schauspiel gegeben. [. . .] Der Privatsekretär Buffarinis Bevilacqua habe erklärt: [. . .] es geht einem schlimmen Ende zu, die Deutschen können den Krieg nicht mehr gewinnen, jetzt muß man sehen, wie man sich drückt.«

Vom Erziehungsminister Biggini weiß Kaltenbrunner zu berichten, er habe geäußert, es sei notwendig, »zunächst die Lage unserer Familien zu klären«, und vom Generaldirektor des Wirtschaftsministeriums, er habe festgestellt, daß man sich in der Umgebung des Innenministers ausschließlich mit Plänen befasse, wie man in die Schweiz fliehen könne.

Kaltenbrunners Liste höchst bedenklicher Symptome ist acht Seiten lang, er nimmt kein Blatt vor den Mund und braucht es auch nicht zu tun, spricht er doch nur von den kleinmütigen, verräterischen Italienern. Freilich gibt er damit ein schonungsloses Bild der tatsächlichen Lage, und ohne Zweifel ist das auch seine Absicht.

Eine ganze Reihe leitender Personen der RSI – Kaltenbrunner nennt Namen – seien bereits zu den Alliierten übergegangen, die wichtigsten Gesetze der Regierung stünden nur noch auf dem Papier, die Regierungsgewalt sei in Auflösung begriffen; bei den Carabinieri komme es zu Massendesertierungen, viele von ihnen gingen mit der ganzen Ausrüstung zu den Partisanen über. In Oberitalien seien von dort eingesetzten italienischen Verbänden binnen drei Tagen 3000 fahnenflüchtig geworden, die angedrohte Todesstrafe für Fahnenflucht schrecke nicht mehr ab. Die Zahl freiwilliger Meldungen gehe immer mehr zurück, von 1300 Wehrpflichtigen des Jahrgangs 1920 seien 24 erschienen, vom Jahrgang 1921 nur zehn, und das im großen Bezirk Como. Noch schlimmer stehe es um die Aktion zur Gestellung von Arbeitskräften in das Reich; von etwa 230000, die aus den Jahrgängen 1920 bis 1926 nach der Bevölkerungsstatistik zur Verfügung stehen müßten, seien etwa 4000 unter Einsatz von Zwangsmaßnahmen auf Transport gebracht worden, 1,8 Prozent aller. Hingegen hätten die »Banden« aus den Reihen dieser Männer einen Zulauf, der in die Zehntausende gehe. Für die Bereinigung dieser Situation »bestünde zunächst die Möglichkeit«, schreibt Kaltenbrunner, »die ohnehin nur scheinbare Souveränität der italienischen Regierung auch tatsächlich aufzuheben« und alle Befugnisse auf deutsche Stellen zu übertragen.

Der SD-Chef scheint jedoch selbst an der Durchführung dieses Vorschlags »aus politischen und kräftemäßigen Gründen« zu zweifeln und schlägt statt dessen die Ausmerzung aller unzuverlässigen Elemente in der Umgebung Mussolinis vor. Als einzigen Lichtblick erkennt er den Umstand, daß »durch die Übernahme der Geschäfte des Bevollmächtigten Generals durch SS-Obergruppenführer Wolff die wesentlichste Ursache der bisher zwischen den deutschen Stellen bestehenden Reibungen beseitigt und die Voraussetzungen für eine straffe und einheitliche politisch-militärische deutsche Führung geschaffen sind«. Diese erhebliche Erweiterung der Kompetenzen des SS-Generals ist eine unmittelbare Folge des 20. Juli. Hitlers Mißtrauen gegen die hohen Wehrmachtsoffiziere wächst; in der SS sieht er die sicherste Stütze seiner Herrschaft. Auch darin irrt er sich.

Als Kaltenbrunner diesen Situationsbericht abschickt, ist Florenz gerade erst verlorengegangen, wird noch im Vorgelände des Apennin gekämpft. Vier Wochen später nähern sich erste Angriffsspitzen General Alexanders der »Grünen Linie«. Am 2. August hat die Türkei die Beziehungen zum Reich abgebrochen. Am 25. August wird Paris geräumt, am selben Tag erklärt eine neue rumänische Regierung nach der Verhaftung des Marschalls Antonescu, einem der Vasallen Hitlers, dem Reich den Krieg. Am 4. September stellt Finnland die Kampfhandlungen ein, eine Woche später erreichen die Amerikaner die Reichsgrenze bei Trier.

Zu den Wehrmachtsberichten über die allgemeine Entwicklung der Kriegslage, die nicht schlechter sein könnte, treten für Mussolini und seine Minister noch ganz spezielle Hiobsbotschaften. Aus den halbherzigen Zusagen, die Keitel und Jodl Graziani am 20. Juli gegeben haben, seine italienischen Divisionen würden bald die Ehre des Kampfes haben, wird deshalb nichts, weil sich die Alliierten dort nicht zum Kampf stellen, wohin zwei dieser Divisionen in Marsch gesetzt werden: an die ligurische Küste. Aus feindlichen Flottenbewegungen im Mittelmeer hatte das OKW den Schluß gezogen, nun werde der Feind doch den langerwarteten Landungsversuch im Raum La Spezia—Genua machen. In dieser Annahme werden dort an der Küste erhebliche Truppenverstärkungen vorgenommen. Aus einer bunten Mischung, die, nach dem Prinzip aus alt mach neu, sich aus mühsam aufgefrischten deutschen Verbänden und jenen beiden italienischen Divisionen zusammensetzt, wird ein Armee-Oberkommando »Ligurien« formiert und Graziani zu seinem Befehlshaber ernannt, der mit Befriedigung wieder die vertraute Aufgabe unmittelbarer Truppenführung übernimmt, ohne den Posten des Kriegsministers im Kabinett Mussolinis aufzugeben. Die italienischen Einheiten erreichen Anfang August ihre neuen Standorte, und nun hätte nur noch der Feind zu landen brauchen, damit sie hätten zeigen können, daß sie fähig sind, den Ehrenschild Italiens wieder blankzupolieren. Mussolini muß erkennen, daß Eisenhower sie dieser Bewährungsprobe nicht aussetzt! (Vielmehr landen die Alliierten am 15. August östlich der Rhonemündung »und fegen innerhalb eines Monats das Tal herauf«[8], bis sie sich in Frankreich mit Pattons 3. US-Armee treffen, um dann gemeinsam auf die Reichsgrenzen vorzurücken.)

Ich brauche nur ein paar tausend Tote, hat Mussolini Jahre zuvor gesagt und den Wunsch damit begründet, daß er sich nur unter dieser Voraussetzung mit Hitler als gleichberechtigten Partner an den Tisch, an dem die Siegesbeute verteilt werde, setzen könne. Jetzt ist nichts mehr zu verteilen, dennoch blickt Mussolini vom Gardasee aus mit einem ähnlichen Gedanken nach Ligurien hinüber. Wenn nicht ein paar tausend, so doch ein paar hundert Tote seiner herrlichen Divisionen, die er gerade seelisch aufgerichtet hat — das wäre schön.

Statt Beweisen von Heldenmut liefert ihm seine nächste Umgebung, seine Minister und Gerarchen, an deren Treue er in den verflossenen Monaten zu glauben gelernt hat, sind sie ihm doch an den Gardasee gefolgt und haben sie sich gleich ihm durch Kollaboration mit den Deutschen kompromittiert – gerade sie liefern ihm jetzt den Beweis, daß ihre scheinbare Treue Opportunismus gewesen ist; vielleicht, das hält er plötzlich für möglich, haben sie sich nur deshalb um ihn geschart, weil sie in einem neuen faschistischen Regime unter deutscher Oberhoheit vor Bestrafung für ihr bisheriges Handeln sicher waren. Wie dem auch sei, jetzt jedenfalls lassen sie ihn erkennen, daß sie von ihm keinen Schutz mehr erwarten, weil der Schutz, den ihm die Deutschen geboten haben, dahinschwindet. Sie wollten sich jetzt unmittelbar mit den Deutschen arrangieren, um sich zu retten, vorab ihre Familien. Das Idyll erweist sich im Spätsommer 1944 für alle als das, was Mussolini von Anfang an in ihm gesehen hat: als eine Falle.

Die Minister sprechen sich untereinander ab und schicken ihren Kollegen Mazzolini in die Botschaft nach Fasano vor, weil er Junggeselle ist und ihm deshalb nicht der Vorwurf gemacht werden kann, er spreche im eigenen Interesse. Mazzolini sagt zu Rahn, die Männer der Regierung seien ja bereit, bis zum bitteren Ende auszuharren, aber von ihren Frauen und Kindern könne Gleiches nicht verlangt werden. Was er sich einbilde, herrscht ihn der Deutsche an, den Familien der nationalsozialistischen Führung bleibe auch nichts anderes übrig, als neben ihren Männern auszuhalten, sollte der Krieg verlorengehen. Das verstehen Sie nicht, entgegnet der Minister, Italienerinnen sind die Hüter der ganzen Familie, nicht nur die Frauen ihrer Männer, sie sind das beständige Element des Volkes, ja, sie sind im existentiellen Sinne das Volk.

In die Verhandlungen, in denen auch die Schweiz als Zufluchtsland in Erwägung gezogen wird – von Rastenburg aus sofort als gänzlich unannehmbarer Vorschlag zurückgewiesen –, schaltet Rahn auch General Wolff ein. Nach heftigen Auseinandersetzungen, in denen die Italiener für ihr Verlangen mit einer Härte eintreten, die sie bis dahin nie gezeigt haben, wenn es um politische oder militärische Entscheidungen gegangen ist, willigt Rahn ein, »eine nationale Zufluchts- und Verteidigungsstätte für die italienische Regierung und die faschistischen Kampfverbände« zu suchen. Erste Schätzungen, um wie viele Personen es sich dabei handeln werde, laufen auf 60 000 hinaus, eine, wie sich dann zeigt, viel zu hoch gegriffene Zahl. Mit ihr zunächst operierend, erweist sich, daß eine kurzfristige Verlegung in den zunächst vorgesehenen Raum nördlich und östlich von Udine nicht möglich wäre, ohne daß er zuvor »befriedet« würde, d. h. die dort kämpfenden »Banden« vertrieben würden.

Rahn meldet dem RAM: »Feldmarschall Kesselring hat mitteilen lassen, daß er beabsichtigt, sobald als möglich Verbände in dieses Gebiet zu legen und die Möglichkeiten einer Herauslösung von Teilen der italienischen Divisionen aus dem ligurischen Raum zu prüfen.«

Ein Abtransport Mussolinis und seines Anhangs dorthin bedeutete, sie endgültig aus Italien hinauszuschaffen, denn das ins Auge gefaßte Gebiet gehört zu der Operationszone »Adriatisches Küstenland« des Gauleiters Rainer, den Rahn bittet, »Erkundungskommandos für Quartiere« in das Bandengebiet auszusenden.

Am 29. September gewinnt der Plan mit einem Fernschreiben Kesselrings an Rainer den Charakter eines militärischen Befehls. Es sei beabsichtigt, läßt der Marschall wissen, das betreffende Gebiet zum »Sperrgebiet« zu erklären, »vorbehaltlich Durchmarschrecht« für seine Truppen.

Die Akten lassen erkennen, daß sich der Plan, die Familien wegzuschaffen, ausgeweitet hat und daß nun daran gedacht wird, die ganze Regierung mit Mussolini zu verlagern. Er selbst hat schon an Triest gedacht, von dem Udine-Projekt hält er so wenig wie seine Berater. Alternativ schlagen sie Rahn ein Ausweichen an das nördliche Ende des Gardasees mit Riva als Zentrum vor, denn ein Blick auf die Karte hat sie belehrt, daß sie sich dort nicht mehr in einem Schlauch ohne Ausgang befänden; von Riva aus führen zwei große Durchgangsstraßen nach Norden, die eine über ein westöstliches Verbindungsstück ins Etschtal zur Brennerstraße. Auch dieser Umzug bedeutete Verlagerung in eine Operationszone, hier in das Reich des Gauleiters Hofer, woran sich Mussolini nicht mehr stößt, und Rahn findet die Idee sogar sehr gut, weil die Verlegung »unter größter Einsparung von Transportmitteln und Benzin mit Einsatz von Dampfern des Gardasees« binnen Stunden durchgeführt werden könnte.

Inzwischen aber haben sich verschiedene Stellen in der Reichsführung von Himmler, Ribbentrop bis zu Hitler selbst mit dem Problem der Evakuierung beschäftigt; in deren Händen gewinnt es ein ganz anderes Aussehen. Wenn der Gardasee verlassen werden muß, dann kommt nach Auffassung der Reichsführung nur eine Aufnahme der RSI-Hierarchie im Reich selbst in Frage. Am 11. Oktober heißt es in einem »Schnellbrief« des Büros Ribbentrop an das Reichsfinanzminsterium: »Der Führer hat sich damit einverstanden erklärt, daß im Falle der Besetzung Oberitaliens durch die Anglo-Amerikaner die gefährdeten italienischen Faschisten und ihre Familienangehörigen nach Deutschland übersiedeln.«

In diesem Schreiben wird schon die Frage aufgeworfen, ob für »mitgenommene Werte (Juwelen, Wertpapiere, Valuta usw.)« besondere Grenzbescheinigungen auszustellen seien. Die auch vom Bombenkrieg noch nicht aus den Angeln gehobene Ministerialbürokratie nimmt sich den verschiedenen Aspekten der Umsiedlung einer ganzen Regierung an, die nunmehr so aufgezogen werden soll, als ginge sie auf eine Initiative des Reiches zurück (nicht auf dringliches Verlangen der Betroffenen), das aus seiner immer noch vorhandenen Machtfülle heraus dem bedrängten Bundesgenossen wie so oft schon Hilfe leistet.

Man weiß nun auch, daß es sich nicht um 60 000, sondern nur um etwa 20 000 oder 25 000 Personen handelt, die untergebracht werden müssen, und teilt sie in die Kategorien A, B und C ein.

Zu A gehören nur etwa 150 bis 200 Frauen und Kinder, die Familien der Minister, für sie wird der Winterkurort Zürs am Arlberg, der über erstklassige Hotels verfügt, vorgesehen. Zu B zählen höhere faschistische Beamte wie Präfekten, Quästoren, Parteisekretäre; zu C ganz allgemein »die exponierten Angehörigen der faschistischen Partei«, und das sind jene rund 20 000, die in den Augen der Bevölkerung die Rückendeckung durch die Besatzungsmacht am rigorosesten für ihre eigene Amtsführung und ihre Terroraktionen ausgenützt haben. Für B und C ist in Zürs oder einem vergleichbar vornehmen Kurort kein Raum, der Reichsverteidigungskommissar für Franken mit Sitz in Ansbach soll für die Unterbringung der Masse im Gau Franken nicht nur Platz, sondern auch Arbeitsplätze schaffen, wobei der Reichsminister des Innern (Himmler) aus dem Auswärtigen Amt darauf aufmerksam gemacht wird, daß sich die Italiener den allgemeinen Vorschriften für den totalen Kriegseinsatz zu unterwerfen hätten, weil Ausnahmeregelungen von der Bevölkerung nicht verstanden würden.

Ministerfrauen kann Arbeit selbstverständlich nicht zugemutet werden. Rahn macht den Vorschlag, dem Außenministerium in Salò eine offizielle Note des Auswärtigen Amtes zukommen zu lassen, für die er den Text gleich selbst entwirft: »Die Reichsregierung beehrt sich, die Familien der italienischen Regierungsmitglieder und der führenden Männer der faschistischen Partei einzuladen, ihren Aufenthalt in Zürs, Vorarlberg, zu nehmen. Die notwendigen Hotels stehen dort bereits zur Verfügung. Die Familienangehörigen werden den Status von Mitgliedern des diplomatischen Koprs haben. Zu ihrer ständigen Betreuung wird ein Vertreter des Auswärtigen Amtes an die Seite eines Mitgliedes des italienischen Außenministeriums bestellt werden.

Die Familienangehörigen können die Reise nach Zürs in ihren eigenen Kraftwagen durchführen. Hierbei werden die einzelnen Gruppen von Familien jeweils von einem deutschen Offizier begleitet, der ihnen den notwendigen Beistand leisten wird.«

Mittlerweile hat sich Rahn für die Evakuierung so sehr erwärmt, daß er diesem Einladungstext ein paar Tage später noch ein Telegramm nachschickt, in dem er vorschlägt, die italienischen Familien in Zürs »großzügigerweise als Reichsgäste« zu behandeln, »im Hinblick auf hohen Kriegslastenbeitrag der RSI«, d. h. was immer ihnen zukommen wird, stammt aus dem Staatshaushalt der RSI.

Für Kategorie A werden alle notwendigen Formalitäten in Windeseile erledigt. Die Familien des Unterrichtsministers Biggini, von Grazianis Unterstaatssekretär Basile und des Direktors des *Corriere della Sera*, Amicucci, reisen bereits am 26. Oktober ab. In der nächsten Gruppe, die zwei Tage später auf die kurze Fahrt geht, befindet sich die Familie eines der bekanntesten Gerarchen, die Farinaccis. Nun können sich die Damen in neuer Umgebung an den Bridgetisch setzen. Auch Hauslehrer für die Kinder werden mitgenommen; es fehlt an nichts.

Noch bevor die Wirte in Gargnano, in Maderno, in Gardone, in Salò ihre Korbstühle und Sonnenschirme des schlechten Wetters wegen ins Haus holen müssen, veröden ihre Lokale. Auch die hübschen Römerinnen verschwinden aus den Dörfern, wohingegen das deutsche Personal, auch das weibliche, weiter aushalten muß.

Mit dem Abtransport von mehr als 20 000 Menschen der Kategorien B und C geht es langsamer. Die kleinstädtischen und ländlichen Orte Frankens sind von deutschen Großstadtflüchtlingen überfüllt. Die Unterbringung der Italiener bereitet enorme Schwierigkeiten, und es zeigt sich, daß Wohnungen oder auch nur Zimmer in der erforderlichen

Menge nicht freigemacht werden können. Auch reicht der Gau Franken bei weitem nicht aus; das »Auffanggebiet« wird über Regensburg und München bis Innsbruck ausgedehnt. Wer dort in der Nähe unterkommt, hat es vom Gardasee oder von Verona aus nicht weit.

Eines der Lager, von denen aus die Aufteilung in die endgültigen Quartiere erfolgt, befindet sich in — Dachau, ein Ortsname, der auch den Italienern in seiner politischen Bedeutung nicht unbekannt ist. Sie werden bei der Ankunft in den Durchgangslagern nicht nur organisatorisch erfaßt und politisch durch die Gestapo durchleuchtet, die die Einschleusung von Kommunisten befürchtet, sie werden auch entlaust. Und schließlich heißt es: »Zur Erleichterung der angespannten Lage auf dem Nahrungs-, Kleidungs- und Wohnungsmarkt muß darauf hingewirkt werden, daß die Flüchtlinge möglichst viel Lebensmittel, warme Kleidung, Decken und Material für den Bau von Baracken mitbringen.«

In diesem vom Innenministerium in Berlin an die Botschaft in Fasano aufgegebenen Diensttelegramm werden die Italiener der Kategorie C zum erstenmal »Flüchtlinge« genannt, ein Ausdruck, der bis dahin in allen einschlägigen Fernschreiben und sonstigen sich um die Evakuierung drehenden Schriftsachen vermieden worden ist. Die Faschisten flüchten auf das sinkende deutsche Schiff. Innerhalb des geschrumpften Gebiets ihrer »Republik von Salò« gibt es keinen Ort mehr, an dem sie sich noch in Sicherheit fühlen könnten. Was die alliierten Armeen auch noch in der zweiten Hälfte des Jahres 1944 nicht schaffen, was sie sogar in den ersten Monaten des nächsten und letzten Kriegsjahres nicht schaffen werden, nämlich die Besatzungsmacht hinauszuwerfen, das gelingt zwar den Freiheitskämpfern auch nicht endgültig — dazu fehlt es ihnen vor allem an schweren Waffen —, aber sie bringen es fertig, das Überlegenheitsgefühl der Deutschen auf italienischem Boden so zu zerstören, wie es vergleichbar nur der sowjetischen Armee gelungen ist, während die italienische Resistenza zahlenmäßig schwach, ihre Ausrüstung schlecht bis miserabel ist. Die Freiheitsformationen ersetzen die Mängel ihrer Ausrüstung durch Mut und Opferbereitschaft. Jetzt kämpfen die Italiener. Jene, die sich darin am meisten hervortun, der Besatzungsmacht wie den faschistischen Kohorten den größten Schaden zuzufügen, sind die kommunistischen Verbände.

Die Resistenza

Die Kommunistische Partei Italiens (PCI) ist die einzige politische Gruppierung, der die zwanzigjährige Herrschaft des Faschismus auch organisatorisch nicht den Garaus machen konnte.

Das Land bleibt durchsetzt von Kadern und Zellen im Untergrund. Sie verlieren ihren Einfluß auf die Arbeiterschaft nie ganz, und schon die ersten großen Streiks im Frühjahr 1943 sind ihr Werk, wenn auch eine zentrale Leitung fehlt. Daß sie unter einem noch voll in Funktion befindlichen faschistischen Regime, in einem praktisch von den Deutschen bereits besetzten Land überhaupt aktiv werden können, stärkt das Selbstbewußtsein der kommunistischen Führer im Untergrund.

Am Tag nach dem ersten schweren Bombenangriff auf Rom — 20. Juli 1943 — nimmt eine kommunistische Delegation Fühlung mit dem Hof auf. Es sind die Professoren Geymonat (Turin) und Marchesi (Padua), die noch einen dritten Professor von der römischen Universität hinzuziehen, um der mit ihm befreundeten Prinzessin Maria José, der Schwiegertochter des Königs, im Namen der Partei und für den König bestimmt mitzuteilen, sie sei in der Frage der Staatsform zu einem Stillhalteabkommen bereit, das heißt, sie werde von einer auf den Faschismus folgenden Regierung nicht die Abdankung des Königs oder die Abschaffung der Monarchie fordern. Bis zum Friedensschluß biete sie im Interesse der Nation »loyalste Zusammenarbeit« mit der Krone an.

Das ist der erste Schritt in einen Kompromiß mit dem bürgerlichen und sogar dem feudalen Lager, den die Kommunistische Partei im Krieg zur Generallinie ihrer politischen Strategie macht — mit wahrhaft unabsehbaren Konsequenzen für den italienischen Freiheitskampf.

Der Staatsstreich vom 25. Juli 1943 stellt sich, von außen gesehen, als die erfolgreiche Aktion einer konservativ-liberalen Koalition mit der Armee dar, unternommen einzig zu dem Zweck, den präfaschistischen Status quo wieder herzustellen. Das gelingt nur, weil die Kommunisten es dulden. Unbeteiligt an den konkreten Maßnahmen, quasi in Ruhestellung, läßt die Kommunistische Partei den König und seine Gehilfen tätig werden. Ob die PCI damit den für sie besten Weg eingeschlagen hat, der ihr nach Jahrzehnten das Angebot des »Historischen Kompromisses« mit den Christlichen Demokraten abverlangt — zu dem es bis 1982 nicht gekommen ist —, dies ist eine Streitfrage, die in Italien noch immer keine eindeutige, von allen anerkannte Antwort gefunden hat.

Die antifaschistischen Kräfte aller Schattierungen schließen sich bereits nach dem 25. Juli, nicht erst nach dem 8. September, an Badoglio vorbei für einen nächsten politisch zu führenden Kampf gegen den Faschismus zusammen. Sie fordern den sofortigen Bruch mit den Deutschen und die Beendigung des Kriegs durch Kapitulation. Einen entsprechenden Beschluß, mit dem sie der Regierung Badoglio jede Unterstützung entziehen, fassen die sich neu formierenden Parteien am 13. August. Es sind fünf:

Aus den antifaschistischen *Katholiken*, deren organisatorischer Rückhalt die »Katholische Aktion« ist (die es auch unter Mussolini legal gegeben hat), und aus den Resten des »Partito Popolare«, der 1926, als der Faschismus zur Diktatur wurde, aus dem Parlament verschwunden ist und im Untergrund in Splittergruppen fortexistiert hat, wird Anfang 1943 die »Democrazia Cristiana«. De Gasperi ist von Anfang an ihre führende Figur.

Die Sozialisten haben es trotz ihrer bis in die neunziger Jahre des 19. Jahrhunderts zurückreichenden Tradition schwer, eigenes Profil und Einfluß auf die Arbeiterschaft zu gewinnen. Im August 1943, also während der Badoglio-Herrschaft und vor dem »Verrat«, geben sie sich den Namen »Partito Socialista Italiano di Unità Proletaria« (PSIUP) (Sozialistische Partei Italiens der Proletarischen Einheit).

Als Organisation sind die *Liberalen* die schwächste Partei in diesem Quintett, sie verfügen nur in Benedetto Croce über eine Persönlichkeit, die ganz Italien kennt und achtet. Mit seiner Überzeugung, der Faschismus sei nur ein Betriebsunfall in der italienischen Geschichte gewesen, und alles werde wieder gut, wenn man ihn ausgelöscht hat, macht Croce die Liberalen zwar nicht zu einer konservativeren Partei, wie es die Christlichen Demokraten im ganzen sind, letztere aber haben immerhin einen »linken« Flügel, der weit fortschrittlicher denkt als Croce.

Die vierte Gruppierung ist kriegsgeboren und die weitaus interessanteste, lebendigste, in sich auch widerspruchvollste; sie hat das meiste von dem auf ihre Fahnen geschrieben, was die Kommunisten gestrichen haben, um an der Macht teilzuhaben. Es ist der »Partito d'Azione«, die »Aktionspartei«, hervorgegangen aus einer Untergrundbewegung, der »Giustizia e Libertà«, die 1929 entstanden und von Frankreich aus geführt wurde. Mit Carlo Rossellis Buch *Socialismo liberale* besitzt sie zwar kein Programm, aber doch einen programmatischen Entwurf, mit dem der Versuch gemacht wird, die Kommunisten ohne Marx links zu überholen. Daß die Monarchie verschwinden müsse, ist ein zentraler

Punkt ihres Katalogs von Forderungen, auf den sie nach dem »Verrat«
das ganze antifaschistische Lager einschwören möchte. Das wäre nur
gelungen, wenn die Kommunisten mitgemacht hätten. Deren Berüh-
rungsangst läßt sie jedoch auf ihrer Kompromißhaltung beharren, womit sie dem »Partito d'Azione« den Wind aus den Segeln nimmt.

Die fünfte Partei, die PCI, die Kommunistische Partei Italiens, wird
von Togliatti geführt. Er ist 1944 aus dem sowjetischen Exil zurückgekehrt. Keiner seiner Nachfolger im Amt des Generalsekretärs wird
sich eine der seinen ähnliche Autorität verschaffen können. Er ist der
Mann des Ausgleichs bei aller Prinzipientreue, des vorsichtigen Tak-
tierens, und wenn die Kommunistische Partei in den siebziger Jahren
ein gutes Drittel aller Stimmen auf sich vereinigen kann, so ist es dem
Kurs zu verdanken, den er damals einschlägt und den man heute Eurokommunismus nennt. (Von einer Antiposition zum Kommunismus
der Sowjetunion, wie sie unter Berlinguer bezogen worden ist, ist Togliatti gleichwohl weit entfernt.)

Diese fünf Parteien — eine bedeutungslose sechste, die sich »Democrazia
del Lavoro« nennt, ist auch dabei — schließen sich nach der Kapitulation
zum »Comitato di Liberazione« zusammen. Die drei darin vertretenen
Linksparteien können sich auf einer Sitzung am 28. September 1943 der
von Ugo La Malfa für die Aktionspartei rabiat vorgebrachten Forderung, die Monarchie abzuschaffen, jetzt und sofort, nicht länger widersetzen. Doch das ist nicht ihr letztes Wort in der Frage der Staatsform.

Aus dem »Comitato di Liberazione« wird das »Comitato di Liberazione
Nazionale«, abgekürzt CLN (diese drei Buchstaben werden zum Symbol der Resistenza), das sich in einer »Botschaft« an Italien wendet.
Darin wird u. a. die Bildung einer eindeutig antifaschistischen Regierung
verlangt. Wahlen »am Ende der Feindseligkeiten« werden in Aussicht
gestellt, bei denen über die Staatsform entschieden werden soll. Das
heißt, die Abschaffung der Monarchie wird zwar vertagt, doch zugleich
sogar von den Christlichen Demokraten und den Liberalen, die zuvor
des Königs Staatsstreich mitgetragen haben, als anstrebenswerte Möglichkeit ins Auge gefaßt. Die Entscheidung über die Frage der Staatsform
läßt sich auf die lange Bank schieben, nachdem der König nach der
Befreiung Roms seine Amtsgewalt auf seinen Sohn Umberto als »Generalstatthalter« übertragen hat.

Die Augenblicke der Verformbarkeit politischer und sozialer Struktu-
ren wie während der letzten Monate des Jahres 1943 in Italien sind stets
kurz, ungenutzt machen sie Prozessen neuer Verhärtung Platz. Was die

Lage in Italien betrifft, so nimmt das Mißtrauen der westlichen Alliierten als Bewahrer und Hüter des Kapitalismus gegen linke Bestrebungen mit dem Ausbau des Verwaltungs- und Kontrollapparats rasch zu, was auch damit zusammenhängt, daß aus England und den Vereinigten Staaten zivile Wirtschaftsexperten nachgezogen werden. Im Februar 1944 übergeben die alliierten Behörden der italienischen Regierung das von ihnen besetzte Gebiet mit Ausnahme zweier Inselstützpunkte (Lampedusa und Pantelleria) zur Verwaltung — ein Akt, der dazu dient, die Autorität der konservativen Kräfte mit dem König und Badoglio an der Spitze zu stärken.

Auf dem Kongreß der PCI in Salerno am 3. April 1944 zieht die Partei die Konsequenz daraus. Er wird vielfach als die große Wende in der Parteistrategie angesehen. Es ist jedoch das von Togliatti dort aufgestellte Programm nichts anderes als eine Erweiterung dessen, was die Sendboten der Untergrundorganisation dem König am 20. Juli 1943 anboten — mit dem einen Unterschied, daß es jetzt mit der vollen Autorität der Parteiführung den italienischen Massen präsentiert wird: Alle Entscheidungen seien künftig so zu treffen, daß die Einheit des Volkes im Freiheitskampf nicht gefährdet werde; auch die Frage, ob Viktor Emanuel abdanken müsse, betreffe die Person, nicht das Prinzip; an einer Regierung unter dem Schutz der Alliierten sollen alle Parteien beteiligt sein. Um die Haltung der PCI in Salerno ganz zu verstehen, muß man berücksichtigen, daß die Sowjetunion drei Wochen vor dem Kongreß von Salerno die königliche Regierung Badoglios anerkannt hatte.

Was sich in dem sich ständig vergrößernden Teil Italiens südlich der Front bis Kriegsende zwischen den Parteien abspielt, ein Tauziehen fast herkömmlicher Art in einem scheindemokratischen Klima unter der Ägide der Siegermächte, gehört nicht hierher. Ein revolutionärer Kampf wird dort nicht geführt, braucht gegen faschistische Kräfte nicht geführt zu werden, weil sie nicht mehr in Erscheinung treten (wo es da und dort geschieht, schreitet das englisch-amerikanische Oberkommando ein). Die königliche Regierung, die von Brindisi nach Salerno, von Salerno nach Rom umzieht — als sie dort ankommt, ist Viktor Emanuel nicht mehr König! —, hält die Kontinuität des italienischen Staates aufrecht. Zur politischen Ausformung des neuen Nachkriegsitaliens trägt sie nichts bei — diese leitet sich von der Freiheitsbewegung, vom Kampf der Resistenza her.

Im sich ständig verkleinernden Italien nördlich der Front führt sie einen politischen und militärischen Kampf, der sich von allen vergleichbaren

Widerstandsbewegungen — etwa Frankreichs oder Norwegens — grundsätzlich dadurch unterscheidet, daß er gegen zwei bewaffnete Feinde geführt werden muß: gegen die Deutschen und gegen das von ihnen installierte faschistische Regime. Gerade die Existenz der »Republik von Salò« verleiht der Resistenza in Norditalien den Charakter eines politischen Erneuerungskampfes.

Eine Nahaufnahme der politischen und militärischen Topographie Italiens von 1944 würde zeigen, daß es zwischen dem »Südreich« mit seiner legalen königlichen Regierung und dem Resistenza-»Nordreich« noch ein »Zwischenreich« in Mittelitalien gegeben hat, in dem sich deshalb besondere Verhältnisse entwickelt haben, weil dort die ihrer Funktion beraubte Hauptstadt und Florenz liegen. Roms Untergrund haben wir beschrieben. In Florenz gehen die Partisanen Mitte 1944 zum offenen Kampf gegen die Deutschen über, fortgerissen von einer spontanen Volkserhebung, die eine gewisse Ähnlichkeit mit jener von Neapel hat; hier wird sie aber nicht von einem Großstadtproletariat getragen (das es in Florenz nicht gibt); vielmehr sind bürgerliche Schichten ihr Rückgrat. Das eigentliche Organisations- und Aktionsfeld der Resistenza ist aber das »Nordreich« mit Mailand, wo eine Untergrundregierung entsteht und die genannten fünf Parteien ein unabhängig operierendes CLN formieren. Dieses leitet die militärischen Operationen der einzelnen Partisanenverbände.

Unbeschadet der Existenz einer zentralen Führung im CLN bleiben die kämpfenden Einheiten parteipolitisch strukturiert. Jene der Kommunisten (»Garibaldi«) sind die zahlreichsten und besten, in ihrer Verwegenheit und ihrem Opfermut übertreffen sie alle anderen. Die Verbände der Aktionspartei nennen sich nach deren Vorläufer GL (»Giustizia e Libertà«); sie sind nach den kommunistischen die zweitstärksten. Die sozialistischen Gruppen heißen nach ihrem von den Faschisten ermordeten Abgeordneten »Matteotti«. Auch die militärischen Formationen der Christdemokraten und der Liberalen kämpfen in diesem Zweifrontenkrieg hervorragend, unterscheiden sich aber selbstverständlich in den Zielen von den linken Kräften. Sie bekämpfen die Faschisten und die Deutschen nicht, um die Voraussetzung für eine neue Gesellschaftsordnung, für einen von Grund auf neuen Staat zu schaffen, sondern sehen sich in der Tradition der Freiheitskämpfer des Risorgimento, die sich für den Staat von 1870 geschlagen hatten, den es ihrer Meinung nach im großen und ganzen wiederherzustellen gilt (wobei auch sie durchaus bereit sind, über die Frage der Staatsform offen zu diskutieren). Sie wollen wiederherstellen, die linken Partisanen wollen herstellen: »Erstens ist den Partisanen einzuschärfen, daß sie Soldaten eines neuen und revolutionären Heeres, nämlich des Nationalen Befreiungsheeres sind, das sich mit der alten königlichen Armee, die so kläglich versagt hat, weder identifiziert noch sich als deren Erbe und Nachfolger fühlt. Zweitens muß ihnen klargemacht werden, was das Komitee zur nationalen Befreiung eigentlich ist: nämlich das einzige Organ, das nach der Flucht des Königs und seiner Hofleute und Minister die Flagge des aktiven Widerstandes gegen die Nazisten und Faschisten hißte und diesen Kampf anregte, begann und fortführte. Das Komitee ist überhaupt die eigentliche, rechtsgültige Regierung im besetzten Italien, und somit können die Partisanenformationen auch nur von dieser Regierung Anordnungen und Befehle empfangen und nicht etwa von der Regierung Badoglio. [...] Insbesondere ist ausdrücklich darauf hinzuweisen, daß die Soldaten dieses Heeres nicht so sehr — oder zumindest nicht ausschließlich — Verfechter eines generellen und vagen Patriotismus sind, der lediglich den ›Eindringling vom heiligen Boden des Vaterlandes verjagen‹ will, sondern daß sie vielmehr den bewaffneten Arm und die entschlossene Vorhut einer Erneuerungsbewegung darstellen, eines revolutionären Prozesses, der die gesamte politische und soziale Struktur des Landes verändern [...] soll.«[9]

Daß nicht ein Satz dieses Aufrufs von den politischen Führern der Christdemokraten und Liberalen — letztere betonen ganz besonders das Unpolitische ihres Kampfes — unterschrieben werden kann, versteht sich von selbst. Um so mehr verdient der Umstand Beachtung, daß das CLN im Norden bis Kriegsende nicht auseinanderbricht und sich im großen und ganzen auf eine zentrale Befehlsgebung zu einigen vermag. Das wäre kaum möglich gewesen, wenn den Partisanen der Salò-Faschismus als der einzige Feind gegenübergestanden hätte. In diesem Falle hätten die politischen Probleme die militärischen überwuchert.

Der eigentliche Feind aber sind die Deutschen. Ihre Brutalität, mit der sie gegen die Partisanen wie gegen die ihnen Unterstützung gewährende unbewaffnete, passive Zivilbevölkerung vorgehen, der Perfektionismus, mit dem sie das Land, seine Menschenkraft und seine materiellen Ressourcen ausbeuten, halten das CLN-Mailand zusammen. Die unmittelbaren militärischen Aufgaben des Guerillakrieges nötigen zu einer derartigen Anspannung der eigenen Kräfte, daß die Diskussion über die politischen Grundlagen des Kampfes demgegenüber vernachlässigt werden muß. Vielleicht wäre nicht einmal die integrierende Kraft, die der

Feind so unwillentlich wie unvermeidbar auf den Freiheitskampf ausübt, stark genug, eine Art politischen Waffenstillstands im CLN zu erzwingen, wenn der politischen Struktur der Partisanenarmee eine soziale entsprochen hätte, d. h. wenn die »Garibaldi«-Verbände der Kommunisten nur aus Arbeitern bestanden hätten, die der Christdemokraten aus Angehörigen der Mittelschichten usw. Das ist jedoch nicht der Fall. Die Resistenza ist ein Volksaufstand, kein Klassenkampf — trotz klassenkämpferischer Tendenzen in einzelnen Gruppen. In den politischen und militärischen Gliederungen stehen und fallen Schulter an Schulter die Angehörigen aller Schichten und Berufe. Zwischen dem 9. September 1943 und dem Kriegsende finden 72 500 Widerstandskämpfer im Kampf den Tod, 40 000 werden verwundet. Daß die Toten die Verwundeten fast um das Doppelte übertreffen, läßt erkennen, wie gekämpft worden ist.

Nach dem Krieg vorgenommene Untersuchungen, aufgrund derer auch Versorgungsansprüche geregelt wurden, weisen eine Viertelmillion als kämpfende Partisanen aus, weitere 125 000 als »Patrioten«, worunter ständige aktive Helfer in der Zivilbevölkerung zu verstehen sind. Die Zahl derer, die gelegentlich einen Verfolgten versteckten, eine eingeschlossene Gruppe mit Nahrungsmitteln, Munition oder Waffen versorgten, konnte und brauchte nicht festgestellt zu werden — gegen Ende 1944 bewegte sich die Resistenza in der Gesamtbevölkerung »wie der Fisch im Wasser«.

Eine soziale Aufschlüsselung der aktiven Kämpfer in Piemont hat z. B. ergeben: ein Drittel Arbeiter, ein Drittel Mittelschicht, zwanzig Prozent Bauern, 13 Prozent Handwerker, 5,6 Prozent Oberschicht. Als das Turiner Militärkomitee des CLN verhaftet, verurteilt und hingerichtet wird, gehören zu den Opfern ein General, ein Arbeiter, ein Universitätsprofessor, Rechtsanwälte, Offiziere und freiberuflich Tätige. Daß die politische Auseinandersetzung über die Ziele des Widerstands aus gutem Grunde nicht parallel zu den Kampfhandlungen während des Jahres 1944 geführt wird, kommt letzten Endes den bürgerlichen Kräften zugute. Das zeigt sich ganz deutlich erst, als die Mannschaftsstärken der einzelnen »Banden« mehr und mehr anschwellen, Divisionen und Brigaden wie in einer regulären Armee entstehen und versorgt werden müssen, was nicht mehr wie am Anfang aus geheimen Lagern und durch Überfälle auf deutsche Einheiten und Versorgungstransporte möglich ist. Das CLN, das von Anfang an geheime Verbindungen zu den Alliierten unterhalten hat — und umgekehrt —, sieht sich genötigt, Verhandlungen über Waffenlieferungen und sonstige Hilfsmaßnahmen mit dem alliierten Oberkommando aufzunehmen, in dem die höchsten Instanzen in unmittelbarem Kontakt mit Churchill und Roosevelt durchaus nicht bereit sind, der Resistenza jede Hilfe zu gewähren, nur weil sie den Feind schädigt. Daß sie den Krieg gewinnen, ist den Alliierten längst klar, und ebenso, daß sie ihn nicht in Italien zu gewinnen brauchen. Den Sieg in der Tasche, können sie es sich erlauben, an den Kampf der Resistenza politische Maßstäbe anzulegen, und sie fragen sich selbstverständlich, mit was für einem Italien sie es zu tun hätten, falls sich die progressiven Ideen des »Nordreiches« gegen die konservativen Tendenzen des vorerst noch königlichen Südens durchsetzten. Für ein kommunistisches Italien haben die westlichen Alliierten nicht gekämpft.

Das Italien, das wir hier versucht haben zu skizzieren, wird gewissermaßen nur unter einem politischen Röntgenschirm sichtbar. Seine Organisationszentren, seine Kommandostellen, seine Ausrüstungs- und Waffenlager, seine Funkstellen und sonstigen Informationseinrichtungen sind in der Wirklichkeit der Jahre 1944/45 unsichtbar wie das Kanalsystem einer Großstadt. Was herausragt, sind nur die kämpfenden Einheiten in ihren Aktionen. Wohingegen die von der Besatzungsmacht ausgehaltene RSI überall ihre Postadressen hat, ihre Behördensitze, ihre Beamten, Polizisten und Milizorganisationen, die in Kasernen untergebracht sind, für jedermann identifizierbar. Gleichwohl ist das Duce-Italien nicht mehr in der Lage, sich der Bevölkerung als »ihr« Italien zu präsentieren; es ist fast ein Fremdkörper wie die Besatzungsmacht selbst, wenn auch der Kampf, den die Resistenza den Faschisten liefert (und diese ihr), ein Bürgerkrieg ist, der gegen die Besatzungsmacht ein Befreiungskrieg. In den Kämpfen selbst verwischen sich die Grenzen zwischen dem einen und dem anderen; man könnte sagen, sie werden auf beiden Seiten als Koalitionskrieg geführt: hier die Koalition Besatzungsmacht plus Restbestände der Faschisten, dort die Resistenza plus Mehrheit der Bevölkerung.

Alle Beteiligten sind 1943 ohne Erfahrung in einem Busch- und Guerillakrieg, sie müssen ihn erst mit blutigen Opfern erlernen. Seit Garibaldis Rothemden haben nicht viele Italiener irregulär Krieg geführt. Erfahrungen aus dem Spanischen Bürgerkrieg helfen ihnen wenig, denn dort ist wie in einem »normalen« Krieg vorwiegend an Fronten gekämpft worden. Einzig die während des römischen Badoglio-Regimes aus Frankreich zurückgeholte 4. italienische Armee hat im Kampf gegen die Résistance gewisse Erfahrungen über die jetzt einzuschlagenden Kampfmethoden sammeln können. Es ist kein Zufall, daß sich im Bezirk Cuneo, wo einige Divisionen nach der Kapitulation sozusagen abgestellt werden, sofort Widerstandsgruppen bilden. Sie kämpfen im Verein mit Soldaten, die ihre Uniform gegen das Räuberzivil der Partisanen und eine Armbinde ausgewechselt haben. Lautete bei den Tito-Partisanen der Ausdruck für den Anschluß an eine seiner Formationen: »Ich gehe in den Wald«, so sagen die italienischen Partisanen: »Ich gehe in die Berge.« Es sind in der Tat zunächst vorwiegend Gebirgsgegenden, in denen sich die ersten »Banden« bilden. (Den Ausdruck »banda« benutzen die Partisanen selbst. Er hat nicht die diskriminierende Bedeutung wie im deutschen »die Bande«; erst Zusätze wie: »di briganti« oder »di ladri« = Räuber bzw. Diebesbande machen die »banda« zur »Bande«. Wenn die Deutschen von den Partisaneneinheiten im Krieg nie anders als von »den Banden« gesprochen haben, so verwendeten sie das Wort selbstverständlich im Sinne eines kriminell handelnden Kollektivs.)

So beginnt der Kampf in Oberitalien: Am 19. September 1943 werden beim Dorf Boves zwei deutsche Soldaten von Partisanen getötet. Unter dem Befehl eines SS-Majors Peiper gehen hier deutsche Kräfte zum erstenmal gegen die Zivilbevölkerung vor. Bürgermeister und Pfarrer werden in die Kirche eingeschlossen, die in Brand gesetzt wird, sie kommen in den Flammen um. Das ganze Dorf mit über 300 Häusern wird durch Brandlegung vernichtet, eine unbekannte Zahl seiner Bewohner ermordet. Boves gewinnt im Befreiungskampf die Bedeutung eines italienischen Guernica: »Die Politik des Terrors schließt letztlich jede andere Politik aus. Das beweist das Verhalten von Peiper. Er läßt den Pfarrer bei lebendigem Leib verbrennen: das heißt, wenn nicht auf die Gunst, so doch auf die Neutralität eines Klerus verzichten, der in den ländlichen Gebieten über große Macht verfügt. Er läßt den Unternehmer Vassallo verbrennen: das heißt, wenn nicht auf die Unterstützung, so doch auf die Neutralität des ordnungsliebenden Bürgertums verzichten, das in gewisser Weise einen Puffer zwischen den Besatzern und den Rebellen darstellen könnte.

Peiper interessiert einzig und allein die Lektion des Terrors, er gehorcht einzig und allein ihren eisernen Regeln, die seit 1940 aus den Rundschreiben des Marschalls Keitel ersichtlich sind und die im Geisel-Kodex des Generals von Stülpnagel spezifiziert wurden: zahllose Erschießungen für Sachbeschädigungen, unzählige für Angriffe auf Personen, wobei es im Belieben der jeweiligen örtlichen Befehlshaber steht, die Rachemaßnahmen zu verschärfen oder zu mildern. Eine Politik, die ihren

SEPTEMBER 1943:
Propagandamarsch durch
Rom für die soeben ausgerufene
»Republik von Salò« (an der
Spitze Marschall Graziani
und General Student)

APRIL 1945: Vor ihrer Hinrichtung, die
»Salò« beendet, verbringen Mussolini und
Claretta in diesem Bett ihre letzte Nacht

VON REDNERTRIBÜNEN
HERAB motivierte und mobilisierte
der Duce sein Volk. Ein verlorener
Haufen von Faschisten blickte sogar
noch Ende April 1945 in Mailand
gläubig zu ihm auf

Der Faschistische Gro... ...einen seltenen Sitzungen im Palazzo Venezia nicht ... beraten, sondern nur Befehle des Duce hinzunehmen. Erst in einer letzten Zusammenkunft, in der Nacht vom 25. auf den 26. Juli 1943, proben die Gerarchen den Aufstand

AUF SEINEM LANDSITZ ROCCA DELLE CAMINATE

wollte der gestürzte Duce als Privatmann leben, aber Hitler ließ es nicht zu. Sohn Vittorio führte den Verfasser durch das verödete Kastell

ENDE UND ANFANG

Eine Partisaneneinheit
zieht in das
jubelnde Mailand ein

Auch in die Gefangenschaft marschieren
deutsche Bataillone in militärischer Ordnung

Parade der Resistenza
auf dem Mailänder Domplatz

Vom Lastwagen geworfen, die
Leichen der faschistischen Führer,
Mussolinis mißhandeltes Haupt
auf Clarettas Brust

IM FEUER DER MASCHINENPISTOLEN
endete Mussolinis Ministerriege in Dongo,
am Ufer des Comer Sees.
Clarettas Bruder Marcello teilte ihr Schicksal

ERST NACH JAHREN darf Mussolini
in der Familiengruft von Predappio
beigesetzt werden, von Witwe Rachele und
Tochter Edda heimgeführt

POLITIK UND MORD: Mussolini zu töten war befreiende Tat; Claretta mit ihm zu erschießen war Mord. In Mailand für ein paar Stunden zur Schau gehängt, befriedigt das verhaßte Paar den Rachedurst des fanatisierten Pöbels

FAMIGLIA PETACCI

AUF IHREM MARMORSARG erhebt
sich die Statue der idealisierten Claretta
in Rom von der Familie beigesetzt,
als sei sie eine Königin Italiens gewesen

Ursprung in einer absurden Hypothese hat, nämlich der Erniedrigung anderer, endet in einer absurden Praxis, der versuchten, aber unmöglichen Ausrottung aller Feinde, dem wahnwitzigen Anspruch Hitlers: ›Wir müssen grausam sein. Wir können es mit gutem Gewissen sein. Wir müssen alle unsere Feinde technisch und wissenschaftlich vernichten.‹ Die totale Vernichtung der Feinde ist eine bluttriefende Utopie. Irgendein Feind überlebt immer, die Zahl der Feinde erhöht sich ständig.

Boves — so absurd das auch scheinen mag — bietet noch diesen, allerdings traurigen Trost: Das Blutbad und die Grausamkeit haben einen Boden, ein abgebranntes Dorf ist kein vernichtetes Dorf, und ein vernichtetes Dorf wäre auch nicht das Ende der Resistenza. Die Aufständischen, die am Abend des Brandes nach Boves gekommen sind, haben die flüchtenden Dorfbewohner getroffen, sie haben sich gegenseitig begrüßt, sie haben miteinander gesprochen. Und das ist ein weiterer bitterer Trost: Eine vom Besatzer gepeinigte und verfolgte Bevölkerung steht der Rebellion nicht feindlich gegenüber, sondern sie ist bereits mit ihr verbunden.« [10]

Die aus Frankreich zurückgezogene italienische Division »Acqui« geht im Gebiet von Cuneo (Boves) zu Aktionen gegen die Deutschen über. Im Gegenschlag werden 8400 italienische Soldaten getötet. [11]

In den Monat September 1943 fällt der Volksaufstand von Neapel. In Rom einigen sich Kommunisten und Sozialisten auf eine »Unità d'Azione« als nächste Stufe der »Unità Politica della Classe Operaia«.

Am 23. September reagiert der Oberbefehlshaber der Heeresgruppe B, Rommel, mit einem Rundschreiben: »Irgendwelche sentimentalen Hemmungen des deutschen Soldaten gegenüber Badogliohörigen Banden in der Uniform des ehemaligen Waffenkameraden sind völlig unangebracht. Wer von diesen gegen den deutschen Soldaten kämpft, hat jedes Anrecht auf Schonung verloren und ist mit der Härte zu behandeln, die dem Gesindel gebührt, das plötzlich seine Waffen gegen seinen Freund wendet.

Diese Auffassung muß beschleunigt Allgemeingut aller deutschen Truppen werden.

Entsprechende Warnung ergeht an die Italiener über alle italienischen Sender.«

Eine »Verordnung zum Schutze der deutschen Wehrmacht vom 29. September 1943« Rommels wendet sich an die italienische Bevölkerung: »Ich verordne für den Bereich des Militärbefehlshabers Oberitalien, was folgt:

1) Wer gegen einen Angehörigen der deutschen Wehrmacht oder einer deutschen Dienststelle einen Angriff auf Leib oder Leben begeht, wird mit dem Tod bestraft.

2) Ebenso wird bestraft, wer eine Gewalttat gegen die deutsche Wehrmacht, ihre Anlagen und Einrichtungen begeht.

3) In leichteren Fällen kann auf Zuchthaus oder Gefängnis erkannt werden. [. . .]«

Am 13. Oktober erklärt die Regierung Badoglio in Brindisi dem Reich den Krieg und stellt eigene Divisionen auf, die von den Alliierten eingesetzt werden. Ebenfalls im Oktober ruft das Regime RSI unter Mussolini die Jahrgänge 1924 bis 1927 zu den Waffen. Das Resultat ist der erste massenhafte Beitritt von Gestellungspflichtigen zu den noch schwachen Einheiten der Partisanen.

Im November bilden die Kommunisten neben den »Garibaldi«-Einheiten eine Gruppe, die für besonders schwierige Aufgaben in den größeren Städten eingesetzt wird: »Gruppo d'Azione Patriottica«, abgekürzt GAP.

Im Januar 1944 fordern die linken Parteien auf einem Kongreß des CLN-Süd in Bari die Einsetzung einer antifaschistischen (linken) Regierung, ja, sie fordern sogar Viktor Emanuel unter Anklage zu stellen — ein Antrag des »Partito d'Azione«. Erstmals brechen schwerwiegende Differenzen über die Beziehungen zwischen der Widerstandsbewegung und den Alliierten auf. Sie schwächen die Position dieses Gremiums, was automatisch jene des CLN in Mailand noch stärker macht.

Die unmittelbare Folge ist, daß sich die Mailänder Zentrale organisatorisch vom CLN-Süd trennt, den drei Buchstaben CLN die Buchstaben AI (Alta Italia — Oberitalien) anhängt, sich zur Untergrundregierung erklärt, die berechtigt sei, stellvertretend für ganz Italien staatliche Funktionen auszuüben und die militärischen Aktionen in Norditalien selbständig zu führen.

Im Februar 1944 unterschreibt Mussolini auf Betreiben Grazianis eine Verordnung, wonach Deserteure und Dienstverweigerer mit dem Tode bestraft werden. Danach reihen sich noch mehr Gestellungspflichtige bei den Partisanen ein.

Die deutsche Wehrmachtführung reagiert zunehmend nervöser, wie der Korpsbefehl Nr. 9 des »Befehlshabers in der Operationszone Adriatisches Küstenland« vom 24. Februar erkennen läßt:

»I. Mit dem Abtransport der 71. Inf. Div. und dem Einsatz der 162. Inf. Div. an der Küste haben die Banden Luft bekommen.

Sie terrorisieren die Bevölkerung,
rauben Vieh und Lebensmittel und
rekrutieren in großem Umfang durch Zwangsaushebung.
Sie morden deutsche Soldaten aus dem Hinterhalt,
überfallen Kraftfahrzeuge und Kolonnen,
sprengen Bahnen und Brücken
plündern Lebensmitteltransporte
zerstören Kabel und Drahtverbindungen
schänden die Leichen deutscher Soldaten.
Die anderthalb Monate vom 1. Januar bis 15. Februar 1944 haben uns 503
Opfer an Toten, darunter 3 Kommandeure, gekostet.
Gezählt wurden:
181 Überfälle auf die Wehrmacht
125 Attentate gegen die Eisenbahn
22 Brückensprengungen an Bahnen und Straßen
25 Groß-Sabotagen an Kabeln und Fernsprechleitungen
68 zerstörte oder stark beschädigte Kraftfahrzeuge.
II. Das ist Großkampf auf Befehl der Feindmächte.
Es steht ferner aus erbeuteten Papieren fest, daß die Bandenführung den
allgemeinen Volksaufstand planmäßig vorbereitet für ›den Tag‹, d. i. der
Tag, an dem die Anglo-Amerikaner an unserer Küste landen wollen.
[...]
IV. Da gibt es nur Eines:
Terror gegen Terror,
Auge um Auge,
Zahn um Zahn!
[...]
V/6) Im Kampf ist alles richtig und notwendig, was zum Erfolg führt. Ich
werde jede Maßnahme decken, die diesem Grundsatz entspricht.
V/7) [...] Gefangene Banditen sind zu erhängen oder zu erschießen.
Wer die Banden durch Gewährung von Unterschlupf oder Verpflegung,
durch Verheimlichung ihres Aufenthaltes oder sonst durch irgend-
welche Maßnahmen freiwillig unterstützt, ist todeswürdig und zu
erledigen.
V/10) Kollektivmaßnahmen gegen Dörfer usw. dürfen nur im unmittelbaren örtlichen und zeitlichen Zusammenhang mit Kampfhandlungen
und nur von Offizieren vom Hauptmann an aufwärts verhängt werden.
Sie sind am Platz, wenn die Einwohnerschaft in ihrer Masse die Banden
freiwillig unterstützt hat. Die Kampfanweisung für die Bandenbekämp-

fung im Osten [gemeint ist die Sowjetunion, Anm. d. Verf.] gilt in ihren Grundsätzen auch für die Operationszone des Armeekorps.
[. . .]
Handelt danach!
gez. Kübler/General der Gebirgstruppen
Dieser Befehl ist bis zu den Kompanien zu verteilen. Seine Grundsätze sind allen Offizieren, Uffz. und Mannsch. immer wieder einzuhämmern.«

Befehle solcher Art bewirken nur eine Eskalation der Kämpfe, die sich aus Einzelaktionen zum Bürgerkrieg entwickeln. Ein entscheidendes Datum ist der Verlust von Rom auch für die Resistenza. Kesselring gibt seiner Überraschung Ausdruck, in welchem Maße diese Niederlage der Besatzungsmacht, militärisch von weit geringerem Gewicht als etwa jene bei Cassino, die den Weg nach Rom geöffnet hat, die Freiheitskämpfer stimuliert: »Mit der Aufgabe von Rom trat eine Verschärfung ein, die in diesem Ausmaß von mir nicht erwartet worden war. Man kann diesen Zeitpunkt die Geburtsstunde des ›hemmungslosen Bandenkrieges‹ in Italien nennen. Der Zulauf zu den Banden, die sich besonders zwischen der Front und dem Apennin bemerkbar machten, war in die Augen springend [das heißt, daß der Befreiungskrieg, wie er bisher nur in Norditalien geführt worden ist, nun auch auf Mittelitalien überspringt, Anm. d. Verf.]. Man darf zu diesem Zeitpunkt das Anschwellen der Bandenstärken von einigen Tausenden auf 100 000 ansetzen. Ausgelöst wurde diese Ausweitung durch den Aufruf Badoglios und des britischen Oberbefehlshabers, General Alexanders, über den Guerillakrieg und die im Felde zu erwartende Vernichtung der deutschen Armeen in Italien. Von dieser Zeit an war der ›Bandenkrieg‹ für die deutsche Kriegführung eine tatsächliche Gefahr.«[12]

Mit der zunehmenden Stärke der Partisaneneinheiten mindert sich ihre Beweglichkeit. Werden sie für die deutsche Kriegführung hinter der Front zu einer »tatsächlichen Gefahr«, so wird auch ihre eigene Gefährdung immer größer, zumal ja nicht nur die Partisanen, sondern auch die Deutschen Erfahrungen in diesem Berg- und Buschkrieg sammeln. Erschießungen großer Gruppen gefangener Partisanen nehmen zu: In einer Untergrundzeitung werden im Juni 110 in der Provinz Novara, siebzig bei Fossolo erwähnt.

Mit dem Anschwellen der Partisanenverbände auf die Stärke von Regimentern, schließlich von Divisionen, entstehen Probleme der Bewaffnung, die aus eigener Kraft nicht mehr zu lösen sind. In den letzten Julitagen wendet sich das CLNAI über einen geheimen Sender an den britischen Oberbefehlshaber um Hilfe bei einer geplanten Großaktion im Norden. General Alexander sagt Waffen und Ausrüstungen zu sowie gar nicht erbetene militärische Berater. Die Absicht ist, das CLNAI politisch unter Kontrolle zu bringen. Erneute Zusicherungen Togliattis, die PCI werde die bürgerliche italienische Regierung, die jetzt nicht mehr Badoglio, sondern der Altliberale Bonomi führt, loyal unterstützen, beruhigen Roosevelt und vor allem Churchill nicht, denn sie wissen, daß in den Kampfverbänden ein anderer politischer Wind weht als in der Parteiführung der PCI. Der britische Premier besucht am 28. August die italienische Front und richtet eine Botschaft an das italienische Volk, deren letzte Sätze an Deutlichkeit nichts zu wünschen übriglassen: »Politische Aufregung und Streik vieler Parteien werden die einfachen Freuden und Rechte, die sich das Volk so sehr wünscht, nicht zu schaffen imstande sein. Italien muß zu den Idealen der Freiheit zurückkehren, die das Risorgimento begeisterten.«[13]

So ist das Angebot, militärische Berater zu schicken, mehr eine Kontroll- als eine Hilfsmaßnahme. Als Repräsentant und Führer dieses Teams wird der italienische General Raffaele Cadorna vorgeschlagen, der einige Führer der Resistenza persönlich kennt und sich in Norditalien zu Hause fühlt. Das CLNAI nimmt diesen Vorschlag zögernd an. Cadorna macht noch einen Kurs als Fallschirmspringer, nimmt den Tarnnamen »Valenti« an und wird von einem alliierten Flugzeug Mitte August in der Nähe von Bergamo abgesetzt. In seiner Begleitung befindet sich als der »große Bruder« der englische Major Oliver Churchill, mit dem Premierminister nicht verwandt, wohl aber durch Gesinnung verbunden; beide Churchills geben sich in ihrem rabiaten Antikommunismus nichts nach. Rasch wird Cadorna von den bürgerlichen Gruppen im CLNAI als einer der ihren angesehen, nicht zu unrecht, und erntet deshalb um so mehr Mißtrauen bei den Linken. In der Folge trägt er wenig zur Vereinheitlichung des Oberbefehls im Partisanenkrieg bei, mehr hingegen zu politischen Kontroversen, die nun auch das CLNAI von innen her aufzuspalten drohen.

Eine Minderung der Kampfkraft ist zunächst nicht damit verbunden. Am 10. August proklamiert das CLN-Toskana die Übernahme der Macht in Florenz. Kurz zuvor sind im Kampfgebiet aus alliierten Maschinen Partisanen, unterstützt von einem italienischen Fallschirmbataillon, abgesprungen, die sich mit lokalen Untergrundkämpfern zu Divisionen formieren.

Läßt sich hieraus erklären, daß bestimmte SS-Einheiten aus der Front herausgelöst und ausschließlich gegen Partisanenverbände eingesetzt werden, so doch nicht, wie jene ihren Kampfauftrag verstehen und ausführen, noch gar, daß die nun anhebende Ausmordung der Zivilbevölkerung ganzer Landschaften als »Kriegshandlung« angesehen werden dürfe, als die sie beispielsweise bei Kesselring eine flüchtige Erwähnung findet, ohne daß er sich auf eine Wiedergabe der Fakten einließe. Derartiges ist in der ganzen zeitgeschichtlichen Aufarbeitung des Kriegs nicht geschehen, und wenn jemand darauf wettete, daß von Millionen deutscher Italienfahrer noch keiner den Dorfnamen Marzabotto gehört habe, käme er wohl kaum in die Gefahr, seinen Einsatz zu verlieren.

Am 8. August 1944 hat das 16. Bataillon des 16. SS-Panzergranadierregiments unter dem 28jährigen Major Walter Reder auf seinem Rückzug das Arnotal erreicht und wird an diesem Tag aus dem Fronteinsatz herausgenommen, um gegen die Partisanen hinter der Front Verwendung zu finden. Reder und seine Männer leisten in den folgenden Wochen im Sinne ihres Auftrags nur indirekt ganze Arbeit; ihr Kampf gegen Partisanen, die in größeren Gruppen nach einem umfassenden Plan geführt werden, zeitigt eher bescheidene Erfolge. Weitaus erfolgreicher sind sie bei der Ausrottung der Zivilbevölkerung.

Am 12. August 1944 ermorden sie bei S. Anna di Stazzema 560 Dorfbewohner (alle Familien, einschließlich der Kinder); am 19. August fallen dem Gemetzel von Bardine S. Terenzo und Valla di Ficizzano 160 Dorfbewohner zum Opfer. Bei dieser Aktion erfinden einige der SS-Kämpfer gegen Frauen und Kinder eine neuartige Version der Tötung: Der eine wirft das Baby in die Luft, der andere erschießt es sozusagen im Flug. Diese im August vollbrachten Leistungen qualifizieren das Bataillon Reder für den Einsatz auf jener Hochebene, auf der Marzabotto nebst anderen Dörfern liegt.

Die Bevölkerung dieser Gegend hatte stets ein laues Verhältnis zum faschistischen Regime. Da die Landwirtschaft nur dürftige Erträge abwirft, hatten sich die meisten schon zu Beginn des 20. Jahrhunderts in Arbeiter und Bauernvereinen oder Genossenschaften zusammengeschlossen; viele traten in der Zeit zwischen dem Ende des Ersten Weltkriegs und der Machtübernahme Mussolinis der Kommunistischen Partei bei. Wenn sie jetzt den Partisanen helfen, so stehen sie in einer über den Faschismus zurückreichenden Tradition. Sie haben zudem die »Schlacht« zwischen Partisaneneinheiten und deutschen Truppen erlebt, zu der es gekommen war, weil das Vieh aus vierzig Dörfern von der Besatzungsmacht beschlagnahmt worden war und abtransportiert werden sollte. In fünfzehnstündigem, fanatischem Kampf fielen dabei 554 deutsche Soldaten, wurden 630 verwundet, indes die Toten der Partisanen an zwei Händen abzuzählen waren. Es war ein Erfolg der Resistenza, der sich in dieser Unverhältnismäßigkeit zwischen feindlichen und eigenen Verlusten nicht wiederholen sollte.

Die 16. SS-Panzergrenadierdivision verläßt Mitte September die Küste des tyrrhenischen Meeres und dringt in die Bergtäler vor. Es ist zu verstehen, daß sie mit Rachegefühlen in diese Gegend kommt. Aber warum wird die Rache an der Zivilbevölkerung – und nur an dieser – vollzogen? Vom 14. September an ist die Blutspur des Bataillons Reder von Ort zu Ort zu verfolgen. Zwischen dem 14. und 17. September werden in Bergiola di Carrara siebzig, in Frigido (Massa) zweihundert Zivilisten erschossen. Die mit dem Namen Marzabotto unmittelbar verbundenen Aktionen setzen am 27. September ein und ziehen sich bis zum 1. November – mit größeren Pausen im Oktober – hin. Ende September erlöschen die Kampfhandlungen der Resistenza-Brigade »Roter Stern« in diesem Gebiet. Die Entvölkerung der Landschaft beginnt im Dorf Cerpiano, dort werden 49 Menschen ermordet (28 Frauen, 19 Kinder, zwei invalide Greise); in Cassaglia werden 28 Familien ausgerottet (147 Personen, unter ihnen fünfzig Kinder); in Caprara di Marzabotto 107 Personen (darunter 24 Kinder); in Cadotto und Stevvola 145 Personen (darunter vierzig Kinder). In die Marmortafeln an den Wänden der zu Marzabotto errichteten Gedächtnis- und Trauerkirche sind 1830 Namen eingraviert.[14]

Bei ihrer Ermordung ist von Handfeuerwaffen kaum noch Gebrauch gemacht worden, desto mehr von Handgranaten, Maschinengewehren und Feuer. Die Menschen in Kirchen und Ställen zusammenzutreiben und darin zu verbrennen, muß diesen SS-Männern eine ganz besondere Befriedigung bereitet haben.

Obwohl die Partisanen nicht in der Lage gewesen sind, die Aktion der SS in den Dörfern um Marzabotto zu verhindern, wird dieser Dorfname zu einem Fanal im Freiheitskampf. Fast unnötig zu sagen, daß die Bevölkerung nach diesen Massenmorden nicht etwa eingeschüchtert ist, sondern erfüllt von einem lodernden Haß gegen alle, die eine deutsche Uniform tragen, den Partisanen Hilfe gewährt. Jetzt treten Partisanenverbände offen gegen die Deutschen an, die drei Divisionen mit Artillerie, Panzern und Flammenwerfern einsetzen müssen, um dieses wichtige Frontstück der »Goten-Linie« im Apennin bei Montefiorino (unweit Modena) zu halten. Die Partisaneneinheiten operieren unmittelbar im Frontgebiet. In den Nordprovinzen gelingt es ihnen, vorübergehend größere Gebiete von Faschisten und Deutschen zu säubern und kurzfristig eine eigene Verwaltung in Gang zu setzen. Es entstehen die in der Geschichte der Resistenza stets mit Bewunderung erwähnten fünfzehn »Partisanenrepubliken«, die als der größte militärische und politische Erfolg des Untergrundkampfes anzusehen sind, auch wenn ihnen nur ein kurzes Leben zwischen wenigen Tagen und mehreren Wochen beschieden ist. Es ist die Zeit, in der sich das wirtschaftliche Leben Italiens dem Stillstand nähert. Salz ist so kostbar geworden, daß ein Kilogramm als Belohnung für die Denunziation eines Partisanen für den Fall ausgesetzt wird, daß sie zur Verhaftung und Liquidierung des Verratenen führt. Fiat-Mirafiori produziert im September 1944 noch elf Lastwagen — ein Jahr zuvor waren es siebzig.

Die Partisanen gewinnen die Kontrolle über die meisten Pässe entlang der italienisch-französischen Grenze und wagen sich aus der Bergregion immer tiefer in die Täler hinab. Von hier bis nach Venetien entstehen die »Republiken« als eindrucksvolle Zeugnisse militärischer und politischer Kraft. Nach dem Beispiel der Tito-Partisanen formieren die Kampfverbände neben ihren militärischen auch Verwaltungsstäbe (»Giunte Popolari Amministrative«), die für die Verteilung der Lebensmittel sorgen, Schulen wiedereröffnen und zu regelmäßigen Zeiten Lastwagen als Ersatz für Autobusse zwischen den Dörfern verkehren lassen. Soweit solche Experimente mit Modellcharakter vom »Partito d'Azione« geleitet werden, sind die lokalen Führer frei in ihren Maßnahmen, während die kommunistischen Gruppen nichts Grundsätzliches anordnen dürfen ohne ausdrückliche Zustimmung des im CLNAI integrierten Politbüros, das seinerseits aber weitgehend unabhängig von der obersten Parteiführung durch Togliatti seine Entscheidungen trifft.

Die politischen Kommissare der »Garibaldi«-Divisionen (noch von »Banden« zu sprechen, wäre der Stärke der Verbände nicht mehr angemessen) bilden als ersten Schritt in Richtung auf eine autonome Struktur der Dörfer Beiräte aus vertrauenswürdigen Personen, bei deren Auswahl sie sich der Lokalkenntnisse der Pfarrer und anderer angesehener Einwohner bedienen, die nicht durch Komplizenschaft mit der faschistischen Verwaltung oder Polizei besudelt sind. Dabei orientieren sie sich generell an der sozialen Gliederung, in der ausnahmslos in allen Ortschaften die ärmsten Schichten die Majorität darstellen. Der zweite Schritt sind Wahlen, denen sich die Kandidaten für die lokale

Verwaltung und die politische Führung stellen müssen. Unter den gegebenen Umständen, die man sich nicht primitiv genug vorstellen kann, gibt es weder Urnen noch Stimmzettel. Die Bewohner versammeln sich mit Kind und Kegel bei der Kirche und geben ihre Stimme durch Handaufheben ab. Für die oberste zivile Instanz, den Bürgermeister (»sindaco«), behalten sich die »Giunte Popolari Amministrative« ein direktes Vorschlagsrecht vor, das heißt, auch in dieser Form radikaler Basisdemokratie bleibt doch ein gewisser Lenkungsmechanismus von oben erhalten.

Einige der wichtigsten Funktionen dieser neuen Obrigkeit sind die Unterdrückung des Schwarzen Marktes, die Übernahme geheimer Lager, aus denen er sich speiste, durch die Gemeindeverwaltung, die Festsetzung von Lebensmittelpreisen, die nicht überschritten werden dürfen, und die Vergabe von Genehmigungen, einen Laden oder einen handwerklichen Betrieb zu führen. Die Abführung von Steuern an die lokalen Finanzorgane der RSI war schon seit Jahresbeginn mit drakonischen Mitteln weitgehend unterbunden worden; jetzt erhebt die Dorfverwaltung nach einem neuen System Steuern. Da eine durchschaubare zusammenhängende Wirtschaftsstruktur nicht mehr existiert, werden statt der Einkommen die Vermögenswerte zur Hauptgrundlage der Steuerberechnung gemacht; der höchste Satz beträgt acht Prozent bei Werten von über eine Million Lire. Vielfach werden Eigentum und Vermögen faschistischer Lokalgrößen enteignet. In zwei der Partisanenrepubliken wird auch Notgeld ausgegeben (»Buoni di Liberazione«).

Sogar Eisenbahnlinien werden wieder in Betrieb gesetzt, Krankenhäuser eröffnet oder neue improvisiert, Gerichte arbeiten mit neuen Richtern und Anwälten, antifaschistische Zeitungen werden gedruckt, deren Gesamtauflage auf 200 000 Exemplare (ein- bis zweimal wöchentlich) geschätzt wird. Rings um die Ortschaften graben zivile Trupps, die meist aus Frauen und Halbwüchsigen bestehen, mit aktiver Hilfe von Partisanen Splittergräben und bauen Keller zu Luftschutzbunkern aus. Doch diese Beschreibung trifft nur auf drei der fünfzehn Partisanenrepubliken zu. Die anderen sind zu klein und kurzlebig, um eine neue Ordnung auch nur ansatzweise aufbauen zu können.

Bei den drei großen »Republiken« handelt es sich einmal um das Ossolatal in Piemont, westlich des Lago Maggiore bis hin zur Schweizer Grenze. Auf diesem Gebiet liegen 32 Ortschaften mit einer Bevölkerung von insgesamt 85 000 Menschen. Durch das Tal führt die Eisenbahnlinie von Mailand nach Lausanne. Wasserkraftwerke versorgen von dort aus die Städte in der Ebene mit Strom. Zwischen dem 9. und 21. Oktober 1944 erobern deutsche und faschistische Einheiten das Gebiet von Ossola mit weit überlegenen Kräften (12 000 gegen 3000) zurück. Die zweite große »Republik« ist Carnia in den Dolomiten mit Ampezzo als »Hauptstadt«. Auf diesem Gebiet liegen vierzig Orte mit 40 000 Einwohnern. Es ist von Deutschen, Faschisten und Kosaken (die auf Seite der Achse kämpfen) eingeschlossen und ständig bedroht. Die »Republik« Monferrato schließlich liegt zwischen Mailand und Turin, umfaßt 37 Gemeinden, 160 Dörfer, 2500 Quadratkilometer.

Was wissen die Deutschen vom Innenleben dieser »Staaten« im Staate? Kaum mehr, als daß sie die Existenz von Gebieten feststellen, in die sich vorzuwagen — und sei es in Kompaniestärke — lebensgefährlich ist und für deren Rückeroberung besondere Feldzüge geplant werden müssen. Sie errichten längs der Umgehungsstraßen Schilder: »Achtung, Bandengebiet!« Sie könnten auch geschrieben haben: Deutsche Soldaten, hier verlaßt ihr Euer Italien!

Von der Führung der PCI wird die Entwicklung der »Republiken« gefördert, gelenkt und in ihr politisches Programm als Beispiel für ihr demokratisches Grundverständnis eingebracht.

Im Sommer dieses Jahres bildet sie »Aufstandtriumvirate«, die Anfang November in Mailand ihre erste Konferenz im Untergrund abhalten. Das richtungweisende Referat hält Luigi Longo; am Tisch sitzen Kommunisten wie Amendola und Pajetta, die im neuen Italien zu den bekanntesten Politikern zählen werden. Für jede Region Oberitaliens wird ein führender Kommunist bestimmt, der den Aufstand, wenn die Zeit gekommen ist, vorbereiten und führen soll. »Wir wiederholen, wir kämpfen heute nicht für die Diktatur des Proletariats, sondern für die fortschrittliche Demokratie [...] weil wir glauben, daß unter den gegenwärtigen Bedingungen der politischen Entwicklung in Italien sie die einzige Grundlage bildet, auf der es möglich ist, die nationale Einheit aller demokratischen und fortschrittlichen Kräfte [...] zu realisieren.«[15]

Derartigen Verlautbarungen eines eher nationalen als klassengebundenen Bewußtseins setzt der Faschismus von Gargnano hohle Phrasen entgegen. Am 14. Oktober empfängt Mussolini in der Orsoline die Offiziere der Brigata Nera »Aldo Resega«, geführt von ihrem Chef, dem Kommissar Vincenzo Costa aus Mailand. In seiner Ansprache sagt er u. a.: »In Augenblicken, da Moral und Politik in höchster Gefahr sind, müssen die wenigen Richtlinien äußerst klar formuliert werden.

Wenn uns jetzt noch jemand fragt: ›Was wollt Ihr eigentlich?‹, dann besteht die Antwort aus drei Wörtern, die unser Programm zusammenfassen: Italien, Republik, Sozialisierung.

Italien bedeutet für uns, die wir uns als Gegner eines generalisierenden, um Einklang bemühten Patriotismus verstehen, der im Grunde nur ein Alibi darstellt und zum Kompromiß, ja, zum Defätismus neigt — Italien bedeutet für uns Ehre, und Ehre bedeutet, daß man sich an ein gegebenes Wort hält — sowohl für ein Individuum als auch für ein Volk ein unverzichtbares Prinzip; und dieses verantwortungsvolle Verhalten bedeutet Zusammenarbeit mit den Verbündeten, bei der Arbeit wie im Kampf.«[16]

Das sind die leeren Hülsen des faschistischen Pathos, in das er sich noch zuweilen hineinzusteigern vermag. Dabei macht er den Eindruck, als wolle er anderen gar nicht Mut zusprechen, sondern sich selbst über seine Lage hinwegtäuschen. Als er — durch Oberstleutnant Jandl, den Verbindungsoffizier zur Wehrmacht — erfährt, was Hitler mit der Aktion »Herbstnebel« plant, reagiert er wie der Ertrinkende, der nach einem Strohhalm greift. »Herbstnebel«, das ist das Tarnwort, unter dem die Vorbereitungen auf die sogenannte Ardennenoffensive laufen; »Herbstnebel« wird für Mussolini ein Zauberwort, das es wahrscheinlich auch für Hitler gewesen ist — daran klammert sich in Berlin* wie in Gargnano die Hoffnung, eine Durchbruchoperation an der Westfront werde eine völlige Veränderung des Kräfteverhältnisses gegenüber den westlichen Alliierten herbeiführen. Mussolini will, wenn »Herbstnebel« losbricht, seinerseits mit einer spektakulären Leistung aufwarten. Eine militärische kann es nicht sein; gerade in dieser Hinsicht sieht es schlimm aus: Die Desertierungen aus den Divisionen, die aus dem Reich transferiert und ohne kämpferische Aufgabe zum Küstenschutz eingesetzt werden, nehmem so zu, daß sie von Graziani nicht mehr bestritten werden können. Wozu sich Mussolini entschließt, liegt ganz auf der Linie seiner früheren Aktivitäten; er will sich wieder dem Volk zeigen und versuchen, es mit einer Rede alten Stils aufzurütteln. Dazu muß er nach Mailand.

Ob Mussolini wirklich nur die Absicht gehabt hat, dort zu einem kurzen Gastspiel mit dem Titel: Ich, der Diktator!, aufzutauchen, ist füglich zu

---

* Am 20. November 1944 wird die »Wolfschanze« aufgegeben, Hitler geht erst nach Berlin, bezieht vom 10. Dezember 1944 bis 15. Januar 1945 ein vorbereitetes Hauptquartier bei Ziegenberg in Hessen.

bezweifeln. Merkwürdig lautlos sind die im Herbst besprochenen, auch Rahn und Wolff vorgetragenen Projekte Mussolinis, selbst den Gardasee zu verlassen und sich beispielsweise in Triest neu niederzulassen, aus der Diskussion verschwunden, aber es ist nicht anzunehmen, sie hätten sich auch aus seinem Kopf verflüchtigt. Seinen Aufenthalt am See muß er mit Beginn der schlechten Jahreszeit und nach dem Verschwinden so vieler Familien seiner nächsten Mitarbeiter mehr denn je als Verbannung, als Gefangenschaft empfunden haben. Viel spricht dafür, daß die Dezemberreise nach Mailand eine Art Spähtruppunternehmen sein soll, um zu erkunden, ob sich eine Verlegung seines Regierungssitzes nach Mailand nicht in doppelter Hinsicht als vorteilhaft erweisen könnte: zum einen, um wieder Anschluß an das Volk zu finden, zum anderen, um sich einer Kontrolle der Deutschen zu entziehen, die mittlerweile so weit ausgebaut ist, daß SD-Chef Harster in Verona jeden Tag lesen kann, mit wem der Ministerpräsident zwischen Aufwachen und Einschlafen gesprochen hat und wer an Donna Racheles Tisch die Spaghetti mitgegessen hat.

Äußerungen in der Ministerratssitzung vom 9. Dezember scheinen zu bestätigen, daß er an eine Verlegung des Regierungssitzes nach Mailand denkt. Hingegen bespricht er am 13. Dezember mit Mezzasoma und Pavolini nur die Vorbereitungen für ein öffentliches Auftreten und eine große Rede in einem Saal. In den dazwischenliegenden Tagen haben seine Kontrolleure Wind von seinem Vorhaben bekommen und ihm gesagt, an einen Umzug nach Mailand sei nicht zu denken. Wolff und Rahn sind entschlossen, ihn unterwegs keinen Augenblick unbeobachtet zu lassen und fahren selbst mit. Die Erlaubnis zu reden hat er ihnen abgetrotzt, aber sie glauben nicht, daß er in der Bevölkerung ein Echo finden werde. SS begleitet auf Motorrädern seine Fahrt im offenen Wagen durch die Stadt. Dieser vom Rundfunk propandistisch vorbereitete Auftritt belehrt die Deutschen bereits, daß sie sich schwer verrechnet haben. Der neben dem Fahrer stehende Mussolini nimmt die Ovationen der Bevölkerung entgegen, fast wie in alter Zeit. Die antifaschistische Gegenregierung, die ja in derselben Stadt ihren Sitz hat, macht keine Anstalten zu stören. Um gegen diese erregten Volksmassen anzutreten, müßte sie militärische Kräfte aufbieten, die weit weg von Mailand kämpfen. Es bleibt ihr nichts übrig, als klug stillzuhalten. Bei der Abfahrt in Gargnano hat Mussolini zu seinem Arzt gesagt: Sie werden erleben, daß für meine persönliche Sicherheit nicht die geringste Gefahr besteht. Genau das finden seine Bewacher bestätigt.

Der große Auftritt findet am späten Vormittag des 16. Dezember im »Teatro Lirico« vor einem polizeiwidrig überfüllten Auditorium statt. Die zahlreichen »Verrätereien«, die andere Satelliten wie die Bulgaren, die Rumänen und die Finnen gegenüber dem Reich kürzlich begangen haben, benützt Mussolini als wirkungsvollen Hintergrund, um die Treue des faschistischen Italien seit September 1943 herauszustreichen. Der Wert des von ihm repräsentierten Italien drücke sich in vielen Leistungen aus, über die er aus Gründen der Geheimhaltung im einzelnen keine Ausführungen machen könne; aber eine Zahl wolle er nennen: Am 30. September 1944 hätten sich nach deutschen Angaben 786 000 Italiener in Deutschland befunden und befänden sich dort noch jetzt als Soldaten und Arbeiter. Daß der größte Teil, mehr als eine halbe Million, als mißhandelte Sklaven in Konzentrationslagern vegetieren, unterschlägt er. Durchhalteparolen im Stile Hitlers beenden die Rede: Die Po-Ebene müsse mit Klauen und Zähnen verteidigt werden, sie sei die Kernzelle, aus der ein republikanisches Italien in den früheren Grenzen erstehen werde. Die dazu notwendige revolutionäre Kraft, die den Faschismus immer beseelt habe, müsse von hier und heute ausgehen — von Mailand.

Dem Jubelschrei der Zuhörer im Theater, das sich am Nachmittag wiederholt, als er auf der Piazza S. Sepolcro, dieser Geburtsstätte der Schwarzhemden, unter freiem Himmel spricht, folgt jäh der große Katzenjammer, als Mussolini am 19. Dezember lammfromm nach Gargnano zurückgekehrt ist und die Ardennenoffensive nach geringen Anfangserfolgen zusammenbricht. Weder sein Erfolg bei den Massen noch der Inhalt seiner Rede können den Deutschen gefallen, denn ganz wesentlich ist jener darauf zurückzuführen, daß er die Unabhängigkeit seiner Politik, die sich allein an den italienischen Interessen orientiere, herausgestrichen hat. Ein Abrücken von der deutschen Bevormundung war unüberhörbar gewesen. Die Mailänder können Mussolini nicht beim Wort nehmen, seine Minister, allen voran Graziani, versuchen es. Eine in Gegenwart Mussolinis beschlossene Ministerabordnung wird bei Rahn vorstellig und trägt vor, fünfzehn Monate nach Gründung der RSI dürfe nicht länger der Eindruck herrschen, daß die Deutschen »das Territorium, die Bevölkerung und die Vermögenswerte der Republik immer noch als Kriegsbeute betrachten«[17]. Nichts anderes tun sie, und nichts und niemand im Regime der RSI kann sie daran hindern. Ihnen wird von einem Amerikaner das blutige Handwerk gelegt, von Eisenhower. Ihm als Obersten Befehlshaber auf dem westeuropäischen Kriegstheater hätte es eigentlich gelingen müssen, die ehemaligen Partner eines »stählernen« Achsenbündnisses in der Niederlage wieder zu vereinen, die ihrer beider Niederlage ist. General Wolff, noch heute stolz darauf, daß ihn der Duce unter vier Augen mit »Kamerad Wolff« angesprochen hat, empfindet gegenüber dem Kameraden Mussolini, zu dessen Protektor er bestellt ist, keinerlei Verpflichtung zu solidarischem Handeln und findet Mittel und Wege, sogar die bedingungslose Kapitulation zu einer ausschließlich deutschen Sache zu machen. Die Leichenhaufen, die schließlich herumliegen, sind italienische.

Die Deutschen schleichen von der Blutbühne

Der Winter 1944/45 ist in Norditalien ungewöhnlich streng. Witterung und Straßenverhältnisse machen größere Einsätze der Partisaneneinheiten unmöglich. Die Zerstörung der Eisenbahnlinien und Brücken der Nationalstraßen sowie aller Brücken über den Po lösen das Territorium des Duce-Italiens zu Inseln der einzelnen Provinzen und der Städte auf.
Aus dem Reich kommt so gut wie nichts mehr. (Im Oktober haben mehrere Besprechungen zwischen dem Oberbefehlshaber und Rüstungsminister Speer über die Organisation einer autonomen Wirtschaft der RSI stattgefunden.) Umgekehrt werden noch Lieferungen aus Italien in das Reich trotz großer Transportschwierigkeiten aufrechterhalten: im Januar neunzig Prozent des Viehbestands der vom Feind unmittelbar bedrohten Provinz Bologna geraubt und abgefahren, die in den Lagerhäusern befindliche Reisernte beschlagnahmt, desgleichen die Vorräte in den Zuckerfabriken.
Was allen Vorstellungen Mussolinis und Anfusos bei Hitler nicht gelungen ist, die Befreiung und Heimführung der Militärinternierten aus deutschen Lagern, setzen die Deutschen jetzt zum Teil von sich aus ins Werk: 200 000 Italiener dürfen zurückkehren — das ist etwa ein Viertel aller, die sich in Deutschland befinden. Man will sich dieser unnützen Esser entledigen. Wegen der Bahnzerstörungen müssen die Kolonnen weite Strecken der Brennerstraße zu Fuß zurücklegen, am Paß liegt noch Schnee. In Verona werden sie zunächst in ein Sammellager eingewiesen: »Die Heimkehrer erzählen jedem, daß sie in Deutschland ein reines Sklavendasein führen mußten und feindselig behandelt worden sind. Sie kommen größtenteils äußerlich völlig heruntergekommen, halb verhungert

und krank an. Ihre erste Unterbringung befindet sich nahe der Arena, die dem Großteil der Bevölkerung und nun auch den Heimkehrenden als Luftschutzraum dient. Bei den häufigen Luftalarmen wirken diese Ansammlungen von Elendsgestalten und ihre Reden sich propagandistisch ungünstig gegen das Reich aus.«*

Dazu Mussolini in dem 40. Gespräch mit Carlo Silvestri am 18. März 1945**: »Jetzt wird der antideutsche Geist in Italien von den Abertausenden in diesen Tagen aus Deutschland zurückgeschickten Mitbürgern genährt. [...]

Die Ex-Internierten, die zurückkehren, sind abgerissen, ausgezehrt und unterernährt. Ein offensichtliches Zeichen, daß sie auch in der sogenannten Freiheit äußerst schlecht behandelt wurden. Pro Tag kommen 400 von ihnen aus München an, und ihr Herz ist von Haß erfüllt aufgrund der erlittenen Leiden. Sie sind voller Wut, am Rande der Verzweiflung, und dieser Gemütszustand ist nur allzu angemessen. Ich habe Anweisung gegeben, sie materiell und moralisch aufzupäppeln, ehe man sie in die Heimat entläßt. Wir müssen ihnen zeigen, daß das Vaterland ihnen beisteht. [...]

Nach dem Waffenstillstand hätten es die Deutschen dahinbringen können, von den Italienern geliebt zu werden; sie haben alles getan, um Haß zu erzeugen. [...]

Sie haben sich anmaßend und gewalttätig gezeigt, haben ein barbarisches System in Gang gesetzt [...]

Wir haben eine unanfechtbare Dokumentation über alle die bestialischen Repressalien zusammengestellt, die die Deutschen in Italien begangen haben, eine Abschrift davon habe ich Ribbentrop zugehen lassen [...] es ist das Schwarzbuch des Deutschtums. In San Piero in Bagno, einem Dorf in der Romagna, wollten sie 29 Personen erschießen, aber es fehlten

* Aus einem »Situationsbericht« des SD (Hauptquartier General Harster) in Verona.

** Carlo Silvestri war Sozialist. Als Italien in den Krieg eintrat, wurde er als »mutmaßlicher Defätist« in Haft genommen. Der mit ihm befreundete faschistische Polizeichef von Rom, C. Senise, erreichte seine Freilassung. Nach Gründung der RSI versuchte er, »die Situation zu humanisieren«, und nahm mit zwei langen Analysen des gestürzten Faschismus Kontakt zu Mussolini auf. Er forderte, die »faschistische Grundidee mit ihren sozialen Tendenzen« wieder glaubhaft zu machen. Zum zweitenmal wird er als Defätist verdächtigt, verhaftet und im Gefängnis San Vittore gefoltert. Seine Deportation verhinderte Mussolini durch Intervention bei Wolff. Von da an war er der Gesprächspartner Mussolinis, der sich ihm am unverstelltesten zeigte. Zwischen dem 5. Dezember 1943 und dem 25. April 1945 führte er fünfzig Gespräche mit Mussolini und schrieb sie auf.

zwei an der festgesetzten Zahl. Wissen Sie, was sie taten? Um genau zu sein, holten sie zwei siebzigjährige Greise aus dem Hospiz und stellten sie dazu [. . .], und so könnte ich lange fortfahren.«

Zu der bedrückenden Heimkehr von Landsleuten gesellt sich im nahen Friaul die verstörende Invasion von Kosakenregimentern, die sich als rabiate Gegner des Stalinregimes den Deutschen zur Verfügung gestellt haben, verschiedenen militärisch unwichtigen Aufgaben zugeführt worden waren und jetzt mithelfen sollen, die Operationszone (besser: Okkupationszone) des Gauleiters Rainer gegen die »Banden« zu verteidigen. Mit kleinen Pferden, Panjewägelchen für das Gepäck, Zelten, begleitet von ihren Frauen, schlagen diese Gestalten, die den Italienern den Eindruck einer Filmkomparserie machen — einer allerdings bewaffneten und schießenden —, auf den Dorfplätzen ihre Lager auf, zünden vor den Kirchen offene Feuer an und rösten gestohlene Hammel und ganze Ochsen. Sie tragen ebenso wie die Heimkehrer, wenn auch aus ganz anderen Gründen, zu einer rapiden Verschlechterung der Stimmung bei, die in dem erwähnten Situationsbericht folgendermaßen charakterisiert wird: »Bei den Italienern, die mit den Deutschen zusammenarbeiten, ist eine gewisse Unruhe festzustellen.« Man möchte annehmen, der SD in Verona habe sich in schwarzem Humor geübt. Was Unruhe genannt wird, ist ein gravierender Umbruch in der inneren Einstellung der Bevölkerung zu den Deutschen. Aus Furcht werden Hohn und Verachtung — ein psychologisches Phänomen, das in Gesprächen mit älteren Italienern, die den allmählichen Verfall der deutschen Macht bewußt miterlebt haben, deutlich wird. War in der bis zum Haß gesteigerten Abneigung gegen die »Germanen« immer noch die Anerkennung ihrer überlegenen Gewalt, ihrer Disziplin und Tüchtigkeit enthalten, so ist damit nun Schluß.

Um die Jahreswende 1944/45 scheint eine Regierung der RSI für die Bewohner dieses »Staates« nicht mehr zu existieren. Dem Treiben der marodierenden, mordenden paramilitärischen Verbände der RSI schaut Mussolini ohnmächtig zu. Er weiß: »Ich bin der Mann, dessen Befehle am wenigsten befolgt werden.«[18]

Erschossene werden auf den Plätzen der Dörfer an den Füßen aufgehängt — eine Methode, die nicht erst bei den Leichen Mussolinis, Clarettas und seiner Minister Anwendung findet. Der Kopf eines hingerichteten Partisanen wird in einer Glasvitrine wie eine Reliquie ausgestellt. Als Mussolini davon hört, sagt er: »Idiotisch, makaber, unmenschlich. Niemand wird diese Dinge rechtfertigen können.«[19]

Daß der Duce noch irgendwo herumsitzt, wird kaum noch wahrgenommen, obwohl doch ein paar Dutzend Zeitungen und das Radio tagtäglich nichts anderes als neofaschistische, prodeutsche Propaganda betreiben. Der Sender »Stefani« in Salò arbeitet noch im April 1945. Gegenüber den Durchhalteparolen der Faschisten stellt sich die Masse der Bevölkerung blind und taub.

Ihren Alltag bestimmen ganz andere Faktoren: einmal das Versorgungsproblem — was gibt es heute in den Läden auf Karten, wie sind die Preise auf dem Schwarzen Markt? Dann der letzte Luftalarm oder -angriff — hat er Opfer gefordert, wann wird der nächste kommen? Im einen wie im anderen unterscheidet sich das italienische Volk in diesen letzten Kriegsmonaten kaum vom deutschen, im übrigen aber stehen deutscher und italienischer Alltag unter verschiedenen moralisch-politischen Gesetzlichkeiten. Während sich im Reich das geschundene Volk ohne den Schatten innerer Auflehnung noch jedem Kreisleiter, NS-Bürgermeister, Blockwart und Luftschutzwart unterwirft, mit der Denunziation von Zweiflern einen Nationalsport ausübt (und sofort wieder bereit wäre, den Nationalsozialismus mit allen seinen Begleiterscheinungen zu stützen und zu tragen, wenn er noch in der Lage wäre, das Reich vor dem Zugriff der feindlichen Armeen zu bewahren), hat der Faschismus keine Chance mehr; sein Bündnis mit den Deutschen hat ihn um den letzten Kredit gebracht.

Die Partisanenverbände werden von der nichtkämpfenden Bevölkerung versorgt, steckbrieflich gesuchte Landsleute verborgen, und trotz aller damit verbundenen Gefahren wird den immer härter verfolgten Juden geholfen, unter ihnen, wie erwähnt, 13 000 vorwiegend aus Deutschland geflohenen. Die Industriearbeiterschaft hat ihre besonderen, schon geschilderten Probleme. Mussolinis Sozialisierungsprogramm zündet gerade bei denen nicht, auf die es abzielt: bei den Arbeitern der Großbetriebe. Sie organisieren den passiven Widerstand in den Fabriken so geschickt, daß es den eingeschleusten Spitzeln des mächtigen SD-Chefs der Lombardei, Walter Rauff*, nur selten gelingt, einzelne Arbeiter oder

---

* Die Biographie dieses Mordgehilfen stehe hier in Stichworten stellvertretend für viele Biographien von Nationalsozialisten in hohen Stellungen: Jahrgang 1906, Abitur, Marineoffizier, 1938 vom SS-SD-Hauptamt (Heydrich) übernommen. Im Krieg zeitweise Leiter der Falschgeldherstellung in Berlin-Grunewald (»Unternehmen Bernhard«, vgl. S. 283) und Organisationsleiter der »Gaswagen«-Aktion, die auch in der Sowjetunion gegen Juden durchgeführt worden ist. Einer seiner Untergebenen, SS-Untersturmführer Dr. Becker, beschreibt in einem Brief an Rauff (vom 16. Mai 1942 aus Kiew) die Schwierigkeiten beim Einsatz der Gaswagen: »Der Ort der

Gruppen als Urheber von Sabotage zu denunzieren. Die geheime Zusammenarbeit mit dem CLNAI wird immer mehr ausgebaut, ein Streik folgt dem anderen; die Deportation wird eine stumpfe Waffe General Leyers, deren Anwendung zudem Grenzen gesetzt sind, denn je mehr Arbeiter strafweise abgeschoben werden, desto mehr sinkt die Produktion auch ohne Streiks, ganz zu schweigen davon, daß alle deutschen Zwangsmaßnahmen den kommunistischen Gruppen neue Mitglieder zutreiben.

Die relative Winterruhe an der Front, die bis Mitte Februar 1945 anhält, kann die Bewohner der Po-Ebene nicht darüber hinwegtäuschen, daß die Deutschen entschlossen zu sein scheinen, sich auch nördlich des Apennin, vielleicht sogar nördlich des Po noch zu verteidigen, denn beiderseits des Stromes arbeiten Zehntausende von zwangsverpflichteten Italienern an Befestigungsanlagen. In Erinnerung an den Eindruck, den Kesselring von seinen Divisionen gewonnen hat, schreibt er nach dem Krieg: »Die Frage nach der Fortführung oder Einstellung des Kampfes wurde auch nicht im Geheimen gestellt [...] Von Defaitismus keine Spur.« [20]

In der Tat, die deutschen Befehlsstäbe in Italien führen ihr Leben weiter, wie sie es im September 1943 begonnen haben; das äußere Bild ihres Auftretens ist unverändert anmaßend gegenüber den Italienern, die für sie nie zu Kameraden werden. »Wir haben gespürt«, sagte uns ein etwa siebzigjähriger Mailänder, der 1945 Meister in einer Textilfabrik gewesen war, »ja, wir haben gespürt, daß die Deutschen gar keine im Untergang zur Schau gestellte heroische Haltung hatten, sondern daß sie tatsächlich gehofft haben, es könnte noch gutgehen. Diese Überzeugung hat sie

Exekution befindet sich meistens 10—15 km abseits des Verkehrswege. [...] Fährt oder führt man die zu Exekutierenden an diesen Ort, so merken sie sofort, was los ist, und werden unruhig, was nach Möglichkeit vermieden werden soll. Es bleibt nur [...] übrig, sie am Sammelort einzuladen und dann hinauszufahren [...] Die Wagen habe ich als Wohnwagen tarnen lassen [durch Aufmalen von Fenstern, Anm. d. Verf.] [...] Die Vergasung wird durchweg nicht richtig vorgenommen [...] die Fahrer geben Vollgas, durch diese Maßnahme erleiden die zu Exekutierenden den Erstickungstod und nicht, wie vorgesehen, den Einschläferungstod. [...]« Von 1943 bis 1945 ist Rauff Chef der Sicherheitspolizei und des SD in Mailand, Turin und Genua. Aus italienischer Kriegsgefangenschaft flieht er nach zwanzig Monaten aus dem Lager Rimini, wird in Rom Lehrer im päpstlichen Waisenhaus »Vina Pia«, bekommt vom Papst eine Sonderprämie für gute Leistungen. Über Kairo und Damaskus geht er mit kirchlicher Hilfe nach Südamerika, Endstation Chile, das Gastland verweigert Auslieferung an die BRD, die Rauff mehrfach mit falschem Paß besucht. »Ich stehe in Chile unter Denkmalschutz«, Rauff).

ebenso gefährlich wie lächerlich gemacht. Sie waren verrückt, sie haben tatsächlich geglaubt, das Blatt noch einmal wenden zu können. Wir sind in den Hohn, in die Verachtung, in verstohlenes Gelächter geflüchtet, damit uns die Furcht nicht erstickte. An allen Mauern klebten die Anschläge der Wehrmachtkommandantur oder der SS, mit denen die Erschießung von fünf, von zehn, von zwanzig unserer Landsleute unter Nennung ihrer Namen bekanntgemacht wurden, das sollte abschrecken, und wir sahen, wie der Terror mit jedem Tag zunahm, den der Krieg noch dauerte.«

Den Erschießungen von Zivilisten durch die Gestapo oder SS-Einheiten geht kein prozeßähnliches Verfahren voraus, die Mörder fühlen sich durch die Mordbefehle des Oberbefehlshabers oder auch des Führers gedeckt. Formal unterscheiden sich davon die Hinrichtungen italienischer Soldaten, die bei ihrer Verpflichtung als Hilfswillige in deutschen Einheiten zwei Eidesformeln unterschrieben haben, eine auf die RSI, eine auf den Führer, und dann »fahnenflüchtig« geworden sind. (Die Massendesertionen aus den vier aus dem Reich transferierten italienischen Divisionen finden in aller Regel keine Sühne vor deutschen Gerichten, weil die Männer, die zu den Partisanen geflohen sind, nicht mehr aufgegriffen werden können.) Die deutsche Militärgerichtsbarkeit unterhält in Italien fast noch mehr Dienststellen als der Ausplünderungsstab des Generals Leyers.*

Anfang Februar werden die Verfolgungen von Fahnenflüchtigen auf ihre Familien ausgedehnt: »Festnahme der männlichen Mitglieder der Familie, zu der der Deserteur gehört, im Alter von 18–50 Jahren. Bei Familien, die außer, daß sie über ein fahnenflüchtiges Mitglied verfügen, entschieden gegen das Regime sind, wird sich Vergeltung nicht auf Festnahme beschränken [. . .]:

1) Bei Landwirten: Strenge Hausdurchsuchung, Beschlagnahme Vieh und anderer Güter

2) Bei Händlern: Beschlagnahme Waren, Entziehung Lizenz, Schließung Geschäft.

[. . .]

4) Bei Angestellten im allgemeinen: Entschädigungslose Entlassung.   (gez.)v. d. Knesebeck/Oberstldt. i. G.«

---

* Eine »nur« 92 Verfahren aufzählende Liste, die uns vorliegt, zeigt, daß mehr als die Hälfte (55) mit Todesurteilen geendet haben, die unverzüglich vollstreckt worden sind.

Die militärische und politische Großwetterlage in der RSI wird während der Monate ihrer allmählichen Auflösung davon bestimmt, daß sich die Beziehungen zwischen der Besatzungsmacht und der Regierung Mussolinis in dem Maße verschlechtern, in dem das Ende näher rückt. Zum offenen Konflikt kommt es, als Mussolini Rahn und Wolff wissen läßt, er beabsichtige, seinen Innenminister Buffarini-Guidi zu entlassen. Beide opponieren aufs heftigste aus eben dem Grunde, der für Mussolini letztlich ausschlaggebend ist: Er hat es satt, so eng mit einem Mann zusammenarbeiten zu müssen, der jedes mit ihm geführte Gespräch sofort Dollmann oder Wolff hinterbringt. Außerdem spielt eine Intrige hinein, in die Claretta Petacci verwickelt ist: »Er hat diesen Buffarini auf Betreiben der Clara Petacci abgesetzt, weil er keinen Aufpasser mehr haben wollte, weil er wußte, was der Buffarini erfährt, erfahre ich. Ich war ja sozusagen sein Auftraggeber und sein Brotherr.« (Wolff)

Hatte Claretta Petacci anfangs gewisse Erwartungen der Deutschen erfüllt, indem sie dazu beitrug, daß Mussolini dem Prozeß gegen Ciano seinen Lauf ließ, so wird sie jetzt in den deutschen Augen zu einer Belastung, weil sie plötzlich politisches Interesse entwickelt und mit einem ganz ähnlichen Instinkt, wie ihn auch Rachele besitzt, den Freund vor Machenschaften der Deutschen warnt. Es ist indes kaum noch nötig, sein Mißtrauen gegen sie anzustacheln. Die Anlässe mehren sich, die ihn fragen lassen, was sie eigentlich vorhaben. Der vor allem von Ribbentrop ausgehende, sich versteifende Widerstand gegen seine unrealisierbaren Pläne, eine sozial gerechtere (sozialistische) Gesellschaft zu schaffen, verärgert ihn zutiefst. »Entweder die Deutschen vertrauen mir und meiner Regierung — dann sollten sie sich um die Kriegführung kümmern und mich weiterhin regieren lassen und weder die Bevölkerung drangsalieren noch unnötige Sachschäden anrichten und sich unloyal verhalten —, oder es ist völlig überflüssig, daß ich auf meinem Posten bleibe und es eine republikanische Regierung gibt.«[21)

Es bereitet ihm Genugtuung, den Deutschen mit der Entlassung Buffarinis eins auswischen zu können; gegen ihre Proteste bleibt er überraschend standhaft. Am 8. Februar schreibt er an Claretta: »Ich werde nicht nachgeben. Gib das auch Spögler zu verstehen. Er wird es sicher auch dem Botschafter berichten, und der wird es weitermelden. Wenn Kappler glaubt, er kann sich über mich lustig machen, dann irrt er sich gewaltig. Auch wenn er ein Schützling von Wolff ist. Ich bin fest entschlossen, reinen Tisch zu machen. Also bleib gelassen. Ruf mich gegen 17 Uhr an.   Ben.«

Am 22. Februar, 11 Uhr vormittags, wird das Entlassungsdekret veröffentlicht. Almirante, der heutige Führer des rechtsradikalen Lagers in Italien, damals Staatssekretär im Kultur- und Propagandaministerium Mezzasomas, überbringt dem Gestürzten die Nachricht, der sich dennoch weiterhin rühmen wird, daß er der vertraute Ratgeber des Duce ist. Mussolini hat noch einen zweiten Einfall, wie er trotz seiner Ohnmacht Rahn und Wolff ärgern könnte. Er benutzt die siebte Wiederkehr des Todestages von D'Annunzio (1. März), um eine Feier abzuhalten, die vor allem dem Reichsbevollmächtigten klarmachen soll, daß das Nationalgefühl der Italiener nicht erloschen ist.

Mit dem so bequem vor der Hautür liegenden Vittoriale ist ein fabelhaftes Szenarium geboten, um den Deutschen die geschichtliche Größe Italiens vor Augen zu führen. Als Mussolini seine Rede hält, steht er auf der Kuppe des Hügels neben dem Marmorsarg D'Annunzios, der unter freiem Himmel auf einer Säule zu schweben scheint: »Seit sieben Jahren ruht in dieser Einsamkeit — abwesend und gegenwärtig zugleich — derjenige, der wie kein anderer fünfzig Jahre hindurch mit seiner Dichtkunst und seinem kämpferischen Einsatz zu Lande, zur See und in der Luft die Tugenden unserer Rasse gerühmt hat.«[22]

»Comandante, tu non sei morto!« — Kommandant, du bist nicht tot! ruft Mussolini der Versammlung zu, Ministern, Ministerialen, Offizieren, neben denen Bewohner umliegender Dörfer das Volk darstellen. Sie singen den »Inno a Roma«, den Lobgesang auf Rom, wohin sie aus der Verbannung zurückkehren möchten. Wenn der Festredner seinen Blick hügelab schweifen läßt, sieht er zwischen D'Annunzios Zypressen das Dach der Villa Mirabella, die der Dichter vor Zeiten für seine Frau hat bauen lassen. Dort steht an einem Fenster Claretta und lauscht der Stimme ihres Ben, die, von Lautsprechern verstärkt, durch den ganzen Park schallt.

Claretta wohnt nicht mehr in der Fiordaliso. Ihre Lebensweise hat sich dadurch verändert, daß Donna Rachele eines Tages bei strömendem Regen in Begleitung des Innenministers Buffarini-Guidi bei ihr eingedrungen war und in einer dreistündigen Auseinandersetzung, in der sie die Geliebte ihres Mannes eine Hure nannte, endlich und zum einzigen Male ihrer Eifersucht Luft gemacht hat. Im Verlauf ihres unerwünschten Besuchs telefonierte Claretta dreimal mit dem Freund und erreichte, schließlich, daß Mussolini ihren Betreuer Spögler anwies, seine Frau notfalls mit Gewalt aus dem Haus zu schaffen, denn »so hat sie sich nicht aufzuführen« (Spögler).

Der Zwischenfall hatte Claretta die Villa am See verleidet, sie zog in die Mirabella um, obwohl dort schon ein Ehepaar Cervis wohnt. Zu ihm gehört als Hausfreund der Signora der Architekt, der in D'Annunzios Auftrag und mit Mussolinis Staatsgeld alle die Scheußlichkeiten einschließlich des Grabmonuments auf der Hügelkuppe aufgeführt hat, die den privaten Wohnsitz des Dichters in ein Nationaldenkmal verwandelt haben. Die einigermaßen delikaten Verhältnisse der Cervis werden durch die Untermieterin Claretta noch schwieriger, Mussolini muß sie ermahnen, nicht so viele Besucher zu empfangen. Er selbst kommt im Frühling, der Ende Februar beginnt, immer häufiger zur Freundin. Betritt er das Haus, so verschwinden die Cervis und der Architekt diskret in ihren Zimmern.

In diesen letzten Monaten ihres Lebens gewinnt eine Beziehung, die nun schon über ein Jahrzehnt dauert, eine neue Dimension. Der vom Glück verlassene Mann macht erst jetzt die Entdeckung, daß er diese Frau liebt. Den Entschluß, sich nicht mehr zu trennen, durch nichts und niemanden sich trennen zu lassen, fassen die beiden in den stillen Nachmittagen, in denen er nicht mehr versucht, den großen Liebhaber zu spielen. Er ist jetzt der Mann, den die in Gargnano von der Frau des Presseattachés Mollier aufgenommenen Bilder zeigen, traurig, nachdenklich, hoffnungslos.

Der Mussolini seiner letzten Lebenszeit ist gleichsam die Widerlegung des Duce, wie ihn die Welt gekannt, wie ihn Hitler gesehen, wie er selbst sich stilisiert und vergewaltigt hat. Die Veränderung, die nach seinem Sturz und der kurzen Gefangenschaft mit ihm vorgegangen war (alle erschraken, als sie ihn bei der »Wolfsschanze« aus dem Flugzeug steigen sahen), findet in den Monaten Februar, März, April 1945 ihre Fortsetzung, erfaßt nicht nur sein Denken, sein Fühlen, sie prägt nun auch seine Physiognomie. Alles Herrische verschwindet daraus; die großen dunklen Augen im bleichen faltigen Gesicht blicken voll Furcht in eine Welt, die sie nur noch undeutlich wahrnehmen. Der vom Maler Padua festgehaltene Ausspruch: »Ich bin im Dämmer« läßt erkennen, daß er sich seines Zustands bewußt ist.

In einem Gespräch mit Dinale sagt er: »Auf der höchsten Höhe des Stolzes und des Zynismus wird der Glaube getötet [. . .] auch die Aktion wird zu einer Illusion so wie der Glaube an sich selbst, wie die Liebe, ja wie das Leben, wie das stolze ICH, wie alles. Welch ein entsetzlicher Abgrund!«[23]

In der Villa Feltrinelli herrschen Sorge und Angst wie überall, aber keine

Dämmerung. Die unbeirrbar vernünftige Rachele hält mit unbeugsamer Energie den Haushalt in Ordnung, ist von früh bis spät für die Kinder und Enkel da; den Mann sieht sie fast nie, und wenn sie ihn sieht und ihm die Frage stellt, was werden soll, hat er keine Antwort, denn jene, die ausdrücken würde, was er denkt und fühlt, kann er seiner Frau nicht geben: daß er seinem Tod entgegengeht. Davon kann er mit Claretta sprechen. Er fertigt sie nicht mehr mit optimistischen Phrasen ab, die in so vielen seiner Briefe und Zettelchen an sie vorkommen. Beide, die junge Frau und er, haben ihre Beziehung als ihres Lebens Schicksal verstehen gelernt. Wäre sein Charakter nicht auf Widersprüchlichkeit und Inkonsequenz angelegt, könnte er sich dieses eine Mal aufraffen und seinen Willen *einem* Entschluß, *einem* großen Gefühl unterwerfen, so würde er jetzt nachholen, was er schon hatte tun wollen, als ihn die Fallschirmjäger vom Gran Sasso heruntergeholt haben: Kündigen! Kündigen den Deutschen, dem Vaterland, der RSI, dem zerbrochenen Faschismus, aufkündigen den eigenen Mythos und sich der Fesseln entledigen, in die ihn andere, in die er sich selbst eingebunden hat; nicht zurückkehren in die Wohnresidenz und zur Familie, nicht zurückkehren in den Amtssitz. Sich zu der Liebe bekennen, die er begriffen hat! Ein so großartiges wie fragwürdiges Leben würde überraschend in Würde enden. Dafür ist er nicht Manns genug. Er geht nicht aufrechten Ganges seinem Tod entgegen, er wird ihm zugestoßen, er stolpert den nur noch kurzen Weg entlang bis zur Gartenmauer, an der er ermordet wird. Claretta geht ihn aufrecht, es ist ihr freier Entschluß, denn wenn sie gewollt hätte, wäre es ihr ein leichtes gewesen, sich mit den Eltern und der Schwester nach Spanien in Sicherheit zu bringen.

Umstellt von seinem Arbeitsstab in der Orsoline und von seiner Familie in der Villa Feltrinelli, ist er bei seinen Fahrten zur Freundin auf die Diskretion und Hilfe seiner SS-Wächter angewiesen. Anfang März wird der Kriminalinspektor Otto Kisnat Chef seiner persönlichen Leibwache. Der damals 55jährige Polizeibeamte hat bereits manche Sonderaufgaben zur Zufriedenheit seiner Vorgesetzten durchgeführt, darunter die, den Feldmarschall und Reichspräsidenten Hindenburg auf seinem ostpreußischen Gut Neudeck in jenen Monaten zu bewachen, in denen der Greis langsam verlöschte.

Als sich Kisnat zum Dienstantritt in der Orsoline meldet, wird er freundlich empfangen: »Ich freue mich, einen deutschen Kriminalbeamten bei mir zu haben. Sie können jederzeit ohne Anmeldung zu mir kommen […], aber noch eins möchte ich Ihnen im Vertrauen sagen, ich will ab und zu ohne Begleitung nach Gardone fahren, aber das sollen nur Sie allein wissen — geht das?« (Kisnat)

Am ganzen Ufer weiß man, was den Duce nach Gardone treibt. Kisnat weiß es auch, und obwohl ihm, wie er überzeugt ist, die Todesstrafe droht, wenn seinem Schutzbefohlenen etwas zustoßen würde, läßt er sich herbei, mit Clarettas SS-Wächter Spögler ein Abkommen zu treffen, derart, daß dieser Mussolini jeweils nach telefonischer Anmeldung am Ortsausgang von Gargnano abholt und auch wieder zurückbringt. »Ich habe so getan, als wüßte ich nichts davon.« (Kisnat)

Spögler, Kisnat und ähnliche kleine Figuren aus der SS hat das »Deutsche System« noch für Mussolini übrig — als Bewacher. Die hohen Herren, die ihm seit September 1943 gesagt haben, was er tun darf und was nicht, werden für ihn mehr und mehr unerreichbar. Da ist nur noch der stets in SS-Uniform auftretende Arzt Zachariae, der ihm morgens und abends den Puls fühlt und das Herz abhört; mittags erscheint Jandl mit Ausführungen »zur Lage«, wobei er mit Mussolini vor den Kriegskarten hinter dessen Schreibtisch steht. In den kurzen Minuten vermittelt der Oberstleutnant Fakten, die keinen anderen Schluß zulassen als den, es gehe dem Ende entgegen. Das aber will der Offizier nicht wahrhaben. Von den Wunderwaffen spricht er jetzt nicht mehr so häufig wie noch im Sommer 1944. Seine neue Methode, Mussolini Zuversicht einzuimpfen, besteht darin, sich lang und breit darüber auszulassen, die Waffenbrüderschaft zwischen den Demokraten und der Sowjetunion werde bald zerbrechen. Und dann . . .! Ja, der Führer weiß schon, was er tut!

In den Telefongesprächen mit Wolff, mit Rahn, mit Kesselring klingt es nicht anders: Die große Wende steht bevor, wir sind eisern entschlossen, die RSI bis zum letzten zu verteidigen, Duce, vertrauen Sie uns!*

In Mussolini wächst der Verdacht, daß es sich vielleicht ganz anders verhält, und wenige Tage nach der erhebenden Feier im Vittoriale bekommt er einen Hinweis darauf, daß seine deutschen Vorgesetzten möglicherweise mit falschen Karten spielen. Am 8. oder 9. März erfährt er, General Wolff habe den in Verona inhaftierten Partisanenführer »General« Parri freigelassen und sogar in die Schweiz abgeschoben. Er verlangt für diesen

---

* »Die Wehrmacht in Italien wußte, daß es auch auf ihr Durchhalten ankam [. . .] die allgemeine Kriegslage [ist] durch den zweijährigen deutschen Kampf in Italien günstig beeinflußt [worden]« und habe sich »damit gelohnt«. Kesselring, von dem diese Sätze stammen, weiß auch, daß Italien »von den mit dem Krieg verbundenen Schäden *auf allen Gebieten des menschlichen Lebens* [Hervorh. v. Verf.] fast bis Ende verschont [geblieben ist].«[24] Träfe diese Behauptung zu, so wäre fast alles, was wir geschildert haben und noch schildern werden, in das Reich der Fabel zu verweisen.

sensationellen Schritt eine Erklärung und hört, erstens habe man Parri gegen einen gefangenen Deutschen ausgetauscht, und zweitens erhoffe man sich davon, mit der Führung der Partisanen zu einer Art Waffenstillstand zu gelangen. Dagegen hat Mussolini nichts einzuwenden, er selbst denkt über Schritte in dieser Richtung nach, aber soviel Entgegenkommen Wolffs verträgt sich schlecht mit den Beteuerungen, mit bedingungsloser Entschlossenheit zu kämpfen. Befände sich Mussolini noch im Palazzo Venezia und im Besitz der Macht, er würde jetzt seine Geheimpolizei ansetzen, um in Erfahrung zu bringen, ob die Erklärung für die Affäre Parri zutrifft. Doch dazu ist er im März 1945 nicht mehr in der Lage.

Was sich hinter der Freilassung Parris (später Ministerpräsident Italiens) und eines zweiten Partisanenführers namens Usmiani, von dem er überhaupt nichts erfährt, verbirgt, wird Mussolini erst kurz vor seinem Tod klarwerden, und die Umstände seines Todes werden ganz entscheidend von dem mitbestimmt sein, was ihm jetzt verheimlicht wird: Unter Federführung von General Wolff verhandeln die Deutschen schon seit Februar mit dem Feind über eine vorzeitige Kapitulation. Im Zentrum des »Deutschen Systems«, vertreten durch hohe SS-Offiziere in Schlüsselstellungen, erwachen in den letzten Monaten des Krieges einige Vollzugsgehilfen Hitlers aus der deutschen Hypnose des Nationalsozialismus. Der Prozeß ist schmerzlich. Als nach Vorkontakten über einen italienischen Geschäftsmann der SS-Standartenführer Dollmann als erster Kundschafter in die Schweiz fährt, merken seine Schweizer Kontaktpersonen sofort, »daß die Deutschen psychologisch in keiner Weise auf ein Treffen mit den Amerikanern vorbereitet waren. Ihre geistige Einstellung war weit davon entfernt, auch nur die Möglichkeit einer Kapitulation in Betracht zu ziehen. Sie sprachen, als befänden sie sich in einer starken Position. [. . .] Als [man] ihnen klarzumachen versuchte, die einzige Möglichkeit eines Waffenstillstandes sei die bedingungslose Kapitulation, schrie Standartenführer Dollmann rot vor Zorn: ›Sie verlangen von mir Verrat!‹«[25)]

Dollmann, Wolff und andere SS-Offiziere bleiben nicht unbelehrbar. Sie schenken den gefährlichen Einflüsterungen des gesunden Menschenverstandes nach und nach Gehör, und wenn man sich fragte, warum gerade sie, liegt die Erklärung auf der Hand: Sie haben alle Grund, sich ein Alibi zu verschaffen, müssen die Abrechnung der Sieger am meisten fürchten, sind am tiefsten in die Verbrechen der »Endlösung« und des Völkermordes verstrickt, wenn nicht in Person, so doch als Angehörige der SS.

Die Verhandlungen zwischen Roosevelts Sonderberater Allen Dulles — dem Bruder des US-Außenministers, mit dem zusammen der erste westdeutsche Bundeskanzler Adenauer die Sowjets aus Polen wieder hinauszuwerfen gedachte — und SS-General Wolff (auf beiden Seiten sind zahlreiche andere Personen in sie verwickelt) sind in die Zeitgeschichte unter dem von den Amerikanern geprägten Tarnwort »Sunrise« (Sonnenaufgang) eingegangen.[26]

In unsere Thematik gehört »Sunrise« nur deshalb, weil die Verhandlungen mit dem Feind hinter dem Rücken der verbündeten Faschisten geführt worden sind und sich somit die Frage aufdrängt, ob nicht »Sunrise« ein Signalwort für den letzten »Verrat auf deutsch« ist. Die nicht ganz einfache Antwort richtet sich danach, welche Bedeutung für *alle* Beteiligten und Betroffenen die Tatsache gehabt hat, daß aufgrund der »Sunrise«-Verhandlungen die deutschen und die faschistischen Truppen am 2. Mai 1945 die Waffen gestreckt haben. War das wichtig, warum und für wen — ein paar Tage später war der Krieg doch ohnehin zu Ende ...

Darüber kann der Leser nicht prägnanter informiert werden als durch ein Dokument, das der Amerikaner Gero v. S. Gaevernitz, Allen Dulles' rechte Hand und am Erfolg von »Sunrise« maßgeblich beteiligt, im Juni 1947 der Spruchkammer 1 in Hamburg-Bergedorf vorlegte, vor der sich Wolff für seine nazistische Vergangenheit verantworten mußte. (Zu diesem Zeitpunkt war von seiner Verwicklung in die »Endlösung«, die ihn erst später vor ein ordentliches deutsches Gericht und ins Zuchthaus gebracht hat, noch nichts bekannt geworden.) Das Dokument könnte man einen »Persilschein« für Wolff nennen. Es lautet (gekürzt):

»Ich, Gero v. S. Gaevernitz [...] sage unter Eid aus:

1. daß General Karl Wolff während des März und April 1945 mehrmals aus dem von Deutschland besetzten Italien nach der Schweiz gekommen ist, um mit amerikanischen Vertretern Fühlung aufzunehmen, damit die Übergabe der gesamten deutschen Streitkräfte in Italien einschließlich der SS-Formationen in die Wege geleitet wurde. [Da Marschall Graziani die Kapitulationsurkunde im letzten Augenblick unterschrieben hat, galt sie auch für alle bewaffneten Einheiten der RSI. Anm. d. Verf.] [...]

4. Daß General Wolff [...] versprach, politische Gefangene zu schützen und Schritte zu unternehmen, um die Zerstörung von Industrieanlagen, Kraftwerken und Hafenanlagen in Norditalien zu verhindern [... und] diese Zerstörung [...] verhindert worden ist. [...]

6. Daß General Wolff dafür gesorgt hat, daß eine große Anzahl weltbe-

rühmter Gemälde aus den Uffizien nach St. Leonhard — einem kleinen Dorf in den italienischen Alpen — gebracht wurde, um sie [. . .] zu schützen, und daß er Mr. Dulles und mich im März 1945 über den Ort in Kenntnis setzte, wo sich diese Gemälde befanden.

7. Daß General Wolff die berühmte Münzsammlung des Königs von Italien (nach allgemeiner Annahme mehrere Millionen Dollar wert) sicher in Verwahrung genommen [. . .] und [. . .] den alliierten Vertretern übergeben hat. [. . .]

12. Daß m. E. General Wolff diese Aktionen unter einem großen persönlichen Risiko unternommen hat, in dem aufrichtigen Wunsch, den Krieg zu verkürzen, Menschenleben zu retten und unnötige Zerstörungen zu vermeiden.«[27])

Somit können wir auf die Frage, ob »Sunrise« Verrat auf deutsch gewesen sei, eine vorläufige Antwort geben: Das Vorgehen der in »Sunrise« verwickelten deutschen Machthaber in Italien ist anders einzuschätzen als etwa der Stahlpakt vom Mai 1939, der Moskauer Vertrag vom August 1939 oder der Überfall auf die Sowjetunion im Juni 1941, kurz, anders als die arglistigen Winkelzüge der Reichsführung, mit denen Staat und Volk Italiens im ganzen hereingelegt worden sind. »Sunrise« war hingegen für die Bevölkerung Norditaliens ein wahres Glück. Auf der Strecke geblieben ist »nur« Mussolini und mit ihm die ganze Führung der unter deutschem Befehl geschaffenen neofaschistischen, staatsähnlichen Organisation der RSI.

Wir sind nicht ohne weiteres bereit — nicht einmal im Hinblick auf die Rettung, die »Sunrise« für viele deutsche Soldaten in Italien bedeutet hat — zu sagen: Na wenn schon! Wir argumentieren anders: Wenn »Sunrise« tatsächlich nur vorzubereiten und durchzuführen gewesen ist, sofern die letzte nichtdeutsche Gefolgschaft des Großdeutschen Reiches nichts davon erfahren durfte, dann, in der Tat, sind nach dem Grundsatz, der Zweck heiligt die Mittel, jene vor der Geschichte entschuldigt, die sich auf den Standpunkt gestellt haben: Was gehen uns die faschistischen Führer noch an, sollen sie sehen, wo sie bleiben!

Nehmen wir vorweg: General Wolff und der überraschend große Kreis von Mitwissern und Mittätern konnten nicht sicher sein, ob sich ein über »Sunrise« informierter Duce nicht empört an den Führer gewandt hätte, was mit einer an Gewißheit grenzenden Wahrscheinlichkeit von Hitler mit dem Befehl beantwortet worden wäre, Wolff und andere als Verräter hinzurichten, so wie er wenige Tage vor seinem Selbstmord seinen Schwager, den hohen SS-Führer Fegelein, hat füsilieren und wie er auch

Göring hätte umbringen lassen, wenn er sich seiner noch hätte bemächtigen können.

Das heißt, allein in der Tatsache, daß die Italiener über »Sunrise« nicht informiert wurden, können wir nichts sehen, was Verrat genannt werden dürfte. Um verständlich zu machen, weshalb dennoch die Art, wie Mussolini und seine Minister fallengelassen wurden, als schäbig, verräterisch und niederträchtig zu bezeichnen ist, müssen wir nun Mussolini und seine höchsten Mitarbeiter vor die Maschinenpistolen begleiten, mit denen ihnen ein jämmerliches Ende bereitet wurde.

Niederträchtig — das ist das sich dabei aufdrängende Wort! Nicht die Grausamkeit deutscher Herrschaft in den besetzten Ländern, nicht die Grausamkeit, mit der Völker- und Rassenmord betrieben worden sind, ist das spezifisch Deutsche. Spanier sind grausam gewesen in Amerika, Franzosen in Afrika, die Schergen Stalins gegen das eigene Volk, um nur ein paar große geschichtliche Beispiele für Grausamkeit als Massenphänomen hervorzuheben. Für Niedertracht stehen sie nicht. Niederträchtig war, einen Luxusdampfer mit tausend Juden aus Propagandagründen unter der Vorgabe über den Atlantik zu schicken (1939!), sie dürften in Havanna an Land und in die Freiheit gehen, um sie dann nach Hamburg und ins KZ zurückzubringen. Niederträchtig war, griechische Juden mit eigens gedruckten Fahrkarten auf den Transport nach Auschwitz zu schicken. Niederträchtig war, wie geschildert, italienischen Offizieren zu versprechen, sie würden in ihre Heimatorte zurückgebracht, nur damit sie freiwillig den Zug bestiegen, der sie in ein KZ in Polen brachte. Und niederträchtig war, wie man sich des faschistischen Regimes entledigte, das man zuvor wider alle Vernunft geschaffen hatte, einzig deshalb, um den politischen und ideologischen Offenbarungseid nicht leisten zu müssen.

Der Prozeß der Ablösung beginnt Ende März 1945. Botschafter Anfuso, vom Duce aus Berlin nach Gargnano zurückbeordert, wird vor seinem Abflug von Ribbentrop mit einer Flut von Vorwürfen über Mussolinis Eigenmächtigkeiten überfallen. Dieser, von Anfuso informiert, bittet Rahn in die Orsoline. Den Verlauf des Gesprächs schildert Rahn in einem langen Diensttelegramm an seinen Minister. Daraus geht auch hervor, was Anfuso in Berlin zu hören bekommen hatte: 1. Die von Mussolini betriebene »Sozialisierung« der Industrie, der Banken sei nichts als ein Versuch, sich bei den Kommunisten anzubiedern; 2. mit der von Mussolini begonnenen Zusammenziehung seiner Ministerien in Mailand wolle er sich nur den Freiraum für subversive, gegen die Achsenpolitik gerichtete Aktivitäten verschaffen; 3. die Entlassung von Buffarini zeige die gleiche Tendenz, die enge Zusammenarbeit mit den Repräsentanten der Reichsführung zu unterminieren.

Bevor Mussolini auf Einzelheiten eingeht, macht er zum deutsch-italienischen Generalthema »Die Treue und der Verrat« allgemeine Bemerkungen: »Wenn an meiner persönlichen Loyalität gezweifelt wird, dann kann selbstverständlich in jede Handlung, die ich begehe, ein geheimer Hintergedanke hineingelegt werden. Aber der Herr Reichsaußenminister wird mich sicherlich nicht für so töricht halten anzunehmen, daß es für mich und den Faschismus noch irgendeine Hintertür gebe, um aus der von uns nun einmal übernommenen Verantwortung herauszukommen, und er wird auch nicht annehmen, daß ich jetzt noch gewillt bin, in letzter Stunde meinen Namen und meine eigene Idee zu beschmutzen.« Mit diesen Sätzen ist seine Kraft zum Aufbegehren auch schon verbraucht. Umständlich versucht er, sich danach Punkt für Punkt zu rechtfertigen, und versichert demütig, angesichts der Bedenken der Reichsregierung werde er von seiner eigenen Übersiedlung nach Mailand Abstand nehmen: »Ich werde dann eben etwas den Wandervogel spielen müssen und mich jeweils einige Tage in Mailand […] aufhalten.«[28]

Rahn beschränkt sich nicht darauf, Mussolinis Stellungnahme zu Ribbentrops Verdächtigungen wiederzugeben, sondern gibt seinem Minister servil zu erkennen, er teile sie und auch er halte die Italiener jeder Schandtat für fähig. Wenn, so schreibt Rahn, er und seine Mitarbeiter während der eineinhalb Jahre des Bestehens der RSI zuweilen so getan hätten, als schenkten sie deren Regierung Vertrauen, so sei das leider nötig gewesen, um den Ausbruch offener Krisen zu vermeiden, aber selbstverständlich habe es sich dabei nur um Taktik gehandelt, die allerdings nicht ungefährlich gewesen sei, weil seine Leute allmählich wirklich hätten glauben können, die Italiener seien zuverlässig.

Solche Aktenstücke, aus denen wir heute erfahren, wie es um die deutsch-italienische Zusammenarbeit bestellt gewesen ist, bekommt Mussolini nicht zu Gesicht; dessen bedarf es auch gar nicht, um ihn wünschen zu lassen, sie in der bisherigen Form zu beenden. Mit anderen Worten, jetzt, wo es dem Ende zugeht, will Mussolini für dieses Ende seine eigene Lösung finden und nicht einfach als ein Anhängsel der Reichspolitik und -kriegführung untergehen. Isoliert in Gargnano, kann er dafür nichts unternehmen. Immer nachdrücklicher bringt er seinen Wunsch vor, nach Mailand umzusiedeln. Nur nach Mailand? Das Reichssicherheitshauptamt vermutet, Mailand werde nur eine Zwischenstation sein, in Wahrheit beabsichtige der Duce, sich in ein neutrales Land abzusetzen, wobei natürlich vor allem an die Schweiz gedacht wird. Ein Duce, der die Berner Regierung um Asyl bittet — das wäre ein gefundenes Fressen für die feindliche Propaganda, dazu darf es unter keinen Umständen kommen! An die Offiziere, die mit der Bewachung und Überwachung Mussolinis betraut sind, ergeht der Befehl, notfalls sei der Grenzübertritt des Duce mit der Waffe zu verhindern. Würde der Italiener bei einem Fluchtversuch verletzt oder gar getötet, so ließe sich daraus leicht eine Untat der Partisanen machen, vielleicht könnte man sogar sagen: Im Kampf gefallen! (Wie es dann von Hitler heißt, der sich auf einem Sofa umbringt.) Doch eine Flucht wäre durch nichts zu vertuschen gewesen.

Hat Mussolini wirklich von Gargnano aus eine Flucht in die Schweiz ins Auge gefaßt oder gar in die Wege leiten lassen? Dafür spricht nichts. Was er wirklich will und betreibt, ist nur die Verlegung seines »Regierungssitzes« nach Mailand, ganz gleich, was Wolff, Rahn, Ribbentrop und auch Hitler selbst davon halten. (Hitler, von Wolff entsprechend informiert, läßt ausrichten, der Duce möge von dieser Absicht Abstand nehmen.) Geht es aus Berliner Sicht nur darum zu verhindern, daß Mussolini unerwünschten Handlungsspielraum gewinnt, so steht für die »Sunrise«-Verschwörer mehr auf dem Spiel: In Mailand würde Mussolini mit hoher Wahrscheinlichkeit entdecken, daß es dort parallel zu den Schweizer Verhandlungen mit den Angloamerikanern zu Querverbindungen zwischen der SS und Kardinal Ildefonso Schuster gekommen ist mit einem ganz ähnlichen Ziel: die Stadt und die Region kampflos und unzerstört der Freiheitsbewegung zu übergeben.

Der ehrgeizige Kirchenfürst, der sich Hoffnungen macht, einmal Papst zu werden, und in dem abgeschnürten Norditalien bereits wie ein Papst regiert, verkörpert im militärischen und politischen Chaos dieser Wochen die einzige Autorität, an die alle Beteiligten appellieren müssen, die den aus Berlin vorliegenden Zerstörungsbefehl zu hintertreiben suchen. Schuster, der sich weit mehr politisch und diplomatisch als priesterlich betätigt, läßt durch seinen Sekretär Don Giuseppe Bicchierai Fäden nach allen Seiten spinnen: zu Rahn, zu Wolff, zu den Amerikanern, zum CLNAI, zu den Industriellen und nicht zuletzt zum Konsul Gerhard Wolf, der das Reich in Mailand vertritt, seitdem ihn die Amerikaner aus Florenz vertrieben haben. Er hat es in kurzer Zeit verstanden, sich als eine integre Instanz aufzubauen, der auch die Kommunisten Vertrauen entgegenbringen.

Wolffs Versuche, über Schuster und Konsul Wolf Verbindung zur Führung der Partisanenbewegung und der von ihr errichteten nationalen
Gegenregierung zu gewinnen, haben schon im Winter begonnen.
Damals war dem SD klargeworden, daß das CLNAI einerseits zwar vom
Streik bis zur technischen Sabotage alles tut, die Produktionskraft der
für die Deutschen arbeitenden Werke zu lähmen, andererseits aber entschlossen ist, die Zerstörung der Fabriken und der Anlagen für die
Stromversorgung zu verhindern, wofür sich auch Wolff gegenüber Dulles verpflichtet. Es entsteht eine seltsame unsichtbare Front paralleler
Interessen, die alle bisherigen und äußerlich unverändert weiterbeste-
henden Freund-Feind-Konstellationen weitgehend außer Kraft setzt —
mit einer Ausnahme: Die blutige Abrechnung mit den Faschistenfüh-
rern ist für die Nationale Erhebung eine Forderung, die sie sich durch
nichts abhandeln läßt. Mit anderen Worten, unter der Decke kungeln die
deutschen Beschützer Mussolinis mit seinen italienischen Todfeinden.
Diese Konstellation hat Dollmann uns gegenüber in den schlichten Satz
gefaßt: »Mussolini war uns allen ungeheuer unbequem geworden.«
Um die Kontakte nach Mailand so eng wie möglich zu gestalten, weist
Wolff von Fasano aus den Mailänder SD-Chef Rauff an: »Ich beauftrage
Sie, in meinem Namen irgendwelche Wünsche, die Kardinal Schuster an
deutsche Dienststellen herantragen möchte, für den Zuständigkeits-
komplex meines Befehlsbereiches entgegenzunehmen. Die ev. sich daraus ergebenden Möglichkeiten von Verhandlungen bzw. politischen
Gespräche, bitte ich nach hier zu berichten.«
Was einmal die Achse gewesen ist, die ein Weltreich erobert hatte, zu
deren Zerstörung die Koalition der Großmächte hat geschmiedet werden müssen, ist zu einem windigen Intrigenspiel am Gardasee degene-
riert. Was die deutsche Seite anvisiert, ist eindeutig auszumachen: die
Kapitulation auszuhandeln, ohne die RSI daran zu beteiligen oder auch
nur zu informieren. Was der wetterwendische Mussolini anstrebt, ist
dem, was er sagt und dann tut, nicht so eindeutig zu entnehmen: Will er
die Deutschen loswerden oder seine eigene Kapitulation? Will er die
autonome italienische Lösung aushandeln oder Anhänger sammeln und
mit ihnen einen letzten heroischen Kampf auskämpfen oder sich selbst in
Sicherheit bringen? Der Wahrheit werden wir am nächsten kommen,
wenn wir sagen, er wollte alles zusammen, mal das eine mehr, das andere
weniger.
Rahn protestiert mündlich und schriftlich gegen die allmähliche Aus-
höhlung der RSI-Verwaltung am Gardasee, und noch allergischer rea-

gieren er und Wolff, als sie von dem Projekt »Veltlin« hören (italienisch Val Tellina). Dieses Gebirgstal zieht sich vom Nordende des Comer Sees nach Osten bis Sondrio. Von der Adda durchflossen, die in den Comer See mündet, steigen aus dem schmalen Talgrund beiderseits hohe Gebirgsstöcke auf. Aus diesen natürlichen Gegebenheiten will Pavolini ein *ridotto nazionale* machen, eine italienische Alpenfestung im kleinen, in der er mit ein paar tausend Mann den Partisanen und den Alliierten letzten Widerstand leisten will und wo der Duce das ihm angemessene, die Welt tief beeindruckende heldische Ende finden soll. Ließe sich dieser Plan realisieren, so wäre die Durchführung der Kapitulation gefährdet, ja, vermutlich unmöglich gemacht, denn die Bedingungen des alliierten Oberkommandierenden, General Alexander, lautet, das *alle* bewaffneten Kräfte, die deutschen wie die faschistischen, zum verabredeten Termin die Waffen niederzulegen haben — woran sich Pavolinis Schwarzhemden nicht halten würden.

Im Stab der jetzt von Vietinghoff geführten Heeresgruppe (Kesselring mußte die »Westfront« übernehmen) wie auch in Wolffs Hauptquartier glaubt man nicht daran, Pavolini sei noch imstande, auch nur tausend Mann aufzubieten, und will den Italienern mit militärischen Argumenten Pavolinis Plan ausreden. Dafür findet die letzte deutsch-faschistische Arbeitssitzung am 14. April in der Orsoline statt. Mussolini geht mit Pavolini, Barracu, Graziani und Anfuso in das Treffen, die deutsche Seite ist vertreten durch Wolff, seinen Adjutanten Wenner, Generaloberst Vietinghoff, seinen Stabschef Röttiger und Botschafter Rahn — man könnte es eine Salò-Gipfelkonferenz nennen.

Die Deutschen sprechen deutsch, die Italiener italienisch, Mussolini übernimmt das Amt des Dolmetschers, das er um so leichter ausüben kann, als er sich in auffälliger Weise aus der äußerst scharf geführten Diskussion heraushält, die durch Pavolinis leidenschaftliches Eintreten für das *ridotto nazionale* angeheizt wird. Die Wehrmachtsoffiziere zeigen schließlich offen ihre Verärgerung und erklären: Worüber reden wir eigentlich, aus dem Plan kann doch sowieso nichts werden. Eine politische Diskussion findet nicht statt, und auch dieser letztmögliche Augenblick wird nicht genutzt, den Italienern endlich zu sagen: Liebe Freunde, schminkt euch alles Heldentum ab, wie wir selbst es bereits getan haben, wir geben unsere Sache jetzt verloren, und das einzige, worüber wir noch zu beraten hätten, wäre, wohin Sie, Duce, Sie, meine Herren Minister und Staatssekretäre und Ihre nicht anwesenden Kollegen sich begeben, damit Sie die gefährlichsten Tage der Kapitulation überleben.

Am Tisch sitzt kein Deutscher, der nicht in »Sunrise« aktiv oder, wie Vietinghoff und Röttiger, durch Mitwisserschaft wenigstens passiv verwickelt wäre. Keiner brauchte davon zu sprechen — und wir wiederholen noch einmal: nichts wäre weniger angebracht gewesen! —, aber die sogenannte Soldatenehre, wenn schon nicht Anstand und Menschlichkeit, hätte verlangt, diesen letzten treuen Italienern zu Pavolinis Phantasmagorie eine praktikable Alternative aufzuzeigen. Ob — als Beispiel einer solchen Alternative sei es gesagt — der Duce am 14. April bereit gewesen wäre, sich mit seinem Kabinett nach Meran abzusetzen (am 26. April möchte er es tun, kann es aber nicht mehr), braucht nicht erwogen zu werden, sondern nur, daß und warum ihm nichts Derartiges vorgeschlagen worden ist.

Mindestens dem Generalobersten, der als altpreußischer Typ geschildert worden ist, hätte bewußt sein müssen, daß ihm mit Marschall Graziani ein berühmter Kollege und Kriegsheld gegenübersitzt, aus demselben Soldatenholz geschnitzt wie er, ein weißhaariger Mann, hochachtbar in den Augen aller, die weißhaarige Kriegshelden für hochachtbare Männer halten (und nur solche sind hier versammelt gewesen). Fühlt er sich nicht zu kameradschaftlichem Handeln herausgefordert? Nein! Dieser selbe Vietinghoff läßt nur ein paar Tage später »Sunrise« um ein Haar deshalb platzen, weil die Alliierten ihm nicht schriftlich geben wollen, daß seine Soldaten im Besitz von Koppel und Seitengewehr in die Heimat zurückkehren dürfen, zum Zeichen, es habe eine »ehrenhafte Kapitulation« stattgefunden. Welche Sensibilität, wenn es für einen deutschen General um deutsche Soldaten geht, welche Gleichgültigkeit gegenüber einem italienischen Marschall, der sich eineinhalb Jahre (vergeblich!) darum bemüht hat, seine Divisionen für die Deutschen kämpfen zu lassen!

Die Niedertracht treibt Wolff auf die Spitze. Nach der Sitzung, die ohne jedes Ergebnis endet, nimmt er Mussolini zur Seite und führt mit ihm die Ehrenwortkomödie auf, derer er sich noch heute mit Stolz erinnert. Wolff bedrängt Mussolini, ihm ehrenwörtlich zu versprechen, Gargnano nicht zu verlassen, bevor er, Wolff, von der Dienstreise zurück sei, die er leider antreten müsse.

Von Kapitulationsabsichten läßt er nichts verlauten: »Ich habe ihm also das Ehrenwort abgenommen, er hat es mir gegeben und er hat es gebrochen. [. . .] Damit er beruhigt war und keinen Unsinn machte, hatte ich ihm vorher zwei falsche Pässe gegeben, Blankopässe mit allen Stempeln und meiner persönlichen Unterschrift, damit er die beiden Familien, seine und die Familie Petacci, nach Spanien ausfliegen lassen konnte. Mehr konnte ich nicht tun. Ich sagte ihm: ›Aber Sie müssen dableiben, Duce! [. . .] Machen Sie selbst bitte nichts, Sie haben zuviele Gegner, die werden nur von Ihrem Verrat reden. Das können Sie sich nicht leisten.‹«*

Nach den Akten wie nach den uns vorliegenden Zeugenaussagen — unter ihnen die Dollmanns, der gewiß ein Interesse gehabt hätte zu sagen, Mussolini sei noch in Gargnano über »Sunrise« informiert worden — gibt es keinen Zweifel, daß dem nicht so gewesen ist. (Frage: »Mussolini wußte nicht, was gespielt wurde?« Dollmann: »Nein, auf keinen Fall [. . .] er war nicht mehr zuverlässig [. . .] das ist unsere einzige Entschuldigung, eine gewisse Entschuldigung.«**)

Wolff hat später in wahrhaft zahllosen Erklärungen zu den einzelnen Phasen und Aspekten seiner italienischen Mission daran festgehalten, es wäre Mussolini »nichts passiert«, wenn er sich an diese ihm mühsam abgerungene Zusage gehalten hätte und am Gardasee geblieben wäre, »von wo er im Schutz der 700 Flaksoldaten nach Meran oder Bozen hätte verbracht werden können« (Wolff). In Wahrheit sind diese 700, von denen keiner mehr Lust hatte, auch nur noch einen Schuß abzugeben, an Ort und Stelle gefangengenommen worden; mit ihnen wäre Mussolini den Alliierten in die Hände gefallen, und ihm wäre sicher gewesen, was er schon während seiner Gefangenschaft am meisten gefürchtet hatte: ein Prozeß, wie er dann in Nürnberg gegen Hitlers Komplizen durchgeführt worden ist. Wolff hat aber überhaupt nicht an Meran oder Bozen gedacht, als er Mussolini moralisch an Gargnano festbinden will, son-

* Wolff im Interview. Der Verfasser hält das meiste für eine spätere Erfindung, mit Ausnahme des Verlangens ehrenwörtlicher Verpflichtung Mussolinis, sich nicht vom Platz zu rühren. Es stimmt auch, daß die Petaccis falsche Pässe für Spanien bekommen haben.

** Im *Corriere della Domenica* vom 8. Mai 1973 ist der Wortlaut eines Telefongespräches zwischen Wolff und Rahn abgedruckt, aus dem hervorgeht, Wolff habe Mussolini genau über »Sunrise« ins Bild gesetzt: »So habe ich ihm deutlich gesagt, daß ich mich schon am 8. und 9. März mit Allen Dulles in Zürich getroffen habe [. . .].« Dieses Gespräch soll, wie im *Corriere* behauptet wird, am 14. April stattgefunden haben. Das war der Tag der Arbeitssitzung, an der Wolff und Rahn teilgenommen, die sie gemeinsam verlassen haben, über die sie daher telefonisch keinerlei neue Informationen auszutauschen hatten. Das angebliche Dokument ist eine Fälschung, deren Urheber wir gern ausfindig gemacht hätten. Die Redaktion verfügt aber über keine Unterlagen mehr, woher sie den Text seinerzeit bekommen hat. Jedenfalls hat sie uns diese Auskunft gegeben.

dern nur daran, wie zu verhindern sei, daß dieser lästige Patron nach Mailand geht, wo tagaus, tagein, kreuz und quer die Verhandlungen mit den Partisanenführern und mit ihren inzwischen nach Mailand eingeflogenen alliierten Beratern zu Ende geführt und in den Zeitplan für »Sunrise« integriert werden.

In einer ausführlichen Stellungnahme zur Lage, datiert Mailand, den 15. April 1945, die mit hoher Wahrscheinlichkeit aus einer Dienststelle der Wehrmacht stammt und »Geheime Kommandosache« überschrieben ist, heißt es u. a.: »In den nächsten Tagen wird Kardinal Schuster dem SS-Obergruppenführer Wolf [sic!] folgenden Plan unterbreiten [. . .]

1.) Die Stadt Mailand wird von den Deutschen nicht verteidigt [. . .], sondern im Zuge etwaiger Rückzugsoperationen planmäßig und zeitgerecht geräumt [. . .]

2.) [. . .] werden keine Zerstörungen von Fabriken, Elektrizitätsanlagen usw. vorgenommen. Zerstört werden nur Verkehrseinrichtungen [. . .]

3.) Es werden in Mailand keine Geiseln festgenommen [. . .] Von deutscher Seite wird auf die faschistische Polizei Druck ausgeübt, daß auch von ihr keine Geiselfestnahme erfolgt. [. . .]

Mit Sicherheit sei auf jeden Fall mit Aktionen gegen die Faschisten (Partei und Brigata Nera) [. . .] zu rechnen. [. . .] (Aufhängen sämtlicher politischer Leiter.) [. . .]

Mit Ansteigen der Erbitterung in faschistischen Kreisen ist zu rechnen. [. . .] So wird [. . .] erzählt, daß bestimmte deutsche Persönlichkeiten [. . .] geheime Abmachungen mit dem Comitato di Liberazione Nazionale getroffen hätten.«

So ist es, und *deshalb* soll Mussolini in Gargnano bleiben, während sich nun auch sämtliche deutschen Dienststellen davonmachen; auch Rahn löst seine Botschaft auf. Weil er schon immer ein fürsorglicher Chef gewesen ist, gibt er allen seinen Mitarbeitern einschließlich der Sekretärinnen aus den Kontributionszahlungen der RSI einen Zehrpfennig mit auf ihren Weg in eine dunkle Zukunft. Er hat die Form von Klopapierrollen, die allerdings nicht aus Kreppapier, sondern aus Tausendlirenoten bestehen, frisch aus der Veroneser Gelddruckerei. Zu seinem Wachmann Fenzl sagt er: »Herr Fenzl, Sie haben nun gehört, ich habe die Deutsche Botschaft aufgelöst, ich bin nun nicht mehr der Botschafter des Großdeutschen Reiches. Ich bin jetzt für Sie der Dr. Rahn.« (Fenzl im Interview)

Am Spätnachmittag des 18. April setzt Mussolini seine Absicht, nach Mailand umzuziehen, in die Tat um. Die Gelegenheit ist günstig, er weiß,

Wolff ist irgendwo auf Dienstreise, wo, ist ihm nicht gesagt worden, seine Bewacher können den General nicht alarmieren.

Ganz kann sich der Gardasee-Flüchtling deutscher Kontrolle nicht entziehen, dazu sind die Befehle, er dürfe nicht aus den Augen gelassen werden, zu streng. Die zwei Deutschen, die ihn in den nächsten zehn Tagen — es sind seine letzten — nicht aus den Augen lassen werden, sind keine hochdekorierten intriganten Karrieristen, sondern zwei einfache Männer, denen ganz gegen ihren Willen plötzlich eine Aufgabe zugefallen ist, für die sie in keiner Weise vorbereitet sind und für deren Durchführung sie keine andere Richtschnur haben als den Befehl, Mussolini nicht von der Seite zu weichen und zu verhindern, daß er in die Schweiz entkommt. Der eine ist der Leibwächter des Duce, der bereits erwähnte Kriminalinspektor Otto Kisnat, damals 55 Jahre alt, der andere der 41jährige SS-Untersturmführer Fritz Birzer, Führer des Begleitkommandos, das zu der 700 Mann starken Flak-Abteilung »Reichsführer SS« gehört, der der militärische Schutz der Uferregion zwischen Salò und Gargnano übertragen ist.*

Die Offiziere des Begleitkommandos aus der Flak-Abteilung haben schon am 8. April erfahren, Mussolini trage sich mit der Absicht, eine Reise zu unternehmen. Eine Gruppe ist bestimmt worden, die von demjenigen Offizier geführt werden soll, der am Tag der Abreise den Tagesdienst versieht. Das ist am Mittwoch, dem 18. April, Birzer. Ihm wird bei Übernahme des Kommandos erneut eingeschärft, ein Fluchtversuch sei mit Waffengewalt zu unterbinden. »Mir war nicht wohl dabei.« Nur drei bis vier Reisetage sind vorgesehen; Birzer ordnet an, seine Leute, zwei Unterführer und zwanzig Mann, sollen nur Brotbeutel und Waschzeug mitnehmen, außerdem Infanteriewaffen, Maschinengewehre, Gewehre, Handgranaten und Munition.

Am Nachmittag sieht Birzer vor der Orsoline einen Omnibus stehen, der mit großen und kleinen Gepäckstücken beladen wird, und er fragt sich, ob die Reise wirklich nur wenige Tage dauern werde. Er würde daran noch mehr zweifeln, wenn er beobachtete, daß an der Bootsanle-

---

* Mit Fritz Birzer wurde für diesen Bericht ein Interview geführt, dessen Niederschrift 140 Seiten umfaßt. Außerdem liegt von ihm ein unveröffentlichter Tatsachenbericht vor, vierzig Seiten, geschrieben 1947 im Internierungs- und Arbeitslager Regensburg. Auch Kisnat hat 1956 einen unveröffentlichten Bericht: »Mussolini, die letzten Tage seines Lebens« verfaßt, der durch ein Interview (fünfzig Seiten) mit dem 88jährigen Rentner ergänzt worden ist.

gestelle im Garten der Orsoline ein Motorboot mit Kisten beladen wird. Sie enthalten Akten, die weit draußen im See versenkt werden.

Leibwächter Kisnat wird am 17. April unterrichtet, daß Mussolini verreisen will. »Gegen 17.30 wurde ich vom Amtssitz Mussolinis angerufen, ich sollte dorthin kommen. Er reichte mir die Hand und sagte: ›Mein lieber Capitano‹, so nannte er mich immer, ›ich muß morgen nach Mailand reisen. [. . .] Nur ein paar Herren reisen mit mir, und in Mailand werde ich voraussichtlich nur ein bis zwei Tage bleiben.‹« Aus seinem »Schutzdienstkommando« sucht Kisnat vier Mann aus, die mit ihm nach Mailand gehen sollen.

Vom frühen Morgen des 18. April an stehen die beiden Kommandos in ihren Unterkünften in Alarmbereitschaft. Es ist nicht nur für Kisnat und Birzer ein ereignisvoller Tag, dieser Mittwoch im April 1945. Im Wehrmachtsbericht dieses Tages heißt es unter anderem: »An der Westfront von Breslau dauern erbitterte Abwehrkämpfe an. [. . .] Auch an der Oder tobt die Abwehrschlacht mit großer Heftigkeit [. . .], im Raum von Ülzen setzt der Feind seine Angriffe mit überlegenen Kräften fort [. . .], starke Angriffsgruppen stoßen in die Lüneburger Heide vor. [. . .] Die Abwehrschlacht an der mittel-italienischen Front stand gestern im Zeichen des bisher stärksten feindlichen Materialeinsatzes. Durch langes Trommelfeuer und rollende Luftangriffe versuchten die Anglo-Amerikaner, unsere Stellungen zu zerschlagen. An der Standhaftigkeit und dem unbeugsamen Kampfeswillen unserer bewährten Italienkämpfer brach der Ansturm abermals verlustreich zusammen. Nur in einzelnen Abschnitten konnte der Gegner örtlich Boden gewinnen.«[29] Dieser Boden liegt in der Po-Ebene.

In Berlin gehen am 18. April, zwischen 17.10 und 17.55 Uhr, Wolff und Hitler »auf der stark zerbombten und aufgewühlten Terrasse der neuen Reichskanzlei auf und ab. Die Bombenangriffe hatten für kurze Zeit ausgesetzt, man hörte Geschützlärm. Der Führer mußte einmal Luft schnappen. Ich habe ihn verehrt, das sage ich offen, und als ich ihn näher kennengelernt habe, geliebt. Ich habe ihm Treue geschworen, habe sie gehalten.« (Wolff) Glücklicherweise nur fast.

In der Stunde, als Hitler mit ihm die für immer letzten Worte wechselt, weiß Wolff schon, daß ihn sein Führer nicht erschießen lassen wird. Dies zu verhindern, ist er auf »Dienstreise« gegangen, nach Berlin geflogen, hat Himmler und seinen Intimfeind Kaltenbrunner mit der Drohung, notfalls ihre eigenen Machenschaften Richtung Feind und Kapitulation aufzudecken (»dann hängen wir zu dritt«), abgepreßt, daß sie ihr aus einem abgefangenen Funkspruch geschöpftes Wissen über »Sunrise« Hitler nur tropfenweise vermittelt haben und kein Sterbenswort von bedingungsloser Kapitulation verlauten ließen. (Hitler: »Nein, nein, dafür ist es zu früh!«) Der Führer erfährt nur von *einer* Begegnung Wolff/Dulles, die angeblich der Frage von Gefangenenaustausch und allgemeiner Orientierung über die Lage gegolten habe. Man muß dem »sonny boy der SS« (ein Ausdruck, den neidische Kameraden benützt haben) zugestehen, daß er sich mit nachtwandlerischer Sicherheit aus der lebensgefährlichen Situation herausgezogen hat.

Auf der zerborstenen Terrasse »war es mittlerweile fünf Minuten vor sechs geworden, Linge [Hitlers Diener] kam und sagte: ›Mein Führer, darf ich gehorsamst an den Beginn der Lagebesprechung erinnern!‹ Daraufhin hat sich der Führer verabschiedet, mir Grüße an Mussolini und Vietinghoff aufgetragen und ist im Bunker verschwunden.« (Wolff)

Just zur selben Zeit ist in Gargnano mit Rücksicht auf die Bedrohung aus der Luft beschlossen worden, den nach Mailand abgehenden Konvoi zu teilen. Das Gros der Fahrzeuge bricht auf: Birzer mit seinem Kommando, auch schon zwei Männer von Kisnat, dazu die italienischen Geheimpolizisten und die Ehrenwache. Auch der Wehrmachtverbindungsstab macht sich auf den Weg, angeführt von Oberstleutnant Jandl, der einen Hauptmann Joost mitnimmt.

Um 18.45 Uhr stehen fünf Wagen vor der Orsoline bereit: ein Kübelwagen als Lotsenfahrzeug mit italienischer Besetzung; Birzers Wagen, in dem auch Mussolinis SS-Arzt Dr. Zachariae sitzt; Mussolinis graue Limousine mit dem Sekretär und dem Fahrer; der Wagen des Begleitkommandos mit Kisnat und vier Soldaten. Den Schluß bildet ein Fahrzeug mit der MG-Bedienung aus Birzers Zwanzig-Mann-Gruppe.

Eine Viertelstunde später kommt Mussolini aus dem Gebäude heraus, in dem er seit November 1943 gearbeitet hat. Er verläßt es für immer. Die Posten salutieren, ein Dutzend Neugierige stehen herum, im Dorf hat man sich schon erzählt, es werde sich viel ändern. Ein paar heben grüßend den Arm, andere nicht.

Donna Rachele, Kinder, Enkel bleiben in der Villa Feltrinelli zurück. Auch seiner Frau hat Mussolini vorgemacht, seine Abwesenheit werde nur ein paar Tage dauern. Anders weiß es auch Claretta nicht; dennoch bereitet sie sich vor, nach Mailand zu fahren, sie hat mit ihrer Mutter in Meran telefoniert, ein Treffen der ganzen Familie in Mailand wird verabredet, dort will man beraten, was zu tun sei. Die Flucht nach Spanien in einem deutschen Flugzeug mit Wolffs Pässen ist so gut wie beschlossen.

Die Petaccis werden in Mailand mit einem Lastwagen voll Gepäck ankommen.

Claretta hat wochenlang vergeblich versucht, den Freund von der Reise nach Mailand abzuhalten. Wenn es nach ihr ginge, würde sie jetzt mit ihm unterwegs zu Spöglers Alm sein, wo zwei frisch getünchte Zimmer auf sie warten. »Der Pavolini hat das kaputtgemacht mit seiner verrückten Idee vom Val Tellina.« (Spögler) Am 8. April hat Claretta an Ben geschrieben: »Deine Leichtgläubigkeit hat Dich an den Rand des Abgrunds gebracht. Sie wollen Dich hineinstürzen und endgültig vernichten. [. . .] Für sie bist Du ein Geächteter, ein zum Tod Verurteilter! Höre auf meinen Rat, sei auf der Hut! Sie haben jedes Interesse, Dich für immer zum Schweigen zu bringen. Du sagst: ›Die Dokumente werden sprechen!‹ aber diese Leute wissen, daß man Dokumente kaufen oder rauben [. . .] kann.« Der Hinweis auf »die Dokumente« verdient hohes Interesse. In Mussolinis Handgepäck befindet sich eine Mappe mit Briefen und anderen Schriftstücken.* Da er zum Selbstmord nicht bereit ist, muß er mit der Möglichkeit, gefangen und vor Gericht gestellt zu werden, rechnen. Mit den »Dokumenten« will er seinen Anklägern beweisen, er habe immer eine humane Politik verfolgt und seine Widersacher von heute seien Bewunderer von gestern. Clarettas Brief endet: »Ben, ich flehe Dich an: Entscheide nichts, ohne Dich zu beraten – Du weißt schon, mit wem! Ich danke Dir   Clara«.

Ihr Rat, sich nicht auf Verhandlungen einzulassen, hat nichts gefruchtet, er ist auf dem Weg nach Mailand, und das heißt, auch auf dem Weg zu Kardinal Schuster. (»Auch den Schuster-Plan mußt Du verwerfen.

---

* Um die Existenz dieser Mappe – eine andere Version spricht von zwei Mappen oder sogar von einem Koffer – haben sich im Laufe der inzwischen verflossenen Jahrzehnte immer neue sensationelle Legenden gerankt. So hält sich beharrlich das Gerücht, zwischen Mussolini und Churchill seien auch in den Kriegsjahren noch Briefe ausgetauscht worden. Auf einem langen abenteuerlichen Weg sind nun diese Dokumente, mit denen Mussolini beweisen wollte, er sei nicht allein daran schuld gewesen, daß Italien 1940 in den Krieg eintrat, ins römische Staatsarchiv gelangt. Dort hat sie Archivar Gaetano Contini gesichtet und in den zeitgeschichtlichen Zusammenhang gestellt. Seine Arbeit erscheint im Verlag Mondadori unter dem Titel *La valigia di Mussolini* (»Der Koffer Mussolinis«). (Die erste Bestandsaufnahme, die von der heutigen abweicht, hatte der Partisanenführer Pier Bellini delle Stelle nach Mussolinis Gefangennahme vorgenommen.) Daß Mussolini derartige Entlastungszeugnisse, von langer Hand gesammelt, auf seine letzte Fahrt mitgenommen hat, ist ein weiterer Beweis dafür, daß er doch noch Hoffnung hegte, in die Schweiz fliehen zu können. Nur in diesem Falle hätte er Aussicht gehabt, vor einem Gericht der Sieger den Versuch zu seiner Rechtfertigung machen zu können.

Überlege Dir das Verhalten des Vatikans: Er ist das Versteck der Antifaschisten« hat Claretta geschrieben.)

Am Stadtrand übernehmen Offiziere und Soldaten der »Muti-Garda« auf Motorrädern die Führung durch die verdunkelte Stadt. Gegen 21 Uhr sind Mussolini und sein Gefolge in der Präfektur (Regionalregierung), wo er im ersten Stock drei Zimmer bezieht. Zwischen ihnen und dem Konferenzsaal liegt eine Vorhalle, deren Bogenfenster auf den Innenhof hinausgehen. Aus ihm wird in den nächsten beiden Tagen eine Art Piazza Venezia im kleinen, aus der Loggia im ersten Stock so etwas wie der berühmte Balkon in Rom.

Bei den Zehntausenden von Altfaschisten, die aus der Provinz in die Großstadt geflüchtet sind in der Hoffnung, dort untertauchen zu können, wenn die Freiheitsbewegung die Macht übernimmt, hat sich wie ein Lauffeuer die Nachricht verbreitet, Mussolini sei in der Stadt. Zu Hunderten füllen sie vom frühen Morgen an den Hof und rufen solange »Duce! Duce!«, bis er an einem der Fenster erscheint und eine kurze Rede hält — mehrmals am Tag. Er kann es noch immer nicht lassen. »In den folgenden Tagen marschierten vormittags und nachmittags Einheiten faschistischer und militärischer Verbände im Hof auf, die Mussolini besichtigte und denen er zündende Ansprachen hielt.« (Birzer) Am 23. April ziehen vierzig uniformierte Schulkinder kleine zweirädrige Karren durchs Tor, auf denen Minenwerfer montiert sind. Mussolini schreitet die »Front« der Halbwüchsigen ab, als inspizierte er ein Garderegiment, sie schwenken mitgebrachte Fähnchen und schreien »Duce! Duce!«, wie es ihnen eingetrichtert worden ist.

Die Präfektur wird zu einer Enklave des Faschismus im Zentrum einer Stadt, die kurz vor dem allgemeinen Volksaufstand steht. Davon wissen Birzer und Kisnat nichts. In dem Gewühl von Zivilisten und Militärs, das durch den Palast wogt, und zwischen den überall aufgestellten italienischen Posten haben sie ihre Leute so geschickt verteilt, daß sie jederzeit in der Lage wären, den ganzen Palast in Schach zu halten. Beim Tor stellen sie ein Maschinengewehr auf. Kisnat sucht sein Quartier in einer nahen Kaserne nur auf, nachdem er sich mit einem Blick durchs Schlüsselloch vergewissert hat, daß in Mussolinis Schlafzimmer das Licht gelöscht ist und der Duce schläft. Birzer hat sich in der Präfektur einquartiert, »zu ebener Erde war ein großer Saal, in dem ich meine Männer unterbrachte«.

Da diese beiden letzten Repräsentanten des »Deutschen Systems« am Hofe Mussolinis kein Wort Italienisch sprechen, besorgt ihnen Hauptmann Joost, Jandls Adjutant, einen Offizier aus der »Guardia Muti« als Dolmetscher. Joost ist der einzige Angehörige eines höheren deutschen Stabs, der für Birzer und Kisnat in den Mailänder Tagen noch erreichbar ist. Wie sie sich eigentlich verhalten sollen, weiß auch er nicht zu sagen. »Sie müssen eben nach eigener Einsicht handeln«, erklärt er Birzer. (Als Mussolini aus Mailand aufbricht, verschwinden erst Jandl, dann auch Joost.)

Den Wachoffizieren wird unbehaglich, als sie nach und nach alle Minister und Staatssekretäre, die sie vom Gardasee her kennen, bei Mussolini in der Vorhalle antichambrieren sehen. Kisnat macht von seinem Recht Gebrauch, ohne Anmeldung bei Mussolini einzudringen. Er fragt, wann mit der Rückkehr zu rechnen sei, auf einen längeren Aufenthalt sei das Kommando nicht eingerichtet. Jetzt läßt Mussolini die Katze aus dem Sack und antwortet: Überhaupt nicht, ich bleibe vorerst hier.

Diese Auskunft erhält Kisnat am Abend des 23. April. Mussolini ist am Ende seines Lateins. Er hat versucht, in zahlreichen, hinter verschlossenen Türen abgehaltenen Besprechungen mit den führenden Faschisten Mailands einen Weg zu finden, um in Absprache mit dem CLNAI eine würdige Machtübergabe zu erreichen. Herausgekommen ist dabei nichts.

Der Regierungsapparat der RSI ist auf einen Haufen verwöhnter, verängstigter, nur auf die eigene Rettung bedachter Minister und Parteiführer zusammengeschmolzen. Die wenigen militärischen Verbände, auf die sich diese Regierung noch stützen kann, dezimieren sich rapide durch massenhafte Desertion. Was noch an politischer Substanz vorhanden ist, die gegenüber den antifaschistischen, sozialistischen, kommunistischen Patrioten allenfalls in die Waagschale zu werfen wäre, steht nur auf dem Papier: Mussolinis Entwürfe zur Sozialisierung, aus denen nichts geworden ist. Das ist wenig, das ist nicht genug an Legitimation, um als Verhandlungspartner anerkannt zu werden, dennoch hofft er, wenigstens im Kostüm des Sozialisten bei der Gegenseite Gehör zu finden. Er arbeitet einen für die Linken im CLNAI bestimmten Vorschlag für Verhandlungen aus und scheitert damit sofort. Unter jenen, die ihm schroff sagen lassen, er besitze kein Recht mehr, im Namen Italiens zu sprechen, seitdem es ein faschistisches Italien nicht mehr gibt, befindet sich der Sozialist Pertini, Staatspräsident Italiens von 1978 bis 1985.

Ein anderer Versuch, auf militärischem Gebiet zu einer »italienischen Lösung« zu gelangen, mißlingt schon im Ansatz. Am 22. April schickt

Mussolini Marschall Graziani zu Kardinal Schuster, der das Gespräch mit der Frage eröffnet, ob er, Graziani, über die Autorität verfüge, alle noch bewaffneten italienischen Einheiten kampflos bis auf den Brenner zurückzuführen. Der Marschall empfindet die Zumutung, Norditalien kampflos zu räumen, als Beleidigung und spricht von einleinhalb Millionen Mann, die er und Vietinghoff noch aufbieten könnten; weshalb er nicht nur die Pflicht, sondern auch die Möglichkeit habe, das Vaterland zu verteidigen.

Diese unsinnigen Phrasen bringen den Kardinal auf den Gedanken, daß es vielleicht besser wäre, mit Mussolini direkt zu verhandeln; und so versucht er alles, um das CLNAI und den Duce an seinen Tisch zu bringen. Mussolini seinerseits sieht ein, daß er um die Vermittlung des Kardinals nicht herumkommt, und erklärt sich widerstrebend zu einem Treffen am 25. April im erzbischöflichen Palais bereit, um über die Machtübernahme zu verhandeln. Schuster verständigt ihn, daß hohe Vertreter des CLNAI ihre Anwesenheit zugesagt hätten und auch General Wolff zu der Sitzung kommen werde. Der Kardinal wiegt sich in der Gewißheit, es sei seinen Bemühungen endgültig gelungen, das Tor zum Frieden aufzustoßen. Daraus wird vor allem deshalb nichts, weil Wolff am 25. April nicht in Mailand sein wird, nicht sein kann!

Als Wolff im Laufe des 19. April — also am Tag nach Mussolinis Aufbruch aus Gargnano — mit dem Flugzeug aus Berlin in Bergamo angekommen war und sich von dort im Auto nach Fasano begeben hatte, war seine Energie, mit der er bisher für »Sunrise« gearbeitet hatte, erloschen. Er hatte dem Führer vorgemacht, ja, mehr als das, versprochen, nicht über die Kapitulation zu verhandeln, schon gar nicht über eine bedingungslose, und doch steht nichts anderes mit den Angloamerikanern zur Debatte. Die Unvereinbarkeit seiner in Berlin abgegebenen Erklärungen, die ihm das Leben gerettet haben, mit der Realität, in die er mit der Ankunft in seinem Befehlsstand wieder eintauchte, stürzte ihn in eine tiefe moralische Krise. Doch er fand einen probaten Ausweg, sich einen Gewissenskampf zu ersparen: Er ging zu Bett und kam vor dem nächsten Mittag (20. April) nicht wieder hervor. Als er wieder ansprechbar war, gewannen seine Mitverschworenen den Eindruck, er habe »Sunrise« aufgegeben. Dafür erfand er wiederum sehr geschickt eine Erklärung: Der Flug nach Berlin, bei dem er sein Leben riskiert habe, sei nur deshalb notwendig geworden, weil sich unter den Wissenden in seiner Umgebung ein Verräter befinde, und solange dieser nicht gefunden sei, werde er nichts mehr unternehmen.

Aber am 22. April hat Wolff seine Krise überwunden; er nimmt in Bozen an einer für »Sunrise« entscheidenden Sitzung mit Vietinghoff und Röttiger teil, zu der auch Gauleiter Hofer eingeladen wird. Es gelingt ihm, Vietinghoffs Zustimmung zu weiteren Kapitulationsverhandlungen wenigstens so weit zu gewinnen, daß dieser einem Offizier aus seinem Stab, von Schweinitz, erlaubt, mit Wolff in die Schweiz zu fahren.

Der Obergruppenführer nimmt seinen Adjutanten mit, Sturmbannführer (Major) Wenner, und so überschreiten jetzt drei deutsche Offiziere in Zivil die Schweizer Grenze. Sie befinden sich in schlechter Stimmung, denn sie erwarten, mit Vorwürfen empfangen zu werden, weil zwei volle Tage durch Wolffs »Krise« verlorengegangen sind. In der Schweiz erfahren sie aber, daß sie keine Stunde versäumt haben, denn inzwischen ist aus Washington Weisung gekommen, alle Gespräche abzubrechen, sie seien unvereinbar mit dem Abkommen von Jalta. Truman, der neue amerikanische Präsident, nimmt Stalins Protest gegen die Verhandlungen ernster als sein Vorgänger; es fehlt nicht viel, und die letzte Entscheidung in Norditalien hätte doch ausgekämpft werden müssen — mit unabsehbaren Konsequenzen für die Städte, ihre Menschen und die Industrieanlagen. Nur der Zähigkeit der Schweizer Vermittler ist es zu verdanken, daß Dulles und General Alexander sich noch einmal in Washington massiv für die Fortsetzung des Kontakts mit den Deutschen einsetzen, mit dem Ergebnis, daß das Veto zurückgenommen wird. Aber am 25. April liegt die Gegenorder noch nicht vor, und Wolff kann nicht länger von seiner Befehlsstelle abwesend sein, die gerade vom Gardasee nach Bozen verlegt wird. Weiß Gott, was sich aus den Verhandlungen des Kardinals inzwischen ergeben haben mag?

Wenner und Schweinitz sollen in der Schweiz bleiben und die Verhandlungen zum Abschluß bringen. Der Oberstleutnant verfügt bereits über eine entsprechende Vollmacht von Vietinghoff für die Wehrmacht, für die SS stellt Wolff sie jetzt aus: »Hiermit bevollmächtige ich meinen Adjutanten, Major der SS Wenner, in meinem Namen zu verhandeln und in meinem Namen bindende Abmachungen zu treffen.

gez. Wolff«[30]

In der letzten Stunde des 25. April überschreitet Wolff bei Chiasso die italienische Grenze und fährt die vier Kilometer bis Cernobbio am Comer See, wo er von der SS-Kommandantur aus seine Dienststellen zu erreichen versucht, was nicht einfach und teilweise unmöglich ist, sei es, weil die Leitungen nicht mehr funktionieren, sei es, daß die betreffenden Offiziere zwischen dem Gardasee und Bozen unterwegs sind.

Wolffs wiedererwachtes Engagement für »Sunrise« ist demnach die Ursache dafür, daß er an der «Friedenskonferenz« oder, richtiger gesagt, an der Befriedungskonferenz des Kardinals am 25. April nicht teilnehmen kann. Bevor er in die Schweiz gefahren ist, hat ihm Schuster den erwähnten eigenen Vorschlag zur Durchführung der bedingungslosen Kapitulation zugespielt, und Wolff hat ihn wissen lassen, damit sei er im wesentlichen einverstanden. Wir wiederholen die Hauptpunkte: Die Deutschen verteidigen Mailand nicht; die Deutschen zerstören keine Fabriken, Elektrizitätswerke, Überlandleitungen usw.; die Deutschen nehmen keine Geiseln fest, um irgend etwas durchzusetzen.

Somit gibt es zwei Entwürfe zur bedingungslosen Kapitulation in Norditalien: den des Kardinals, den der Alliierten, und in beiden ist die Bezugsperson dieselbe: SS-Obergruppenführer Wolff. Das betrifft die Verträge, die Urkunden, die Willenserklärungen. Vollzogen aber wird die Kapitulation nicht auf dem Papier, sondern zwischen feindlichen Armeen, Divisionen, Regimentern.

Die Partner in der vom Kardinal angestrebten Waffenstreckung sind einerseits die militärischen Verbände jeder Art der Besatzungsmacht und der RSI, andererseits die militärischen Verbände jeder Art des CLNAI, aber nicht nur dieser! Was der Kardinal vor allem verhindern will, ist der vom CLNAI vorbereitete allgemeine Volksaufstand, denn er befürchtet, daraus könnte sich eine Endphase des Bürgerkriegs entwickeln, der sich nicht in den Bergen, sondern in den Städten abspielt.

Die Partner in der von den Alliierten angestrebten Waffenstreckung sind einerseits die unter dem Oberbefehl Feldmarschall Alexanders operierenden angloamerikanischen Armeen (mit Hilfstruppen, darunter auch italienische, auf Viktor Emanuels Nachfolger vereidigt), andererseits die Heeresgruppe Südwest unter Vietinghoff, die SS- und Polizeiverbände Wolffs, die Truppen in der Operationszone des Gauleiters Hofer (die er als seine Privatarmee betrachtet) und darüber hinaus alle kämpfenden Verbände der RSI, für deren Kapitulation sich Wolff in den Vorverhandlungen mit den Alliierten verpflichtet hat, gewissermaßen in Geschäftsführung ohne Auftrag handelnd.

Wenn Mussolini in diesem Netzwerk von Vorschlägen, Zusagen, Abmachungen, von dem er nichts weiß, überhaupt noch irgendeinen Platz hat, so ist es der, den der Kardinal in der Besprechung vom 25. April für ihn vorgesehen hat: Er soll Auge in Auge mit den Vertretern des neuen Italien bekennen, daß es aus ist mit ihm, mit der RSI, mit dem Faschismus, und es ist nur folgerichtig, daß der Kardinal in der Nähe des prächtigen Salons mit seinen Barockmöbeln, in dem verhandelt wird, ein Zimmer vorbereitet hat, das, würde es bestimmungsgemäß benützt werden, zur Gefangenenzelle Nr. 1 des Staats- und Regierungschefs Mussolini geworden wäre. Das heißt, Schuster hat es nicht für unmöglich gehalten, daß die Vertreter des CLNAI Mussolini sofort verhaften werden.

Mit dem Entschluß, der Aufforderung des Kardinals zu folgen und am 25. April an der Sitzung mit dem CLNAI teilzunemen, greift Mussolini nach einem Strohhalm, hält es nicht für ganz ausgeschlossen, doch noch eine politische Lösung zu erreichen, was, wenn sie gelänge, bedeuten würde, daß er das Kriegsende überleben könnte und sich den Siegern stellen muß. Diese Illusion erklärt, daß er am Vorabend des Treffens im erzbischöflichen Palast einen Brief an Churchill schreibt: »Exzellenz, leider überschlagen sich die Ereignisse. Es war unnütz, mir die Verhandlungen, die Großbritannien und die Vereinigten Staaten mit Deutschland führen, zu verschweigen. Berücksichtigt man die Bedingungen, wie nun Italien nach fünfjährigem Kampf behandelt wird, so bleibt mir nichts, als Sie zu Ihrem Erfolg zu beglückwünschen, der Ihrem persönlichen Einsatz zu verdanken ist. Dennoch möchte ich Sie an Ihre eigenen Worte erinnern: — Italien ist eine Brücke. Italien kann nicht geopfert werden. — Und auch an jene Ihrer eigenen Propaganda, die es nie daran hat fehlen lassen, die unglückselige Tapferkeit des italienischen Soldaten zu loben und zu preisen.

Desgleichen brauche ich Sie nicht daran zu erinnern, welchen Rang ich in der Geschichte einnehmen werde. Vielleicht sind Sie heute der einzige, der weiß, daß ich ihr Urteil nicht fürchten muß. Ich erwarte also nicht, daß Sie mir gegenüber die übliche Gnade zeigen, sondern daß Sie mir Gerechtigkeit widerfahren lassen und mir die Gelegenheit geben, mich zu rechtfertigen und zu verteidigen. Und auch heute ist eine bedingungslose Kapitulation unmöglich, weil sie Sieger und Besiegte in einen Topf werfen würde.

Senden Sie mir also eine Vertrauensperson, denn die Unterlagen, die ich ihr übergeben werde, dürften Sie interessieren. Es geht um die Notwendigkeit, sich gegen die Gefahr des Ostens zu erheben. Ein Großteil dessen, was sich ereignen wird, liegt in Ihren Händen. Und möge Gott uns helfen.   Ihr Benito Mussolini«*

---

* Der Brief geht nicht mehr ab, bleibt aber erhalten und ist vielfach abgedruckt worden. Er hat ihn auf dem amtlichen Papier der Präfektur von Mailand geschrieben mit dem Briefkopf »Repubblica Sociale Italiana« und dem Liktorenbündel in der linken oberen Ecke.

Am Nachmittag dieses 25. April bemerkt der mißtrauisch über Mussolini wachende Birzer, wie sich dieser in Begleitung des Unterstaatssekre-
tärs Barracu vom Kriegsministerium — es ist der Mann mit der Augenklappe — und eines anderen Italieners in den Hof begibt und ihn durch
das rückwärtige Tor verläßt, das die Verbindung zu einem umfriedeten
Park bildet. Da Mussolini diesen Ausgang noch nie benützt hat, folgt
Birzer den Italienern und winkt im Hof dem Unterscharführer Günther
zu, er solle mitkommen. Auf der anderen Seite grenzt der Park an eine
Bersaglieri-Kaserne. Birzer vermutet zunächst, Mussolini wolle diese
Soldaten besuchen, die ihm zujubeln, als sie seiner ansichtig werden. Als
er aber eine große rotbraune Limousine sieht, an deren offenem Schlag
der Chauffeur steht, als Mussolini einsteigt, gefolgt von Barracu und
dem anderen Italiener, in dem Birzer jetzt den Präfekten erkennt, glaubt
er, hier beginne die heimliche Flucht seines Schutzbefohlenen. »Der
Chauffeur hatte die Wagentür geschlossen und eilte zum Führersitz.
Kurz entschlossen riß ich die Tür wieder auf und sprang in den Wagen.
Dann zog ich auch Günther noch mit hinein. Die Situation war mehr als
peinlich. Ich saß halb auf den Knien Mussolinis. Der Wagen war bereits in
Fahrt, als Mussolini zu mir sagte: ›Ich fürchte mich nicht, wenn ich
durch Mailand fahre.‹« (Birzer)
Während der Fahrt wird kein Wort gesprochen. Sie endet vor einem
Gebäude, das Birzer nicht kennt. Zwei Geistliche stehen am Eingang,
führen Mussolini und seine Begleiter ins Haus. Birzer befiehlt Günther,
beim Wagen zu bleiben, folgt Mussolini durch große und kleine Säle und
erfährt schließlich, er befinde sich in der Residenz des Erzbischofs.
Auf diese Weise ist der Duce in die Sitzung gefahren, in der er den letzten
quasipolitischen Auftritt seines Lebens absolviert. Ihr Ergebnis: Die
Bedingungen, die er noch glaubt stellen zu können, werden von den Vertretern des CLNAI, zu denen General Cadorna gehört, ohne Diskussion
verworfen. Ihm wird eröffnet, er habe entweder im Namen aller seiner
Truppen (deren Chef Graziani neben ihm sitzt) bedingungslos zu kapitulieren, und zwar binnen einer Stunde, oder der bereits in Genua
gestern begonnene, in diesem Augenblick auf Mailand übergreifende
Volksaufstand werde die Reste des Faschismus blutig hinwegfegen. Im
übrigen sei jeder Widerstand ohnehin sinnlos, denn die Deutschen hätten ja bereits ihre Kapitulationsbereitschaft erklärt.
Mussolini versteht nicht, was damit gemeint ist. Der Sekretär des Kardinals hat später ausgesagt, er habe den Eindruck gehabt, Mussolini habe
auch dann noch nicht verstanden, um was es ging, nachdem ihm der Kar-

dinal sein Kapitulationspapier vorgelesen und hinzugesetzt hatte, General Wolff habe sich schon damit einverstanden erklärt. Jetzt also erfährt Mussolini in Andeutungen zum erstenmal von den Verhandlungen zwischen den Deutschen und den Alliierten.

Er erhebt sich, ist äußerlich ganz ruhig und sagt, er werde binnen einer Stunde zurückkehren und seine Entscheidung mitteilen. Wahrscheinlich verdankt er der Ruhe, die seinen Worten Glaubwürdigkeit verleiht, daß er den Raum und den Palast noch verlassen kann. Er mag an den 26. Juli 1943 gedacht haben, an den Augenblick, als er vor dem Schloß des Königs, der sich eben von ihm freundlich verabschiedet hatte, verhaftet wurde, und wird ähnliches befürchtet haben. (Karl Wolff hat im Interview dazu bemerkt: »Man konnte ihm eben nicht trauen, er hat gesagt, er käme in einer Stunde wieder, aber er ist nicht wiedergekommen.«)

Schon am Vormittag, also lange vor der Sitzung, hat Birzer den Auftrag bekommen, alles für die Abfahrt aus Mailand am Spätnachmittag vorzubereiten. Daraus ist zu schließen, daß Mussolini, Graziani und seine Minister, die ihn umdrängen, als sei von ihm noch irgendeine Hilfe zu erwarten, nicht mehr daran geglaubt haben, die Verhandlungen im erzbischöflichen Palais könnten noch zu einer annehmbaren politischen Lösung führen. Und sie wissen: In diesem Fall müssen sie Mailand unverzüglich verlassen.

Mit der Ausrufung des Generalstreiks an diesem 25. April greift die Nationale Erhebung auf die Stadt über. Das CLNAI gibt drei Dekrete heraus, mit denen es die Übernahme der Macht in ganz Norditalien verkündet und eine neue provisorische Regierung proklamiert, ohne die Alliierten oder die unter deren Schutz amtierende italienische Zentralregierung zu befragen. Den Mitgliedern der Regierung der RSI und den Führern der faschistischen Partei wird die Todesstrafe angedroht. Mussolinis Sozialisierungsverordnungen werden aufgehoben.

Die 10. US-Gebirgsdivision hat bei San Benedetto Po den Strom überschritten und stößt mit mehreren Panzerkeilen auf Verona, Trient und den Gardasee vor. In Verona, wo die Deutschen noch sinnloserweise die Brücken sprengen, übernimmt die Freiheitsbewegung mit dem Sozialisten Aldo Fedeli als Bürgermeister die Macht.

Mussolini läßt seine Familie wissen, er werde nicht mehr nach Gargnano zurückkehren, und schlägt vor, sich mit ihr am Comer See zu treffen. Ob er in den Mailänder Tagen Claretta gesehen hat, ist nicht nachzuweisen, aber wenig wahrscheinlich. Der ganze Petacci-Clan hat eine Wohnung in Mailand bezogen, vom Präfekten für sie freigemacht und in Windeseile mit kostbaren Möbeln eingerichtet — selbst jetzt ist es noch nützlich, eine Tochter zu haben, die Mussolinis Maîtresse en titre ist. Aus Meran hat Mutter Petacci einen Möbelwagen voll Kleider, Porzellan, Silber, Bilder, Vasen und Teppichen mitgebracht. Sie will ihren kostbaren Hausrat im Flugzeug mit nach Spanien nehmen, und die dafür vorgesehene Ju 52 hätte auch über einen entsprechenden Laderaum verfügt. Aber Franco verbietet die Landung eines deutschen Flugzeugs auf spanischem Boden, so daß unter Spöglers Aufsicht von Fiat-Monteuren in Nachtarbeit eine kleine tschechische Maschine, die jahrelang unbenützt herumgestanden hat, startklar gemacht werden muß. Weil sie nur mit einem Bruchteil des Frachtguts beladen werden kann, packt Signora Petacci einen Tag und eine Nacht lang Koffer und Kisten aus und ein, zuletzt gleicht die Wohnung einem Warenhaus, in dem eine Bombe explodiert ist. In diesem Chaos finden mit Tränen und Geschrei die familiären Auseinandersetzungen statt, als Claretta und Bruder Marcello den Eltern und der noch rasch verheirateten Tochter Miriam erklären, sie blieben in Italien. Claretta will Mussolini nicht verlassen, Marcello nicht seinen in ganz Italien verstreuten ergaunerten Reichtum. Die Frau nimmt aus Liebe den Tod in Kauf, der Mann hofft, mit seinem falschen spanischen Paß die Unbilden des Kriegsendes überstehen zu können. Auch seine Lebensgefährtin Elena Curti Cucciati und seine zwei Kinder sind in Mailand und werden sich dann Mussolinis Karawane anschließen.

Zu den Ereignissen, die diesem 25. April den Charakter eines Enddatums geben, hinter dem das Regime der RSI nur noch seiner gewaltsamen Auslöschung entgegentorkelt, gehört auch, daß Mussolini den Industriellen Gian Riccardo Cella empfängt, der von ihm die Zeitung *Popolo d'Italia* kauft, als deren Herausgeber, Chefredakteur, Leitartikler Mussolini seine staatsmännische Laufbahn von Mailand aus vorbereitet hatte. Er kassiert an diesem Tag auch noch fünf Millionen Lire als Autorenhonorar für sein Buch *Geschichte eines Jahres*. Für die Zeitung soll er das Zehnfache bekommen haben, einen Teil der Summe will er für sich, fünf Teile für die Kinder, zwei für die Enkel. (Zur Verteilung ist es aber nicht mehr gekommen, er hat den ganzen Betrag bei sich, als er gefangen genommen wird.)

Gegen den Befehl, den Aufbruch vorzubereiten, hatte Birzer noch am Vormittag bei Mussolini protestiert: Sein Kamerad Kisnat sei mit einem Pkw und dem einzigen Lastwagen nach Gargnano unterwegs, um das Gepäck zu holen, er sei nicht marschbereit und überhaupt habe er, der Duce, Kisnat doch versprochen, dessen Rückkehr in Mailand abzuwarten. Mussolini sagte nicht: Capitano, wir fahren, basta!, sondern: »Zu bleiben ist unmöglich, die Lage hat sich verschlechtert.« Birzer: »Dann brauche ich aus italienischen Beständen einen Pkw und einen Lastwagen mit Benzin.« Er bekommt beide Fahrzeuge; der Lkw war »ein fast schrottreifes Fahrzeug«.

Er läßt seine zehn Wagen im Hof in der Reihenfolge aufstellen, die sie unterwegs einhalten sollen: ein Lastwagen des italienischen Begleitkommandos voraus, sein eigener Wagen, der Wagen Mussolinis, der Wagen von Kisnats Leuten, soweit sie nicht am Gardasee das Gepäck holen, der Wagen des deutschen Verbindungsstabs, dann drei Wagen für Marschall Graziani und sein Kommando, schließlich der ausgeliehene Lkw mit Birzers Mannschaft und den Maschinengewehren.

Um 18.30 Uhr kehrt Mussolini in die Präfektur zurück und sagt zu Birzer: In einer halben Stunde fahren wir. In manchen Berichten taucht die Behauptung auf, Mussolini sei aus dem Wagen gesprungen und habe »zu dem deutschen Offizier, der seine Begleitmannschaft befehligte [. . .] mit lauter Stimme gesagt: ›Ihr General Wolff hat uns verraten.‹« [31] Das ist mit Sicherheit eine Erfindung, denn eben dieser Offizier war ja Birzer und er hätte nicht versäumt, in seinem Bericht diese Bemerkung Mussolinis zu erwähnen.

Birzer ist ohnehin von seinen Vorgesetzten schwer enttäuscht. Er erfährt, daß Oberstleutnant Jandl und der Arzt Zachariae den Exodus des Duce aus Mailand nicht mehr mitmachen, es ist ihnen zu riskant. Nun hat der Untersturmführer nur noch den Hauptmann Joost in seiner Nähe. Ihn bittet er, eine telefonische Verbindung zu irgendeiner höheren Befehlsstelle, am liebsten zu Obergruppenführer Wolff, herzustellen, wo er, Birzer, sich Weisungen für sein weiteres Verhalten holen wolle. Daß er Wolff nicht erreichen kann, hat einen triftigen Grund: Am 25. April ist der General noch in der SS-Kommandantur Como, deren Chef, der Hauptsturmführer Sepp Vötterl, in der Villa eines nach Amerika emigrierten italienischen Käsefabrikanten seinen Dienstsitz hat. Nebenan liegt für seine Gäste die Villa Caminati, wo Wolff ins Bett geht und sich am nächsten Morgen von Partisanen umstellt sieht. Erst in der Nacht vom 26. auf den 27. April wird ihn ein aus der Schweiz geschicktes »Befreiungskommando« herausholen — die Amerikaner organisieren das abenteuerliche Unternehmen — und ihn fürs erste in die Schweiz zurückbringen.

Obwohl Birzer Mussolini nötigt, seine Abfahrt noch um eine weitere halbe Stunde zu verschieben, gelingt es ihm auch bis dahin nicht, irgendeine vorgesetzte Stelle zu erreichen. Im Hof erscheint jedoch im letzten Augenblick ein Abgesandter des Konsuls Wolf, gibt ihm Adresse und Telefonnummer des Konsulats mit dem Hinweis, sein Chef möchte erfahren, wohin Mussolini eigentlich fährt; Birzer möge doch bitte anrufen, wenn das Tagesziel erreicht sei.

Das Tagesziel ist ein Nachtziel. Es ist längst dunkel, als die Kolonne in Como ankommt. Den zehn Wagen Birzers haben sich mehrere Dutzend italienischer Bonzenautos angeschlossen. Die ganze Regierung der RSI mit Anhang fährt Mussolini nach, obwohl keiner weiß, wohin die Fahrt eigentlich gehen soll. Alle diese Leute haben keine andere Zuflucht mehr als den Flüchtenden. (Preziosi, der vergeblich versucht hatte, das italienische Volk für die »Endlösung« zu motivieren, handelt konsequenter, er bleibt in Mailand und bringt sich um.)

In Como, wo Mussolini wieder in der Präfektur Quartier nimmt, stellt Birzer fest, daß sich im Wagen des Verbindungsstabs außer dem Fahrer niemand mehr befindet. Auch Joost ist verschwunden. Daraufhin macht er sich zum deutschen Ortskommandanten auf, wo sich auch Marschall Graziani einfindet und sich darüber informieren läßt, wie die deutschen Posten an der Schweizer Grenze verteilt sind. Der Ortskommandant wittert Unrat und gibt falsche Auskünfte. Auch Birzer schließt daraus, Mussolini habe die Absicht, irgendwo in der Nähe über die Schweizer Grenze zu entkommen, und macht jetzt von der ihm ausgehändigten Telefonnummer Gebrauch. Er erreicht tatsächlich einen Beamten des Konsulats und fragt ihn, was er denn tun solle, wenn »Carl-Heinz« (so der Tarnname Mussolinis beim SD) zu fliehen beabsichtige. Der Beamte sagt: »Dann müssen Sie eben handeln.«

Nichts ist bezeichnender für den Grad der Zerstörung des »Deutschen Systems«, das mit gewaltigem Aufwand geschaffen wurde, um die faschistische Herrschaft zu verlängern, als daß Mussolini und General Wolff diese Nacht fast in Steinwurfnähe verbringen, ohne daß einer vom andern weiß.

Ist der SS-General von Partisanen umzingelt, so Mussolini von der SS. Der Aufforderung zu handeln kommt Birzer dadurch nach, daß er die Ausgänge der Präfektur von seinen Leuten bewachen läßt. Er selbst legt sich gegen Mitternacht in der Pförtnerloge zum Schlafen auf den Boden, die Maschinenpistole neben sich. Im Morgengrauen des 26. April wird er von einem Posten aus dem Schlaf gerissen: »Der Duce haut ab, er sitzt schon im Wagen«. Das Tor, das vom Hof der Präfektur auf die Straße führt, steht weit offen.

Birzer läßt eines seiner Fahrzeuge, das die Nacht über auf der Straße stand, im Rückwärtsgang in die Toreinfahrt einbiegen und zwischen den Torflügeln halten. Kein Fahrzeug kann daran vorbei. Er geht auf Mussolini zu, der wieder ausgestiegen ist, und sagt zu ihm: »Wie können Sie wegfahren wollen, ohne die Kommandos zu verständigen?« Seit der Abfahrt aus Gargnano ist es der erste Augenblick und wird der letzte bleiben, in dem Mussolini gegen Birzer aufbegehrt. Er brüllt ihn an: »Machen Sie den Weg frei!«

Graziani mischt sich ein — ein Untersturmführer steht gegen einen Marschall und gibt nicht nach. Birzer versucht, seine Kolonne wie bei der Abfahrt aus Mailand zu ordnen, muß aber feststellen, daß der Wagen der Kisnat-Leute zwischen italienischen Fahrzeugen wohl absichtlich eingekeilt worden ist, deren Fahrer sich weigern, Platz zu machen. Zudem bilden Männer aus Mussolinis Gefolge, von Graziani dazu aufgefordert, eine Kette hinter Mussolinis Wagen. »Die Situation, in der ich mich befand, war explosiv. Ich lief zu meinem Lkw und befahl: ›Absitzen! Durchladen! Handgranaten fertig machen! Fünf Mann folgen mir.‹ Ich stürmte mit schußbereiter MP mit den fünf Männern zurück in den Hof und befahl: ›Entsichern!‹ Die Kette löste sich auf, alle Italiener stoben auseinander. Ich trat an den Wagen Mussolinis heran und sagte: ›Duce, wir können fahren.‹« (Birzer)

Es geht weiter nordwärts bis Menaggio. Die Kolonne besteht nur noch aus den deutschen Fahrzeugen. Das sonstige Gefolge einschließlich der Minister bleibt zunächst in Como zurück. Auch Graziani ist nicht mehr mit von der Partie. Irgenwann in den nächsten Stunden muß er versucht haben, in die Schweiz zu entkommen, fährt aber unterwegs Vötterls Leuten in die Hände, wird mit Zustimmung der Partisanen zu Wolff durchgelassen und stellt ihm folgende Bescheinigung aus: »Hiermit erteile ich, Rodolfo Graziani, Marschall von Italien, in meiner Eigenschaft als italienischer Kriegsminister, dem General der Waffen-SS, dem Höchsten Polizeiführer und Bevollmächtigten General der Wehrmacht für das rückwärtige Frontgebiet in Italien, Karl Wolff, folgende Vollmacht: In meinem Namen Verhandlungen zu führen und unter denselben Bedingungen wie für die deutschen Einheiten in Italien für mich verbindliche Abmachungen für alle regulären Verbände der italienischen Armee, der Marine und der Luftwaffe sowie für die militärischen faschistischen Verbände zu treffen.

Gez. Rodolfo Graziani/Marschall von Italien.«

Unter dieses Dokument schreibt Wolff, als er gesund und munter wie

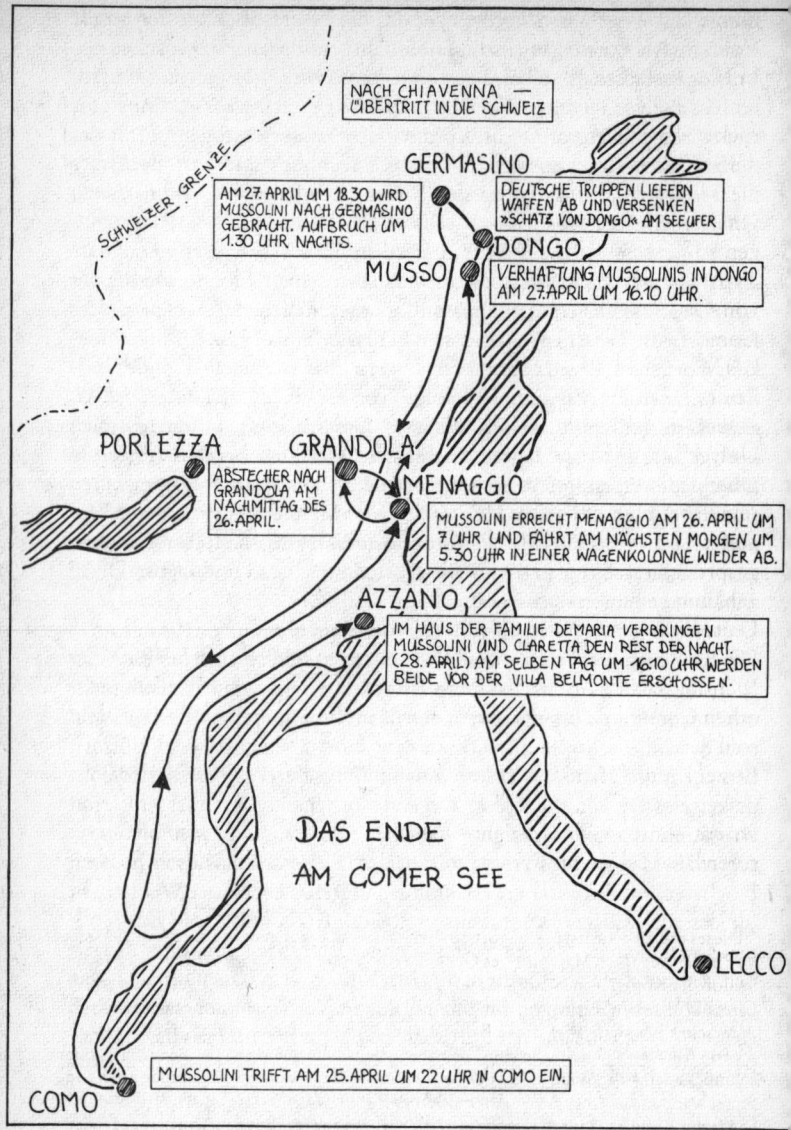

NACH CHIAVENNA —
ÜBERTRITT IN DIE SCHWEIZ

SCHWEIZER GRENZE

GERMASINO

AM 27. APRIL UM 18.30 WIRD
MUSSOLINI NACH GERMASINO
GEBRACHT. AUFBRUCH UM
1.30 UHR NACHTS.

DEUTSCHE TRUPPEN LIEFERN
WAFFEN AB UND VERSENKEN
»SCHATZ VON DONGO« AM SEEUFER

DONGO

MUSSO

VERHAFTUNG MUSSOLINIS IN DONGO
AM 27. APRIL UM 16.10 UHR.

PORLEZZA

GRANDOLA

MENAGGIO

ABSTECHER NACH
GRANDOLA AM
NACHMITTAG DES
26. APRIL.

MUSSOLINI ERREICHT MENAGGIO AM 26. APRIL UM
7 UHR UND FÄHRT AM NÄCHSTEN MORGEN UM
5.30 UHR IN EINER WAGENKOLONNE WIEDER AB.

AZZANO

IM HAUS DER FAMILIE DEMARIA VERBRINGEN
MUSSOLINI UND CLARETTA DEN REST DER NACHT.
(28. APRIL) AM SELBEN TAG UM 16.10 UHR WERDEN
BEIDE VOR DER VILLA BELMONTE ERSCHOSSEN.

DAS ENDE

AM COMER SEE

LECCO

COMO

MUSSOLINI TRIFFT AM 25. APRIL UM 22 UHR IN COMO EIN.

immer die Schweiz wieder erreicht hat: »Hiermit übertrage ich die obige Vollmacht meinem Chef-Adjutanten, SS-Major Wenner.«[32]*

In Menaggio verschwindet Mussolini im Haus des örtlichen Parteiführers Castelli. Es liegt an einer kleinen Gasse, hat zwei Ausgänge, der rückwärtige führt auf eine Straße, auf der man nach dreißig Kilometern die Schweizer Grenze erreichen würde. Nach und nach finden sich auch die Minister und die Leibgarde Mussolinis wieder ein, deren Mannschaftswagen auf dem Dach mit Zwei-Zentimeter-Schnellfeuergeschützen ausgerüstet sind. Außerdem fahren plötzlich fünf nagelneue, nach Typ und Farbe völlig gleiche Wagen der Marke Alfa Romeo in der Nähe von Castellis Haus auf, die Birzer bis dahin weder in Mailand noch in Como gesehen hat.

Als Mussolini nach Stunden wieder auf der Straße erscheint, ist Claretta Petacci neben ihm, doch steigt er ohne sie in einen der Alfa Romeos. »Duce, wohin fahren Sie?« fragt Birzer und bekommt mit ungewohnter Unfreundlichkeit zur Antwort: »Kommen Sie mit, dann werden Sie es sehen.« Birzer kann nicht verhindern, daß sich zwischen Mussolinis und sein Fahrzeug einer der Wagen der Leibwache schiebt, und für den Rest dieses Tages wird die Situation für das kleine deutsche Kommando ausgesprochen ungemütlich. Die Schwarzhemden fühlen sich in der Überzahl und versuchen mit Tricks und Straßenblockaden, Birzer und seine Leute loszuwerden.

Die Route am See wird verlassen, die Kolonne bewegt sich in westlicher Richtung auf die Grenze zu, aber auch von dieser Hauptverbindung zwischen Comer und Luganer See biegt sie plötzlich nach rechts ab, es geht steil den Berg hinauf zum Dorf Grandola.

Birzer kann zunächst nicht den Anlaß durchschauen, warum wieder ein längerer Halt eingelegt wird, bis am späten Nachmittag allgemeine Nervosität spürbar wird, die ihre Erklärung findet, als Mussolini Birzer rufen läßt und ihn informiert, zwei seiner Minister seien an der Schwei-

---

* Dieses stolze Schriftstück gehört zu den Papieren, mit denen Wenner und Schweinitz in der eleganten Maschine des Generals Alexander von Annecy (Frankreich) zum Schloß der Könige von Neapel, Caserta, geflogen werden, um in Stellvertretung ihrer Chefs Wolff und Vietinghoff am 29. April die endgültige Kapitulationsurkunde zu unterschreiben. »Ein ehemaliger Ballsaal war in einen Konferenzraum für den historischen Akt verwandelt worden. Eine große Generalstabskarte der Po-Ebene schmückte eine der Wände. [. . .] Obwohl die Unterzeichnung [. . .] immer noch top secret war, fand sie im grellen Licht moderner Publizität statt [. . .] Amerikanische und englische Rundfunk- und Zeitungsreporter waren herbeigeflogen worden. [. . .]«[33]

zer Grenze verhaftet worden. Er bekommt Befehl, die Verhafteten mit Waffengewalt zu befreien. Jetzt reimt sich für ihn der Ablauf des Tages zusammen, und er sagt sich, die Minister seien als Versuchskaninchen an die Grenze geschickt worden, um auszuprobieren, ob dort auch für Mussolini ein Schlupfloch sei.

Der SS-Offizier denkt gar nicht daran, den Auftrag auszuführen, und sinnt darüber nach, wie er sich aus der Sache herauswinden könnte. Das erweist sich nach zwei weiteren Stunden als überflüssig. Wieder zu Mussolini befohlen, ist von den Ministern nicht mehr die Rede, statt dessen wird ihm der neue Beschluß verkündet: auf nach Meran, und zwar sofort. Die Straße nach Meran, könnte man sie noch fahren, führt durch das Val Tellina. So ist für Mussolini immer noch offen, ob er, nachdem er das Aussichtslose dieses Projekts »Schweiz« eingesehen hat, sich Pavolinis Vision vom Heldenkampf zuwenden oder mit den Deutschen die Grenze bei Chiavenna erreichen will. Doch was immer hinter dem Stichwort »Meran« sich verbergen mag, für die Ausführung »sofort« ist Birzer nicht zu haben.

»Duce, das ist unmöglich«, sagt er, »meine Männer haben seit Mailand fast nicht geschlafen, sie brauchen eine Nacht Ruhe.« Mussolini fügt sich. Aus Sicherheitsgründen geht es nach Menaggio zurück. Diesmal wird eine als Kaserne benützte Schule bezogen. Für Mussolini werden im ersten Stock zwei Zimmer reserviert. Es gibt ein warmes Abendessen, für alle das gleiche, und zwei Minister gehen von Zimmer zu Zimmer, in denen die italienische Leibwache auf Matratzen liegt, und händigen jedem Soldaten tausend Lire aus.

Um 4 Uhr früh (es ist Freitag, der 27. April) sind Birzer und seine Leute wieder auf den Beinen. Die Fahrzeuge werden zur Abfahrt bereitgestellt. Das deutsche Kommando erlebt eine Überraschung. Eine Nachrichtenabteilung der Luftwaffe in Stärke von ungefähr zweihundert Mann hat sich während der Nacht eingefunden, deren Führer, ein Oberleutnant, sich mit Birzer ins Benehmen setzt. Als er von ihm hört, mit wem er unterwegs ist und daß die Absicht bestehe, bis Meran durchzustoßen, erklärt er: Kamerad, dann haben wir denselben Weg, laß uns zusammen fahren.

Außer nach den angeblich existierenden Briefen, die Churchill und Mussolini im Krieg gewechselt haben sollen, wurde für diesen Bericht mit gleicher Verbissenheit und gleichem Mißerfolg auch nach diesem Oberleutnant gefahndet, der angeblich Fallmeyer oder Schallmeyer geheißen hat, denn er spielt im Schlußakt eine sehr wichtige Rolle. Es war möglich, diesen Mann ganz eng einzukreisen, eine Reihe ehemaliger Vorgesetzter wissen von seiner Existenz und von seiner Funktion, ihn selbst aber zu identifizieren ist vor allem deshalb nicht gelungen, weil er Reserveoffizier gewesen sein muß, das Kommando über diese Abteilung erst wenige Tage zuvor übernommen hatte und in keiner Offiziersliste geführt worden ist. So bleibt nur übrig anzunehmen, er habe wirklich Fallmeyer geheißen und ihn so im Folgenden zu nennen.

Der Mussolini-Konvoi wird ab Menaggio außer durch diese stattliche deutsche Streitmacht auch durch einen italienischen Schützenpanzer verstärkt, in dem Pavolini mit ein paar Mann eintrifft — das sind jene »dreitausend«, mit denen er im Val Tellina zum Endkampf hat antreten wollen. In gewohnter Ordnung fährt Birzers Kolonne voraus, hat aber jetzt den Schützenpanzer (der nicht auf Ketten, sondern auf Reifen fährt) noch vor sich. Die Abteilung Fallmeyers folgt in geringem Abstand. Sie verfügt auch über Kradmelder, die an dem ganzen Bandwurm, der sich am Ufer entlang nach Norden schlängelt, entlangrasen und die Verbindung aufrechterhalten. Zwischen den deutschen und italienischen Militärfahrzeugen sind die Karossen der Minister eingekeilt. Am Schluß fährt eine elegante Limousine mit, über deren Kühlerhaube eine spanische Fahne gespannt ist. Darin sitzen die Geschwister Petacci, Claretta und Marcello, er mit Familie.

Die Spitzenfahrzeuge haben sich um 5.30 Uhr in Menaggio in Bewegung gesetzt. Frühnebel liegt noch über dem See, als der Schützenpanzer anhält und damit alle anderen Fahrzeuge zum Stehen bringt. Pavolini steigt aus, begibt sich zu Mussolini und schlägt ihm vor, aus Sicherheitsgründen in das gepanzerte Fahrzeug umzusteigen. Auch Birzer hat sich zu Mussolinis Wagen begeben. Der Untersturmführer beschreibt den Zustand, in dem sich Mussolini nach der zweiten Nacht in Menaggio befindet, so, daß man den Eindruck gewinnt, er spreche von einem Mann, der schon halb tot ist. Von ihm befragt, was er von Pavolinis Vorschlag halte, sagt Birzer, es könne nichts schaden. Durch die rückwärtige Luke kriecht Mussolini in den Aufbau des Schützenpanzers. Vier seiner Minister springen aus ihren Limousinen und folgen ihrem zerbrochenen Chef in die trügerische Sicherheit hinter fünf Millimeter Stahl. Mussolini arbeitet sich bis zum Fahrer vor und nimmt neben ihm hinter der seitlich und oben verblendeten Windschutzscheibe Platz.

Wir sind mit dieser Darstellung im großen und ganzen dem Bericht Birzers soweit gefolgt, als er von anderen Zeugen bzw. durch zeitgeschichtliche Darstellungen bestätigt werden konnte. Nun ist aber zu ergänzen,

daß der Leibwächter Kisnat und die ursprünglich in Gargnano zurückgebliebenen Männer seines Schutzdienstkommandos mit dem Pkw und
mit dem von Birzer entliehenen Lkw am 26. April um 1 Uhr früh wieder
in Mailand angekommen waren und die Präfektur leer gefunden haben.
Durch verlassene Straßen, in denen Tote herumlagen, fuhren sie zu
ihrem ehemaligen Quartier, wo sie einen Zettel fanden: Wir sind nach
Como. Dorthin versuchten sie sich durchzuschlagen, auf Straßen, die
von fahrenden und marschierenden Militäreinheiten sowie einer Masse
flüchtender Zivilisten verstopft waren. Kisnat kam erst in Como an, als
der Mussolini-Konvoi schon nach Menaggio unterwegs war, erreichte
Menaggio, als auch dort die Kameraden schon aufgebrochen sind, und
stößt zu ihnen erst in Grandola, gerade als Birzer, glaubt man ihm, den
Befehl bekommen hat, die zwei verhafteten Minister zu befreien.*

Nach dem von Pavolini verursachten ersten Halt der Kolonne kommt
der Schützenpanzer, in dem nun Mussolini sitzt, an einer Kurve zwischen Musso und Dongo wieder zum Stehen — von letzterem Ort etwa
vierhundert Meter entfernt. Versetzen wir uns im Geist an diese Stelle,
die Augen auf Dongo gerichtet, so haben wir links eine fast senkrecht
aufsteigende Felswand, während rechts die Böschung ähnlich steil, aber
bewachsen zum Seeufer abfällt. Ob nun der gepanzerte Wagen angehal-
ten hat, weil einer seiner Reifen von ein paar von oben abgegebenen
Schüssen getroffen worden ist, oder ob die Luft daraus deshalb zischend
entwich, weil ihn eine ausgelegte Wolfsangel durchbohrt hat (beides
wird behauptet) — es ist völlig gleichgültig. Sicher ist, daß vor ihm, genau
in der Kurve, eine primitive Sperre — ein Baumstamm und ein paar Felsbrocken — die Straße abriegelt. Ein paar entschlossene Männer könnten
sie in einer Minute entfernen.

Hinter diesem lächerlichen Hindernis halten nun ein fast ein Kilometer
langer Zug von Fahrzeugen und über zweihundert Soldaten, die zu
jenen Millionen gehören, von denen fünfeinhalb Jahre lang gesagt worden ist, daß dort, wo sie stünden, keine anderen hinkämen. Und oft
war es so. Sie alle sind ausgezeichnet bewaffnet, und der lahmgelegte

---

* Der Zweifel, den wir mit diesem »glaubt man ihm« an der Zuverlässigkeit des
Gedächtnisses des Augen- und Tatzeugen Birzer anmelden, hat seine Ursache darin,
daß wir die beiden langen Interviews und Berichte Birzers und Kisnats miteinander
verglichen, erhebliche Widersprüche für die beiden letzten Tage festgestellt haben
und uns danach für das wenige, was noch zu berichten ist, weder auf den einen noch
auf den anderen verlassen wollen.

Schützenpanzer hat auf seinem Dach ein nach allen Seiten schwenkbares Maschinengewehr. Auch ist eine erhebliche Menge Munition an Bord.

Um die Felswand herum kommen ein paar Italiener. Einer trägt an einer Stange eine weiße Fahne voraus. Gemeinhin ist sie das Zeichen dafür, daß derjenige, der sie hißt, zwingende Ursache hat, seine bis dahin ihm zu Gebote stehende Macht nicht mehr auszuspielen, und wenn es mit rechten Kriegsdingen zuginge, so müßten jetzt ein paar beherzte SS-Leute vorspringen und das Häuflein mit der weißen Fahne einkassieren; denn daß es sich dabei um Partisanen handelt, macht die Aufmachung dieser blutjungen Kämpfer deutlich: Sie alle tragen rote Halstücher.

Birzer, Kisnat und andere haben ihre Fahrzeuge verlassen und treffen mit den Italienern auf dem Stückchen Straße zwischen der Sperre und dem Schützenpanzer zusammen. Nicht die SS-Leute sagen: Freunde, für euch ist Feierabend, liefert eure Schießeisen ab, sondern die Italiener sagen: Weiter kommt ihr nicht! Von hinten nähert sich im Laufschritt der besagte Oberleutnant Fallmeyer und erklärt, er spreche perfekt italienisch, er habe sich mit seinen Leuten vom Po bis hierher durchgeschlagen, es werde ihm auch gelingen, hier weiterzukommen, man solle ihn nur verhandeln lassen. Man läßt ihn, und niemand schießt. Es ist nicht später als 9 Uhr, als der Oberleutnant mit dem weißen Fähnlein der Aufrechten in Richtung Dongo abmarschiert. Es ist 3 Uhr nachmittags, als er zurückkehrt. Man wüßte nur zu gern, was er inzwischen erlebt hat. Mit den von ihm in so langer Zeit ausgehandelten Bedingungen scheint er jedenfalls ganz zufrieden zu sein. Sie sind denkbar einfach: Alle Deutschen dürfen, nachdem sie an einem bestimmten Punkt an der Seestraße ihre Waffen abgelegt haben, zur Schweizer Grenze hinter Chiavenna marschieren und in die Schweiz übertreten, niemand werde ihnen ein Haar krümmen. Für die Italiener sieht die Sache nicht ganz so rosig aus, sie dürfen nicht weiter, sondern müssen sich hier in Dongo den Partisanen ergeben. Die Kontrolle werde im Dorf vorgenommen.

Während des halben Tages, der inzwischen vergangen ist, hat kein Fahrzeug kehrtgemacht, hat niemand den geringsten Versuch unternommen, aus dieser Falle herauszukommen. Die Partisanen, noch ganz ahnungslos, wer da in ihre Hände geraten ist, haben sich mittlerweile außerordentlich vermehrt. Sie haben die Höhe über der Felswand besetzt, sie füllen die Straße von der Sperre bis ins Dorf hinein, und jetzt, in der Tat, wäre es nicht mehr ratsam, noch durchführen zu wollen, was am Morgen noch spielend möglich gewesen wäre: durchzubrechen und weiterzufahren.

Mussolini hat inzwischen seinen exponierten Platz hinter der Windschutzscheibe des gepanzerten Fahrzeugs verlassen, war, abgedeckt von Kisnats Leuten, bis zum nächsten Lastwagen (dem vierten oder fünften Fahrzeug in der Kolonne) zurückgegangen und hat sich auf dem Beifahrersitz zusammengekauert. Er befindet sich dort nicht mehr im Blickfeld der Partisanen. Unter sie mischt sich jetzt auch Jugend von Dongo, jenseits der Straßensperre sind alle lustig, an einem Stand an der Straße wird Wein ausgeschenkt, auch die deutschen Soldaten füllen sich ihre Feldflaschen. Gar nicht lustig sind die Faschisten. Begreiflicherweise hat sie Fallmeyers in aller Form ausgehandelte Kapitulation getroffen, als würde ihnen ihr Todesurteil vorgelesen — und genau das stellt dieser schandbare »Vertrag« dar.

Das CLNAI-Dekret, alle faschistischen Führer seien hinzurichten, ist über Radio auch den Deutschen bekanntgeworden. Dennoch sind die winselnden, Mussolini anflehenden Minister, er möge sie retten, für den Oberleutnant, den SS-Untersturmführer, den Kriminalinspektor wie nicht vorhanden. Für deren Sicherheit zu sorgen, haben sie keinen Auftrag. Wohl aber haben sie einen strikten Befehl, für die Sicherheit Mussolinis zu sorgen, und sich darüber einfach hinwegzusetzen ist nicht ganz so einfach. Über die Lösung des militärischen, möglicherweise sogar moralischen Problems, das sich ihnen stellt, gehen die Aussagen Birzers und Kisnats weit, etwas zu weit auseinander. Birzer über Kisnat: »Er hat gesagt, ich soll ihn zusammenschießen, den Mussolini.« Kisnat: »Darauf wandte ich mich an die auf der Straße versammelten Männer und sagte, daß wir Mussolini auf jeden Fall mitnehmen müßten.« Er habe, schreibt er weiter, daran gedacht, Mussolini in einem Kahn bis hinter Dongo zu bringen, um ihn nach der Fahrzeugkontrolle in Dongo wieder aufzunehmen, aber dieser Plan sei unausführbar gewesen, denn die Partisanen auf der Höhe hätten den Kahn sicherlich unter Feuer genommen.

Um für den Duce doch etwas zu tun, bilden Soldaten seines Begleitkommandos, ihm den Rücken zukehrend, einen Halbkreis. Claretta sitzt auf dem Trittbrett und weint, über ihr bei halb geöffneter Tür Ben, dessen herabhängende Hand über ihr Haar fährt. Wird er jetzt entdeckt oder erst in Dongo, von wem, von einem Zwölfjährigen oder einem Pfarrer? Jeder Zeuge hat etwas anderes beobachtet, aber es ist auch belanglos. Auch brauchen wir nicht zu wissen, wer auf die Idee kommt, Mussolini als deutschen Soldaten zu verkleiden, wohl aber, daß er sich dazu hergibt. Ihm wird der Mantel eines Unteroffiziers angezogen, von dem wir leider nicht den Namen herausbringen konnten. Wir hätten ihn gern erfahren, weil es sich um den *einzigen* Deutschen handelt, der gegenüber diesem Mann in Todesnot zu einer noblen Geste fähig gewesen ist: Er steckt sein Soldbuch in die Tasche des Mantels. Auch wird ein Stahlhelm gefunden, groß genug für Mussolinis Schädel.

In dieser Verkleidung tut er weiter das, was ihm seine Beschützer raten, ohne daß es ihnen schaden könnte: Er klettert auf die offene Ladefläche des Lastwagens, auf die sie dicht an der Rückwand des Führerhauses zwei volle Benzinfässer aufrecht hingestellt haben. Über beide wird ein Brett gelegt. Unter dieses Brett kriecht der deutsche Unteroffizier Benito Mussolini, dann wird eine Decke über das Brett gehängt.

Die Kolonne rollt auf den Marktplatz von Dongo, der an das Seeufer grenzt. Bei der Kontrolle des Lastwagens gehen zuerst Decke und Brett, dann Mussolini über Bord. Man wirft ihn auf die Straße hinunter. Er entledigt sich des Stahlhelms und des Mantels, dessen sich ein Partisan sofort als Souvenir bemächtigt. Seine »Mitra«, eine Maschinenpistole mit goldenen Beschlägen, hat er zwischen den Benzinfässern liegengelassen. Er setzt die Mütze auf, die er immer getragen hat. Dann wird er abgeführt. Als die Hände derer, die ihn durch die brüllende Menge quer über den Platz führen, nach seinen Armen greifen, wendet er sich noch einmal nach seinen Beschützern um und sagt: »So, ohne Kampf?« Das sind die letzten Worte, die Deutsche von ihm hören. Von jetzt an gehört er den Partisanen, Verrat auf deutsch hat sich erledigt.

»Ich hab' mir immer wieder überlegt, was ich machen sollte. Wenn wegen einem Mann zweihundert kaputtgehen, das ist ein Wahnsinn. Aber das hat mir schon weh getan, wie der Mussolini da vorbeigeführt wurde. Das war eine der schwersten Stunden, die ich mitgemacht habe. Aber ich habe es richtig gemacht. Wenn ich es anders gemacht hätte, hätte ich ihm auch nicht mehr helfen können. Wir haben ein paar Panzerfäuste gehabt und vielleicht 2000 bis 3000 Schuß Munition für das Maschinengewehr. In Null Komma nichts ist das verschossen, und dann sitzte da! Unsere Gewehre haben wir natürlich auch gehabt, jeder mit 45 Schuß. Wir wären da nicht mehr rausgekommen.«

Diese Sätze stammen nicht aus dem schriftlichen Bericht Birzers, sondern aus dem Interview, das wir mit ihm in Gegenwart von Ex-General Karl Wolff geführt haben. An dieser Stelle griff Wolff in die Ausführungen Birzers ein: »Der Duce hat mir sein Ehrenwort gegeben, daß er sich nicht aus Gargnano entfernt, bis ich wieder zurück bin. *Um ihn nicht unruhig und unsicher zu machen* [Hervorh. v. Verf.], habe ich ihm nicht gesagt, daß ich nach Berlin fliege. [. . .] Wenn er sein Ehrenwort gehalten

hätte, wäre er aufgehoben gewesen.« Und weiter: »Birzer hat geschichtlich, menschlich und militärisch richtig gehandelt.«

So folgte das eine aus dem anderen: Weil der Duce in Gargnano sein dem
SS-Obergruppenführer Wolff gegebenes Ehrenwort nicht gehalten hat,
muß jetzt der SS-Untersturmführer Birzer in Dongo geschichtlich,
menschlich und militärisch richtig handeln. Damit entschwindet am
Nachmittag des 27. April der Duce den Augen der Deutschen, die sich
davonmachen können. Er hinterläßt ihnen eine Erbschaft, mit der sie zu
ihrem Leidwesen nichts anfangen können, den berühmten »Schatz von
Dongo«. Soweit er aus Goldbarren, Goldmünzen, Goldschmuck, Diamanten und anderen Edelsteinen bestand, füllte er zwei große, mehrere
Zentner schwere Lederkoffer. Sie sind unterwegs auf ein Fahrzeug des
Begleitkommandos umgeladen worden.

Ferner befinden sich in den Wagen andere Gebinde aus Mussolinis
Gepäck, darunter auch die Mappe mit den Entlastungsdokumenten, ein
historischer Schatz, kein materieller. Das alles wird noch mitgeführt, als
sich nach der Festnahme Mussolinis, Clarettas und aller anderen Italiener der deutsche Konvoi wieder in Bewegung setzt. Er fährt noch zwölf
Kilometer weiter am See entlang bis kurz vor die Stelle, wo der Gebirgs-
bach Mera einmündet. An diesem von den Partisanen vorbestimmten
Platz müssen alle deutschen Soldaten aussteigen und ihre Waffen am
Straßenrand aufhäufen. Zwischen ihm und dem See zieht sich ein flacher
Uferstreifen hin, von Birzer »Kuschelgelände« genannt. Darauf steht ein
altes, damals unbewohntes Haus. Der deutsche Heerzug wird von einem
kleinen Partisanenkommando begleitet; auch eine weiße Fahne ist wieder dabei, damit die Genossen im Gelände nicht plötzlich zu schießen
anfangen. Was die Deutschen in der hereinbrechenden Dunkelheit treiben, scheint ihre Bewacher nicht interessiert zu haben; erst unmittelbar
an der Schweizer Grenze kontrollieren sie genau, ob wirklich alle Waffen
zurückgeblieben sind: »An der Grenze sind wir durchsucht worden,
sogar jedes Streichholzschächtelchen haben sie aufgemacht.« (Birzer)
Wenn das so gewesen ist, müssen die Partisanen von dem »Schatz«
gewußt, sein Vorhandensein mindestens vermutet haben. Daß sie nicht
danach in den Fahrzeugen gesucht haben, ist so unbegreiflich wie der
ganze Ablauf der Ereignisse von dem Augenblick an, in dem das gepanzerte Fahrzeug vor einem über die Straße gelegten Baumstamm angehal-
ten hat. Der gesunde Menschenverstand scheint alle Beteiligten verlassen
zu haben.

Am See verbrennen die eingeschüchterten, noch um ihr Leben bangenden Soldaten alles, was brennbar ist. Was tun mit den zwei Koffern voll Gold und Preziosen? Einer geht beim Ausladen auf, die umstehenden Männer sehen im Flackerlicht des von Staatspapieren genährten Feuerchens, was er enthält. »Merkt euch das«, sagt Birzer zu seinen Leuten, »der Kopf ist uns lieber als ein Haufen Gold.« Fallmeyer, Birzer und Kisnat beschließen, den Schatz in den See zu werfen; er soll nicht den Partisanen in die Hände fallen, sondern später von einer neuen italienischen Regierung geborgen werden. Zwei Mann — nach anderer Version vier — tragen zuerst den einen, dann den anderen Koffer über den Uferstreifen zum See. Einer von ihnen war der SS-Flaksoldat Josef Greger: »Es war schon dunkel, wie wir das gemacht haben. Den verschlossenen Koffer haben wir einfach so hineingeworfen, und wir sind nur so weit in den See hinein, daß uns das Wasser nicht oben in die Stiefel hineingelaufen ist. Dann mit Schwung hinein, aber so ein schwerer Koffer, der fliegt ja nicht weit, und das Wasser war sicher nicht tiefer als eineinhalb Meter, dort, wo der Koffer versunken ist. Den, der aufgegangen war, haben wir einfach ausgekippt. Ich habe mir zwei Ringlein mitgenommen, die waren eigentlich nichts wert. Später hab ich mir gedacht, daß ich blöd gewesen bin. Aber wo hätt ich mit dem Gold hin können! Sie haben uns an der Grenze sogar die Hemden ausziehen lassen.« (Greger besitzt noch einen Ring und zeigt ihn im Verlauf des Gesprächs.)

Hinter Chiavenna, wo die Steigung beginnt und die Straße in großen Kehren zum Malojapaß hinaufführt, liegt der Grenzübergang in die Schweiz; dort sind die Abteilung des Oberleutnants Fallmeyer, die Kommandos von Birzer und Kisnat am 28. April 1945 um 14 Uhr in die Schweiz hineingelassen und mit großer Freundlichkeit über St. Moritz und das Engadin nach Österreich geleitet worden, das damals noch nicht wieder ein eigener Staat gewesen ist. Diese deutschen Truppen sind die einzigen, die im Zweiten Weltkrieg ein Stück der Schweiz in militärischer Ordnung betreten, durchquert und wieder verlassen haben.

Während Birzers Leute die Akten verbrennen und den »Schatz von Dongo« in den See werfen, sitzt Mussolini im Erdgeschoß des Rathauses von Dongo und hat ein letztes Mal ein aufmerksames Publikum um sich, das ihn respektvoll behandelt und die Gelegenheit benützen möchte, mit dem Mann ein politisches Gespräch zu führen, der vom Faschismus mehr wissen müßte als jeder andere. Über diese Unterhaltung ist viel phantasiert worden, doch ist immerhin der Information zu trauen, der erschöpfte Gefangene sei einsilbig geblieben.

Die lokalen Partisanenführer haben Sorge, es könnte plötzlich eine englische oder amerikanische Truppe auftauchen und ihnen den großen Fang streitig machen. Sie wollen ihr Idol von vorgestern sicher aufbewahren, bis aus Mailand oder Como verbindliche Weisung kommt, was geschehen soll. Es wird beschlossen, Mussolini in zwei Etappen in ein Versteck zu schaffen. Damit er auf dem Weg dorthin unerkannt bleibt, wird sein Kopf mit weißen Binden umwickelt, bis nur noch die Augen durch den Verband schimmern. Nach der Rolle eines deutschen Unteroffiziers darf er jetzt die des Schwerverletzten spielen.

Erst geht es im Wagen zu einer kleinen Kaserne des Zolldienstes in Germásino, etwa fünf Kilometer von Dongo entfernt landeinwärts auf einem Hügel gelegen. Dort stellt er seinen Bewachern ein Zeugnis aus, mit zitternder Hand auf einen Zettel geschrieben: »Die 52. Garibaldi-Brigata hat mich heute am 27. April auf dem Marktplatz von Dongo gefangengenommen. Die Behandlung bei und nach der Gefangennahme war korrekt.« [34] (Man ist an Stefan Zweig erinnert, der bei der Ausweisung aus Salzburg von der Gestapo aufgefordert wurde zu bestätigen, er sei anständig behandelt worden. Zweig schrieb: »Ich kann die SS nur bestens empfehlen.«)

Claretta, die in Dongo von ihm getrennt worden ist, bringt es fertig, zu ihm zu gelangen. Als sie den weißumwickelten Kopf sieht, schreit sie vor Schrecken auf. »Warum bist du hier?« fragt er, und sie antwortet: »Ho preferito così«, »ich habe es so gewünscht«. Die weitverbreitete Version, Mussolini habe zu seinen Bewachern gesagt: Wer ist diese Frau, ich kenne sie nicht?, ist eine besonders törichte Erfindung, denn nur indem sie sich in Dongo zu erkennen gegeben hat, vermochte sie durchzusetzen, nach Germásino gebracht zu werden. Mussolini kann nicht daran zweifeln, daß seine Bewacher wissen, wer die Frau ist, die das Zimmer betritt, gekleidet in einen schwarzen Rock und eine graue Jacke. Nicht die Jacke, die sie dann nicht mehr trägt, wohl aber den Rock, zugebunden über den Knien, wird ganz Mailand kennenlernen, wenn sie am Dachgestänge einer Tankstelle hängt, mit dem Kopf nach unten.

Auch die abgelegene Zöllnerkaserne erscheint den Partisanen nicht sicher genug zu sein. Einer von ihnen, er hieß Neri oder wird doch so gerufen, kennt ein Bauernhaus, das einer armen, antifaschistischen Familie De Maria gehört und in der Gemeinde Bonzanigo oberhalb von Azzano liegt. Dort kommt das Paar am 28. April gegen 3 Uhr früh an, die Bäuerin macht das Schlafzimmer ihrer Kinder für die Gäste frei, deren Identität ihr nicht verraten wird. Bis sich hinter Mussolini und Claretta die Zimmertür schließt, in dem sie zum ersten und einzigen Male während ihrer ganzen Beziehung eine ganze Nacht zusammen verbringen, bleibt sein Kopf verhüllt. Claretta bittet um ein weiteres Kissen, ihr Mann sei daran gewöhnt, mit zwei Kissen zu schlafen. Die Bäuerin bekommt den Eindruck, ein Ehepaar vor sich zu haben. Sie machen sich gegen 11 Uhr am Vormittag wieder bemerkbar. Das Frühstück nehmen sie im Schlafzimmer ein. (Nichts, was sich in diesen letzten Stunden ereignet hat, ist unbekannt geblieben, einschließlich der Tatsache, daß einer der Wächter Claretta zweimal über den Hof begleitet hat, wo das Häuschen steht mit der Grube unter dem ausgeschnittenen Sitz.) In einer Ecke ihrer letzten Unterkunft steht ein Dreifuß aus Metall mit einem weißemaillierten Waschgeschirr, ferner gibt es zwei Stühle, eine kleine Truhe und den gerahmten Druck eines Heiligenbildes über dem Doppelbett. Die Wächter vor der Tür heißen Lino und Menefrego.*

Walter Audisio — Tarnname Valerio — hat am 30. April, also unmittelbar nach der Tat, in dem Parteiblatt *Unità* der Kommunisten die erste Version seiner angeblichen Tatsachenschilderung veröffentlicht. Die Nähe zum Geschehen und die allgemeine Situation (der Sieg der Partisanen, die Ausrufung einer neuen Regierung durch das CLNAI) machen es wahrscheinlich, daß Audisio wenig Anlaß hatte, seinen Bericht zu frisieren, es sei denn, er ist gar nicht derjenige gewesen, der das Paar wirklich erschossen hat, sondern nur von hoher Stelle für diese Rolle ausgesucht worden, um den wahren Täter zu decken. Wir halten auch das nicht für ausgeschlossen, müssen aber gleichwohl hinnehmen, was er beschreibt. Unzweifelhaft handelt er im Auftrag der Mailänder Zentrale des CLNAI (oder nur der Kommunistischen Partei?), als er, von Kameraden begleitet, die beiden Gefangenen bei den De Marias abholt. Planlos fährt er mit ihnen durch die Umgebung; er kommt durch das Dorf Giulino di Mez-

---

* Gegenüber den Namen und angeblichen Funktionen von Partisanen und Partisanenkommandeuren, die in die Aktionen vom 28. April 1945 verwickelt waren, ist Mißtrauen am Platz. Alle Fakten, die in die Geschichte vom Tod Mussolinis, Clarettas und der Faschistenhäuptlinge direkt oder indirekt gehören, sind seitens interessierter Kreise, zu denen vor allem die damalige Führung der KPI und natürlich die unmittelbar Beteiligten gehören, einer massiven Verschleierungskampagne in Wort und Schrift ausgesetzt worden. Die riesige Sekundärliteratur über Dongo — aus ihr nennen wir vorzugsweise: Walter Audisio, *Im Namen des italienischen Volkes* — hat über weite Strecken einen romanhaften Charakter etwa in dieser Art: »Mussolini mit seinem verbundenen Kopf hat sich im Stuhl zurückgelehnt, die Hände im Schoß, starrt er in die Flammen des Kaminfeuers. Die Petacci sitzt etwas nach vorne gebeugt, die Ellenbogen auf die Knie gestützt und das Kinn auf die Hände.« (Audisio, S. 249 f., ital. Ausgabe)

zegra, an dessen Rand an einer Straßenkurve die Villa Belmonte in einem umzäunten parkähnlichen Garten liegt. (An der örtlichen Situation hat sich in fast vierzig Jahren nur verändert, daß die Straße heute etwas verbreitert und asphaltiert ist.) Warum Audisio gerade vor dem Tor der Villa hält, hat nie eine überzeugende Erklärung gefunden. Tritt man aus dem Garten auf die Straße, folgt man nach rechts hin der Einzäunung, so gelangt man alsbald zu einem etwa zwanzig Meter langen Seitenweg, der nirgendwo hinführt, an dem aber, die Umzäunung unterbrechend, sich eine kleine verwahrloste Kapelle erhebt, die auch schon 1945 vorhanden gewesen war. Dieses Stückchen Weg zwischen zwei Einfriedungen wäre ein ideal abgeschirmter Platz für die Tat gewesen, Audisio scheint es aber so eilig gehabt zu haben, daß er sich nicht weiter umgeschaut hat, ihm reicht das Stück Mauer, das dem linken Flügel des Gittertors und der Pforte Halt gibt.

Er heißt die Gefangenen aussteigen und sich vor das Mauerwerk stellen. Sie gehorchen ohne Protest. Er erklärt ihnen, sie seien zum Tode verurteilt, und legt sie mit einer Maschinenpistole vom Kaliber 7,65 um. Mussolini stürzt zuerst, dann Claretta.

Erklärung der Freiheitsbewegung: »Das CLNAI erklärt, daß die von ihm befohlene Erschießung Mussolinis und seiner Komplizen der notwendige Abschluß einer historischen Phase ist, die unser Land mit materiellen und moralischen Trümmern bedeckt zurückläßt. Es ist der Abschluß einer Aufstandsbewegung, welche die Vorbedingung für die Wiedergeburt und den Neuaufbau des Vaterlandes darstellt. Das italienische Volk könne kein freies und normales Leben beginnen — das ihm der Faschismus zwanzig Jahre lang vorenthalten hat —, *wenn das CLNAI nicht sofort seine feste Entschlossenheit gezeigt hätte, ein bereits von der Geschichte gefälltes Urteil auszuführen* [Hervorh. i. d. Vorlage]. Nur um den Preis dieses klaren Schlußstriches unter eine Vergangenheit voller Schande und Verbrechen konnte dem italienischen Volk die Versicherung gegeben werden, daß das CLNAI entschlossen ist, die demokratische Erneuerung des Landes mit Entschiedenheit voranzutreiben.«[35]

Also kein Mord? Beurteilt man die Tat nach ihrem Hergang, so war es Mord in beiden Fällen. Es bestand keine Notwendigkeit, die Exekution im Stil von Killern am Straßenrand zu vollziehen. Beurteilt man sie politisch, so war sie, was Mussolini betrifft, eine Hinrichtung im Sinne dieser Stellungnahme des CLNAI und liegt im politischen Selbstreinigungsprozeß des italienischen Volkes, den das deutsche nicht vollzogen, nicht einmal gewollt hat. Wohingegen die Tötung der Frau nichts anderes als Mord gewesen ist, der die ganze Freiheitsbewegung beschmutzt hat, ob sie das nun wahrhaben will oder nicht. Allein der Mut und die Charakterstärke, die Claretta Petacci bewies, hätte für ihren (oder ihre) Mörder Grund genug sein müssen, sie zu verschonen.

Dieser Reinigungsprozeß nimmt in Dongo seinen Fortgang, 16 Minister und Gerarchen (Pavolini ist die bekannteste Figur unter ihnen) werden auf der niederen Mauer, die das Ufer von der Straße trennt und den Marktplatz auf der Seeseite eingrenzt, in Reih und Glied aufgestellt, das Gesicht dem See zugewendet. Kriegsheld Barracu bittet, den Waffen entgegensehen zu dürfen, die ihn töten werden, dem Begehren wird nicht stattgegeben. (Mit ihrer merkwürdigen Ehre haben es diese Faschisten genauso wie der nationalsozialistische General Vietinghoff oder Obergruppenführer Wolff.) Als Marcello Petacci, der zunächst für Mussolinis Sohn Vittorio gehalten worden ist, zu ihnen auf die Hafenbrüstung gestellt werden soll, brüllen sie: Den nicht mit uns, dieses Schwein! Aus den Straßen, die auf den Marktplatz münden, strömen die Bewohner von Dongo heraus, halten sich aber in großer Entfernung von der sich formierenden Schützenreihe.

»›Hinzurichtende, Achtung!‹

›Exekutionskommando, Achtung!‹

Totenstille über dem Platz.

›Exekutionskommando, durchladen! — Anlegen! Feuer!‹« [36]

Der Lärm der Schüsse hallt nur Sekunden über den Platz und den See. Dann herrscht wieder Stille, und während sich der bläuliche Rauch der Mündungsfeuer in der Luft auflöst, stürzen die Körper der Getöteten aufeinander und nebeneinander zu Boden. Blut fließt über die Mauerstufe herab. (Der Verfasser hat mit alten Leuten in Dongo gesprochen, die Zeugen des Vorgangs gewesen sind und sich seiner mit noch immer fühlbarem Entsetzen erinnert haben.)

Die Stille hält an, eine Stimme durchschneidet sie: »Bringt den Petacci!« Oben am Fenster, im ersten Stock des kleinen Hotels, das am Rand des Marktplatzes liegt, stehen Frau und Kinder Marcellos. Er versucht, sich den Partisanen, die ihn heranführen, zu entreißen, es gelingt ihm, und er springt in den See. Beschreibungen, die ihn auf den See hinausschwimmen lassen, sind Phantasieprodukte. Er kommt nicht zwei Meter weit, dann geht er, von zahlreichen Schüssen getroffen, unter und wird herausgezogen.*

Während die italienische Freiheitsbewegung ihr nationales Haus bereits aufräumt, gibt es bei der Besatzungsmacht noch die Hoffnung, mit ihr fertig zu werden und eigene Stellungen südlich des Brenners zu halten. Ende April schickt Kaltenbrunner folgende »Meldung an den Führer«: »Mein Führer! Die Entwicklung bei der Heeresgruppe Italien hat einen schlimmeren Verlauf genommen, als ich ihn vorausgesagt habe. Aus einem der Telefongespräche mit Gauleiter Hofer und eigenen Meldungen entnehme ich folgendes: Nach dem Durchbruch der Amerikaner und regelloser Flucht über den Po nach Norden, Ausbruch vorbereiteter Aufstände in allen größeren Städten ausgehend von Belluno. Dort italienische Freiheitsbewegung. Ich habe Anlaß zu befürchten, daß Forderungen der Regionalen Befreiungskomitees von höchsten Führern akzeptiert wurden. [. . .] Hofer behauptet dies auch von Wolff und Vietinghoff. [. . .] Mögliche Maßnahmen um fdl. Panzerdurchbruch über den Brenner zu verhindern: sofortige Inmarschsetzung entschlossener Sprengkds. mit reichlichem Gerät und Zerstörung der 4 nach Norden führenden Straßen. Äußerste Eile geboten. [. . .] *Sodann 2 — 3 kriegsstarke Regimenter hinter die Sprengstellen, bis neue Front konsolidiert.* [. . .] [Hervorh. v. Verf.] Lage äußerst gespannt, mit guten Nerven und entschlossenen Männern vielleicht zu meistern. [. . .] Heil mein Führer Kaltenbrunner.«

In Dongo werden die Toten auf einen Lastwagen geworfen, die Leichen Mussolinis und Claretta Petaccis unterwegs zugeladen und nach Mailand transportiert, dort zunächst auf der Piazzale Loreto auf den Boden gelegt. Eine fanatisierte Menge macht sich mit Knüppeln über die Leiche Mussolinis her, bis sein Kopf zu einer breiigen Masse verunstaltet ist, über dem sich Frauen niederhocken und ihn anpissen. Diesem Akt der Volkswut wird ein Ende bereitet, indem die Toten an den Füßen aufgehängt werden. Die inzwischen in die Stadt eingedrungenen Amerikaner, die den Partisanen die Macht aus den Händen nehmen, veranlassen die Abnahme. Amerikanische Militärärzte entblöden sich nicht, den Kopf Mussolinis aufzumeißeln und ihm einen Teil des Gehirns zu entnehmen, der nach Amerika geschickt wird. Sie haben für diesen erbärmlichen Akt

---

* Auf dem größten Friedhof Roms haben die Petaccis einen Grabtempel errichtet, in dem eine verklärte marmorne Claretta in Überlebensgröße auf ihrem Sarg steht, der in Goldbuchstaben nur mit »Claretta« beschriftet ist. Der Bildhauer hat ihr das Aussehen einer griechischen Göttin gegeben, die von Yves Saint-Laurent angezogen worden ist. In die linke Seitenwand des Tempels, den eine riesige Glaswand gegen Witterung und Besucher abschirmt, ist eine Marmortafel eingelassen, auf der in Halbrelief der Kopf Marcellos in Wellen schwimmt.

nicht einmal das Motiv des Hasses. Lange nachdem es der Witwe bereits gelungen war, den Körper ihres Mannes zurückzubekommen — er war insgeheim in einem Kloster beigesetzt worden —, erreicht sie auch die Rückgabe des Gehirns. Da Mussolini zu diesem Zeitpunkt bereits in der Familiengruft auf dem Friedhof seines Geburtsortes Predappio beigesetzt war, wurde dieses Stückchen amerikanische Kriegsbeute in einem kleinen Marmorkästchen oberhalb des Sarkophags deponiert.

Was aus dem »Schatz von Dongo« geworden ist, wird solange niemand genau wissen, als die Kommunistische Partei Italiens die entsprechenden Akten nicht freigibt, und das wird wohl kaum in diesem Jahrhundert geschehen. 1957 eröffnet das Gericht von Padua einen Prozeß, mit dem es dem Verbleib der unermeßlichen Werte auf die Spur kommen will.[37]

37 Personen werden wegen Mord, Plünderung und Unterschlagung angeklagt. Ein Zeuge zählt auf: 54 Kilogramm Gold, 21 Kilogramm goldene englische Münzen, 16 Kilogramm (!) Banknoten im Werte von je 1000 Schweizer Franken, 16 Kilogramm französische und spanische Münzen, 36 Kilogramm (!) in Tausendlirenoten. Mordanklage wird erhoben, weil einige Männer, die vom Verbleib des Schatzes gewußt haben müssen, eines unnatürlichen Todes gestorben sind. Eines unnatürlichen Todes sterben im Verlauf des Prozesses auch Zeugen und Richter, er wird unterbrochen und nie wieder aufgenommen.

Einige der Angeklagten und nie Verurteilten haben den Versuch gemacht, die SS-Kommandos Birzers und Kisnats des Raubes zu beschuldigen. Das ist mit absoluter Sicherheit auszuschließen, weniger sicher ist, mit welchem Geld eine ganze Reihe stattlicher Häuser bezahlt worden ist, die im Umkreis von Dongo kurz nach dem Krieg gebaut wurden.

Das Dunkel, das über Verbleib und Verwendung des Fluchtkapitals der Faschisten gebreitet ist, liegt auch über dem Schicksal der Wertsachen von Claretta Petacci. Nach ihrem eiligen Aufbruch nach Mailand hatte sie in der irrigen Annahme, sie werde mit Mussolini noch einmal an den Gardasee zurückkehren, nur Handgepäck mitgenommen. Als sie von Mussolini erfuhr, er bleibe in Mailand, schickte sie ihren Betreuer Spögler und ihren Chauffeur Gasparini nach Gardone in die Villa Mirabella zurück, wo ihnen Signora Cervis alles aushändigte, worum Claretta mit einer langen Liste gebeten hatte. Das wertvolle Gepäck ist nicht wieder aufgetaucht. Gasparini ist ermordet oder bei einem Partisanenüberfall getötet worden. Spögler wurde wegen Mordverdachts eine Weile inhaftiert, ist aber wieder auf seine Besitzungen entlassen worden, nachzuweisen war ihm nichts.

Am 2. Mai 1945 tritt die von Wolff mit dem Oberkommando der westlichen Alliierten ausgehandelte bedingungslose Kapitulation in Kraft. Mussolini ist tot. Hitler ist tot. Es herrscht Frieden im ruinierten Italien. Jene, denen der Ruin vor allem anzulasten ist, den Deutschen mehr als den Italienern, setzen den Krieg noch bis zum 8. Mai fort, und nicht einmal der Selbstmord ihres Führers ist ihnen Anlaß gewesen, den Kampf einzustellen und damit der Zerstörung ihres Landes und ihrer Städte Einhalt zu gebieten.

Der Umweg zu diesem Buch

1978 begann der Verfasser, der damals noch der Redaktion des *stern* angehörte, Material für eine Serienveröffentlichung zu sammeln, die sich vorwiegend mit dem Leben Mussolinis beschäftigen sollte, wobei der Frau, die mit ihm aus freien Stücken in den Tod gegangen ist, Claretta Petacci, angemessene Aufmerksamkeit zuteil geworden wäre. Im Zug der umfassenden, sich schließlich über Jahre erstreckenden Recherchen verschoben sich die Akzente der Thematik. Es öffnete sich der Blick auf eine politisch-militärische Ruinenlandschaft, auf den »Verrat auf deutsch«.

So entstand aus verändertem Ansatz der vorliegende Bericht, bei dem sich der Autor auf die nicht hoch genug anzuschlagende wissenschaftliche Mitarbeit von Dott. Susanna Böhme und Dr. Wolfgang Eitel stützen konnte. Petra Stähle durchforstete in Rom die einschlägigen Zeitschriften des Faschismus und der Nachkriegszeit. Das einzigartige Archiv von Dott. Duilio Susmel (»Ich bin kein Faschist, ich bin ein Mussolinianer«) stand uns offen sowie dessen vom Deutschen Historischen Institut in Rom erworbene Faschismus-Bibliothek. Im Institut selbst fanden wir freundliche Hilfe und desgleichen bei: Institut für Zeitgeschichte (München), Militärarchiv (Freiburg), Bundesarchiv (Koblenz), Archiv des Auswärtigen Amtes (Bonn), Archiv der Resistenza (Mailand). Das historische Filmmaterial von RAI (Rom) wurde eine wichtige Informationsquelle. Über lange Zeit hat die Chefredaktion des *stern* erhebliche Mittel für die Recherchen aufgewendet. Für all diese Hilfe sei herzlich gedankt.   E. K.

Anhang

Anmerkungen

In den Anmerkungen werden nur der Name des Autors und die betreffende Seite seines Buches genannt. Buchtitel, Erscheinungsort und -jahr finden sich in der Bibliographie. Sind mehrere Bücher desselben Autors aufgeführt, so sind sie in der Bibliographie numeriert: In diesen Fällen erhält der Autor im Anmerkungsteil die entsprechende Nummer. Eine darüber hinausgehende Befrachtung des Anmerkungsteils erschien unzweckmäßig, weil sich dieses Buch vor allem an die interessierten Laien wendet. Wird am Ende des Zitats nicht auf eine Anmerkung verwiesen, so liegen dafür folgende Quellen vor: a) zeitgenössische oder spätere Fotokopien von originalen Dokumenten (Telegramme, Fernschreiben, Funksprüche, Aktenvermerke, Lageberichte etc.); b) Auszüge aus Tonbandabschriften von Interviews, die für das Buch geführt worden sind (die Namen der Interviewpartner sind genannt); c) Manuskripte, die von Augenzeugen zur Verfügung gestellt worden sind. Die Unterlagen für a–c befinden sich im Besitz des Verfassers.

Die Diktatoren betreten die Bühne, S. 9–81

1 Aus einem irredentistischen Flugblatt, zitiert bei Hiltebrandt, S. 262
2 Vgl. Dresler
3 Sarfatti, S. 175. Frau Margherita Sarfatti war eine langjährige wichtige Mitarbeiterin Mussolinis, Freundin, Geliebte. Daß sie Jüdin war, soll vermerkt sein im Hinblick auf Mussolinis späteren Antisemitismus und die Entwicklung der antisemitischen Haltung des Faschismus unter deutschem Druck.
4 Mit widersprüchlichen Datumsangaben bei: Pini/Susmel, Bd. 1, S. 253; Sarfatti, S. 176; Domarus (2), S. 36
5 Mann, S. XXVII
6 Domarus (2), S. 38
7 Sarfatti, S. 115
8 Zitiert bei Sarfatti, S. 113
9 *General-Anzeiger für Hamburg-Altona*, Nr. 120, vom 26. 5. 1915, S. 1
10 Gayda, S. 12
11 Zwei Tage vor der italienischen Kriegserklärung meldet der österreich-ungarische Generalstabschef Conrad von Hötzendorf seinem Kaiser: »Alle *Offensivmaßnahmen* [gegen Italien, Anm. d. V.] sind getroffen worden.« Zitiert bei Gayda, S. 16
12 *Hitlers zweites Buch*, S. 93
13 Vgl. hierzu u. a. Hitler, S. 662 ff.; Fest, S. 168 ff.; Bullock, S. 61 ff.
14 Die sorgfältigste Darstellung der »Thule-Gesellschaft« (die heute wieder existiert) stammt von Reginald H. Phelps. Sebottendorff selbst schrieb: *Bevor Hitler kam. Urkundliches aus der Frühzeit der nationalsozialistischen Bewegung.* München 1934.

15 Pool. Das Buch, 1978 in New York veröffentlicht, macht von allen bisher zu Hitlers Aufstieg erschienenen Untersuchungen am überzeugendsten der opportunistischen Legende den Garaus, das depossedierte Kleinbürgertum habe Hitler nach oben getragen.

16 Hitler, S. 225

17 Bullock, S. 85. Dort zitiert aus Boepple, S. 36, und *Völkischer Beobachter* vom 22. 11. 1922

18 Rede in Kulmbach. 5. 2. 1928; Bullock, S. 32, dort zitiert nach Prange, S. 8

19 Hitler, S. 371

20 Kubizek, S. 300

21 Zitiert bei Bullock, S. 114; nach: *Der Hitler-Prozeß*. München 1924

22 Pool, S. 62 f.

23 Vgl. a. Luedecke, S. 192

24 Sarfatti, S. 228

25 Luedecke, S. 68

26 Zu Mussolinis Deutschlandreise 1922 vgl. Pini/Susmel, Bd. 2, S. 169 ff.

27 Zitiert bei Rese, S. 113, aus: A. H. in Franken, *Reden aus der Kampfzeit* (Hg. H. Preis im Auftrag von Julius Streicher), o. O. u. J. (1939?), S. 10

28 Luedecke, S. 70

29 Umfangreiches Material zur ideologischen Auseinandersetzung zwischen Nationalsozialismus und Faschismus bei Hoepke

30 De Luna (2), S. 40

31 Chabod (1), S. 161 f. Der Abschnitt »Das zeitgenössische Italien« (S. 119–234) gehört trotz seiner Kürze in den besten Analysen der Entstehung und der Herrschaft des Faschismus.

32 Abdruck im *Corriere della Sera* am 31. 10. 1922; der Unterzeichner, General Cittadini, war Flügeladjutant des Königs.

33 *Völkischer Beobachter* vom 1. 11. 1922

34 Rede Hermann Essers am 3. 11. 1922 (Esser ist im Februar 1981 [!] gestorben.)

35 Rede Hitlers am 9. November 1922 auf einer Parteiversammlung, zitiert bei Schubert, S. 63

36 *Hitlers Tischgespräche im FHQ*, S. 135 f., zitiert nach Hoepke, S. 128

37 Hoepke, S. 132

38 Aus einer in München am 10. 4. 1923 gehaltenen Rede Hitlers. Vgl. N. H. Baynes, S. 43 f., rückübersetzt bei Bullock, S. 92

39 Pool, S. 259 ff.

40 Zitiert bei Fest, S. 255

41 Hitler, zitiert bei Price, S. 79, bei Pese, S. 123

42 In *Gerarchia* 9/1929, S. 635 ff., zitiert auch bei Hoepke, S. 250 ff.

43 Scorza lebt noch (1982) uralt in Rom.

44 Zitiert bei Petersen, S. 45, aus Scorza

45 Pini/Susmel, Bd. 3, S. 211

46 Petersen, S. 110 f., zitiert nach Gravelli, S. 84 f.

47 Schuschnigg, S. 205 f., zitiert auch bei Bullock, S. 239

48 DeFelice (3), zitiert bei Petersen, S. 207

49 Deutsch bei Petersen, S. 113, italienisch bei DeFelice, S. 252/53

50 Domarus (1), S. 199

51 Im *Völkischen Beobachter* nachgedruckt am 8. 3. 1933

52 B. Mussolini (3), Bd. 25, S. 200 (Von Mussolinis *Opera Omnia* sind seit Beginn des Erscheines [1951] in Italien über 500 000 Exemplare verkauft worden. In den letzten Jahren sind noch vier Ergänzungsbände erschienen.)
53 Zitiert bei Petersen, S. 158 f.
54 Zitiert bei Michaelis, S. 74, nach: *Documents of British Foreign Policy.* London, 2nd Ser. / 674
55 Zitiert bei Petersen, S. 256, der sich auf ein Memorandum des deutschen Botschafters in Rom, Hassell, bezieht.
56 B. Mussolini (3), Bd. 26, S. 185 ff.
57 Anfuso (2), S. 42
58 Vgl. hierzu die langen Ausführungen über Mussolinis Deutschkenntnisse bei Petersen, S. 347 f.
59 Montanelli / Cervi, S. 204
60 Seraphim, S. 39
61 Zitiert bei Petersen, S. 356
62 Ein ähnliches Telegramm geht an Göring. Der Text beider Glückwunschschreiben wird am 2. Juli in der Presse veröffentlicht.
63 Pini / Susmel, Bd. 3, S. 304
64 Zitiert bei Petersen, S. 376
65 Anfuso (2), S. 678
66 De Luna (2), S. 101
67 Chabod (1), S. 186 f.
68 Petersen, S. 482
69 Domarus (1), S. 511
70 Anfuso (2), S. 30
71 Anfuso (2), S. 34
72 Dollmann (2), S. 57 ff.
73 Anfuso (2), S. 53 f.
74 Domarus (1), S. 786
75 Pini / Susmel, Bd. 3, S. 409
76 Domarus (1), S. 817
77 Domarus (2), S. 229
78 Domarus (1), S. 827
79 G. Ciano, S. 126
80 Anfuso (2), S. 62
81 Domarus (2), S. 238
82 Siebert, S. 70

Auf Gedeih und Verderb, S. 83–215

1 Domarus (1), S. 900
2 Domarus (1), S. 905
3 Schmidt, S. 418
4 Schmidt, S. 420
5 Anfuso (2), S. 87
6 G. Ciano, S. 203 (28. 10. 1938)
7 G. Ciano, S. 213 (16. 11. 1938)

8 G. Ciano, S. 218/19 (30. 11. 1938)

9 G. Ciano, S. 254 (16. 2. 1939)

10 G. Ciano, S. 267 (17. 3. 1939)

11 Ebda.

12 G. Ciano, S. 269 (19. 3. 1939)

13 Anfuso (2), S. 99

14 G. Ciano, S. 286 (20. 4. 1939)

15 Zitiert in *Das Urteil von Nürnberg*, S. 207

16 Befehl des AOK 6 vom 10. 10. 1941. In: *Prozeß gegen die Hauptkriegsverbrecher*, Bd. XXXV, S. 81 ff.

17 Domarus (1), S. 1555

18 E. Ciano, S. 145

19 Die Darstellung der Vertragsverhandlungen stützt sich auf M. Toscano und selbstverständlich auch auf Siebert, S. 167 ff.

20 G. Ciano, S. 294

21 G. Ciano, S. 300 (21.–23. 5. 1939)

22 *Parlamentary Debates House of Commons*, Vol. 345/2421

23 Domarus (2), S. 1196 ff.

24 Aus: *Documents on British Foreign Policy*, App., S. 728

25 G. Ciano, S. 324 (2. 8. 1939)

26 E. Ciano, S. 149 f.

27 Zitiert bei Siebert, S. 250, nach: Senise, S. 38 (Senise ist der Nachfolger Bocchinis.)

28 Roatta berichtet das Gespräch Botschaftsrat Magistrati, der es an Ciano weitergibt.

29 G. Ciano, S. 329 (16. 8. 1939)

30 Domarus (1), S. 1232

31 E. Ciano, S. 150

32 G. Ciano, S. 331 (21. 8. 1939)

33 Weizsäcker, S. 251

34 Siebert, S. 278

35 G. Ciano, S. 334 (25. 8. 1939)

36 Schmidt, S. 462

37 G. Ciano, S. 335 (26. 8. 1939)

38 G. Ciano, S. 238 (30. 8. 1939)

39 G. Ciano, S. 339 (31. 8. 1939)

40 Siebert, S. 347

41 Die Stelle aus Albert Speers *Erinnerungen* ist zitiert bei Fromm, S. 364.

42 *Documenti diplomatici italiani*, XIII, Nr. 563 Anlage, zitiert bei Siebert, S. 350

43 Die ganze Rede bei Domarus (1), Bd. 2, S. 1312 ff., wiedergegeben nach dem offiziellen DNB-Text vom 1. 9. 1939

44 G. Ciano, S. 340 (1. 9. 1939)

45 Am 29. 9. 1939 vom DNB veröffentlicht

46 G. Ciano, S. 372 (7. 12. 1939)

47 G. Ciano, S. 375 (19. 12. 1939)

48 Zitiert bei Siebert, S. 395 nach: *Documenti diplomatici italiani*, III/Nr. 33

49 G. Ciano, S. 394 (7. 2. 1940)

50 G. Ciano, S. 391 (29. 1. 1940)

51 G. Ciano, S. 400 (28. 2. 1940)

52 Welles, S. 84

53 Schmidt, S. 486

54 Schmidt, S. 487

55 G. Ciano, S. 427 (10. 5. 1940)

56 Martinelli, S. 563 f.

57 Domarus (2), S. 311

58 Badoglio, S. 32

59 Anfuso (2), S. 135

60 Domarus (1), S. 1558

61 Halder (Generalstabschef 1940)

62 Zitiert bei Domarus (2), S. 300

63 *Völkischer Beobachter* vom 31. 10. 1940

64 Churchill, Bd. 2, S. 203

65 G. Ciano, S. 518 (30. 5. 1941)

66 G. Ciano, S. 523 f. (10. 6. 1941)

67 Anfuso (2), S. 160 f.

68 G. Ciano, S. 526 (22. 6. 1941)

69 R. Mussolini (2), S. 153

70 Churchill, Bd. 2, S. 258 ff.

71 G. Ciano, S. 530 (1. 7. 1941)

72 Schmidt, S. 556

73 Anfuso (2), S. 169 ff.

74 Zitiert nach Gostony, S. 187 ff. Die Arbeit von Gostony, auf die sich der Verfasser in Einzelheiten bezüglich des Einsatzes der Italiener in Rußland stützt, ist die erste zusammenfassende Veröffentlichung über dieses Thema. Leider gibt Gostony seine Quellen nicht an, der Verfasser glaubte aber, diese Unterlage dankbar benützen zu dürfen, zumal stichprobenhafte Nachprüfungen keine Differenzen erkennen ließen.

75 Alfieri, S. 228

76 Gostony, S. 192

77 Gostony, S. 213

78 Gostony, S. 216

79 Hubatsch, S. 93 ff.

80 *Völkischer Beobachter* vom 25. 2. 1941

81 Vor Kriegsberichterstattern am 3. Oktober 1942, veröffentlicht vom DNB

82 G. Ciano, S. 612 f. (29./30. 4., 1./2. 5. 1942)

83 Rintelen, S. 168

84 Rintelen, S. 183

85 Michele Lanza, Beamter an der italienischen Botschaft in Berlin, hat 1947 ein vielfach wegen seiner Zuverlässigkeit gerühmtes Tagebuch unter dem Pseudonym Leonardo Simoni veröffentlicht: Simoni, *Berlin: Ambassade d'Italie 1939–1943*. Paris 1947, S. 382 f. Die Stelle wird auch zitiert bei Baum/Weichold, S. 321.

86 *Kriegstagebuch des OKW,* Bd. III/1, S. 197 (9. 3. 1943)

87 *Kriegstagebuch des OKW,* Bd. III/1, S. 205 (12. 3. 1943)

88 *Les lettres secrètes, échangées par Hitler et Mussolini,* S. 165 ff.

89 Plehwe, S. 20

90 Goebbels, 7. 5. 1943, S. 319 ff.

91 Plehwe, S. 33

92 Heiber, S. 234 ff.

93 *Kriegstagebuch des OKW*, Bd. III/1, S. 632

94 Zu diesen Vorgängen finden sich ausführliche Darstellungen im *Kriegstage-buch des OKW*, Bd. III/2, ab 13. Juli 1943, S. 775 ff. Die umfassendste, genaueste Rekonstruktion aller militärischen Maßnahmen, Ereignisse und Folgen bei Schröder, allein die Anlagen, Provenienznachweise, Literaturangaben und Personalien (S. 328–407) bilden eine Informationsquelle, wie sie in solcher Vollständigkeit im gesamten Schrifttum zu dieser speziellen Thematik kaum ein zweites Mal zu finden ist.

95 General Angelo Cerica, im Juli 1943 Kommandeur der Carabinieri in Rom, in einem Artikel im *Tempo* vom 19. 7. 1956

96 B. Mussolini (6), *Pontinische und sardische Gedanken*, liegt als Manuskript in deutscher Übersetzung vor, daher ohne Seitenangaben.

97 B. Mussolini (6), dort unter Nr. 31

98 B. Mussolini (6), dort unter Nr. 3

99 Zitiert bei Deakin, S. 378 ff.

100 Bottai, zitiert bei Deakin, S. 453

101 Deakin, S. 454

102 Die sogenannte »Begegnung von Feltre« spielt in den Quellen und in der Literatur eine enorme Rolle; die folgende Darstellung stützt sich vorwiegend auf: *Kriegstagebuch des OKW*, Bd. III/2, S. 805 ff.; B. Mussolini (1), (4), S. 187, (5); Schmidt, S. 580; I. Kirkpatrick; Rintelen, S. 211 ff.; Gespräche mit F. Dollmann in München (1979); Domarus (2), S. 384 ff.; P. Monelli (3); Schröder, S. 98 ff., S. 174 ff.; Deakin, S. 461 ff.; Plehwe, S. 62 ff.; Dinale, S. 262 ff.; Heiber, S. 287 ff.

103 Zitiert bei Deakin, S. 491 nach verschiedenen Quellen

104 Ugo Guspini, S. 224

105 Heiber, S. 304 f./312 f.

Szenenwechsel, S. 217–312

1 Collier, S. 248 ff.

2 Heiber, S. 306

3 Vielfach nachgedruckt, hier zitiert nach Moellhausen (2), S. 99, schon 1944 sogar in Deutschland teilweise veröffentlicht.

4 Von Goebbels ([3], S. 339) in seinen Tagebüchern nach einem Gespräch mit Rommel zitiert am 11. 5. 1943

5 Heiber, S. 275 ff.

6 Heiber, S. 328 ff.

7 Moellhausen (2), S. 115

8 Heiber, S. 373 f.

9 Heiber, S. 369

10 Zitiert bei Deakin, S. 567

11 Das ganze Gespräch nach den italienischen Akten zitiert bei Deakin, S. 575 ff.

12 Zincone, S. 190–209 (Wortprotokoll)

13 Plehwe, S. 214 f.

14 *Kriegstagebuch des OKW*, Bd. III/2, S. 868—876

15 *Kriegstagebuch des OKW*, Bd. III/2, S. 879

16 Liegt in einer Aktenpublikation, herausgegeben vom NS-Führungsstab des Oberkommandos der Wehrmacht unter dem Aktenzeichen 070-L in Fotokopie vor. Die ganze Rede umfaßt 24 eng beschriebene Seiten.

17 Leitartikel der römischen Tageszeitung *Tribuna* vom 18. 8. 1943, zitiert von Fürst Bismarck, Gesandter an der römischen Botschaft, in einem Telegramm an das Auswärtige Amt vom 20. 8. 1943, *Akten zur deutschen auswärtigen Politik 1918—1945*, Serie E, Bd. VI, Nr. 238.

18 *Kriegstagebuch des OKW*, Bd. III/2, S. 1032

19 *Akten zur deutschen auswärtigen Politik*, Serie E: 1941—1945, Bd. VI, Nr. 279

20 *Kriegstagebuch des OKW*, Bd. III/2, S. 1961

21 *Kriegstagebuch des OKW*, Bd. III/2, S. 1065 ff.

22 *Kriegstagebuch des OKW*, Bd. III/2, Darstellender Teil, S. 1530

23 Hier zitiert nach *Italia Drammatica, Storia della Guerra Civile*, V. I/S. XVII

24 *Akten zur deutschen auswärtigen Politik*, Serie E 1941—1945, Bd. VI, Nr. 291

25 *Kriegstagebuch des OKW*, Bd. III/2, S. 1077

26 Kesselring, S. 253 ff.

27 Rahn, S. 230

28 Westphal, S. 229 ff. Westphal war Generalstabsoffizier Rommels, Kesselrings und Rundstedts.

29 Nach einem Typoskript, von General a. D. Student in den fünfziger Jahren geschrieben, aus dem Archiv von Dr. E. Dollmann.

30 Hier und im folgenden: Walter Hagen (= Höttl), S. 131 ff., und Tonbandinterviews mit ihm

31 1979 zum italienischen Staatspräsidenten gewählt

32 Das ganze Zitat bei Pini/Susmel, Bd. IV, S. 277 f.

33 Vgl. hierzu Maugeri (3). Der ehemalige Chef des Geheimdienstes der italienischen Kriegsmarine hat Mussolini auf der Schiffsreise von Ponza nach Maddalena begleitet

34 R. Mussolini (2), S. 215

35 Bertoldi (3), S. 49

36 Zitiert bei Deakin, S. 610

37 Bellotti, S. 55

38 Goebbels (3), S. 403 f. (10. 9. 1943); S. 405 (11. 9. 1943)

39 Erste Seite des *Völkischen Beobachter* vom 10. 9. 1943

40 Die Rede im Wortlaut bei Domarus (1), Bd. 2, S. 2035 ff.

41 Hitler zu seinem Kammerdiener Linge, von Domarus (1) zitiert, S. 2140

42 *Kriegstagebuch des OKW*, Bd. III/2, S. 1084

43 *Kriegstagebuch des OKW*, Bd. III/2, S. 1100

44 Goebbels (3), S. 434 f. (23. 9. 1943)

45 Ebda.

46 *Kriegstagebuch des OKW*, Bd. III/2, S. 1100

47 Aus einem Interview mit Höttl für diesen Bericht

48 *Kriegstagebuch des OKW*, Bd. III/2, S. 1018 ff.

49 Goebbels (3), S. 447

50 Hagen (3), S. 154 ff.

51 Hagen (3), S. 160
52 Goebbels (3), S. 438
53 Anfuso (2), S. 265 ff.
54 Goebbels (3), S. 390
55 V. Mussolini, S. 14 ff.
56 Guerri, S. 662 ff.
57 Goebbels (3), S. 432 ff.
58 Baum/Weichold, S. 376
59 *Kriegstagebuch des OKW*, Bd. III/2, S. 1107
60 Bericht von Francesco Imbriani, im Wortlaut bei Piasenti, S. 76 f.
61 Denkschrift eines Offizierskomitees aus Offizierslager 83 (Wietzendorf) an die
   CLN, verfaßt im Juni 1945, abgedruckt bei Betta, S. 191
62 Nach der Fotokopie des Sitzungsprotokolls, wie es Hitler vorgelegen hat und
   von ihm genehmigt worden ist — geschrieben auf der »Führer-Schreib-
   maschine« mit übergroßen Buchstaben.
   1. Tag, 1. Sitzung S. 1—20; 2. Sitzung S. 1—25;
   2. Tag, 1. Sitzung S. 1—23; 2. Sitzung S. 1—11
63 Domenico Lusetti, zitiert bei Piasenti, S. 188 f.
64 *La Tradotta Arriva.* Hg. vom Comitato Regionale Federazioni ›Combattenti e
   Reduci‹. Venezia 1978, S. 65
65 Piasenti, S. 181

Der versteckte Staat, S. 313—444

1 Rahn, hier zitiert nach Rahn *Amba sciatore di Hitler a Vichy e a Salò.* Milano
  1950, S. 200
2 Pini (2), S. 187
3 Im Besitz von Karl Wolff
4 So der Titel des Buches von Kesselring
5 Dollmann (2), S. 187
6 Veröffentlicht in der Triestiner Zeitung *Il Piccolo* vom 12. 9. 1943, zitiert bei
  Collotti (1), S. 95
7 *Kriegstagebuch des OKW*, Bd. III/2, S. 1101
8 *Kriegstagebuch des OKW*, Bd. III/2, S. 1097
9 Das Abkommen ist im Wortlaut im Dokumentenanhang von Latour abgedruckt.
10 Latour, S. 149, Bericht des Gesandten Otto Bene an das Auswärtige Amt und
   an Reichsführer-SS, 3. 9. 1941
11 Goebbels (3), 3. 9. 1943
12 Bei Deakin, S. 647, ist der 23. 9. angegeben; bei Pini/Susmel, Bd. IV, S. 336, der
   25. 9.; bei Delzel (1), S. 263, der 27. 9.; bei Hibbert auch der 27. 9.; m. E. verdient der 23. 9. den Vorzug. Der 27. 9. kann deshalb nicht stimmen, weil an diesem Tag bereits die erste Ministerratssitzung auf Rocca stattfindet, deren Vorbereitung mehrere Tage erforderte.
13 Moellhausen (2), S. 67 ff.
14 Dolfin, S. 130 f.
15 Dolfin, S. 131

16 *Akten zur deutschen auswärtigen Politik 1918–1945*, Serie E, Bd. VI, Nr. 350

17 Pini/Susmel, Bd. IV, S. 338

18 G. Zachariae, *Mussolini si confessa*. Milano 1950

19 Liegt als Typoskript vor.

20 Zu sämtlichen Angaben liegen die Fotokopien der betreffenden Bescheinigungen bzw. Briefe vor.

21 Zitiert nach Deakin, S. 667, der als Quelle Tamaro (1), Bd. II, S. 205 f., angibt.

22 Anfuso (2), S. 283

23 Rahn, S. 243

24 Rahn, S. 244

25 Graziani, S. 430 ff.

26 Zitiert bei Deakin, S. 687, aus der Aufzeichnung einer Besprechung des Oberbefehlshabers der Marine im FHQ am 19./20. 12. 1943

27 Deakin, S. 683

28 2. Bericht von Oberstleutnant Jandl vom 16 12. 1943 (Typoskript)

29 Zitiert bei Deakin, S. 713, nach Tamaro, Bd. II, S. 220

30 Dolfin, S. 97

31 Anfuso (2), S. 298

32 »Non agitarsi troppo«, zitiert bei Wiskemann, S. 246 f., die sich ihrerseits auf Dolfin stützt, dessen Darstellung wir hier folgen.

33 Zitiert nach Kirkpatrick, S. 605

34 Zitiert nach der Wiedergabe im 6. Gespräch Mussolinis mit Silvestri am 10. 12. 1943 (Manuskript, Sammlung Susmel)

35 Abgedruckt in einem Bericht von Susmel in *Gente* 1968

36 Interview von Duilio Susmel mit Frau Beetz, liegt als Manuskript aus dem Archiv Susmel vor.

37 Hagen/Höttl (1), S. 447

38 Ebda.

39 Dr. Walter Segna in einem Interview für diesen Bericht, zitiert nach der Tonbandabschrift. Pater Pancino, inzwischen siebzigjährig, lebt noch.

40 Wir folgen Guerri, S. 669 ff.

41 Aus dem Interview mit Schwinghammer für diesen Bericht

42 Zitiert nach Guerri, S. 682

43 Moellhausen (2), S. 111

44 Dollmann (2), S. 202 f. Über den Abhördienst des Faschismus: vgl. Guspini (Abdruck zahlreicher Gespräche zwischen 1922 und 1944)

45 *Lettere di condannati a morte della Resistenza italiana*, S. 57 ff. (Auszug)

46 Joppi, S. 60 f.

47 Ludwig, S. 74 ff.

48 Die Auflistung des für diese Darstellung benützten Materials — zu dem auch auf Tonband festgehaltene Gespräche mit Überlebenden gehören — würde mehrere Druckseiten umfassen. Es erscheint nicht sinnvoll, das Buch damit zu belasten. Wer sich genauer unterrichten will, sei auf 3 Werke verwiesen: Mayda, S. 274; Michaelis, S. 450; Waagenaar, S. 400. Eine deutsche Untersuchung in Buchform gibt es nicht.

49 Vgl. M. Broszat u. a., besonders Bd. 2

50 Moellhausen (2), S. 81

51 Moellhausen (2), S. 84 ff.

52 Ebda.
53 Aussage Kapplers vor dem Berufungsgericht Rom (unveröffentlichtes Manuskript), S. 7
54 Ebda.
55 Ebda.
56 Guspini, S. 249/50, Rückübersetzung aus dem Italienischen, Urtext deutsch
57 Lombardi, S. 58
58 Bocca (2), S. 195 ff.
59 Zitiert nach Hubatsch, S. 279 f.
60 Moellhausen (2), S. 131
61 Moellhausen (2), S. 134
62 Susmel (6), S. 20 f.
63 Moellhausen (2), S. 139 f.
64 Baum/Weichold, S. 392, dort zitiert nach Churchill, Bd. V/2, S. 222
65 Schuster, S. 22 f.
66 *Kriegstagebuch des OKW*, Bd. IV/1, S. 170
67 Cederna u. a., S. xxx
68 Moellhausen (2), S. 183 ff.
69 Susmel (6), S. 23 f.
70 Zitiert bei Pini/Susmel, Bd. IV, S. 411
71 Anfuso (2), S. 302
72 E. Mussolini, sinngemäß zusammengezogen nach S. 212 ff.
73 *Bildpost* (größte christliche Wochenzeitung Europas), 22. Jahr, Nr. 20, 1974
74 Moellhausen (2), S. 178 f.
75 Moellhausen (2), S. 181
76 Zitiert bei Anfuso (2), S. 297
77 Rahn, S. 250 f.

Das Ende des Schreckens, S. 445—548

 1 Zitiert bei Deakin, S. 741
 2 Luraghi, S. 289
 3 Zitiert bei Deakin, S. 789 f.
 4 *Kriegstagebuch des OKW*, Bd. IV/1, ab Seite 627, das letzte Zitat S. 531
 5 Dollmann (2), S. 316
 6 *La Repubblica Fascista* vom 25. 7. 1944, S. 1
 7 Rahn, S. 259
 8 Baum/Weichold, S. 400 f.
 9 Aufruf des politischen Kommissars der Aktionspartei-Partisanen im Sektor II
   der Provinz Cuneo, zitiert bei Chabod (2), S. 95
10 Bocca (2), S. 64 f.
11 »Der Widerstand der Division ›Acqui‹ wird gebrochen: die Deutschen ermorden 8400 italienische Soldaten«, in: *Italia 1943—1945, La Resistenza*. Hg. von
   Alberto Preti, S. 16. Die Angabe wird mit dem Vorbehalt übernommen, daß die
   Zahl 8400 nicht absolut sicher nachgeprüft werden konnte.
12 Kesselring, S. 324
13 Churchill, Bd. 5, S. 274 ff.

14 Von der umfangreichen Dokumentation zu »Marzabotto« seien genannt: Urteil und Urteilsbegründung des italienischen Militärgerichtes, in deutscher Sprache herausgegeben vom Presseamt des italienischen Verteidigungsministeriums 1961; die Schrift *Marzabotto* (Faltblatt), das beim Denkmal im Dorf ausgegeben wird; Giorgi liegt in der 8. Auflage vor. Giorgi war unter dem Decknamen »Comandante Angelo« Chef einer Brigade im Verband der Partisanendivision »Modena«.

15 Longo/Secchia, S. 154

16 B. Mussolini (3), Bd. 32, S. 113

17 Deakin, S. 839

18 Mellini, S. 113

19 Mellini, S. 112

20 Kesselring, S. 318

21 Pini/Susmel, Bd. IV, S. 469 f.

22 Pini/Susmel, Bd. IV, S. 474

23 Dinale, S. 306

24 Kesselring, S. 321 f.

25 Kimche, S. 187

26 Dulles/Gaevernitz, Smith/Agarossi. Die Verfasser haben sich zum erstenmal der amerikanischen Akten bedienen können, ohne daß aus ihnen neues Licht auf die längst bekannten Vorgänge geworfen würde. Die in dem Buch aufgestellte Behauptung, mit der im alliierten Hauptquartier im Schloß von Caserta (nahe Neapel) geschlossenen Vereinbarung sei von den westlichen Alliierten der Kalte Krieg eröffnet worden, wird von den Verfassern nicht bewiesen. Daß Roosevelt, Churchill und dann Truman nicht wollten, daß Venetien von den Divisionen Titos besetzt würde, die bereits in Triest standen, und sie deshalb auch (aber gewiß nicht ausschließlich) an einer möglichst frühzeitigen Einstellung der Kampfhandlungen interessiert waren, ist richtig. Aber der Kalte Krieg hatte zum Ziel, die Sowjets aus den Positionen zu verdrängen, die ihnen während des Kriegs vor allem in Jalta zugestanden worden waren, und das ist ein völlig anderer Sachverhalt.

27 Liegt als Typoskript aus dem Besitz von Karl Wolff vor.

28 Rahns Bericht »für Herrn Reichsaußenminister persönlich« über seine Zusammenkunft mit dem Duce und Anfuso am 31.3.1945

29 *Kriegstagebuch des OKW*, Bd. IV/II, S. 1253

30 Dulles/Gaevernitz, S. 221

31 So auch zitiert bei Deakin, S. 912

32 Dulles/Gaevernitz, S. 233 f.

33 Dulles/Gaevernitz, S. 249 f.

34 Pini/Susmel, S. 532

35 Audisio, S. 108

36 Audisio, S. 285

37 Die Zeugenaussagen liegen in zwei unveröffentlichten Konvoluten vor.

Bibliographie

Bei den jahrelangen Vorarbeiten für diesen Bericht wurden die nachfolgend aufgeführten Werke herangezogen. Sollte bei Lesern der Wunsch entstehen, sich über gewisse Bereiche weitere Informationen zu verschaffen, so seien sie auf folgende Autoren besonders hingewiesen: Anfuso, Bertoldi, Bocca, Chabod, Collotti, Deakin, Dulles/Gaevernitz, Gostony, Heiber (Lagebesprechungen), Kriegstagebuch des OKW, Petersen, Pisano, Pool (!), Rintelen, Schröder, Siebert, Wiskemann.

Agostini, Bruno d' *Colloqui con Rachele Mussolini.* Roma 1946
Akten zur Deutschen Auswärtigen Politik 1918—1945. Baden-Baden—Frankfurt a. M. 1957—1975
Alfassio Grimaldi, U. *La Stampa di Salò.* Milano 1979
Alfieri, Dino *Due dittatori di fronte.* Milano 1948
Amendola, Giovanni *Storia del partito comunista italiano.* Roma 1978
Amicucci, Ermanno *I 600 giorni di Mussolini.* Roma 1948
Anfuso, Filippo *Roma—Berlino—Salò.* Milano 1950 (1)
— *Rom—Berlin im diplomatischen Spiegel.* Essen/München/Hamburg 1951 (2)
— *Da Palazzo Venezia al Lago di Garda.* Bologna 1957
Ascarelli, Attilio *Le Fosse Ardeatine.* Bologna 1965
Aschenauer, R. *Der Fall Herbert Kappler.* München 1968
Audisio, Walter *In nome del popolo italiano.* Milano o. J.
Augier, Marc *Götterdämmerung.* Buenos Aires 1950
Badoglio, Pietro *Der abessinische Krieg.* München 1937 (1)
— *Italien im Zweiten Weltkrieg.* München/Leipzig 1947 (2)
Bandini, Franco *Le ultime 95 ore di Mussolini.* Milano 1959 (1)
— *Claretta.* Milano 1960 (2)
— *Vita e morte segreta di Mussolini.* Milano 1978 (3)
Bartoli, Domenico *La fine della monarchia.* Milano 1947
Basi, Leo *Dalle 7 alle 4. 27 aprile 1945.* 1968
Battaglia, Roberto *Storia della resistenza italiana.* Torino 1953
Baum, W./Weichold, E. *Der Krieg der »Achsenmächte« im Mittelmeerraum.* Göttingen 1973
Baynes, N. H. *The Speeches of Adolf Hitler 1922—1939.* Oxford 1942
Bellini delle Stelle/Lazzaro/Urbano »La fine di Mussolini«, in: *Epoca,* 4.—25. 12. 1960 (1)
— *Dongo — ultima azione.* Milano 1962 (2)
Bellotti, Felice *La Repubblica di Mussolini.* Milano 1947
Benini, Zenone *Vigilia a Verona.* Milano 1949
Benvenuti, Nicola »Gli internati italiani in Germania nella relazione di un'ufficiale della Repubblica di Salò«, in: *Il Movimento di Liberazione in Italia,* H. 21, 1952
Bertoldi, Silvio *La guerra parallela. 8 settembre 1943—25 aprile 1945.* Milano 1963 (1)
— *Salò.* Milano 1978 (2)
— *Vita e morte della R. S. I.* Roma 1978 (3)
Betta, Bruno *La vicenda degli internati militari italiani in Germania.* Trento 1955

Bocca, Giorgio *Storia d'Italia nella guerra fascista*. Bari 1966 (1)
— *Storia dell'Italia partigiana*. 3 Bde. Bari 1967 (2)
— *L'Italia fascista*. Milano 1973 (3)
— *Storia popolare della Resistenza*. Roma/Bari 1978 (4)
— *La Repubblica di Mussolini*. Bari 1977 (4)
Boepple, Ernst (Hg.) Hitlers Reden. München 1933
Bonacina, Giorgio *I bombardamenti aerei delle città italiane dal 1940 al 1945*.
Milano 1970
Bonomi, Ivanoe *Diario di un anno*. Milano 1947
Borgese, Giuseppe A. *Goliath: The march of fascism*. New York 1937
Brachmann, Karin *Die Bedeutung der faschistischen Ideologie für den Restruktu-
vationsprozeß des italienischen Kapitalismus: Benito Mussolini und Alfredo Rocco*.
(Diss.) Essen 1971
Broszat u. a. *Anatomie des SS-Staates*. München 1965
Bruna, Angelo *Il martirio dei soldati italiani deportati in Germania*. Milano 1949
Buchheit, Gert *Mussolini und das neue Italien*. Berlin 1938 (1)
— *Hitler der Feldherr*. Rastatt 1958 (2)
Buffarini-Guidi, Guido *La vera Verità*. (Nuova Biblioteca storica, 11) Milano
1970
Bullock, Alan *Hitler*. Düsseldorf 1953
Cabella, G. G. *Testamento politico di Mussolini*. Roma 1948
Canevari, Emilio *Graziani mi ha detto*. Roma 1947 (1)
— *La guerra italiana. Retroscena della disfatta*. Roma 1948 (2)
— *La Repubblica Sociale nelle lettere dei suoi caduti*. Roma 1963 (3)
Caporilli, Pietro *Crepuscolo di sangue*. Roma 1963
Carboni, Giacomo *Memorie segrete*. Firenze 1955
Catalano, Franco *Guerra, resistenza, ricostruzione. Dalla crisi del '39 alla restaura-
zione democristiana*. Milano o. J.
— *L'Italia dalla dittatura alla democrazia 1919—1948*. Milano 1962
Cederna, Camilla/Lombardi, Martina/Somaré, Marilea *Milano in guerra*. Milano
1979
Cersosimo, Vicenzo *Dall'istruttoria alla fucilazione. Storia del processo di Verona*.
Milano 1949
Chabod, Federico *Italien—Europa. Studien zur Geschichte Italiens im 19. und 20.
Jahrhundert*. Göttingen 1962 (1)
— *Die Entstehung des neuen Italien*. Hamburg 1965 (2)
Churchill, W. *Reden. 1938—1945*. 6 Bde. Zürich 1946—1950
Ciano, Edda *La mia testimonianza*. Milano 1975
Ciano, Galeazzo *Diario 1937—1943*. Milano 1980
Cilibrizzi, Saverio *Pietro Badoglio. Rispetto a Mussolini e di fronte alla storia*.
Napoli 1948
Collier, Richard *Der Duce. Aufstieg und Fall*. München 1974
Collotti, Enzo *L'amministrazione tedesca nell'Italia occupata 1943—1945*. Milano
1963 (1)
— »Documenti sull'attività del Sicherheitsdienst nell'Italia occupata«, in: *Il Movi-
mento di Liberazione in Italia*, H. 83, 1966 (2)
»Una conferenza — stampa fascista tenuta il 24 aprile 1945«, in: *Il Movimento di
Liberazione in Italia*, H. 31, 1954

Consiglio, Alberto *Vita di un re. Vittorio Emanuele III*. Bologna 1970

Conti, Laura *La Resistenza in Italia. 25 luglio 1943—25 aprile 1945. Saggio biblio-grafico*. Milano 1961

Cortesi, Luigi *Mussolini e il fascismo alla vigilia del crollo*. Roma 1975

Crescimbeni, G. *Seicentomila italiani nei lager*. Milano 1965

Croce, Benedetto *Quando l'Italia era tagliata in due*. Bari 1949

Cucciatti, Elena Curti »In autoblindo col Duce sulla strada di Dongo«, in: *Oggi*, 29. 12. 1949

Dahms, Hellmuth Günther *Der Zweite Weltkrieg*. Frankfurt 1975[3]

D'Aroma, Nino *Vent'anni insieme. Vittorio Emanuele e Mussolini*. Bologna 1957 (1)

— *Mussolini segreto*. Bologna 1958 (2)

Deakin, F. W. *Die brutale Freundschaft. Hitler, Mussolini und der Untergang des italienischen Faschismus*. Köln/Berlin 1964

DeBegnac, Yvon *Palazzo Venezia — storia di un regime*. Roma 1950

DeBelot, Raymond *The Struggle for the Mediterranean. 1939—1945*. Princeton 1951

De Felice, Renzo *Storia degli ebrei italiani sotto il fascismo*. Torino 1961 (1)

— (Hg.) *L'Italia fra tedeschi e alleati. La politica estera fascista e la seconda guerra mondiale*. Bologna 1973 (2)

— *Mussolini e Hitler. I rapporti segreti 1922—1933*. Firenze 1975 (3)

— *Autobiografia del Fascismo*. Bergamo 1978 (4)

DeFiori, Vittorio E. *Mussolini, the man of destiny*. New York 1928

De Luna, Giovanni *Badoglio*. Milano 1973 (1)

— *Mussolini*. Reinbek 1978 (2)

Delzell, Charles *Mussolini's enemies*. Princeton 1961 (1)

— *Mediterranean Fascism. 1919—1945*. New York 1971 (2)

Diel, Louise *Mussolini mit offenem Visier*. Essen 1943

Dies, Luigi Maria *Instantanea Mussoliniana a Ponza*. Roma 1949

Dinale, Ottavio *Quarant'anni di colloqui con lui*. Milano 1953

Documenti Diplomatici Italiani 1939—1945. Rom 1952—1953

Documents of British Foreign Policy. 4 Bde. London 1946 ff.

Dolfin, Giovanni *Con Mussolini nella tragedia*. Milano 1950

Dollmann, Eugen *Roma nazista*. Milano 1949 (1)

— *Dolmetscher der Diktatoren*. Bayreuth 1963 (2)

Domarus, Max *Hitler. Reden und Proklamationen 1932—1945*. 2 Bde. Würzburg 1962/1963 (1)

— *Mussolini und Hitler*. Würzburg 1977 (2)

Dordoni, Annarosa *Crociata italica. Fascismo e religione di Salò (genn. 1944 — aprile 1945)*. Milano 1974

Dresler, A. *Mussolini als Journalist*. Essen o. J. (1935)

Dulles, Allen/Gaevernitz, Gero v. S. *Unternehmen »Sunrise«. Die geheime Geschichte des Kriegsendes in Italien*. Düsseldorf 1967

Ellwood, D. W. *L'alleato nemico. La politica d'occupazione angloamericana*. Milano

Fermi, Laura *Mussolini*. Chicago 1961

Fest, Joachim C. *Hitler*. Berlin 1973

Fortuna, Alberto Maria *Incontro all'arcivescovado*. Firenze

Fossani, Ivanoe »Diario di Salò«, in: *Momento*. 8.2.1947

Fromm, Erich *Anatomie der menschlichen Destruktivität*. Stuttgart 1974

Gafenku, Grigore *Les derniers jours de l'Europe*. Zürich 1946

Galanti, Francesco *Socializzazione e sindacalismo nella R.S.I.* Roma 1949

Gallo, Max *L'Italie de Mussolini*. Paris 1964, 1972

Gayda, Virginio *Was will Italien?*. Leipzig 1941

Giorgi, Renato *Marzabotto parla*. Bologna 1978[8]

Giovannini, Alberto *I giorni dell 'odio*. Milano 1975

Giudice, Gaspare *Mussolini*. Torino 1971

Goebbels, Joseph *Der Faschismus und seine praktischen Ergebnisse*. Berlin 1934 (1)
— *Vom Kaiserhof zur Reichskanzlei. Darstellung in Tagebuchblättern*. München 1934 (2)
— *Tagebücher. Aus den Jahren 1942—43. Mit anderen Dokumenten*. Hg. v. Louis Lochner. Zürich 1948 (3)

Gostony, Peter *Deutschlands Waffengefährten an der Ostfront 1941—1945*. Stuttgart 1981

Gravelli, Asvero *Hitler, Mussolini und die Revision*. Leipzig 1933

Graziani, Rodolfo *Ho difesa la patria*. Milano 1951

Gruchmann, Lothar *Der Zweite Weltkrieg*. München 1978[5]

Guerri, Giordano Bruno *Galeazzo Ciano — una vita*. Milano 1979

Guspini, Ugo *L'orecchio del regime. Le intercettazioni telefoniche al tempo del fascismo*. Milano 1973

Hagen, Walter (= Wilhelm Höttl) *Die geheime Front. Organisation, Personen und Aktionen des deutschen Geheimdiensts*. Linz/Wien 1950 (1)
— *La guerra delle spie*. Milano 1951 (2)
— *Unternehmen Bernhard*. Wels/Starnberg 1955 (3)
— *Hitlers papierene Waffe*. (4)

Halder, Franz *Kriegstagebuch*. Stuttgart 1962

Hansen, Heinrich *Hitler, Mussolini: Der Staatsbesuch des Führers in Italien*. Gießen 1936 (1)
— *Der Schlüssel zum Frieden. Führertage in Italien*. Berlin 1938 (2)

Harris, C. R. S. *Allied Military Administration of Italy, 1943—1945*. London 1957

Heiber, Helmut *Hitlers Lagebesprechungen 1942—1945*. Stuttgart 1962

Hibbert, Christopher *Benito Mussolini*. London 1962

Hiltebrandt, Philipp *Das europäische Verhängnis*. Berlin 1919

Hitler, Adolf *Mein Kampf*. München 1944

Hitler e Mussolini, lettere e documenti. Milano 1946

Hitlers Zweites Buch. Eingeleitet und kommentiert von G. L. Weinberg. Stuttgart 1961

Hitlers Tischgespräche im Führerhauptquartier 1941—1942. Hg. von P. E. Schramm. Stuttgart 1963

Hoepke, Klaus-Peter *Die deutsche Rechte und der italienische Faschismus*. Düsseldorf 1968

Holchner, A. E. *Der Schatz von Dongo*. Wien 1970

Hubatsch, Walter *Hitlers Weisungen für die Kriegführung 1939—1945*. Frankfurt a. M. 1962

Il partito comunista italiano e la guerra di liberazione 1943—1945. Ricordi, documenti inediti. Milano 1973

Irving, David *Rommel. Eine Biographie*. Hamburg 1978

Joppi, Angelo *Non ho parlato*. Roma 1949
Kesselring, Albert *Soldat bis zum letzten Tag*. Bonn 1953
Kimche, Jon *General Guisans Zweifrontenkrieg. Die Schweiz zwischen 1939 und 1945*. Frankfurt a. M./Wien 1962
Kirkpatrick, J. *Mussolini, Study of a Demagogue*. London 1964
Kogan, Norman *L'Italia e gli alleati. 8 settembre 1943*. Milano 1963 (1)
— *The politics of Italian foreign policy*. New York 1963 (2)
Kriegstagebuch des Oberkommandos der Wehrmacht 1940—1945. Frankfurt a. M. 1963
Kubizek, A. *Adolf Hitler, mein Jugendfreund*. Graz/Göttingen 1953
Kuby, Erich (Hg.) *Das Ende des Schreckens*. München 1957² (1)
— *Mein Krieg. Aufzeichnungen aus 2129 Tagen*. München 1975 (2)
Kühnl, Reinhard *Faschismustheorien*. Reinbek 1979
Lanfranchi, Ferruccio *L'inquisizione nera*. Milano 1945 (1)
— *La resa degli ottocentomila*. Milano 1948 (2)
— »Clara Petacci al giudizio della storia«, in: *Oggi*, H. 51, 1948; H. 1—10, 1949 (3)
Latour, C. F. *Südtirol und die Achse Berlin — Rom*. Stuttgart
Leto, Guido *OVRA. Fascismo — Antifascismo*. Roma 1951
Les lettres secrètes échangées par Hitler et Mussolini. Paris 1946
Lettere di condannati a morte della Resistenza italiana. Milano 1952
Lombardi, Gabrio *Montezemolo e il fronte militare claudestino di Roma*. Roma 1972
Lombardi, L. »Le ultime ore di Mussolini«, in: *Trent'anni di storia italiana* von Franco Antonicelli. Torino 1961
Longo/Secchia *Der Kampf des italienischen Volkes für seine Befreiung. Eine Auswahl von Berichten und Artikeln aus der illegalen antifaschistischen Presse 1943—1945*. Berlin 1959
Lucini/Crescimbeni *Seicentomila italiani nei lager*. Milano 1965
Ludwig, Emil *Mussolinis Gespräche mit Emil Ludwig*. Berlin/Wien/Leipzig 1932
Luedecke, Kurt *I knew Hitler*. London 1937
Luraghi, R. *Il movimento operaio torinese durante la resistenza*. Torino 1958
Malgeri, Alfredo *L'occupazione di Milano e la liberazione*. Milano 1947
Mann, Thomas *Betrachtungen eines Unpolitischen*. Berlin 1919
Marescotti, Aldrovandi *Der Krieg der Diplomaten. Erinnerungen und Tagebuchauszüge 1914—1919*. München 1940
Martinelli, Franco *Mussolini ai raggi X-Appendice: Discorsi di Mussolini*. Milano 1964
Maugeri, Franco *Mussolini mi ha detto*. Roma 1944 (1)
— *From the Ashes of Disgrace*. New York 1948 (2)
— *Ricordi di un marinaio, diari e memorie*. Milano 1980 (3)
Mayda, Giuseppe *Ebrei sotto Salò. La persecuzione antisemita 1943—1945*. Milano 1978
Mayer, Domenico *La verità sul processo di Verona*. Milano 1945
Mazzini, Giuseppe *Der Prophet des neuen Italien*. Berlin 1937
Mazzucchelli, Mario *I segreti del processo di Verona. 1963*
Mellini, Ponce de Leon Alberto *Guerra diplomatica a Salò*. Bologna 1950
Melton, S. D. *Söhne der Wölfin*. Roma 1943
Michaelis, Meir *Mussolini and the Jews. German-Italian Relations and the Jewish*

Question in Italy 1922—1945. London/Oxford 1978

Moellhausen, E. F. *La carta perdente. Memorie diplomatiche. 25 luglio—2 maggio 1945*. Roma 1948 (1)

— *Die gebrochene Achse*. Alfeld 1949 (2)

Mollier, Madeleine *Pensieri e previsioni di Mussolini al tramonto*. Milano 1948

Monelli, Paolo *Io e i tedeschi*. Milano 1927 (1)

— *Mussolini: piccolo borghese*. Milano 1950 (2)

— *Roma 1943*. Roma 1963 (3)

Montagna, Renzo *Mussolini e il processo di Verona*. Milano 1949

Montanelli, Indro »Rivelazioni di Dino Grandi sull'arresto di Mussolini«, in: *Corriere*, 9. 2. 1955

Montanelli, Indro/Cervi, Mario *L'Italia Littoria (1925—1936)*. Roma 1979

Moss, H. *Das große Weltgeschehen*. Bern 1940, 1945

Musco, E. *La verità sull'8 settembre 1943*.

Mussolini, Benito, *Storia di un anno*. Milano 1945 (1)

— *Messaggi e lettere a Hitler, 1939—1943*. Milano 1946 (2)

— *Opera omnia di Benito Mussolini*. Hg. von Edoardo und Duilio Susmel. 32 Bde. Firenze 1951—1963 (3)

— *Corrispondenza inedita*. Hg. von Duilio Susmel. Milano 1972 (4)

— *Crepuscolo e fine d'una Diarchia*. Hg. von Max Enguer. Milano o. J. (5)

— »Pensieri pontini e sardi«. In: *Opera omnia* Bd. XXXIII

Mussolini, Edvige *Mio fratello Benito*. Firenze 1957

Mussolini, Rachele *La mia vita con Benito*. Milano 1948 (1)

— *Mein Leben mit Benito*. Zürich 1948 (2)

— *Benito il mio uomo*. Milano 1958 (3)

— *Mussolini ohne Maske*. Stuttgart 1979 (4)

Mussolini, Vittorio *Vita con mio padre*. Milano 1957

Navarra, Quinto *Memorie del cameriere di Mussolini*. Milano 1946

Nenni, Pietro *Vento del Nord*. Torino 1978

Neubert, Harald »Die nationale Erhebung in Italien 1945«, in: *Zeitschrift f. Geschichtswissenschaft*, H. 7—12, 1975, S. 861 ff.

North, John (Hg.) *The Alexander Memoirs. 1940—1945*. London 1962

Nürnberger Prozeß. Nürnberg 1949, Bd. XXXIV, S. 380 ff., Beweismaterial C 120

Pagani, Osvaldo *L'Orgasmo del Regime*. Milano 1976

Pansa, Giampaolo *L'esercito di Salò*. Milano 1969

Parri, Ferruccio/Venturi, Franco »La resistenza italiana e gli *alleati*«, in: *Il Movimento di Liberazione in Italia*, H. 63, 1961, S. 18—55

Pavolini, C. *Germania svegliati*. Roma 1931

Permoli, Piergiovanni »La Santa Sede e la caduta del fascismo«, in: *Affari esteri*, H. 19, 1973

Perticone, Giacomo *La repubblica di Salò*. Roma 1947

Pescatore, Martino *Venti mesi di alleanza nazifascista nella Venezia Giulia*. Firenze 1954

Pesce, Giovanni *Quando cessarono gli spari. 23 aprile—6 maggio 1945*. Firenze 1977

Pese, W. W. »Hitler und Italien 1920–1926«, in: *Vierteljahrshefte f. Zeitgeschichte*, H. 2, 1955

— »Hitlers Reden 1920–1926«, in: *Vierteljahrshefte für Zeitgeschichte*,

H. 2, 1955/IV

Petacci, Claretta *Il mio diario*. Milano 1947

Petersen, Jens *Hitler — Mussolini. Die Entstehung der Achse Berlin — Rom 1933—1936*. Tübingen 1973

Phelps, Reginald H. »»Before Hitler Came‹: Thule Society and German Orden«, in: *Journal of modern history*, S. 245—261, Chicago 1963

Piasenti, Paride *Il lungo inverno nei lager*. Milano 1978

Pignatelli, Luigi *La guerra di sette mesi*. Milano 1965 (1)

— *Il secondo regno: I prigionieri italiani nell'ultimo conflitto*. Milano 1969 (2)

Pini, Giorgio *Mussolini*. Bologna 1939 (1)

— *Itinerajo tragico (1943—1945)*. Milano 1950 (2)

Pini, Giorgio/Susmel, Duilio *Mussolini: l'uomo e l'opera*. 4 Bde. Firenze 1953

Pintèr, Istvan/Szabò, Laszlò *Unbestrafte Kriegsverbrecher (z. B. Höttl, W [= Walter Hagen])*. Budapest 1961

Pisano, Giorgio *Storia della guerra civile in Italia (1943—1945)*. Milano 1965—1967 (1)

— *Mussolini e gli Ebrei*. Milano 1967 (2)

— *Storia delle forze armate della RSI*. Milano 1967 (3)

Playdux *Storia erotica del Fascismo*. Roma 1973

Plehwe, F. K. von *Schicksalsstunden in Rom*. Berlin 1968

Pool, James und Suzanne *Hitlers Wegbereiter zur Macht*. Bern/München 1979

Potyka, Christian »Schauspieler in einem Banditenstück. Ein Zeuge der Zeitgeschichte korrigiert das Klischee vom italienischen Verrat«. In: *Süddeutsche Zeitung*, 25./26.7.1981, S. 139

Prange, G. W. *Hitler's Words*. Washington 1944

Preti, Alberto *Italia 1943—1945. La resistenza*. Bologna 1978

Price, Ward G. *I know these Dictators*. London 1937

Processo Graziani. Roma 1950

Prozeß gegen die Hauptkriegsverbrecher vor dem Internationalen Militärgerichtshof. 42 Bde., veröffentlicht auf Weisung des Internationalen Militärgerichtshofs unter der Autorität des Obersten Kontrollrats für Deutschland. Nürnberg 1947

Puntoni, Paolo *Parla Vittorio Emanuele III*. Milano 1958

Rafanelli, Leda *Una Donna e Mussolini*. Milano 1975

Rahn, Rudolf *Ruheloses Leben. Aufzeichnungen und Erinnerungen*. Düsseldorf 1949

Ray, John *Hitler and Mussolini*. London 1970

Reder, Walter (Hg.) *Urteil des italienischen Militärgerichts über den Major der Waffen-SS Walter Reder*. Roma 1961

Renzi, Guido *Endstation Dongo. Mussolinis letzte Tage*. Hamburg 1946

Rintelen, Enno von *Mussolini als Bundesgenosse*. Tübingen/Stuttgart 1951

Risio, Carlo di *Generali, servizi segreti e fascismo. La guerra 1940—1943*. Milano

Rosenbaum, Petra *Il nuovo fascismo da Salò ad Almirante*. Milano 1975

Rossi, Cesare *Mussolini com'era*. Roma 1947 (1)

— *Trentatre vicende Mussoliniane*. Milano 1958 (2)

Rossi, Francesco *Come arrivammo all'armistizio*. Milano 1946

Roux, Georges *Mussolini*. Paris 1960

Ruinas, Stanis *Pioggia sulla repubblica*. Roma 1946

Saini, Ezio *La notte di Dongo*. Roma 1950

Salvadori, Renato *Dal 25 al 28 Aprile 1945*. Milano 1945

Sarfatti, Margherita Grassini *Mussolini. Lebensgeschichte nach autobiographischen Unterlagen.* Leipzig 1926

Scalpelli, Adolfo »La formazione delle forze armate di Salò attraverso i documenti dello Stato Magg. della R. S. I.«, in: *Il Movimento di Liberazione in Italia,* H. 72, 1963

Schellenberg, Walter *The Labyrinth.* New York 1956 (1)

— *Memoiren.* Köln 1959 (2)

Schmidt, Paul *Statist auf der politischen Bühne.* Bonn 1949

Schröder, Josef *Italiens Kriegsaustritt 1943.* Göttingen/Zürich/Frankfurt a. M 1969

Schubert, G. *Anfänge nationalsozialistischer Außenpolitik.* Köln 1963

Schuschnigg, Kurt von *Dreimal Österreich.* Wien 1937

Schuster, Ildefonso *Gli ultimi tempi di un regime.* Milano 1960

Scorza, C. *Fascismo, Idea imperiale.* Roma 1933

Secchia, Pietro/Frassati, Filippo *La Resistenza e gli alleati.* Milano 1962

Senise, Carmine *Quando ero Capo della polizia.* Roma 1946

Seraphim, H. G. (Hg.) *Das politische Tagebuch Alfred Rosenbergs.* München 1964

Settimelli, Emilio *Edda contro Benito: indagine sulla personalità del Duce attraverso un memoriale autografo di Edda Ciano Mussolini, qui riprodotto.* Roma 1952

Siebert, Ferdinand *Italiens Weg in den Zweiten Weltkrieg.* Frankfurt a. M. 1962

Silvestri, Carlo *I responsabili della catastrofe italiana. Guerra 1940—1943.* Milano 1946 (1)

— *Mussolini, Graziani e l'antifascismo.* Milano 1949 (2)

Silvestri, Giuseppe *Albergo agli scalzi.* Milano 1946

Simoni, Leonardo *Berlino: imbasciata d'Italia 1939—1943.* Roma 1946

Simonini, Augusto *Miti vecchi e nuovi in Benito Mussolini.* Firenze

Skorzeny, Otto *Geheimkommando Skorzeny.* Stuttgart 1950

Smith, Bradley F./Agarossi, Elena *Unternehmen Sonnenaufgang.* Köln 1981

Smith, Denis Mack *Mussolini.* London 1981 u. (dt.) München 1983

Smyth, Howard McGaw *Secrets of the Fascist Era.* London 1975

Spampanato, Bruno *Contromemoriale.* Roma 1951 (1)

— *L'Italia »liberata«. Dopo la capitolazione.* Roma 1958 (2)

— *L'ultimo Mussolini.* Roma 1964 (3)

Spriano, P. *La fine del fascismo.* Torino 1973 (1)

— *La Resistenza. Togliatti e il partito nuovo.* Torino 1975 (2)

Spunda, Franz *Clara Petacci.* Berchtesgaden 1952

Starhemberg, Ernst Rüdiger *Between Hitler and Mussolini.* New York 1942

Stendardo, Guido *Via Tasso. Museo storico della Liberazione di Roma.*

Stuhlpfarrer, Karl *Die Operationszone Alpenvorland.* Wien 1969

Sturla, Pietro *Prodromi di »Civiltà Fascista« nella R.S.I.* 1945

Susmel, Duilio *Mussolini e il suo tempo.* Milano 1950 (1)

— *Vita sbagliata di Galeazzo Ciano.* Milano 1962 (2)

— »Mussolini e Vittorio Emanuele, amici e nemici«, in: *Oggi,* 3., 12., 19., 22., 29. 10. und 5. 11. 1962(3)

— »La storia d'amore di Claretta e Mussolini«, in: *Gente,* H. 41, 1968 (4)

— *I dieci mesi terribili.* Roma 1974 (5)

— *La R.S.I. per telefono* (unveröffentlichtes Manuskript) (6)

Tamaro, Attilio *Due anni di storia 1943—1945.* Roma 1948 (1)

— *Venti anni di storia 1922—1943.* Roma 1953 (2)

Togliatti, Palmiro *Lezioni sul fascismo.* Milano 1974 (1)
– *Ausgewählte Reden und Aufsätze.* Frankfurt a. M. 1977 (2)
Toscano, Mario *Le origini diplomatiche del patto d'acciaio.* Firenze 1948, 1956
Das Urteil von Nürnberg. München 1961
Vaccarino, Giorgio »Il 25 luglio: la crisi del fascismo«, in: *Il Movimento di Libera-zione in Italia,* H. 72, 1963 (1)
– *Problemi della resistenza italiana.* Modena 1966 (2)
– *L'insurrezione di Torino.* Parma 1968 (3)
– »Die Wiederherstellung der Demokratie in Italien (1943–1948)«, in: *Vierteljah-reshefte f. Zeitgeschichte,* Sonderchronik H 3/1973 (4)
Valiani, Leo *Tutte le strade conducono a Roma.* Firenze 1947 (1)
– *Dall'antifascismo alla resistenza.* Milano 1959 (2)
Vassalli, Gino *Il collaborazionismo e l'amnistia politica.* Roma 1947
Vené Gianfranco *Il processo di Verona.* Milano 1963 (1)
– *La condanna di Mussolini.* Milano 1973 (2)
Veneziana, Bianca *Storia Italiana d'amore.* 1977
Vergani, Orio *Ciano, una lunga confessione.* Milano 1974
Verzeletti, Emilio *Ricordi degli anni 1943–1945.* Oscolano 1964
Waagenaar, Sam *Il Ghetto sul Tevere. Storia degli ebrei di Roma.* Milano 1972
Weizsäcker, Ernst von *Erinnerungen.* München 1950
Die Weizsäcker-Papiere. 1933–1950. Hg. von Gernidas E. Hill. Frankfurt/M. 1974
Welles, S. *The Time for Decision.* New York 1944
Westphal, Siegfried *Heer in Fesseln.* Bonn 1950
Wichterich, Richard *Benito Mussolini. Aufstieg, Größe, Niedergang.* Stuttgart 1952
Wiskemann, Elisabeth *The Rome-Berlin Axis.* London 1959
Wolf, Gerhard *Schriften aus dem Nachlaß* (unveröffentlichtes Manuskript)
Wolff, Karl »Ecco la verità!«, in: *Tempo,* Jan./Febr./März 1951
Woolf, Stuart *L'epoca della reazione: fascismo e nazismo.* Firenze 1968
Young, Desmond *Rommel der Wüstenfuchs.* München 1974
Zachariae, Georg *Mussolini si confessa.* Milano 1950
Zangrandi, R. *25 luglio – 8 settembre 1943.* Milano 1964
Zanussi, Giacomo *Guerra e catastrofe in Italia.* Roma 1948
Zara, Philippe de *Mussolini contre Hitler.* Paris 1938
Zincone, Vittorio (Hg.) *Hitler e Mussolini.* Milano o. J.

Abbildungsnachweis

Personenregister

Nicht aufgenommen wurden Adolf Hitler und Benito Mussolini.